HISTOIRE

1RE

SOUS LA DIRECTION DE JEAN-MARC VIDAL

MICKAËL BERTRAND
Lycée Anna Judic - Semur-en-Auxois (21)

ALICE BOMBARDIER
Collèges Mallarmé et Seligmann - Paris (75)
Chargée de cours à l'Inalco

CÉDRIC BOULARD
Lycée Robert Schuman - Charenton-le-Pont (94)

THOMAS CASSIGNEUL
Lycée Bréquigny - Rennes (35)

MARIELLE CHEVALLIER
Lycée La Folie Saint-James - Neuilly-sur-Seine (92)

XAVIER DESBROSSE
Lycée Pierre Bayen - Châlons-en-Champagne (51)

SÉBASTIEN DURAND
Cité scolaire Olympe de Gouges - Noisy-le-Sec (93)

DOMINIQUE FOUCHARD
Lycée Hélène Boucher - Paris (75)

MARIE-PIERRE JOLLY
Lycée Montaigne - Paris (75)

PHILIPPE MOYEN
Lycée Sévigné - Charleville-Mézières (08)

STÉPHANE REVERT
Lycée Saint-Exupéry - Saint-Raphaël (83)

YANN SIMON
Lycée Voltaire - Paris (75)

GHISLAIN TRANIÉ
Lycée Auguste et Louis Lumière - Lyon (69)

JEAN-MARC VIDAL
Lycée Alain Colas - Nevers (58)

Les auteur·e·s et les éditions Magnard remercient l'ensemble des relecteurs
et relectrices pour leurs remarques et leurs suggestions,
ainsi que tou·te·s les enseignant·e·s qui ont participé aux études menées sur le manuel.

Programme d'histoire

Bulletin officiel spécial n° 1 du 22 janvier 2019

Nations, empires, nationalités (de 1789 aux lendemains de la Première Guerre mondiale)

Ce programme suit le fil directeur de l'évolution politique et sociale de la France et de l'Europe durant le long XIXe siècle qui s'étend de 1789 à la Première Guerre mondiale. Avec la Révolution française surgit une nouvelle conception de la nation reposant sur la citoyenneté, tandis que la France s'engage dans la longue recherche d'un régime politique stable. Après les guerres révolutionnaires et napoléoniennes, le congrès de Vienne ne peut empêcher le principe des nationalités de se diffuser en Europe jusqu'aux révolutions de 1848. Dans une société européenne qui connaît toutes les tensions de la modernisation, s'affirment de nouveaux États-nations aux côtés des empires déstabilisés par le mouvement des nationalités. La Troisième République offre une stabilisation politique à une France qui étend son empire colonial. La guerre de 1914-1918 entraîne l'effondrement des empires européens et débouche sur une tentative de réorganiser l'Europe selon le principe des nationalités.

Thème 1 L'Europe face aux révolutions (11-13 heures)

Chapitre 1 La Révolution française et l'Empire : une nouvelle conception de la nation

Objectifs du chapitre	Ce chapitre vise à montrer l'ampleur de la rupture révolutionnaire avec « l'Ancien Régime » et les tentatives de reconstruction d'un ordre politique stable. On peut mettre en avant : • la formulation des grands principes de la modernité politique synthétisés dans la Déclaration des droits de l'homme et du citoyen ; • la volonté d'unir la nation, désormais souveraine, autour de ces principes ; • les conflits et débats qui caractérisent la période ; l'affirmation de la souveraineté nationale, la mise en cause de la souveraineté royale, les journées révolutionnaires, la Révolution et l'Église, la France, la guerre et l'Europe, la Terreur, les représentants de la nation et les sans-culottes ; • l'établissement par Napoléon Bonaparte d'un ordre politique autoritaire qui conserve néanmoins certains principes de la Révolution ; • la diffusion de ces principes en Europe ; • la fragilité de l'empire napoléonien qui se heurte à la résistance des monarchies et des empires européens ainsi qu'à l'émergence des sentiments nationaux ; • de la nation en armes à la Grande Armée.
Points de passage et d'ouverture	• Madame Roland, une femme en révolution. • Décembre 1792 - janvier 1793 – Procès et mort de Louis XVI. • 1804 – Le Code civil permet l'égalité devant la loi et connaît un rayonnement européen.

Chapitre 2 L'Europe entre restauration et révolution (1814-1848)

Objectifs du chapitre	Ce chapitre vise à montrer la volonté de clore la Révolution, dont témoigne la restauration de l'ordre monarchique européen, ainsi que la fragilité de l'œuvre du congrès de Vienne. On peut mettre en avant : • les deux expériences de monarchie constitutionnelle en France (la charte de 1814 ; la charte révisée de 1830) ; • le projet de construire une paix durable par un renouvellement des règles de la diplomatie ; • l'essor du mouvement des nationalités qui remet en cause l'ordre du congrès de Vienne ; • la circulation des hommes et des idées politiques sous forme d'écrits, de discours, d'associations parfois secrètes (« Jeune Italie » de G. Mazzini...) ; • les deux poussées révolutionnaires de 1830 et 1848 en France et en Europe.
Points de passage et d'ouverture	• 1815 – Metternich et le congrès de Vienne. • 1822 – Le massacre de Chios. • 1830 – Les Trois Glorieuses.

Thème 2 La France dans l'Europe des nationalités : politique et société (1848-1871) (11-13 heures)

Chapitre 1 La difficile entrée dans l'âge démocratique : la Deuxième République et le Second Empire

Objectifs du chapitre	Ce chapitre vise à montrer que l'instauration du suffrage universel masculin en 1848 ne suffit pas à trancher la question du régime politique ouverte depuis 1789. On peut mettre en avant : • les idéaux démocratiques hérités de la Révolution française qui permettent en 1848 des affirmations fondamentales et fondatrices (suffrage universel masculin, abolition de l'esclavage...) ; • l'échec du projet républicain en raison des tensions qui s'expriment (entre conservateurs et républicains, villes et campagnes, bourgeois et ouvriers) ; • les traits caractéristiques du Second Empire, régime autoritaire qui s'appuie sur le suffrage universel masculin, le renforcement de l'État, la prospérité économique et qui entend mener une politique de grandeur nationale ; • les oppositions rencontrées par le Second Empire et la répression qu'il exerce (proscriptions de Victor Hugo, Edgar Quinet...).

Points de passage et d'ouverture	• Alphonse de Lamartine en 1848. • George Sand, femme de lettres engagée en politique. • Louis-Napoléon Bonaparte, premier président de la République.

Chapitre 2 L'industrialisation et l'accélération des transformations économiques et sociales en France

Objectifs du chapitre	Ce chapitre vise à montrer que la société française connaît des mutations profondes liées à l'industrialisation et à l'urbanisation. On peut mettre en avant : • les transformations des modes de production (mécanisation, essor du salariat...) et la modernisation encouragée par le Second Empire ; • l'importance du monde rural et les débuts de l'exode rural ; • l'importance politique de la question sociale.
Points de passage et d'ouverture	• Paris haussmannien : la transformation d'une ville. • Les frères Pereire, acteurs de la modernisation économique. • 25 mai 1864 – Le droit de grève répond à l'une des attentes du mouvement ouvrier.

Chapitre 3 La France et la construction de nouveaux États par la guerre et la diplomatie

Objectifs du chapitre	Ce chapitre vise à montrer le rôle de la France lors de la construction des unités italienne et allemande. Cette politique d'unification est menée par des régimes monarchiques qui s'appuient sur le mouvement des nationalités, la guerre et la diplomatie. On peut mettre en avant : • la participation du Second Empire à la marche vers l'unité italienne ; • la guerre de 1870 qui entraîne la chute du Second Empire et permet l'unité allemande.
Points de passage et d'ouverture	• Le rattachement de Nice et de la Savoie à la France. • 1871 – Bismarck et la proclamation du Reich.

Thème 3 La Troisième République avant 1914 : un régime politique, un empire colonial

(11-13 heures)

Chapitre 1 La mise en œuvre du projet républicain

Objectifs du chapitre	Ce chapitre vise à montrer la manière dont le régime républicain se met en place et s'enracine ainsi que les oppositions qu'il rencontre. On peut mettre en avant : • 1870-1875 : l'instauration de la République et de la démocratie parlementaire ; • l'affirmation des libertés fondamentales ; • le projet d'unification de la nation autour des valeurs de 1789 et ses modalités de mise en œuvre (symboles, lois scolaires...) ; • les oppositions qui s'expriment (courants révolutionnaires, refus de la politique laïque par l'Église catholique, structuration de l'antisémitisme autour de l'affaire Dreyfus, nationalisme...) ; • le refus du droit de vote des femmes.
Points de passage et d'ouverture	• 1871 – Louise Michel pendant la Commune de Paris. • 1885 – Les funérailles nationales de Victor Hugo. • 1905 – La loi de séparation des Églises et de l'État : débats et mise en œuvre.

Chapitre 2 Permanences et mutations de la société française jusqu'en 1914

Objectifs du chapitre	Ce chapitre vise à montrer les spécificités de la société française qui connaît une révolution industrielle importante tout en demeurant majoritairement rurale. On peut mettre en avant : • l'industrialisation et les progrès techniques ; • la question ouvrière et le mouvement ouvrier ; • l'immigration et la place des étrangers ; • l'importance du monde rural et ses difficultés ; • l'évolution de la place des femmes.
Points de passage et d'ouverture	• 1891 – La fusillade de Fourmies du 1er mai. • Les expositions universelles de 1889 et 1900. • Le Creusot et la famille Schneider.

Chapitre 3 Métropole et colonies

Objectifs du chapitre	Ce chapitre vise à étudier la politique coloniale de la IIIe République, les raisons sur lesquelles elle s'est fondée, les causes invoquées par les républicains. Le contexte international de cette politique est également étudié, ainsi que ses effets dans les territoires colonisés. On peut mettre en avant : • l'expansion coloniale française : les acteurs, les motivations et les territoires de la colonisation ; • les débats suscités par cette politique ; • les chocs entre puissances occasionnés par cette expansion ; • le cas particulier de l'Algérie (conquise de 1830 à 1847) organisée en départements français en 1848 ; • le fonctionnement des sociétés coloniales (affrontements, résistances, violences, négociations, contacts et échanges).
Points de passage et d'ouverture	• 1887 – Le code de l'indigénat algérien est généralisé à toutes les colonies françaises. • 1898 – Fachoda, le choc des impérialismes. • Saigon, ville coloniale.

Thème 4 La Première Guerre mondiale : le « suicide de l'Europe » et la fin des empires européens (11-13 heures)

Chapitre 1 Un embrasement mondial et ses grandes étapes

Objectifs du chapitre	Ce chapitre vise à présenter les phases et les formes de la guerre (terrestre, navale et aérienne). On peut mettre en avant : • les motivations et les buts de guerre des belligérants ; • l'extension progressive du conflit et les grandes étapes de la guerre ; • l'échec de la guerre de mouvement et le passage à la guerre de position ; • l'implication des empires coloniaux britannique et français ; • la désintégration de l'empire russe.
Points de passage et d'ouverture	• Août-septembre 1914 – Tannenberg et la Marne. • 1915 – L'offensive des Dardanelles. • 1916 – La bataille de la Somme. • Mars 1918 – La dernière offensive allemande.

Chapitre 2 Les sociétés en guerre : des civils acteurs et victimes de la guerre

Objectifs du chapitre	Ce chapitre vise à souligner l'implication des sociétés, des économies, des sciences et des techniques dans une guerre longue. On peut mettre en avant : • les dimensions économique, industrielle et scientifique de la guerre ; • les conséquences à court et long termes de la mobilisation des civils, notamment en ce qui concerne la place des femmes dans la société ; • le génocide des Arméniens, en articulant la situation des Arméniens depuis les massacres de 1894-1896 et l'évolution du conflit mondial.
Points de passage et d'ouverture	• Marie Curie dans la guerre. • 24 mai 1915 – La déclaration de la Triple Entente à propos des « crimes contre l'humanité et la civilisation » perpétrés contre les Arméniens de l'Empire ottoman. • Les grèves de l'année 1917.

Chapitre 3 Sortir de la guerre : la tentative de construction d'un ordre des nations démocratiques

Objectifs du chapitre	Ce chapitre vise à étudier les différentes manières dont les belligérants sont sortis de la guerre et la difficile construction de la paix. On peut mettre en avant : • le bilan humain et matériel de la guerre ; • les principes formulés par le président Wilson et la fondation de la Société des Nations ; • les traités de paix et la fin des empires multinationaux européens ; • les interventions étrangères et la guerre civile en Russie jusqu'en 1922 ; • les enjeux de mémoire de la Grande Guerre tant pour les acteurs collectifs que pour les individus et leurs familles.
Points de passage et d'ouverture	• 1919-1923 – Les traités de paix. • 1920 – Le soldat inconnu et les enjeux mémoriels. • 1922 – Le passeport Nansen et le statut des apatrides.

L'histoire au lycée

www.education.gouv.fr, 2019

L'HISTOIRE, UN ENSEIGNEMENT DE TRONC COMMUN EN 2DE, 1RE, TLE

Les enseignements de tronc commun	Les enseignements de spécialité (4 h en 1re, 6 h en Tle)
✔ Éducation physique et sportive	✔ Arts
✔ Enseignement moral et civique	✔ Histoire-géographie, géopolitique et sciences politiques
✔ Enseignement scientifique	✔ Humanités, littérature et philosophie
✔ Histoire-Géographie – 3 h par semaine	✔ Langues, littératures et cultures étrangères
✔ Langue vivante A et Langue vivante B	✔ Littérature, langues et cultures de l'Antiquité
✔ Français en 1re	✔ Mathématiques
✔ Philosophie en Tle	✔ Numérique et sciences informatiques
	✔ Physique-chimie
	✔ Sciences de la vie et de la Terre
	✔ Sciences de l'ingénieur
	✔ Sciences économiques et sociales

L'ÉVALUATION DE L'HISTOIRE AU BAC

L'histoire sera évaluée dans le cadre du contrôle continu.

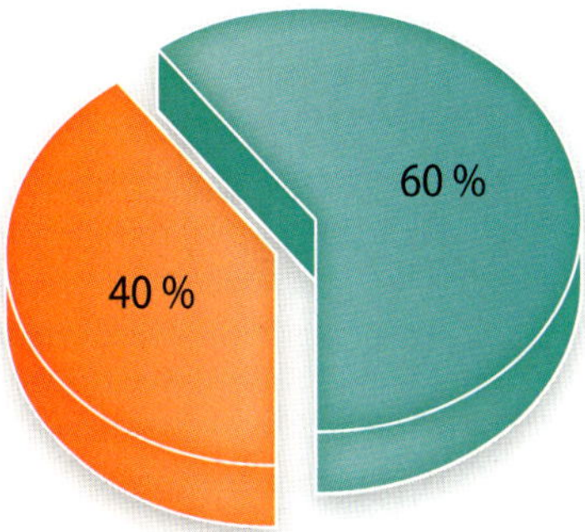

Les épreuves communes évaluées dans le contrôle continu

- **10 % de la note finale**
  Bulletins scolaires de 1re et Tle
- **30 % de la note finale des épreuves communes**
  - 2 sessions en 1re
  - 1 session en Tle

Les épreuves terminales

- **1 épreuve anticipée en 1re**
  Français (écrit et oral)
- **4 épreuves terminales**
  - 2 sur les 2 enseignements de spécialité choisis (écrit)
  - Philosophie (écrit)
  - Grand oral

Les épreuves communes

- Elles concernent les disciplines non évaluées lors des épreuves finales et la discipline de spécialité non poursuivie en Tle.
- Pour garantir l'égalité entre tous, les copies sont anonymes et corrigées par d'autres professeurs que ceux des élèves.
- Les sujets sont issus d'une banque nationale numérique.

Les informations relatives aux épreuves du baccalauréat seront actualisées sur les exemplaires élèves ainsi que sur le site

www.histoirelycee.magnard.fr

Sommaire

Thème 1 L'Europe face aux révolutions

Thème 2 La France dans l'Europe des nationalités : politique et société (1848-1871)

Sommaire

Thème 2

CHAPITRE 5
La France et la construction de nouveaux États par la guerre et la diplomatie

Thème 3 La IIIe République avant 1914 : un régime politique, un empire colonial

CHAPITRE 6
La mise en œuvre du projet républicain (1870-1914)

CHAPITRE 7
Permanences et mutations de la société française jusqu'en 1914

CHAPITRE 8
Métropole et colonies (1870-1914)

Sommaire

Thème 4 La Première Guerre mondiale : le « suicide de l'Europe » et la fin des empires européens

Capacités et méthodes

Les ressources numériques

Fiches d'activité imprimables
p. 15, p. 47, p. 77, p. 109, p. 137, p. 165, p. 195, p. 223, p. 253, p. 285, p. 313

Cartes interactives
p. 19, p. 51, p. 81, p. 113, p. 141, p. 169, p. 199, p. 227, p. 257, p. 289, p. 317

Des diaporamas
p. 40, p. 68

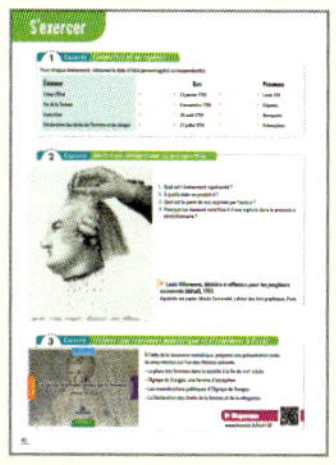

Des schémas animés
p. 45, p. 107, p. 135, p. 163, p. 193, p. 221, p. 251, p. 283, p. 311, p. 343

QCM interactifs
p. 45, p. 107, p. 135, p. 163, p. 193, p. 221, p. 251, p. 283, p. 311, p. 343

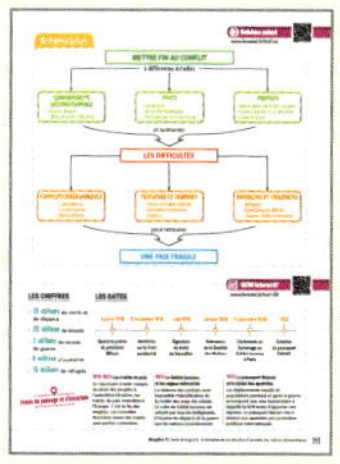

Parcours différenciés numériques
p. 31, p. 151, p. 185, p. 272

Des tutos vidéo
p. 68, p. 156, p. 277

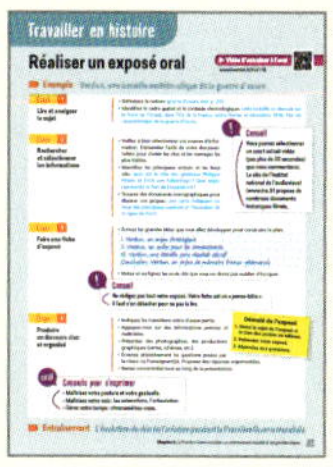

Les 27 cours en podcast

Capacités et méthodes

Bulletin officiel spécial n° 1 du 22 janvier 2019

MAÎTRISER ET UTILISER DES REPÈRES CHRONOLOGIQUES ET SPATIAUX

Connaître et se repérer	• Identifier et nommer les périodes historiques, les continuités et ruptures chronologiques. • Identifier et expliciter les dates et acteurs clés des grands événements. • Nommer et localiser les grands repères géographiques ainsi que les principaux processus et phénomènes étudiés. • Utiliser l'échelle appropriée pour étudier un phénomène.
Contextualiser	• Mettre un événement ou une figure en perspective. • Mettre en œuvre le changement d'échelles, ou l'analyse à différentes échelles (multiscalaire), en géographie. • Identifier les contraintes et les ressources d'un événement, d'un contexte historique, d'une situation géographique. • Mettre en relation des faits ou événements de natures, de périodes, de localisations différentes. • Confronter le savoir acquis en histoire et en géographie avec ce qui est entendu, lu et vécu.

S'APPROPRIER LES EXIGENCES, LES NOTIONS ET LES OUTILS DE LA DÉMARCHE HISTORIQUE ET DE LA DÉMARCHE GÉOGRAPHIQUE

Employer les notions et exploiter les outils spécifiques aux disciplines	• Employer les notions et le lexique acquis en histoire et en géographie à bon escient. • Transposer un texte en croquis. • Réaliser des productions graphiques et cartographiques dans le cadre d'une analyse. • Savoir lire, comprendre et apprécier une carte, un croquis, un document iconographique, une série statistique...
Conduire une démarche historique ou géographique et la justifier	• S'approprier un questionnement historique et géographique. • Construire et vérifier des hypothèses sur une situation historique ou géographique. • Justifier des choix, une interprétation, une production.
Construire une argumentation historique ou géographique	• Procéder à l'analyse critique d'un document selon une approche historique ou géographique. • Utiliser une approche historique ou géographique pour mener une analyse ou construire une argumentation.
Utiliser le numérique	• Utiliser le numérique pour réaliser des cartes, des graphiques, des présentations. • Identifier et évaluer les ressources pertinentes en histoire-géographie.

Capacités et méthodes dans le manuel

Méthodes Bac

L'analyse de documents

La réponse à un sujet

Méthodes • Travailler en histoire

Réussir en histoire en 1re

Travailler en autonomie

Des outils pour s'organiser

Des méthodes pour acquérir les capacités en Histoire

Exercer son esprit critique

Maîtriser les attendus du Bac

S'entraîner aux deux épreuves du Bac → sommaire p. 11

Analyse de documents

✔ 14 méthodes et sujets blancs

La réponse à un sujet

✔ 10 méthodes et sujets blancs

Des questions « Bac »

S'entraîner

Tout au long de l'année dans les points de passage et d'ouverture et les études

Mémoriser

Les cours en podcast à écouter

✔ mémoriser plus facilement

Des schémas animés

✔ retenir autrement l'essentiel du chapitre

Les grandes notions du chapitre

✔ Les visualiser et faire le lien avec les points de passage et d'ouverture et les études

Les points essentiels du chapitre dans les pages Réviser

S'évaluer

Des QCM interactifs

✔ vérifier ses connaissances

Progresser

4 parcours différenciés

✔ progresser à son rythme

✔ s'autoévaluer avec les parcours numériques

S'entraîner à l'oral

Des tutoriels vidéos

Une méthode

Des questions dédiées

CHAPITRE 1

La Révolution française et l'Empire : une nouvelle conception de la nation (1789-1815)

Pourquoi la période de la Révolution française et de l'Empire est-elle à l'origine d'une rupture politique majeure en France et en Europe ?

Cours I

En 1789, la Révolution française proclame la souveraineté de la nation et jette les bases d'une nouvelle culture politique. Après l'échec d'une réconciliation des Français au sein d'une monarchie constitutionnelle, la République est proclamée en 1792. Elle est confrontée à de vives oppositions intérieures et extérieures.

Cours II

Les révolutionnaires se divisent concernant la politique à mener pour défendre la République. La vie politique est marquée par la violence et l'instabilité. Malgré les victoires qui écartent la menace extérieure, la République s'affaiblit jusqu'à un coup d'État, en 1799.

Cours III

Napoléon Bonaparte consolide certains acquis de la Révolution et pose les bases de la France moderne. Cependant, il installe dès 1802 un pouvoir personnel contraire aux idéaux de 1789. Les guerres de conquête du Premier Empire en Europe engendrent un éveil des nationalités.

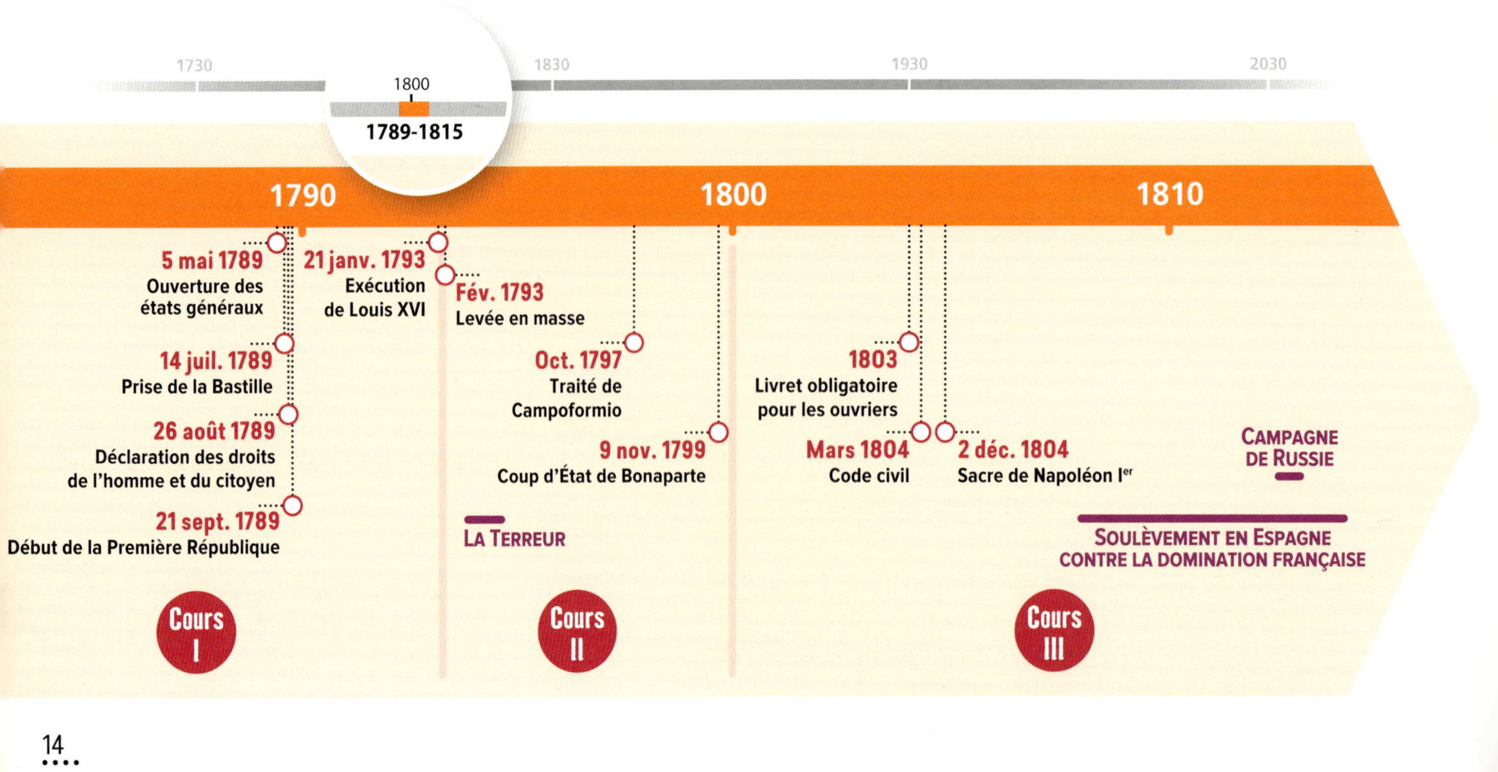

Cartes à jouer, 1700-1789. Gravure sur bois coloriée au pochoir (détail). BnF, Paris.

Jeu de cartes de l'an II, 1794. BnF, Paris.

▶ La révolution des droits de l'homme

« Amour sacré de la Patrie,
Conduis, soutiens nos bras vengeurs !
Liberté ! Liberté chérie,
Combats avec tes défenseurs ! »

Rouget de Lisle, *La Marseillaise* (ou *Chant de guerre pour l'armée du Rhin*), avril 1792.

Questions

1. Quelles figures ou symboles ont disparu du jeu de cartes en 1794 ?
2. Repérez les valeurs et les symboles de la Révolution sur les cartes de 1794.
3. Que révèlent ces jeux de cartes des changements introduits par la Révolution en France ?

Fiche d'activité
www.lienmini.fr/hist1-01

Notions

Une nouvelle conception de la nation (1789-1815)

La Révolution française ouvre une période de profondes transformations politiques. En opérant un transfert de **souveraineté** du roi sacré à la **nation**, elle marque l'entrée dans la modernité politique. Sur le plan social, elle met fin aux privilèges de l'Ancien Régime et proclame les **droits de l'homme** et du citoyen. La conception française de la nation se diffuse en Europe à l'occasion des guerres révolutionnaires.

L'arrivée au pouvoir de Bonaparte en 1799 assure la stabilisation politique mais au prix d'un retour au **césarisme** et d'une domination des nations européennes qui prend fin en 1815.

La souveraineté

Définition : droit d'exercer l'autorité politique sur un territoire et ses habitants.

Contexte : sous l'Ancien Régime, la souveraineté est entièrement détenue par le roi. En 1789, l'autorité est transférée à la nation. La souveraineté nationale est au fondement de la Déclaration des droits de l'homme et du citoyen. L'un des enjeux de la Révolution est le mode d'application de ce principe.

La nation, la loi et le roi.
Assiette en faïence, 1791. Cité de la céramique, Sèvres.

Point de passage et d'ouverture, p. 24
Le procès et la mort de Louis XVI

Étude, p. 28
Les sans-culottes, acteurs de la Révolution

La nation

Définition : communauté humaine qui a conscience de son unité (historique, linguistique, culturelle).

Contexte : dès la proclamation de l'Assemblée nationale le 17 juin 1789, le mot désigne la totalité des citoyens à qui est transférée l'autorité politique. Désormais, en France, celle-ci est indissociable de la notion de citoyenneté.

Les représentants de la nation prêtent serment. Jacques-Louis David, *Le Serment du Jeu de paume à Versailles le 20 juin 1789*, 1791. Dessin à la plume, Châteaux de Versailles et de Trianon, Versailles.

Étude, p. 30
La République en guerre contre l'Europe

Point de passage et d'ouverture, p. 22
Point de passage et d'ouverture, p. 24
Étude, p.28
Étude, p.30
Étude, p. 31

1789 – 1791 – 1793 – 1795 – 1797 – 1799 – 1801

- **1791** Installation de Manon Roland à Paris
- **21 janvier 1793** Exécution de Louis XVI
- **20 mai 1795** Dernière insurrection parisienne des sans-culottes
- **18 octobre 1797** Traité de Campoformio
- **15 juillet 1801** Concordat

MONARCHIE ABSOLUE – MONARCHIE PARLEMENTAIRE – CONVENTION NATIONALE – DIRECTOIRE – CONSULAT

PREMIÈRE RÉPUBLIQUE

La Révolution, une rupture majeure

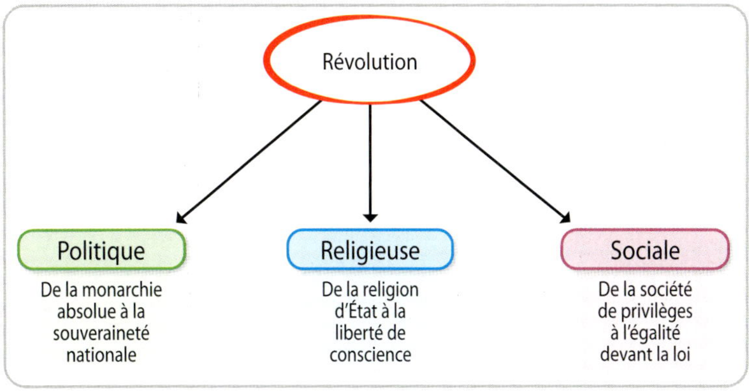

« Les nations sont entre elles, dans l'ordre politique, ce que sont entre eux les individus dans l'ordre social. Elles ont comme eux des droits respectifs : […] l'indépendance, la sûreté au-dehors, l'unité au-dedans, qu'un peuple ne saurait perdre qu'arrachés par la force […]. »

Lazare Carnot, 14 février 1793.

Les droits de l'homme

Définition : droits universels reconnus à chaque être humain.

Contexte : le 26 août 1789, les députés de l'Assemblée nationale présentent la Déclaration des droits de l'homme et du citoyen. Elle définit à la fois les bases d'une nouvelle organisation politique et sociale en France mais aussi un projet qui se veut universel.

La Déclaration des droits de l'homme et du citoyen, Niquet le Jeune, 1789. Eau-forte coloriée, 25 x 33 cm. BnF, Paris.

Point de passage et d'ouverture, p. 22
Madame Roland, une femme en révolution

Point de passage et d'ouverture, p. 34
Le Code civil (1804)

Étude, p. 31
L'Église et la Révolution

Le césarisme

Définition : régime politique autoritaire inspiré de l'Antiquité romaine où le général Jules César partageait le pouvoir avec le Sénat de Rome.

Contexte : en instaurant un pouvoir personnel et autoritaire tout en maintenant les apparences de la démocratie, Napoléon installe un régime qui remet en cause le principe de la souveraineté nationale proclamé en 1789.

L'aigle impérial, référence au modèle romain.
Voyage à l'Île d'Elbe, dessin, vers 1814.

Étude, p. 36
Napoléon et la campagne de Russie (1812)

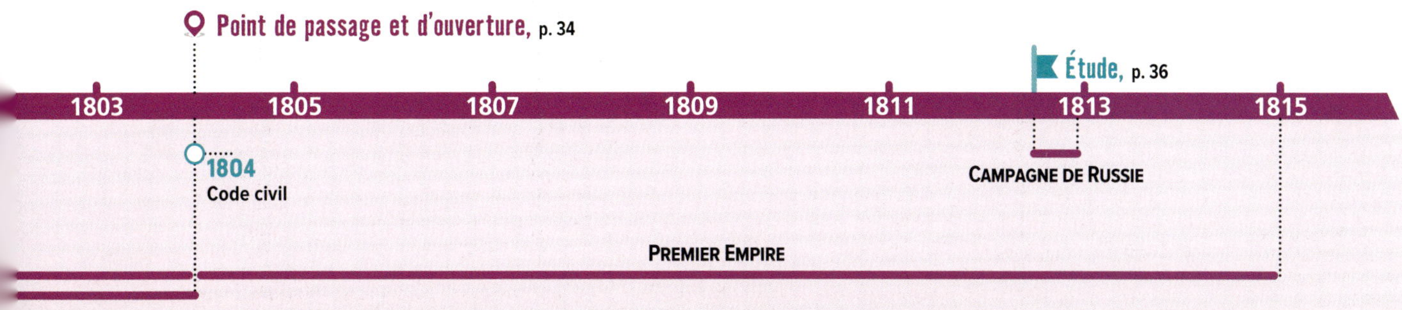

Cartes

La France révolutionnaire et l'Europe

Née à Versailles et Paris, la Révolution se propage à la France entière au cours de l'été 1789. Dans un contexte de guerre civile et de menaces extérieures, **la nation affirme sa souveraineté** (doc. 1). L'instabilité politique se poursuit tout au long des années 1790. Les Français restent profondément divisés. **La République dans la tourmente** (doc. 2) conduit également une guerre extérieure qui se transforme en entreprise de conquête. **Napoléon Bonaparte** rétablit la stabilité mais la France passe **de la république à l'Empire**, dominant l'Europe jusqu'à son effondrement en 1815 (doc. 3).

1 ▶ La nation affirme sa souveraineté (1789-1793)

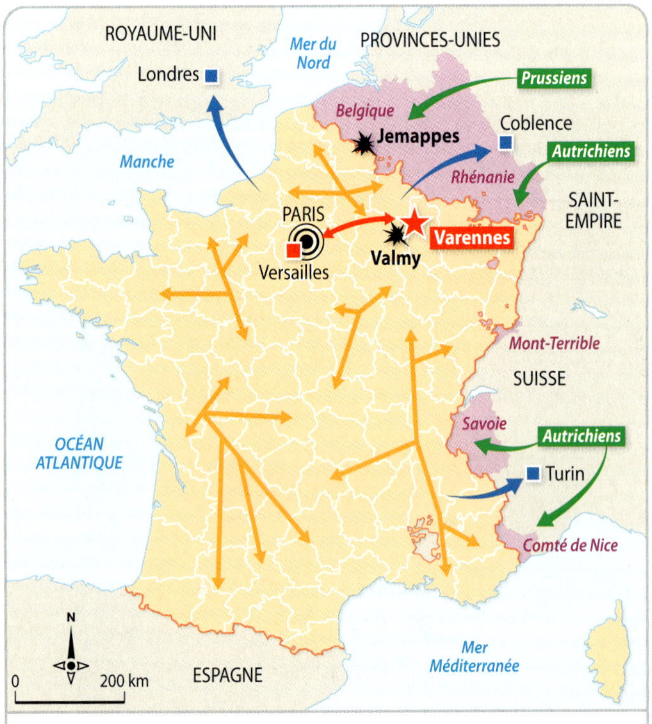

1. La fin de l'absolutisme
- Épicentre de la Révolution politique
- Épicentre de la Révolution sociale
- La Grande Peur

2. Une nouvelle organisation territoriale
- La France des 83 départements

3. De fortes tensions
- Émigration des nobles (à partir de l'été 1789)
- Fuite et retour forcé du roi
- Menace étrangère
- Région occupée par la France en 1792
- Victoire militaire

Cours I p. 20

2 ▶ La République dans la tourmente (1793-1799)

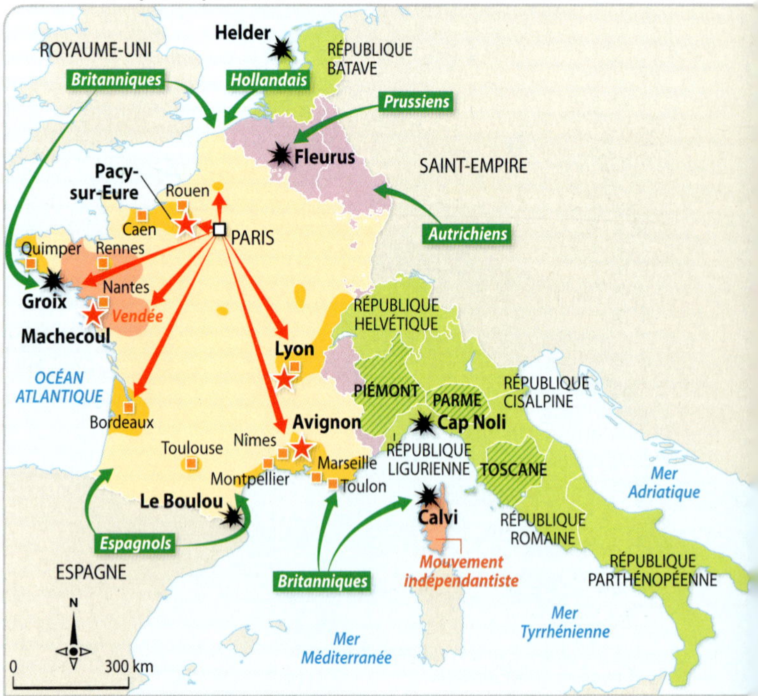

1. Les menaces extérieures
- Coalition étrangère
- Bataille
- Annexion par la France
- Territoire occupé par la France
- République sœur créée par la France

2. Les menaces intérieures
- Bastion et zone d'insurrection fédéraliste
- Régions de révolte
- Répression républicaine
- Combats

Cours II p. 26

Cartes interactives
www.lienmini.fr/hist1-02

3 ▶ Napoléon Bonaparte, de la République à l'Empire (1799-1815)

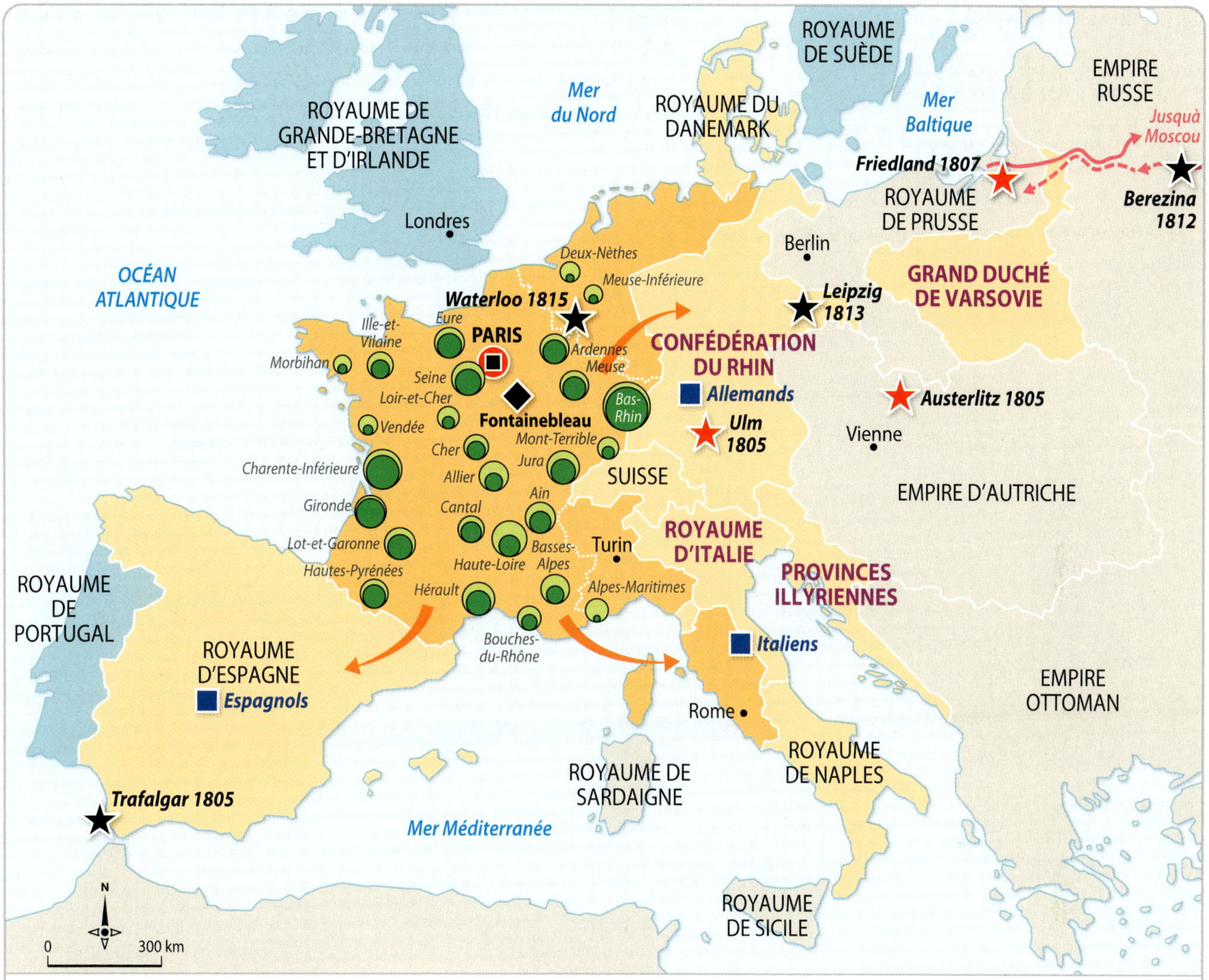

LA FRANCE DE BONAPARTE À NAPOLÉON

1. Le Consulat

- Coup d'État du 18 Brumaire (9 novembre 1799)

Plébiscite de l'an VIII, approbation de la Constitution (décembre 1799)

- 50 / 15 / 2 Nombre de votes positifs, en milliers
- Réels
- Truqués

2. L'Empire

- Sacre, Bonaparte devient Napoléon Ier (1804)
- Le grand empire des 130 départements (1811)

LA FRANCE DOMINE L'EUROPE

- Expansion française
- État dépendant
- Victoire française
- ROYAUME D'ITALIE Diffusion du Code civil (à partir de 1806)

LE REFUS DE LA DOMINATION FRANÇAISE

- Mouvement national
- Adversaires constants
- Défaite

Campagne de Russie (1812)

- Grande armée
- Retraite
- Abdication de Napoléon Ier (1814)
- Frontière de 1815

Cours III p. 32

Questions

1 À quelles menaces extérieures la République doit-elle faire face entre 1789 et 1793 ? **(doc. 1)**

2 Quelles sont les fragilités internes de la France républicaine entre 1793 et 1799 ? **(doc. 2)**

3 Pourquoi peut-on parler d'un « système napoléonien » en Europe en 1811 ? **(doc. 3)**

4 Décrivez l'évolution de la situation française à partir de 1812 ? **(doc. 3)**

Cours

PLAN

▶ **Louis XVI porte la cocarde tricolore**
Caricature, 17 juillet 1789.

Vocabulaire

Club : association rassemblant des adhérents partageant des positions communes sur les grands débats politiques.
Convention : assemblée élue au suffrage universel en 1792. Elle abolit la monarchie et fonde la Première République.
Émigration : départ des aristocrates français hostiles à la Révolution. De l'étranger, ils tentent d'allumer des foyers de contre-révolution.
Girondins : républicains modérés au pouvoir de septembre 1792 à juin 1793. Issus de la bourgeoisie, ils veulent mettre rapidement fin à l'instabilité révolutionnaire.
Monarchie constitutionnelle : régime dans lequel le pouvoir du roi est limité par une constitution.
Suffrage censitaire : système qui réserve le droit de vote aux citoyens payant un impôt minimum (cens).
Suffrage universel masculin : en 1792, le droit de vote est élargi à tous les hommes de plus de 21 ans.

I La nation affirme sa souveraineté (juin 1789-janvier 1793)

Pourquoi l'année 1789 initie-t-elle une rupture politique majeure ?

A. La fin de l'absolutisme

• **Le pouvoir à la nation.** Le 5 mai 1789, la première séance des états généraux s'ouvre à Versailles. Ils ont été convoqués par Louis XVI pour sortir la monarchie de l'impasse financière. Le discours d'ouverture prononcé par Necker freine les espoirs nés de la rédaction des cahiers de doléances. Le roi refuse que les trois ordres siègent ensemble et rejette le vote par tête. Face au blocage, les députés du tiers état se proclament Assemblée nationale le 17 juin. Le 20 juin, dans la salle du Jeu de paume, ils prêtent serment de donner une Constitution au royaume. Le 9 juillet, les députés réunis se proclament Assemblée nationale constituante. La révolution politique met fin à l'absolutisme en transférant le pouvoir législatif du roi à l'Assemblée.

• **L'irruption du peuple dans la Révolution.** À Paris, la tension monte face à la crise économique et aux rumeurs de rassemblement de troupes. Le 14 juillet, des centaines de Parisiens des faubourgs, en quête d'armes, se dirigent vers la Bastille qui est prise d'assaut. En province, les gardes nationales remplacent les pouvoirs municipaux. Dans les campagnes, la Grande Peur se diffuse dans plusieurs régions : les paysans brûlent les châteaux pour détruire les registres des droits seigneuriaux. Les députés répondent par le vote du décret abolissant les privilèges (4 août).

• **L'apprentissage de la politique.** Une opinion publique se forme grâce à la multiplication des journaux et des clubs. Celui des Jacobins rassemble de nombreux députés et s'appuie sur un réseau de clubs affiliés en province. Celui des Cordeliers, plus populaire, est très actif lors des journées révolutionnaires. Des femmes engagées, comme Manon Roland, revendiquent le statut de citoyenne.

Point de passage et d'ouverture, p. 22

B. Les débuts d'une France nouvelle

• **Des principes nouveaux.** Le 26 août, la Déclaration des droits de l'homme et du citoyen proclame la souveraineté de la nation, la séparation des pouvoirs et la primauté de la loi. Les citoyens, égaux devant la loi et l'impôt, disposent des libertés d'opinion, d'expression et de conscience religieuse.

• **La réorganisation de la société.** Les anciennes divisions territoriales sont remplacées par 83 départements en 1790. Les élections sont généralisées à l'essentiel des fonctions administratives et judiciaires. Après la nationalisation des biens de l'Église en novembre 1789, la constitution civile du clergé du 12 juillet 1790 impose aux clercs, salariés par l'État, de prêter serment de fidélité à la nation.

• **Une nouvelle symbolique nationale.** Elle se structure autour d'une devise (Liberté, Égalité, Fraternité), des allégories (Liberté, Marianne), des fêtes et des chants (*La Marseillaise, La Carmagnole*). Les républicains instaurent un nouveau calendrier qui démarre rétrospectivement en l'an I de la République (22 septembre 1792).

• **Un compromis politique.** Deux ans sont nécessaires à la rédaction de la Constitution (septembre 1791). Le roi dispose du pouvoir exécutif et d'un droit de veto suspensif sur les décisions de l'Assemblée nationale, détentrice du pouvoir législatif. Cette dernière est élue pour deux ans au suffrage censitaire.

Cours en podcast
QCM interactif
www.lienmini.fr/hist1-03

C. L'échec de la monarchie constitutionnelle

• **Le divorce entre le roi et la nation.** Arrêtée à Varennes le 21 juin 1791 après une tentative de fuite pour rejoindre l'émigration, la famille royale est ramenée sous escorte à Paris. Le 17 juillet, au Champ-de-Mars, la répression d'une manifestation réclamant la déchéance du roi fait une cinquantaine de morts. Cette fusillade signe le divorce entre les démocrates révolutionnaires et la majorité de l'Assemblée.

• **La « patrie en danger ».** Louis XVI, qui espère qu'une intervention militaire de l'Autriche pourra le rétablir dans son pouvoir, favorise l'arrivée au gouvernement de ministres girondins favorables à la guerre révolutionnaire. Le 20 avril 1792, la France déclare la guerre à l'Autriche. Mais les défaites s'accumulent. La proclamation de la « patrie en danger » le 11 juillet entraîne l'afflux dans la capitale de nombreux volontaires et maintient une atmosphère de tension.

• **L'instauration de la République.** Dans un contexte de fortes tensions, le palais royal des Tuileries est envahi par le peuple parisien. L'Assemblée, sous la pression populaire, suspend le roi le 10 août et décide l'élection d'une Convention au suffrage universel. Les élections de septembre ont lieu dans une atmosphère trouble (rumeurs d'invasion, massacres dans les prisons parisiennes). Le 21 septembre, au lendemain de la victoire de Valmy sur l'armée prussienne qui éloigne un temps la menace extérieure, la Convention abolit la royauté. Le 25 septembre, la République est déclarée « une et indivisible ». Le sort du roi divise alors les conventionnels. Après un procès de deux semaines, la mort est votée à une courte majorité. Louis XVI est guillotiné le 21 janvier 1793. Le transfert de souveraineté du roi à la nation initié en 1789 est dorénavant sans retour.

Point de passage et d'ouverture, p. 24

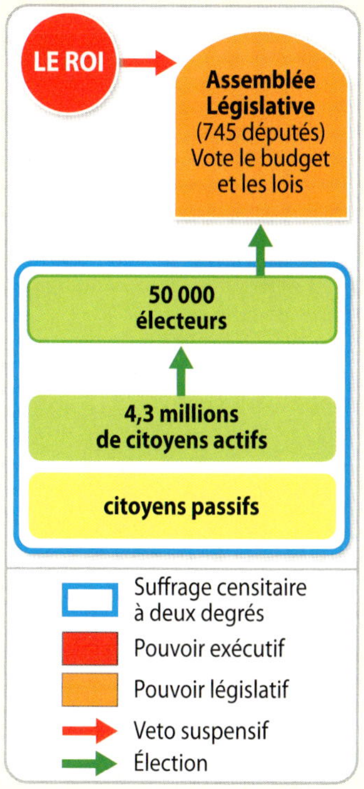

La Constitution de 1791

14 juillet 1789

La prise de la Bastille, symbole de l'absolutisme au cœur de Paris, marque l'irruption du peuple dans la Révolution. La journée est immédiatement perçue comme un tournant majeur par les contemporains.

Un an plus tard, le 14 juillet 1790, la fête de la Fédération en commémore le souvenir.

En 1880, la IIIe République fait du 14-Juillet la fête nationale française.

Claude Cholat, *Prise de la Bastille*, 1789.
Aquarelle. Musée Carnavalet, Paris.

Point de passage et d'ouverture

Madame Roland, une femme en révolution

Que révèle l'engagement de Madame Roland des pratiques et des luttes politiques pendant la Révolution française?

Promue au XIXe siècle par l'écrivain Alphonse de Lamartine au rang des grandes héroïnes révolutionnaires, Manon Roland joue un rôle central au sein du groupe des girondins.

1 ▶ Manon Roland, une actrice de la Révolution
Portrait de Madame Roland, école française, fin du XVIIIe siècle. Huile sur toile, 64 x 54 cm. Musée Lambinet, Versailles.

1754 Naissance de Jeanne Marie (Manon) Philipon à Paris, dans la famille d'un maître-graveur.

1777 Rédaction du discours « Comment l'éducation des femmes pourrait contribuer à rendre les hommes meilleurs » pour l'Académie de Besançon.

1780 Mariage avec Jean-Marie Roland de La Platière, inspecteur des Manufactures.

1789 Encourage depuis Lyon la mise en place d'un réseau de clubs.

1791 Installation à Paris après l'élection de son mari comme député.

1793 – 2 juin : arrestation en même temps que les principaux députés girondins.
– 8 novembre : procès et exécution.

2 ▶ Le salon de Manon Roland à Paris

« Brissot[1] vint nous visiter [...]. Il nous fit connaître ceux des députés que d'anciennes relations ou la seule conformité des principes et le zèle de la chose publique réunissaient fréquemment pour conférer[2] sur elle. Il fut même arrangé que l'on viendrait chez moi quatre fois la semaine dans la soirée, parce que j'étais sédentaire, bien logée, et que mon appartement se trouvait placé de manière à n'être fort éloigné d'aucun de ceux qui composaient ces petits comités.

Cette disposition me convenait parfaitement; elle me tenait au courant des choses auxquelles je prenais un vif intérêt; elle favorisait mon goût pour suivre les raisonnements politiques et étudier les hommes. Je savais quel rôle convenait à mon sexe, et je ne le quittais jamais. Les conférences se tenaient en ma présence sans que j'y prisse aucune part; placée hors du cercle et près d'une table, je travaillais des mains, ou faisais des lettres, tandis que l'on délibérait. »

Mémoires particuliers de Madame Roland, 1793.

1. Jacques Pierre Brissot, chef de file des Girondins.
2. Discuter.

3 ▶ Manon Roland devant le Tribunal révolutionnaire

« L'on me demanda si, dans le temps de la Convention, je ne voyais pas souvent tels députés, et l'on dénomma les proscrits et les condamnés[1] [...]. J'avais à expliquer que je voyais quelquefois quelques-uns de ces députés comme des amis avec lesquels Roland et moi nous étions liés du temps de l'Assemblée constituante; quelques autres par occasion, comme connaissances et amenés par leurs collègues, et que je n'avais jamais vu plusieurs d'entre eux; que d'ailleurs il n'y avait jamais eu chez Roland de comités, ni de conférences, mais qu'on y parlait seulement, en conversations publiques, de ce dont s'occupait l'Assemblée, et de ce qui intéressait tout le monde. La discussion fut longue et difficile, avant que je pusse faire inscrire mes réponses; on voulait que je les fisse par oui et par non; on m'accusa de bavardage; on dit que nous n'étions pas là au ministère de l'Intérieur pour y faire de l'esprit; [...] c'était une vexation réelle. »

Mémoires particuliers de Madame Roland, 1793.

1. Les girondins.

4 ▶ Madame Roland, l'égérie girondine

Cette gravure du XIXe siècle représente Manon Roland dans son salon. Ouvert en 1791, il devient un lieu clé de l'élaboration de la pensée girondine face aux montagnards. Madame Roland y reçoit les principaux acteurs de la Révolution.

5 ▶ La Révolution contre les femmes ?

« Aux républicaines.

En peu de temps le tribunal révolutionnaire vient de donner aux femmes un grand exemple qui ne sera sans doute pas perdu pour elles ; car la justice, toujours impartiale, place sans cesse la leçon à côté de la sévérité. […] Olympe de Gouges[1] voulut être homme d'État, et il semble que la loi ait puni cette conspiratrice d'avoir oublié les vertus qui conviennent à son sexe. La femme Roland, bel esprit à grands projets […] fut un monstre sous tous les rapports. […] le désir d'être savante la conduisit à l'oubli des vertus de son sexe, et cet oubli, toujours dangereux, finit par la faire périr sur l'échafaud. Femmes ! Voulez-vous être républicaines ? […] soyez simples dans votre mise, laborieuses dans votre ménage ; ne suivez jamais les assemblées populaires avec le désir d'y parler. »

Gazette nationale, n° 59, 17 novembre 1793.

1. Auteure d'un projet de Déclaration des droits de la femme et de la citoyenne, en 1791.

Vocabulaire

Club : voir p. 20

Girondins : voir p. 20

Salon : lieu de rencontres mondaines, organisées le plus souvent par des femmes riches et cultivées, entre artistes, philosophes et élite bourgeoise.

Tribunal révolutionnaire : cour de justice d'exception créée à Paris sous l'impulsion de Danton (mars 1793-mai 1795). C'est l'un des instruments de la Terreur.

Notion

Les droits de l'homme : voir p. 17

Questions

IDENTIFIER

1. Dans quel milieu social Manon Roland grandit-elle ? **(doc. 1)**
2. Comment se traduit son enthousiasme précoce pour la Révolution ? **(doc. 1)**

ANALYSER

3. Replacez l'engagement de Manon Roland dans le conflit qui oppose girondins et montagnards. **(doc. 1 à 4)**
4. Quelle place occupent les femmes dans la Révolution ? **(doc. 1 à 4)**

ARGUMENTER ET RÉDIGER

5. Que montre le parcours de Madame Roland des pratiques politiques sous la Révolution ?

Bac

6. Montrez l'intérêt et les limites du choix de la figure de Madame Roland pour comprendre les pratiques politiques pendant la Révolution française.

Point de passage et d'ouverture

Le procès et la mort de Louis XVI

Louis XVI

(1754-1793)

Sacré en 1775, il abandonne en 1791 le titre de roi de France pour celui de roi des Français. En septembre 1792, la royauté est abolie. Relégué au rang de simple citoyen, il est appelé Louis Capet. C'est le dernier roi de la monarchie absolue française.

Quels sont les enjeux du procès du roi qui s'ouvre à la Convention le 10 décembre 1792 ?

Le 10 août 1792, l'arrestation de Louis XVI et de sa famille marque la fin de la royauté. La question du sort à réserver au roi déchu divise les révolutionnaires. À l'issue d'un procès qui se déroule entre le 10 et le 26 décembre, il est déclaré coupable de conspiration contre la liberté et d'attentat contre la sûreté de l'État.

1 ▸ La famille des cochons ramenée dans l'étable

Caricature de la fuite ratée de la famille royale, les 20 et 21 juin 1791. Gravure d'époque coloriée. Musée Carnavalet, Paris.

2 ▸ L'opinion de Condorcet

« Notre sévérité effraiera-t-elle, irritera-t-elle les rois ennemis et les dévots de la royauté ? L'opinion encore chancelante de plusieurs peuples sera-t-elle aliénée ou encouragée ? [...] Juger un roi accusé est un devoir ; lui pardonner peut être un acte de prudence ; en conserver la possibilité est un acte de sagesse dans ceux à qui les destinées politiques de la Nation ont été confiées. »

Condorcet, député girondin, décembre 1792.

3 ▸ L'opinion de Robespierre

« Il n'y a point de procès à faire. Louis n'est point un accusé, vous n'êtes point des juges ; vous êtes, vous ne pouvez être que des hommes d'État et les représentants de la Nation. Vous n'avez point une sentence à rendre pour ou contre un homme, mais une mesure de salut public à prendre [...]. Louis est détrôné par ses crimes ; Louis dénonçait le peuple français comme rebelle ; il a appelé, pour le châtier, les armes des tyrans ses confrères. La victoire et le peuple ont décidé que lui seul était rebelle. Louis ne peut donc être jugé, il est déjà condamné [...]. Proposer de faire le procès à Louis XVI, [...] c'est mettre la révolution elle-même en litige. »

Robespierre, député montagnard, discours à la Convention, 3 décembre 1792.

4 ▶ L'exécution de Louis XVI sur la place de la Révolution
Gravure d'après un dessin de Fious, XIXe siècle. Musée Carnavalet, Paris.
L'exécution a lieu le 21 janvier 1793. 366 députés sur 721 se sont prononcés en faveur de la mort.

Notion
La souveraineté : voir p. 16

5 ▶ Le tyran n'est plus

« Le tyran n'est plus, il a trop vécu pour le malheur du peuple français […]. Faisons en sorte de ne jamais vivre sous le régime de la royauté. […] Nous avons été huit jours occupés du jugement du dernier roi ; enfin, il a été décrété qu'il perdrait la vie. […] Il a été exécuté ce matin à 10 heures 34 minutes.

Il a voulu haranguer le peuple, il a dit qu'il mourait innocent (le traître ! innocent quelle imposture), qu'il pardonnait à ses ennemis, qu'il espérait que son peuple fût heureux (un bourreau, un assassin peut-il parler ainsi ?). Il voulait continuer, mais le Commandant général a donné le signal et sur le champ, sa tête est tombée sur l'échafaud. Que les Parisiens se sont montrés majestueux et grands dans cette occasion, ils n'ont manifesté ni joie ni douleur, le calme le plus profond régnait. »

Lettre à un ami du député à la Convention Jacques Pelletier (du Cher), postée de Paris, le 21 janvier 1793.

Questions

ANALYSER

1. Quel événement historique contribue à créer une rupture entre le roi et les Français ? **(doc. 1 et cours I p. 20)**
2. De quoi Louis XVI est-il reconnu coupable ? Quel est le verdict ? **(doc. 4 et 5)**

CONFRONTER

3. En quoi les points de vue de Condorcet et de Robespierre sur le jugement de Louis XVI diffèrent-ils ? **(doc. 2 et 3)**
4. Comment les documents rendent-ils compte du tournant que cette journée constitue dans le processus révolutionnaire ? **(doc. 4 et 5)**

ARGUMENTER ET RÉDIGER

5. Montrez comment le procès et la mort du roi traduisent le transfert de souveraineté qui s'opère durant la Révolution française.

Bac

6. En quoi ces documents se complètent-ils pour montrer que le roi est à la fois acteur et victime de la violence de la période révolutionnaire ? **(doc. 1 et 5)**

Cours

PLAN

II La République dans la tourmente (1793-1799)

Pourquoi la République échoue-t-elle à restaurer la stabilité ?

A. Étendre la République : le choix des girondins de poursuivre la guerre

• **La Convention girondine.** Depuis septembre 1792, les girondins dominent la Convention. À partir de janvier 1793, la guerre défensive se transforme en entreprise de conquête afin de diffuser les idéaux révolutionnaires. L'Angleterre refuse d'accepter les annexions françaises comme en Belgique et forme une coalition contre la France, bientôt expulsée de ses conquêtes et envahie.

• **La guerre civile.** Face à la menace, la Convention décrète la levée en masse de 300 000 hommes en février 1793, déclenchant le soulèvement des départements de l'Ouest, comme la Vendée, déjà mobilisés pour la défense de la monarchie et de l'Église. Dans ce contexte de guerre civile, la Convention forme un Comité de salut public en mars pour coordonner les mesures de défense intérieure et extérieure.

• **La chute des girondins.** La misère et les menaces extérieures exacerbent la colère des sans-culottes. Sous la pression populaire, les girondins acceptent la création du Tribunal révolutionnaire et le blocage des prix des denrées de première nécessité (loi du Maximum général) défendus par les montagnards qui se rapprochent des sans-culottes. Une nouvelle journée d'émeute populaire, le 2 juin, contraint la Convention à arrêter les députés girondins. Plusieurs villes et 60 départements se soulèvent contre le pouvoir parisien. C'est l'insurrection fédéraliste.

Études, p. 28 et p. 30

B. Défendre la République : la logique de terreur des montagnards

• **La Convention montagnarde.** Portés au pouvoir par les sans-culottes, les montagnards font adopter le 24 juin 1793 la Constitution de l'an I qui établit une république démocratique. Une nouvelle Déclaration des droits complète celle de 1789 et affirme l'égalité comme un droit naturel. Mais l'instabilité en rend l'application impossible : la Constitution est suspendue et le gouvernement est déclaré révolutionnaire jusqu'à la paix.

• **Terreur et violence politique.** Le Comité de salut public, dominé par Robespierre, assure la direction du pays et met en place la Terreur. Le Comité de sûreté générale fait appliquer les mesures d'exception : loi des suspects (arrestation des opposants supposés), seconde levée en masse, dirigisme économique. Le pouvoir parisien est relayé en province par des représentants en mission et des comités de surveillance. La violence populaire contre les prêtres réfractaires et toute forme d'opposition se déchaîne.

• **La fin des montagnards.** Fin 1793, la situation intérieure s'est améliorée : une sévère répression a mis un terme à la révolte fédéraliste et à l'insurrection vendéenne. Aux frontières, après la victoire de Fleurus dans les Pays-Bas

Georges Danton (1759-1794)
Avocat de formation, ses talents d'orateur au club des Cordeliers en font une figure majeure de la Révolution. Il intègre le gouvernement à la chute de la monarchie. Montagnard opposé à Robespierre, il est victime de la Terreur qu'il a en partie initiée.

Vocabulaire

Comité de salut public : institution dotée des pleins pouvoirs, pour un temps limité et sous le contrôle de la Convention, chargée de prendre les mesures d'urgence.
Comité de sûreté générale : comité d'assemblée parlementaire créé par la Convention, chargé de la police politique.
Montagnards : groupe disparate de députés qui siègent sur les gradins du haut de l'assemblée. Proches des sans-culottes, ils défendent une démocratie égalitaire.
Républiques sœurs : États créés par la France dans les pays conquis entre 1795 et 1799.
Terreur : période durant laquelle un gouvernement révolutionnaire impose des mesures dictatoriales pour vaincre la contre-révolution (septembre 1793-juillet 1794).
Thermidoriens : députés de la Convention qui prennent le pouvoir après la chute de Robespierre.

autrichiens (26 juin 1794), la menace d'invasion s'éloigne. Les montagnards se divisent : ceux qui veulent arrêter la Terreur, comme Danton, sont exécutés, accusés de faiblesse. Isolé, Robespierre renforce son pouvoir sur le Comité de salut public et s'enferme dans une dictature personnelle. Le 27 juillet, ses partisans et lui sont arrêtés et exécutés sans jugement.

Cours en podcast
QCM interactif
www.lienmini.fr/hist1-04

C. La République confisquée par la bourgeoisie

• **La Convention thermidorienne.** Après le traumatisme de la Terreur, les républicains modérés comme Boissy d'Anglas et les thermidoriens restaurent une stabilité momentanée : la loi des suspects est abrogée, la liberté économique rétablie, le club des Jacobins fermé. En septembre 1795, une nouvelle Constitution confie le pouvoir législatif à deux Conseils (Anciens et Cinq cents). Le pouvoir exécutif revient à cinq Directeurs, d'où le nom de Directoire. Un décret de 1795 tente de trouver un équilibre sur la difficile question religieuse.

• **Les échecs de la République des propriétaires.** Le suffrage censitaire qui réserve le droit de vote à une minorité aisée de 30 000 propriétaires mécontente les sans-culottes. La crise économique et sociale entraîne un retour des inégalités et provoque des insurrections populaires en avril et mai 1795. À l'extérieur, depuis le printemps 1794, les conquêtes ont repris. Les succès militaires entraînent la création de Républiques sœurs contraintes de participer à l'effort de guerre. Après sa campagne victorieuse en Italie, le général Bonaparte signe le traité de Campoformio avec l'Autriche (octobre 1797).

• **Une République de plus en plus fragile.** Les élections fréquentes placent le Directoire sous la double menace royaliste et jacobine. Face au succès électoral des royalistes en 1797, puis des jacobins en 1798, les élections sont annulées. Élu Directeur en 1799, Emmanuel-Joseph Sieyès cherche alors un homme fort pour imposer une réforme de la Constitution. Bonaparte, fort de ses succès en Italie, organise un coup d'État le 9 novembre 1799. Il se pose en sauveur de la République qu'il entend stabiliser.

Études, p. 30 et p. 31

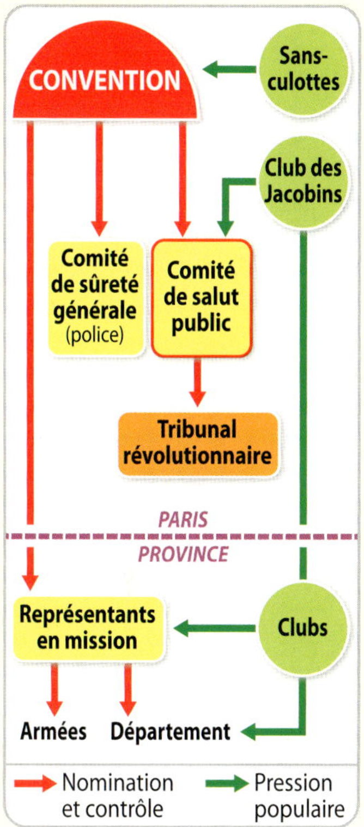

▶ La Convention, une assemblée sous influence

Maximilien Robespierre

Avocat, député aux états généraux, figure centrale du club des Jacobins, Robespierre (1758-1794) est élu à la Convention en septembre 1792. Durant le procès de Louis XVI, il s'oppose aux appels à la clémence des girondins dont il devient l'un des principaux adversaires au sein du groupe des montagnards.

Son arrestation, en juillet 1794, met fin à la Terreur durant laquelle sont guillotinées environ 16 000 personnes.

Jean-Joseph-François Tassaert et Fulchran-Jean Harriet, *L'Arrestation de Maximilien Robespierre (27 juillet 1794)*, vers 1796. Estampe. Musée Carnavalet, Paris.

Étude

Les sans-culottes, acteurs de la Révolution

10 août 1792 — Prise des Tuileries
2-5 sept. 1792 — Les sans-culottes massacrent 1 500 détenus dans les prisons parisiennes
2 mai 1793 — Les sans-culottes encerclent la Convention pour obtenir l'arrestation des girondins
20 mai 1795 — Dernière insurrection des sans-culottes à Paris, réprimée par l'armée

Quelle est l'influence des sans-culottes sur le déroulement du processus révolutionnaire?

Les sans-culottes, qui apparaissent dans le paysage politique dès 1789, se présentent comme une émanation du peuple. Favorables à une République égalitaire et à la mise en place d'une démocratie directe, ils pèsent, y compris par la violence, sur la vie politique.

1 ▶ Le sans-culotte, avant-garde de la révolution

« C'est un être qui va toujours à pied, qui n'a point de millions, point de château, point de valets pour le servir [...]. Il est utile, il sait labourer, forger, scier, et versera jusqu'à la dernière goutte de son sang pour le salut de la République. »

Le Père Duchesne, journal révolutionnaire, 1793.

Louis Léopold Boilly, *Portrait du chanteur Simon Chenard en costume de sans-culotte, portant un drapeau à la fête de la liberté de la Savoie, le 14 octobre 1792*, vers 1792. Huile sur toile, 33,5 x 22,5 cm. Musée Carnavalet, Paris.

2 ▶ La diffusion des idéaux révolutionnaires

« Ah! ça ira, ça ira, ça ira,
Le peuple en ce jour sans cesse répète,
Ah! ça ira, ça ira, ça ira,
Malgré les mutins tout réussira. [...]
L'aristocratie dit "mea culpa".
Ah! ça ira, ça ira, ça ira.
Le clergé regrette le bien qu'il a,
Par justice la nation l'aura,
Par le prudent La Fayette,
Tout trouble s'apaisera,
Ah! ça ira, ça ira, ça ira.
Par les flambeaux de l'auguste Assemblée,
Ah! ça ira, ça ira, ça ira
Le peuple armé toujours se gardera. [...]
Quand l'aristocrate protestera,
Le bon citoyen au nez lui rira,
Sans avoir l'âme troublée,
Toujours le plus fort sera. »

Chant révolutionnaire (extrait), 1790.

3 ▶ Le mouvement populaire, un sujet d'opposition

« Robespierre nous accuse d'être devenus tout à coup des modérés. [...] Non, je ne le suis pas [...]. Je sais aussi que dans des temps révolutionnaires, il y aurait autant de folie à prétendre calmer à volonté l'effervescence du peuple, qu'à commander aux flots de la mer d'être tranquilles quand ils sont battus par les vents. Mais c'est au législateur à prévenir autant qu'il peut les désastres de la tempête par de sages conseils; et si, sous prétexte de révolution, il faut, pour être patriote, se déclarer le protecteur du meurtre et du brigandage, je suis *modéré*. »

Discours du girondin Pierre Victurnien Vergniaud (1753-1793) à la Convention, 10 avril 1793.

Vocabulaire

Sans-culottes : nom que se donnent, sous la Révolution, les citoyens des villes engagés dans la défense active du processus révolutionnaire. Ils sont reconnaissables au port du pantalon (contre la « culotte » aristocratique), du bonnet phrygien et de la cocarde tricolore.

Terreur : voir p. 26

Notion

La souveraineté : voir p. 16

4 ▶ Boissy d'Anglas salue la tête du député Jean Féraud à la Convention nationale

Anonyme, XVIIIe siècle. Le 20 mai 1795, excédée par la faim et la cherté des prix, une foule de sans-culottes force les portes de la Convention. Le député Féraud est tué et sa tête exposée sur une pique.

5 ▶ Communiqué de la Commune insurrectionnelle[1] de Paris

« **1.** Citoyens représentants, depuis que vous avez mis la Terreur à l'ordre du jour, […] le peuple, inspiré par votre exemple, s'est élevé à la hauteur de la révolution.

2. La liberté est partout triomphante ; au Nord, […] les satellites des tyrans ont appris qu'il était impossible de rendre esclave un peuple qui a juré d'être libre, et qui combat pour la défense de ses droits. Au Midi, les Espagnols ont mordu la poussière ; à l'Orient, Lyon n'est plus […]. À l'Occident, les rebelles de la Vendée ont été dispersés […] ; ainsi le moment n'est pas loin où la Révolution française […] deviendra le signal de la régénération de tous les peuples, et de la chute des despotes de l'Europe. […]

4. Les hommes du 14 juillet et du 10 août veillent au salut de la patrie ; ils sont debout, ils sont là, prêts à marcher pour l'exécution des lois révolutionnaires que votre sagesse dictera ; ils viennent jurer entre vos mains, législateurs, de périr tous plutôt qu'il soit porté atteinte à l'unité et à l'indivisibilité de la République. »

Gazette nationale, n° 21, le 2 du premier mois, l'an II de la République française.

1. Instance qui se substitue le 10 août 1792 à la Commune mise en place en juillet 1789.

Questions

ANALYSER

1. Quels sont les modes d'action des sans-culottes pour accompagner le processus révolutionnaire ? **(doc. 1, 2, 4, 5)**
2. Quelles aspirations politiques et sociales expriment-ils ? **(doc. 2, 4, 5)**

JUSTIFIER

3. Par qui sont-ils soutenus ? **(doc. 3 et 5)**
4. Quelles craintes s'expriment face à l'action populaire ? De qui émanent-elles ? **(doc. 3)**

REPÉRER

5. Identifiez les différents acteurs de la scène. **(doc. 4)**

ARGUMENTER ET RÉDIGER

6. Montrez, dans un paragraphe rédigé, comment les sans-culottes cherchent à influer sur le processus révolutionnaire.

Bac

7. Comment l'artiste rend-il compte de l'action des sans-culottes lors de cette journée révolutionnaire ? Quelle en est l'issue ? **(doc. 4)**

La République en guerre contre l'Europe

Déclarations de guerre de la République :

- **Avril 1792** ····· L'Autriche
- **Février 1793** ····· L'Angleterre et les Provinces-Unies
- **Mars 1793** ····· L'Espagne
- **1796** ····· Campagne d'Italie contre l'Autriche

Comment la République se lance-t-elle progressivement dans des guerres de conquête ?

Malgré la déclaration de paix au monde de l'Assemblée constituante en mai 1790, la guerre est permanente : les monarchies européennes redoutent la contagion révolutionnaire et les révolutionnaires aspirent à diffuser en Europe les principes qu'ils défendent.

1 ▶ « Il faut prévenir l'attaque »

« Plusieurs gouvernements étrangers ont non seulement prêté asile et secours aux rebelles[1] qui conspirent contre vous, mais même les ont favorisés dans leurs manœuvres et dans leurs préparatifs. Je dis [...] que vous devez forcer les étrangers à s'expliquer [...]. Dans le cas de refus ou de médiation armée [...], il ne faut pas seulement songer à vous défendre, il faut prévenir l'attaque, il faut attaquer vous-mêmes [...]. L'Europe connaît la ferme résolution déclarée par la France de ne plus entreprendre aucune conquête, de ne point troubler les gouvernements voisins, mais la France a droit d'exiger d'eux un semblable retour ; elle a droit de leur dire : nous respectons votre paix, votre Constitution ; respectez la nôtre. »

Discours de Brissot à l'Assemblée législative, 20 octobre 1791.

1. Allusion aux émigrés, nobles qui ont fui la Révolution.

2 ▶ « Personne n'aime les missionnaires armés »

« La plus extravagante idée qui puisse naître dans la tête d'un politique est de croire qu'il suffise à un peuple d'entrer à main armée chez un peuple étranger pour lui faire adopter ses lois et sa constitution. Personne n'aime les missionnaires armés. [...] Avant que les effets de notre Révolution se fassent sentir chez les nations étrangères, il faut qu'elle soit consolidée. Vouloir leur donner la liberté avant de l'avoir nous-mêmes conquise, c'est assurer à la fois notre servitude et celle du monde entier [...]. La déclaration des droits[1] n'est point la lumière du soleil qui éclaire au même instant tous les hommes ; ce n'est point la foudre qui frappe en même temps tous les trônes. Il est plus facile de l'écrire sur le papier ou de la graver sur l'airain que de rétablir dans le cœur des hommes ses sacrés caractères effacés par l'ignorance, par les passions et par le despotisme. »

Discours de Robespierre au club des Jacobins, 2 janvier 1792.

1. Déclaration des droits de l'homme et du citoyen.

Notion

La nation : voir p. 16

3 ▶ La « chute en masse »

« Ainsi l'étincelle électrique de la liberté renversera tous les trônes des brigands couronnés », 1793. Caricature révolutionnaire, gravure colorée. Musée Carnavalet, Paris.

Questions

ANALYSER

1. Quel est le rôle des nobles qui ont quitté la France selon Brissot ? **(doc. 1)**
2. Quelle doit être la priorité des dirigeants pour Robespierre ? **(doc. 2)**
3. Quel message veut transmettre l'auteur de la caricature ? **(doc. 3)**

CONFRONTER

4. Quelles visions s'opposent sur la question de la guerre contre les monarchies européennes ? **(doc. 2 et 3)**

Bac

5. Comment expliquer la transformation de la guerre révolutionnaire libératrice en guerre de conquête ? **(doc. 1 et 3)**

Étude

L'Église et la Révolution

Comment les rapports de l'Église avec l'État sont-ils redéfinis par la période révolutionnaire ?

L'Église catholique, soutien de la monarchie absolue, est profondément bouleversée par la Révolution.

1 ▶ La séparation des Églises et de l'État

« **Art. Ier.** Conformément à l'article VII de la Déclaration des droits de l'homme, et à l'article CXXII de la Constitution, l'exercice d'aucun culte ne peut être troublé.

II. La République n'en salarie aucun.

III. Elle ne fournit aucun local, ni pour l'exercice du culte, ni pour le logement des ministres.

IV. Les cérémonies de tout culte sont interdites hors de l'enceinte choisie pour leur exercice.

V. La loi ne reconnaît aucun ministre de culte [...].

VII. Aucun signe particulier à un culte ne peut être placé dans un lieu public, ni extérieurement, de quelque manière que ce soit. [...]

VIII. Les communes ou sections de commune, en nom collectif, ne pourront acquérir ni louer de local pour l'exercice des cultes. [...]

X. Quiconque troublerait par violence les cérémonies d'un culte quelconque, ou en outragerait les objets, sera puni suivant la loi du 22 juillet 1791 sur la police correctionnelle. »

Décret de la Convention nationale, 21 février 1795.

2 ▶ Déchristianisation et violence révolutionnaire

James Gillray, *Zenith of french (Le Zénith de la gloire française)*, février 1793. Gravure colorée, 35,3 x 25,1 cm.

3 ▶ Le Concordat de 1801

« La religion catholique, apostolique et romaine, est la religion de la grande majorité des citoyens français. [...]

Art. Ier. [Elle] sera librement exercée en France. Son culte sera public [...].

II. Il sera fait par le Saint-Siège, de concert avec le gouvernement, une nouvelle circonscription des diocèses français. [...]

IV. Le premier Consul de la République nommera [...] aux archevêchés et évêchés de la circonscription nouvelle. [...]

XVI. Sa Sainteté reconnaît dans le premier Consul de la République française, les mêmes droits et prérogatives dont jouissait près d'elle l'ancien gouvernement. »

Convention entre sa Sainteté Pie VII et le gouvernement français, 15 juillet 1801.

Vocabulaire

Concordat : traité entre un État et la papauté organisant le statut de l'Église catholique dans un pays.

Déchristianisation : processus par lequel une société se détache de la religion chrétienne.

Notion

Les droits de l'homme : voir p. 17

Parcours différencié

Parcours interactif

www.lienmini.fr/hist1-05

Parcours 1

- Pourquoi la Révolution constitue-t-elle une rupture dans les relations entre l'Église et l'État ?

Parcours 2

1. Comment le décret du 21 février 1795 redéfinit-il les rapports entre l'État et les Églises ? **(doc. 1)**
2. Identifiez les personnages sur la caricature britannique. Que dénonce l'auteur ? **(doc. 2)**
3. Quel statut le Concordat rend-il à l'Église catholique en 1801 ? En retour, que reconnaît le pape au premier Consul ? **(doc. 3)**
4. Construisez la réponse au **Parcours 1**.

Cours

PLAN

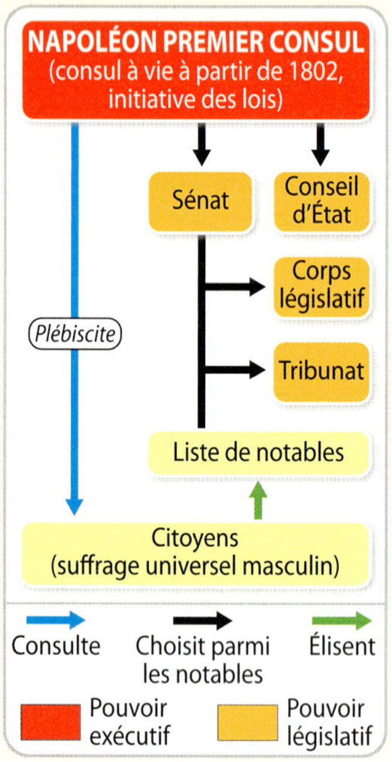

▶ La Constitution de l'an VIII (1799)

III Napoléon Bonaparte, de la République à l'Empire (1799-1815)

Comment les idéaux de 1789 se maintiennent-ils dans un régime autoritaire?

A. Le césarisme impérial

• **La restauration d'un pouvoir monarchique.** La Constitution de l'an VIII (13 décembre 1799) établit le Consulat. Elle n'est précédée d'aucune Déclaration des droits. Le régime concentre les pouvoirs entre les mains du Premier Consul, Bonaparte, auquel revient également l'initiative des lois. Le pouvoir législatif est morcelé entre quatre assemblées. Son approbation est soumise à un plébiscite. Le consulat à vie est adopté en août 1802. Deux ans plus tard, l'Empire est proclamé et la dignité impériale déclarée héréditaire.

• **«L'Empereur des Français sacré et intronisé».** Après le plébiscite, le sacre de Napoléon Ier, célébré le 2 décembre 1804 à la cathédrale Notre-Dame de Paris, en présence du pape, entend montrer le pouvoir unificateur de l'Empereur. Une cour impériale se constitue autour de la nouvelle noblesse d'Empire créée en 1808.

B. Une société réorganisée et encadrée: les «masses de granit»

• **La consolidation des acquis de la Révolution.** Avec la promulgation du Code civil en mars 1804, Bonaparte consacre l'organisation sociale instituée en 1789 en confirmant l'égalité devant la loi (malgré le rétablissement de l'esclavage dans les colonies françaises, qui avait été aboli en juin 1794) et le droit de propriété. La signature du Concordat (1801) restaure la paix religieuse.

• **La mise en place d'une administration centralisée.** Dans les départements, les préfets représentent l'État: ils interviennent dans tous les domaines de la puissance publique, transmettent des enquêtes, des statistiques et exercent une veille sur l'opinion. Le régime centralise l'enseignement afin de former les nouveaux cadres de la nation: la création des lycées (1802) et de l'université (1808) assure à l'État le recrutement de futurs fonctionnaires. Les finances sont réorganisées. La Banque de France reçoit le monopole de l'émission de la monnaie de papier. La valeur du franc germinal est stabilisée.

• **La limitation des libertés.** La liberté de la presse est supprimée dès 1800 tandis que la police politique dirigée par Joseph Fouché surveille l'opposition. En 1803, l'institution du livret obligatoire pour tous les ouvriers devient un outil de contrôle du peuple. La stabilité politique et économique, les conquêtes extérieures assurent pourtant la popularité du régime, au moins jusqu'à la campagne de Russie.

Point de passage et d'ouverture, p. 34

Vocabulaire

Conscription: système d'engagement militaire obligatoire.
Grande Armée: nom donné aux troupes commandées par Napoléon de 1802 à 1815. Composée de soldats issus de vingt nations, c'est la première armée d'Europe.
«Masses de granit»: expression de Napoléon (1802) désignant les institutions et réformes ayant pour but le retour de la stabilité.
Plébiscite: vote par lequel les citoyens se prononcent pour ou contre un texte, et renouvellent ou non leur confiance au pouvoir.

C. De l'hégémonie française à sa contestation

• **L'Empire napoléonien.** Les victoires militaires obtenues sur les États européens coalisés ont assuré à la France une domination quasi totale de l'Europe continentale. Entre 1802 et 1815, deux millions d'hommes sont incorporés dans la **Grande Armée**. Composée de soldats issus de vingt nations, c'est la première armée d'Europe. Depuis la loi Jourdan (1798), la **conscription** est obligatoire pour les Français âgés de 20 à 25 ans. L'enrôlement de nombreux soldats étrangers permet de compléter les effectifs. L'Empire, élargi aux Républiques sœurs, compte 130 départements et 45 millions d'habitants. La Confédération du Rhin, le grand-duché de Varsovie, la Confédération helvétique et le royaume d'Italie sont des États vassaux placés sous la tutelle de l'Empereur. Les trônes d'Espagne et de Naples sont occupés par des membres de la famille de Napoléon. L'influence française sur l'Europe se manifeste alors par l'adoption de codes civils sur le modèle napoléonien comme dans les royaumes d'Italie et de Westphalie.

• **Le rejet de l'occupation française.** En mai 1808, le soulèvement du peuple madrilène en Espagne, contre la volonté de Napoléon d'imposer son frère Joseph sur le trône, marque le début d'une guérilla qui dure jusqu'en 1814. En Prusse comme en Russie, la présence française suscite la naissance d'un sentiment national qui se retourne contre les armées d'occupation.

• **La fin du système napoléonien.** Après la retraite de Russie (hiver 1812), la défaite de Leipzig en 1813 entraîne l'invasion de la France. Napoléon abdique le 6 avril 1814 et est exilé sur l'île d'Elbe. Le jour même, Louis XVIII (frère de Louis XVI) est proclamé roi de France. Un an plus tard, le 1er mars 1815, Napoléon débarque en Provence avec 800 hommes. Il arrive à Paris, d'où le roi s'est enfui, le 20 mars. Son retour pousse l'Angleterre, la Prusse et l'Autriche à relancer la guerre. Le 18 juin 1815, l'Empereur est vaincu à Waterloo. Il abdique une seconde fois et est déporté sur l'île de Sainte-Hélène où il meurt en 1821. Les guerres de l'Empire ont fait un million de morts côté français. Napoléon laisse une France réduite à ses frontières de 1792.

Point de passage et d'ouverture, p. 34

Étude, p. 36

Cours en podcast
QCM interactif
www.lienmini.fr/hist1-06

« On a tout détruit, il s'agit de recréer. [...] Croyez-vous que la République soit définitivement assise ? Vous vous tromperiez fort. Nous sommes maîtres de la faire, mais nous ne l'avons pas, et nous ne l'aurons pas, si nous ne jetons pas sur le sol de France quelques **masses de granit**. »

Déclaration de Bonaparte au Conseil d'État, 8 mai 1802.

Mai 1808

Un soulèvement populaire, dirigé contre Joseph Bonaparte que Napoléon veut imposer sur le trône d'Espagne, illustre la remise en cause progressive de la domination française en Europe.

Les représailles françaises contre le soulèvement sont féroces.

Francisco de Goya, *El tres de mayo de 1808 en Madrid*, 1814. Huile sur toile, 2,68 m x 3,47 m. Musée du Prado, Madrid.

Point de passage et d'ouverture

Le Code civil (1804)

Comment le Code civil consacre-t-il les principes de 1789 ?

Première édition du Code civil, mars 1804.

Après la Révolution, Napoléon veut reconstruire la société et lui donner des fondements solides qu'il nomme « masses de granit ». Le Code civil est l'une d'entre elles.

1 ▶ Une lente et difficile évolution juridique

1789	« [...] afin que les réclamations des citoyens, fondées désormais sur des principes simples et incontestables [...] » (Préambule de la Déclaration des droits de l'homme et du citoyen)
1791	« Il sera fait un code de lois civiles communes à tout le royaume. » (Constitution, titre Ier)
1793-1796	Échec de trois projets successifs
1804	1re édition officielle du Code civil des Français
1807	2e édition officielle sous le nom de Code Napoléon
1806 -1814	Diffusion du Code Napoléon dans les territoires européens contrôlés par la France

2 ▶ Le projet d'un Code civil

« Depuis la Révolution, la législation française a subi, sur des points importants, des changements considérables. Faut-il écarter tout ce qui est nouveau ? Faut-il dédaigner tout ce qui est ancien ? [...] En examinant les dernières ordonnances royales, nous en avons conservé tout ce qui tient à l'ordre essentiel des sociétés, au maintien de la décence publique, à la sûreté des patrimoines, à la prospérité générale. Nous avons respecté, dans les lois publiées par nos assemblées nationales sur les matières civiles, toutes celles qui sont liées aux grands changements opérés dans l'ordre politique. »

Portalis, *Discours préliminaire du premier projet de Code civil*, 1801.

Vocabulaire

« Masses de granit » : voir p. 32

Notion

Les droits de l'homme : voir p. 17

3 ▶ Napoléon Ier et le Code civil

Jean-Baptiste Mauzaisse, *Napoléon Ier couronné par le Temps écrit le Code civil*, 1833.
Huile sur toile, 131 x 160 cm.
Musée national du château de Malmaison, Rueil-Malmaison.

4 ▶ La diffusion du Code Napoléon en Italie

Jacques-Louis David, *Napoléon remet le Code civil à Rome (allégorie)*, 1811. Musée napoléonien, Rome.
Napoléon est roi d'Italie de 1805 à 1814. Le Code civil y est appliqué à partir de 1806.

5 ▶ Le Code civil (extraits)

a. Des droits civils et de la nationalité

« Art. 8 - Tout Français jouira des droits civils.

Art. 9 - Tout individu né en France d'un étranger pourra, dans l'année qui suivra l'époque de sa majorité, réclamer la qualité de Français [...].

Art. 10 - Tout enfant né d'un Français en pays étranger, est français. »

b. Des rapports entre époux

« Art. 213 - Le mari doit protection à sa femme, la femme obéissance à son mari. [...]

Art. 371 - L'enfant, à tout âge, doit honneur et respect à ses père et mère. [...]

Art. 373 - Le père seul exerce cette autorité durant le mariage. »

c. De la propriété et du patrimoine

« Art. 544 - La propriété est le doit de jouir et de disposer des biens de la manière la plus absolue [...].

Art. 545 - Nul ne peut être contraint de céder sa propriété, si ce n'est pour cause d'utilité publique, et moyennant une juste et préalable indemnité. [...]

Art. 745 - Les enfants ou leurs descendants succèdent à leurs père et mère, aïeuls, aïeules, ou autres ascendants, sans distinction de sexe ni de primogéniture, et encore qu'ils soient issus de différents mariages. Ils succèdent par égales portions et par tête, quand ils sont tous au premier degré [...]. »

Questions

CONTEXTUALISER

1. Montrez que la promulgation du Code civil est le résultat d'un lent processus. **(doc. 1)**
2. Quelles sont les sources juridiques du Code civil ? **(doc. 1 et 2)**

CONFRONTER

3. En comparant ces deux représentations, montrez l'usage que Napoléon fait du Code civil dans sa politique intérieure et extérieure. **(doc. 3 et 4)**

ANALYSER

4. Quels droits sont reconnus aux citoyens ? **(doc. 5)**
5. Quelle hiérarchie le Code civil établit-il au sein de la société ? **(doc. 5)**

RAISONNER ET S'EXPRIMER

6. Montrez que le Code civil permet à Napoléon de se présenter comme le continuateur de la Révolution tout en s'affirmant comme un novateur.

Bac

7. Dans un sujet sur les « masses de granit », définissez le Code civil et montrez son rôle dans la politique de Napoléon.

Étude

Napoléon et la campagne de Russie (1812)

Que montre la campagne de Russie des principes sur lesquels se fonde la domination napoléonienne en Europe ?

À partir de 1808, le système imposé par Napoléon aux peuples européens est de plus en plus contesté. Pour punir le tsar Alexandre Ier de ne pas soutenir le blocus imposé par la France à l'Angleterre, Napoléon décide d'attaquer la Russie en juin 1812.

1 ▶ Proclamation du gouvernement provisoire de Vilnius, 7 juillet 1812

Napoléon entre le 28 juin à Vilnius et fait publier un texte à l'intention du peuple polonais.

« Polonais ! Vous êtes sous les drapeaux russes : ce service vous était permis alors que vous n'aviez plus de patrie ; mais tout est changé aujourd'hui. La Pologne est ressuscitée ; c'est pour son entier rétablissement qu'il s'agit de combattre maintenant ; c'est pour obliger les Russes à reconnaître des droits dont nous avons été dépouillés par l'injustice et l'usurpation. […] Généraux, officiers, soldats polonais ! Entendez la voix de la patrie ; abandonnez les drapeaux de vos oppresseurs ; accourez tous auprès de nous, afin de vous ranger sous l'aigle des Jagellon, des Casimir, des Sobieski[1] ! La patrie vous le demande ; l'honneur et la religion vous l'ordonnent également. »

Cité dans Eugène Labaume, *Relation complète de la campagne de Russie en 1812*, 1820.

1. Référence aux dynasties royales polonaises.

2 ▶ Déclaration du tsar Alexandre Ier à la nation russe, 18 juillet 1812

« L'ennemi a pénétré dans notre territoire et il continue de porter ses armes à l'intérieur de la Russie […]. Aujourd'hui, nous en appelons à nos fidèles sujets, à tous les ordres et à tous les états religieux et civils, les invitant, par leur soulèvement unanime et général, à concourir contre les desseins et les attentats de l'ennemi. Qu'il trouve à chacun de ses pas les fils fidèles de la Russie qui le frapperont par tous les moyens et de toutes leurs forces. […] Nobles ! De tout temps vous avez été les sauveurs de la patrie. Saint-Synode et Clergé ! Par vos prières ardentes vous avez toujours appelé la Grâce sur la tête de la Russie. Peuple russe ! Brave descendance des braves Slaves ! […] Unissez-vous ! Avec la croix dans le cœur et les armes dans les mains, aucune force humaine ne pourra vous vaincre. »

Cité dans Marie-Pierre Rey, *L'Effroyable Tragédie. Une nouvelle histoire de la campagne de Russie*, Flammarion, 2012.

3 ▶ La campagne de Russie du 24 juin au 13 décembre 1812

4 ▶ Le passage de la Berezina

Anonyme, *Passage de la rivière Berezina, du 26 au 28 novembre 1812 avec l'aide des pontonniers du général d'Éblé lors de la retraite de Russie.* Aquarelle. Musée de l'Armée, Paris.
Sur les 650 000 soldats de la Grande Armée, moins de 100 000 réchappent de l'hiver russe.

Notion

Le césarisme : voir p. 17

Vocabulaire

Grande Armée : voir p. 32

5 ▶ L'analyse de Napoléon

Pendant 18 mois, le comte Emmanuel de Las Cases, qui a suivi Napoléon dans son exil à Sainte-Hélène, recueille ses paroles.

« Cette guerre [de Russie] eût dû être la plus populaire des temps modernes […]. Son succès allait consacrer une balance, des combinaisons nouvelles qui eussent fait disparaître les périls du temps, pour les remplacer par un avenir tranquille ; et l'ambition n'entrait pour rien dans mes vues. En relevant la Pologne, […] j'accordais que ce fût un roi de Prusse, un archiduc d'Autriche, ou tout autre qui en occupât le trône ; je ne prétendais rien acquérir […]. Croirait-on que ce dût être là où j'échouerais et trouverais ma perte ? Jamais je n'avais mieux fait, jamais je ne méritais davantage ; mais […] voilà qu'en un instant il n'y eut plus qu'un cri, qu'un sentiment contre moi : on me proclama le tyran des rois, moi qui avais retrempé leur existence ; et je ne fus plus que le destructeur des droits des peuples, moi qui avais tant fait et qui allais tant entreprendre pour eux. Et les peuples et les rois, ces ennemis irréconciliables, se sont alliés, ont conspiré de concert contre moi ! On n'a plus tenu aucun compte de tous les actes de ma vie ! Je me disais bien que l'esprit des peuples me serait revenu avec la victoire ; mais je la manquai, et je me suis trouvé accablé. »

Comte de Las Cases, *Mémorial de Sainte-Hélène*, tome VII, 1823.

Questions

CONFRONTER

1. Au nom de quelles valeurs chaque camp mène-t-il la guerre ? **(doc. 1 et 2)**

JUSTIFIER UNE INTERPRÉTATION

2. Le terme de « Bérézina » est devenu une expression synonyme de « désastre » dans la langue française. Comment le dessin permet-il de le comprendre ? **(doc. 4)**

CONTEXTUALISER

3. Quels sont les enjeux de la guerre que Napoléon initie contre la Russie ? **(doc. 3 et 5)**

RAISONNER ET RÉDIGER

4. Comment expliquer la défaite de Napoléon ?

Bac

5. Montrez comment la domination que Napoléon impose à l'Europe suscite à la fois la diffusion des idéaux révolutionnaires et l'émergence d'un sentiment national anti-français.

Regard **critique**

Pourquoi enseigner la Révolution aujourd'hui ?

L'enseignante Corinne Talon revient sur la rupture majeure que constitue la Révolution française. Elle évoque les conséquences de cet événement fondateur sur la construction d'une nouvelle culture politique dans la France contemporaine.

« Notre mission est de former des citoyens libres et responsables et de développer leur esprit critique. Il convient donc d'insister sur la naissance de valeurs devenues universelles et de montrer que la Révolution constitue une rupture et un point de départ pour les libertés et la citoyenneté.

La Révolution, à travers notamment la Déclaration des droits de l'homme et du citoyen, apporte de nouveaux droits, de nouvelles libertés et un nouveau système politique. Cette période permet aussi de montrer que ces acquis sont fragiles et qu'ils doivent être défendus. [...] Cette période est aussi celle de la naissance de la démocratie, de la laïcité, de la justice et de la devise incarnée par la République. Mais cette période est aussi celle de l'expression d'un fort sentiment, d'une revendication qui est très profondément ancrée dans la mentalité française, celle de l'Égalité. Cette valeur entraîne une revendication de justice qui est toujours d'actualité. L'Égalité est d'ailleurs la valeur de base, elle est constitutive de notre démocratie, à l'opposé des démocraties "anglo-saxonnes" fondées sur la primauté des libertés individuelles. »

Corinne Talon, « Enseigner la Révolution française au début du XXIe siècle », *Annales historiques de la Révolution française*, vol. 368, avril-juin 2012. © Armand Colin, 2012, Paris.

Développer son esprit critique

1. Que reste-t-il des acquis de la Révolution dans la société contemporaine ?
2. Selon vous, la Révolution est-elle terminée ?

Anonyme, *Allégorie de la Loi* (détail), estampe, XVIIIe siècle. Musée Carnavalet, Paris.

Acquérir les méthodes du lycée

L'écoute active

- L'attention en classe est le préalable à tout bon apprentissage. Elle implique de :
  - se mettre en situation de travail : cahier ou classeur ouvert, manuel et stylos à disposition;
  - être attentif : concentrez-vous sur la problématique du cours et l'objet de la séquence ;
  - participer : répondez aux questions de votre professeur(e), allez au tableau, lisez les documents indiqués, etc.

La prise de notes

- Au lycée, votre professeur(e) ne dicte pas le cours. Il ou elle écrit au tableau le plan, les notions, le nom des personnages, les dates et les lieux cités.
- Pour prendre des notes, vous devez :
  - focaliser votre attention sur le ton de votre professeur(e) qui s'arrête et souligne par des répétitions les idées essentielles ;
  - synthétiser les informations entendues en notant les idées et les exemples ;
  - utiliser des abréviations : signes mathématiques, lettres grecques, phonétique, etc. ;
  - utiliser des schémas ou des cartes mentales,
  - relever sans erreur les indications écrites au tableau.
- Pensez à utiliser intelligemment l'espace de la page :
  - définissez des règles d'aération ;
  - inscrivez les notions dans la marge.

Conseil

Pendant le cours, si vous manqué une information, laissez un espace blanc. Vous demanderez ensuite à votre professeur(e) de revenir sur ce que vous n'avez pas compris.

L'organisation du travail à la maison

- Avant chaque nouvelle séquence, il est nécessaire de :
  - se remettre en mémoire les idées principales en relisant le dernier cours ;
  - apprendre les notions et les dates essentielles ;
  - se référer aux documents étudiés par votre professeur(e).
- Utilisez toutes les ressources offertes par le manuel : lexique, biographies, exercices, podcasts, etc.

Se préparer à l'évaluation finale

- Pour vous aider dans l'apprentissage, vous pouvez réaliser une courte fiche de révision qui récapitulera les éléments principaux : titre, problématique, plan, notions, personnages et dates-clés, schémas.
- Le cours ne doit pas être appris par cœur, mais compris. Il faut avoir assimilé :
  - la problématique générale liée au thème qui a guidé toute la démonstration ;
  - les notions ;
  - les idées et événements essentiels et un ou deux exemples permettant de les illustrer ;
  - les documents incontournables du chapitre (discours, loi, peintures, etc.).

Conseil

Consultez la méthode « Faire une fiche de révision » p. 67

S'exercer

1 Capacité Connaître et se repérer

Pour chaque événement, retrouvez la date et le(s) personnage(s) correspondant(s).

Événement	Date	Personnage
Coup d'État	21 janvier 1793	Louis XVI
Fin de la Terreur	9 novembre 1799	Députés
Exécution	26 août 1789	Bonaparte
Déclaration des droits de l'homme et du citoyen	27 juillet 1794	Robespierre

2 Capacité Mettre un événement en perspective

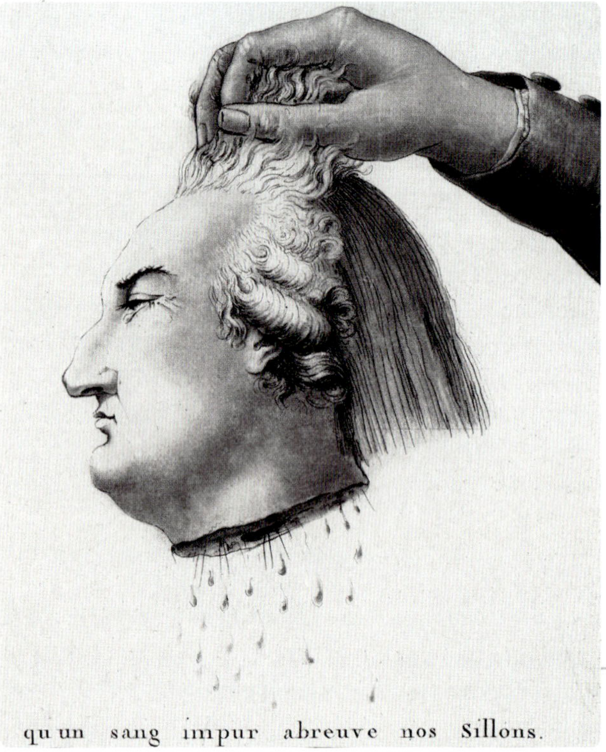

1. Quel est l'événement représenté ?
2. À quelle date se produit-il ?
3. Quel est le point de vue exprimé par l'auteur ?
4. Pourquoi ce moment constitue-t-il une rupture dans le processus révolutionnaire ?

▶ **Louis Villeneuve, *Matière à réflexion pour les jongleurs couronnés* (détail), 1793.**
Aquatinte sur papier. Musée Carnavalet, cabinet des Arts graphiques, Paris.

3 Capacité Utiliser une ressource numérique et s'exprimer à l'oral

À l'aide de la ressource numérique, préparez une présentation orale de cinq minutes sur l'un des thèmes suivants :
- La place des femmes dans la société à la fin du XVIIIe siècle.
- Olympe de Gouges, une femme d'exception.
- Les revendications politiques d'Olympe de Gouges.
- La Déclaration des droits de la femme et de la citoyenne.

Diaporama
www.lienmini.fr/hist1-07

4 Capacité Étudier deux textes

1 ▶ Bilan du règne de Napoléon par lui-même

[Mai 1816] « J'ai dessouillé la révolution, ennobli les peuples et raffermi les Rois. [...] Et puis sur quoi pourrait-on m'attaquer, qu'un historien ne puisse me défendre ? [...] Mon despotisme ? mais il démontrera que la dictature était de toute nécessité. Dira-t-on que j'ai gêné la liberté ? Mais il prouvera que la licence, l'anarchie, les grands désordres, étaient encore au seuil de la porte.

M'accusera-t-on d'avoir [...] voulu la monarchie universelle ? Mais il fera voir [...] que ce furent nos ennemis eux-mêmes qui m'y conduisirent pas à pas ; enfin, sera-ce mon ambition ? Ah ! sans doute [...] : celle d'établir, de consacrer enfin l'empire de la raison, et le plein exercice, l'entière jouissance de toutes les facultés humaines ! »

Comte de Las Cases,
Mémorial de Sainte-Hélène, t. III, 1828.

2 ▶ Bilan du règne de Napoléon par Chateaubriand

« Tu ne dévoreras plus nos enfants : nous ne voulons plus de ta conscription, de ta police, de ta censure, de tes fusillades nocturnes, de ta tyrannie. [...] c'est le genre humain qui t'accuse. Il nous demande vengeance au nom de la religion, de la morale et de la liberté.

Où n'as-tu pas répandu la désolation ? Dans quel coin du monde une famille obscure a-t-elle échappé à tes ravages ? L'Espagnol dans ses montagnes, l'Illyrien dans ses vallées, l'Italien sous son beau soleil, l'Allemand, le Russe, le Prussien dans ses villes en cendres, te redemandent leurs fils que tu as égorgés [...]. Tu les as forcés de venir chercher parmi nous ce que tu leur as ravi [...]. La voix du monde te déclare le plus grand coupable qui ait jamais paru sur la terre [...]. »

François-René de Chateaubriand,
De Bonaparte et des Bourbons, 1814.

1. Distinguez les points de vue qui s'expriment en présentant les auteurs.
2. Rappelez de quelle manière Bonaparte est arrivé au pouvoir et quel régime il a installé en France.
3. Dégagez les thèmes communs aux deux extraits concernant le bilan de la politique de Napoléon.
   Thème 1 : .... Thème 2 : ....
4. En utilisant vos connaissances, expliquez les références à l'œuvre de Napoléon.

Histoire & Cinéma

Un peuple et son roi, Pierre Schoeller (2018)

Regard d'un cinéaste sur la Révolution

« Sur le rôle des femmes dans la Révolution, Michelet[1] ne s'est pas trompé. Il y a eu un grand silence autour du rôle des femmes, celui de Napoléon, du XIXe siècle, du début du XXe siècle. »

Pierre Schoeller, *La Fabrique de l'histoire*, France Culture, 2018.

1. Historien du XIXe siècle, auteur d'une *Histoire de la Révolution française*, 1847-1853.

1. À l'aide de recherches complémentaires, présentez le film et en particulier les faits historiques qui en marquent le début et la fin.
2. Quels acteurs de la Révolution le cinéaste a-t-il choisi de valoriser ? Expliquez son choix.

▲ Adèle Haenel et Gaspard Ulliel dans *Un peuple et son roi* de Pierre Schoeller.

Méthode Bac

Rédiger la réponse à un sujet

Sujet guidé Pourquoi l'année 1789 marque-t-elle la fin de la France d'Ancien Régime ?

ÉTAPE 1
Analyser le sujet

- Pour répondre de manière argumentée et organisée à une question ou à un sujet, il faut en analyser les termes :
  > « L'année 1789 » : la Révolution politique, populaire, juridique.
  > « La fin » : la disparition, l'effondrement.
  > « La France d'Ancien Régime » : la monarchie absolue de droit divin et la société d'ordres.

ÉTAPE 2
Définir les limites du sujet

- Fixez le cadre chronologique et retrouvez les événements essentiels.
  > 5 mai : ouverture des états généraux.
  > 20 juin : serment du Jeu de paume.
  > 14 juillet : prise de la Bastille.
  > Mi-juillet-début août : Grande Peur.
  > 4 août : abolition des privilèges.
  > 5-6 octobre : les Parisiennes ramènent la famille royale de Versailles à Paris.
  > 10 octobre : nationalisation des biens du clergé.
- Posez-vous des questions :
  > Comment expliquer qu'en quelques semaines, entre le 5 mai, date d'ouverture des états généraux, et le 10 octobre, date de nationalisation des biens du clergé, la monarchie et la société française aient été complètement bouleversées ?
  > En quoi ces différents événements entraînent-ils l'effondrement de tout le système politique et social de l'Ancien Régime ?
- Vous répondrez à la question par des arguments organisés, que vous illustrerez par des documents évoqués en cours.

ÉTAPE 3
Organiser la réponse argumentée

- Structurez votre réponse en classant les éléments selon les thèmes que vous avez dégagés :

THÈMES	ARGUMENTS	EXEMPLES
La fin de l'Ancien Régime politique	La proclamation de la souveraineté nationale La reconnaissance par le roi de la légalité de l'Assemblée nationale et de la limitation de ses pouvoirs	Le serment du Jeu de paume représenté par le peintre David (voir p. 16)
Des sujets devenus citoyens	L'apprentissage de la politique Les journées populaires	Louis XVI est contraint de porter le bonnet rouge au lendemain de la prise de la Bastille (voir p. 20)
Une révolution juridique	L'abolition des privilèges La proclamation des droits de l'homme et du citoyen La nationalisation des biens de l'Église	Les décrets d'abolition des privilèges votés durant la nuit du 4 août par l'Assemblée nationale en réponse à la Grande Peur qui a touché une grande partie des campagnes françaises

Sujet blanc Napoléon Bonaparte a-t-il mis fin à la Révolution française ?

Méthode Bac

Texte à télécharger
www.lienmini.fr/hist1-08

Étudier un texte politique

Sujet guidé La Déclaration des droits de l'homme et du citoyen

Consigne: Pourquoi ce document constitue-t-il un texte fondateur de la Révolution française?

Jean-Jacques-François Le Barbier, *Déclaration des droits de l'homme et du citoyen*, vers 1789 (détail). Huile sur bois, 71 x 56 cm. Musée Carnavalet, Paris.

Préambule de la Déclaration des droits de l'homme et du citoyen, 26 août 1789

« Les Représentants du Peuple français, constitués en Assemblée nationale, considérant que l'ignorance, l'oubli ou le mépris des droits de l'Homme sont les seules causes des malheurs publics et de la corruption des Gouvernements, ont résolu d'exposer, dans une Déclaration solennelle, les droits naturels, inaliénables et sacrés de l'Homme, afin que cette Déclaration, constamment présente à tous les Membres du corps social, leur rappelle sans cesse leurs droits et leurs devoirs; afin que les actes du pouvoir législatif, et ceux du pouvoir exécutif, pouvant être à chaque instant comparés avec le but de toute institution politique, en soient plus respectés; afin que les réclamations des citoyens, fondées désormais sur des principes simples et incontestables, tournent toujours au maintien de la Constitution et au bonheur de tous.

En conséquence, l'Assemblée nationale reconnaît et déclare, en présence et sous les auspices de l'Être suprême, les droits suivants de l'Homme et du Citoyen. »

ÉTAPE 1 Présenter un document en histoire

- Repérez dans la légende technique et l'introduction:
  - la nature du document: déclaration solennelle.
  - l'auteur: les représentants du peuple français, constitués en Assemblée nationale.
  - la date: 26 août 1789.
  - le contexte: depuis juin 1789, la France est entrée en révolution: remise en cause de l'absolutisme et de la société de privilèges.

ÉTAPE 2 Comprendre et analyser le document

- Dégagez la structure du texte.
  > Le préambule fixe l'objectif des auteurs.
  > Les 17 articles constituent le corps de la Déclaration.
- Distinguez les différentes idées et classez-les par thème.
  > L'affirmation des droits humains (en jaune dans le texte): l'homme a toujours eu des droits de par sa nature même d'homme. Ces droits ne peuvent lui être retirés mais ils ont été oubliés: il faut les rappeler et les exposer.
  > Un projet politique global (en vert): cette Déclaration projette de donner une constitution aux Français devenus citoyens.
  > Une protection divine (en bleu): la Déclaration se place sous les « auspices » (du latin *auspicium*, « divination ») de l'« Être suprême ».

ÉTAPE 3 Mobiliser ses connaissances

- Répondez à la question posée en mobilisant votre analyse du document et vos connaissances. Aidez-vous des questions suivantes:
  > Quel est le régime politique en place jusqu'en juin 1789?
  > Quelle organisation sociale caractérise l'Ancien Régime?
  > Quels événements ont entraîné la proclamation de cette Déclaration?

Sujet blanc Les articles de la Déclaration des droits de l'homme et du citoyen

Consigne: Téléchargez le texte intégral, puis inspirez-vous du tableau fourni pour analyser les 17 articles de la Déclaration des droits de l'homme et du citoyen.

Réviser La Révolution française et l'Empire

Fiche de révision

Pourquoi la période de la Révolution française et de l'Empire est-elle à l'origine d'une rupture politique majeure en France et en Europe ?

I La nation affirme sa souveraineté (juin 1789-janvier 1793)

- L'année 1789 met fin à l'Ancien Régime. De nouveaux principes, comme la souveraineté nationale, sont affirmés.
- Une France nouvelle se construit dans le cadre d'une monarchie constitutionnelle.
- La guerre civile permanente et les menaces d'invasion font naître la Première République.

II La République dans la tourmente (1793-1799)

- Les girondins mènent une politique modérée. Les difficultés économiques les coupent du soutien des sans-culottes.
- Dans un contexte de fortes tensions intérieures et de guerre extérieure, les montagnards installent un gouvernement révolutionnaire, la Terreur.
- La chute des montagnards ne permet pas de stabiliser le régime. Le Directoire est renversé par le coup d'État du 9 novembre 1799.

III Napoléon Bonaparte, de la République à l'Empire (1799-1815)

- Bonaparte, avec le Consulat puis l'Empire, impose un régime monarchique et despotique.
- En réorganisant la société, il consolide les principaux acquis de 1789 mais veut mettre fin au processus révolutionnaire.
- Les guerres napoléoniennes épuisent le pays et suscitent le rejet des peuples européens convertis aux idéaux de liberté et de nation. La défaite de Waterloo marque la fin de l'Empire.

Repères clés

LES ACTEURS ET LES ACTRICES

Maximilien Robespierre (1758-1794)

Les sans-culottes

Manon Roland (1754-1793)

Louis XVI (1754-1793)

Georges Danton (1759-1794)

Napoléon Bonaparte (1769-1821)

LES LIEUX

- **Paris, capitale de la Révolution**
  Tout particulièrement en 1789 avec la prise de la Bastille, mais aussi jusqu'en 1814 et l'entrée dans la ville des vainqueurs de Napoléon, Paris est au cœur des événements de la période révolutionnaire.
- **Les Républiques sœurs**
  La France diffuse son modèle politique dans ces États, créés à la suite des conquêtes entre 1795 et 1799. Elle y impose également une domination mal acceptée par les populations.

Schéma animé
www.lienmini.fr/hist1-09

Schéma bilan

LA RÉVOLUTION DE L'ÉTÉ 1789
politique, populaire, sociale

instaure

UNE NOUVELLE ORGANISATION POLITIQUE
- Monarchie constitutionnelle
- République (1792)

DE NOUVEAUX PRINCIPES
- Droits de l'homme
- Souveraineté nationale

qui alimentent

DES TENSIONS

internes
- Guerre civile
- Divisions religieuses
- Terreur

externes
- Coalitions
- Levée en masse
- Conquêtes

COUP D'ÉTAT DE 1799
Napoléon Bonaparte

installe

UN POUVOIR PERSONNEL
- Consulat
- Empire

DE NOUVEAUX PRINCIPES
- Césarisme
- Sacre et hérédité

qui instaurent

UNE STABILITÉ

retrouvée
- Code civil
- Concordat
- Masses de granit

artificielle
- Libertés encadrées
- Domination sur l'Europe
- Isolement politique, coalitions

Défaite militaire et abdication de Napoléon Ier
UNE RÉVOLUTION INACHEVÉE EN 1815

QCM interactif
www.lienmini.fr/hist1-10

LES DATES

- **1789** – 14 juillet – Prise de la Bastille
- **1789** – 26 août – Déclaration des droits de l'homme et du citoyen
- **1792** – 21 septembre – Abolition de la monarchie, début de la Première République
- **1804** – 2 décembre – Sacre de Napoléon Ier
- **1804** – mars – Code civil
- **1812** – juin-décembre – Campagne de Russie

Points de passage et d'ouverture

Manon Roland Une femme en révolution
Spectatrice enthousiaste de la Révolution dès ses débuts, Manon Roland en devient une actrice importante quand elle ouvre un salon à Paris qui devient le lieu de ralliement des girondins.

Déc. 1792-Janv. 1793 Procès et mort de Louis XVI
Après le 10 août 1792, le sort du roi divise les révolutionnaires. Son procès et sa mort sur l'échafaud marquent un tournant majeur de la Révolution.

1804 Le Code civil
Le projet d'un code civil, né pendant la Révolution, se concrétise sous Bonaparte (1804). Ce dernier en fait un instrument de sa politique intérieure mais aussi extérieure, en l'imposant aux pays dominés par la France.

CHAPITRE

2 L'Europe entre restauration et révolution (1814-1848)

Comment les idées de liberté et d'indépendance s'imposent-elles progressivement en Europe malgré la restauration monarchique ?

Cours I

Après la chute de Napoléon Ier, les souverains d'Europe restaurent un ordre monarchique. Ils réorganisent le continent lors du congrès de Vienne entre octobre 1814 et juin 1815. Malgré la création d'une Sainte-Alliance des monarques pour combattre les idées de la Révolution, ces dernières continuent à progresser.

Cours II

En 1830, le mouvement libéral et national connaît un temps fort, notamment en France où les Parisiens se soulèvent lors des journées des Trois Glorieuses. Après l'échec relatif des mouvements de révolte des années 1830, l'éveil des nationalités se poursuit. En 1848, une révolution européenne remet largement en cause l'ordre de 1815.

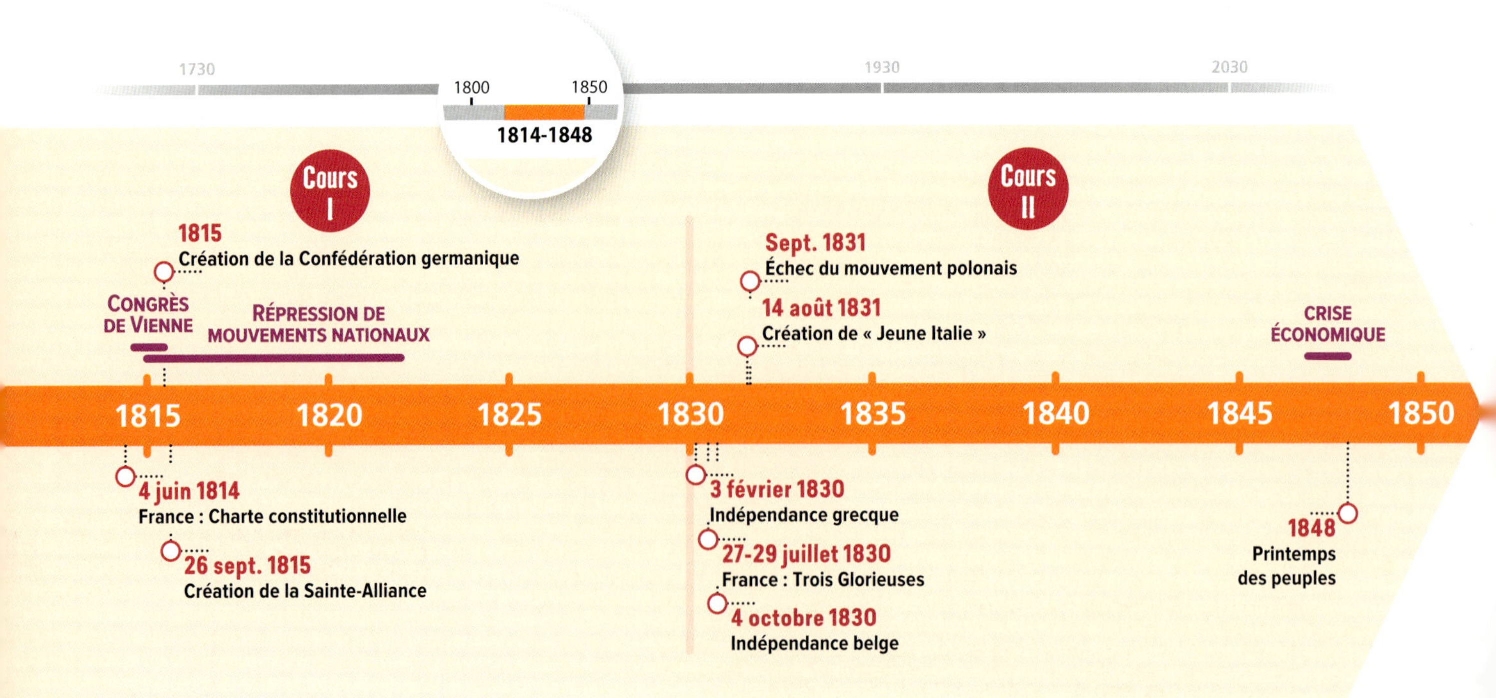

1848 : le triomphe des idéaux de la Révolution française
Frédéric Sorrieu, *La République universelle, démocratique et sociale. Le Triomphe*, 1848.
Lithographie en camaïeu gouachée, 31 x 45 cm. Musée Carnavalet, Paris.

Schéma pour comprendre

1. Monument imaginaire célébrant les trois révolutions (1793, 1830, 1848)
2. Paris en arrière-plan
3. Allégorie de la République française (Marianne)
4. Les représentants des nationalités (notamment des Français, un Allemand, un Grec, un Hongrois, un Polonais)
5. Allégorie des quatre continents
6. Lion couché symbolisant la souveraineté du peuple

Questions

1. Repérez sur le tableau les idéaux nés des révolutions françaises : liberté, égalité, fraternité.
2. Comment les nations sont-elles représentées ?
3. Quel rôle le peintre attribue-t-il à la France ?

Fiche d'activité
www.lienmini.fr/hist1-11

Notions

La diffusion des idées nationales et libérales en Europe

Après la défaite de Napoléon Ier, les souverains d'Europe ont pour objectif la **restauration** de leur pouvoir monarchique. Ils veulent clore le chapitre politique initié en 1789 reposant sur des idéaux nouveaux.

Cette ambition se heurte à la vigueur des convictions nationales et libérales. Dans les grands empires, des **nationalités**, soumises, souhaitent accéder à l'indépendance. D'autres, morcelées en petits États, souhaitent s'unir. L'autorité excessive des princes heurte leur aspiration à plus de **libertés**. Les tensions politiques et sociales débouchent sur des **révolutions** violentes qui font se craqueler l'ordre de 1815.

La restauration

Définition : retour à l'ordre monarchique, absolu et religieux, antérieur à la Révolution française.

Contexte : en Europe, la première moitié du XIXe siècle connaît des révolutions majeures, associées à des insurrections populaires. Certaines sont victorieuses et aboutissent à des changements politiques. D'autres échouent et se traduisent par des répressions souvent brutales.

Une figure de roi en majesté, Louis XVIII. Merry-Joseph Blondel, *La France, au milieu des rois législateurs et des jurisconsultes français, reçoit de Louis XVIII la Charte constitutionnelle* (détail), 1827. Huile sur toile. Musée du Louvre, Paris.

Point de passage et d'ouverture, p. 54
1815 : Metternich et le congrès de Vienne

Étude, p. 57
La Sainte-Alliance

Les libertés

Définition : droits fondamentaux, individuels et collectifs définis par les Lumières et la Révolution française.

Contexte : au début du XIXe siècle, peuples et sujets s'émancipent progressivement de la soumission aux monarques. Ils affirment leur liberté politique par l'exigence d'élections libres et d'une Constitution. Ils défendent leurs libertés individuelles comme celle de s'exprimer sans censure.

En 1830, les députés donnent le pouvoir au roi. François-Joseph Heim, *La Chambre des députés présente au duc d'Orléans l'acte qui l'appelle au trône et la Charte de 1830*, 1834. Peinture. Châteaux de Versailles et de Trianon, Versailles.

Étude, p. 56
La Charte de 1814

Point de passage et d'ouverture, p. 54
Étude, p. 56
Étude, p. 57
Point de passage et d'ouverture, p. 58

1814 — 1816 — 1818 — 1820 — 1822 — 182

- CONGRÈS DE VIENNE
- **4 juin 1814** Charte constitutionnelle
- **26 sept. 1815** Sainte-Alliance
- **Avril 1822** Massacre de Chios

Deux modèles qui s'opposent

Modèle monarchique	Modèle national
Droit divin	État national
↓	↑
Autorité des princes	Volonté de vivre ensemble
↓	↑
Empires multinationaux ou nations sans État	Territoire et culture en commun

« Les despotes eux-mêmes ne nient pas que la liberté ne soit excellente ; seulement ils ne la veulent que pour eux-mêmes. »

Alexis de Tocqueville, *L'Ancien Régime et la Révolution*, 1856.

Une nationalité

Définition : peuple uni par une communauté de territoire, de langue et de traditions qui revendique sa reconnaissance, et souvent son indépendance en tant que nation.

Contexte : l'aspiration des nationalités à plus d'autonomie, voire à l'indépendance, est une caractéristique de l'Europe de la première moitié du XIXe siècle, aux dépens de l'attachement aux princes dans les grands États multinationaux.

Le soulèvement des Hongrois contre les Autrichiens en 1848.
Laszlo Bellony, *Sandor Petöfi et sa fameuse récitation de « Debout Hongrois », le 15 mars 1848*. Huile sur toile, sans date.

Point de passage et d'ouverture, p. 58
1822 : le massacre de Chios

Étude, p. 64
Mazzini et le mouvement national italien

La révolution

Définition : changement brutal d'un régime politique en place, souvent à l'issue de soulèvements populaires.

Contexte : entre 1815 et 1848, des insurrections populaires se multiplient dans toute l'Europe et opposent la violence aux pouvoirs monarchiques en place. La barricade est le lieu symbolique des révolutions populaires du début du XIXe siècle.

Une barricade lors de la révolution de 1830.
Jean-Pierre-Marie Jazet (d'après Martinet), *Défense d'une barricade devant le Café de la Paix*. Estampe, sans date. Musée Carnavalet, Paris.

Point de passage et d'ouverture, p. 62
1830 : les Trois Glorieuses

Étude, p. 65
Les Allemands en 1848

Point de passage et d'ouverture, p. 62

Étude, p. 64

Étude, p. 65

1826 – 1828 – 1830 – 1832 – 1848 – 1850

- **Juillet 1830** Trois Glorieuses
- **14 août 1831** Création du mouvement « Jeune Italie » par Giuseppe Mazzini
- **Mars 1848** Printemps des peuples en Allemagne

Cartes

La restauration monarchique et sa contestation en Europe

En 1814, les grandes puissances qui ont vaincu la France napoléonienne réorganisent les frontières de **l'Europe lors du congrès de Vienne** **(doc. 2)**. Les souverains mettent en place un programme de **restauration monarchique** à l'échelle du continent.

Ce projet est rapidement remis en question par **l'éveil des nationalités**. En 1830 et en 1848, **Paris** **(doc. 1)**, capitale d'une France que le chancelier autrichien Metternich considère comme **« la grande fabrique des révolutions »**, donne le signal d'importantes insurrections. Elles sont autant de remises en cause de l'Europe des princes.

1 ▶ Paris, une capitale révolutionnaire

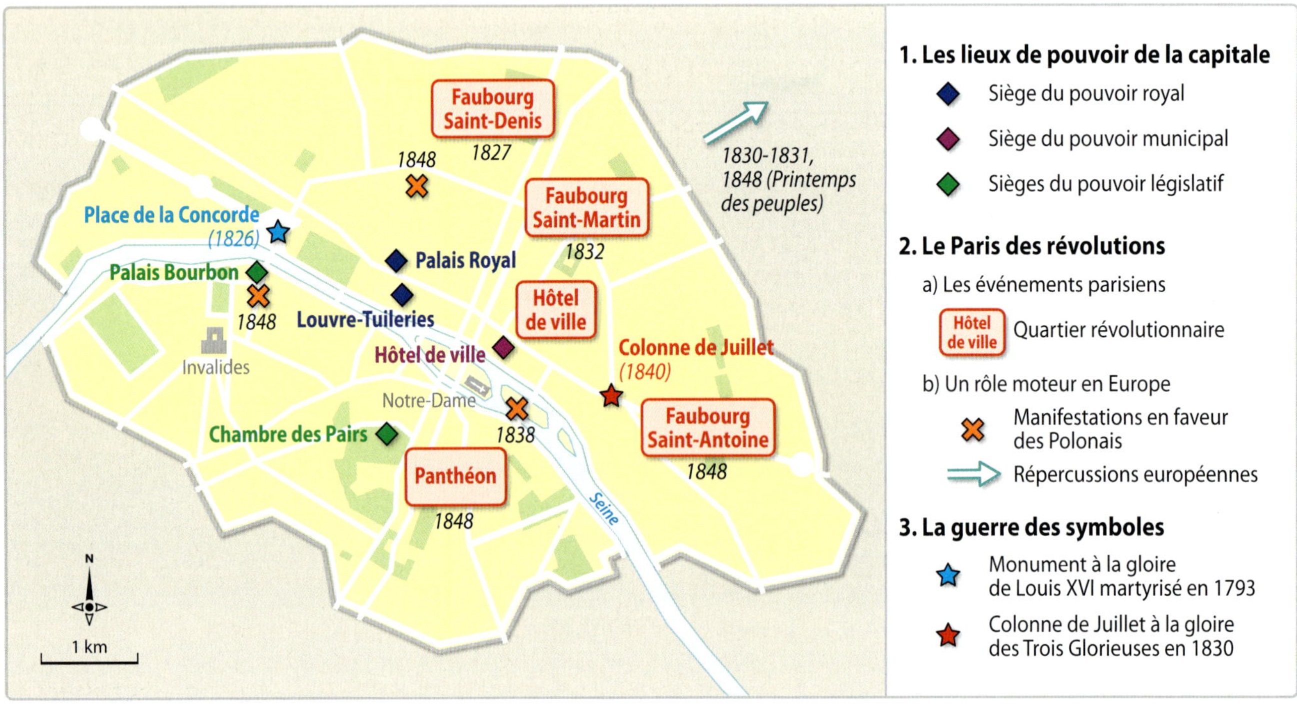

Questions

1. Pourquoi la ville de Paris est-elle à la fois un foyer et un modèle révolutionnaire pour le reste de l'Europe ? **(doc. 1)**
2. Quels grands États dominent l'Europe ? **(doc. 2)**
3. Montrez que l'ordre du congrès de Vienne est remis en question dès le milieu du XIXe siècle. **(doc. 2)**

Carte interactive
www.lienmini.fr/hist1-12

2 ▶ L'Europe du congrès de Vienne de 1814 à 1848

Cours I p. 52

L'Europe de la restauration monarchique (1814-1830)

- Vienne, centre du projet de restauration
- Empires multinationaux autoritaires
- État allié des Empires autoritaires
- Limites de la Confédération germanique
- Sainte-Alliance (1815)
- Interventions pour écraser des révoltes

Cours II p. 60

L'éveil des nationalités (1830-1848)

- États évoluant vers plus de libertés
- Paris, foyer révolutionnaire
- Soulèvements de nationalités
- *Belges* Nationalité sans État
- Nationalités devenues indépendantes

Cours

PLAN

Alexandre Ier

(1777-1825)

Empereur (tsar) de Russie et adversaire farouche de Napoléon. À partir de 1814, il mène une politique autoritaire qui s'appuie sur l'Église orthodoxe et limite les libertés publiques. Allié de l'Autriche, il fait de la Russie un acteur central de la Sainte-Alliance.

Notions

La restauration : voir p. 48

Les libertés : voir p. 48

Une nationalité : voir p. 49

Vocabulaire

Absolutisme : régime politique dans lequel le pouvoir du souverain n'est pas limité par une constitution.

Carbonari : société secrète qui rassemble des patriotes italiens. Son but est de réaliser l'unité de l'Italie par l'usage de la violence.

Confédération germanique : union politique de la Prusse, de l'Autriche et de trente-huit petits États allemands.

Congrès : réunion de souverains, d'ambassadeurs et de délégués de divers pays.

Constitution : loi fondamentale qui définit la nature du régime, la relation entre les pouvoirs ainsi que les liens entre l'État et les citoyens.

Réactionnaire : qui refuse des évolutions politiques ou sociales.

Sainte-Alliance : alliance politique et militaire des grandes puissances européennes pour garantir les décisions du congrès de 1815.

I L'Europe de la restauration monarchique (1814-1830)

Comment les souverains d'Europe restaurent-ils leur pouvoir après la chute de Napoléon ?

A. Le congrès de Vienne redessine l'Europe

- **Les acteurs clés.** De septembre 1814 à juin 1815, les souverains qui ont vaincu Napoléon Ier se réunissent dans la capitale autrichienne, Vienne, pour fixer les nouvelles frontières des États européens. Dans une Europe morcelée et divisée, la paix est présentée comme un objectif central par Metternich, ministre des Affaires étrangères de l'empire d'Autriche, pays organisateur de ce congrès. Même si cent quarante États sont représentés, les décisions essentielles sont prises par l'Autriche, la Russie, la Grande-Bretagne et la Prusse. Talleyrand, ministre des Affaires étrangères, représente la France.

- **La légitimité monarchique comme principe.** Le congrès veut la restauration du système politique qui a précédé la Révolution de 1789 : le pouvoir des princes doit être rétabli. Selon cette conception, ce sont l'hérédité dynastique, l'héritage historique et le droit divin qui fondent la légitimité à gouverner. Les princes, les Églises (catholique, protestante et orthodoxe) et les élites traditionnelles redeviennent les acteurs de premier plan de la scène politique. Ce modèle s'oppose frontalement aux principes de la souveraineté des peuples et de la démocratie.

- **Le nouvel ordre européen.** L'acte final du congrès de Vienne réorganise l'Europe. Le retour des Bourbons sur le trône de France, avec Louis XVIII de retour d'exil, est confirmé. Le tsar Alexandre Ier fait passer la Pologne sous son contrôle. La Prusse annexe les États allemands qui bordent le Rhin. L'Autriche réaffirme sa présence en Italie du Nord. La Confédération germanique est créée. Pour garantir l'application des décisions du congrès, un pacte militaire, la Sainte-Alliance, est conclu le 26 septembre 1815 entre l'Empire russe, l'empire d'Autriche et le royaume de Prusse. Les pays de l'Alliance se donnent dès 1820 un droit d'intervention militaire hors de leurs frontières.

Point de passage et d'ouverture, p. 54

Étude, p. 57

B. La restauration de l'ordre ancien

- **Un virage réactionnaire.** Après la défaite de Napoléon Ier, l'objectif des princes est de gommer les effets de l'influence française. Beaucoup de souverains reviennent sur les concessions faites au modèle politique libéral. Les libertés sont limitées : dans la majorité des États allemands, les constitutions sont annulées. En Autriche, en Russie et en Prusse, les privilèges des seigneurs sont réaffirmés (notamment le servage des paysans). En 1819, par les décrets de Carlsbad, Metternich impose à la Confédération germanique un contrôle des universités, des associations étudiantes ainsi qu'une censure de la presse.

• **Des contrastes européens.** Toutes les nationalités ne sont pas égales face aux enjeux de liberté et d'unité. Les Italiens et les Allemands vivent toujours dans plusieurs États séparés. L'Autriche et la Russie, comme l'Empire ottoman, sont des États multinationaux qui soumettent de nombreuses nationalités à leur autorité impériale. Concernant les libertés, les pays d'Europe de l'Ouest offrent plus de garanties libérales à leurs habitants que les empires est-européens. En Angleterre, aux Pays-Bas et en Suisse, des constitutions encadrent l'exercice du pouvoir. En France, la Charte constitutionnelle du royaume, en vigueur depuis juin 1814, empêche le retour de l'absolutisme.

Étude, p. 56

Cours en podcast
QCM interactif
www.lienmini.fr/hist1-13

C. Des aspirations libérales et nationales étouffées

• **Soulèvements et répression.** Dès 1815, le nouvel ordre européen est contesté. Dans les États italiens, la société secrète des carbonari lutte par des actions violentes pour l'unité et la mise en place de constitutions. En Espagne, en 1820, des officiers obligent le roi à en accepter une. Ces aspirations à la liberté sont violemment réprimées par la Sainte-Alliance. Pour rétablir l'absolutisme, les Autrichiens interviennent en 1821 à Naples et dans le Piémont. En 1822, la France fait de même en Espagne. Beaucoup d'insurgés sont contraints à la clandestinité ou à l'exil.

• **La révolte de la Grèce.** En 1822, le mouvement grec contre l'Empire ottoman marque un tournant. Les opinions publiques européennes soutiennent les insurgés qui sont des chrétiens et les héritiers de la culture grecque antique. Par ailleurs, ce soulèvement ne remet pas directement en cause l'ordre de 1815. Progressivement, les gouvernements russe, français et britannique s'engagent à aider militairement les insurgés. La Grèce, autonome dès 1829, devient un symbole de la lutte des nationalités pour leur indépendance.

Point de passage et d'ouverture, p. 58

Étymologie

En politique, trois mots sont synonymes :
• **souverain** (du latin « qui est au-dessus »),
• **monarque** (du grec « le pouvoir d'un seul »),
• **prince** (du latin « premier »).

Les Églises

Les Églises chrétiennes sont des acteurs clés de la scène politique. Elles contribuent à légitimer le retour de l'ordre ancien dans toute l'Europe.

En France, le clergé s'investit, auprès de la monarchie restaurée, dans la lutte religieuse et culturelle contre l'héritage de la Révolution.

Joseph Beaume, *Charles X pose la première pierre du monument à la mémoire de Louis XVI en présence de l'archevêque de Paris*, 1827. Huile sur toile, 105 x 148 cm. Châteaux de Versailles et de Trianon, Versailles.

Point de passage et d'ouverture

1815 : Metternich et le congrès de Vienne

Comment les monarques européens tentent-ils de restaurer l'ordre antérieur à la Révolution française ?

Après la défaite de Napoléon Ier au printemps 1814, les puissances européennes victorieuses se retrouvent à Vienne autour du ministre autrichien Metternich. Le 18 septembre 1814 s'ouvre un congrès pour l'instauration durable de la paix en Europe. Il s'achève le 9 juin 1815.

Klemens Wenzel von Metternich (1773-1859)

Issu de la noblesse allemande, il s'oppose à la Révolution française et est contraint de fuir à Vienne. Ambassadeur à Berlin en 1803, puis à Paris en 1806, il devient le ministre des Affaires étrangères autrichien en 1809. Il est une figure politique majeure à Vienne et en Europe jusqu'en 1848.

1 ▶ Lettre de Talleyrand[1] à Metternich, 19 décembre 1814

« Replacée dans ses anciennes frontières, [la France ne songe] plus à les étendre [...]. Ses armées, chargées de gloire, n'aspirent plus à de nouvelles conquêtes. [...] Mais il lui restait à désirer que l'œuvre de la restitution s'accomplisse pour toute l'Europe comme pour elle[2], que partout et pour jamais l'esprit de révolution cessât, que tout droit légitime fût rendu sacré. [...]

Jamais but plus noble ne fut offert aux gouvernements de l'Europe. [...]

[Ce congrès veut] un équilibre réel et durable [...], il n'a pas voulu confondre dans une seule et même masse tous les territoires et tous les peuples, pour les diviser ensuite selon de certaines proportions.

Il a voulu que toute dynastie légitime[3] fût conservée ou rétablie [...], et que les territoires [...] sans souverain fussent distribués[4] conformément aux principes de l'équilibre politique. »

Klemens Wenzel von Metternich, *Mémoires du prince de Metternich*, vol. 2, 1884.

1. Charles-Maurice de Talleyrand-Périgord (1754-1838). Ministre des Affaires étrangères de la France entre 1814 et 1815.
2. et 3. Allusions au retour de la monarchie en France avec Louis XVIII, frère de Louis XVI.
4. Allusion aux minorités nationales.

2 ▶ Les recompositions territoriales du congrès

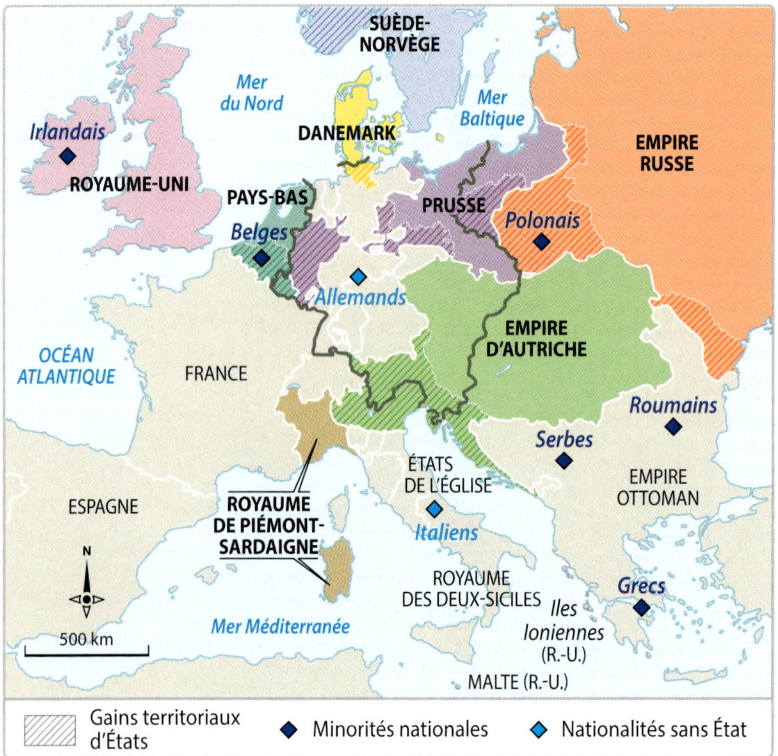

Notion

La restauration : voir p. 48

Vocabulaire

Congrès : voir p. 52

Minorité nationale : groupe de personnes formant une nation mais sans État indépendant officiel, et intégré au sein d'un autre État qui reconnaît plus ou moins son identité.

3 ▶ La réunion des monarques européens à Vienne

Anonyme, *Le Grand Congrès de la paix de Vienne pour le rétablissement de la Liberté et du Droit en Europe*, 1815. Gravure, Autriche.
Cent quarante représentants des États européens travaillent à l'élaboration du texte. Cependant, les décisions essentielles sont prises par les quatre grandes puissances : l'Autriche, la Russie, la Grande-Bretagne et la Prusse.

4 ▶ Une minorité nationale : les Polonais

« Le Duché de Varsovie […] est réuni à l'Empire de Russie. Il y sera lié irrévocablement par sa constitution, pour être possédé par Sa Majesté l'Empereur de toutes les Russies, ses héritiers et ses successeurs, à perpétuité. Sa Majesté impériale se réserve de donner à cet État, jouissant d'une administration distincte, l'extension intérieure qu'elle jugera convenable. Elle prendra [le titre] de Tsar, Roi de Pologne […].

Les Polonais, sujets respectifs de la Russie, de l'Autriche et de la Prusse, obtiendront une représentation et des institutions nationales, réglées d'après le mode d'existence politique que chacun des gouvernements auxquels ils appartiennent jugera utile et convenable de leur accorder. »

Recueil des traités et conventions entre la France et les puissances alliées en 1814 et 1815, suivi de l'acte du congrès de Vienne, 1815.

Questions

IDENTIFIER

1. Décrivez la façon dont les princes communiquent entre eux et prennent les décisions. **(doc. 1, 3 et 4)**

REPÉRER

2. Décrivez la nouvelle organisation de l'Europe. **(doc. 2)** Répondez sous la forme d'un tableau.

Perdants	Vainqueurs	Peuples séparés en États morcelés
...	...	...

ARGUMENTER ET RÉDIGER

3. Rédigez une synthèse sur le thème : « Le congrès de Vienne, un nouvel ordre pour l'Europe. »

Bac

4. Montrez que les principes exprimés par Talleyrand sont mis en pratique en Pologne. **(doc. 1 et 4)**

Aide Réalisez un schéma pour mettre en relation les principes énoncés et leur mise en pratique.

Étude

La charte de 1814

Quelle forme de régime monarchique ce texte constitutionnel met-il en place ?

À son arrivée au pouvoir, Louis XVIII accepte la Charte constitutionnelle, qui associe certains acquis de la Révolution à la restauration monarchique. Jusqu'en 1848, ce texte organise la vie politique du royaume.

Louis XVIII
(1755-1824)
Frère de Louis XVI, il revient d'exil en 1814 après la défaite de Napoléon Ier. Devenu roi de France, il règne selon les principes exprimés dans la Charte, qu'il présente non pas comme un droit mais comme une « concession » faite à ses sujets.

Notion **Les libertés :** voir p. 48

1 ▶ La Charte de 1814 : entre monarchie absolue et monarchie parlementaire

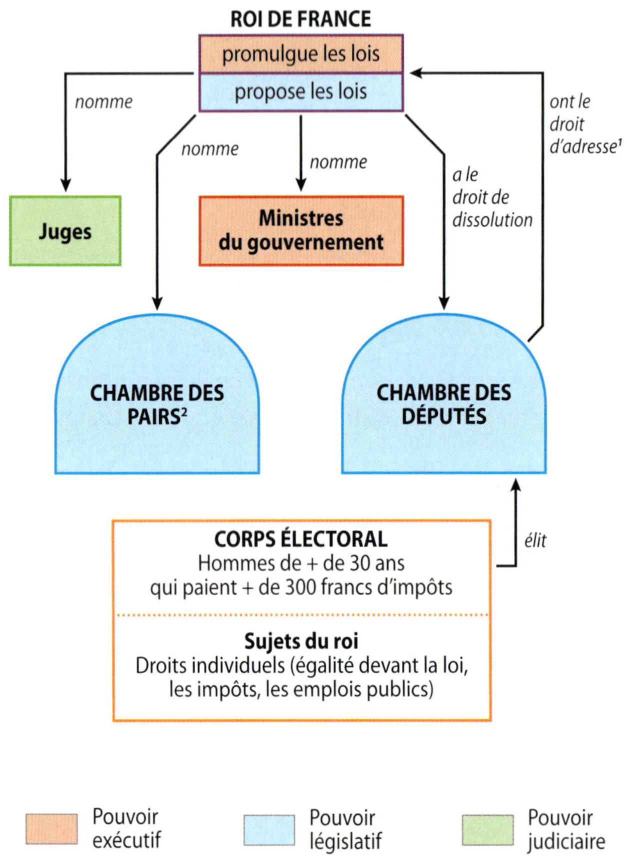

1. Capacité des députés à interroger le roi.
2. Constituée de nobles désignés à vie. Jusqu'en 1830, la fonction de pair est héréditaire.

2 ▶ Louis-Philippe, roi des Français, prête serment sur la Charte

François Gérard, 1833. Huile sur toile, 222 x 156 cm. Châteaux de Versailles et de Trianon, Versailles. Après la révolution de 1830, la Charte est maintenue. Elle n'est que très peu modifiée.

Questions

REPÉRER

1. Quels éléments montrent que le roi se trouve au centre du régime ? **(doc. 1)**

JUSTIFIER

2. Pourquoi peut-on dire de ce système qu'il s'agit d'une monarchie limitée ? **(doc. 1)**

CONTEXTUALISER

3. Décrivez le tableau et expliquez-en le message politique. **(doc. 2)**

Bac

4. Rédigez un paragraphe sur le thème : « La Charte, fondement d'une monarchie constitutionnelle de 1814 à 1848. »

Étude

La Sainte-Alliance

Comment les puissances européennes s'unissent-elles pour garantir l'ordre monarchique ?

Peu après le congrès de Vienne, les vainqueurs de Napoléon Ier créent une alliance pour isoler la France. Rapidement, elle devient un moyen de garantir la stabilité de l'ordre européen de 1815.

1 ▶ Les fondateurs de la Sainte-Alliance en 1815

Anonyme, vers 1815. Gravure, Allemagne. De gauche à droite : Alexandre Ier, tsar de Russie, François Ier, empereur d'Autriche et Frédéric-Guillaume III, roi de Prusse.

2 ▶ Le Pacte de la Sainte-Alliance, 1815

« Leurs Majestés l'empereur d'Autriche, le roi de Prusse et l'empereur de Russie […] déclarent solennellement que le présent acte n'a pour objet que de manifester à la face de l'univers leur détermination inébranlable de ne prendre pour règle de leur conduite […] que les préceptes de cette religion sainte […]. En conséquence, Leurs Majestés sont convenues [qu'elles] se prêteront, en toute occasion et en tout lieu, assistance, aide et secours.

Fait triple et signé à Paris, l'an de grâce 1815, le 14-26 septembre. François, Frédéric-Guillaume, Alexandre. »

3 ▶ Le congrès de Troppau (Autriche), 1820

Une insurrection éclate dans le royaume des Deux-Siciles (État italien) pour exiger du roi une Constitution. L'Autriche convoque ses alliés.

« Les mêmes principes qui ont réuni les grandes puissances en 1815 […] doivent agir contre la force révolutionnaire qui se développe aujourd'hui. Les souverains assemblés à Troppau dans cette intention se sont en conséquence concertés sur les mesures exigées par les circonstances […]. Dans cette vue, ils ont invité le roi des Deux-Siciles à se rendre à Laybach[1] pour y paraître comme conciliateur entre son peuple mal dirigé et les États dont la tranquillité peut être compromise ; car, résolus à ne reconnaître aucune autorité établie par les factieux[2], ce n'est qu'avec le roi qu'ils peuvent conférer. »

Dans A. de Vaulabelle, *Histoire des deux restaurations*, 1855-1857.

1. Le congrès de Laybach, en 1821, débouche sur l'intervention militaire de l'Autriche.
2. Rebelles.

Notion

La restauration : voir p. 48

Vocabulaire

Congrès : voir p. 52

Sainte-Alliance : voir p. 52

Questions

IDENTIFIER UN ACTEUR CLÉ

1. Quel pays joue un rôle central dans le dispositif de la Sainte-Alliance ? Justifiez. **(doc. 1, 2 et 3)**

EMPLOYER LES NOTIONS

2. De quelle manière cette image exprime-t-elle les valeurs de la restauration monarchique ? **(doc. 1)**

ARGUMENTER

3. Comment fonctionne concrètement la Sainte-Alliance ? Quel est son objectif ? **(doc. 2 et 3)**

Bac

4. Justifiez, dans une production écrite, l'idée que la Sainte-Alliance est un outil de restauration du pouvoir monarchique en Europe.

Point de passage et d'ouverture

1822 : le massacre de Chios

Comment la nation grecque obtient-elle son indépendance ?

En 1821, après quatre siècles de domination ottomane, la Grèce se révolte. En avril 1822, le sultan Mahmoud II envoie ses troupes pour soumettre un millier d'insurgés grecs débarqués sur l'île de Chios. La répression fait près de 25 000 morts.

1 ▶ La naissance de la Grèce (1821-1830)

2 ▶ L'appel aux armes de Germanos, archevêque de Patras

Le 25 mars 1821, au monastère Sainte-Laure, l'archevêque Germanos appelle plusieurs milliers de Grecs à se soulever contre les Turcs. Souvent romancé, cet épisode symbolise le début de la guerre d'indépendance.

« Le Seigneur [Dieu] qui a frappé nos pères et leurs enfants, vous annonce, par ma bouche, la fin des jours de larmes et d'épreuves. [...] Demain, précédés de la croix, nous marcherons [...]. Le Seigneur centuplera votre courage [...] Soldats de la croix, c'est la cause même du ciel que vous êtes appelés à défendre. »

F.-A. Isambert, *Annales politiques et diplomatiques*, tome I, 1823-1824.

3 ▶ Le soutien de Chateaubriand au peuple grec

Ministre des Affaires étrangères de 1822 à 1824, proche du roi Louis XVIII, François-René de Chateaubriand fait partie du **Comité philhellénique** *de Paris.*

« Notre siècle verra-t-il des hordes de sauvages étouffer la civilisation renaissante dans le tombeau d'un peuple qui a civilisé la terre ? La chrétienté laissera-t-elle tranquillement les Turcs égorger des chrétiens ? [...] Quant à la nation grecque, que la nation turque n'a point incorporée dans son sein en l'appelant au partage de la communauté civile et politique, elle n'est tenue à aucune des conditions qui lient les sujets aux souverains et les souverains aux sujets. Soumise, dans l'origine, au droit de conquête, elle obtint quelques privilèges du vainqueur en échange d'un tribut qu'elle consentit à payer. Elle a payé, elle a obéi tant qu'on a respecté ces privilèges, elle a même encore payé et obéi après qu'ils ont été violés. Mais lorsqu'enfin on a pendu ses prêtres [...], lorsqu'on a égorgé, brûlé, noyé des milliers de Grecs, [...] vendu leurs enfants dans les marchés de l'Asie, ce qui restait de sang dans le cœur de tant d'infortunés s'est soulevé. [...] Le Grec [...] a secoué le joug sans être rebelle, sans rompre aucun lien légitime, car on n'en avait contracté aucun avec lui. [...] Il s'agit maintenant de savoir si l'Europe veut et peut arrêter l'effusion du sang. [...] »

François-René de Chateaubriand, « Note sur la Grèce », 1825.

Notion

Une nationalité : voir p. 49

Vocabulaire

Comité philhellénique : association de personnalités qui soutiennent la guerre d'indépendance par « amour de la Grèce » (philhellénisme).

Schéma pour comprendre

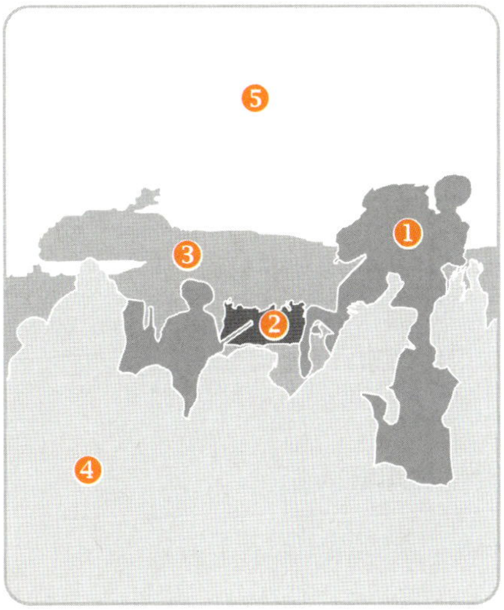

1 Les Ottomans
2 La scène de massacre
3 L'île soumise au pillage
4 Les Grecs
5 Le ciel aux couleurs de la Grèce

4 ▶ Le massacre de Chios (ou Scio)
Eugène Delacroix, *Scènes des massacres de Scio : familles grecques attendant la mort ou l'esclavage*, 1824. Huile sur toile, 419 x 354 cm. Musée du Louvre, Paris.

5 ▶ L'annonce de la défaite ottomane à Navarin, 1827
Hippolyte Bellangé, *Les Grecs reçoivent la nouvelle du combat de Navarin*, 1827. Gravure, collection R. Puaux, forteresse de Pylos.

Questions

REPÉRER

1. Quelle est la situation des Grecs avant 1821 ? **(doc. 1)**

METTRE EN RELATION DES DOCUMENTS

2. Quel rôle joue la religion dans la guerre d'indépendance grecque ? **(doc. 2 et 3)**

IDENTIFIER

3. Comment se manifeste le soutien aux Grecs insurgés après le massacre de Chios ? **(doc. 1, 3 et 4)**
4. Quelle est l'issue de la guerre entre les Grecs et les Ottomans ? **(doc. 1 et 5)**

RAISONNER ET S'EXPRIMER

5. Montrez, sous la forme d'un schéma, que Chios est une étape décisive dans le processus d'indépendance grecque.

Bac

6. Dans un sujet sur le thème de l'indépendance grecque, rédigez un paragraphe pour montrer l'implication de la France.

Cours

PLAN

II L'éveil des nationalités (1830-1848)

Comment les idées de nationalité et de liberté cheminent-elles pour aboutir à la révolution européenne de 1848 ?

Emilia Plater

(1806-1831)

Née dans une Pologne dominée par les Russes, cette jeune femme issue de la noblesse rejoint le soulèvement national polonais qui débute en novembre 1830 et participe aux combats. Adam Mickiewicz, poète nationaliste, la compare à Jeanne d'Arc et en fait un symbole de la lutte pour l'indépendance.

A. La révolution de 1830 et ses conséquences

• **Les Trois Glorieuses.** En 1829, en France, le roi Charles X entend affirmer son pouvoir personnel face au Parlement et à la presse. Du 27 au 29 juillet 1830, le peuple de Paris se soulève et s'oppose à l'autorité royale : Charles X abdique et Louis-Philippe d'Orléans devient roi des Français. Le nouveau régime, la monarchie de Juillet, affirme son attachement à la Constitution. Louis-Philippe et ses soutiens, les orléanistes, promettent de respecter les libertés fondamentales.

• **Un écho européen.** Les événements parisiens ont des répercussions en Europe : des troubles éclatent aux Pays-Bas, en Pologne, au sein de la Confédération germanique et dans plusieurs États italiens. En novembre 1830, la Belgique obtient son indépendance aux dépens des Pays-Bas. Le pays devient une monarchie constitutionnelle et affirme sa neutralité sur la scène internationale.

• **Les échecs des mouvements nationaux.** Ailleurs en Europe, les insurrections échouent. En septembre 1831, l'armée russe met fin au soulèvement polonais, malgré la résistance du peuple dont Emilia Plater devient une figure symbolique. Dans les États italiens, l'Autriche intervient en 1831 pour rétablir sur leur trône des princes absolus. Metternich fait cesser les troubles au sein de la Confédération germanique en renforçant la censure de la presse et le contrôle des assemblées élues.

Point de passage et d'ouverture, p. 62

B. Un bouillonnement contestataire en Europe

• **Le retour du conservatisme.** Les années 1830 et 1840 sont marquées par un refus des évolutions politiques. En France, dès 1831, le parti de la Résistance est au pouvoir : les orléanistes conservateurs qui le composent limitent les réformes, notamment électorales, et répriment les soulèvements républicains (1832 et 1834). En 1835, la monarchie de Juillet réintroduit la censure de la presse et limite la liberté de réunion. François Guizot, chef du gouvernement entre 1840 et 1847, est une figure centrale du régime consolidé.

• **De nouveaux débats.** Les revendications libérales et nationales n'ont cependant pas disparu. La question du droit de vote est au cœur des débats. En France, en 1832, une réforme électorale augmente le nombre d'électeurs mais le suffrage reste masculin et censitaire. Les républicains réclament l'établissement du suffrage universel. La révolution de 1830 n'aboutit pas à un véritable changement de régime politique et creuse le fossé entre royalistes et républicains. Giuseppe Mazzini tire les conclusions de l'échec des actions militaires de « Jeune Italie » depuis 1831 : en 1834, il fonde en Suisse « Jeune Europe », association qui fédère plusieurs mouvements nationalistes européens.

Vocabulaire

Printemps des peuples : vague révolutionnaire qui touche l'Europe en 1848. Cette expression n'est contemporaine des événements que dans l'espace germanique.

Socialisme : idéologie née du constat d'inégalités fortes dans les sociétés du XIXe siècle et proposant une nouvelle organisation politique, économique et sociale reposant sur un idéal d'égalité et d'équité.

Suffrage censitaire : système de vote réservé aux citoyens qui paient un impôt direct au-delà d'un seuil appelé cens électoral, fixé par le pouvoir en place.

Suffrage universel : droit de vote accordé à l'ensemble des citoyens sans conditions de revenu ou de naissance. Au XIXe siècle, il reste très majoritairement masculin.

• **L'Europe des exilés.** Les échecs du mouvement national et libéral ont contraint de nombreuses personnes à l'exil. Les Polonais Adam Mickiewicz et Frédéric Chopin ou l'Allemand Heinrich Heine sont des exemples de ces exilés en France. Les réfugiés politiques se retrouvent en particulier à Paris, à Londres et en Suisse.

Étude, p. 64

Cours en podcast
QCM interactif
www.lienmini.fr/hist1-14

C. 1848 : une nouvelle vague révolutionnaire

• **Des mutations sociales.** Le contexte économique et social en Europe change. Les débuts de l'industrialisation enrichissent les sociétés et consolident le libéralisme économique. La modernisation crée cependant des tensions liées aux fortes inégalités sociales. La pauvreté ouvrière et paysanne est importante et fait émerger de nouvelles pensées politiques comme le socialisme qui cherche à prendre en compte ces changements. À partir de 1846, une crise sévère touche l'économie européenne.

• **Le « Printemps des peuples ».** Au début de l'année 1848, une série d'événements révolutionnaires secoue l'Europe. La révolution de février à Paris en est le déclencheur. En Italie, Naples, Turin et Rome se soulèvent. Sous la pression de la rue, le roi de Prusse accorde une constitution à son peuple. Hongrois et Tchèques se rebellent contre la tutelle autrichienne. Le chancelier Metternich doit fuir Vienne en mars 1848. En France, la IIe République est proclamée le 24 février. En Allemagne, une assemblée nationale constituante est élue au suffrage universel.

• **Le retour à l'ordre.** Dès l'été 1848, la tendance s'inverse. En France, une révolte populaire est réprimée avec violence en juin. En Europe, les souverains mettent progressivement fin aux espoirs de changement. Entre juin 1848 et août 1849, l'empereur d'Autriche reprend le contrôle de son pays, de la Bohême, de l'Italie et de la Hongrie. L'épisode révolutionnaire de 1848 se révèle être, comme celui de 1830, un espoir déçu pour les partisans des idées libérales.

Étude, p. 65

« Debout, Hongrois,
la patrie nous appelle !
C'est l'heure : à présent
ou jamais !
Serons-nous esclaves
ou libres ?
Voilà le seul choix –
décidez !
De par le dieu
des Hongrois nous jurons,
Oui nous jurons,
Que jamais plus esclaves
Nous ne serons ! »

Nemzeti dal
(« Chant national »), 1848.
Trad. Jean Rousselot.

La Belgique

La création du royaume de Belgique en 1830 est l'une des premières remises en question de l'ordre instauré par le congrès de Vienne.

Elle met fin au rattachement des Belges aux Pays-Bas décidé en 1815.

Le nouveau royaume devient un symbole de la lutte des nationalités pour conquérir le droit de vivre selon leur propre culture.

Gustaf Wappers, *Épisode des journées de septembre 1830 sur la place de l'hôtel de ville de Bruxelles*, 1835. Huile sur toile, 444 x 660 cm. Musées royaux des Beaux-Arts de Belgique, Bruxelles.

Point de passage et d'ouverture

1830 : les Trois Glorieuses

Comment l'affirmation des libertés bouscule-t-elle l'ordre monarchique en France ?

Louis-Philippe
(1773-1850)
Cousin de Charles X, il lui succède comme « roi des Français » après la révolution de 1830. Il est porté au pouvoir par les royalistes modérés qui redoutent qu'une république ne conduise à la guerre civile et à la guerre avec les souverains étrangers. La monarchie de Juillet est une monarchie parlementaire.

Le 25 juillet 1830, Charles X publie des ordonnances liberticides. En réaction, le peuple se soulève les 27, 28 et 29 juillet 1830, lors de trois journées révolutionnaires appelées les Trois Glorieuses.

1 ▶ Charles X, roi de France
François Gérard (atelier de), *Charles X en costume de sacre*, 1825.
Huile sur toile, 295 x 210 cm. Musée Carnavalet, Paris.
Frère de Louis XVI et successeur de Louis XVIII en 1824, il appuie son pouvoir sur le parti des ultraroyalistes.

2 ▶ L'ordonnance sur la liberté de la presse

Le 25 juillet 1830, le gouvernement publie quatre **ordonnances** *restreignant les libertés.*
« **Art. 1.** La liberté de la presse périodique est suspendue.
Art. 2. […] Nul journal et écrit périodique […] ne pourra paraître, soit à Paris, soit dans les départements, qu'en vertu de l'autorisation qu'en auront obtenue de nous séparément les auteurs et l'imprimeur. Cette autorisation devra être renouvelée tous les trois mois. […]
Art. 4. Les journaux et écrits publiés en contravention à l'article 2 seront immédiatement saisis. »

3 ▶ L'appel à la révolte du *National*[1]

« Le ministère du 8 août[2] n'a pas cru devoir se présenter au jugement de la Chambre […]. Il vient de renverser toutes les lois que la France avait appris à pratiquer, à respecter, à chérir depuis quinze ans. […] La France […] retombe en révolution par le fait même du pouvoir. Jetée malgré elle hors des voies de la légalité, elle est menacée de n'y plus rentrer que par des tempêtes. »

Le National, édition spéciale du 26 juillet 1830.

1. Journal libéral fondé en janvier 1830 qui s'oppose à la politique de Charles X.
2. Gouvernement nommé le 8 août 1829.

4 ▶ Le duc d'Orléans comme recours

« Charles X ne peut rentrer dans Paris ; il a fait couler le sang du peuple. La République nous exposerait à d'affreuses divisions ; elle nous brouillerait avec l'Europe. Le duc d'Orléans [Louis-Philippe] est un prince dévoué à la cause de la Révolution. [Il] a porté au feu les couleurs tricolores [et] peut les porter encore […].
Le duc d'Orléans s'est prononcé, il accepte la Charte comme nous l'avons toujours voulue. […] C'est du peuple français qu'il tiendra sa couronne. »

Adolphe Thiers, cofondateur du *National*, texte placardé sur les murs de Paris, 30 juillet 1830.

5 ▶ Louis-Philippe d'Orléans succède à Charles X (31 juillet 1830)

Horace Vernet, ***Louis-Philippe, duc d'Orléans, quitte le Palais royal pour se rendre à l'hôtel de ville de Paris*, 1832.**
Huile sur toile, 215 x 261,5 cm. Châteaux de Versailles et de Trianon, Versailles.

Notion

La révolution : voir p. 49

Vocabulaire

Liberticide : qui va à l'encontre de la liberté.
Ordonnance : possibilité donnée au roi par l'article 14 de la Charte de 1814 d'imposer directement ses décisions quand il considère que l'État est menacé.

6 ▶ La mémoire de la révolution : la colonne de Juillet

Inaugurée en 1840 place de la Bastille, cette colonne de 50 mètres est surmontée d'un « génie de la Liberté ».

Sur la colonne sont gravés les noms des 504 victimes de la révolution et sur son socle : « À la gloire des citoyens français qui s'armèrent et combattirent pour la défense des libertés publiques dans les mémorables journées des 27, 28, 29 juillet 1830. »

Questions

SAVOIR LIRE DES DOCUMENTS

1. Repérez les éléments qui montrent que l'exécutif royal veut signifier sa force. **(doc. 1, 2 et 3)**

CONTEXTUALISER

2. Pourquoi Louis-Philippe apparaît-il à l'auteur du texte comme la meilleure option politique pour remplacer Charles X ? **(doc. 4)**

TRAVAILLER À L'ORAL oral

3. Consultez la fiche sur **www.lienmini.fr/hist1-15** puis élaborez une présentation orale de l'œuvre en insistant sur le fait qu'il s'agit d'une œuvre de propagande. **(doc. 5)**

CONFRONTER

4. Comment le nouveau régime crée-t-il une mémoire de l'événement ? **(doc. 5 et 6)**

RAISONNER ET RÉDIGER

5. Montrez que les Trois Glorieuses sont une révolution libérale.

Bac

6. En confrontant les deux portraits officiels de Louis-Philippe **(doc. 2 p. 56)** et de Charles X **(doc. 1)**, montrez l'évolution des conceptions de la monarchie dans la première moitié du XIXe siècle.

Étude

Mazzini et le mouvement national italien

Quel est le rôle de Giuseppe Mazzini dans le mouvement national italien ?

Giuseppe Mazzini en est une figure emblématique du *Risorgimento*. Parcourant l'Europe, il mène toute sa vie des combats politiques et théorise son action dans de nombreuses publications.

Giuseppe Mazzini (1805-1872)

Républicain convaincu, il est membre des carbonari et fonde à Marseille, en 1831, le mouvement « Jeune Italie ». Il participe à de nombreuses insurrections qui sont autant d'échecs, et passe la majeure partie de sa vie en exil.

Notion

Une nationalité : voir p. 49

Vocabulaire

Carbonari : voir p. 52

***Risorgimento* :** mot qui signifie « Résurgence » en italien. Il désigne un mouvement politique et social qui se donne pour objectif la renaissance d'une Italie libre et indépendante.

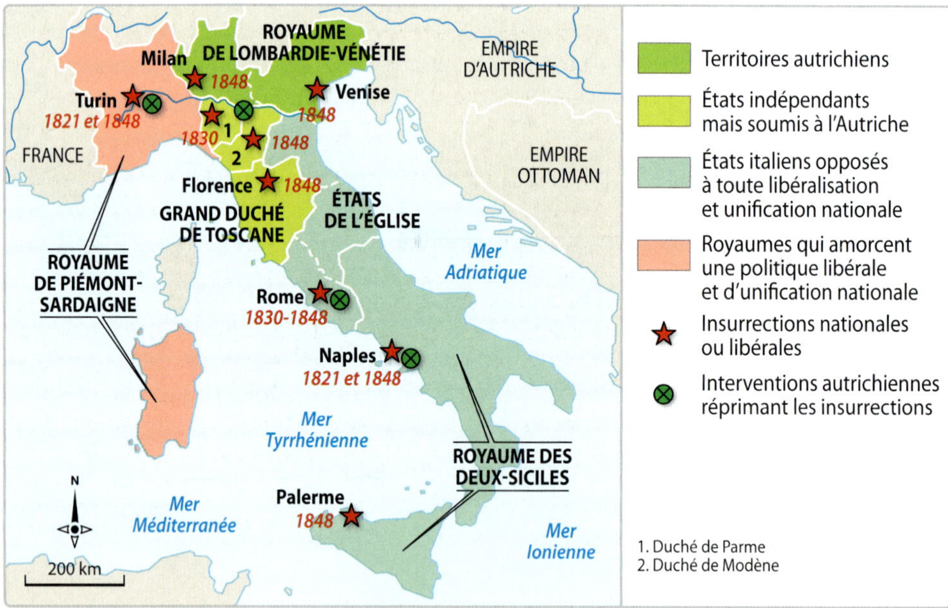

1 ▶ L'Italie, une nation divisée et dominée (1815-1848)

2 ▶ La fondation du mouvement « Jeune Italie »

« La "Jeune Italie" est républicaine et unitaire. Républicaine, parce que, théoriquement, tous les hommes d'une nation sont appelés par la loi de Dieu et de l'humanité, à être libres, égaux et frères [...]; parce que la série progressive des mutations européennes conduit inévitablement la société à l'établissement du principe républicain. [...] La "Jeune Italie" est unitaire parce que sans unité il n'y a pas de force, et que l'Italie, entourée de nations unitaires, puissantes et jalouses, a besoin d'être forte [...]. Les moyens dont la "Jeune Italie" entend se servir pour atteindre son but sont l'éducation et l'insurrection. Les couleurs de la "Jeune Italie" sont : le blanc, le rouge, le vert. Le drapeau de la "Jeune Italie"porte sur ses couleurs, inscrit d'un côté "Liberté, Égalité, Humanité" et de l'autre, "Unité et indépendance". »

Giuseppe Mazzini, *Manifeste*, 14 août 1831.

Questions

METTRE EN RELATION

1. Décrivez l'organisation territoriale de l'Italie et expliquez en quoi elle ne satisfait pas Mazzini. **(doc. 1)**

CONTEXTUALISER

2. Comment le manifeste de Giuseppe Mazzini traduit-il l'influence de la Révolution française ? **(doc. 2)**

TRANSPOSER UN TEXTE

3. Après l'avoir recopié, complétez le tableau ci-dessous avec les informations extraites du texte. **(doc. 2)**

Idées clés	Pour une Italie républicaine	Pour une Italie unifiée	Moyens à utiliser
Arguments	...	...	...

Bac

4. Rédigez une synthèse présentant le projet d'unification italienne de Mazzini et montrez qu'il participe de la poussée révolutionnaire de 1830.

Étude

Les Allemands en 1848

Comment les Allemands vivent-ils le Printemps des peuples ?

En mars 1848, le continent européen s'embrase. Au sein de la Confédération germanique, les Allemands se soulèvent les 18 et 19 mars pour réclamer l'unité ainsi que des réformes politiques et sociales. À Vienne, Metternich est chassé du pouvoir.

Notion

La révolution : voir p. 49

Vocabulaire

Confédération germanique : voir p. 52

Printemps des peuples : voir p. 60

1 ▶ Le Printemps des peuples à Berlin

Anonyme, *Combats de barricades sur Alexanderplatz*, **1848.** Lithographie au crayon. Kunstbibliothek, Berlin.

2 ▶ Le témoignage d'un jeune Allemand

« Puisque les Français avaient chassé Louis-Philippe et proclamé la République, il fallait que quelque chose se passe ici, aussi. [...] Le jour était venu d'établir « l'unité allemande » ainsi qu'un grand et puissant Empire national. En premier lieu, la convocation d'un parlement national. Puis la revendication des droits civils et des libertés, liberté de parole, de la presse, de réunion, revendiquer l'égalité devant la loi, le pouvoir exécutif à des représentants du peuple librement élus [...]. Dans les rues résonnait *La Marseillaise*, qui était alors devenue dans toute l'Europe "l'hymne de la liberté". [...] De grandes nouvelles arrivèrent de Vienne. Là, les étudiants furent les premiers à assaillir l'empereur d'Autriche en réclamant la liberté et des droits pour les citoyens. Le sang coula dans les rues, provoquant la chute du prince Metternich. »

Carl Schurz, *Mémoires*, 1908.

Questions

IDENTIFIER

1. Comment la population allemande exprime-t-elle ses revendications ? **(doc. 1 et 2)**

CONNAÎTRE

2. Quel rôle joue la France dans le déclenchement du soulèvement ? **(doc. 2)**

CONSTRUIRE ET VÉRIFIER DES HYPOTHÈSES

3. En vous appuyant sur la **carte 2 p. 51**, identifiez les soldats au premier plan. **(doc. 1)**

CONTEXTUALISER

4. Montrez que la révolution a une dimension européenne. **(doc. 2)**

EMPLOYER LES NOTIONS

5. Quelles sont les motivations des révolutionnaires allemands ? **(doc. 1 et 2, carte 2 p. 51)**

Bac

6. Rédigez un paragraphe pour montrer que mars 1848 est l'aboutissement de la volonté d'unification de l'Allemagne.

Regard **critique**

L'aspiration à la liberté est-elle le seul moteur des révolutions ?

Alexis de Tocqueville (1805-1859), aristocrate monarchiste attaché à la défense des libertés, publie en 1840 le deuxième volume de son essai consacré à la description du système politique et de la société des États-Unis. Il questionne les aspirations des peuples démocratiques.

« La première et la plus vive des passions que l'égalité des conditions fait naître, je n'ai pas besoin de le dire, c'est l'amour de cette même égalité. On ne s'étonnera donc pas que j'en parle avant toutes les autres.

Chacun a remarqué que, de notre temps, et spécialement en France, cette passion de l'égalité prenait chaque jour une place plus grande dans le cœur humain. [...]

Je pense que les peuples démocratiques ont un goût naturel pour la liberté; livrés à eux-mêmes, ils la cherchent, ils l'aiment, et ils ne voient qu'avec douleur qu'on les en écarte. Mais ils ont pour l'égalité une passion ardente, insatiable, éternelle, invincible; ils veulent l'égalité dans la liberté, et, s'ils ne peuvent l'obtenir, ils la veulent encore dans l'esclavage. Ils souffriront la pauvreté, l'asservissement, la barbarie, mais ils ne souffriront pas l'aristocratie.

Ceci est vrai dans tous les temps, et surtout dans le nôtre. Tous les hommes et tous les pouvoirs qui voudront lutter contre cette puissance irrésistible seront renversés et détruits par elle. De nos jours, la liberté ne peut s'établir sans son appui, et le despotisme lui-même ne saurait régner sans elle. »

Alexis de Tocqueville, *De la démocratie en Amérique,* tome 2, 1840.

Fichot, ***Plantation et bénédiction de l'arbre de la Liberté sur la place de l'Hôtel-de-Ville*, 1848.**
Lithographie en camaïeu, coloriée, 18,5 x 28,2 cm. BnF, Paris.

Développer son esprit critique

1. Selon l'auteur, les deux aspirations des peuples démocratiques sont-elles indissociables ?
2. Quelle(s) forme(s) prend la revendication d'égalité dans la société française contemporaine ?

Faire une fiche de révision

Exemple Partie C du cours p. 61

Étape 1
Lire et comprendre

- Lisez attentivement la partie C dans son entier pour en comprendre la logique.
  > Le texte est structuré en trois paragraphes : d'abord les causes de la révolution, puis le mouvement révolutionnaire, et enfin ses conséquences.
- Consultez l'ensemble du chapitre pour vérifier vos connaissances.
  > Qui est Metternich ? Où se situent la Bohême, Naples, Turin et Rome ? En France, quel régime la République remplace-t-elle ? Qu'est-ce qu'une assemblée constituante ?

Conseil
Ne cherchez pas à « tout savoir », sélectionnez le principal.

Étape 2
Pointer les informations essentielles

- Sélectionnez des mots clés qui permettent de retenir des faits plus larges. Les dates, les personnages et les lieux sont autant de repères.
  > Le premier paragraphe concerne l'économie et la société. Mots clés : industrialisation, enrichissement/pauvreté, ouvriers et paysans, crise européenne. Date : 1846.

Étape 3
Reprendre ses notes après le cours

- Notez les titres en gras pour structurer votre fiche. Ne recopiez pas le cours : il faut reformuler et condenser. Utilisez des abréviations personnelles, toujours les mêmes, sauf pour les personnages et les lieux. Écrivez en couleur ou surlignez les titres, mots clés, dates.
- Reliez toutes les fiches réalisées au cours de l'année en créant un lexique, des fiches biographiques, une frise chronologique.

1848 : une nouvelle vague révolutionnaire

Des mutations sociales (causes)
- Industrialisation → enrichissement mais inégalités croissantes. Pauvreté touche ouvriers et paysans.
- Socialisme = n^vle théorie pol^q.

1846 : crise éco

Le « Printemps des peuples » (faits)

1848 : année révolutionnaire
- février à Paris → déclencheur et amplificateur
- propagation dans toute l'Europe (Autriche, Italie, Prusse, Hongrie, Bohême)
- Metternich quitte Vienne : symbole
- France : abolition monarchie + proclamation République
- Allemagne : élection assemblée constituante (Francfort)

Le retour à l'ordre (conséquences)
- échecs des soulèvements. Ex. : Autriche et son empire (Bohême, Italie, Hongrie)

Dès été 1848 et en 1849, reflux de la vague révolutionnaire

Conseil
Comparez vos fiches avec celles de vos camarades pour partager vos astuces.

Étape 4
Mémoriser

- Réalisez la fiche sans attendre. Après 24 h, la mémoire perd environ 50 % des informations reçues !
- Privilégiez l'apprentissage en plusieurs fois. Pour cela, anticipez vos révisions.
- Relisez régulièrement vos fiches.

Entraînement Début du cours p. 60

S'exercer

1 Capacité Connaître et échanger à l'oral

Pour chaque notion du chapitre (**voir p. 48 et 49**), choisissez un événement, un lieu et un personnage puis préparez une présentation pour un exposé oral. Votre présentation ne devra pas dépasser 5 minutes.

S'entraîner à l'oral
www.lienmini.fr/hist1-16

La restauration

La révolution

Une nationalité

Les libertés

2 Capacité Utiliser ses connaissances

Les conclusions de la conférence de Troppau (1820)

« Les ministres […] se concertèrent […] sur les règles de conduite à suivre relativement aux États dont le gouvernement avait été renversé par la violence, et sur les mesures pacifiques ou coercitives[1] qui pourraient ramener ces États dans le sein de l'alliance européenne. […]

Ce système, suivi de concert par la Prusse, l'Autriche et la Russie, n'a rien de nouveau. Il est basé sur les mêmes maximes qui ont servi de fondement aux conventions qui ont cimenté l'alliance des États européens. [Les puissances] ne désirent que de conserver et maintenir la paix, de délivrer l'Europe du fléau des révolutions, et de détourner ou d'abréger les maux qui naissent de la violation de tous les principes de l'ordre et de la morale. »

« Court aperçu des premiers résultats des conférences de Troppau », dans C.-L. Lesur, *Annuaire historique universel pour 1821*, Fantin, 1822.

1. Nécessitant la contrainte.

1. Présentez le contexte de cet extrait.
2. D'après le premier paragraphe, quel est l'objectif de la conférence de Troppau ?
3. À quoi fait allusion le deuxième paragraphe ? Justifiez votre réponse.

3 Capacité Utiliser une ressource Internet

Étape 1 S'INFORMER

1. Relisez le **Cours II p. 61** et consultez le diaporama pour enrichir vos connaissances sur l'année 1848 en France.

Étape 2 COMPRENDRE

2. Quel état d'esprit domine à Paris de février à mai 1848 ?
3. Quel événement provoque une rupture en juin ?
4. Quelle est l'issue de la révolution à partir d'août 1848 ?

Étape 3 RÉDIGER

5. Rédigez un texte en trois parties reprenant la structure du diaporama pour montrer l'importance de l'année 1848 en France.

Diaporama
www.lienmini.fr/hist1-17

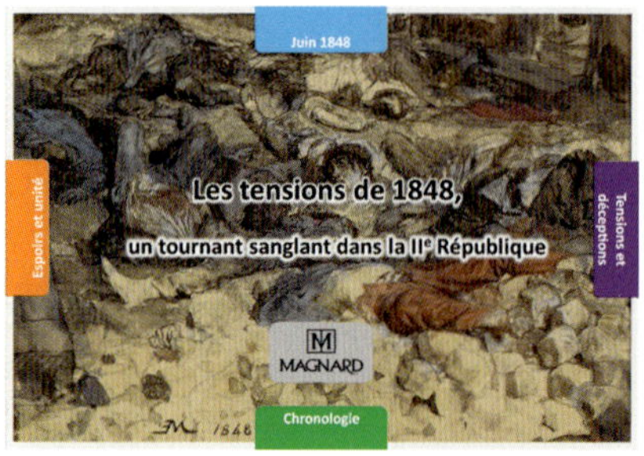

4 Capacité Lire une image et la mettre en relation avec ses connaissances

1. Identifiez les personnages représentés ou symbolisés sur ce tableau.
2. Quelle émotion le peintre veut-il faire naître auprès du public français ? Pourquoi ?
3. Recherchez qui est Prométhée et expliquez le titre du tableau.

▶ **Horace Vernet, *Le Prométhée polonais*, 1831**
Huile sur toile, 35 x 45 cm.
Bibliothèque polonaise de Paris.

Passé Présent

La Liberté guidant le peuple d'Eugène Delacroix : un symbole toujours vivant

Eugène Delacroix a peint son tableau peu après la révolution de 1830. La force de son œuvre réside dans l'utilisation d'éléments concrets et de figures allégoriques (**voir p. 72**).

Célèbre dans le monde entier, même si le contexte dans lequel elle a été réalisée est parfois oublié, sa toile est devenue une référence universelle souvent réinterprétée. D'un événement historique particulier est né un symbole intemporel.

▶ **Chappatte, *Le nouveau monde arabe*, 2011**
Illustration parue dans le quotidien suisse *Le Temps*, le 5 mars 2011.

1. Effectuez des recherches pour expliquer le contexte en Tunisie en 2011.
2. Décrivez les points communs et les différences entre le tableau de Delacroix et le dessin de Chappatte.
3. Que pouvez-vous en conclure sur la volonté du dessinateur ?

Rédiger la réponse à un sujet

Sujet guidé L'éveil des nationalités (1815-1848)

Consigne: Montrez comment les nationalités deviennent des acteurs centraux en Europe entre 1815 et 1848. Vous présenterez d'abord les effets du congrès de Vienne sur les nationalités. Ensuite, vous évoquerez le succès croissant des revendications nationales dans les années 1830-1840.

ÉTAPE 1 Comprendre le sujet

- Menez une réflexion pour répondre précisément au sujet. Évitez les généralités et faites attention au hors-sujet.
  > Le terme « éveil » a plusieurs sens: il s'oppose à « sommeil », mais il exprime aussi le fait de se révéler. De quelle manière, au cours de cette période, les peuples manifestent-ils leur volonté de vivre de façon indépendante?
- Recherchez les mots clés dans votre manuel.
  > « Les nationalités »: voir p. 49. Le sujet est centré sur les peuples en quête d'autonomie. Le terme « nationalité » s'oppose aussi à celui d'« empire multinational ».
- Interrogez la chronologie: en 1815, le congrès de Vienne ne reconnaît pas le droit des nationalités. Peut-on parler, dans ces conditions, d'un « éveil » ? Ce paradoxe peut être utilisé dans l'introduction pour capter l'attention du lecteur.

BAC Conseils pour rédiger

L'expression qui sert de sujet est aussi le titre du cours p. 60-61, mais attention, les limites temporelles sont différentes.

ÉTAPE 2 Structurer sa rédaction

PLAN	ARGUMENTATION	EXEMPLES
I. Des nationalités en sommeil ? (1815-1829)	• Des nationalités sans État revendiquent plus d'indépendance. • **Mais** le contexte est peu favorable aux revendications nationales. • **Néanmoins,** la lutte de certaines nationalités annonce une modification du rapport de force.	• En 1815, de nombreux peuples n'ont pas obtenu l'unité et l'indépendance (Italiens, Allemands, Polonais, Grecs). • Le congrès de Vienne en 1815 donne la priorité aux droits des souverains aux dépens du droit des nationalités. • La Grèce est un symbole d'émancipation.
II. Un éveil des nationalités ? (1830-1848)	• Une première affirmation des nationalités… • … renforce la vitalité des revendications nationales… • … qui entraînent une affirmation européenne de l'aspiration nationale.	• 1830 avec ses succès (Belgique) et ses échecs (Pologne). • Exilés, intellectuels et artistes font (re)vivre les cultures nationales dans les années 1830-1840. • Le « Printemps des peuples » en 1848.

Sujet blanc La monarchie constitutionnelle en France de 1814 à 1848

Consigne: Expliquez comment ce régime politique a évolué pendant trente ans. Vous présenterez la mise en place du régime en 1814. Vous expliquerez ensuite le passage de la restauration à la monarchie de Juillet avant de vous interroger sur les causes de l'effondrement de 1848.

Analyser un schéma

Sujet guidé Les puissances européennes et les révolutions (1820-1830)

Consigne: Montrez que l'Europe est divisée sur la question des nationalités.

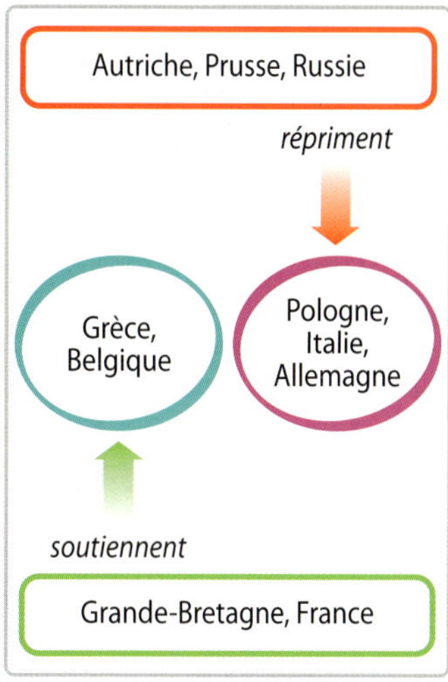

Les puissances européennes et les révolutions (1820-1830)

ÉTAPE 1 Comprendre l'organisation du schéma

- Le schéma est composé de formes géométriques simples qui contiennent des informations écrites.
  - Les formes: des rectangles pour les puissances européennes et des cercles pour les nationalités.
  - Les informations écrites: le nom des pays et nationalités.
- Des flèches relient les formes pour exprimer des liens.
  - Le sens des flèches: les relations entre les pays et les nationalités.
  - Leur couleur: vert et rouge qui connotent positivement et négativement ces liens.
  - Les verbes d'action: certaines puissances « répriment » et d'autres « soutiennent » les nationalités.
  - Le schéma est structuré: au sommet, les puissances européennes autoritaires. En bas, des pays plus libéraux et favorables à la souveraineté des peuples. Entre les deux, des nationalités sous l'influence d'un des deux autres groupes.

ÉTAPE 2 Mobiliser ses connaissances

- Des événements:
  > L'Autriche, la Prusse et la Russie forment la Sainte-Alliance depuis 1815.
  > La France opère en 1830 un virage libéral. La monarchie constitutionnelle britannique est un modèle pour les orléanistes.
  > Dès 1821, l'Autriche écrase une révolte dans le royaume des Deux-Siciles. En 1830, la Grèce et la Belgique deviennent des États indépendants. En 1831, l'insurrection polonaise est réprimée.
- Des notions clés: nationalité, indépendance, souveraineté.

ÉTAPE 3 Répondre à la consigne

- Classez les informations dans un tableau, puis répondez au sujet.
  > La Sainte-Alliance née du congrès de Vienne (Autriche, Russie et Prusse) applique ses principes avec violence. Elle réprime les nationalités qui veulent accéder à l'indépendance. Les grandes puissances qui la composent ont des logiques impériales: elles imposent une autorité reposant sur la force. Polonais, Allemands et Italiens en sont les victimes: le droit de fonder un État national leur est refusé.
  > Des pays d'Europe de l'Ouest, la Grande-Bretagne et la France (à partir de 1830), défendent une logique opposée: ils reconnaissent aux peuples le droit d'accéder à la libre détermination. Ces puissances libérales aident les Grecs puis les Belges à devenir indépendants.
  > L'Europe est donc divisée entre deux grands systèmes de pensée politique. Ceci crée des différences de traitement entre les nationalités. Cette tension est sans doute une explication de la propagation des nationalismes et du libéralisme en Europe dans les années 1830: les nationalités aspirent à imiter les pays qui sont devenus indépendants quand les grandes puissances conservatrices cherchent à maintenir leur suprématie.

Sujet blanc La Charte de 1814 fonde la monarchie constitutionnelle française (doc. 1 p. 56)

Méthode Bac

Analyser un tableau

Sujet corrigé

La représentation artistique du mouvement libéral et national

Consigne: Montrez comment ce tableau traduit les valeurs de liberté et de nation.

▶ Eugène Delacroix, *Le 28 Juillet, la Liberté guidant le peuple*, 1830.
Huile sur toile, 260 x 325 cm.
Musée du Louvre, Paris.

ÉTAPE 1
Comprendre le sujet

- Le sujet oriente le regard et la réflexion.

> Définir les notions de « liberté » et « nation » avant d'effectuer les observations esthétiques. Le mouvement national et libéral ne se limite pas à la révolution de 1830 : une réflexion sur d'autres événements est nécessaire à la compréhension du tableau.

- Cherchez des informations sur la création de l'œuvre : qui en est l'auteur ? (Eugène Delacroix) Dans quel contexte peint-il ce tableau ? (À la suite des journées révolutionnaires de 1830) Qui a vu ce tableau ? (Exposition publique au Salon de Paris de 1831) A-t-il été apprécié ? (Le public comme le pouvoir ont été choqués par cette représentation réaliste, jugée « vulgaire »).

ÉTAPE 2
Analyser l'image

- Observez le document attentivement, sans préjugé : les personnages, les formes, les motifs, les couleurs, l'éclairage. Prenez le temps de bien découvrir l'œuvre sans penser la connaître déjà. Notez vos observations.
- Cherchez en bibliothèque ou sur Internet ce qui a été écrit sur cette œuvre très connue.
- Identifiez les personnages et les lieux représentés sur le document : la Liberté, deux jeunes Parisiens, un ouvrier, un bourgeois (peut-être Delacroix), un paysan, des soldats morts, une victime dépouillée, les tours de Notre-Dame de Paris.
- Analysez la composition du tableau.

> Tracez les lignes directrices : la verticale centrale, les deux diagonales joignant son sommet aux angles inférieurs, et une horizontale passant par le pied de la Liberté. Au centre, le drapeau et la Liberté donnent l'impression du mouvement. La barricade sépare symboliquement le triomphe de la nation (les vivants) sur la monarchie vaincue (les morts). En bas du tableau, tout est horizontal, figé, en haut tout est vertical et en mouvement. La construction en triangle fait de cette peinture un monument aux insurgés.

> En traçant les deux diagonales du tableau, on isole quatre scènes qui résument l'événement : le peuple (à gauche) de Paris (à droite) a vaincu la monarchie de Charles X (en bas), guidé par la Liberté en mouvement (en haut).

ÉTAPE 3 Mobiliser ses connaissances

OBSERVATIONS	CONNAISSANCES	THÈMES
Les soldats du régime occupent le tiers inférieur du tableau. La foule qui passe la barricade occupe les deux tiers supérieurs.	Charles X décide de censurer la presse et de dissoudre la Chambre des députés. Le soulèvement populaire entraîne la fin de la monarchie des Bourbons, symbolisée par les soldats.	La lutte pour la défense des libertés individuelles et collectives. La nation a vaincu le pouvoir personnel du roi.
La Liberté (une femme du peuple) semble s'élancer vers l'avant. Les nombreux mouvements. Les jeux d'ombre et de lumière. La fumée, le vent qui agite le drapeau.	Le romantisme est un courant artistique européen né à la fin du XVIIIe siècle. Il met l'accent sur la sensibilité et l'imagination de l'artiste ainsi que sur le sentiment. Le mouvement romantique soutient les peuples en lutte pour leur indépendance.	Une vision romantique de la politique qui valorise le sentiment et la vie.
Le bonnet phrygien du personnage féminin.	Une allusion probable à Marianne, symbole de la Révolution française.	L'auteur représente les événements de 1830 comme un prolongement de la Révolution française.
Une foule masculine.	Seuls les hommes peuvent voter et devenir soldats. Les femmes sont largement exclues du monde politique.	La souveraineté du peuple en armes.
Un ouvrier, un bourgeois, un paysan et de jeunes hommes.	La fraternité, le travail et la jeunesse sont des valeurs du mouvement national. Elles s'opposent à celles du « vieux monde » de l'Ancien Régime.	Un mouvement populaire.
Le bleu-blanc-rouge plusieurs fois mis en scène.	Face au drapeau blanc de la monarchie restaurée, le drapeau tricolore est un symbole qui rappelle la Révolution française.	Le drapeau, symbole de la nation.
Notre-Dame de Paris.	La scène se passe à Paris, la capitale française où débutent les changements de régime au XIXe siècle.	Paris, capitale révolutionnaire.
Le drapeau français et Paris.	La nation française comme incarnation de la modernité politique. Au XIXe siècle, les révolutionnaires du monde entier chantent *La Marseillaise*.	La France, nation des Droits de l'homme. Le tableau se veut un symbole universel.
Une déesse de la liberté ?	Le personnage de la Liberté ressemble à une statue de déesse grecque. Delacroix exprime son goût pour la culture classique grecque.	Une solidarité de la nation française avec les autres luttes nationales.

ÉTAPE 4 Rédiger

- Rappelez la problématique : Comment l'artiste a-t-il fabriqué un symbole du mouvement libéral et national ?
- Développez votre plan sous forme rédigée.

I. Une interprétation romantique des Trois Glorieuses
  A. Le peintre représente le soulèvement de juillet 1830.
  B. L'image met en scène la violence au nom de la défense de l'idée de Liberté.
  C. Les journées de Juillet deviennent un nouvel épisode de la Révolution.
  D. Ces thèmes correspondent à ceux du romantisme, qui exalte les sentiments.

II. L'image d'une nation qui lutte pour sa liberté
  A. L'œuvre met en scène une révolution qui est un mouvement populaire ; les hommes politiques sont absents. C'est la souveraineté nationale qui s'exprime.
  B. Cette lutte de la nation française fait écho à d'autres combats de nationalités, notamment celui des Grecs.
  C. Paris et la France sont à l'avant-poste du mouvement international pour la liberté.

- Rédigez votre conclusion : Ce tableau est aujourd'hui mondialement connu. Pourtant, il ne fut pas bien accueilli au moment de sa création : les critiques d'art l'ont jugé vulgaire et la monarchie de Juillet trop révolutionnaire.

BAC Conseil

Toutes les interprétations sont bonnes, à condition de pouvoir les justifier en observant l'image.

Sujet blanc Le soulèvement des Grecs pour leur indépendance et son écho en Europe (doc. 4 p. 59)

Consigne: Montrez comment la tableau *Scènes des massacres de Scio* d'Eugène Delacroix témoigne du philhellénisme européen.

Réviser

L'Europe entre restauration et révolution (1814-1848)

Fiche de révision

Comment les idées de liberté et d'indépendance s'imposent-elles progressivement en Europe malgré la restauration monarchique ?

I L'Europe de la restauration monarchique (1814-1830)

- Le congrès de Vienne (septembre 1814-juin 1815) réunit les vainqueurs de Napoléon Ier pour restaurer un ordre monarchique en Europe. Un pacte militaire, la Sainte-Alliance, est conclu le 26 septembre 1815 afin de garantir l'application des décisions du congrès.
- L'Europe de la première moitié du XIXe siècle est dominée par des régimes monarchiques autoritaires. Dans les grands empires, les droits des minorités nationales sont limités. Dans la Confédération germanique et en Italie, le sentiment national est étouffé.
- De nombreuses nationalités aspirent à l'indépendance et se révoltent sans succès face à la Sainte-Alliance. Seuls les Grecs, aidés des Russes, des Français et des Britanniques, obtiennent leur indépendance en 1830.

II L'éveil des nationalités (1830-1848)

- Les événements de 1830 en France (Trois Glorieuses) ont des répercussions dans l'Europe entière. La Belgique obtient son indépendance. Ailleurs, les mouvements nationaux sont réprimés.
- Dans les années 1830-1840, dans un contexte de retour au conservatisme, naissent de nouveaux débats, relayés par la presse et les exilés.
- Les mouvements nationaux et libéraux s'affirment à nouveau en 1848 lors du « Printemps des peuples » mais se soldent, comme en 1830, par un relatif échec.

Repères clés

LES ACTEURS ET LES ACTRICES

Les Églises

Klemens Wenzel von Metternich (1773-1859)

Louis XVIII (1755-1824)

Louis-Philippe (1773-1850)

La Sainte-Alliance (1815-1825)

Emilia Plater (1806-1831)

Charles X (1757-1836)

Guiseppe Mazzini (1805-1872)

LES LIEUX

- **Paris**
  Capitale révolutionnaire, foyer des insurrections de 1830 et 1848.
- **Belgique**
  État créé en 1830, il symbolise le combat des nationalités pour obtenir leur territoire et leur reconnaissance.
- **Vienne**
  Capitale au rayonnement européen, qui accueille le congrès du même nom à partir du 18 septembre 1814.

Schéma bilan

Schéma animé www.lienmini.fr/hist1-19

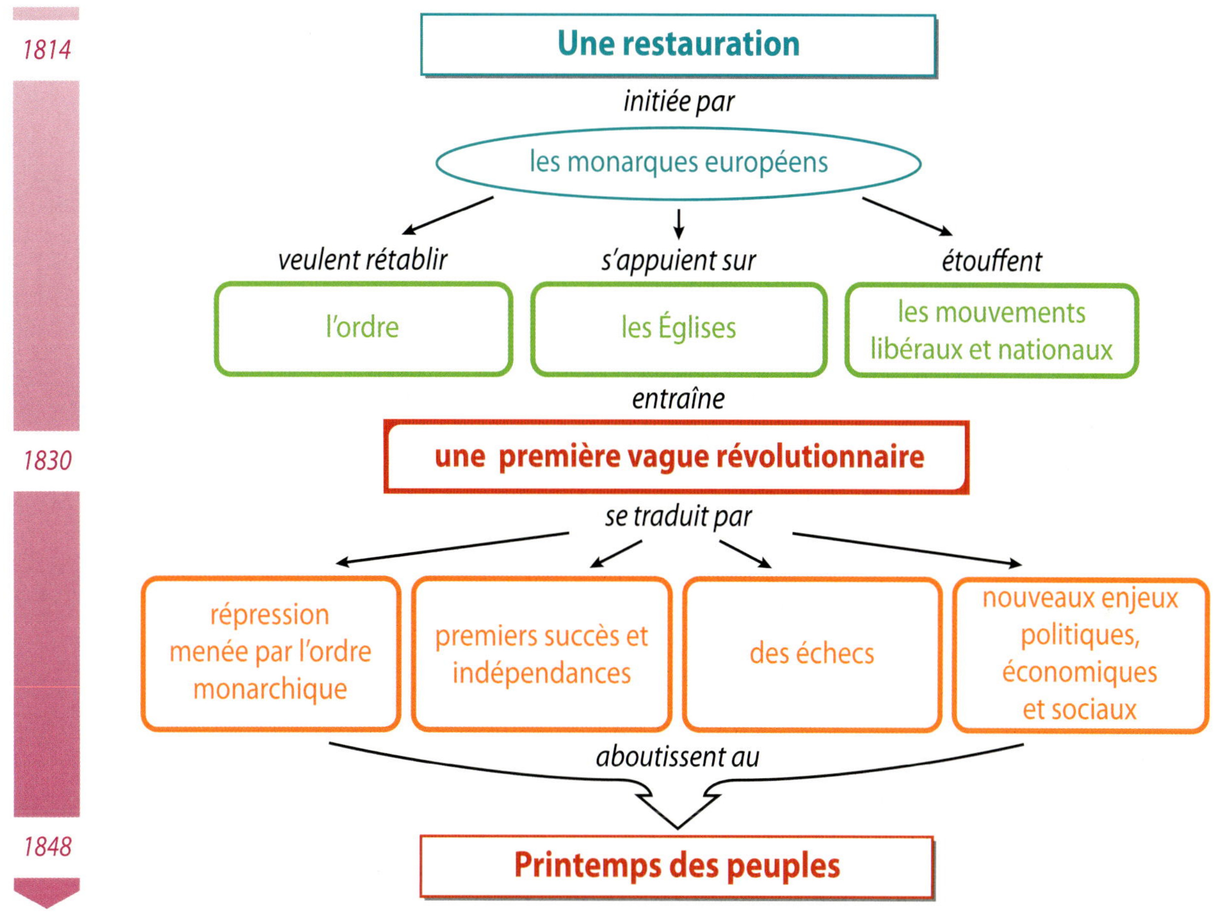

QCM interactif www.lienmini.fr/hist1-20

LES DATES

- **1814** Élaboration de la Charte constitutionnelle en France
- **1815** Signature de l'acte final du congrès de Vienne. Signature de la Sainte-Alliance
- **1830-1831** Indépendances grecque et belge. Répression en Pologne
- **1848** Printemps des peuples en Europe

Points de passage et d'ouverture

1815 Metternich et le congrès de Vienne
Le congrès de Vienne, qui réunit les vainqueurs de Napoléon Ier, redéfinit une Europe où les pouvoirs monarchiques sont restaurés.

1822 Le massacre de Chios
Le massacre des Grecs par les Ottomans sur l'île de Chios est un épisode majeur de la guerre d'indépendance grecque qui connaît un fort retentissement en Europe.

1830 Les Trois Glorieuses
Les 27, 28 et 29 juillet sont trois journées révolutionnaires qui débouchent sur une libéralisation du régime monarchique en France.

CHAPITRE 3

La difficile entrée dans l'âge démocratique : la IIe République et le Second Empire

Pourquoi la France échoue-t-elle à entrer en démocratie de 1848 à 1870 ?

Cours I En France, la révolution de février 1848 permet de renouer avec un système fondé sur des valeurs démocratiques. Très vite cependant, les tensions politiques et sociales portent au pouvoir des partisans d'une république autoritaire.

Cours II Le 2 décembre 1851, Louis-Napoléon Bonaparte force son maintien au pouvoir. Il confirme ainsi le retour à un régime autoritaire par un coup d'État. En raison d'une politique qui redonne de la puissance à la France, il est néanmoins populaire.

Cours III Louis-Napoléon Bonaparte est proclamé empereur des Français, sous le nom de Napoléon III. Pour conserver sa popularité et apaiser les tensions sociales, il libéralise le régime dans les années 1860. Mais les partisans de la démocratie sont toujours plus nombreux.

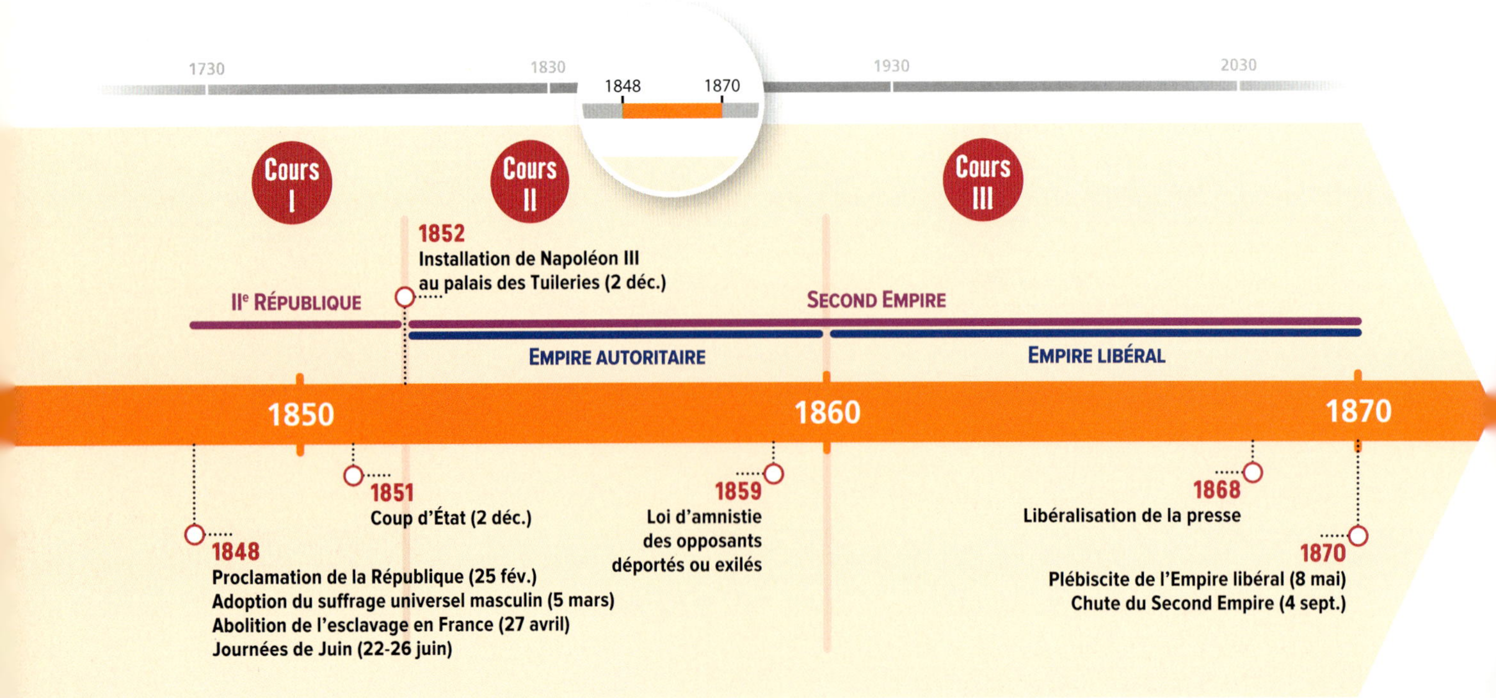

Une remise de la Légion d'honneur sous la IIe République
Sébastien Charles Giraud, *Le Prince Louis-Napoléon, Président de la République*, 1850. Musée national du château de Compiègne.

Schéma pour comprendre

1. Théâtre de Saint-Quentin utilisé par la Commune pour recevoir le Président.
2. Notables acclamant le Président.
3. Le Président en uniforme de général de la garde nationale.
4. Un ouvrier, ancien soldat sous Napoléon Ier, décoré de la Légion d'honneur.
5. Secrétaires dressant le procès-verbal de la cérémonie pour informer la population.

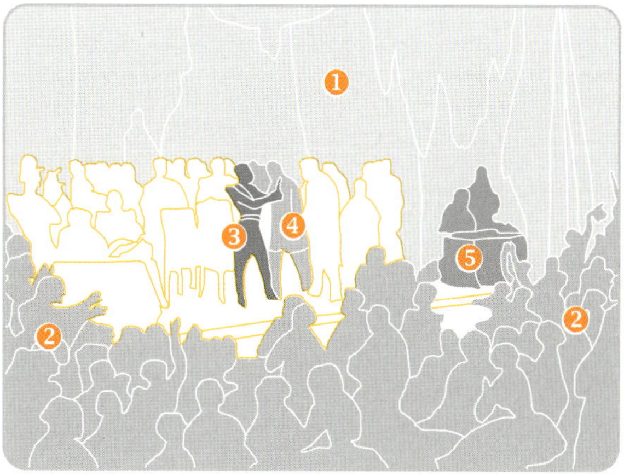

Questions

1 Identifiez le personnage central : quelle est sa fonction ?

2 Quels éléments soulignent l'aspect démocratique de cette cérémonie ?

3 Quels éléments renvoient à une cérémonie monarchique ?

Fiche d'activité
www.lienmini.fr/hist1-21

Notions

La délicate affirmation de la démocratie en France

En France, la IIe République et le Second Empire sont marqués par l'implantation difficile de la **démocratie**. Fondée sur des idéaux de liberté et d'égalité dont l'**abolitionnisme** est le symbole, la IIe République se méfie pourtant du **féminisme** et limite le droit de vote aux hommes.

Le Second Empire repose sur le **bonapartisme**. Il ne refuse pas le suffrage universel masculin mais l'encadre fortement au nom de la stabilité et du prestige du régime. Mais la diffusion des idées démocratiques accroît les critiques vis-à-vis de l'Empire. Pour y répondre, l'empereur concède des libertés et établit un régime parlementaire.

La démocratie

Définition : régime politique dans lequel les citoyens, dont les droits sont garantis, exercent la souveraineté.

Contexte : la révolution de 1848 renoue avec l'héritage des révolutions de 1789 et de 1830 dans la recherche de plus de libertés et de plus d'égalité. Elle marque l'entrée dans la IIe République, succédant à l'échec de la première en 1804.

Le suffrage universel, pilier de la démocratie. Frédéric Sorrieu, *Suffrage universel dédié à Ledru-Rollin*, 1850. Lithographie, 32 x 40 cm. Musée Carnavalet, Paris.

Point de passage et d'ouverture, p. 84
Alphonse de Lamartine en 1848

Point de passage et d'ouverture, p. 88
Louis-Napoléon Bonaparte, premier président de la République

Étude, p. 87 L'adoption du suffrage universel masculin

Étude, p. 95 Victor Hugo, figure de l'exilé politique

Étude, p. 98 La presse sous l'Empire libéral

L'abolitionnisme

Définition : combat pour l'interdiction juridique de l'esclavage au nom de l'égalité.

Contexte : en France, l'abolition de l'esclavage en 1848 achève un processus entamé pendant la Révolution (1794), mais rétabli de façon partielle par le Consulat (1802).

L'annonce de l'abolition de l'esclavage en Martinique (1848). Carte pédagogique française, chromolithographie, XIXe siècle.

Étude, p. 86
L'abolition de l'esclavage : une avancée démocratique

Point de passage et d'ouverture, p. 84
Point de passage et d'ouverture, p. 90
Étude, p. 87
Étude, p. 86
Point de passage et d'ouverture, p. 88

1848

24 février 1848 Alphonse de Lamartine défend le drapeau tricolore

5 mars 1848 Instauration du suffrage universel masculin

Avril 1848 George Sand crée le journal *La Cause du peuple*

27 avril 1848 Abolition de l'esclavage

10 déc. 1848 Louis-Napoléon Bonaparte élu président de la République

1849

La démocratie en débat de 1848 à 1870

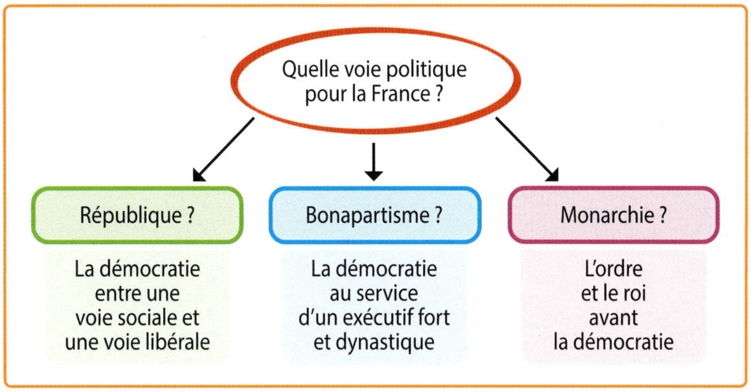

« Les Bonaparte sont nés avec la démocratie ; c'est à eux de la gouverner. »

Louis Couture, *Du gouvernement héréditaire en France et des trois partis qui s'y rattachent*, 1850.

Le féminisme

Définition : mouvement luttant pour le développement du rôle des femmes, ainsi que pour leurs droits politiques et sociaux.

Contexte : les revendications politiques des femmes émergent avec la Révolution française. La révolution de 1848 fait revenir la question des droits des femmes dans les débats politiques.

Un journal féministe sous l'Empire libéral.
Journal pour toutes (détail), hebdomadaire, premier numéro, 29 octobre 1864.

Point de passage et d'ouverture, p. 90
George Sand, femme de lettres engagée en politique

Le bonapartisme

Définition : système de gouvernement initié par Napoléon Ier et pratiqué par Napoléon III, marqué par l'attachement à un pouvoir exécutif autoritaire.

Contexte : au XIXe siècle, les Bonaparte incarnent la recherche d'un système politique stable qui concilie les idéaux de 1789 et l'ordre monarchique.

Louis-Napoléon Bonaparte, héritier d'une dynastie impériale.
Apparition de la grande famille, sans date. Lithographie, 21,9 x 28,1 cm. BnF, Paris.

Étude, p. 94
Napoléon III, empereur des Français

Étude, p. 99
Le plébiscite de 1870

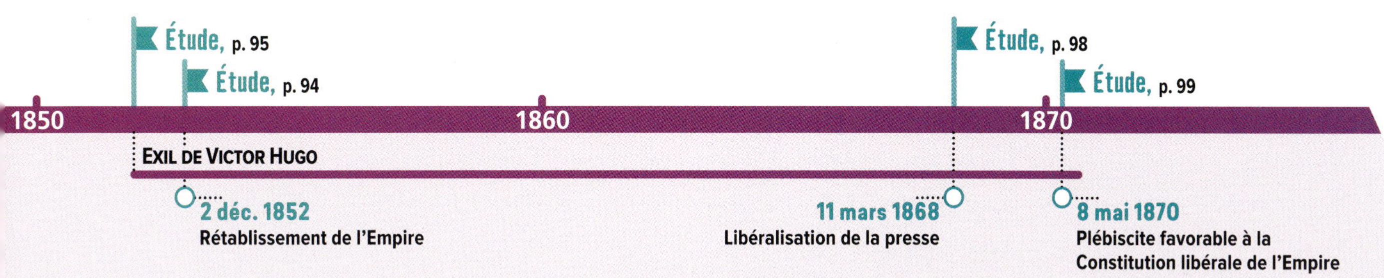

Cartes

Les lieux d'expression de la démocratie (1848-1870)

L'implantation politique de la IIe République se renforce à Paris. Les lieux du pouvoir s'y multiplient et les insurrections y sont nombreuses **(doc. 2)**.

La politique de prestige de l'Empire autoritaire limite les lieux du pouvoir dans la capitale mais y développe ceux qui incarnent la puissance du pays. **L'ouverture à la démocratie sous l'Empire libéral** fait renaître des espaces de réunion et d'expression. **(doc. 2)**

À l'échelle nationale, les partisans de la République s'affirment dans le Sud-Est, alors que les bonapartistes rencontrent un énorme succès électoral. **(doc. 1)**

1 ▸ Une France divisée entre démocrates sociaux et bonapartistes (1848-1851)

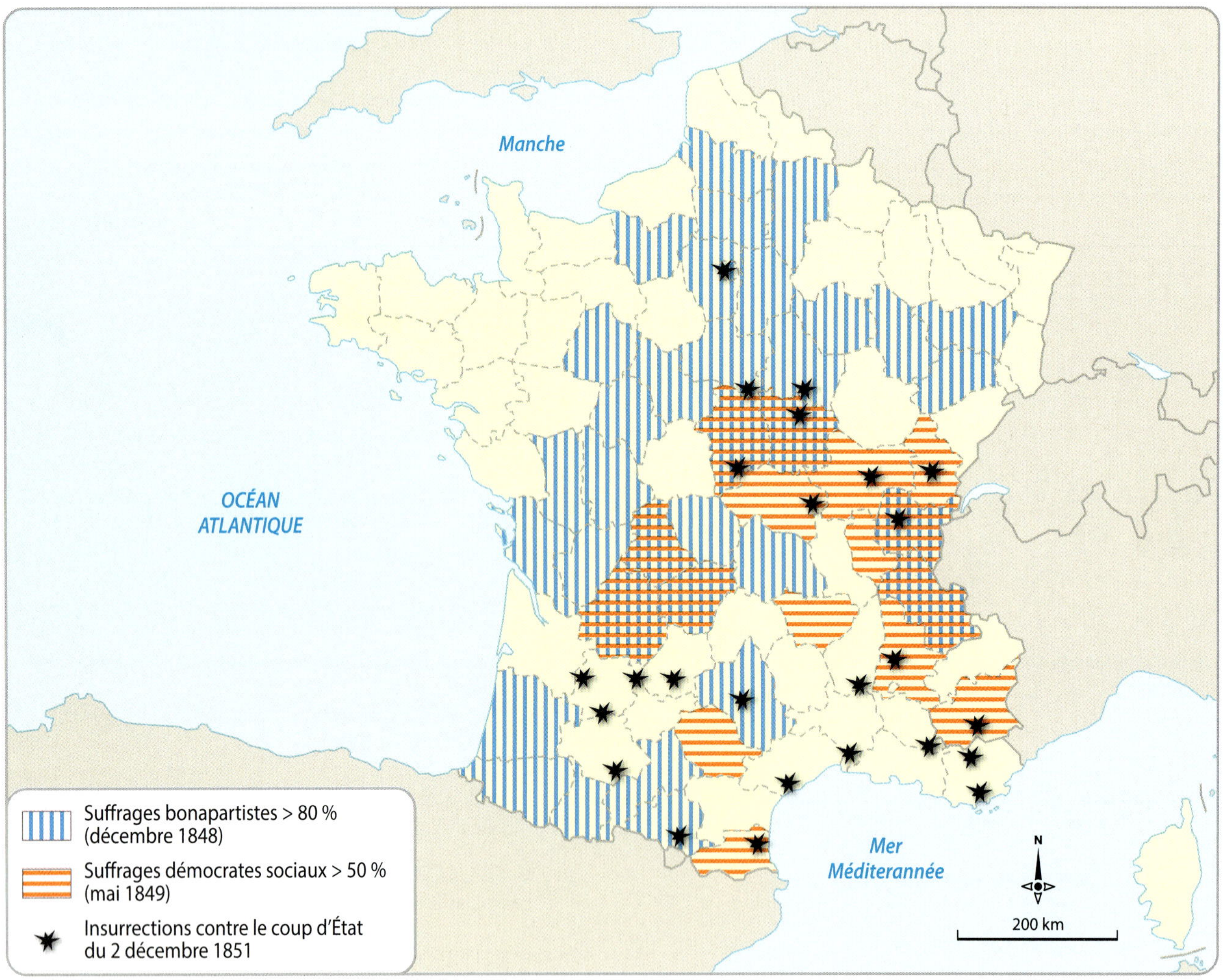

Questions

1. Nommez le lieu du pouvoir législatif. **(doc. 2)**
2. Pourquoi le lieu du pouvoir exécutif est-il différent avant et après 1851? **(doc. 2)**
3. Montrez que les régions favorables à une démocratie sociale sont hostiles au coup d'État du 2 décembre 1851. **(doc. 1)**

Carte interactive
www.lienmini.fr/hist1-22

2 ▸ La difficile entrée de Paris dans la démocratie (1848-1870)

Cours I p. 82

L'implantation politique de la IIe République

- Proclamation de la IIe République (24 février 1848)
- Insurrections réprimées (1848, 1851)
- Siège du pouvoir exécutif de 1848 à 1851
- Siège du pouvoir législatif

Cours II p. 92

La politique de prestige de l'Empire autoritaire

- Siège du pouvoir impérial
- Lieux de prestige du régime impérial
- Gares

Cours III p. 96

La lutte pour la démocratie sous l'Empire libéral

- Refus de Victor Hugo de rentrer malgré l'amnistie (1859)
- Quartiers républicains
- Quartier des éditeurs de presse autorisés à partir de 1868
- Proclamation de la IIIe République (4 septembre 1870)

Cours

PLAN

I La IIe République (1848-1851)

Pourquoi la IIe République marque-t-elle l'entrée de la France dans un âge démocratique ?

A. L'affirmation de la démocratie politique

• **La révolution de février 1848.** La monarchie de Juillet défend le suffrage censitaire et restreint les libertés. Très critiqué, le régime du roi Louis-Philippe est renversé par une révolution en février 1848. Un gouvernement provisoire est formé le 24 février. Dès le lendemain, il proclame la République. La France renoue alors avec un régime politique expérimenté sous la Révolution française entre 1792 et 1804.

• **Les principes démocratiques.** Dès le 27 février, les prisonniers politiques sont libérés et la peine de mort pour des raisons politiques est abolie. Le suffrage universel masculin est adopté le 5 mars, rétablissant la souveraineté du peuple, fondement de la démocratie. Sous l'impulsion de Victor Schœlcher, la République met fin à l'esclavage, au nom de l'égalité. L'abolition est décidée le 27 avril 1848 à l'unanimité des membres du gouvernement. La liberté de la presse et des réunions publiques est restaurée.

• **Le fonctionnement politique.** La Constitution adoptée le 4 novembre sépare les pouvoirs. L'Assemblée représente le pouvoir législatif. Elle est élue, ne peut être dissoute et siège en permanence. Le président de la République incarne le pouvoir exécutif. Élu par les citoyens mais non rééligible, le chef de l'État dirige le gouvernement et l'administration. Il ne peut refuser de promulguer les lois votées à l'Assemblée. Le 10 décembre, Louis-Napoléon Bonaparte est élu avec plus de 75 % des voix.

Point de passage et d'ouverture, p. 84
Études, p. 86 et p. 87

B. L'échec de la démocratie sociale

• **Des idéaux nouveaux.** En 1848, les classes populaires, en particulier les ouvriers qui vivent difficilement avec de très faibles salaires, revendiquent une plus grande solidarité et un partage plus équitable des richesses produites. Les femmes expriment également leur volonté d'émancipation. Elles réclament des droits sociaux (le divorce) et politiques (le vote). Fondatrice en avril 1848 du journal *La Cause du peuple*, George Sand est influencée par les idées de progrès issues du socialisme, dont l'idéal politique est une démocratie sociale, axée sur plus d'égalité et de fraternité.

• **Des rêves à la réalité.** Entre fin février et fin juin 1848, des Ateliers nationaux sont mis en place pour répondre à la demande de travail des ouvriers. L'État doit y prendre en charge les chômeurs et les affecter à un poste. Mais l'Assemblée élue en avril 1848 les supprime car elle refuse l'intervention de l'État dans l'économie. En réaction, des barricades sont de nouveau érigées dans Paris lors des « Journées de juin ». Réprimées dans le sang par le gouvernement, elles font entre 3 000 et 5 000 victimes (dont 1 500 fusillés sans jugement), mais aussi 12 000 prisonniers, dont 4 000 déportés en Algérie ou en Nouvelle-Calédonie afin de peupler les colonies.

Victor Schœlcher (1804-1893)
Sous-secrétaire d'État à la Marine et aux Colonies, il consacre l'essentiel de ses activités à la réforme du régime colonial. Il préside la Commission d'abolition de l'esclavage dans les colonies françaises qui prépare les décrets abolitionnistes du 27 avril 1848.

Vocabulaire

Ateliers nationaux : organisation sociale destinée à donner du travail aux chômeurs parisiens après la révolution de février 1848.
Coup d'État : prise du pouvoir par la force.
Démocratie sociale : courant démocratique favorable à la construction d'une citoyenneté sociale, pour l'égalité et contre la propriété.
Parti de l'Ordre : regroupement politique des individus, qu'ils soient monarchistes ou républicains, en faveur de l'ordre et de la propriété.
Pouvoir exécutif : pouvoir chargé de mettre en œuvre les lois et de gérer la politique du pays.
Pouvoir législatif : pouvoir chargé de débattre, de voter et de modifier les lois.
Suffrage universel masculin : droit de vote accordé à tous les hommes majeurs, sans condition de ressources.

• **Des tensions multiples.** L'échec de la démocratie sociale et la répression s'expliquent par l'existence de profondes divisions. La question de la propriété sépare bourgeois et ouvriers : les premiers défendent la liberté de la propriété privée alors que les seconds revendiquent la propriété sociale au service de la collectivité. De plus, l'agitation des villes tranche avec l'absence de révolution dans les campagnes, qui demeurent attachées aux cadres traditionnels (l'Église, les anciennes élites).

Point de passage et d'ouverture, p. 90

C. La République réactionnaire

• **La victoire du** parti de l'Ordre. Les élections législatives d'avril 1848 sont une revanche des campagnes sur l'agitation des villes. Le parti de l'Ordre réunit les monarchistes et les républicains attachés à la propriété et hostiles à une démocratie sociale. Il se satisfait d'une Constitution qui met en place un régime présidentiel où le chef de l'État n'a pas de contre-pouvoir.

• **Le recul des libertés.** En 1850, l'Assemblée vote une série de lois limitant la démocratie : exclusion du suffrage universel des hommes ne résidant pas trois années de suite au même endroit, restriction des libertés de réunion et de la presse. La loi Falloux achève ce processus en permettant à l'Église de jouer à nouveau un rôle majeur dans l'enseignement.

• **Le coup d'État du prince-président.** Louis-Napoléon Bonaparte, élu sur son nom illustre, adopte une attitude ambiguë : il se fait appeler le « prince-président ». Il effectue de nombreuses visites en province au cours desquelles il est comparé à son oncle, l'empereur Napoléon Ier. En 1851, il entre en conflit avec l'Assemblée qui refuse de modifier la Constitution pour lui permettre de se présenter à nouveau aux élections. Alors que son mandat est sur le point de s'achever, il organise un coup d'État le 2 décembre 1851. L'armée réprime toute résistance : le député démocrate Alphonse Baudin est tué sur une barricade parisienne le 3 décembre.

Point de passage et d'ouverture, p. 88

Cours en podcast
QCM interactif
www.lienmini.fr/hist1-23

Parti	% de voix
Parti de l'Ordre *(droite)*	50,20
Montagne *(gauche)*	29,65
Républicains modérés *(centre gauche)*	12,65
Indépendants	7,5

Les élections législatives de 1849

« La Révolution et la République sont indivisibles. L'une est la mère, l'autre est la fille. L'une est le mouvement humain qui se manifeste, l'autre est le mouvement humain qui se fixe. La République, c'est la Révolution fondée [...]. On ne sépare pas l'aube du soleil. »

Victor Hugo, discours à l'Assemblée nationale, 17 juillet 1851.

La barricade

Au XIXe siècle, la barricade est inséparable des grandes insurrections républicaines.

Symbole révolutionnaire, elle est un lieu de fraternisation. Elle est aussi un lieu de répression et de réduction à l'obéissance, comme lors des Journées de juin 1848.

Horace Vernet, *Combats dans la rue Soufflot*, Paris, 25 juin 1848. Huile sur toile, 36 x 46 cm. Musée historique allemand, Berlin.

Point de passage et d'ouverture

Alphonse de Lamartine en 1848

Quel rôle Alphonse de Lamartine joue-t-il en 1848?

Alphonse de Lamartine est un ancien partisan de la monarchie de Juillet converti aux idées républicaines. Lorsqu'éclate la révolution de février 1848, qui voit l'abdication de Louis-Philippe, Lamartine est au cœur des événements. Il y reste jusqu'à l'organisation des élections.

1 ▶ Lamartine, homme de lettres et homme politique

1790 Naissance à Mâcon (Saône-et-Loire) le 21 octobre.

1820 Parution des *Méditations poétiques*, premier recueil de poèmes et immense succès.

1829 Élu à l'Académie française.

1830 Début de sa carrière politique après la révolution de Juillet.

1833 Intègre la chambre des députés en décembre. Il y siège jusqu'en 1851.

1842 Devient une figure influente dans le parti d'opposition au régime monarchique.

1848 - Acteur de la révolution.
- Membre du Gouvernement provisoire et ministre des Affaires étrangères (de février à mai). Il participe à la proclamation de la IIe République le 24 février.
- Élu triomphalement à l'Assemblée nationale constituante le 23 avril. Il participe aux débats concernant l'organisation et le fonctionnement des institutions de la IIe République. La Constitution du 4 novembre reprend l'essentiel de ses idées.
- Signature du décret d'abolition de l'esclavage le 27 avril.
- Échec aux élections présidentielles de décembre.

1869 Mort à Paris le 28 février.

Baron François Pascal Simon Gérard, *Alphonse de Lamartine*, 1831.
Huile sur toile, 91 x 118 cm. Versailles, châteaux de Versailles de Trianon.

2 ▶ Le suffrage universel selon Lamartine

*Pour Lamartine, le **suffrage universel masculin** doit permettre la fraternité entre les différentes classes sociales.*

« Au lever du soleil, les populations recueillies et émues de patriotisme se formèrent en colonnes à la sortie des temples, sous la conduite des maires, des curés, des instituteurs, des juges de paix, des citoyens influents s'acheminèrent par villages et hameaux aux chefs-lieux d'arrondissement, et déposèrent dans les urnes sans autre impulsion que celle de leur conscience, sans violences… les noms des hommes dont la probité, les lumières, la vertu, le talent et surtout la modération leur inspiraient le plus de confiance pour le salut commun et pour l'avenir de la République.

Il en fut de même dans les villes. On voyait les citoyens riches et pauvres, soldats ou ouvriers, propriétaires ou prolétaires, sortir un à un du seuil de leurs maisons, le recueillement et la sérénité sur leurs visages, porter leurs suffrages écrits au scrutin… les déposer dans l'urne, et revenir avec la satisfaction peinte sur les traits comme d'une pieuse cérémonie. »

Alphonse de Lamartine, *Histoire de la révolution de 1848*, 1849.

3 ▶ Le drapeau tricolore, symbole de l'esprit républicain

« Je repousserai jusqu'à la mort ce drapeau de sang, et vous devez le répudier plus que moi, car le drapeau rouge[1] que vous rapportez n'a jamais fait que le tour du Champ-de-Mars, traîné dans le sang du peuple en [17]91 et en [17]93, et le drapeau tricolore a fait le tour du monde, avec le nom, la gloire et la liberté de la patrie. »

Alphonse de Lamartine, discours de l'Hôtel de Ville, 25 février 1848.

1. Symbole révolutionnaire, en référence à la Terreur, utilisé par les ouvriers pour revendiquer une démocratie sociale.

Notion
La démocratie : voir p. 78

Vocabulaire
Démocratie sociale : voir p. 82
Suffrage universel masculin : voir p. 82

4 ▶ Alphonse de Lamartine devant l'Hôtel de Ville de Paris, le 25 février 1848
Henri Félix Emmanuel Philippoteaux, *Lamartine repoussant le drapeau rouge devant l'Hôtel de Ville*, 1848.
Musée Carnavalet, Paris.

5 ▶ Lamartine, « conseiller » de la démocratie

« Que doit au pays le président actuel de la République ? Il lui doit d'accomplir son temps de magistrature et de remettre loyalement le pouvoir aux mains du pays qui le lui a confié. Il le fera, nous n'en doutons pas.

Que doit la majorité de l'Assemblée nationale aux masses de la nation, dont elle a confisqué une partie du droit de représentation par les excès de la loi du 31 mai[1], qui retranche trois millions de républicains du suffrage ? La majorité lui doit de restituer prudemment et loyalement le suffrage universel, sincère et entier de 1848. Elle le fera, nous l'espérons, non du premier coup peut-être, mais elle le fera avec patriotisme et prudence quand le cri public, qui commence à s'élever, l'avertira qu'elle a dépassé la sagesse et qu'un péril, non seulement pour la République, mais pour la société couve au fond de chaque urne restreinte en 1850.

Que doit maintenant l'Assemblée nationale au pays ? Elle lui doit de voter la révision, c'est-à-dire de donner satisfaction à cette volonté souveraine qui voit des vices à corriger dans sa Constitution […].

Et quand l'Assemblée aura fait son devoir comme le Président le sien, que devra le pays lui-même ? Il devra comme en 1848 voter avec la conscience et la dignité de la force son Assemblée constituante et son Pouvoir exécutif. »

Alphonse de Lamartine, *Le Conseiller du peuple*, mars 1851.

1. Loi du 31 mai 1850 qui restreint le droit de vote masculin (obligation de domicile de trois ans dans la même commune ou le même canton).

Questions

IDENTIFIER ET EXPLIQUER

1. Identifiez les actions d'Alphonse de Lamartine qui vont dans le sens de la démocratie. **(doc. 1)**
2. Comment Lamartine représente-t-il le suffrage universel à travers son texte ? **(doc. 2)**
3. Relevez les arguments de Lamartine pour légitimer le drapeau tricolore. **(doc. 3)**

ANALYSER

4. De quelle manière le peintre fait-il d'Alphonse de Lamartine un acteur central de la création de la IIe République ? **(doc. 4)**
5. Montrez que Lamartine insiste sur la notion de devoir dans l'établissement de la démocratie. **(doc. 5)**

ARGUMENTER ET RÉDIGER

6. Montrez qu'Alphonse de Lamartine incarne l'idéal démocratique dans la France de la IIe République.

Aide Indiquez ses engagements avant 1848, puis son rôle dans l'établissement de la démocratie en 1848, et enfin les valeurs qu'il contribue à diffuser.

Bac

7. Dans un sujet sur le thème de la révolution de 1848, montrez le rôle clé joué par Lamartine, tant sur le plan des événements que sur celui des idées.

Étude

L'abolition de l'esclavage : une avancée démocratique

Pourquoi l'abolition de l'esclavage incarne-t-elle l'idéal d'égalité de la révolution de 1848 ?

La Révolution française a permis la suppression de l'esclavage par le décret du 7 février 1794. Inégalement appliqué, il est abrogé le 20 mai 1802. En 1848, c'est Victor Schœlcher, sous-secrétaire d'État à la Marine et aux Colonies, qui fait promulguer le décret abolissant définitivement l'esclavage en France.

1 ▶ L'annonce de l'abolition de l'esclavage

François Biard, *L'Abolition de l'esclavage (27 avril 1848)*, 1849. Châteaux de Versailles et de Trianon, Versailles.

2 ▶ Le décret d'abolition de l'esclavage

« Le Gouvernement provisoire, considérant que l'esclavage est un attentat contre la dignité humaine ; qu'en détruisant le libre arbitre de l'homme, il supprime le principe naturel du droit et du devoir ; qu'il est une violation flagrante du dogme républicain : "Liberté - Égalité - Fraternité" ; [...] ; Décrète :

Article Ier. L'esclavage sera entièrement aboli dans toutes les colonies et possessions françaises, deux mois après la promulgation du présent décret dans chacune d'elles. À partir de la promulgation du présent décret dans les colonies, tout châtiment corporel, toute vente de personnes non libres, seront interdits. »

27 avril 1848.

3 ▶ L'abolition de l'esclavage dans les Caraïbes

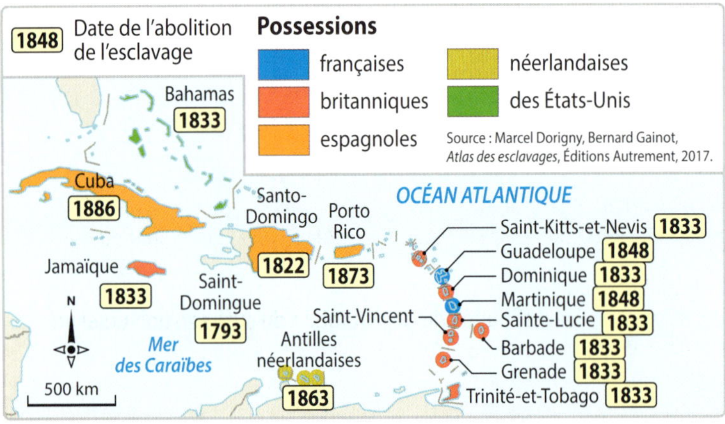

Notion

L'abolitionnisme : voir p. 78

Questions

RELEVER DES INFORMATIONS

1. Identifiez les éléments qui illustrent l'annonce de l'abolition de l'esclavage. **(doc. 1)**
2. Quels arguments sont utilisés pour expliquer le choix d'abolir l'esclavage ? **(doc. 2)**

ANALYSER

3. Expliquez en quoi l'abolition de l'esclavage est, au XIXe siècle, un processus long, difficile et qui dépasse le seul cas de la France. **(doc. 3)**

Bac

4. Dans un paragraphe rédigé, établissez un lien entre les idéaux républicains et le décret de 1848. **(doc. 1 et 2)**

Aide
a. Montrez les enjeux de l'abolition de l'esclavage.
b. Expliquez sa traduction juridique.

Étude

L'adoption du suffrage universel masculin

Comment le suffrage universel masculin s'installe-t-il dans la France de 1848 ?

L'expérience du vote constitue un moment important dans l'apprentissage de la démocratie. Le 5 mars 1848, la IIe République est le premier régime politique qui vise à rendre, le vote universel. En réalité, il est limité aux seuls hommes majeurs.

1 ▶ Le jour du vote vu par un notable

Alexis de Tocqueville s'est porté candidat au siège de député de la Manche de l'Assemblée constituante qui doit rédiger la nouvelle Constitution. Il est au cœur de l'élection du 23 avril 1848.

« Nous devions aller voter ensemble au bourg de Saint-Pierre, éloigné d'une lieue de notre village. Le matin de l'élection, tous les électeurs (c'est-à-dire toute la population mâle au-dessus de 20 ans), se réunirent devant l'église. Tous ces hommes se mirent à la file deux par deux, suivant l'ordre alphabétique ; je voulus marcher au rang que m'assignait mon nom, car je savais que dans les pays et dans les temps démocratiques, il faut se faire mettre à la tête du peuple et ne pas s'y mettre soi-même. [...] Arrivés au haut de la colline qui domine Tocqueville, on s'arrêta un moment ; je sus qu'on désirait que je parlasse. [...] Je rappelais à ces braves gens la gravité et l'importance de l'acte qu'ils allaient faire [...]. Tous les votes furent donnés en même temps, et j'ai lieu de penser qu'ils le furent tous au même candidat. »

Alexis de Tocqueville, *Souvenirs*, 1893.

Chez Lordereau, r. St Jacques 59. N° 51.

Çà, c'est pour l'ennemi du dehors ; pour le dedans, voici comme l'on combat loyalement les adversaires. . . .

2 ▶ Le vote, une arme politique

Gravure de Bosredon, *Le Vote ou le Fusil*, 1848. BnF, Paris.

Notion

La démocratie : voir p. 78

Questions

DÉCRIRE

1. Décrivez les étapes de l'exercice de la citoyenneté raconté par Alexis de Tocqueville. **(doc. 1)**
2. Comment cette gravure montre-t-elle le passage du statut de révolutionnaire à celui de citoyen ? **(doc. 2)**

ANALYSER

3. Expliquez comment la démocratie doit apaiser la vie politique. **(doc. 2)**

CONFRONTER

4. Montrez les difficultés de l'instauration du suffrage universel en confrontant les scènes de vote. **(doc. 1 et 2)**

Bac

5. Dans un paragraphe rédigé, montrez que le vote est un outil à la fois politique et social. **(doc. 1 et 2)**

Point de passage et d'ouverture

Louis-Napoléon Bonaparte, premier président de la République

Comment Louis-Napoléon Bonaparte détourne-t-il la fonction présidentielle ?

Le président de la République, chef de l'État, doit conduire l'exécutif selon les pouvoirs définis par la Constitution. Élu pour quatre ans avec 75 % des voix, Louis-Napoléon Bonaparte exerce pour la première fois cette fonction entre 1848 et 1851.

1 ▶ La première élection présidentielle (10 décembre 1848)

Gravure de Charles Vernier, *Un nouveau jeu de bagues*, parue dans *Le Charivari*, 9 décembre 1848. BnF, Paris.

(1) La République (2) Louis-Napoléon Bonaparte (3) Ledru-Rollin représentant la gauche socialiste-démocrate (4) Lamartine, défenseur du suffrage universel (5) Cavaignac représentant l'aile droite des républicains.

Louis-Napoléon Bonaparte
(1808-1873)

Neveu de Napoléon Ier, il s'affirme comme le détenteur de la mémoire napoléonienne au début de la IIe République. Élu député, il devient ensuite le premier président de la République. Après son coup d'État le 2 décembre 1851, il prend le titre d'empereur sous le nom de Napoléon III.

Notion

La démocratie : voir p. 78

Vocabulaire

Coup d'État : voir p. 82
Pouvoir exécutif : voir p. 82

2 ▶ Le discours inaugural du président de la République

« Les suffrages de la nation et le serment que je viens de prêter commandent ma conduite future. [...]. Je verrai des ennemis de la patrie dans tous ceux qui tenteraient de changer, par des voies illégales, ce que la France entière a établi. [...] Animé de cet esprit de conciliation, j'ai appelé près de moi des hommes honnêtes, capables et dévoués au pays, assuré que, malgré les diversités d'origine politique, ils sont d'accord pour concourir avec vous à l'application de la Constitution, au perfectionnement des lois, à la gloire de la République. La nouvelle administration, en entrant aux affaires, doit remercier celle qui la précède des efforts qu'elle a faits pour transmettre le pouvoir intact, pour maintenir la tranquillité publique. La conduite de l'honorable général Cavaignac a été digne de la loyauté de son caractère et de ce sentiment du devoir qui est la première qualité du chef d'un État. Nous avons, citoyens représentants, une grande mission à remplir, c'est de fonder une République dans l'intérêt de tous, et un gouvernement juste, ferme, qui soit animé d'un sincère amour du progrès sans être réactionnaire[1] ou utopiste[2]. »

Discours de Louis-Napoléon Bonaparte devant l'Assemblée nationale, 20 décembre 1848.

1. Partisan de la monarchie, en réaction à la démocratie.
2. Personne qui pense qu'un régime politique parfait existe.

3 ▶ Une fonction prestigieuse et symbolique
***Louis-Napoléon Bonaparte guidé par le Génie du peuple et la République reçoit des mains de la France la Couronne de la Présidence*, 1848.**
Lithographie, 21,9 x 28,4 cm. BnF, Paris.

4 ▶ Une constitution qui limite les pouvoirs du chef de l'État

« **Article 45.** Le président de la République est élu pour quatre ans, et n'est rééligible qu'après un intervalle de quatre années. […]
Article 51. Il ne peut […] dissoudre ni proroger l'Assemblée nationale, ni suspendre, en aucune manière, l'empire de la Constitution et des lois.
Article 52. Il présente chaque année, par un message, à l'Assemblée nationale, l'exposé de l'état général des affaires de la République.
Article 54. Il veille à la défense de l'État, mais il ne peut entreprendre aucune guerre sans le consentement de l'Assemblée nationale. »

Constitution de la IIe République, 4 novembre 1848.

5 ▶ Le coup d'État du 2 décembre 1851

Le 2 décembre 1851, le prince-président dissout l'Assemblée nationale et demande aux Français d'approuver une nouvelle constitution.

« La Constitution, vous le savez, avait été faite dans le but d'affaiblir d'avance le pouvoir que vous alliez me confier. Six millions de suffrages furent une éclatante protestation contre elle […]. Mais aujourd'hui […] mon devoir est de […] sauver le pays, en invoquant le jugement solennel du seul souverain que je reconnaisse en France : le Peuple ! […] Donnez-moi les moyens d'accomplir la grande mission que je tiens de vous. Cette mission consiste […] à créer des institutions […] qui soient enfin des fondations sur lesquelles on puisse asseoir quelque chose de durable […]. »

Louis-Napoléon Bonaparte, proclamation au peuple, 2 décembre 1851.

Questions

DÉCRIRE ET IDENTIFIER

1. Relevez les charges qui reviennent au président de la République. **(doc. 2 et 4)**

ANALYSER

2. Justifiez l'affirmation : « Le Président est soumis à l'Assemblée nationale. » **(doc. 4)**
3. Montrez que l'élection présidentielle consacre le choix du peuple. **(doc. 1 et 3)**
4. Quelle conception Louis-Napoléon Bonaparte a-t-il de la fonction de président de la République ? **(doc. 2 et 5)**

RAISONNER ET RÉDIGER

5. Pourquoi le coup d'État du 2 décembre 1851 est-il le résultat de l'incompatibilité entre les ambitions de Louis-Napoléon Bonaparte et les institutions de la IIe République ?

Bac

6. Mettez en relation les **doc. 1 et 5** pour montrer que la fonction présidentielle est un élément clé de l'échec de la IIe République.

Point de passage et d'ouverture

George Sand, femme de lettres engagée en politique

George Sand
(1804-1876)
Pseudonyme d'Aurore Dupin. Femme de lettres proche des **socialistes**, elle fonde plusieurs journaux et défend la cause des femmes en 1848. Après 1851, elle réclame en vain une amnistie pour les opposants du régime emprisonnés ou exilés, et diffuse ses idées à travers ses romans.

Quelle est l'action de George Sand dans la révolution de 1848?

Avant même 1848, George Sand exprime son attachement à la justice sociale, aux idéaux d'égalité et de solidarité dans sa production littéraire et journalistique. Au lendemain de la révolution, qui met en place la République, elle crée un journal, *La Cause du peuple*.

Notion

Le féminisme : voir p. 79

Vocabulaire

Socialiste : qui se revendique du socialisme, une idéologie politique fondée sur l'égalité et la critique de la propriété privée.

1 ▸ Pour l'indépendance sociale des femmes

George Sand rédige cette lettre au moment où plusieurs socialistes l'incitent à présenter sa candidature aux élections législatives prévues pour le mois d'avril.

« Les femmes doivent-elles participer un jour à la vie politique ? Oui, un jour, je le crois avec vous, mais ce jour est-il proche ? Non, je ne le crois pas, et pour que la condition des femmes soit ainsi transformée, il faut que la société soit transformée radicalement. [...] Quelques femmes ont soulevé cette question : pour que la société soit transformée, ne faut-il pas que la femme intervienne politiquement dès aujourd'hui dans les affaires publiques ? J'ose répondre qu'il ne le faut pas, parce que les conditions sociales sont telles que les femmes ne pourraient pas remplir honorablement et loyalement un mandat politique. La femme étant sous la tutelle et dans la dépendance de l'homme par le mariage, il est absolument impossible qu'elle présente des garanties d'indépendance politique. [...] C'est une des premières questions dont une république socialiste aura à s'occuper [...] à moins qu'on ne regarde l'égalité comme une condition de désordre et de discorde. »

Lettre de George Sand au Comité central de la gauche républicaine, mars 1848.

2 ▸ Revendiquer le droit au divorce

Caricature d'Honoré Daumier, planche n° 1 de la série « Les Divorceuses », *Le Charivari*, 4 août 1848. BnF, Paris.

« Citoyennes... On fait courir le bruit que le divorce est sur le point de nous être refusé... Constituons-nous ici en permanence et déclarons que la patrie est en danger ! » Dans *Le Charivari*, Honoré Daumier ridiculise les revendications des femmes auxquelles s'associe George Sand.

3 ▶ Un engagement remarqué en politique

Lithographie d'Alcide-Joseph Lorentz, 1842. BnF, Paris.

« Si de George Sand ce portrait
Laisse l'esprit un peu perplexe,
C'est que le génie est abstrait,
Et comme on sait n'a pas de sexe. »

4 ▶ L'idéal républicain de George Sand

« À la veille de faire une Constitution, dont la responsabilité ne pèsera plus sur quelques-uns, mais sur chacun et sur tous, jamais le peuple n'a eu autant besoin de s'occuper des principes qui serviront de base à un nouvel ordre social. [...]

Nous avons posé un principe [...] : "L'homme isolé ne compte point devant Dieu et ne saurait agir sur les hommes."

[...] Par l'homme isolé, j'entends celui qui [...] se fait le chef, l'apôtre ou le disciple d'une théocratie[1] ou d'un privilège. [...]

La vérité n'est pas une faveur que Dieu accorde exclusivement à quelques-uns [...]. Cette croyance [...] est un mensonge du passé, dont l'humanité libre s'affranchit. »

George Sand, « La souveraineté, c'est l'Égalité », dans *La Cause du peuple*, n° 1, 9 avril 1848.

1. Régime politique affirmant que sa légitimité provient de la volonté divine. C'est le cas de la monarchie d'Ancien Régime en France.

5 ▶ Le rejet de la violence politique

« C'est à la suite des néfastes journées de juin 1848, que troublé et navré, jusqu'au fond de l'âme, par les orages extérieurs, je m'efforçai de retrouver dans la solitude, sinon le calme, au moins la foi. Si je faisais profession d'être philosophe, je pourrais croire ou prétendre que la foi aux idées entraîne le calme de l'esprit en présence des faits désastreux de l'histoire contemporaine : mais il n'en est point ainsi pour moi, et j'avoue humblement que la certitude d'un avenir providentiel ne saurait fermer l'accès, dans une âme d'artiste, à la douleur de traverser un présent obscurci et déchiré par la guerre civile.

[...] Pour le pauvre poète, [...] quel que soit le résultat de la lutte, il y a l'horreur profonde du sang versé de part et d'autre. »

Préface à *La Petite Fadette* (1849), ajoutée en 1851.

Questions

CONNAÎTRE

1. Expliquez les références utilisées par George Sand : « à la veille de faire une Constitution » et « néfastes journées de juin. » **(doc. 4, 5 et cours p. 82)**.

RELEVER DES INFORMATIONS

2. Identifiez les revendications sociales et politiques portées par George Sand en 1848. **(doc. 1 et 4)**

EMPLOYER DES NOTIONS

3. Comment George Sand participe-t-elle aux combats du féminisme et du socialisme ? **(doc. 1 et 4)**

ANALYSER

4. Montrez que la caricature est une arme politique. **(doc. 2 et 3)**
5. Quelle valeur est au cœur de l'engagement de George Sand ? Justifiez votre réponse. **(doc. 1 et 4)**

RAISONNER ET RÉDIGER

6. Montrez comment, et avec quelles difficultés, une artiste comme George Sand s'engage dans les combats politiques de 1848.

Bac

7. Dans un sujet consacré au thème de l'égalité en 1848, rédigez un paragraphe pour montrer l'apport de George Sand.

Cours

PLAN

▶ **L'aigle de l'Empire romain, symbole du Second Empire**
Jean-Auguste Barre d'après Marion, *Aigle de drapeau*, 1860. Aluminium doré. Musée de l'Armée, Paris.

Notion

Le bonapartisme : voir p. 79

Vocabulaire

Césarisme : régime politique autoritaire inspiré de l'Antiquité romaine où le général Jules César partageait le pouvoir avec le Sénat de Rome.

Colonisation : processus par lequel un pays accapare le territoire, les ressources et la souveraineté d'un autre.

Corps législatif : assemblée législative (1852-1870).

Exposition universelle : manifestation internationale d'innovations technologiques et industrielles organisée dans une ville. Son objectif est culturel et commercial.

Plébiscite : vote par lequel les citoyens se prononcent pour ou contre un texte, et qui leur permet de renouveler ou non leur confiance au pouvoir en place.

Proscrits : personnes bannies de leur pays pour raison politique.

II L'Empire autoritaire (1852-1860)

Pourquoi le régime impérial adopte-t-il une politique autoritaire ?

A. L'encadrement des pratiques démocratiques

• **Les plébiscites.** Après avoir fait approuver son coup d'État par plébiscite en décembre 1851, Napoléon III renouvelle la démarche dès 1852 pour obtenir l'accord des Français concernant le rétablissement de l'Empire. En apparence, le régime est soutenu par une large majorité avec 96,86 % de « Oui » (7 millions de voix). En réalité, le scrutin se déroule dans des conditions peu démocratiques. Il se fait en public, la fraude y est massive et l'abstention est élevée (20,34 %). Cependant, Napoléon III demeure populaire jusqu'en 1870.

• **Les élections nationales.** Tous les six ans, les élections au Corps législatif sont un temps fort de la vie politique. Elles sont régies par le système de la candidature officielle. Les préfets sélectionnent des candidats dévoués à l'Empire et leur assurent une importante publicité électorale. Lors des élections législatives de 1857, les bonapartistes emportent ainsi 276 sièges, contre 7 seulement pour l'opposition. Le nombre important d'abstentionnistes (plus de 35 % en 1852 et 1857) montre cependant qu'une partie des électeurs n'approuve pas ce système qu'elle considère comme une fausse démocratie.

• **La démocratie locale.** Elle s'exprime à travers l'élection des conseillers municipaux, elle aussi encadrée. L'exécutif nomme le maire, qui n'est pas forcément choisi parmi les conseillers municipaux. Celui-ci devient un fonctionnaire au service du régime. D'ailleurs, tous les fonctionnaires (dont le nombre passe de 477 000 à 700 000) doivent prêter serment de fidélité à l'Empire.

B. La répression des opposants républicains à l'Empire

• **L'opposition républicaine.** Les républicains, divisés depuis la victoire du parti de l'Ordre, s'unissent pour s'opposer au coup d'État du 2 décembre 1851. Ils dénoncent la mise en place d'un exécutif tout puissant mais ne sont en capacité de se faire entendre que dans quelques villes et dans le Sud-Est de la France.

• **La chronologie de la répression.** Celle-ci débute dans les jours qui suivent le coup d'État : plus de 26 800 personnes (dont 80 députés) sont jugées de façon sommaire en décembre 1851. Elle continue les années suivantes et atteint son apogée avec le vote de la loi de Sûreté générale en 1858.

• **Les formes de la répression.** Les arrestations, emprisonnements et déportations constituent la première forme de répression. Ceux qui ont fui sont proscrits à partir de 1852. L'exil permet au régime impérial d'être débarrassé de ses opposants. En 1853, 5 000 républicains sont encore en prison ou déportés en Algérie, en Guyane et en Nouvelle-Calédonie. L'opinion publique finit par critiquer la répression : Napoléon III en tient compte et déclare, en 1859, une amnistie générale. Mais certains proscrits refusent de rentrer, tel Victor Hugo qui, après s'être réfugié à Bruxelles, a rejoint les îles anglo-normandes affirmant : « Quand la liberté rentrera, je rentrerai. »

Étude, p. 95

C. Les ambitions du régime impérial

• **Un régime autoritaire.** Napoléon III a pour ambition la création d'un régime neuf, reposant sur un exécutif puissant, et qui ne reproduise pas les erreurs des précédentes monarchies. Il s'appuie sur une administration de plus en plus efficace. Les forces de police sont triplées. Les préfets voient leurs pouvoirs augmentés par le décret du 25 mars 1852, dont le préambule stipule : « On peut gouverner de loin, mais on n'administre que de près. » Cette politique originale, inspirée du césarisme et incarnée par Napoléon Ier, définit le bonapartisme. Le souvenir du premier Empire nourrit une intense propagande qui associe étroitement l'œuvre des deux Napoléon.

• **Une politique intérieure de prestige.** Napoléon III met en place une politique de restauration d'un État fort, qu'il exprime à travers la multiplication de symboles monarchiques. Les palais impériaux (Tuileries, châteaux de Compiègne, de Saint-Cloud et de Fontainebleau) sont le théâtre d'une vie de cour brillante. Le renouveau des arts (construction du nouvel opéra de Paris) et la volonté de restaurer le patrimoine participent également de cette ambition. Les sciences et techniques sont encouragées ; les innovations sont présentées lors de la deuxième Exposition universelle, organisée à Paris en 1855. Le développement économique est enfin mis en avant avec la modernisation des infrastructures : l'État promeut la construction des voies ferroviaires en 1859.

• **Restaurer la puissance française.** Depuis 1815, la France est isolée sur le plan diplomatique au sein de l'Europe. Napoléon III mène une politique internationale alternant négociations et guerres. Sa participation à celle de Crimée (1854-1856) cause la perte de 100 000 soldats français mais s'achève sur une victoire diplomatique concrétisée par la signature du traité de Paris en 1856. L'aide apportée à la réalisation de l'unité italienne permet à Napoléon III d'ajouter la Savoie et le comté de Nice au territoire national en 1860. Enfin, l'Empereur relance la colonisation de l'Algérie dès 1852 et de l'Afrique (à partir du Sénégal) dès 1854.

Étude, p. 94

Cours en podcast
QCM interactif
www.lienmini.fr/hist1-24

« Je ne lis jamais les journaux français, ils n'impriment que ce que je veux ! »
Napoléon III, 1852.

La photographie au service de l'Empire
Gustave Le Gray, *Eugénie, impératrice des Français*, 1856. Domaine de Compiègne.

Les palais impériaux

Napoléon III réinvestit des palais qui ont servi autrefois de résidence à Napoléon Ier (Tuileries, Fontainebleau, Compiègne).

Ils incarnent le césarisme du Second Empire à l'intérieur du pays, et la puissance retrouvée de la France à l'extérieur du pays.

Jean-Léon Gérôme, ***Réception des ambassadeurs du Siam par Napoléon III et l'impératrice Eugénie au château de Fontainebleau* (le 27 juin 1861), 1864.** Musée national du château de Fontainebleau.

Étude

Napoléon III, empereur des Français

Quel programme idéologique Napoléon III donne-t-il au Second Empire ?

Dès la proclamation du Second Empire le 2 décembre 1852, Napoléon III utilise la propagande pour asseoir son pouvoir. Il explique les objectifs de sa politique lors de ses déplacements.

1 ▶ La tentative de construction d'une dynastie impériale
Photomontage, Album Famille impériale – Princes Impériaux en uniforme (planche 4), vers 1858.
Musée Carnavalet, Paris.

(1) Napoléon Ier (2) Napoléon, prince impérial, fils de Napoléon Ier (3) Napoléon III, neveu de Napoléon Ier (4) Louis-Napoléon, prince impérial, fils de Napoléon III, appelé à lui succéder.

2 ▶ Le programme du Second Empire (1852)

« Pour faire le bien du pays, il n'est pas besoin d'appliquer de nouveaux systèmes ; mais de donner, avant tout, confiance dans le présent, sécurité dans l'avenir. Voilà pourquoi la France semble vouloir revenir à l'Empire. [...] Je veux conquérir à la religion, à la morale, à l'aisance, cette partie encore si nombreuse de la population qui, au milieu d'un pays de foi et de croyance, connaît à peine les préceptes du Christ ; qui, au sein de la terre la plus fertile du monde, peut à peine jouir de ses produits de première nécessité.

Nous avons d'immenses territoires incultes à défricher, des routes à ouvrir, des ports à creuser, des rivières à rendre navigables, des canaux à terminer, notre réseau de chemin de fer à compléter. Nous avons, en face de Marseille, un vaste royaume à assimiler à la France. Nous avons tous nos grands ports de l'Ouest à rapprocher du continent américain par la rapidité de ces communications qui nous manquent encore. Nous avons partout enfin des ruines à relever, de faux dieux à abattre, des vérités à faire triompher. »

Napoléon III, discours de Bordeaux, 7 octobre 1852.

Questions

IDENTIFIER

1. Quels objectifs de propagande ce photomontage sert-il ? **(doc. 1)**
2. Relevez les objectifs économiques de la politique de Napoléon III. **(doc. 2)**
3. Quels aspects de la politique de Napoléon III renvoient aux régimes monarchiques ? **(doc. 1 et 2)**

ANALYSER

4. Expliquez quels sont les fondements du prestige et de la puissance selon Napoléon III. **(doc. 1 et 2)**

Bac

5. Rédigez un paragraphe pour montrer que le Second Empire s'emploie à moderniser la France tout en s'appuyant sur des idées issues des régimes monarchiques. **(doc. 1 et 2)**

Notion

Le bonapartisme : voir p. 79

Étude

Victor Hugo, figure de l'exilé politique

Comment Victor Hugo incarne-t-il l'opposition républicaine à Napoléon III ?

Victor Hugo, homme de lettres reconnu, s'oppose au coup d'État du 2 décembre 1851. Il s'exile, d'abord à Bruxelles, puis dans les îles anglo-normandes de Jersey et Guernesey. Refusant la loi d'amnistie de 1859, il ne rentre qu'à la chute de l'Empire, en 1870.

1 ▶ L'exil du poète

« Je ne fléchirai pas ! Sans plainte dans la bouche,
Calme, le deuil au cœur, dédaignant le troupeau,
Je vous embrasserai dans mon exil farouche,
Patrie, Ô mon autel ! Liberté, mon drapeau !
Mes nobles compagnons, je garde votre culte ;
Bannis, la République est là qui nous unit. [...]
Et s'il n'en reste qu'un, je serai celui-là ! »

Victor Hugo, « Ultima verba », *Les Châtiments,* 1853.

3 ▶ Victor Hugo pose sur la plage de Jersey

Jean Hugo, *Victor Hugo sur la grève d'Azette*, photographie, 1852. Musée d'Orsay, Paris.

2 ▶ Pamphlet contre Napoléon III

« Il importe qu'on sache un peu ce que c'est que M. Bonaparte. À l'heure qu'il est, grâce à la suppression de la tribune, grâce à la suppression de la presse, grâce à la suppression de la parole, de la liberté et de la vérité, suppression qui a eu pour résultat de tout permettre à M. Bonaparte, mais qui a en même temps pour effet de frapper de nullité tous ses actes sans exception [...] ; le crime de M. Bonaparte n'est pas crime, il s'appelle nécessité ; le guet-apens de M. Bonaparte n'est pas guet-apens, il s'appelle défense de l'ordre ; les vols de M. Bonaparte ne sont pas vols, ils s'appellent mesures d'État ; les meurtres de M. Bonaparte ne sont pas meurtres, ils s'appellent salut public ; les complices de M. Bonaparte ne sont pas des malfaiteurs, ils s'appellent magistrats, sénateurs et conseillers d'État [...]. Aux yeux de la France, aux yeux de l'Europe, le 2 décembre est encore masqué. Ce livre n'est pas autre chose qu'une main qui sort de l'ombre et qui lui arrache le masque. »

Victor Hugo, *Napoléon le Petit,* 1852.

Notion

La démocratie : voir p. 78

Questions

DÉCRIRE

1. Comment Victor Hugo met-il en scène son exil ? **(doc. 1 et 3)**
2. Quelles formes artistiques Victor Hugo utilise-t-il pour exprimer ses idées ? **(doc. 1 à 3)**

ANALYSER

3. Montrez que son pamphlet dénonce l'absence de démocratie en France. **(doc. 2)**

Bac

4. Rédigez un paragraphe pour expliquer comment Victor Hugo contribue à donner une image très négative de l'Empire.

Aide Montrez comment il met ses qualités d'artiste et sa détermination au service de ses idées politiques.

Cours

PLAN

Émile Ollivier

(1825-1913)

Député républicain élu en 1857, il encourage Napoléon III à aller plus loin dans l'évolution libérale de l'Empire. Chef du gouvernement en 1869-1870, il cherche à concilier ordre et liberté.

Étymologie

Le mot « **plébiscite** » est construit à partir de deux termes latins :

- **plebs** : le peuple
- **scitum** : la décision

Le plébiscite met en lumière le rôle du peuple, selon un modèle politique inspiré de l'Antiquité romaine. Mais au XIXe siècle, le mot désigne un vote massif en faveur du dirigeant.

Vocabulaire

Démocrates radicaux : se revendiquent d'un courant républicain et démocratique opposé à tout compromis avec l'Empire.

Libre-échange : politique qui encourage la liberté du commerce, notamment par la baisse des taxes douanières.

Régime parlementaire : mode de gouvernement dans lequel le Parlement exerce le pouvoir législatif et contrôle les actes du pouvoir exécutif.

III L'Empire libéral (1860-1870)

Comment les idées libérales reviennent-elles sur la scène politique à partir des années 1860 ?

A. Une reconnaissance très progressive des revendications démocratiques

- **Les causes du changement.** Suite aux critiques qui s'élèvent contre sa politique de répression, Napoléon III cherche à renouer avec le peuple. Il veut tout d'abord inscrire le régime dans la durée et transmettre le pouvoir à son fils. Il souhaite surtout profiter de l'affaiblissement de ses opposants après la loi d'amnistie de 1858 pour rallier à lui d'anciens républicains et les ouvriers.

- **La reconnaissance de droits démocratiques.** À partir de 1860, le régime autorise le débat au sein du Corps législatif et évolue progressivement vers une forme parlementaire. L'autorisation du droit de grève en 1864, des réunions publiques en 1868, ainsi qu'une relative liberté de la presse en 1868, sont les manifestations d'un assouplissement du régime.

- **Un régime consolidé.** Avec une baisse notoire de l'abstention (19 %) et l'affirmation de l'opposition (45 % des voix), les résultats des élections législatives de 1869 traduisent l'évolution du régime vers un empire plus libéral. Napoléon III nomme l'ex-républicain Émile Ollivier à la tête du gouvernement. Le plébiscite organisé le 8 mai 1870 vient confirmer le succès populaire de l'Empereur : les réformes opérées depuis 1860 sont approuvées à 83 % par le peuple et intégrées à la Constitution. L'opposition républicaine s'affirme toutefois dans les grandes villes de façon nette.

Étude, p. 99

B. Des libertés qui servent les objectifs politiques de Napoléon III

- **Un contexte de croissance économique.** L'industrialisation de la France crée des emplois et favorise l'enrichissement de la bourgeoisie. De plus, le traité de libre-échange avec le Royaume-Uni (1860) favorise l'entrée sur le territoire de produits bon marché. La France de Napoléon III devient une puissance économique.

- **Le succès de la presse.** Avec la fin de l'autorisation préalable de l'État nécessaire à l'impression des journaux, les titres de presse se multiplient. Tout un quartier parisien, entre l'Opéra, la Bourse et les nouveaux Grands Boulevards, se spécialise. *Le Petit Journal,* créé en 1863, constitue un modèle, alliant actualité et divertissement. Il tire à 259 000 exemplaires en 1865, ce qui en fait un média de masse.

- **Les piliers du régime.** La bourgeoisie accepte le libéralisme économique car il garantit une faible intervention de l'État et laisse les patrons maîtres de leurs affaires. La paysannerie, qui rassemble la majorité des Français, maintient son soutien à l'Empire : elle recherche avant tout la stabilité et la sécurité. Seule l'Église affiche une position plutôt critique. Le clergé apprécie certes les valeurs morales diffusées par le régime impérial, mais il s'inquiète de la politique étrangère de l'Empereur en Italie où les possessions territoriales du pape sont menacées.

Étude, p. 98

Cours en podcast
QCM interactif
www.lienmini.fr/hist1-25

C. Les échecs de l'Empire libéral

• **L'affaiblissement de l'Empereur.** De nombreux catholiques s'éloignent du régime, déçus par le soutien de Napoléon III à l'unité italienne qui affaiblit le pape. La crise économique de 1866 écorne également le modèle bonapartiste. L'Empereur est contraint d'accorder un partage du pouvoir « à l'anglaise » au gouvernement d'Émile Ollivier. Il ne conserve que le contrôle de la politique étrangère.

• **Une opposition grandissante.** L'hostilité des républicains, née du coup d'État de 1851, s'amplifie. En 1863, les démocrates radicaux refusent de prêter serment à l'Empire. Adolphe Thiers, élu député en 1863, constitue une alliance politique entre républicains conservateurs et monarchistes libéraux. Il exige les « libertés nécessaires » et dénonce la politique extérieure de l'Empereur. Les élections de 1869 confirment le succès des républicains dans les villes. Autour de l'avocat Léon Gambetta, ils présentent le « Programme de Belleville », fondé sur les libertés.

• **Les échecs à l'extérieur.** Napoléon III se lance dans une aventure désastreuse au Mexique entre 1861 et 1867. Cette expédition, motivée par le désir d'affirmer la puissance de la France, s'achève par un échec retentissant. L'importance des pertes humaines et financières entache la réputation de l'Empereur. En Europe, Napoléon III, redoutant la puissance grandissante de la Prusse, se laisse entraîner dans une guerre mal préparée, qui s'achève en moins de deux mois par une déroute française. Le 3 septembre 1870, Napoléon III est fait prisonnier à Sedan. Cet événement précipite la chute de l'Empire. La IIIe République est proclamée le 4 septembre 1870.

Médaille satirique, 1870-1871
Musée Carnavalet, Paris.

Le Corps législatif

Le Corps législatif symbolise le partage du pouvoir entre l'Empereur et l'assemblée législative, qui gagne plusieurs droits : la faculté de critiquer la politique du gouvernement (1860), le partage de l'initiative des lois (1869), et la responsabilité des ministres devant elle (1870). Le Corps législatif incarne donc une forme de démocratisation. La fin de l'Empire, après le désastre de Sedan, y est proclamée le 4 septembre 1870.

Jules Didier, Jacques Guiaud, *Le Palais du Corps législatif après sa dernière séance. Proclamation de la déchéance de l'Empire, le 4 septembre 1870, 1870-1871.*
Huile sur toile, 2,5 x 4 m. Musée Carnavalet, Paris.

Étude

La presse sous l'Empire libéral

Comment la presse participe-t-elle à la vie politique sous l'Empire libéral ?

- **17 février 1852** Loi organisant le contrôle direct de la presse par le gouvernement
- **1er février 1863** Fondation du *Petit Journal*, un des premiers nouveaux journaux autorisés
- **11 mars 1868** Loi sur la presse supprimant les autorisations préalables de l'État

La presse constitue le principal média de diffusion de l'information au XIXe siècle. La volonté de la contrôler sous l'Empire autoritaire a limité son expression. Mais l'Empire libéral lui reconnaît des libertés nouvelles.

1 ▶ « La grande marée de 1868 »

Honoré Daumier, *Le Charivari*, 19 décembre 1868.

Le personnage est sans doute Adolphe Thiers, député qui a défendu la liberté de la presse devant le Corps législatif dès 1864, en la qualifiant de « liberté nécessaire ».

2 ▶ Un journal d'opinion contre l'Empire en 1870

En 1869, le journaliste Henri Rochefort fonde La Marseillaise, *du nom de l'hymne interdit sous le Second Empire. Dans cet extrait, il s'attaque à un cousin de l'Empereur qui a assassiné le journaliste Victor Noir. Arrêté, il est condamné à six mois d'emprisonnement.*

« J'ai eu la faiblesse de croire qu'un Bonaparte pouvait être autre chose qu'un assassin ! J'ai osé m'imaginer qu'un duel loyal était possible dans cette famille où le meurtre et le guet-apens sont de tradition et d'usage. Notre collaborateur Paschal Grousset a partagé mon erreur et aujourd'hui nous pleurons notre pauvre et cher ami Victor Noir, assassiné par le bandit Pierre-Napoléon Bonaparte. Voilà dix-huit ans que la France est entre les mains ensanglantées de ces coupe-jarrets qui, non contents de mitrailler les républicains dans les rues, les attirent dans des pièges immondes pour les égorger à domicile. Peuple français, est-ce que décidément tu ne trouves pas qu'en voilà assez ? »

Henri Rochefort, *La Marseillaise*, 11 janvier 1870.

Questions

ANALYSER

1. Expliquez comment Honoré Daumier rend compte du succès de la presse en 1868. **(doc. 1)**
2. Montrez que la presse politique est une presse d'opinion. **(doc. 2)**

CONFRONTER DEUX DOCUMENTS

3. Expliquez de quelle manière le statut de la presse permet de comprendre les avancées et les limites de la démocratisation durant le Second Empire. **(doc. 1 et 2)**

Bac

4. Rédigez un paragraphe justifiant l'affirmation suivante : « La presse devient un acteur de la vie politique sous l'Empire libéral. »

Aide
- a. Expliquez que la presse conquiert des libertés.
- b. Montrez qu'elle n'hésite plus à donner son opinion, même hostile à l'Empire.
- c. Décrivez par quels moyens elle diffuse des avis politiques.

Notion

La démocratie : voir p. 78

Le plébiscite de 1870

Pourquoi le plébiscite de 1870 est-il un moment important dans l'expression des libertés au sein du régime impérial ?

Face à une opposition croissante, Napoléon III souhaite rétablir un lien direct avec le peuple. Il soumet au vote un projet de constitution rédigé par le Sénat lors du plébiscite du 8 mai 1870. Le projet est adopté par 7 358 000 voix contre 1 538 000.

1 ▶ Un début de débat public avant l'élection

Le 20 avril 1870, le ministre de l'Intérieur envoie aux préfets des instructions précisant les conditions dans lesquelles des réunions publiques peuvent se tenir avant le scrutin du 8 mai.

« Monsieur le Préfet, le Gouvernement, désireux d'assurer au suffrage universel la garantie d'une délibération libre et sincère, a décidé que des réunions publiques politiques pourraient être tenues […]. Tout électeur, sans distinction de circonscription ou de département, pourra assister aux réunions; il devra seulement justifier de son inscription sur les listes électorales, soit au moyen de sa carte d'électeur, soit par la production d'un certificat d'inscription délivré par l'autorité municipale. Nul ne pourra se présenter dans une réunion porteur d'armes apparentes ou cachées.
Un fonctionnaire de l'ordre administratif ou judiciaire pourra assister aux réunions. Il sera revêtu de ses insignes et prendra une place à son choix. Il prononcera la dissolution de la réunion, si l'assemblée devenait tumultueuse ou si des crimes et délits y étaient commis. […]
En ce qui concerne les affiches, je n'ai pas à vous rappeler que, aux termes de la loi du 10 décembre 1830, aucune affiche traitant de matières politiques ne peut être placardée dans les rues ou autres lieux publics. »

Archives départementales de Vendée.
Dans Yves Hello, *Plébiscites et Élection présidentielle au suffrage universel au XIXe siècle (décembre 1799 à mai 1870)*, CRDP de Nantes, 1987.

2 ▶ Un régime semi-parlementaire

Caricature de Cham, ***Le régime parlementaire ayant apporté une légère modification aux portraits officiels***, 1870.

Questions

RELEVER DES INFORMATIONS

1. Identifiez l'institution qui remplace la tête de Napoléon III. **(doc. 2)**
2. Quelles sont les conditions du débat public et ses limites ? **(doc. 1)**

ANALYSER

3. Montrez que le pouvoir législatif occupe une place importante dans le régime impérial avec l'adoption de la nouvelle Constitution. **(doc. 2)**

Bac

4. Rédigez un paragraphe répondant à l'affirmation suivante : « Le plébiscite du 8 mai 1870 montre les avancées démocratiques de l'Empire libéral ainsi que ses limites. » **(doc. 1 et 2)**

Notion

Le bonapartisme : voir p. 79

Vocabulaire

Plébiscite : voir p. 92

Regard critique

Pourquoi commémorer la résistance au coup d'État du 2 décembre 1851 ?

L'historien Maurice Agulhon, professeur au Collège de France et membre du Haut Comité aux célébrations nationales, analyse la date fondatrice que constitue le coup d'État du 2 décembre 1851 et la répression qui s'ensuivit, pour montrer comment cet événement marque durablement l'imaginaire politique en France.

« La série d'événements politiques survenus il y a cent cinquante ans peut être dite doublement mémorable : par le succès d'une certaine opération, et par la tentative de résistance à celle-ci. [...]

Le coup d'État du 2 décembre 1851 [...] fut, par son succès, la cause directe de l'avènement du Second Empire. Ce fut un coup d'État typique [...].

[Le] fait important pour l'histoire est que ce coup d'État ait, précisément, rencontré quelques résistances et que, parce qu'elles étaient conformes aux principes du siècle (libéralisme, démocratie), elles aient été jusqu'à nos jours tenues pour exemplaires, donc fondatrices de notre éthique politique. Résistances deux fois complexes : de Paris et de la province ; d'élus libéraux bourgeois et d'activistes issus du peuple. [...]

Vainqueur dans la capitale, le pouvoir autoritaire le fut plus aisément encore dans les départements, où quelques soulèvements républicains, surtout dans le Midi, tinrent la campagne jusqu'au 10 décembre [...].

L'important, on l'a dit, est que cette résistance sporadique et brève ait été considérée par plus d'un siècle de politique républicaine comme exemplaire. La République après 1870 achèvera de se définir par le culte du Droit, la phobie du coup d'État, et la « diabolisation » du Second Empire. [...] La République a indemnisé les survivants et les ayants droit des résistants de décembre, les lieux de leurs batailles ont été marqués de monuments [...]. Décembre 1851 est bien, décidément, une date doublement fondatrice. »

Maurice Agulhon, « Les résistances au coup d'État », *Recueil des Commémorations nationales*, 2001, francearchives.fr

Développer son esprit critique

1. Pourquoi « décembre 1851 » constitue-t-elle une date doublement fondatrice d'après l'auteur ?
2. Qui sont les acteurs de la résistance au coup d'État de Louis-Napoléon Bonaparte ?
3. Pourquoi cette résistance est-elle considérée comme « exemplaire » dans la tradition républicaine ?

Les Mées (Alpes-de-Haute-Provence). Monument commémorant la résistance au coup d'État de 1851, inauguré le 4 septembre 1913.

Identifier et choisir des sources pertinentes sur Internet

Exemple Les Ateliers nationaux en 1848

Étape 1

Effectuer une recherche

- Utilisez les mots clés indiqués par le sujet («Ateliers nationaux», «1848») ou présents dans le manuel (Cours p. 82 : «chômage, «Journées de juin», etc.).

Étape 2

Évaluer les sites Internet

- Le type de support : s'agit-il d'un site institutionnel, à vocation marchande, d'un blog, d'un forum, d'un réseau social ?

> Les sites dont l'adresse se termine par «.over-blog.fr» sont personnels, ce qui nécessite de vérifier les faits. L'adresse des universités commence par «univ.», celle des ministères s'achève par «.gouv.fr».

- L'auteur de la source consultée : peut-on trouver le nom de l'auteur ou de l'institution qui a produit la source ?
- La date de la source : quelle est sa dernière mise à jour ?

Étape 3

Savoir reconnaître une source fiable

- La source doit avoir pour objectif d'informer : ne pas confondre information et opinion.

> Certains sites utilisent des références historiques pour défendre un point de vue politique actuel, en particulier les blogs. Il faut les utiliser avec précaution.

- La source doit faire autorité : le site doit être référencé, avoir une identité visible et des auteurs reconnus. Sur les réseaux sociaux et les blogs la véracité des informations échangées n'est pas toujours vérifiée.

> Le site www.histoire-image.org est partenaire des ministères de la Culture et de l'Éducation nationale (logos sur la page d'accueil).

- La source doit pouvoir être croisée avec d'autres : l'information ne doit pas être isolée sur un seul support, surtout s'il s'agit d'un réseau social.

> Croisez les sources pour valider le rôle de Louis Blanc ou de l'ouvrier Albert.

Étape 4

Savoir sélectionner une source pertinente

- La source doit comporter des informations claires, sans contradiction, exagération ou préjugé. Les références utilisées doivent être indiquées.
- La source doit apporter des informations vérifiées par leur présence dans une autre source identifiée comme fiable, et offrant des supports variés (texte, image, statistiques, carte, etc.).
- La source doit apporter des informations adaptées au sujet traité, à la problématique choisie, et au format de restitution (oral avec diaporama par exemple).
- Appliquez cette méthode au sujet.
  1. Entrez dans un moteur de recherche les mots clés suivants : «Ateliers nationaux» et «1848».
  2. Sélectionnez les cinq premières réponses et vérifiez leur fiabilité.
  3. Sélectionnez des sources utilisables et variées pour une restitution à la fois orale et visuelle.

Entraînement La presse de 1848 à 1870

S'exercer

1 Capacité Connaître et se repérer

Pour chaque événement, retrouvez la date, la notion et le personnage associés.

Événement	Date	Notion	Personnage
Adoption du suffrage universel masculin	8 mai 1870	Bonapartisme	Victor Hugo
Abolition de l'esclavage	4 septembre 1870	Démocratie	Napoléon III
Retour en France des républicains	5 mars 1848	Féminisme	Alphonse de Lamartine
Plébiscite de l'Empire libéral	27 avril 1848	Égalité	George Sand

2 Capacité Identifier des acteurs clés

Associez chaque citation à un des auteurs suivants : Victor Hugo, Alphonse de Lamartine et Louis-Napoléon Bonaparte.

« Oui, quand même le peuple choisirait celui que ma prévoyance, mal éclairée peut-être, redouterait de lui voir choisir, n'importe : *Alea jacta est !* Que Dieu et le peuple prononcent ! »
(Assemblée constituante, 4 novembre 1848)

« L'an passé, ils adoraient le sabre. Les voilà maintenant qui adorent le gourdin. »
(novembre 1849)

« Le propre de la démocratie est de s'incarner dans un homme. »
(décembre 1851)

3 Capacité Utiliser le numérique

1. Connectez-vous à un moteur de recherche.
2. Recherchez une biographie de l'auteur de cette œuvre.
3. Dans quel contexte a-t-il réalisé cette peinture ?
4. Identifiez les symboles présents autour du personnage central et faites une recherche pour comprendre le sens de chacun.

Allégorie de la République
Armand Cambon, *La République*, 1848.
Huile sur toile, 75 x 53 cm. Musée Ingres, Montauban.

4 Capacité Contextualiser un document

La résistance républicaine au 2 décembre 1851

« Un homme de Bugez près Belley, un ouvrier nommé Charlet, avait ardemment soutenu, au 10 décembre 1848, la candidature de Louis Bonaparte. Il avait distribué des bulletins, appuyé, propagé, colporté ; l'élection fut pour lui un triomphe ; il espérait en Louis-Napoléon [...]. Quand Louis Bonaparte fut au pouvoir, quand on vit l'homme à l'œuvre, les illusions s'évanouirent. Charlet, homme d'intelligence, fut un de ceux dont la probité républicaine se révolta, et peu à peu, à mesure que Louis Bonaparte s'enfonçait plus avant dans la réaction, Charlet se détachait de lui ; il passa ainsi de l'adhésion la plus confiante à l'opposition la plus loyale et la plus vive. C'est l'histoire de beaucoup d'autres nobles cœurs. Au 2 décembre [1851], Charlet n'hésita pas. En présence de tous les attentats réunis dans l'acte infâme de Louis Bonaparte, Charlet sentit la loi remuer en lui [...]. Il comprit clairement <u>qu'il n'y avait plus qu'un devoir pour le citoyen, un devoir étroit et qui se confondait avec le droit, défendre la République, défendre la Constitution</u>, et résister par tous les moyens à l'homme que la gauche, et son crime plus encore que la gauche, venait de mettre hors la loi. »

Victor Hugo, *Napoléon le Petit*, livre IV, 1852.

1. Identifiez la notion du chapitre en relation avec ce texte et rappelez-en la définition.
2. Relevez les éléments du texte qui renvoient à cette notion.
3. Indiquez ce que signifie la date du 2 décembre 1851.
4. Expliquez la phrase soulignée en utilisant les documents p. 87.

Histoire & Métier

Architecte du patrimoine

Le métier d'architecte du patrimoine apparaît dans l'Europe du XIXe siècle. En France, Eugène Viollet-le-Duc (1814-1879) en est la figure la plus importante. Il est aidé dans ses entreprises par Napoléon III, soucieux de s'inscrire dans une histoire de France revisitée.

L'intérêt de Napoléon III pour le patrimoine

« L'Empereur a reconnu l'importance des ruines de Pierrefonds au point de vue de l'histoire et de l'art. Le donjon et presque toutes les défenses extérieures reprennent leur aspect primitif ; ainsi nous pourrons voir bientôt le plus beau spécimen de l'architecture féodale du XVe siècle en France renaître par la volonté auguste du souverain. Nous n'avons que trop de ruines dans notre pays, et les ruines ne donnent guère l'idée de ce qu'étaient ces habitations des grands seigneurs les plus éclairés du Moyen Âge, amis des arts et des lettres, possesseurs de richesses immenses. Le château de Pierrefonds, rétabli en totalité, fera connaître cet art à la fois civil et militaire, qui, de Charles V à Louis XI, était supérieur à tout ce que l'on faisait alors en Europe. »

Eugène Viollet-le-Duc, *Description du château de Pierrefonds*, 1861.

Château de Pierrefonds restauré par Viollet-le-Duc, épreuve sur papier albuminé, **photographie, 1867.** Musée de l'Armée, Paris.

1. Quel rôle le Second Empire joue-t-il dans le développement de la profession d'architecte du patrimoine ?
2. Pourquoi cette profession est-elle utile pour la connaissance du passé ?

Vidéo « métier »
www.lienmini.fr/hist1-26

Préparer un plan

Sujet guidé Le Second Empire et la démocratie (1852-1870)

ÉTAPE 1
Analyser le sujet

- Préparez le plan au brouillon après avoir :
  – identifié et expliqué les mots clés du sujet,
  – défini l'idée générale du sujet (sous la forme d'un fil conducteur ou d'une problématique).

> Comment le Second Empire tente-t-il de contrôler les idées et les pratiques démocratiques expérimentées entre 1848 et 1852 ?

- Notez au brouillon les idées, arguments et exemples issus de la réflexion. Rassemblez ces éléments en identifiant deux ou trois thèmes communs.
- Présentez le plan au brouillon sous la forme d'un tableau indiquant d'abord les titres des parties, ensuite les arguments, et enfin les exemples.

ÉTAPE 2
Sélectionner un plan

- Le plan chronologique présente un phénomène sur la durée en allant du passé vers le présent. Il est utile pour démontrer des évolutions, des ruptures.
  I. L'Empire autoritaire
  II. L'Empire libéral
- Le plan thématique ordonne un sujet comportant plusieurs dimensions. Par exemple : politique, économique, sociale, culturelle, etc.
- Le plan analytique examine les causes, les faits et les conséquences.
- Le plan comparatiste permet de comprendre les ressemblances et les différences entre deux situations.

ÉTAPE 3
Construire un plan

- Sélectionnez et organisez les arguments et les exemples.
- Déterminez le type de plan, les thèmes (2 ou 3 parties) et les sous-thèmes.
- Réfléchissez aux transitions entre les différentes parties.

PLAN	ARGUMENTS	EXEMPLES
I. L'Empire autoritaire s'affirme en contrôlant de façon stricte la démocratie	• La répression concerne surtout les partisans de la démocratie. • Le vote, symbole de la démocratie, est très encadré. • Le bonapartisme s'attache plus au prestige de la France qu'à la démocratie.	• Exil de Victor Hugo dès 1852. • Loi de sûreté générale de 1858. • Plébiscites de 1852, 1860 et 1870. • Système de la candidature officielle. • Guerre de Crimée et traité de Paris (1853-1856). • Exposition universelle de 1855.
Transition : Napoléon III réalise que la politique autoritaire n'empêche pas l'opposition. Il évolue donc vers un Empire libéral capable de renforcer sa popularité.		
II. L'Empire libéral fait un pas vers la démocratie mais ne renonce pas à la contrôler	• Des droits nouveaux et des libertés nouvelles. • L'Empire adopte une constitution libérale et parlementaire. • Le régime impérial n'accepte qu'une très faible part de démocratie.	• Adoption du droit de réunion (1864). • Assouplissement de la censure (1868). • Forte progression des républicains aux élections de 1869. • Programme de Belleville de Léon Gambetta (1869). • Arguments du « Non » au plébiscite de 1870.

Sujet blanc La démocratie en France entre 1848 et 1870

Méthode Bac

Analyser un texte juridique

Sujet guidé La loi, un outil pour affirmer l'égalité et changer les mentalités

La loi sur la presse dans les colonies, 7 août 1850

« L'Assemblée nationale a adopté d'urgence la loi dont la teneur suit : […]

Art. 1er – Les lois et ordonnances qui font l'objet de l'article 2 du décret du 2 mai 1848, et les lois du 30 décembre 1830, du 11 août 1848 et du 27 juillet 1849, sur l'affichage et sur la presse, continueront à être exécutées ou seront exécutoires dans les colonies de la Martinique, de la Guadeloupe et dépendances, de l'île de la Réunion et de la Guyane française, sous les modifications suivantes : […]

Art. 2 – La reproduction par voie de publication, dans les colonies, des articles de journaux ou écrits périodiques et de tous autres écrits publiés dans la métropole, pourra être poursuivie et punie […].

Art. 3 – La provocation directe ou indirecte au rétablissement de l'esclavage ; l'excitation au mépris ou à la haine entre les anciennes classes de la population coloniale ; l'excitation à la résistance contre l'autorité métropolitaine […] ; l'outrage fait publiquement, d'une manière quelconque, au représentant du gouvernement métropolitain ; la publication, la reproduction ou la propagation, faites de mauvaise foi, de nouvelles fausses impliquant le rétablissement de l'esclavage, seront poursuivis d'office et punis de trois mois à deux ans d'emprisonnement et d'une amende […]. »

Bulletin des lois de la République française, Xe série, second semestre de 1850.

ÉTAPE 1 Présenter le document

- Mettez en évidence les points suivants :
  - La nature du document : un extrait de loi.
  - L'auteur du document : l'Assemblée nationale.
  - La date et le contexte de réalisation du document : 1850, majorité du parti de l'Ordre.
  - La source du document : Bulletin des lois de la République française.

ÉTAPE 2 Décrire le contenu du document

- Indiquez le thème de la loi (Préambule ou article 1er) : la presse ou l'affichage public dans les colonies.
- Résumez chaque article de la loi :
  > Art. 1 : thème de la loi.
  > Art. 2 : application en métropole.
  > Art. 3 : lutte contre tout écrit raciste ou favorable à l'esclavage.
- Recherchez si la loi est nouvelle ou en complète une autre : renvoi à d'autres textes dans l'art. 1.

ÉTAPE 3 Analyser l'intérêt historique du document

- Reliez la loi au régime politique concerné : IIe République.
- Mobilisez vos connaissances afin d'expliquer pourquoi le régime politique concerné a adopté cette loi : conséquence de l'abolition de l'esclavage.
- Expliquez quels sont les effets de la loi : diffusion du discours républicain sur la liberté, l'égalité et la fraternité.
- Expliquez les limites de la loi : il est plus simple de changer la loi que les mentalités.

Sujet blanc Une loi qui revient sur les acquis politiques de 1848

Texte à télécharger
www.lienmini.fr/hist1-27

Réviser La difficile entrée dans l'âge démocratique

Fiche de révision

Pourquoi la France échoue-t-elle à entrer en démocratie de 1848 à 1870 ?

I La IIe République (1848-1851)

- La démocratie politique repose sur le régime républicain, le suffrage universel masculin, l'abolition de l'esclavage et la Constitution.
- La démocratie sociale est en échec : les revendications des femmes et des ouvriers ne sont pas entendues par le gouvernement.
- Le vote porte au pouvoir des hommes peu favorables aux idées démocratiques. Louis-Napoléon Bonaparte organise un coup d'État le 2 décembre 1851 et proclame l'Empire.

II L'Empire autoritaire (1852-1860)

- Au niveau national, la démocratie est encadrée par le plébiscite et les candidatures officielles. Au niveau local, le pouvoir exécutif nomme les maires.
- Un mouvement de répression vise les républicains entre 1851 et 1859. Leurs chefs s'exilent.
- La popularité du régime est liée à ses ambitions : faire de la France une grande puissance politique et économique.

III L'Empire libéral (1860-1870)

- Pour rester populaire, Napoléon III crée peu à peu un régime parlementaire avec des libertés nouvelles.
- Les limites du bonapartisme sont visibles avant 1870. À l'intérieur, l'opposition républicaine renaît.
- Les espoirs démocratiques restent insatisfaits mais l'Empereur est toujours populaire. La guerre contre la Prusse explique la chute de l'Empire en 1870.

Repères clés

LES ACTEURS ET LES ACTRICES

Victor Schœlcher (1804-1893)

Alphonse de Lamartine (1790-1869)

Louis-Napoléon Bonaparte (1808-1873)

George Sand (1804-1876)

Victor Hugo (1802-1885)

Émile Ollivier (1825-1913)

LES LIEUX

- **Les barricades**
  Lieux symboliques d'expression de la nation en armes depuis la Révolution française, elles démontrent la mobilisation populaire en faveur de la démocratie.
- **Les palais impériaux**
  Ces résidences, héritées de la monarchie ou du Premier Empire, incarnent la politique de prestige du Second Empire.

Schéma bilan

Schéma animé
www.lienmini.fr/hist1-28

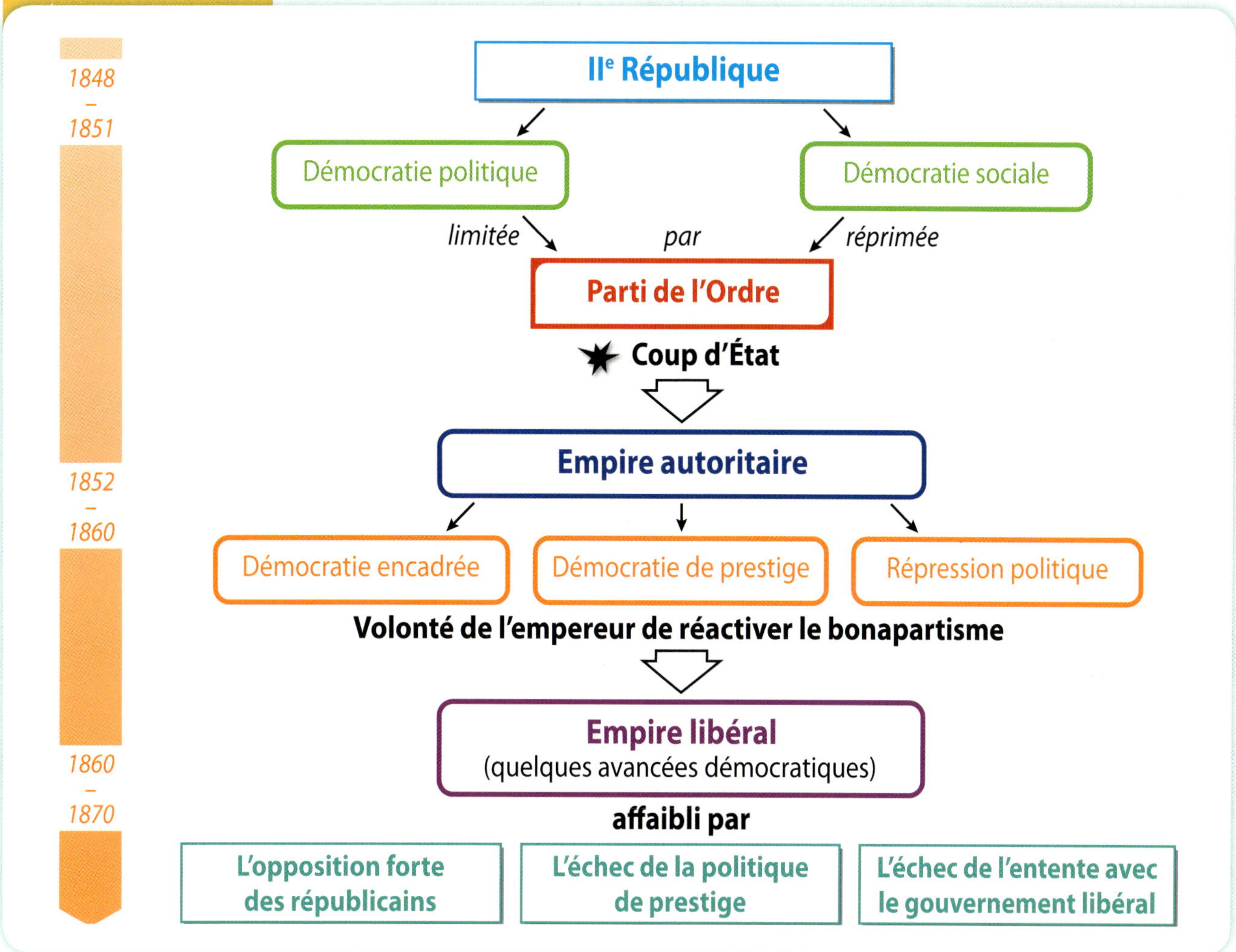

QCM interactif
www.lienmini.fr/hist1-29

LES DATES

1848

24 février : proclamation de la IIe République
5 mars : adoption du suffrage universel masculin
27 avril : abolition de l'esclavage
10 décembre : élections présidentielles

1851

2 décembre : coup d'État de Louis-Napoléon Bonaparte

1858

27 février : Loi de sûreté générale

1870

8 mai : plébiscite de la Constitution libérale de l'Empire
4 septembre : chute du Second Empire

Points de passage et d'ouverture

Alphonse de Lamartine en 1848
Lamartine est autant un acteur qu'un témoin de la mise en place des idées démocratiques dans les mois qui suivent la révolution de 1848.

George Sand, femme de lettres engagée en politique
Le féminisme de George Sand renvoie au désir d'égalité qui passe avant tout par une démocratie sociale. Elle idéalise la révolution de 1848 mais s'en détourne, rejetant la violence politique.

Louis-Napoléon Bonaparte, président de la IIe République
Le pouvoir exécutif est au cœur des débats sur la démocratie dès 1848. Louis-Napoléon Bonaparte détourne la fonction par un coup d'État.

CHAPITRE 4

L'industrialisation et l'accélération des transformations économiques et sociales en France (1848-1870)

Comment l'industrialisation transforme-t-elle la France ?

Cours I

De 1848 à 1870, la France connaît un processus d'industrialisation et d'urbanisation aux conséquences multiples. Il engendre notamment un accroissement sans précédent des productions. Il entraîne également une modernisation du pays, par exemple dans le domaine des transports.

Cours II

L'ensemble des mutations en cours creuse les inégalités sociales. En ville, une classe ouvrière émergente s'oppose à une bourgeoisie dominante. L'État tente de contrôler les tensions qui naissent de cette situation. Les campagnes se transforment plus lentement sous l'effet de l'industrialisation et conservent un fonctionnement traditionnel.

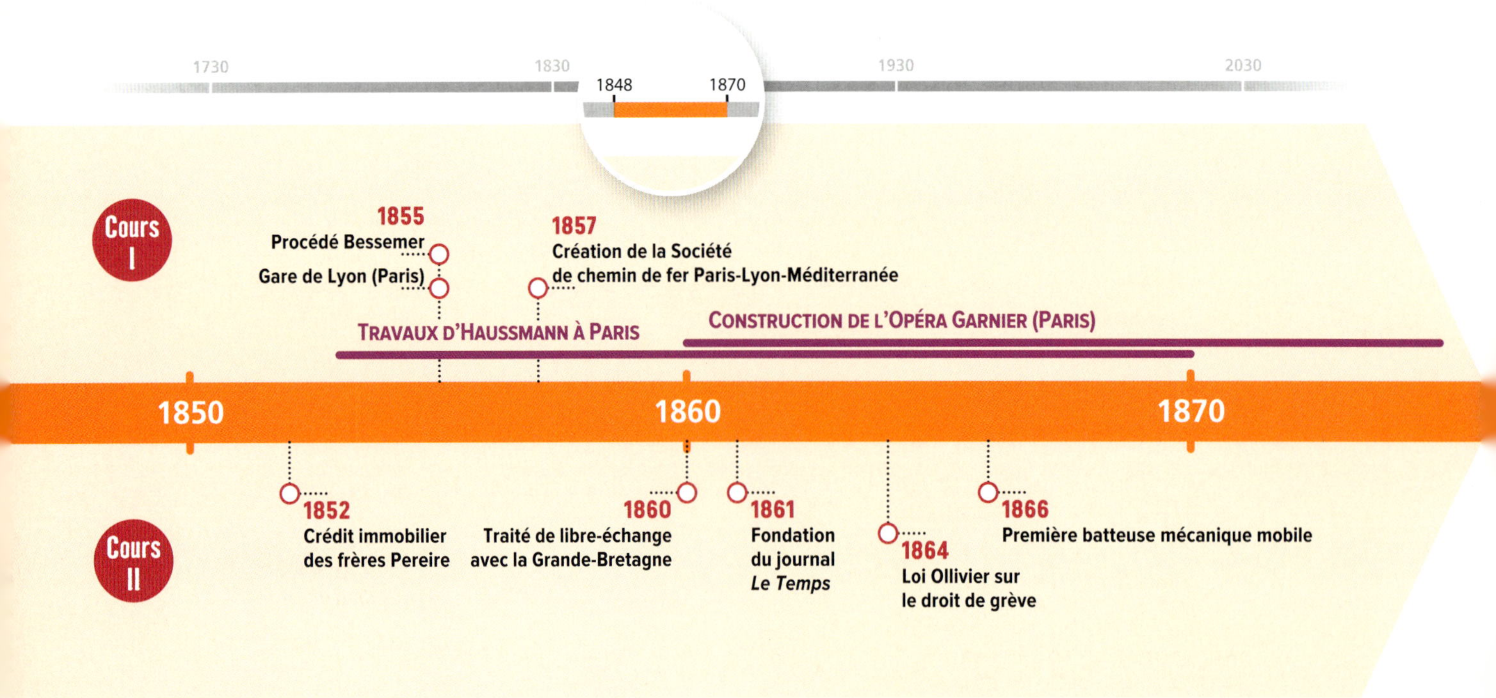

Un paysage transformé par l'exploitation du charbon (Saône-et-Loire)
François Ignace Bonhommé, *Mine de houille de Blanzy*, 1857. Aquarelle et lithographie, CNAM, Conservatoire national des arts et métiers, Paris.

Schéma pour comprendre

1. Mine de houille (charbon)
2. Voie ferrée pour le transport de la houille vers les usines
3. Usines (four à chaux, tuileries, verreries…) utilisant la houille comme source d'énergie
4. Paysage agricole : l'activité agricole reste dominante
5. Ville de Blanzy : sa population a doublé dans la première moitié du XIXe siècle

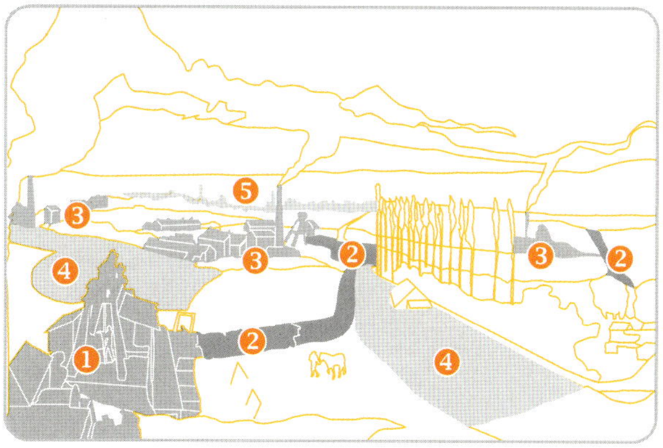

Questions

1 Quels éléments témoignent de l'industrialisation dans la région de Blanzy ?

2 De quelle manière l'auteur souligne-t-il la persistance du monde rural ?

3 Comment ce tableau rend-il compte des transformations de la France dans la seconde moitié du XIXe siècle ?

Fiche d'activité
www.lienmini.fr/hist1-30

Notions

Un pays transformé par l'industrialisation (1848-1870)

Né en Grande-Bretagne vers 1770-1780, le processus d'**industrialisation** gagne la France au début du XIXe siècle. Il s'accélère à partir de 1850 et engendre l'exode rural dans les campagnes. Celles-ci restent en grande partie à l'écart des transformations économiques et sociales qui entraînent l'**urbanisation** du pays et l'essor des transports.

Sous l'impulsion des industriels, l'État adopte une nouvelle idéologie, le **libéralisme**, qui facilite les échanges et les investissements. Dans les villes et les bassins industriels, les ouvriers, nombreux, s'organisent pour défendre leurs intérêts. La contestation face aux inégalités y fait naître le **socialisme**.

L'industrialisation

Définition : diffusion d'un nouveau mode de production qui se caractérise par l'emploi de machines et la production en série dans des usines.

Contexte : l'industrialisation se diffuse en France au XIXe siècle. Elle provoque une révolution économique et sociale, bouleversant les modes de production (usines) mais aussi les territoires. Elle touche les villes comme les campagnes et le monde du travail, avec l'essor de la bourgeoisie d'affaires et des ouvriers.

Les grands ensembles industriels concentrent machines et ouvriers. Gravure, Paris, 1865.

Étude, p. 118 La révolution de la production textile

Étude, p. 119 L'essor du chemin de fer en France

L'urbanisation

Définition : augmentation du nombre et de la taille des villes sous l'effet des activités économiques qui s'y développent.

Contexte : l'industrialisation favorise le développement spectaculaire des villes. Dans les plus grandes, des banlieues industrielles attirent la population des campagnes tandis que leur centre se modernise. Des villes nouvelles naissent dans les bassins miniers et industriels.

Fourchambault (Nièvre), une ville née de l'industrialisation en 1855. Gravure parue dans *Le Monde illustré*, 12 juillet 1862.

Point de passage et d'ouverture, p. 116
Paris haussmannien : la transformation d'une ville

Étude, p. 126
La France des campagnes

Étude, p. 118
Point de passage et d'ouverture, p. 122
Point de passage et d'ouverture, p. 116

1850

1845 Ouverture de la filature Motte-Bossut (Roubaix)

1852 Fondation du Crédit mobilier par les frères Pereire

1853 Nomination d'Haussmann comme préfet de la Seine

L'industrialisation, au cœur des processus de transformation

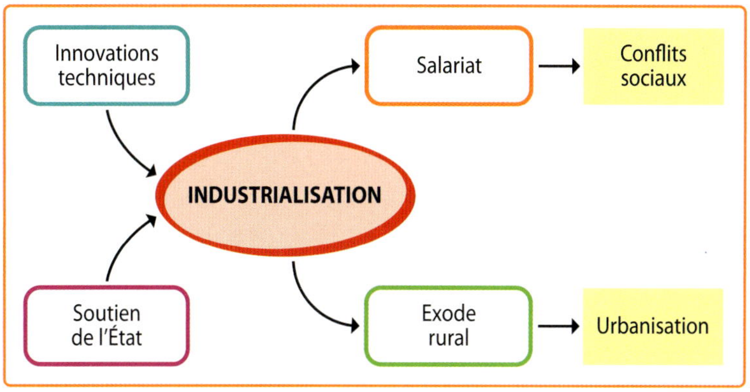

« L'histoire de l'industrie est le livre ouvert des facultés humaines. »

Karl Marx, *Manuscrits de 1844.*

Le libéralisme

Définition : idéologie qui fait de la liberté le principe fondamental du fonctionnement d'un pays. Dans le domaine économique, cela se traduit par l'affirmation de la propriété privée, du principe de concurrence et de la limitation des règles imposées aux entrepreneurs.

Contexte : jusqu'au XVIIIe siècle, la pensée économique dominante favorise l'intervention de l'État et des formes de protectionnisme à l'égard des activités commerciales. Le XIXe siècle est marqué par l'essor du libéralisme, qui accompagne le développement industriel.

La corbeille des agents de change à la Bourse de Paris.
Gravure, 1867.

Point de passage et d'ouverture, p. 122
Les frères Pereire, acteurs de la modernisation économique

Le socialisme

Définition : idéologie née du constat d'inégalités fortes dans les sociétés du XIXe siècle. Elle propose une nouvelle organisation politique, économique et sociale reposant sur un idéal d'égalité et d'équité.

Contexte : l'abondance de la main-d'œuvre issue de l'exode rural permet aux industriels d'imposer des salaires faibles. La législation est en retard pour réglementer des conditions de travail difficiles qui font naître une contestation du système économique et social chez les salariés.

Les socialistes s'impliquent dans la défense des ouvriers.
Cabasson, *Les Enfants de Paris aux barricades*, 1848. Lithographie, 12,4 x 16,2 cm. BnF, Paris.

Point de passage et d'ouverture, p. 124
25 mai 1864 : la lente reconnaissance du droit de grève

Étude, p. 119

Point de passage et d'ouverture, p. 124

Étude, p. 126

1860 — 1870

1857
Création de la Compagnie des chemins de fer de Paris à Lyon et à la Méditerranée (PLM)

1864
25 mai : Loi Ollivier autorisant les grèves

1866
Recensement officiel (70 % des Français sont ruraux)

Cartes

Un pays en transition (1848-1870)

L'**industrialisation de la France** s'accélère entre 1848 et 1871. Elle prend différentes formes (mines, industries, etc.) et s'accompagne d'une **révolution des transports**. Ces bouleversements ont des **conséquences multiples, d'un point de vue économique, social et politique** (doc. 2).

Au XIXe siècle, Paris est le centre industriel le plus important de France. En 1848, les grandes usines y sont encore peu nombreuses parmi les 64000 établissements existants. À partir des années 1850, elles s'implantent progressivement en périphérie de la ville (doc. 1).

1 ▶ L'industrialisation à Paris

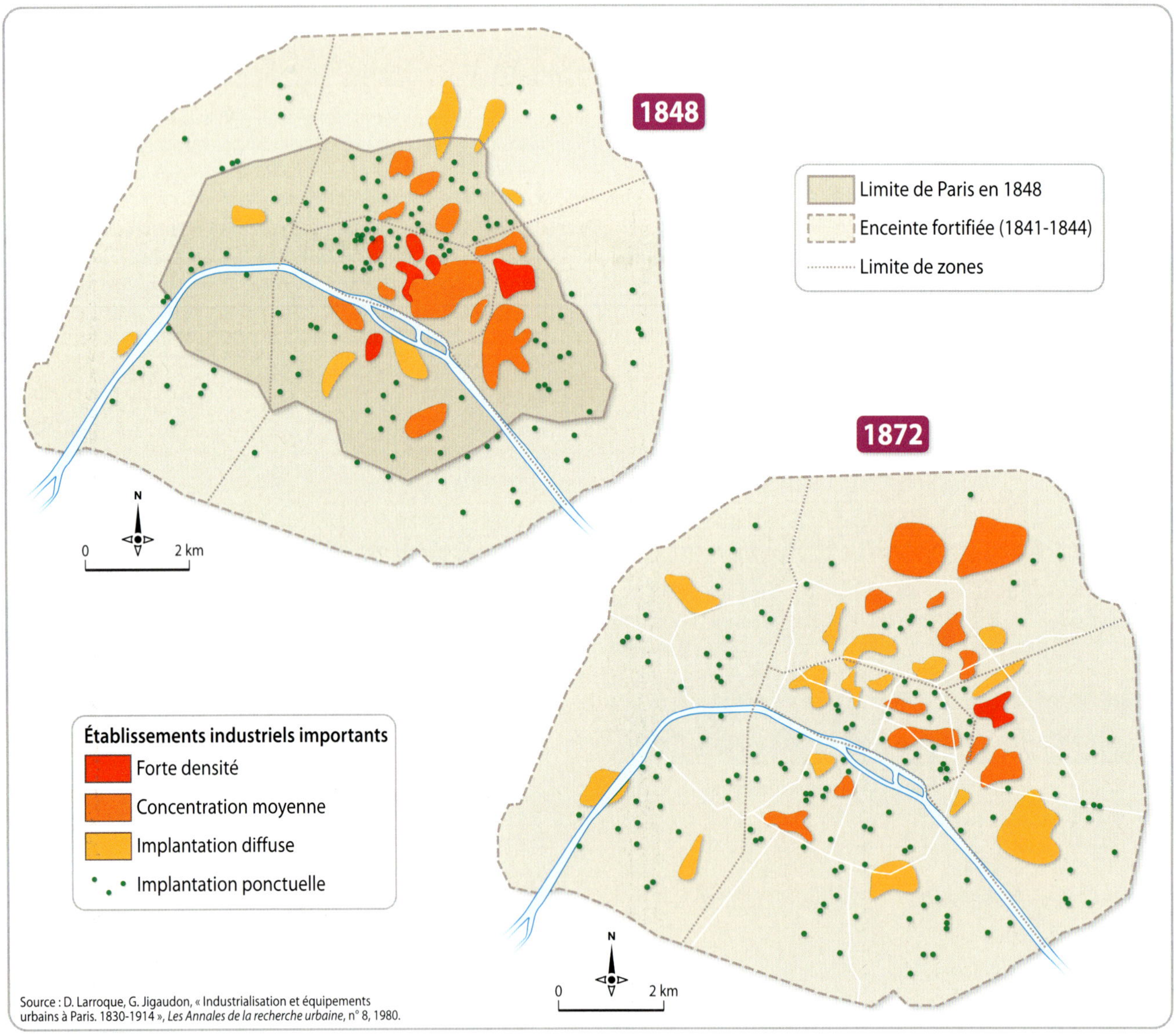

Source : D. Larroque, G. Jigaudon, « Industrialisation et équipements urbains à Paris. 1830-1914 », *Les Annales de la recherche urbaine*, n° 8, 1980.

Questions

1 Quelle est la place de Paris dans le processus d'industrialisation en France ? (doc. 1)

2 Localisez les régions françaises les plus industrialisées et les régions les moins industrialisées. (doc. 2)

3 Quels liens est-il possible d'établir entre industries, villes et transports ? (doc. 2)

2 ▶ Une France transformée par l'industrie (1848-1870)

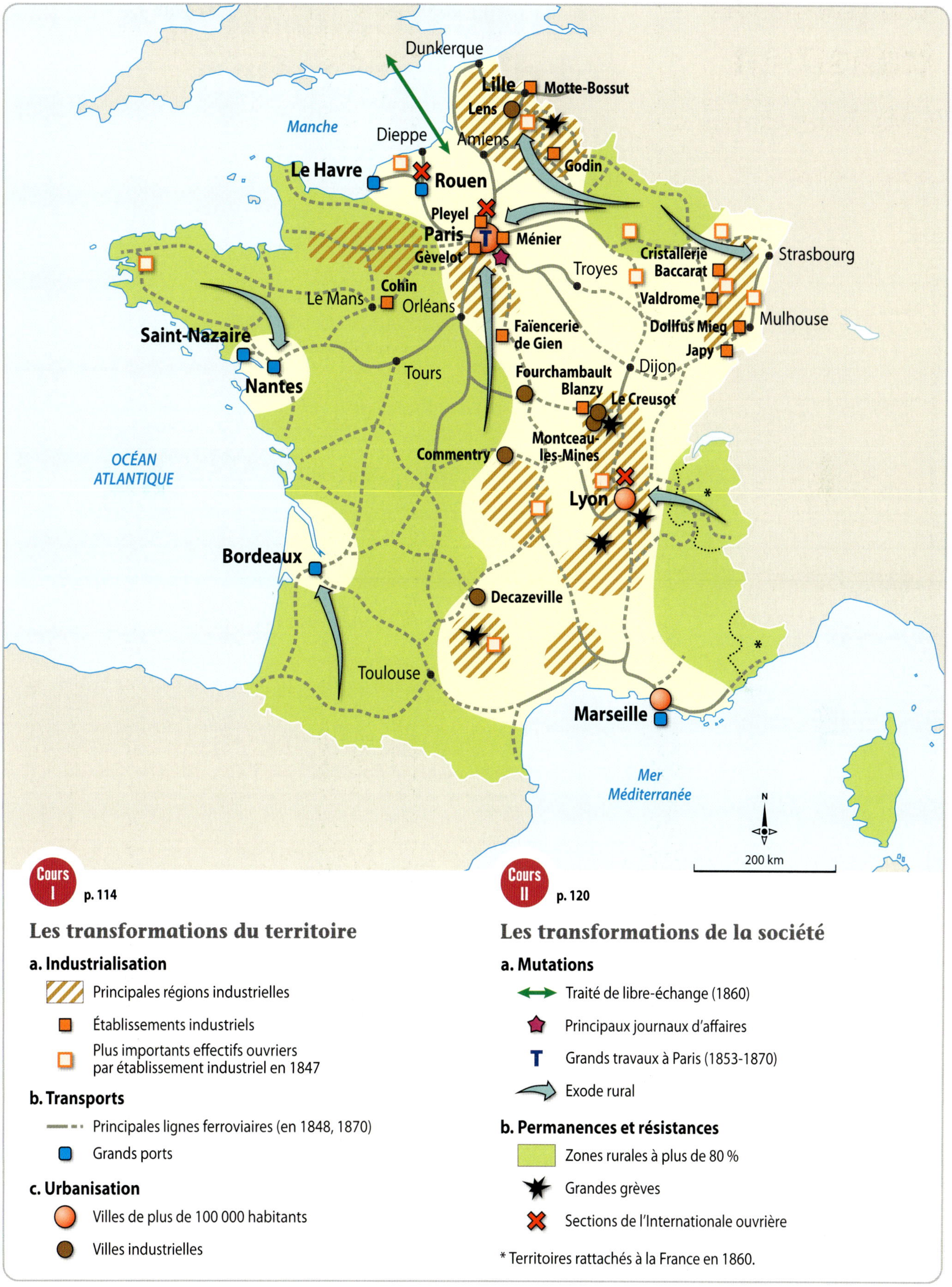

Cours I p. 114

Les transformations du territoire

a. Industrialisation

- Principales régions industrielles
- Établissements industriels
- Plus importants effectifs ouvriers par établissement industriel en 1847

b. Transports

- Principales lignes ferroviaires (en 1848, 1870)
- Grands ports

c. Urbanisation

- Villes de plus de 100 000 habitants
- Villes industrielles

Cours II p. 120

Les transformations de la société

a. Mutations

- Traité de libre-échange (1860)
- Principaux journaux d'affaires
- Grands travaux à Paris (1853-1870)
- Exode rural

b. Permanences et résistances

- Zones rurales à plus de 80 %
- Grandes grèves
- Sections de l'Internationale ouvrière

* Territoires rattachés à la France en 1860.

Cours

PLAN

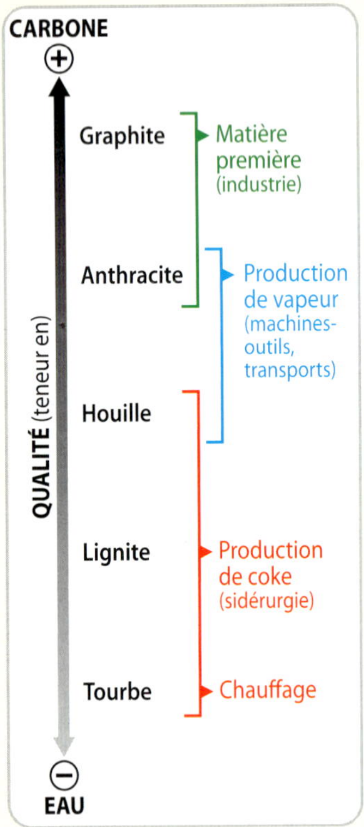

▶ Le charbon, combustible-roi de la révolution industrielle

I Une France en voie d'industrialisation et d'urbanisation

Comment l'industrialisation se diffuse-t-elle en France ?

A. Des bouleversements techniques

• **La révolution de la machine à vapeur.** Avant le XIXe siècle, les machines fonctionnent grâce à l'énergie humaine, animale ou naturelle (eau, vent). À ces sources d'énergie traditionnelles vient progressivement se substituer la machine à vapeur. Les premières réellement efficaces sont mises au point en Angleterre au XVIIIe siècle d'abord par Thomas Newcomen en 1712, puis James Watt en 1769. Elles permettent un accroissement considérable de la production de **produits manufacturés**, par exemple dans l'industrie textile. L'ouverture de gigantesques filatures, comme l'usine Motte-Bossut à Roubaix en 1845, symbolise la prospérité de ce secteur économique.

• **L'essor des productions.** En France, la production annuelle de **fonte** passe de 4 millions de tonnes en 1848 à 14 millions en 1870. Sur la même période, la production de charbon est multipliée par cinq, la production textile par deux et celle des biens de production (machines, moyens de transport, etc.) par deux et demi. Le Nord, le Bassin parisien, l'Alsace et la région lyonnaise concentrent une grande partie des productions.

• **De multiples innovations.** Chefs d'entreprise et ingénieurs rivalisent dans la mise au point de nouveaux procédés techniques et la modernisation de leur appareil productif. On compte par exemple 79 **hauts-fourneaux** pour produire de la fonte en 1845, contre plus de 200 en 1870. L'innovation est soutenue par l'État comme par des organismes privés, à l'image de la Société d'encouragement pour l'industrie nationale. Dès le début des années 1860, le **procédé Bessemer** de fabrication de l'acier, mis au point en Grande-Bretagne en 1855, est expérimenté en France et permet de faire baisser son coût de production.

Étude, p. 118

B. La révolution des transports

• **Le développement du chemin de fer.** L'invention de la locomotive à vapeur permet le développement du chemin de fer. En 1837, la première ligne pour le transport de passagers ouvre entre Paris et Saint-Germain-en-Laye. La ligne Paris-Lyon-Méditerranée (« ligne PLM »), qui relie les trois premières agglomérations urbaines, est inaugurée en 1857. Entre 1859 et 1870, le réseau ferré passe de 6000 à 17000 km, notamment grâce à l'engagement de l'État qui accorde des subventions à six grandes entreprises pour l'exploitation des lignes.

• **La révolution du transport maritime.** Dès la fin du XVIIIe siècle, les premiers bateaux à vapeur naviguent sur les fleuves. Plus rapides et plus fiables, ils remplacent progressivement les bateaux à voile. Dans la navigation militaire, le *Napoléon*, premier navire de guerre français dont la principale force de propulsion est la vapeur, est lancé en 1850 depuis l'arsenal de Toulon. Quant au premier cuirassé à coque en fer, il l'est en 1859.

Vocabulaire

Fonte : alliage de fer et de carbone, réputé pour sa solidité.
Haut-fourneau : installation industrielle permettant d'extraire le métal contenu dans un minerai.
Innovation : perfectionnement technique d'une invention permettant son exploitation industrielle.
Procédé Bessemer : du nom de son inventeur, l'industriel Henry Bessemer. Technique d'affinage de la fonte brute qui permet de fabriquer un acier peu coûteux.
Produit manufacturé : marchandise issue de la transformation de matières premières en usine.

• **L'intensification des échanges.** Le temps de trajet entre Paris et Marseille passe de 8 jours à 14 heures; la traversée de l'Atlantique de 35 à 15 jours. En réduisant considérablement le temps et les distances, les transports bouleversent tout autant la société que l'économie grâce à l'intensification des échanges (humains et de marchandises). Ils modifient également les paysages urbains, en favorisant la construction de gares à proximité des centres-villes.

Étude, p. 119

Cours en podcast
QCM interactif
www.lienmini.fr/hist1-32

C. Des villes en forte croissance

• **Un début d'exode rural.** L'industrialisation transforme le monde rural. En 1866, la première batteuse mécanique mobile est mise au point. La mécanisation des campagnes permet de multiplier la productivité agricole par six au cours du XIXe siècle, mais elle diminue également les besoins en main-d'œuvre. Les paysans des régions pauvres (Bretagne, Auvergne, Savoie, etc.) migrent à Paris où ils pratiquent divers métiers peu rémunérés (domestiques, porteurs d'eau, maçons, etc.).

• **L'urbanisation.** Entre 1848 et 1870, la part de la population urbaine en France passe de 24 % à 35 %, soit de 9 à 14 millions d'habitants. L'agglomération parisienne croît de 1,5 à 2,5 millions d'habitants sur la période. Lyon passe de 177 000 à 320 000 habitants, et Marseille de 185 000 à 310 000 habitants. Dans les régions industrielles ou minières, la croissance est encore plus forte. À Carmaux (Tarn) ou à Lens (Pas-de-Calais), la population fait plus que doubler. Elles absorbent notamment les migrants de l'exode rural.

• **Une transformation du paysage urbain.** Dans les villes, des travaux d'envergure se multiplient. Ils répondent à la fois à des mesures d'hygiène (déplacement des cimetières, généralisation des égouts, etc.), au besoin de fluidifier le trafic et faire place à de nouvelles activités (gares, usines, etc.). Paris est transformé sous l'impulsion de Napoléon III. Il confie au baron Haussmann la réalisation de grandes avenues reliées à de vastes places. Il fait également construire la gare de Lyon (1855) et la gare du Nord (1865). La construction de l'Opéra Garnier, entre 1860 et 1875, symbolise le rayonnement culturel de la ville. Des initiatives comme celle des époux Boucicaut, à l'origine du premier grand magasin parisien (le Bon Marché, 1852), participent à faire de Paris une capitale économique.

Point de passage et d'ouverture, p. 116

Marguerite Boucicaut
(1816-1887)

Femme d'affaires. Avec son époux Aristide Boucicaut, elle est à l'origine de la création du premier grand magasin parisien : le Bon Marché. Elle est particulièrement novatrice dans ses méthodes de vente. D'origine très modeste, elle bâtit une fortune considérable.

La ligne PLM

L'idée d'une grande ligne de chemin de fer reliant les trois plus grandes villes de France est mise en chantier dès 1840. Plusieurs entreprises lancent des travaux à Paris, Lyon, Avignon, Dijon et Grenoble. Les différents réseaux sont connectés en 1855. Napoléon III réalise alors un voyage public sur cette ligne, pour montrer le soutien de l'État au chemin de fer.
En 1857, les différentes compagnies fusionnent au sein d'une société unique, la Compagnie des chemins de fer de Paris à Lyon et à la Méditerranée, communément désignée sous l'expression « ligne PLM ».

Le train impérial, 1853

Point de passage et d'ouverture

Paris haussmannien : la transformation d'une ville

Georges Eugène Haussmann
(1809-1891)
Après des études de droit, il entre en politique. Nommé préfet de la Seine par Napoléon III en 1853, il dirige les grands travaux de transformation et d'assainissement de Paris sous le Second Empire. Il reste en poste jusqu'en 1870.

Quelles sont les caractéristiques du Paris d'Haussmann ?

Inspiré par Londres où il a séjourné entre 1846 et 1848, Napoléon III veut transformer Paris en profondeur. Il confie à Georges Eugène Haussmann la mission de moderniser la ville et d'en renforcer le prestige.

1 ▶ Les principales réalisations d'Haussmann (1853-1870)

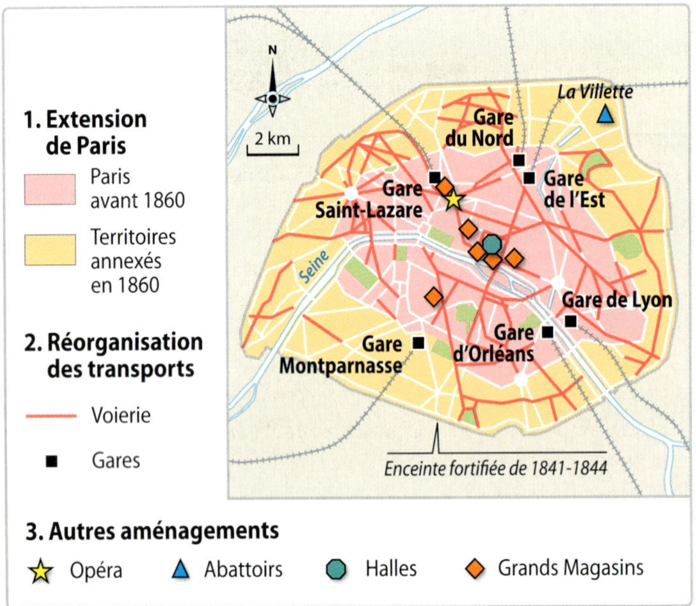

2 ▶ La spéculation immobilière à Paris

Jules Ferry, républicain opposé à Napoléon III et au projet d'Haussmann, dénonce le coût des travaux et la spéculation dans un pamphlet dont le titre est inspiré d'un opéra célèbre d'Offenbach.

« Les travaux prévus par la loi du 28 mai 1858 […] ayant dû s'exécuter en dix ans, il est arrivé, chemin faisant, "que la valeur des immeubles s'est accrue dans une proportion considérable […]. Les propriétaires et locataires ont dirigé tous leurs efforts, tous leurs calculs, tous leurs actes, dans la vue de faire monter à la plus haute somme leurs indemnités. Enfin les jurys d'expropriation[1] ont enchéri les uns sur les autres." […] Si la Ville a payé le terrain de ses rues nouvelles plus cher qu'elle ne s'y attendait, c'est qu'elle a fait elle-même, dans Paris, et sur une prodigieuse échelle, la hausse des terrains. […] Vous faisiez la hausse ; vous enflammiez la demande ; vous donniez à la spéculation sur les immeubles la plus colossale impulsion dont l'histoire ait gardé le souvenir. »

Jules Ferry, « Les comptes fantastiques d'Haussmann », paru dans *Le Gaulois*, 1868.

1. La loi oblige les propriétaires des zones concernées à vendre et les locataires à partir. Les plus pauvres ne peuvent se reloger dans des quartiers devenus trop chers.

3 ▶ Le quartier de l'Opéra pendant les travaux

Photographie prise en 1858 par Charles Marville.

Notion
L'urbanisation : voir p. 110

Vocabulaire
Spéculation : activité financière visant à tirer profit de l'évolution future des prix.

4 ▶ Une rue de Paris après les travaux
Gustave Caillebotte, *Rue de Paris, temps de pluie*, 1877. Huile sur toile, 212 x 276 cm. Art Institute, Chicago.

5 ▶ Paris, une ville réinventée

Après avoir critiqué les travaux d'Haussmann, le sénateur Jules Simon en dresse, en 1882, un bilan positif.

« [Haussmann] avait entrepris de faire de Paris une ville magnifique, et il y a complètement réussi […]. Les Champs-Élysées étaient le plus souvent un cloaque[1] […]. Il y avait des montagnes dans Paris ; il y en avait même sur les boulevards : les ruelles étroites et infectes abondaient au milieu de la ville […]. Nous manquions d'eau, de marchés, de lumière, dans ces temps reculés qui ne sont pas à trente ans de nous […]. [Haussmann] nous donnait, par ses intelligentes percées, l'air, la santé et la vie. Tantôt, c'était une rue qu'il créait ; tantôt, une avenue ou un boulevard […]. Il fondait des hôpitaux, des écoles […]. Il achevait les Halles centrales. Il généralisait l'usage du gaz[2] ; il multipliait les lignes d'omnibus[3] ; il jetait sur la Seine les bateaux qui l'animent, et qui facilitent la circulation. »

Jules Simon, article en réponse à Jules Ferry « Les comptes fantastiques d'Haussmann », dans *Le Gaulois*, 1882.

1. Marécage rempli de déchets.
2. Pour l'éclairage public.
3. Lignes de bus, au départ tirés par des chevaux.

Questions

ANALYSER

1. Décrivez l'ampleur des transformations de l'espace urbain. **(doc. 1)**
2. Quels éléments témoignent de l'impact des travaux sur la vie des Parisiens ? **(doc. 2 et 3)**

METTRE EN RELATION

3. Montrez que le regard de Gustave Caillebotte fait écho au texte de Jules Simon. **(doc. 4 et 5)**

ARGUMENTER ET S'EXPRIMER

4. Dans un texte construit et argumenté, décrivez la ville de Paris avant et après les travaux d'Haussmann.

Aide Recopiez et complétez la carte mentale suivante :

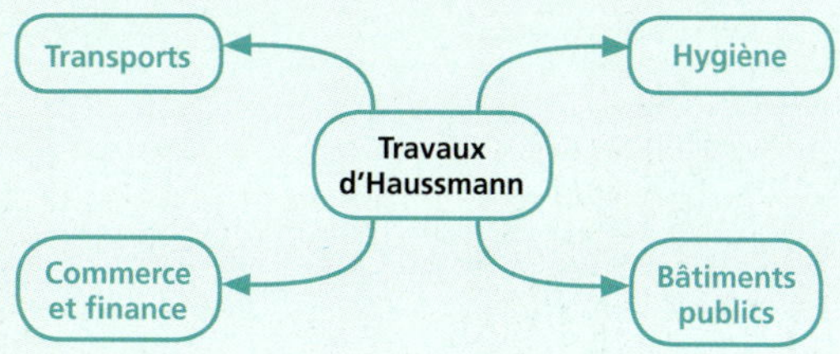

Bac

5. Montrez en quoi les **doc. 2 et 5** se complètent pour permettre de mesurer l'importance politique, financière et sociale des travaux d'Haussmann.

Étude

La révolution de la production textile

Comment la mécanisation bouleverse-t-elle le secteur textile entre 1848 et 1870 ?

Le secteur textile est l'un des premiers touchés par l'industrialisation. Dans les années 1850, il représente les trois quarts de l'activité industrielle. En France, l'ouverture de gigantesques filatures symbolise la prospérité de ce secteur économique.

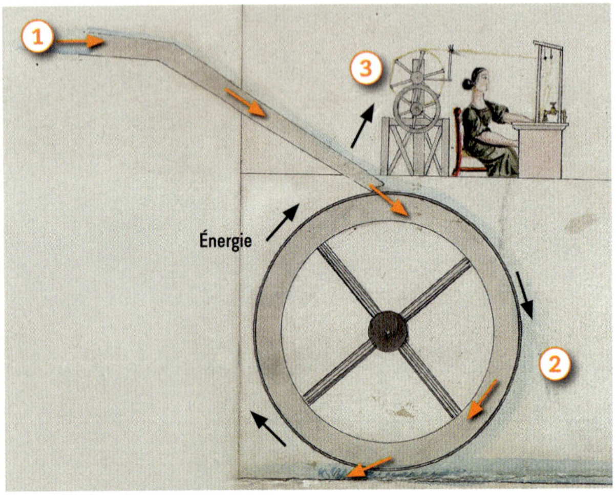

1 ▶ Une ouvrière sur son métier à filer

Anonyme, *Croquis de poste de travail d'une fileuse en soie*, 1845. Plan aquarellé. Archives départementales du Vaucluse, Avignon.

(1) Écoulement de l'eau (2) Rotation de la roue du moulin grâce à la force hydraulique (3) Roue du métier à filer reliée à la grande roue du moulin qui la fait tourner.

2 ▶ Une filature dans les Vosges vers 1860

Gravure, 30 x 20 cm. Archives Snark.

(1) Transmission de l'énergie de la machine à vapeur (2) Rotation des engrenages et des poulies (3) Mise en route du métier à tisser

3 ▶ Des innovations techniques

« Il n'y [a] pas moyen de lutter contre la puissance du système automatique [...]. Les machines à filer le lin n'[ont] pas seulement l'avantage de produire à plus bas prix. Elles permettent de donner plus de régularité au filage, de filer beaucoup plus fin [...]. Ce sont tous ces avantages qui ont amené, en peu de temps, le triomphe de la mécanique, malgré la résistance désespérée de la main-d'œuvre [...]. Si l'Angleterre a devancé les autres nations dans la filature mécanique du lin, la France est celle de toutes qui a fait les plus grands efforts pour la rejoindre. [En 1842], nous ne comptions que 90000 broches[1] [...]. Aujourd'hui [...], nous possédons 330000 broches réparties entre 140 filatures. »

J. Burat, « Lettre sur l'Exposition universelle », *Le Constitutionnel*, 14 octobre 1851.

1. Appareils tissant les fils.

Notion

L'industrialisation : voir p. 110

Vocabulaire

Filature : usine produisant des fils textiles en grande quantité.

Métier à filer : machine utilisée pour fabriquer du tissu.

Questions

METTRE EN RELATION

1. Dans un tableau, comparez les deux modes de production : source d'énergie utilisée ; type de travail (individuel ou collectif) ; volume produit (faible ou important) ; type de production (artisanal ou industriel). **(doc. 1 et 2)**
2. Quels sont, pour l'auteur, les avantages de la mécanisation de la production textile ? **(doc. 3)**

CONFRONTER DES DOCUMENTS

3. Dans quelle mesure les innovations techniques affectent-elles la main-d'œuvre ouvrière ? **(doc. 2 et 3)**

Bac

4. Montrez comment l'industrialisation bouleverse le secteur du textile entre 1848 et 1870. Rédigez un texte argumenté et structuré qui aborde les points suivants : mode de production, énergie utilisée, conséquences.

Étude

L'essor du chemin de fer en France

Comment le chemin de fer devient-il un élément central de la modernisation de la France entre 1848 et 1870 ?

En 1837, la première ligne destinée aux passagers est ouverte entre Paris et Saint-Germain-en-Laye. Elle connaît immédiatement un grand succès. En 1857, la création de la Compagnie des chemins de fer de Paris à Lyon et à la Méditerranée (PLM) marque la naissance d'un réseau national.

1 ▶ Le soutien au chemin de fer

« Toutes les autorités de la ville, le conseil municipal, plusieurs conseillers généraux [...] se sont rendus à onze heures à l'embarcadère. La garde nationale était sous les armes. Bientôt, le convoi a été signalé : le clergé est entré dans l'enceinte ; la locomotive a été ramenée près de l'autel élevé à la hâte sur un des côtés de la voie, et a été bénie [...]. À la fin du repas, M. Labarre, maire de Compiègne, a porté en ces mots un toast [...] : "Au roi, sous le règne pacifique duquel se sont développées et se développent tous les jours, d'une manière si merveilleuse, ces grandes industries, ces grandes voies de rapidité et de facile communication". »

« L'inauguration du chemin de fer à Compiègne », *Le Progrès de l'Oise*, 25 octobre 1847.

2 ▶ Le chemin de fer au cœur des villes et de l'industrialisation

« La gare d'Orléans », dans *Guides-Itinéraires. De Paris à Bordeaux*, Hachette, 1854.

3 ▶ Le développement du trafic ferroviaire en France

	En 1845	En 1870
Nombre de voyageurs transportés dans l'année	6 millions	115 millions
Marchandises transportées	100 millions de tonnes/km	11 600 millions de tonnes/km
Prix pour le transport d'1 tonne de marchandise sur 1 km	12 centimes	6 centimes

Notion

L'industrialisation : voir p. 110

Questions

RELEVER DES INFORMATIONS

1. Relevez les éléments qui montrent que le développement du chemin de fer est le résultat d'une volonté politique forte. **(doc. 1)**
2. Comment l'auteur valorise-t-il le chemin de fer dans sa gravure ? **(doc. 2)**

METTRE DES FAITS EN RELATION

3. Quels sont les bénéfices du développement du chemin de fer ? **(doc. 3)**
4. Pourquoi des usines ont-elles été bâties à proximité de la gare ? **(doc. 2 et 3)**

Bac

5. Dans un paragraphe, présentez les points communs et les différences entre le développement du chemin de fer et le développement du secteur textile en France, entre 1848 et 1870. Vous vous appuierez sur l'**Étude p. 118**.

Cours

PLAN

Auguste Casimir-Périer

(1811-1876)

Diplomate, député, ministre et auteur de traités économiques. Sa famille, après avoir fait fortune dans le commerce au XVIIIe siècle, devient l'une des plus influentes du XIXe siècle.

II Les mutations sociales, économiques et politiques de l'industrialisation

Comment l'industrialisation bouleverse-t-elle la société française ?

A. Le libéralisme au service de la bourgeoisie

• **Une volonté politique.** Le libéralisme s'impose au cours de la seconde moitié du XIXe siècle. Il facilite les activités commerciales, financières et industrielles des entrepreneurs, comme les frères Pereire. En 1852, le gouvernement les autorise à créer le Crédit mobilier afin de drainer l'épargne vers le commerce et l'industrie. C'est ainsi que la banque des Pereire participe aux travaux d'Haussmann à Paris et soutient l'extension du réseau ferré. L'État favorise également le commerce au-delà de ses frontières, notamment en signant le traité de libre-échange Cobden-Chevalier avec la Grande-Bretagne en 1860.

• **Une nouvelle élite, la très haute bourgeoisie.** Entrepreneurs, ingénieurs et banquiers utilisent leur esprit d'entreprise pour investir dans les secteurs en plein essor : transport ferroviaire, sidérurgie, commerce maritime. Certains bâtissent de grandes fortunes qu'ils utilisent pour renforcer leur position sociale. Ainsi, James Rothschild n'est-il pas seulement banquier et homme d'affaires (chemins de fer du Nord), mais aussi mécène et collectionneur. Les Schneider au Creusot ou la famille Casimir-Périer, originaire du Dauphiné, assoient leur position sociale en construisant des relations étroites avec le monde politique.

• **La petite bourgeoisie des villes.** La bourgeoisie diffuse peu à peu ses normes, ses valeurs et ses modes (vêtements, mobilier, etc.). À Paris, elle investit les immeubles haussmanniens, les grands boulevards et les grands magasins. Elle contribue au développement de la presse écrite. *Le Temps*, journal républicain et libéral lancé en 1861, devient son porte-parole. La figure du bourgeois s'impose dans la littérature (Honoré de Balzac, Émile Zola) et la peinture (portraits de Léon Bonnat). Elle est prise pour cible dans les caricatures.

Point de passage et d'ouverture, p. 122

B. Les ouvriers : une nouvelle classe sociale

• **La naissance d'une classe ouvrière.** Il existe des artisans et des ouvriers depuis des siècles, mais l'industrialisation leur permet de prendre conscience d'une communauté d'intérêts et d'une nécessaire solidarité. En effet, les investissements massifs indispensables à la mécanisation nécessitent de grandes concentrations de capital et de travailleurs.

• **Une organisation collective.** Les ouvriers montent d'abord des associations mutualistes et coopératives pour faire face aux accidents de la vie. On en compte environ 150 de ce type à Paris en 1848. Puis, malgré une législation

Notions

Le libéralisme : voir p. 111

Le socialisme : voir p. 111

Vocabulaire

Bourgeoisie : classe sociale disposant de la richesse et des outils de production.
Entrepreneur : personne qui fonde une entreprise.
Protection sociale : ensemble des mécanismes de protection permettant de faire face aux risques de la vie (maladie, chômage, etc.).

défavorable, ils organisent des grèves pour défendre leurs conditions de travail et s'organisent politiquement, notamment au nom du socialisme. En 1864, des Français, parmi lesquels Eugène Varlin, participent à la fondation de l'Association internationale des travailleurs. Ils exigent une réduction du temps de travail, l'interdiction du travail des enfants, de meilleurs salaires et un contrôle sur les moyens de production (mines, usines).

• **Un État ambivalent à l'égard des ouvriers.** L'État se montre capable de politiques répressives très dures: envoi de l'armée contre les ouvriers parisiens en 1848 ou emprisonnement des sans-emplois. Mais il prend aussi quelques mesures de protection sociale: en 1851, la durée de travail est limitée à dix heures par jour au-dessous de 14 ans, à douze heures entre 14 et 16 ans et le travail de nuit est interdit pour les moins de 16 ans. Enfin, il favorise les associations mutualistes, puis des formes de grève, avec l'adoption de la loi Ollivier en 1864. Mais des affrontements violents continuent à opposer armée et ouvriers.

Point de passage et d'ouverture, p. 124

C. La diversité de la France rurale

• **Des formes de modernisation rurale.** La diffusion des procédés de mécanisation et le déploiement du chemin de fer transforment les campagnes. Les exploitations agricoles se spécialisent, se modernisent et produisent davantage pour la commercialisation que pour la consommation. Mieux reliées aux villes, les campagnes suivent plus vite les modes. La valse et la polka, par exemple, remplacent les danses anciennes.

• **Le maintien des traditions rurales.** Les Églises, catholique ou protestante, gardent un poids important dans les campagnes. Elles s'occupent des écoles et le calendrier religieux régit l'année. Les campagnes résistent à l'urbanisation: en 1866, un recensement indique que 70 % des Français sont des ruraux.

• **Une croissance économique modérée.** La part des propriétaires ruraux est en croissance d'environ 5 % sur la période. Le salaire des travailleurs agricoles connaît également une augmentation de près de 30 %. Les campagnes participent ainsi à un phénomène général de croissance économique. Cette période de prospérité s'accompagne d'une décennie de reprise de la croissance démographique dans les territoires ruraux.

Étude, p. 126

Cours en podcast
QCM interactif
www.lienmini.fr/hist1-33

Eugène Varlin
(1839-1871)
Militant socialiste, membre de la Commune de Paris et de l'Association internationale des travailleurs. En 1864, il est l'un des meneurs d'un grand mouvement de grève à Paris. Ses activités politiques lui coûtent trois ans d'emprisonnement. Il est fusillé pendant la Commune.

SOCIALISME	LIBÉRALISME
Égalité	Liberté
Collectif	Individu
Solidarité	Concurrence
Ouvriers	Bourgeois

Le traité Cobden-Chevalier

Rivales sur le plan économique, la France et la Grande-Bretagne négocient un traité visant à libéraliser les échanges entre elles. Les droits de douane sont réduits, voire supprimés, sur les matières premières (charbon, coton, etc.) et les produits alimentaires.

Ce traité est le symbole fort d'un renversement de la politique économique de la France, jusque-là protectionniste.

▲ *Signature du traité de commerce entre la France et l'Angleterre*, **1863.** Gravure. Collection privée.

Point de passage et d'ouverture

Les frères Pereire, acteurs de la modernisation économique

Quels sont les fondements de la puissance économique des frères Pereire ?

Dès le début de son règne, Napoléon III cherche à moderniser la France et à stimuler les investissements pour assurer la croissance. Pour cela, il se lie à de grands banquiers et de grands industriels, comme les frères Pereire, dont il facilite les activités.

1 ▶ Les frères Pereire à Granville, 1857

Robert Howlett, ***Les Frères Pereire sur le chantier transatlantique.*** Photographie prise au siège de la Compagnie générale maritime acquise en 1855. BnF, Paris.

2 ▶ Isaac Pereire s'engage en faveur du progrès technique

« Par l'emploi des machines, l'homme tend à s'affranchir des travaux les plus pénibles, à multiplier la somme de travaux dont il est capable, et à réduire le prix de revient de la production […].

Qui d'entre nous ne reste, en effet, frappé d'admiration lorsqu'il voit ces immenses navires, qui franchissent l'Atlantique en quelques jours […], lorsqu'il voit dans nos campagnes ces convois de chemins de fer, remorquant une multitude de voyageurs ou de masses de marchandises que des centaines de chevaux auraient été impuissants à traîner […]. Nous avons vu naître la machine à battre[1] […], nous voyons enfin la charrue à vapeur arriver. »

Isaac Pereire, discours de Beynat, 1863.

1. Machine agricole servant à battre les céréales pour séparer le grain de la paille.

Notion

Le libéralisme : voir p. 111

SOCIÉTÉ GÉNÉRALE DE CRÉDIT MOBILIER

CAPITAL SOCIAL : 120 MILLIONS DE FRANCS, divisé en 240,000 ACTIONS de 500 FRANCS chacune

Certificat provisoire nominatif de Cinq Actions de 500 Francs

N° 213.321 à 213.325

3 ▶ Actions du capital du Crédit mobilier, 1866

Le Crédit mobilier est une banque fondée en 1852 par les frères Pereire. Elle utilise l'argent des dépositaires pour investir dans les entreprises. Les spéculations risquées provoquent sa faillite en 1867.

❶ Émile Pereire (1800-1875)
❷ Isaac Pereire (1806-1880)

Fils d'un assureur maritime, ils se lancent très jeunes dans les affaires. Leur ascension est fulgurante. En 1867, leurs entreprises font faillite, mais ils continuent leur carrière politique.

Vocabulaire

Action : part du capital d'une entreprise.
Bourse : lieu qui permet de vendre et d'acheter des actions.
Capital : ensemble des éléments constituant la valeur d'une entreprise (locaux, machines, stocks, brevets, etc.).

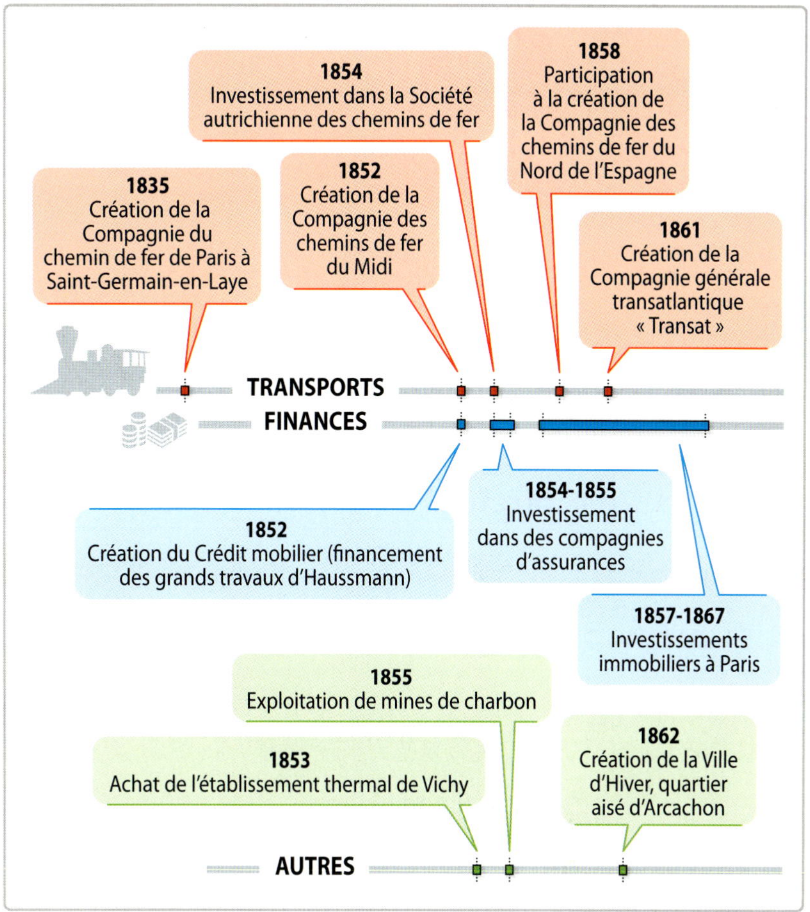

4 ▶ L'empire Pereire (1835-1867)

Les Pereire sont des banquiers qui multiplient les investissements dans les secteurs nouveaux. Ils considèrent que le crédit permanent, en favorisant les investissements, est le moteur de la croissance économique.

5 ▶ Le fléau de la bourse et du libéralisme

« Tout au centre de Paris [...] s'élève un temple grec, entouré d'une splendide colonnade. C'est le temple de Baal[1], c'est la Bourse [...].

Les idolâtres modernes affermissent audacieusement sur son piédestal cette divinité menteuse [...] et c'est là qu'ils viennent lui offrir leurs hommages [...]. Les joies matérielles du présent, voilà ce qu'ils ambitionnent ; la fortune et les avantages qu'elle procure, voilà ce qu'ils recherchent. Honneur, vertu, probité[2], mots creux et vides ! Soyons riches, disent-ils, et qu'importe le reste ! De l'or ! de l'or ! Et la Bourse ouvre ses portes à la foule avide, et le sacrifice impur commence, et l'on assiste à un spectacle inouï, fabuleux, indescriptible. Un noir tourbillon grouille et s'agite dans l'enceinte immense. Des vagues humaines se lèvent et se heurtent comme dans la houle. On entend des cris confus, inexplicables, incessants, que les échos se renvoient avec épouvante, et qui éclatent comme l'orage ou mugissent comme la tempête [...].

À la Bourse on s'enrichit en un jour, vive la Bourse ! Encore, s'ils usaient noblement de ces fortunes si mal acquises ! Mais ils ne les rendent ni aux lettres, ni aux beaux-arts, ni à l'industrie probe, ni à l'aumône. Ils sont tous sans dignité, sans morale, sans foi, sans croyance, sans âme et sans cœur. »

Eugène de Mirecourt, *La Bourse, ses abus et ses mystères*, 1858.

1. Assimilé à une divinité du Mal.
2. Honnêteté.

Questions

METTRE EN PERSPECTIVE

1. Décrivez le système mis en place par les frères Pereire. **(doc. 4)**

ANALYSER

2. Qualifiez la vision du progrès technique présentée par Isaac Pereire. **(doc. 2)**
3. Quelle image des frères Pereire donne la photographie ? **(doc. 1)**

METTRE EN RELATION

4. Quels sont les avantages et les inconvénients du système boursier ? **(doc. 3 et 5)**

ARGUMENTER ET RÉDIGER

5. Quelle conception les frères Pereire ont-ils de leur métier de banquier ?

Bac

6. À l'aide du **Cours II p. 120**, rédigez un paragraphe expliquant pourquoi les frères Pereire sont représentatifs de la bourgeoisie de leur temps.

Point de passage et d'ouverture

1848	Insurrections suite à la fermeture des Ateliers nationaux
1852	Loi prescrivant la fondation de sociétés de secours mutuel
1864	Loi Ollivier autorisant les grèves
1868	Loi autorisant les réunions ne traitant ni de politique ni de religion

25 mai 1864 : la lente reconnaissance du droit de grève

Comment la loi de 1864 change-t-elle la situation des ouvriers ?

Alors que les ouvriers sont de plus en plus nombreux, la question sociale devient un enjeu politique. L'État alterne épisodes de répression et gestes d'ouverture à leur égard.

1 ▶ Des insurrections dans Paris suite à la fermeture des Ateliers nationaux
Anonyme, *Soulèvement en juin à Paris, après la révolution de février 1848*, 24 juin 1848.
Gravure colorée, 16 x 28 cm. Archives Gerstenberg.

2 ▶ Les revendications sociales des ouvriers

« Le suffrage universel nous a rendus majeurs politiquement, mais il nous reste encore à nous émanciper socialement. La liberté que le tiers état sut conquérir avec tant de vigueur et de persévérance doit s'étendre en France, pays démocratique, à tous les citoyens. Droit politique égal implique nécessairement un égal droit social [...].

Mais nous qui n'avons d'autre propriété que nos bras, nous qui subissons tous les jours les conditions légitimes ou arbitraires du capital ; nous qui vivons sous des lois exceptionnelles, telles que la loi sur les coalitions[1] [...], qui portent atteinte à nos intérêts en même temps qu'à notre dignité, il nous est bien difficile de croire à cette affirmation [...].

Non, nous ne sommes pas représentés, car personne n'a dit [...] que la loi sur les coalitions n'était plus qu'un épouvantail et qu'au lieu de faire cesser le mal, elle le perpétuait en fermant toute issue à celui qui se croit opprimé. »

Henri Tolain, *Manifeste des Soixante*[2], 17 février 1864.

1. Institué en 1791, ce texte interdit les rassemblements ouvriers et paysans.
2. Groupe de soixante responsables politiques et syndicaux.

3 ▶ La répression d'une grève au Creusot, en janvier 1870
Une du *Monde Illustré*, 29 janvier 1870.

4 ▶ L'évolution de la réglementation envers les grèves et les syndicats

Extraits de la loi Le Chapelier du 14 juin 1791.
« **Article 2.** Les citoyens d'un même état ou profession […] ne pourront, lorsqu'ils se trouveront ensemble, se nommer ni présidents, ni secrétaires, ni syndics, tenir des registres, prendre des arrêtés ou délibérations, former des règlements sur leurs prétendus intérêts communs. […]
Article 8. Tous attroupements composés d'artisans, ouvriers, compagnons, journaliers, ou excités par eux […] seront dissipés par les dépositaires de la force publique […] et punis selon toute la rigueur des lois. »

Extraits de la loi Ollivier du 25 mai 1864.

La loi Ollivier abroge[1] les articles 2 et 8 de la loi Le Chapelier, mais précise : « Sera puni d'un emprisonnement de six jours à trois ans et d'une amende de 16 fr. à 3000 fr., ou de l'une de ces deux peines seulement, quiconque, à l'aide de violences, voies de fait, manœuvres frauduleuses, aura amené ou maintenu, tenté d'amener ou de maintenir une cessation concertée de travail, dans le but de forcer la hausse ou la baisse des salaires ou de porter atteinte au libre exercice de l'industrie ou du travail. »

1. Supprime.

Notion

Le socialisme : voir p. 111

Vocabulaire

Ateliers nationaux : organisation sociale destinée à donner du travail aux chômeurs parisiens après la révolution de février 1848.
Grève : arrêt de travail collectif, organisé par les travailleurs en vue de défendre ou d'améliorer leurs salaires, leurs droits et leurs conditions de travail.
Syndicats : groupes créés par des travailleurs en vue de défendre leurs intérêts.

Questions

ANALYSER
1. Comment le document souligne-t-il l'opposition entre les ouvriers et l'État ? **(doc. 1)**

IDENTIFIER
2. Que réclament les Soixante ? **(doc. 2)**

ARGUMENTER
3. La loi Ollivier est-elle favorable aux travailleurs ? Justifiez votre réponse. **(doc. 4)**

METTRE EN RELATION DES DOCUMENTS
4. La loi Ollivier répond-elle aux demandes des Soixante ? Précisez. **(doc. 2 et 4)**
5. Comment la Une du *Monde illustré* témoigne-t-elle des limites de la loi Ollivier ? **(doc. 3 et 4)**

RAISONNER ET S'EXPRIMER
6. Pourquoi la loi de 1864, malgré ses limites, est-elle marquante dans l'histoire des ouvriers ?

Bac
7. Rédigez un paragraphe montrant l'évolution des rapports entre les ouvriers et l'État entre 1848 et 1870.

Étude

La France des campagnes

Comment évoluent les campagnes durant la première industrialisation de la France (1848-1870) ?

Entre 1848 et 1870, la population rurale est largement majoritaire : 70 % des Français vivent à la campagne en 1866. Si les territoires ruraux sont marqués par la persistance de traditions, des formes de modernisation y sont également observables.

1 ▶ La première batteuse mécanique mobile (1866)
Gravure publiée dans *Les Merveilles de la science*, 1870.

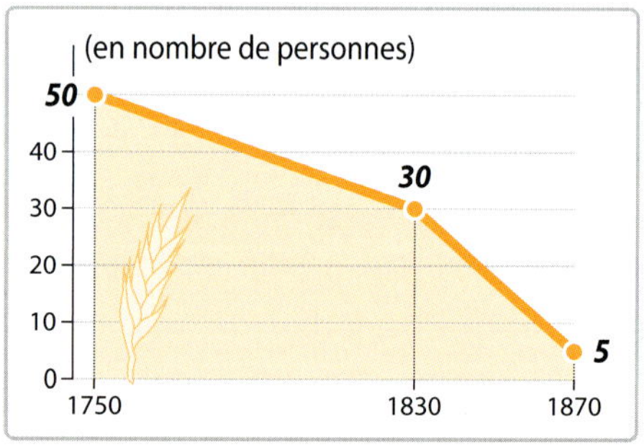

2 ▶ Main-d'œuvre nécessaire à la culture d'un hectare de blé

3 ▶ Le parcours d'un paysan breton

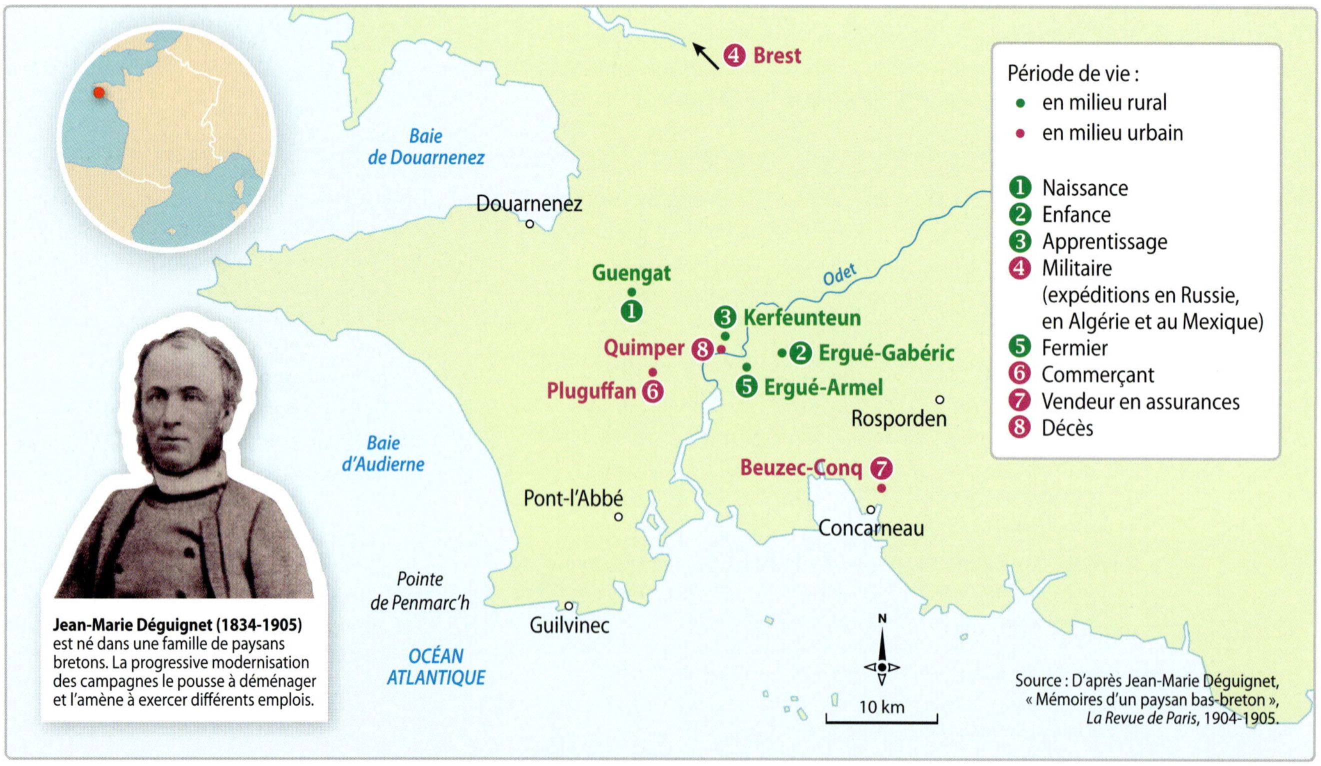

Jean-Marie Déguignet (1834-1905) est né dans une famille de paysans bretons. La progressive modernisation des campagnes le pousse à déménager et l'amène à exercer différents emplois.

Source : D'après Jean-Marie Déguignet, « Mémoires d'un paysan bas-breton », *La Revue de Paris*, 1904-1905.

4 ▶ Le maintien des traditions rurales
Jules Breton, *La Bénédiction des blés en Artois*, 1857.
Huile sur toile, 130 x 320 cm. Musée des Beaux-Arts, Arras.

Notion
L'urbanisation :
voir p. 110

5 ▶ La vie des campagnes au quotidien

« Autrefois, les veillées et d'autres occasions encore réunissaient presque journellement les familles d'un même voisinage. De longues heures passaient dans un travail commun […] et des entretiens où chacun apportait sa quote-part d'expérience et de savoir […], ses réflexions, ses idées […]. Aujourd'hui [1871], le paysan même le plus rangé cherche avec prédilection pour passer ses heures de repos le cabaret et surtout le café. »

Arthur de Gobineau[1], *Ce qui est arrivé à la France en 1870*, Klincksieck, 1970.

1. Maire de Trie, commune rurale de l'Oise, de 1863 à 1870.

6 ▶ Les paysans et la vie politique

« La Révolution de 1848, en faisant par le suffrage universel un citoyen actif du paysan, le tira quelque peu de la nouvelle servitude où son ignorance l'avait replongé[1]. Les plus intelligents des habitants des campagnes se passionnèrent pour la République nouvelle. Quelques-uns, ils furent assez rares, s'armèrent pour sa défense lorsque le second Bonaparte, copiant Brumaire, fit le Deux Décembre[2]. […] Mais le paysan prit presque partout parti pour l'usurpateur. L'Empire put s'établir. On sait combien fut triste, en général, le rôle du paysan sous ce gouvernement, qui ne triompha dans les élections que par l'appoint que lui donnaient régulièrement les campagnes. Au plébiscite même, […] les communes rurales votèrent pour l'Empire. »

Pierre Larousse, article « Paysan », dictionnaire du XIXe siècle, vers 1870-1875.

1. Allusion à la période de la monarchie.
2. Allusion au coup d'État de Louis-Napoléon Bonaparte en 1851.

Questions

DÉCRIRE

1. Décrivez la modernisation des campagnes dans le domaine du travail. **(doc. 1)**

METTRE EN RELATION

2. Quelles en sont les conséquences sur les hommes ? **(doc. 2 et 5)**
3. Complétez le tableau pour montrer que le monde rural reste attaché à des valeurs traditionnelles. **(doc. 4, 5 et 6)**

Croyances	Mode de vie	Politique
...	...	...

CONTEXTUALISER

4. Montrez, à travers l'exemple de Jean-Marie Déguignet, que les habitants des campagnes s'adaptent aux changements économiques de la France, entre 1848 et 1870. **(doc. 3)**

RAISONNER ET RÉDIGER

5. Décrivez la lente transformation des campagnes en France entre 1848 et 1870, mélange de conservatisme et d'adaptation aux changements provoqués par l'industrialisation.

Bac

6. Après avoir souligné le regard partial de l'auteur, montrez comment ce document témoigne d'une lente ouverture des campagnes aux idées politiques nouvelles. **(doc. 6)**

Regard critique

L'industrialisation a-t-elle représenté un progrès ?

Dès les années 1860, des voix s'élèvent et pointent les effets de l'industrialisation sur l'environnement. Les critiques proviennent aussi bien d'artistes comme William Morris et John Ruskin, que d'un géographe comme Élisée Reclus ou du théoricien Karl Marx. Mais elles restent isolées jusqu'aux années 1970.

« Dans les années 1970-1980, alors que l'attention des anciennes nations industrielles se portait sur la crise, la hausse du chômage et la désindustrialisation, la question environnementale restait peu présente dans le champ académique et intellectuel. La "révolution industrielle" était toujours pensée comme le point de départ d'une ère de progrès, d'enrichissement et d'émancipation à l'égard des contraintes naturelles, qu'il fallait relancer. Désormais, les historiens voient de plus en plus dans les "révolutions industrielles" le début de la crise écologique globale et de l'"anthropocène". Ce mot a été introduit par le chimiste Paul Crutzen pour désigner une nouvelle ère géologique ouverte à la fin du XVIIIe siècle – même si la datation du phénomène est l'enjeu de nombreux débats – lorsque les activités humaines ont commencé à avoir un impact global significatif sur l'écosystème terrestre et la biosphère.

Un tournant qui n'est pas étranger à l'essor plus global que connaît l'histoire environnementale : née aux États-Unis dans les années 1970, celle-ci a remodelé de plusieurs manières notre façon de penser le monde industriel. Dans un article de 2004, Philippe Mioche et Jean-Claude Daumas observaient que c'est au cours de la décennie 1990 que "les relations industrie-environnement émergent dans la littérature historique". Depuis, elles n'ont cessé de stimuler de nouveaux questionnements. »

François Jarrige, « Industrialisation ou sixième extinction ? », *L'Histoire* n° 447, mai 2018.

Fonderie du Creusot. Lithographie, 1830.

Développer son esprit critique

1. Pourquoi la révolution industrielle est-elle perçue comme un moment de rupture dans l'histoire humaine ?
2. Pour quelles raisons la révolution industrielle est-elle aujourd'hui critiquée ?
3. Quelle autre période de progrès technique pourrait, de la même manière, être aujourd'hui critiquée ?

Construire une carte à partir d'un texte

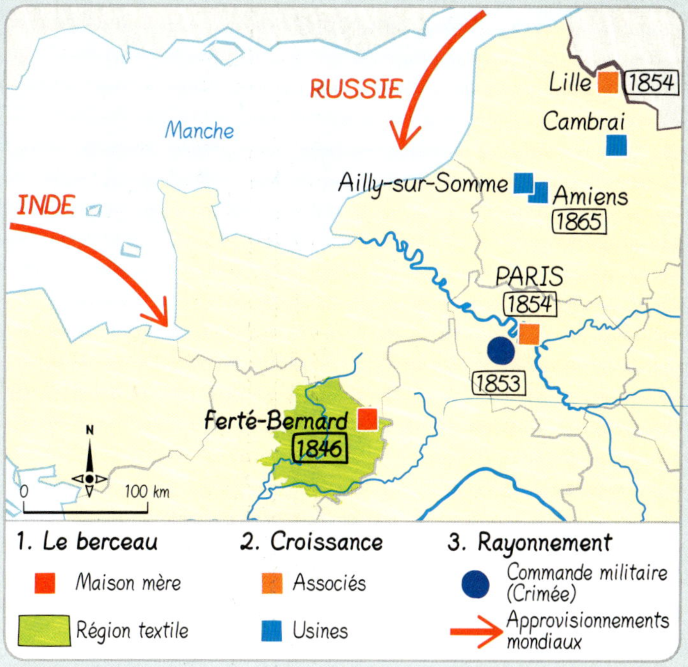

Exemple L'essor d'une entreprise industrielle du secteur textile : la société Cohin (1846-1865)

La société Cohin est fondée en 1846 par deux commerçants, les frères Cohin, qui s'établissent à la Ferté-Bernard, dans la Sarthe, une région où l'activité du tissage est particulièrement dense. En 1853, l'armée commande à l'entreprise plusieurs millions de mètres de tissu pour ses soldats engagés dans la guerre de Crimée[1].

La société Cohin grandit en 1854, avec l'arrivée de deux investisseurs, établis l'un à Lille, l'autre à Paris. En 1855, lors de l'Exposition universelle, elle obtient une médaille pour sa filature mécanique de lin et de jute[2] d'Ailly-sur-Somme. Située en Picardie, elle se trouve au cœur d'une autre grande région d'industrie textile. Pour l'alimenter, la société importe de la jute d'Inde.

En 1860, la société acquiert à Cambrai une nouvelle usine. En 1865, un manufacturier, filateur de lin à Amiens, entre dans l'orbite financière de l'entreprise Cohin. L'entreprise achète une partie de ses approvisionnements en lin à l'étranger, notamment de Russie.

D'après François Dornic, « L'évolution de l'industrie textile aux XVIIIe et XIXe siècles : l'activité de la famille Cohin », *RHMC*, n° 1, janvier-mars 1956.

1. Région de Russie.
2. Matière première végétale utilisée pour produire du textile.

Étape 1 — Analyser le document

- À l'aide de couleurs, repérez les éléments géographiques à reporter sur la carte. Soulignez dans le texte les régions (territoires vastes : en vert dans le texte), les lieux (endroits précis : en jaune) et les flux (déplacements d'hommes, de marchandises, de capitaux : en bleu).

Étape 2 — Construire la carte

- Associez les éléments géographiques à des fonctions et choisissez des figurés adaptés.
- Vous pouvez faire un tableau au brouillon. En règle générale, les figurés de surface sont plus adaptés pour représenter des régions (zones coloriées ou hachurées), les figurés ponctuels pour les lieux (points, symboles) et les figurés linéaires pour les flux (traits, flèches, etc.).

Élément géographique	Description	Figuré choisi
Sarthe	Région de tissage	Surface verte
Ferté-Bernard	Siège de l'entreprise	Carré rouge
Crimée (commande militaire)	Marché pour la vente de textile militaire	Cercle bleu
Lille, Paris	Associé	Carré orange
Ailly-sur-Somme, Cambrai, Amiens	Filature, usine	Carré bleu
Inde, Russie	Importation de matières premières	Flèche rouge

Étape 3 — Construire le titre et la légende

- Une carte comporte un titre et une légende organisée en deux à quatre parties possédant chacune un titre.

> Titre : Les Cohin, un empire textile industriel

Entraînement Paris au cœur des réseaux de chemins de fer (1848-1870)

Texte à télécharger
www.lienmini.fr/hist1-34

S'exercer

1 Capacité Situer des événements historiques

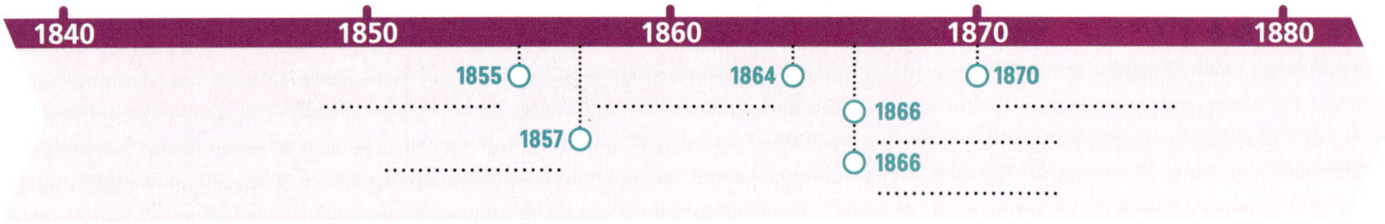

1. Recopiez la frise puis replacez dessus chacun de ces événements :
   - Création de la société de chemin de fer PLM
   - Première batteuse mécanique mobile en France
   - Recensement officiel : 70 % des Français sont ruraux
   - Procédé Bessemer
   - Grande grève au Creusot
   - Reconnaissance du droit de grève
2. Entourez en noir les dates relatives aux techniques industrielles, en rouge les dates relatives à l'histoire des ouvriers et en vert celles relatives au monde rural.
3. Réalisez la légende de la frise chronologique.

2 Capacité Mettre un événement en perspective

1. Quel est le contexte dans les campagnes françaises lors de la production de ce document ?
2. Quelle image de la campagne l'auteur donne-t-il ?
3. Comparez ce document avec le doc. 4 p. 127. Quels points communs et quelles différences pouvez-vous relever ?

Travailleurs saisonniers dans les vignes
Anonyme, *Les Vendanges*, vers 1850. Lithographie coloriée, 35 x 45 cm. MuCEM, Marseille.

3 Capacité Confronter le savoir acquis et ce qui est entendu

Eugène Chevandier de Valdrome (1810-1878). Gravure sur bois, 1870.

1. Écoutez le podcast « Eugène Chevandier de Valdrome, un entrepreneur du Second Empire ».
2. Recopiez le tableau, puis complétez-le pour rendre compte des activités d'Eugène Chevandier de Valdrome.

Domaine économique	Domaine politique	Domaine culturel
…	…	…

3. Qu'est-ce qui rapproche et qu'est-ce qui différencie Eugène Chevandier de Valdrome des frères Pereire ?

Podcast
www.lienmini.fr/hist1-35

4 Capacité Savoir lire, comprendre et apprécier des séries statistiques

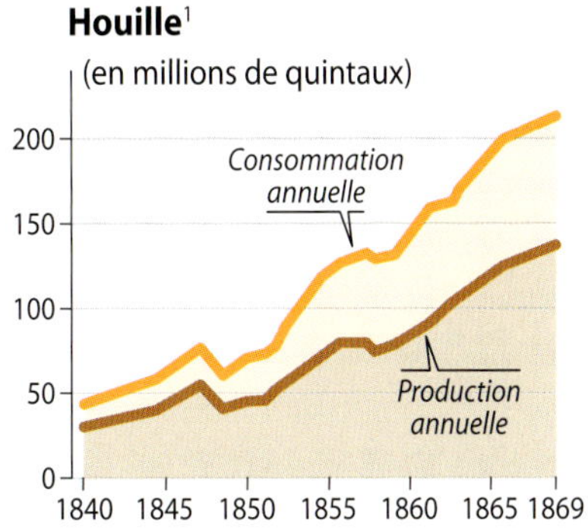

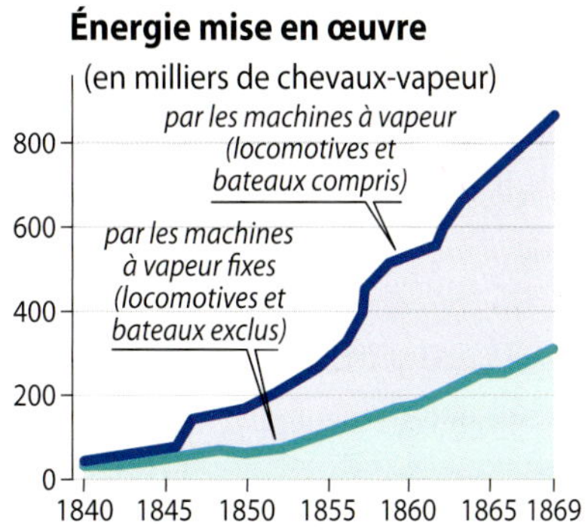

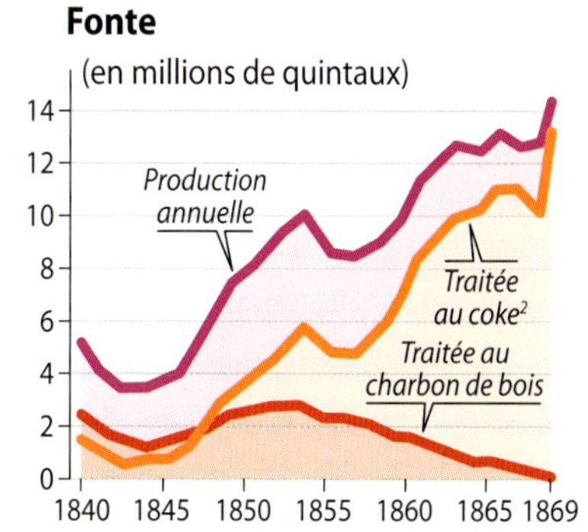

1. Type de charbon.
2. Combustible issu de la houille chauffée à très haute température.

Source : Sylvie Aprile, *La Révolution inachevée (1815-1870)*, Belin, Paris, 2010.

Étape 1 LIRE

1. Quelles sont les unités de mesure retenues dans ces trois graphiques ?
2. Les échelles de temps de ces trois graphiques coïncident-elles ?

Étape 2 COMPRENDRE

3. Quels sont les points communs et les différences entre les évolutions de ces trois productions ? Justifiez votre réponse avec des chiffres précis.
4. Quels liens pouvez-vous établir entre celles-ci ?

Étape 3 APPRÉCIER

5. Ces séries statistiques vous semblent-elles représentatives des transformations économiques de la France entre 1848 et 1870 ? Justifiez votre réponse.

Histoire & architecture

Le Familistère de Guise

Ancien ouvrier devenu chef d'entreprise, Jean-Baptiste André Godin, inspiré par les idées socialistes de son temps, veut créer un établissement modèle. Les ouvriers touchent une partie des bénéfices de la société et participent aux décisions. Ils sont logés dans une grande habitation collective, le « Familistère », qu'ils gèrent eux-mêmes. Ils y disposent d'une école, d'une crèche et d'un théâtre.

Anonyme, ***Le Bal de la fête du Travail dans la cour du pavillon central du Familistère de Guise.***
Crayon et aquarelle sur papier-calque, 31,5 x 55,7 cm. Familistère de Guise.

Connectez-vous au site du Familistère (www.familistere.com) pour répondre aux questions.

1. Quels éléments architecturaux témoignent d'une volonté d'organiser le travail et la vie quotidienne selon les principes du socialisme **(cours II p. 120)** ?
2. Pourquoi le familistere de Guise peut-il être considéré comme un projet global organisant tous les aspects de la vie des ouvriers ?
3. Quel peut être, selon vous, l'apport de l'architecture pour la connaissance historique ?

Méthode Bac

Rédiger une introduction et une conclusion

Sujet guidé Les villes et l'industrialisation de la France (1848-1870)

Problématique: Quels sont les liens entre villes et industrialisation en France, entre 1848 et 1870?

Plan proposé:
I. Les villes, moteurs de l'industrialisation
II. Les villes transformées par l'industrialisation
III. Des villes diversement touchées par l'industrialisation

ÉTAPE 1 Rédiger l'introduction

L'introduction d'un devoir rédigé comprend quatre parties:

- L'accroche: il s'agit d'attirer l'attention du lecteur.
  > Située en plein cœur de Paris, l'Exposition universelle de 1855 consacre les réussites de l'industrie.
- L'analyse du sujet:
  > L'industrie, qui se caractérise par l'emploi de machines et la production en série, nécessite ouvriers, capitaux et savoir-faire. Les villes lui offrent donc un cadre favorable.
- L'annonce de la problématique:
  > On peut ainsi s'interroger: quels sont les liens entre villes et industrialisation en France, entre 1848 et 1870?
- L'annonce du plan:
  > Afin de traiter le sujet, nous montrerons d'abord que les villes sont des moteurs de l'industrie (I). Puis nous expliquerons comment, en retour, l'industrie transforme les villes (II). Mais, nous verrons aussi que toutes les villes ne sont pas également touchées par l'industrialisation (III).

ÉTAPE 2 Rédiger la conclusion

La conclusion d'un devoir rédigé suit trois étapes:

- Le rappel des parties du développement:
  > Dans une première partie, nous avons montré que les villes étaient des moteurs de l'industrialisation. Dans une deuxième partie, nous avons mis en avant le fait que les villes étaient, en retour, transformées par l'industrie. Cependant, toutes les villes ne sont pas également touchées par l'industrialisation (troisième partie).
- La réponse à la problématique:
  > Dans tous les cas, cependant, il ressort que villes et industrialisation sont étroitement liées. Chaque élément renforce l'autre et permet son développement.
- Une ouverture:
  > Cependant, si les liens entre industrialisation et villes sont réels, il ne faut pas oublier que les territoires ruraux sont, eux aussi, transformés par l'industrie.

Sujet blanc Transports et industrialisation de la France (1848-1870)

Problématique: Quelle est la place des transports dans l'industrialisation de la France entre 1848 et 1870?

Plan proposé:
I. Les transports, révolutionnés par l'industrialisation
II. Les transports, accélérateurs de l'industrialisation
III. Transports et industries redessinent la France

Méthode Bac

Analyser un texte littéraire

Sujet guidé Le travail des enfants au XIXe siècle

▶ **Le travail des enfants vu par un poète**

« Où vont tous ces enfants dont pas un seul ne rit ?
Ces doux êtres pensifs que la fièvre maigrit ?
Ces filles de huit ans qu'on voit cheminer seules ?
Ils s'en vont travailler quinze heures sous des meules
Ils vont, de l'aube au soir, faire éternellement
Dans la même prison le même mouvement.
Accroupis sous les dents d'une machine sombre,
Monstre hideux qui mâche on ne sait quoi dans l'ombre,
Innocents dans un bagne, anges dans un enfer,
Ils travaillent. Tout est d'airain, tout est de fer.
Jamais on ne s'arrête et jamais on ne joue.
[...]
Travail mauvais qui prend l'âge tendre en sa serre,
Qui produit la richesse en créant la misère,
Qui se sert d'un enfant ainsi que d'un outil !
Progrès dont on demande : Où va-t-il ? que veut-il ?
Qui brise la jeunesse en fleur ! qui donne, en somme,
Une âme à la machine et la retire à l'homme ! »

Victor Hugo, « Melancholia » (extrait), dans *Les Contemplations*, 1856.

ÉTAPE 1 — Présenter le texte

- Présentez l'auteur ; la nature du document et son intention ; son contexte, en fonction de sa date.

> Victor Hugo, écrivain et opposant à Napoléon III.
> Poème, texte qui veut émouvoir.
> 1856 : période d'industrialisation.

ÉTAPE 2 — Identifier les thèmes importants

- Avec des stylos de différentes couleurs, faites ressortir les deux ou trois thèmes importants du document.

> La place des machines dans les nouveaux modes de production liés à l'industrialisation (en bleu dans le texte).
> Le travail des enfants (en jaune dans le texte).

ÉTAPE 3 — Mobiliser ses connaissances

- Confrontez les données du document avec vos connaissances. Relevez-vous des points communs ? des différences ? Vous pouvez réaliser un tableau au brouillon.

THÈMES DU TEXTE	CONNAISSANCES
Industrialisation et machinisme	• Cours I, première partie p. 114 • Étude p. 118
Travail des enfants	• Cours II, deuxième partie p. 120

ÉTAPE 4 — Procéder à l'analyse critique du document

- Identifiez le point de vue de l'auteur sur le sujet. Que nous apprend-il ? Est-il représentatif ?

> L'auteur prend clairement parti : il dénonce ici le travail des enfants.
> Il oppose l'« innocence » des enfants à la volonté de profit des industriels et il remet en cause les inégalités sociales : « Travail mauvais [...] Qui produit la richesse en créant la misère. »
> Convergence avec les mouvements syndicaux contemporains (voir p. 124).

Sujet blanc Les traditions rurales au XIXe siècle

▶ **Gustave Flaubert, *Madame Bovary* (extrait), 1857**

Texte à télécharger
www.lienmini.fr/hist1-36

Réviser

L'industrialisation et l'accélération des transformations économiques et sociales en France (1848-1870)

Fiche de révision

Comment l'industrialisation transforme-t-elle la France ?

I Une France en voie d'industrialisation et d'urbanisation

- Le charbon et la machine à vapeur révolutionnent l'industrie. Les productions connaissent un essor sans précédent, notamment dans le secteur textile (production multipliée par deux entre 1848 et 1870), puis la métallurgie.
- Le secteur du transport est également en pleine expansion. Le réseau ferré se développe à travers toute la France, réduisant considérablement les distances et les temps de voyage. Le transport maritime et fluvial est mécanisé.
- Les villes sont en forte croissance, du fait de l'industrialisation des campagnes qui provoque un début d'exode rural. Les besoins en main-d'œuvre viennent également augmenter la population urbaine. Paris atteint 2,5 millions d'habitants en 1870.

II Les mutations sociales, économiques et politiques de l'industrialisation

- L'industrialisation s'accompagne de changements sociaux. La bourgeoisie triomphe. De grandes fortunes émergent (les Pereire par exemple). Le libéralisme justifie et facilite leur réussite.
- Une nouvelle classe sociale apparaît : les ouvriers. Ils s'organisent et se revendiquent du socialisme pour défendre leurs droits et lutter pour l'amélioration de leurs conditions de vie.
- La France rurale est toujours majoritaire. En 1866, un recensement officiel indique que 70 % des Français vivent à la campagne.

Repères clés

LES ACTEURS ET LES ACTRICES

Marguerite Boucicaut (1816-1887)

Georges Eugène Haussmann (1809-1891)

Auguste Casimir-Perier (1811-1876)

Eugène Varlin (1839-1871)

Émile Pereire (1800-1875)

Isaac Pereire (1806-1880)

LES CHIFFRES

- **Taux de croissance annuel** (1860-1873) **+ 4 %**
- **Population urbaine** (1848-1870) **+ 11 %**
- **Réseau ferré** (1859-1870) **+ 14 000 km** de voies
- **Production** (1848-1870)
  - fonte : **+ 10 millions de tonnes** par an
  - textile : **x 2**
  - charbon : **x 5**

Schéma bilan

Schéma animé
www.lienmini.fr/hist1-37

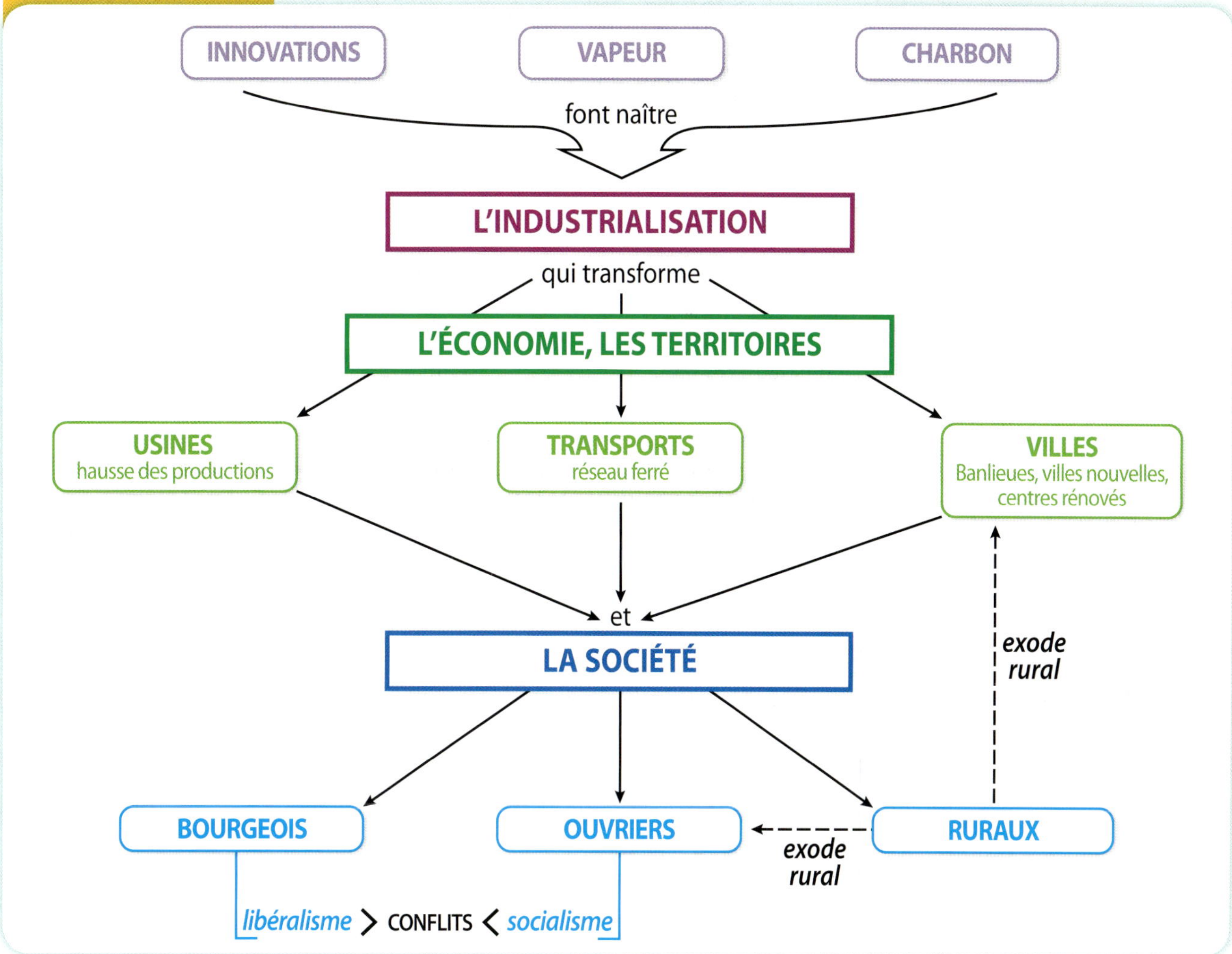

QCM interactif
www.lienmini.fr/hist1-38

LES DATES

- **1852** : Fondation du Crédit mobilier par les frères Pereire
- **1853-1870** : Travaux d'Haussmann à Paris
- **1857** : Création de la société de chemin de fer Paris-Lyon-Méditerranée
- **1860** : Signature du traité de libre-échange entre la France et la Grande-Bretagne
- **1864** : Adoption de la loi Ollivier en faveur du droit de grève
- **1866** : Première batteuse mécanique mobile

Points de passage et d'ouverture

Les frères Pereire
Acteurs de la modernisation économique
Émile et Isaac Pereire, banquiers, industriels et entrepreneurs, symbolisent l'essor de la bourgeoisie et du libéralisme sous le Second Empire.

Paris haussmannien
La transformation d'une ville
Sous l'impulsion de Napoléon III, Haussmann entreprend la transformation de Paris. Les travaux mis en œuvre par des entrepreneurs privés sont financés par l'emprunt.

25 mai 1864
La reconnaissance du droit de grève
Dans une France en plein développement industriel, une classe ouvrière naissante revendique plus de droits et de meilleures conditions de travail. La loi de 1864 est une première étape vers le droit syndical.

CHAPITRE 5

La France et la construction de nouveaux États par la guerre et la diplomatie

Quels sont les enjeux nationaux et internationaux de l'intervention de la France dans la construction des unités italienne et allemande ?

Cours I

La marche vers l'unité italienne est inspirée par la révolution de 1848. Elle est soutenue par la diplomatie française. En 1859, l'empereur Napoléon III s'engage personnellement et militairement auprès du royaume de Piémont-Sardaigne. L'unité italienne se termine sans la France, qui refuse de s'opposer à Pie IX au sujet des États du pape.

Cours II

La France soutient le mouvement des nationalités au sein des États allemands au nom des principes libéraux mais redoute la montée en puissance de la Prusse, principal État allemand. La neutralité des années 1850 est progressivement remplacée par des tensions croissantes qui aboutissent à une guerre en 1870.

1730 — 1800 — 1850-1871 — 1900 — 1930 — 2030

1850 — 1860 — 1870

Cours I

- **1852** Cavour président du Conseil de Piémont-Sardaigne
- **1859** Bataille de Solférino (victoire franco-piémontaise contre l'Autriche)
- **1860** Rattachement de Nice et de la Savoie à la France
- **1861** Premier Parlement italien à Turin Victor-Emmanuel II roi d'Italie
- **20 septembre 1870** Rome devient la capitale d'une Italie unifiée

Cours II

- **1850** Conférence d'Olmütz (l'Autriche soumet la Prusse)
- **1862** Bismarck chancelier de Prusse
- **1866** Bataille de Sadowa (les Prussiens écrasent l'Autriche)
- **1870** Bataille de Sedan (victoire prussienne contre la France)
- **18 janvier 1871** Proclamation de l'Empire allemand à Versailles

Napoléon III entouré des souverains européens
Charles Porion, *Les Souverains venus à Paris en 1867 pour l'Exposition universelle* (détail), 1895. Huile sur toile. Musée du château de Compiègne.

« Certaines personnes se disent : "L'empire, c'est la guerre", moi je dis : "L'empire, c'est la paix". »

Louis-Napoléon Bonaparte

Schéma pour comprendre

1. **Charles XV**, roi de Suède.
2. **Guillaume Ier**, roi de Prusse. La construction de l'unité des États allemands autour de la Prusse inquiète la France.
3. **François-Joseph Ier**, empereur d'Autriche, roi de Hongrie. Un an plus tôt, son pays est vaincu à Sadowa par la Prusse.
4. **Napoléon III**, empereur des Français depuis 1852. Il veut restaurer la grandeur de la France, isolée depuis 1815.
5. **Alexandre II**, empereur de Russie.

Un absent : **Victor-Emmanuel II**, roi d'Italie. Il reproche à Napoléon III son soutien au pape qui fait obstacle à l'unité italienne.

Questions

1. Comment et pourquoi le peintre met-il Napoléon III en valeur ?
2. Quels sujets provoquent des tensions entre les principaux pays d'Europe ?
3. Montrez que les souverains d'Europe entretiennent des relations complexes.

Fiche d'activité
www.lienmini.fr/hist1-40

Notions

Entre idéalisme et réalisme géopolitique

Entre 1848 et 1871, la France soutient la construction des unités italienne et allemande au nom du principe des **nations**. En Italie, le mouvement du ***Risorgimento*** est porté par le royaume de Piémont-Sardaigne tandis qu'en Allemagne, la Prusse tente de s'imposer contre l'Autriche.

Napoléon III apporte son soutien militaire à ses alliés mais il redoute une **guerre** généralisée en Europe. C'est pourquoi il adopte une **diplomatie** prudente qui défend les intérêts de la France tout en ménageant les autres puissances.

Le *Risorgimento*

Définition : mot signifiant « Résurgence » en italien. Il désigne un mouvement politique et social qui se donne pour objectif la renaissance d'une Italie libre et indépendante.

Contexte : après l'échec de la révolution de 1848, la construction de l'unité nationale italienne est portée par le comte de Cavour et le roi de Piémont-Sardaigne, Victor-Emmanuel II, qui devient roi d'Italie en 1861.

Femmes confectionnant le drapeau italien.
Gerolamo Induno, *Roma*, 1863. Aquarelle. Collection privée.

Étude, p. 144
Cavour et le soutien français à l'unité italienne

La diplomatie

Définition : mise en œuvre de la politique étrangère d'un État par l'intermédiaire d'alliances et de traités qui relèvent de la négociation internationale.

Contexte : pour que la France retrouve son rôle dans le concert des nations, Napoléon III adopte une politique étrangère active et rencontre régulièrement les dirigeants européens.

***Le Congrès de Paris*, par Édouard Dubufe, 1856.**
Huile sur toile. Châteaux de Versailles et de Trianon, Versailles.

Point de passage et d'ouverture, p. 146
Le rattachement de Nice et de la Savoie à la France (1860)

Étude, p. 150
L'entrevue de Biarritz, une diplomatie informelle

Étude, p. 144 — Étude, p. 145 — Point de passage et d'ouverture, p. 146

1858 – 1859 – 1860 – 1861 – 1862 – 1863 – 1864

21 juillet 1858
Plombières, rencontre entre Cavour et Napoléon III

24 juin 1859
Bataille de Solférino

1860
Rattachement de Nice et de la Savoie à la France

▶ Napoléon III et l'Europe

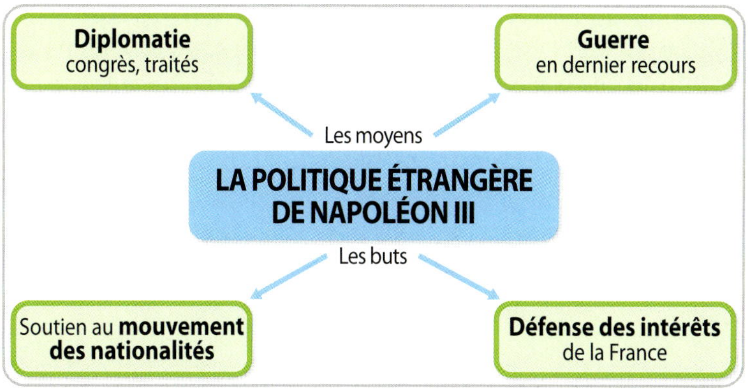

« Pour servir l'indépendance italienne, j'ai fait la guerre contre le gré de l'Europe ; dès que les destinées de mon pays ont pu être en péril, j'ai fait la paix. »

Napoléon III, discours devant les Corps constitués, 19 juillet 1859.

La guerre

Définition : situation conflictuelle qui se manifeste généralement sous la forme d'un conflit armé en vue de défendre un territoire, un droit ou une idée.

Contexte : lorsqu'il devient empereur en 1852, Napoléon III affirme que « l'empire, c'est la paix ». Il n'hésite cependant pas à mobiliser l'armée pour défendre les intérêts de l'Italie contre l'Autriche en 1859, mais aussi de la France contre la Prusse en 1870.

Les tensions en Europe. Honoré Daumier, *L'Équilibre européen*, 1861 (détail). Lithographie. BnF, Paris.

Étude, p. 145
Solférino, la guerre comme outil politique

Étude, p. 151
Sadowa, l'affirmation de la puissance prussienne

La nation

Définition : communauté dont les membres se sentent unis par un territoire, une identité historique et culturelle et une volonté politique commune.

Contexte : au cours du XIXe siècle, de nombreux peuples définissent les caractéristiques de leur identité nationale et revendiquent le droit de constituer un État souverain. C'est notamment le cas en Italie et en Allemagne entre 1848 et 1871.

Allégorie de la nation allemande (Germania). Christian Köeler, *Le Réveil de Germania*, 1849 (détail). Peinture sur toile. New-York Historical Society, New York.

Point de passage et d'ouverture, p. 152
Bismarck et la proclamation du Reich

Étude, p. 150 — Étude, p. 151 — Point de passage et d'ouverture, p. 152

1865 – 1866 – 1867 – 1868 – 1869 – 1870 – 1871

Octobre 1865
Biarritz, entrevue entre Bismarck et Napoléon III

3 juillet 1866
Bataille de Sadowa

18 janvier 1871
Proclamation de l'Empire allemand

Une politique étrangère centrée sur l'équilibre européen

Après 1848, Napoléon III mène une intense activité diplomatique en Europe. Il **soutient la construction de l'unité italienne** (doc. 1) en intervenant militairement aux côtés du royaume de Piémont-Sardaigne mais reste fidèle au pape qui refuse d'abandonner ses États (doc. 3).

La politique étrangère de Napoléon III est plus complexe avec la Confédération germanique. Il redoute la puissance de la Prusse et ne parvient pas à stopper **la construction de l'unité allemande** (doc. 2) **qui se fait contre la France** (doc. 3). Le conflit provoque la chute du Second Empire.

1 ▶ La construction de l'unité italienne

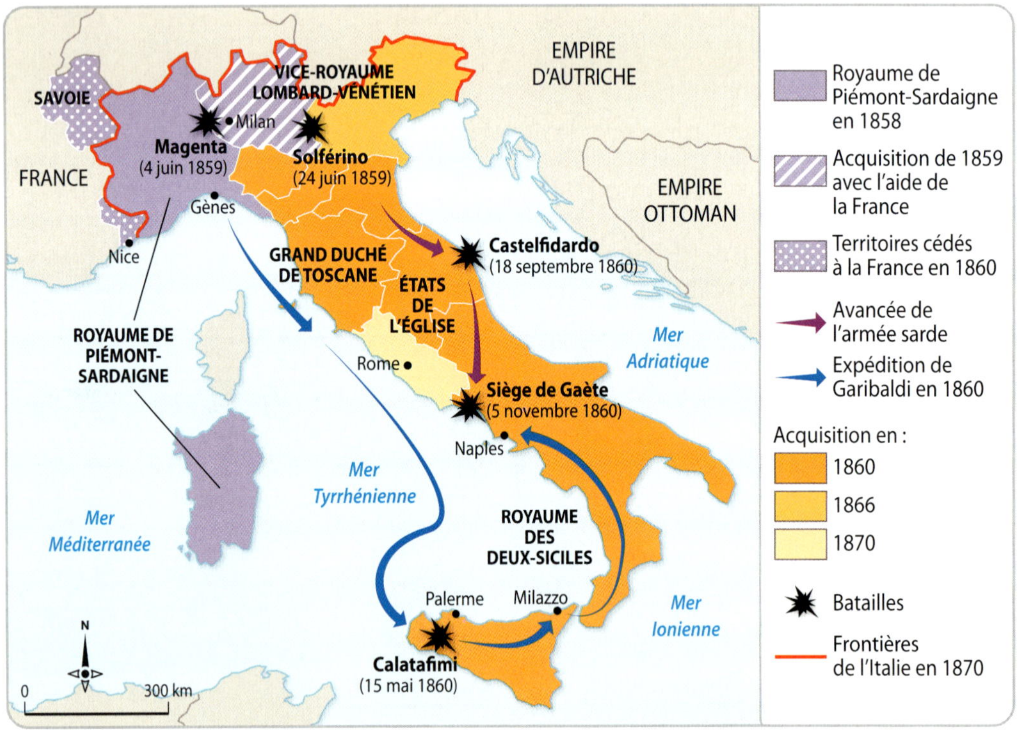

2 ▶ La construction de l'unité allemande

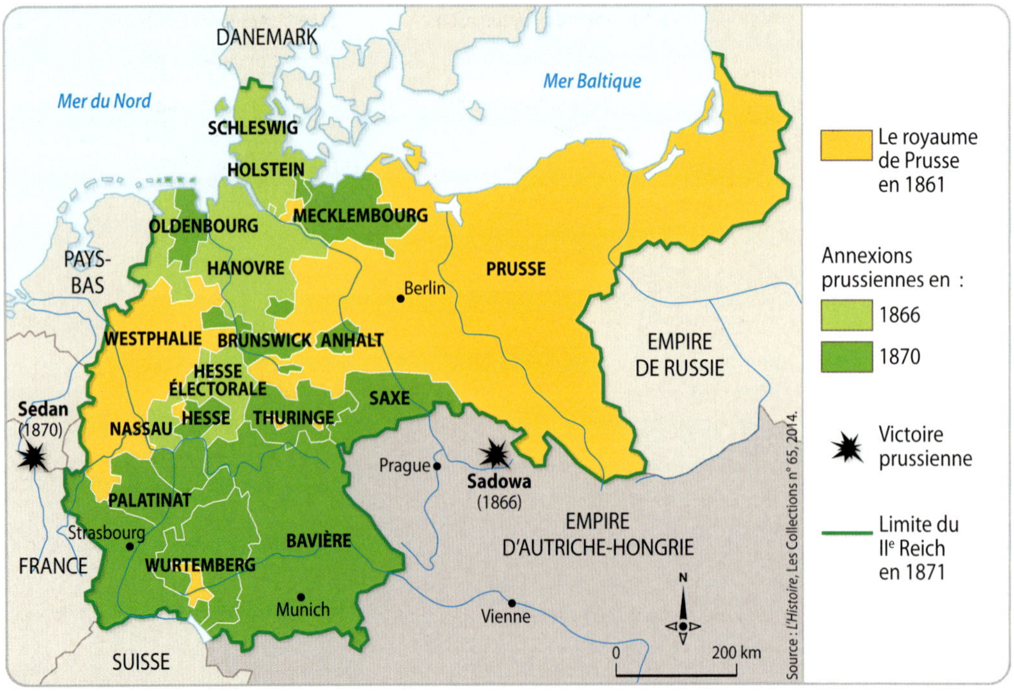

Carte interactive
www.lienmini.fr/hist1-41

3 ▶ La France, acteur clé des unités italienne et allemande

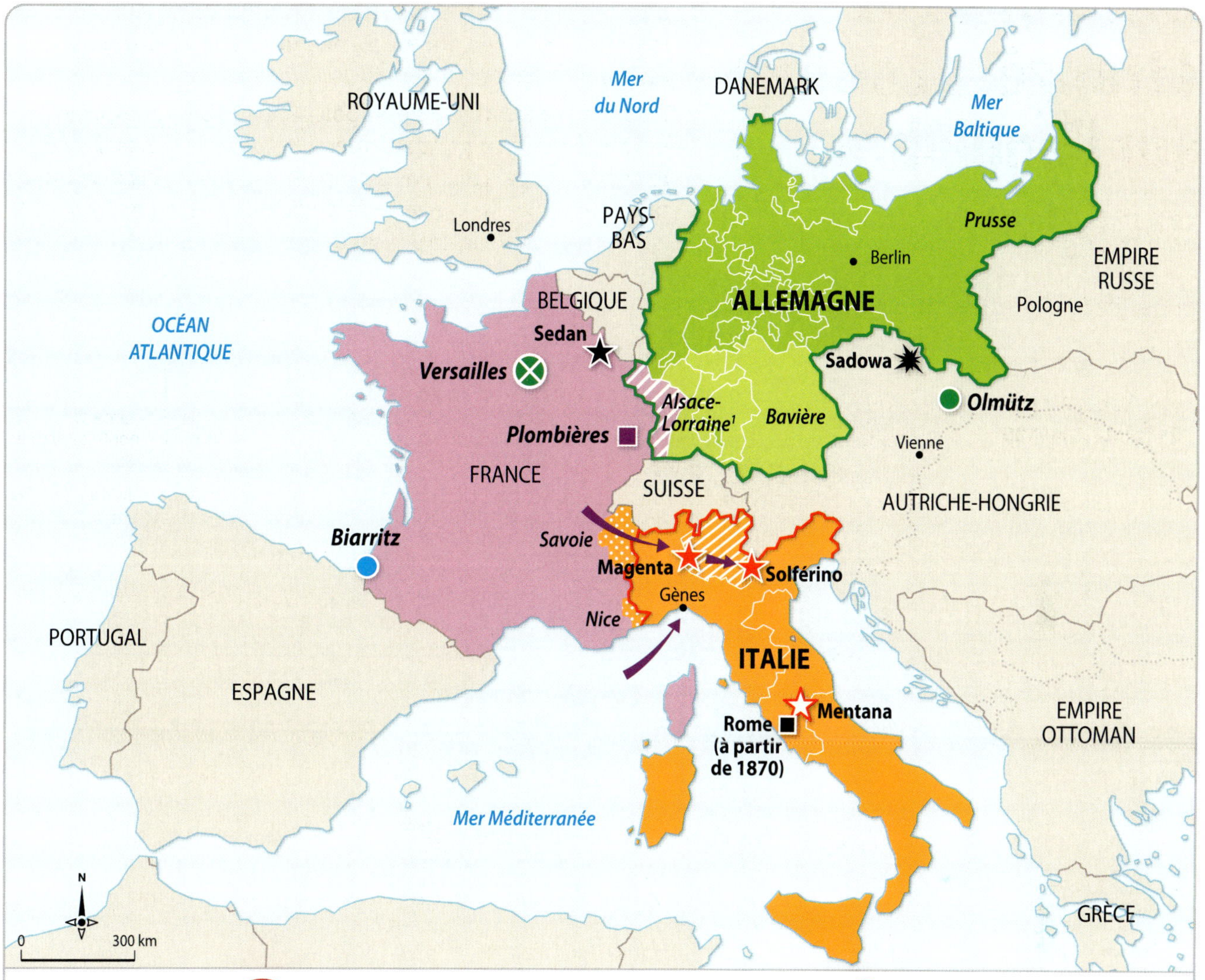

Cours I p. 142

1. Le temps du soutien
- Rencontre Napoléon III / Cavour
- Intervention française (1859)
- Batailles
- Rattachement de la Savoie et de Nice à la France
- Annexion par le Piémont-Sardaigne

2. Le temps de l'opposition
- Bataille
- Italie progressivement unifiée
- Capitale de l'Italie
- Frontières de l'Italie en 1870

Cours II p. 148

1. Le temps de la neutralité
- Conférence (1850)
- Rencontre Napoléon III / Bismarck (1865)
- Confédération de l'Allemagne du Nord
- Bataille

2. Le temps de l'affrontement
- Bataille (1870)
- Annexion allemande
- Proclamation de l'Empire allemand le 18 janvier 1871
- Territoires intégrés à la Prusse
- Frontières de l'Empire allemand en 1871

[1] En partie pour la Lorraine

Questions

1 Situez et nommez les principales batailles qui témoignent de l'utilisation de la guerre par Napoléon III. **(doc. 3)**

2 Situez et nommez les principales rencontres révélatrices de la diplomatie menée par Napoléon III. **(doc. 3)**

3 Montrez que les unités italienne et allemande se sont construites progressivement. **(doc. 1 et 2)**

Cours

PLAN

« L'Italie peut faire sans Rome ; nous déclarons qu'elle ne s'emparera jamais de cette ville. La France ne supportera jamais cette violence faite à son honneur et au catholicisme. »

Eugène Rouher, ministre de Napoléon III.

Notion

Le Risorgimento : voir p. 138

Vocabulaire

États pontificaux : territoires de l'Italie centrale sur lesquels le pape a le statut de souverain, depuis le Moyen Âge.

Expédition des Mille : étape du *Risorgimento*, en 1860. Giuseppe Garibaldi et un groupe de patriotes italiens conquièrent le Royaume des Deux-Siciles au sud de la péninsule italienne.

Fédération : alliance politique d'États autonomes qui mettent en commun une partie de leurs compétences.

***Il Risorgimento* :** journal créé par Cesare Balbo et Camillo Cavour en 1847 pour défendre les idées libérales et le principe d'unité italienne.

Pouvoir temporel : pouvoir politique exercé par le pape en tant que souverain sur les États pontificaux d'Italie centrale.

Société nationale italienne : mouvement politique né en 1857 prônant l'unité autour de la monarchie constitutionnelle du Piémont.

I La France et l'unité italienne (1848-1870)

Du soutien au désaccord

Comment la France devient-elle un acteur clé de la construction de l'unité italienne ?

A. Les espoirs d'unité au lendemain de 1848

- **Un territoire morcelé et dominé.** Au milieu du XIXe siècle, la péninsule italienne est divisée en plusieurs entités politiques : le royaume de Piémont-Sardaigne au nord, le royaume des Deux-Siciles au sud, les États pontificaux au centre, mais aussi plusieurs duchés (Parme, Modène et Toscane). Par ailleurs, l'empire d'Autriche domine le Nord de la péninsule italienne en contrôlant la riche région de Lombardie-Vénétie.

- **L'échec des premières tentatives d'unité italienne.** Au cours de la période de domination napoléonienne, puis lors du Printemps des peuples de 1848, un sentiment national italien se constitue. Il donne naissance à des revendications de liberté et d'unité nationale exprimées par l'expression *Risorgimento*. En 1849 pourtant, l'échec des mouvements révolutionnaires conduit à la restauration d'un ordre monarchique autoritaire, en particulier sous l'impulsion de l'Autriche et de la Papauté.

- **Le Piémont, moteur de l'unité.** Au début des années 1850, les libéraux modérés et les partisans de l'unité italiens, comme Giuseppe Mazzini ou Giuseppe Garibaldi, reportent leurs espoirs de changements politiques sur le royaume de Piémont-Sardaigne, seul État constitutionnel. En 1852, le roi Victor-Emmanuel II confie la présidence du Conseil au comte de Cavour, fondateur du journal *Il Risorgimento* et partisan d'une unité italienne construite autour de la monarchie modérée du Piémont. À partir de 1857, il est activement soutenu par la Société nationale italienne.

B. L'engagement de la France dans les affaires italiennes

- **L'action du Piémont.** Cavour prépare le Piémont à entrer en guerre contre l'Autriche, dans le but de réaliser l'unité italienne. À la recherche d'alliances diplomatiques et militaires, il se rapproche de la France et de la Grande-Bretagne en les soutenant dans la guerre de Crimée contre la Russie. Les Britanniques ne promettant que leur neutralité, Cavour reporte tous ses espoirs sur Napoléon III auprès duquel il lance une intense offensive diplomatique, en se servant notamment de Virginia Oldoini, comtesse de Castiglione.

- **Les hésitations de la diplomatie française.** Les sollicitations du Piémont trouvent un écho favorable auprès de l'Empereur. Il a vécu à Rome dans les années 1820 et en a gardé un attachement au principe de liberté des peuples. Surtout, le Second Empire cherche à sortir de l'isolement diplomatique dans lequel la France est enfermée depuis 1815. Cependant, Napoléon III doit tenir compte de l'opposition des catholiques, très actifs dans son entourage, qui veulent préserver les États du pape. Il hésite également à affronter une puissance militaire telle que l'Autriche.

• **La rencontre décisive de Plombières.** Cavour et Napoléon III se rencontrent à Plombières (Vosges) en 1858. La France s'engage à soutenir le Piémont en cas d'agression autrichienne. Napoléon III expose sa conception de l'unité italienne dans une **fédération** placée sous l'autorité partagée du pape et du Piémont. Le mariage de Napoléon-Jérôme, cousin de Napoléon III, et de la princesse Clotilde, fille du roi Victor-Emmanuel II, scelle l'accord.

Étude, p. 144

C. L'action de la France dans l'unification de l'Italie

• **La guerre contre l'Autriche.** Elle éclate en 1859 suite aux provocations répétées de Cavour contre l'Autriche. La France apporte un soutien militaire décisif. Après des batailles victorieuses mais meurtrières, comme à Magenta puis à Solférino, l'entrée triomphale de Napoléon III et de Victor-Emmanuel II dans Milan marque l'apogée de l'entente franco-piémontaise.

• **Le temps des désaccords.** Napoléon III signe un traité de paix à Zurich avec l'Autriche (novembre 1859). Marqué par la dureté des combats, il souhaite un compromis en préservant les intérêts du pape dans une confédération d'Italie du Nord. Le Piémont fait alors une concession majeure: la cession à la France de la Savoie et de Nice par le traité de Turin en 1860. C'est le prix à payer pour pouvoir former, en 1861, le premier Parlement italien à Turin. Celui-ci proclame Victor-Emmanuel II roi d'Italie, étape clé du ralliement des Italiens du Nord.

• **Le temps de l'opposition.** À la fin des années 1860, la France devient un obstacle à l'unité italienne qui se poursuit vers le sud (**expédition des Mille** de Garibaldi). Elle soutient en effet le pape Pie IX qui refuse une unité conduisant à la destruction de son **pouvoir temporel**. En 1867, Garibaldi attaque les troupes françaises à Mentana, près de Rome. En 1870, les troupes françaises se retirent d'Italie à la suite de la défaite de la France contre la Prusse. Le pape se soumet et Rome devient la capitale d'une Italie unifiée.

Étude, p. 145

Point de passage et d'ouverture, p. 146

Cours en podcast
QCM interactif
www.lienmini.fr/hist1-42

Virginia Oldoini
(1837-1899)
Épouse d'un cousin de Cavour et proche du roi, la comtesse de Castiglione est envoyée à la cour impériale de Napoléon III en 1856. Sa mission est de défendre la cause de l'unité italienne et de convaincre l'Empereur d'intervenir.

Rome

Le 20 septembre 1870, profitant de la fin du Second Empire de Napoléon III qui restait le seul obstacle, les troupes du Piémont s'emparent de Rome.

Le roi Victor-Emmanuel II achève ainsi l'unification de l'Italie: les États pontificaux sont annexés, le pape Pie IX se soumet, Rome devient la capitale du nouveau royaume d'Italie.

Les troupes du Piémont pénètrent dans Rome par une brèche dans la muraille.
Carlo Ademollo, *La Brèche de la porte Pia*, 1880. Musée du *Risorgimento*, Milan.

Étude

Cavour et le soutien français à l'unité italienne

Comment Cavour parvient-il à obtenir le soutien de Napoléon III ?

Camillo Benso
(1810-1861)
Né à Turin, le comte de Cavour est issu de l'aristocratie européenne. À la tête du journal *Il Risorgimento*, puis comme ministre et président du Conseil du royaume de Piémont-Sardaigne, il est un des acteurs clés de l'unification et de l'indépendance de l'Italie.

Le 21 juillet 1858, Cavour rencontre Napoléon III dans la station thermale de Plombières-les-Bains (Vosges). La France y promet un soutien militaire au Piémont-Sardaigne en cas de conflit l'opposant à l'empire d'Autriche.

1 ▸ L'unité contre l'Autriche

« Nous ne craindrons pas de nous préparer à une guerre terrible, à une guerre à mort [...]. Nous devons [...] envoyer à l'Autriche un ultimatum qu'elle ne puisse accepter, et ouvrir les hostilités. L'empereur Napoléon III ne peut pas être contre cette guerre. Il la désire dans le fond de son cœur. En voyant l'Angleterre décidée à entrer en lice[1], il nous aidera certainement. »

Lettre du comte de Cavour au commandeur Urbain Rattazzi, 12 avril 1856.

1. L'Angleterre restera pourtant neutre dans le conflit opposant le royaume de Piémont-Sardaigne à l'Autriche.

2 ▸ « L'Italie aux Italiens »

« Nous n'avons d'autre but que de rendre l'Italie aux Italiens, de fonder de manière durable et réelle l'indépendance de la péninsule [...]. Nous ne céderions pas un pouce de terre italienne quels que fussent les avantages du troc qu'on viendrait nous proposer. Je le répète, je suis italien avant tout et [...] j'ai entrepris la rude tâche de chasser l'Autriche de l'Italie sans y substituer la domination d'aucune autre puissance. [...] Le Piémont est le seul État qui ait su demeurer indépendant de l'Autriche : c'est le seul contrepoids à son influence envahissante. »

Lettre du comte de Cavour au marquis d'Azeglio, ambassadeur du roi de Piémont-Sardaigne à Londres, le 8 mai 1860.

3 ▸ L'entrevue secrète de Plombières

Caricature du journal satirique *Il Fischietto*, 26 juillet 1860.
En échange de son soutien, Napoléon III tente d'obtenir des territoires : Nice et la Savoie.
De gauche à droite : Toscane, Émilie, Venise, Sicile, Naples, Sardaigne, Savoie, Nice, Rhin.

Notion
Le *Risorgimento* : voir p. 138

Questions

CONNAÎTRE

1. Quels sont les territoires occupés par l'Autriche au nord de la péninsule italienne au début des années 1850 ? **(Cours I p. 142)**

REPÉRER

2. Que reproche le caricaturiste à Napoléon III et comment s'en moque-t-il ? **(doc. 3)**
3. Quelles sont les contradictions apparentes entre les propos de Cavour sur l'unité italienne et les négociations territoriales menées avec Napoléon III ? **(doc. 2 et 3)**

ARGUMENTER ET RÉDIGER

4. Pourquoi peut-on considérer que Cavour utilise à la fois la guerre et la diplomatie au service du projet d'unité nationale italienne ?

Bac

5. Dans un devoir sur la construction de l'unité italienne entre 1848 et 1870, rédigez une partie sur le soutien de Napoléon III au *Risorgimento*.

Étude

Solférino, la guerre comme outil politique

Comment Napoléon III s'engage-t-il dans la marche vers l'unité italienne ?

En 1859, Napoléon III intervient en Italie conformément à la promesse faite à Cavour lors de leur rencontre secrète à Plombières, le 21 juillet 1858.

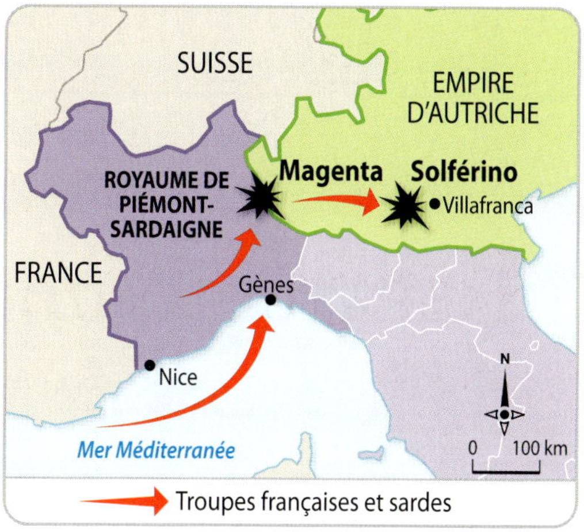

Notion

La guerre : voir p. 139

1 ▶ Napoléon III donne l'ordre d'attaquer Solférino

M. Lalaisse, *Bataille de Solférino*, **1859.** Lithographie, 18,7 x 32,6 cm. BnF, Paris.

2 ▶ Napoléon III justifie la campagne d'Italie

« L'Autriche, en faisant entrer son armée sur le territoire du roi de Sardaigne, notre allié, nous déclare la guerre. Elle viole ainsi les traités, la justice, et menace nos frontières. [...] Jusqu'ici, la modération a été la règle de ma conduite ; maintenant l'énergie devient mon premier devoir. Que la France s'arme et dise résolument à l'Europe : je ne veux pas de conquête, mais je veux maintenir sans faiblesse ma politique nationale et traditionnelle ; j'observe les traités à condition qu'on ne les violera pas contre moi ; je respecte le territoire et les droits des puissances neutres, mais j'avoue hautement ma sympathie pour un peuple dont l'histoire se confond avec la nôtre, et qui gémit sous l'oppression étrangère [...].

Le but de cette guerre est donc de rendre l'Italie à elle-même, non de la faire changer de maître, et nous aurons à nos frontières un peuple ami qui nous devra son indépendance. »

Proclamation de l'Empereur Napoléon III, 3 mai 1859.

Questions

CONNAÎTRE

1. Qui est le souverain du royaume de Piémont-Sardaigne ? **(Cours I p. 142)**

CONTEXTUALISER

2. Qui est responsable de cette guerre selon Napoléon ? Exercez votre regard critique sur cette affirmation. **(doc. 2 et Cours I p. 142)**

ARGUMENTER

3. Comment Napoléon III utilise-t-il la campagne d'Italie pour renforcer la légitimité de son pouvoir impérial ? **(doc. 1 et 2)**

Bac

4. Rédigez un paragraphe pour montrer que la politique étrangère de Napoléon III repose sur une utilisation subtile et parfois contradictoire de la diplomatie et de la guerre.

Point de passage et d'ouverture

« Ce n'est ni par la conquête ni par l'insurrection que la Savoie et Nice seront réunies à la France, mais par le libre consentement du souverain légitime, appuyé par l'adhésion populaire. »

Discours de Napoléon III à la députation savoisienne, 1860.

Le rattachement de Nice et de la Savoie à la France (1860)

Comment la France parvient-elle à étendre son territoire sur Nice et la Savoie tout en respectant le droit des peuples ?

Napoléon III obtient le duché de Savoie et le comté de Nice en échange de son soutien militaire au royaume de Piémont-Sardaigne contre l'Autriche. Cet accord territorial est subordonné à l'approbation des populations concernées.

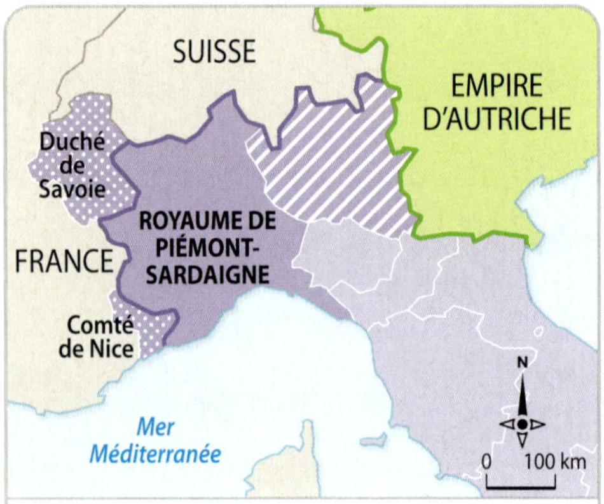

Royaume de Piémont-Sardaigne en 1858
Acquisition de 1859 avec l'aide de la France
Territoires cédés à la France en 1860

Victor-Emmanuel II (1820-1870)

Il devient roi de Piémont-Sardaigne en 1849. Il est considéré, avec son Premier ministre Cavour, comme l'un des principaux artisans de l'unification de l'Italie dont il devient roi en 1861.

1 Le traité de Turin

Les conditions du transfert du duché de Savoie et du comté de Nice de la Sardaigne à la France sont officialisées à Turin le 24 mars 1860.

« **Art. 1** – Sa Majesté le Roi de Sardaigne consent à la réunion de la Savoie et de l'arrondissement de Nice à la France et renonce pour lui et tous ses descendants et successeurs en faveur de Sa Majesté l'Empereur des Français, à ses droits et titres sur lesdits territoires. Il est entendu entre Leurs Majestés que cette réunion sera effectuée sans nulle contrainte de la volonté des populations et que les gouvernements de l'Empereur des Français et du Roi de Sardaigne se concerteront le plus tôt possible sur les meilleurs moyens d'apprécier et de constater la manifestation de ces volontés. […]

Art. 6 – Les sujets sardes originaires de la Savoie et de l'arrondissement de Nice, ou domiciliés actuellement dans ces provinces, qui entendent conserver la nationalité sarde, jouiront pendant l'espace d'un an à partir de l'échange des **ratifications** et moyennant une déclaration préalable faite à l'autorité compétente, de la faculté de transporter leur domicile en Italie et de s'y fixer, auquel cas la qualité de citoyen sarde leur sera maintenue. Ils seront libres de conserver leurs immeubles situés sur les territoires réunis à la France. »

Traité de Turin, 24 mars 1860.

2 Les justifications politiques de Victor-Emmanuel II

« Quelque pénible qu'il me soit de me séparer des Provinces qui ont fait si longtemps partie des États de mes Ancêtres[1], et auxquelles tant de souvenirs me rattachent, j'ai dû considérer que les changements territoriaux, amenés par la guerre en Italie, justifiaient la demande que mon auguste allié l'Empereur Napoléon m'a adressée pour obtenir cette réunion. J'ai dû en outre tenir compte des services immenses que la France a rendus à l'Italie, des sacrifices qu'elle a faits dans l'intérêt de son indépendance, des liens que les traités ont formés entre les deux pays. Je ne pouvais méconnaître d'ailleurs que le développement du commerce, la rapidité et la facilité des communications augmentent chaque jour davantage l'importance et le nombre des rapports de la Savoie et de Nice avec la France. Je n'ai pu oublier enfin que des grandes affinités de race, de langage et de mœurs rendent ces rapports de plus en plus intimes et naturels. »

Victor-Emmanuel II, *Aux habitants de la Savoie et de Nice*, 1er avril 1860.

1. Victor-Emmanuel II était duc de Savoie et comte de Nice.

3 ▶ Un rattachement célébré dans l'enthousiasme

Louis Houssot, *La Votation en 1860*, avant 1890. Huile sur toile. Musée des Beaux-Arts de Chambéry.
La France organise un référendum pour que les populations de Nice et la Savoie expriment leur opinion. Ces dernières votent très majoritairement (99 %) en faveur du rattachement à la France.

4 ▶ L'expression de sentiments mitigés

« Je connais la situation de mon pays et ses trop justes griefs[1] ; aussi, tant que je conserverai le mandat de député, je défendrai ses intérêts avec dévouement et constance dans la faible mesure de mes forces. Mais je resterai fidèle, avant et malgré tout, au drapeau de la légitimité, à mes affections dynamiques, aux traditions héréditaires que j'ai recueillies dans ma famille. [...]
Un seul pouvoir a le droit de légitimer l'appel au peuple, ce pouvoir est celui du roi. Le jour où Victor-Emmanuel II dirait aux populations de la Savoie : choisissez entre la France et moi ; les passions, les intérêts, les craintes et les espérances pourront se donner libre carrière, l'honneur et la fidélité n'auront plus de scrupules, ce jour-là, la cession de la Savoie serait le vœu de son souverain. »

Déclaration du marquis Léon Costa de Beauregard, *Le Courrier des Alpes*, 2 février 1860.

1. Motifs de plainte.

Vocabulaire

Ratification : acte juridique par lequel une puissance contractante exprime, postérieurement à la signature d'un traité, son consentement à être liée par ce traité.

Notion

La diplomatie : voir p. 138

Questions

CONNAÎTRE

1. Quel est l'événement qui conduit Napoléon III à soutenir plus activement l'indépendance italienne ? **(Cours I p. 142)**
2. Quelle possibilité est donnée, à titre individuel, à chaque habitant des territoires rattachés à la France ? **(doc. 1)**

ANALYSER

3. Comment les dirigeants français et italien essaient-ils de convaincre les populations niçoises et savoyardes de la légitimité de leur décision ? **(doc. 1 et 2)**
4. Montrez la diversité des réactions vis-à-vis du référendum. **(doc. 3 et 4)**

ARGUMENTER ET S'EXPRIMER

5. Dans un tableau à deux colonnes, listez les arguments pour et contre le rattachement de la Savoie et de Nice à la France.

Bac

6. À l'aide des **doc. 1 et 2**, montrez que les négociations entre Napoléon III et Victor-Emmanuel II s'inscrivent dans une logique diplomatique tout en essayant de respecter le droit des peuples.

II La France et l'unité allemande (1848-1871)

De la neutralité à la guerre

Pourquoi l'unité allemande se construit-elle au détriment de la France?

Guillaume Ier
(1797-1888)
Il participe à l'écrasement de l'insurrection révolutionnaire à Berlin en 1848 avant de monter sur le trône de Prusse en 1861. Avec son chancelier Bismarck, il construit l'unité allemande autour de la Prusse. Le 18 janvier 1871, il devient empereur d'une Allemagne unifiée après la guerre contre la France.

A. 1848-1862 : le temps de la domination autrichienne

• **La Confédération germanique.** Depuis 1815, les États allemands sont réunis au sein d'une fédération, la Confédération germanique. Après l'échec de la révolution de Mars 1848 et des revendications de liberté et d'unité nationale, l'ordre monarchique et autoritaire est restauré, comme dans toute l'Europe centrale. Une partie des États allemands et des hommes politiques comme Joseph von Radowitz souhaitent que la Prusse, l'État le plus puissant, incarne le réveil national allemand au sein d'une «petite-Allemagne».

• **Une Allemagne autrichienne.** D'autres États soutiennent le projet autrichien d'unir sous son autorité une «grande-Allemagne», formant ainsi une puissante fédération. Sous l'impulsion de son chancelier Félix de Schwarzenberg, l'Autriche impose au Parlement de Francfort, assemblée des États allemands née de la révolution de 1848, la formation d'une Confédération germanique placée sous son contrôle.

• **La neutralité française.** La Prusse n'est pas prête à affronter la puissance autrichienne et se soumet à sa domination lors de la conférence d'Olmütz en 1850, tout en cherchant des appuis dans l'hypothèse d'un possible affrontement. La France de Napoléon III décide cependant de se tenir à l'écart de ce conflit et s'engage à ne pas intervenir en cas de guerre austro-prussienne. Le pays est en effet déjà impliqué dans la guerre de Crimée (1853-1856) face à l'Empire russe et entretient par ailleurs des relations tendues avec l'Autriche en raison de son soutien aux revendications d'indépendance des Italiens.

B. 1862-1866 : l'unité contre l'Autriche

• **Une Prusse renforcée.** Au début des années 1860, la Prusse s'est modernisée sous l'effet de l'industrialisation et d'un commerce actif. La nomination d'Otto von Bismarck comme chancelier par le roi Guillaume Ier en 1862 est décisive dans le choix d'affronter l'Autriche. Un premier bras de fer a lieu en 1864 à propos du contrôle des duchés de Schleswig et d'Holstein, pris au Danemark, au nord de la Confédération germanique. Il se résout par un accord de partage l'année suivante.

• **Le rapprochement avec la France.** Le renouvellement de la neutralité française est nécessaire pour la Prusse avant d'affronter l'Autriche. Bismarck l'obtient de Napoléon III au cours de l'entrevue de Biarritz en 1865. La France espère tirer profit de cet engagement sous la forme de gains territoriaux à sa frontière allemande. Elle négocie aussi la cession de la Vénétie autrichienne au profit de son allié du Piémont-Sardaigne.

• **La guerre austro-prussienne.** La défaite de l'Autriche se dessine en quelques semaines. Elle est écrasée à Sadowa en 1866. C'est un choc dans toute l'Europe, qui prend conscience de la puissance militaire prussienne.

Vocabulaire

Confédération de l'Allemagne du Nord : alliance de 22 États allemands du Nord autour de la Prusse, créée en 1867.

Dépêche d'Ems : lettre de Guillaume Ier à Bismarck rendue publique par celui-ci pour créer une tension diplomatique et pousser la France à déclarer la guerre.

Fédération (« *Bund* » en allemand) : voir p. 142.

« Grande-Allemagne » : projet d'une vaste confédération associant l'Autriche, la Prusse et tous les petits États allemands.

« Petite-Allemagne » : projet d'une confédération limitée à la Prusse et aux seuls États allemands, excluant l'Autriche.

Révolution de Mars : nom de la révolution de 1848, ou Printemps des peuples, dans les États allemands.

Le traité de Prague dissout la Confédération germanique au profit d'une **Confédération de l'Allemagne du Nord** dominée par la Prusse. Celle-ci devient désormais une menace potentielle pour la France où elle provoque un revirement diplomatique.

Études, p. 150 et p. 151

Cours en podcast
QCM interactif
www.lienmini.fr/hist1-43

C. 1866-1871 : l'unité contre la France

• **La politique des «pourboires».** Bismarck nomme ainsi la tentative de la diplomatie française d'arracher des compensations territoriales, comme le Luxembourg, en échange de sa neutralité et de sa reconnaissance de la Confédération de l'Allemagne du Nord. Pour faire obstacle à une unification complète des États allemands, Napoléon III tente de favoriser la création d'une Confédération des États allemands du Sud, encore hostiles à la domination prussienne.

• **La rupture diplomatique.** Pour Bismarck, la France est désormais un obstacle à l'affirmation de la puissance prussienne. Elle devient aussi un moyen de terminer l'unité au sud. Le chancelier compte en effet sur un élan d'unité nationale de tous les Allemands, du Nord et du Sud, en cas de guerre provoquée par la France.

• **La guerre franco-prussienne.** En 1868, Napoléon III s'oppose avec succès à la candidature d'un prince prussien au trône d'Espagne. Il exige du roi Guillaume Ier de Prusse une déclaration officielle de renoncement. Bismarck rend publiques les exigences pressantes de la France, dont le roi l'a informé par la **dépêche d'Ems**. L'opinion publique s'enflamme en Allemagne comme en France. La France déclare la guerre le 19 juillet 1870, provoquant l'union de tous les États allemands. La victoire allemande est rapide. La défaite de Sedan entraîne la capitulation de Napoléon III et la chute du Second Empire. L'unité de tous les États vainqueurs au sein d'un nouvel Empire allemand, le Reich, est proclamée au château de Versailles le 8 janvier 1871. Bismarck impose également à la France l'annexion de l'Alsace et d'une partie de la Lorraine.

Point de passage et d'ouverture, p. 152

L'unité allemande, 1848-1871

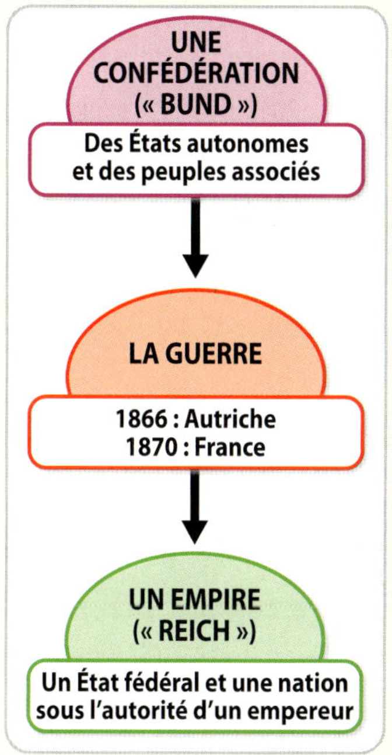

Sedan

Le 1er septembre 1870, la France est écrasée lors de la bataille de Sedan par une armée prussienne mieux équipée. Napoléon III est capturé et capitule le lendemain.

Les conséquences géopolitiques sont majeures. Côté français, la capitulation de la France entraîne son affaiblissement en Europe et la chute du Second Empire.

Côté allemand, Bismarck fait du Reich une puissance européenne nouvelle et ambitieuse.

Napoléon III capitulant devant l'empereur Guillaume Ier d'Allemagne après la bataille de Sedan, le 2 septembre 1870, XIXe **siècle.** Lithogravure, collection particulière.

L'entrevue de Biarritz, une diplomatie informelle

Comment Bismarck parvient-il à négocier la neutralité de la France ?

Charles-Louis-Napoléon Bonaparte, Napoléon III (1808-1873)

La politique de Napoléon III en Europe répond à deux objectifs majeurs : renforcer le rôle de la France, affaiblie depuis le congrès de Vienne de 1815, et soutenir le mouvement des nationalités, particulièrement en Italie.

Notion

La diplomatie : voir p. 138

Du 4 au 12 octobre 1865, Bismarck rencontre Napoléon III à Biarritz. Le contenu des échanges reste secret. Cependant, la France n'intervient pas lorsqu'éclate la guerre austro-prussienne, l'année suivante.

1 ▶ Une rencontre informelle, 1865

Gravure de l'entrevue de Biarritz entre Napoléon III et Bismarck, XIXe siècle.

2 ▶ Le récit de Napoléon III

Émile Ollivier, qui dirigera le gouvernement en 1870, propose l'un des rares récits de l'entrevue de Biarritz. Il n'a cependant pas assisté personnellement aux échanges entre l'Empereur et le ministre-président de la Prusse.

« On ne se risque pas beaucoup en supposant que, dans leurs conversations, l'Empereur et son hôte se sont entretenus des Duchés[1], de l'Autriche, de la Confédération, de l'Italie et de Venise ; qu'ils se sont répété les assurances si souvent échangées par leurs agents : Bismarck parlant de son désir de s'entendre avec la France et de donner, s'il le pouvait, satisfaction à son principe des nationalités[2] ; Napoléon III, sur ses sympathies pour la Prusse, de sa résolution de lui laisser prendre les Duchés [...].

L'Empereur m'a raconté que ni d'un côté, ni de l'autre il n'y eut engagement [...]. "[Bismarck] parla beaucoup, m'a-t-il dit, mais en des termes généraux et vagues ; je n'ai pu démêler au juste ce qu'il voulait, et il ne me fit aucune proposition formelle. De mon côté, je ne lui exprimai aucun désir personnel quelconque. [...]"

La seule allusion faite par l'Empereur à des combinaisons politiques avait été relative aux frontières du Rhin, mais pour ajouter aussitôt que celles-ci, désirées par la France, étaient si énergiquement refusées par l'Allemagne et seraient d'ailleurs si difficiles à gouverner par des Français, qu'il était impossible d'y songer sérieusement. »

Émile Ollivier, *L'Empire libéral*, tome VII, 1903.

1. Territoires danois annexés par la Prusse.
2. Allusion au soutien apporté par Napoléon III aux Italiens. Une défaite des Autrichiens contre la Prusse favoriserait les revendications italiennes.

Questions

CONNAÎTRE

1. Quels sont les noms des duchés évoqués par Bismarck et Napoléon III selon Émile Ollivier ? **(Cours II p. 148)**

REPÉRER

2. Quels sont les territoires convoités par Napoléon III lorsqu'il s'engage à ne pas intervenir en cas de guerre austro-prussienne ? **(doc. 2)**
3. Quelles auraient été les contreparties proposées par Bismarck en échange de la neutralité française en cas de guerre austro-prussienne ? **(doc. 2)**

ARGUMENTER ET RÉDIGER

4. Quels sont les éléments révélateurs d'une diplomatie informelle ? **(doc. 1 et 2)**

Bac

5. Dans un devoir sur la France et l'unité allemande de 1848 à 1871, rédigez un paragraphe expliquant les motifs du soutien de Napoléon III à la Prusse face à l'Autriche en 1865.

Sadowa, l'affirmation de la puissance prussienne

Pourquoi la bataille de Sadowa constitue-t-elle une menace contre la France ?

Le 3 juillet 1866, les Prussiens s'imposent face aux Autrichiens lors de la bataille de Sadowa. La fondation d'une Confédération de l'Allemagne du Nord, dominée par la Prusse victorieuse, inquiète la diplomatie française.

1 ▶ Une critique de la diplomatie napoléonienne

« À mesure que l'événement de 1866 se déroulait et que l'accroissement de la Prusse en sortait plus apparent, une vive émotion se produisit en France dans la partie de la nation qui s'occupait assidûment de la chose publique, aussi bien parmi les amis et les conseillers de l'Empire que parmi ses ennemis. [...] Quinet[1] écrivait : "L'unité germanique est en formation depuis trente-cinq ans. Le danger pour nous était signalé et connu ; il est impardonnable à un gouvernement français, qui se dit français, d'avoir prêté la main à cette œuvre par-dessus tout anti-française. Non, jamais, depuis trois siècles, pareille monstruosité ne s'est vue. Il n'y a rien qui en approche dans les plus abominables actes de Louis XV et de la Pompadour. Sous Louis-Philippe, cela se fût appelé crime d'État. On a déchaîné l'Allemagne, et l'Allemagne, je la connais, ne s'arrêtera pas ; elle grandira, elle sentira ses forces, elle nous les fera sentir ; elle aspirera à nous remplacer, à nous déprimer, à nous effacer, à nous avilir, et tout cela aura été l'œuvre anti-française, anti-nationale, je pourrais dire anti-napoléonienne, des gens que vous savez."

Les révolutionnaires du dedans faisaient écho et vociféraient : "Après le Mexique[2], Sadowa ; il n'y a qu'à renverser au plus tôt un souverain capable d'une telle éclipse de prévoyance patriotique." »

Émile Ollivier, « La politique française après Sadowa », dans *La Revue des Deux Mondes*, tome XV, 1903.

1. Edgar Quinet (1803-1875) est un homme politique et un intellectuel français, opposant à l'Empire de Napoléon III. Il s'exile après le coup d'État de Louis-Napoléon Bonaparte en 1851.
2. Expédition au Mexique (1861-1867) au cours de laquelle Napoléon III essaya, en vain, de mettre en place un régime favorable aux intérêts français.

Notion

La guerre : voir p. 139

2 ▶ La nouvelle menace prussienne

Cham, *Ô mon bonhomme, cette fois tu trouveras des arêtes !*, 1896. Estampe, BnF, Paris.
Le chancelier Bismarck attablé. Dans son assiette, un soldat français.

Parcours différencié

Parcours interactif

www.lienmini.fr/hist1-44

Parcours 1

- Montrez que la victoire de la Prusse contre l'Autriche à la bataille de Sadowa provoque un revirement diplomatique en France.

Parcours 2

1. Pourquoi la France est-elle restée neutre lors de la guerre austro-prussienne de 1866 ? **(Cours II p. 148)**
2. Comment les ennemis de Napoléon III interprètent-ils la victoire prussienne à la bataille de Sadowa ? **(doc. 1)**
3. Quelle est la prochaine étape de l'expansion territoriale de la Prusse selon Edgar Quinet ? **(doc. 1)**
4. Pourquoi la Prusse est-elle considérée comme une menace par la France après la bataille de Sadowa ? **(doc. 1 et 2)**
5. Construisez la réponse au **Parcours 1**.

Point de passage et d'ouverture

« La guerre avec la France était la seule méthode pour combler l'abîme creusé au cours de l'histoire entre le Sud et le Nord de l'Allemagne. »

Otto von Bismarck, *Pensées et souvenirs par le prince de Bismarck*, 1899.

Bismarck et la proclamation du Reich

Pourquoi le chancelier Bismarck a-t-il proclamé l'Empire allemand dans la galerie des Glaces du château de Versailles ?

À la suite de la défaite et de l'invasion de la France, le chancelier Bismarck et l'empereur Guillaume Ier s'installent à Versailles. Le 18 janvier 1871, ils proclament l'Empire allemand dans la galerie des Glaces du château de Versailles.

1 De la Confédération germanique à l'Empire

« J'ai l'honneur de vous annoncer que le Conseil fédéral de la Confédération de l'Allemagne du Nord, après s'être entendu avec les gouvernements de la Bavière, du Wurtemberg, de Bade et de Hesse, a décidé de proposer au Reichstag les modifications suivantes de la Constitution de la Confédération germanique :

1. Remplacer l'en-tête actuel de la Constitution par ces mots : "Cette confédération portera le titre d'Empire germanique."

2. Le premier alinéa de l'article 11 a la teneur suivante : "La présidence de la Confédération appartient au roi de Prusse, qui porte le titre d'empereur germanique [*Deutscher Kaiser*]." »

Message du Conseil fédéral au Reichstag de la Confédération de l'Allemagne du Nord, Berlin, 10 décembre 1870.

Otto von Bismarck (1815-1898)

Diplomate issu de l'aristocratie prussienne, il est nommé ministre-président du royaume de Prusse de 1862 à 1890, chancelier de la Confédération de l'Allemagne du Nord de 1867 à 1871, puis chancelier du nouvel Empire allemand de 1871 à 1890. Il est considéré comme l'un des pères fondateurs de l'unité allemande.

2 Une rivalité ancienne

Chaque période de domination et d'expansion territoriale de la France en Europe, à l'époque de Louis XIV ou de Napoléon Ier en particulier, a donné lieu à des tensions avec les États allemands.

En haut : Adam Frans Van der Meulen, *Le Passage du Rhin, 12 juin 1672*, XVIIe siècle.

En bas : Horace Vernet, *Napoléon Ier passe en revue la garde* (bataille d'Iéna, 14 octobre 1806), 1836.

3 ▶ La proclamation de l'Empire au château de Versailles, 1871
Anton von Werner, *La Proclamation de l'Empire*, 1885. Musée Bismarck, Friedrichsruh, Allemagne.
Guillaume Ier, roi de Prusse, devient empereur allemand et nomme Bismarck chancelier.

Notion

La Nation : voir p. 139

Vocabulaire

Confédération de l'Allemagne du Nord : voir p. 148

4 ▶ L'unité allemande et la Bavière

La Bavière est un grand royaume du Sud avec un fort sentiment national. Elle intègre l'Empire avec la promesse prussienne de voir reconnaître son identité au sein de la nouvelle confédération.

a. « Nos soldats, qui reviennent de la guerre, aspirent à l'unité. Ils rapportent à la maison un réel esprit allemand et ils veulent cohabiter dans un seul État, avec les combattants de Prusse, de Saxe, du Württemberg, aux côtés desquels ils se sont battus. »

Intervention du député Marquard Barth, le 11 janvier 1871 devant le parlement de Bavière, qui doit se prononcer sur l'intégration de la Bavière au Reich allemand.

b. « Ah, Louis, j'ai peine à te décrire la douleur que j'ai ressentie au moment de la cérémonie [de proclamation de l'Empire] […]. Quelle impression nostalgique cela m'a fait, de voir nos Bavarois s'incliner devant l'empereur ; mon cœur voulait voler en éclats. Toute cette cérémonie, si glaciale, si fière, si brillante, si pompeuse et crâneuse à la fois, et froide et vide. »

Lettre du prince Otto de Bavière à son frère, le roi Louis II de Bavière, le 2 février 1871.

Questions

CONTEXTUALISER

1. À la suite de quelle bataille Napoléon III décide-t-il de capituler ? **(Cours II p. 148)**

REPÉRER

2. Quel est le souverain qui s'impose à la tête du Reich en 1871 ? **(doc. 1 et 3)**

ANALYSER

3. Quelles relations entretiennent la France et les États allemands ? **(doc. 2 et 3)**
4. Montrez la diversité des réactions en Bavière et expliquez dans quelle mesure elles permettent d'éclairer la volonté de Bismarck de proclamer l'Empire au plus vite. **(doc. 4)**

ARGUMENTER ET RÉDIGER

5. Pourquoi le Reich allemand est-il proclamé dans la galerie des Glaces du château de Versailles ?

Bac

6. À partir des **doc. 1 et 4**, montrez que la proclamation du Reich allemand en 1871 est l'aboutissement d'un long processus de construction de l'unité allemande.

Regard **critique**

La musique peut-elle exprimer l'éveil du sentiment national ?

Les opéras de Giuseppe Verdi (1813-1901) constituent encore aujourd'hui un élément central de l'identité nationale italienne. Le compositeur est en effet parvenu à transcrire dans son œuvre la passion des patriotes italiens pour la cause de l'unité nationale.

« Verdi n'avait ni l'étoffe d'un combattant, ni la vanité de se prendre pour un héros. Son combat pour la liberté et pour la patrie italienne, il le menait sur la scène [...].

Verdi entreprit la composition d'un nouvel opéra. [...] Il était clair pour Verdi que, dans le contexte de la révolution italienne et de la répression exercée par l'Autriche, celle-ci ne pouvait être qu'une œuvre patriotique. [...] L'urgence voulait qu'il s'attelât à un sujet exprimant les aspirations de ses compatriotes : c'était sa manière à lui, qui n'était ni un grand politique, comme Cavour, ni un vaillant condottiere[1] comme Garibaldi, de participer au combat libérateur. [...]

Gagné par la fièvre patriotique qui avait submergé la cité libérée[2], Verdi avait accepté de composer, sur un poème de Goffredo Mameli, un hymne martial qui serait en quelque sorte *La Marseillaise* de l'Italie. Composée en quelques jours, la musique *Suona la tromba* ("Sonne la trompette") fut envoyée à Mazzini le 18 octobre 1848 dans une lettre dans laquelle le maestro lui expliquait qu'il s'était "efforcé d'être aussi populaire et simple que possible". Et il ajoutait : "Puisse cet hymne être bientôt chanté dans les plaines lombardes, au son du canon" ».

Pierre Milza, *Verdi et son temps*, Perrin, 2001.

1. Aventurier, soldat mercenaire.
2. Au cours des « Cinq journées de Milan », les troupes autrichiennes sont chassées de la ville.

Développer son esprit critique

1. Cherchez d'autres œuvres musicales ayant contribué au renforcement du sentiment national, notamment en Allemagne.
2. Selon vous, l'art peut-il servir des projets politiques ?

Des patriotes italiens protestent contre l'interdiction d'un opéra de Verdi à Naples, vers 1850
Gravure, 1859. Cette inscription est un hommage à Giuseppe Verdi, mais aussi un message patriotique caché. L'acronyme VERDI signifie pour les partisans *Vittorio Emanuele Re D'Italia* (« Victor-Emmanuel, roi d'Italie »).

Définir un événement historique

Exemple Pourquoi l'annexion de l'Alsace-Lorraine par le Reich allemand est-elle un événement historique ?

1 ▶ Le souvenir des « provinces perdues »

Le 10 mai 1871, le Reich annexe l'Alsace et un tiers de la Lorraine. Immédiatement naît en France l'expression « Alsace-Lorraine ». Le thème alimente une intense propagande réclamant le retour des « provinces perdues ».

« Vous n'aurez pas l'Alsace et la Lorraine
Et, malgré vous, nous resterons Français
Vous avez pu germaniser la plaine
Mais notre cœur vous ne l'aurez jamais.

Ah ! jusqu'au jour où, drapeau tricolore,
Tu flotteras sur nos murs exilés,
Frères, étouffons la haine qui dévore
Et fait bondir nos cœurs inconsolés.
Mais le grand jour où la France meurtrie
Reformera ses nouveaux bataillons,
Au cri sauveur jeté par la patrie,
Hommes, enfants, femmes, nous répondrons. »

Chanson populaire, 1871.

2 ▶ L'exode des Alsaciens

Louis-Frédéric Schutzenberger, *L'Exode (famille alsacienne quittant son pays)*, 1872. Huile sur toile. Musée des Beaux-Arts, Mulhouse.

Qu'est-ce qu'un événement historique ?
– Fait ou ensemble de faits considéré(s) comme suffisamment important(s) pour provoquer une rupture. Il(s) détermine(nt) un avant et un après.
– « Morceau » de temps souvent limité (par exemple un jour ou une année) mais dont les causes et les conséquences s'inscrivent dans le temps long.

Étape 1

Caractériser l'événement

- Nommez explicitement l'événement : l'annexion de l'Alsace et d'une partie de la Lorraine par le Reich allemand.
- Donnez la date : 10 mai 1871, traité de Francfort.

Étape 2

Mettre l'événement en perspective

- Présentez le contexte de l'événement.

– Causes profondes : construction de l'unité allemande contre la France.
– Causes immédiates : défaite de la France contre la Prusse lors de la bataille de Sedan.

- Identifiez les conséquences de l'événement.

– Conséquences immédiates : annexion de l'Alsace et d'une partie de la Lorraine par le Reich allemand de 1871 à 1919.
– Conséquences profondes : propagande et sentiment anti-allemands ravivés ; nouvelle annexion entre 1940 et 1945 ; un territoire encore fortement marqué par cette histoire, par exemple dans l'application de la loi de séparation des Églises et de l'État.

Entraînement Pourquoi la bataille de Sedan est-elle un événement historique ? (voir p. 149)

S'exercer

1 Capacité Situer des événements historiques

1. Reliez chacun des événements à la date qui lui correspond :

21 juillet 1858 •	• Victoire des Prussiens contre l'Autriche à la bataille de Sadowa
24 juin 1859 •	• Proclamation du Reich au château de Versailles
1860 •	• Bataille de Solférino
Octobre 1865 •	• Rencontre de Plombières entre Cavour et Napoléon III
3 juillet 1866 •	• Rattachement de Nice et de la Savoie à la France
18 janvier 1871 •	• Entrevue de Biarritz entre Bismarck et Napoléon III

2. Soulignez en vert les événements liés à l'histoire de l'unité italienne et en rouge ceux qui concernent l'histoire de l'unité allemande.

2 Capacité Connaître et échanger à l'oral

Vidéo oral
www.lienmini.fr/hist1-39

Choisissez un acteur clé du chapitre et préparez une fiche biographique que vous présenterez à l'oral. Votre présentation ne devra pas dépasser cinq minutes.

Comte de Cavour (1810-1861)

Otto von Bismarck (1815-1898)

Napoléon III (1808-1873)

Victor-Emmanuel II (1820-1870)

3 Capacité Mettre un événement en perspective

1 ▶ La dépêche d'Ems, 13 juillet 1870

« Ems, 13 juillet 1870.
Après que les nouvelles de la renonciation du prince-héritier de Hohenzollern eussent été communiquées au gouvernement impérial français par le gouvernement royal espagnol, l'ambassadeur de France a exigé encore de Sa Majesté, à Ems, l'autorisation de télégraphier à Paris que Sa Majesté le roi s'engageait pour tout l'avenir à ne plus jamais donner son autorisation, si les Hohenzollern devaient à nouveau poser leur candidature. Là-dessus, Sa Majesté le roi a refusé de recevoir encore une fois l'ambassadeur et lui a fait dire par l'aide de camp de service que Sa Majesté n'avait plus rien à communiquer à l'ambassadeur. »

Version condensée rédigée et diffusée par Bismarck d'un télégramme reçu du roi de Prusse.

2 ▶ Récit de Bismarck dans ses mémoires

« Ce texte n'apporte aucune modification, ni aucune addition à la dépêche. Si, exécutant le mandat de Sa Majesté, je le communique aussitôt aux journaux, et si en outre je le télégraphie à toutes nos ambassades, il sera connu à Paris avant minuit. Non seulement par ce qu'il dit, mais aussi par la façon dont il aura été répandu, il produira là-bas sur le taureau gaulois l'effet du drapeau rouge. »

Otto von Bismarck, *Pensées et souvenirs*, trad. Éditions Jaeglé, 1899.

1. Le 19 juillet 1870, la France déclare la guerre à la Prusse. Utilisez les informations données par ces deux textes pour en expliquer les causes.

2. Quelles en sont les conséquences à court terme et à plus long terme ?

Aide
Cours p. 149

4 Capacité Mettre un événement et une figure en perspective

Faites une recherche Internet à partir des mots clés soulignés pour montrer comment le peintre valorise l'importance historique du personnage et de l'événement.

Giuseppe Garibaldi

Débarquement
Marsala (Sicile)
11 mai 1860

Expédition des Mille
Royaume des Deux-Siciles
11 mai-26 octobre 1860

Risorgimento
Royaume du Piémont-Sardaigne
1853-1870

Gerolamo Induno, *Le Débarquement de Giuseppe Garibaldi à Marsala*, 1861.
Huile sur toile. Musée national du Risorgimento, Turin.

Passé & Présent

L'enseignement des langues régionales

Le niçois, aussi appelé nissart, est une langue essentiellement parlée à Nice et ses environs. Par extension, ce terme désigne l'ensemble des dialectes occitans utilisés dans l'ancien comté de Nice.

Bien que son usage soit en recul, les panneaux des rues de Nice affichent encore ce bilinguisme et plusieurs centaines d'élèves suivent un enseignement de nissart dans l'académie de Nice.

1. Quel autre territoire est rattaché à la France en même temps que le comté de Nice ? (Cours p. 142)
2. Connaissez-vous d'autres langues régionales qui témoignent d'échanges culturels entre la France et les pays voisins ?

Méthode Bac

Analyser un document cartographique

Sujet guidé La guerre de 1870 et la chute du Second Empire

Consigne: Après avoir rappelé le contexte, montrez dans quelle mesure cette carte témoigne des tensions diplomatiques entre les États de l'Europe en 1870.

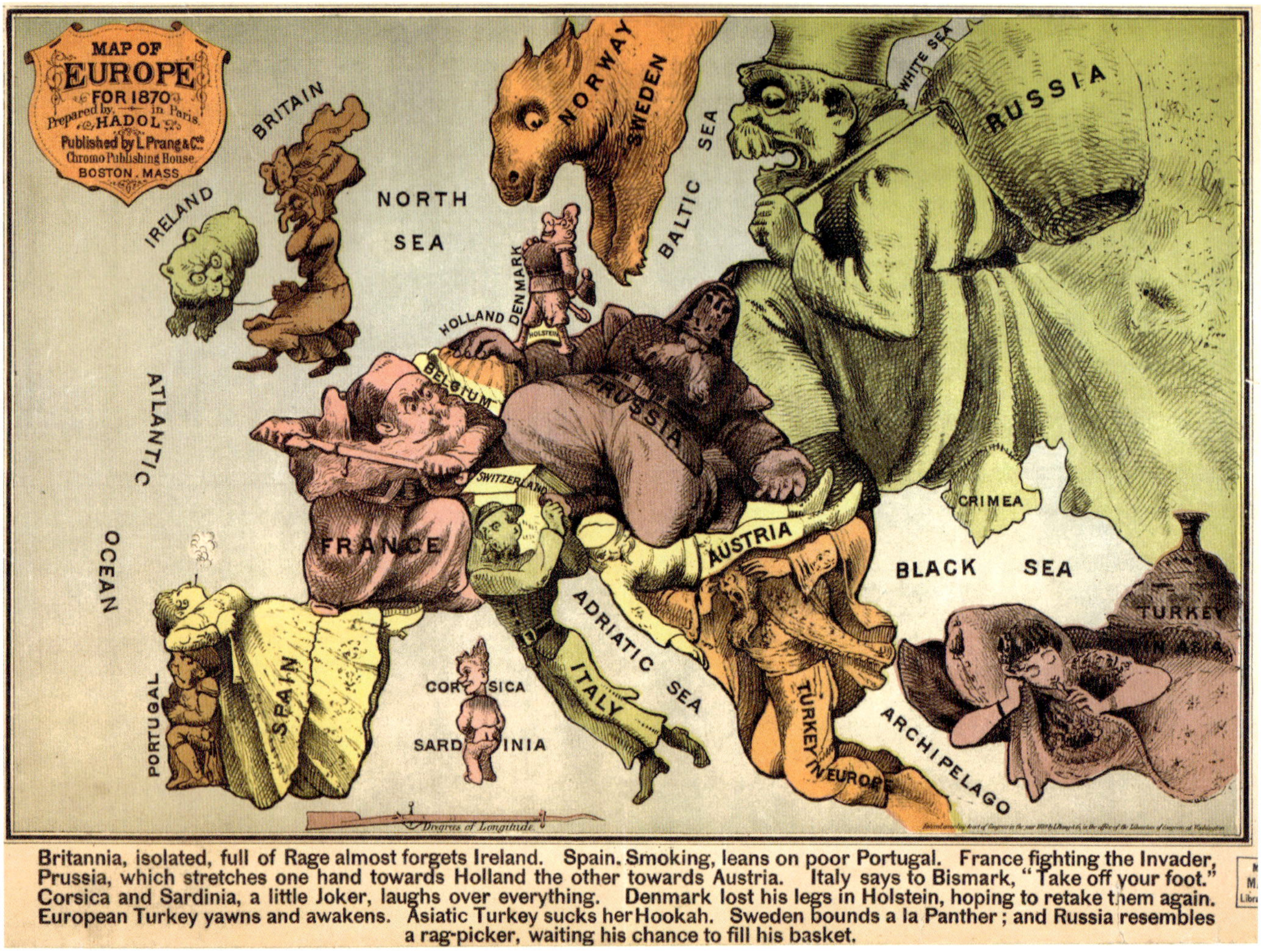

L'Europe à la veille de la guerre de 1870

Paul Hadol, « Dernière carte de l'Europe en guerre vue à travers un regard français », 1870. Lithographie, 24 x 37 cm. Bibliothèque du Congrès, Washington.

« L'Angleterre rageuse, isolée, oublie presque l'Irlande. L'Espagne fume, couchée sur le Portugal. La France repousse l'envahisseur prussien, qui avance une main vers la Hollande et l'autre vers l'Autriche. L'Italie dit à Bismarck : "Retire ton pied." La Corse et la Sardaigne, en petit farceur, se rit de tout. Le Danemark a perdu ses jambes dans la région du Holstein et espère les récupérer. La Turquie européenne s'éveille en bâillant. La Turquie asiatique fume son narguilé. La Suède bondit comme une panthère ; et la Russie a l'air d'un chiffonnier qui espère remplir sa hotte. »

ÉTAPE 1 Synthétiser ses connaissances

- Identifiez et caractérisez la nature du document : carte ; caricature.
- Analysez les termes du sujet à partir de vos connaissances.
  > Second Empire : régime politique dirigé par Napoléon III en France de 1852 à 1870.
  > Guerre de 1870 : guerre déclarée par la France à la Prusse le 19 juillet 1870. La défaite française de Sedan dès le 1er septembre entraîne la capitulation de Napoléon III et la chute du Second Empire.
  > Tensions diplomatiques : la construction des unités nationales italienne et allemande provoque de nombreuses guerres et conflits en Europe entre 1848 et 1871.

ÉTAPE 2 Prélever les informations

- Relevez et analysez dans le document des éléments précis qui illustrent les tensions diplomatiques entre les États d'Europe en 1870.

> L'Italie repousse l'Autriche et la Prusse : le *Risorgimento* porté par Cavour et Victor-Emmanuel II se fait au détriment de l'occupation autrichienne au nord de la péninsule italienne.
> Le Danemark « perd ses jambes dans la région du Holstein » : à la suite de la guerre des Duchés en 1864, la province du Schleswig-Holstein est intégrée à la Prusse.
> La Prusse étend son emprise sur la Hollande et l'Autriche : après la victoire de Sadowa en 1866, la Prusse domine la Confédération de l'Allemagne du Nord.
> L'Espagne est allongée : la succession au trône d'Espagne, vacant depuis 1868, est l'élément déclencheur de la guerre de 1870 entre la France et la Prusse.
> La France essaie de se protéger contre l'invasion prussienne : la guerre est déclarée le 19 juillet 1870 suite à la dépêche d'Ems.
> La Russie est montrée comme un chiffonnier prêt à remplir son panier, comme après la guerre de Crimée (1853-1856).

ÉTAPE 3 Établir un plan

- Chacune des parties du développement doit constituer un axe en réponse à la consigne.

1. Des tensions diplomatiques liées à la construction de l'unité nationale italienne
2. Des tensions diplomatiques liées à la construction de l'unité nationale allemande
3. Un conflit latent entre la France et la Prusse qui aboutit à la guerre de 1870

ÉTAPE 4 Rédiger

- Votre production doit être composée d'une introduction, d'un développement (deux ou trois parties) et d'une conclusion.
- Chaque partie doit mobiliser une ou plusieurs citations du document qui sont analysées et expliquées à partir de vos connaissances.

Sujet blanc La restauration d'un ordre monarchique en Europe en 1849

Consigne : Après avoir rappelé le contexte de la période 1848-1849, montrez comment l'auteur caricature les principaux États, leur politique et la défaite des révolutionnaires en 1849.

Panorama de l'Europe en août 1849
Ferdinand Schröder, « Caricature de l'écrasement des révolutions de 1848 », dans *Düsseldorfer Monatshefte*, 1849. Lithographie.

Méthode Bac

Rédiger la réponse à un sujet

Sujet corrigé Le rôle de la France dans la construction des unités italienne et allemande (1848-1871)

ÉTAPE 1
L'introduction

- L'accroche : il s'agit d'un élément précis permettant d'introduire les enjeux du sujet. Cela peut être une citation d'un acteur important ou bien l'évocation d'un événement historique mis en perspective.

> « Par esprit de défiance, certaines personnes se disent : "L'Empire, c'est la guerre", moi je dis : "L'Empire, c'est la paix". C'est la paix, car la France le désire, et lorsque la France est satisfaite, le monde est tranquille ». Dans cette citation de 1852, Napoléon III considère que la paix en Europe et dans le monde est intimement liée à la stabilité politique de la France.

- L'analyse des termes du sujet : tous les termes du sujet, sans exception, doivent être définis en lien étroit avec le sujet.

> La construction des unités nationales est un processus d'émergence d'États-nations, c'est-à-dire d'États dans lesquels les individus reconnaissent appartenir à une communauté nationale qui partage non seulement des frontières et un gouvernement, mais aussi une culture et des valeurs.

> Dans l'Italie du XIXe siècle, la construction de l'unité nationale est désignée sous le terme de *Risorgimento* (« résurgence, renaissance »). Elle est portée par des hommes politiques tels que Cavour, Garibaldi et Victor-Emmanuel II.

> En Allemagne, la construction nationale s'organise autour du royaume de Prusse. Elle aboutit à la proclamation du Reich le 18 janvier 1871. Bismarck et Guillaume Ier sont considérés comme les pères de la nation allemande.

> Entre 1848 et 1871, la France est dirigée par Napoléon III, d'abord comme président de la République (1848-1952), puis comme Empereur (1852-1870). Selon les circonstances, il utilise la guerre et la diplomatie afin de soutenir la construction des unités italienne et allemande tout en défendant les intérêts de la France.

- La problématique : sous la forme d'une question ou d'un fil directeur, elle permet de mettre en valeur les enjeux historiques du sujet. Elle émerge logiquement de l'analyse des termes du sujet.

> Comment Napoléon III mobilise-t-il la diplomatie et la guerre afin de soutenir la construction des unités italienne et allemande, tout en défendant les intérêts de la France ?

- L'annonce du plan : elle doit montrer la cohérence de l'argumentation en réponse à la problématique.

> Tout d'abord, Napoléon III essaie de privilégier la voie diplomatique pour soutenir le mouvement des nationalités et la construction des unités italienne et allemande (partie 1). Cependant, les circonstances l'amènent parfois à mobiliser les troupes pour défendre ces objectifs et les intérêts de la France (partie 2).

ÉTAPE 2

Le développement

• Le plan ci-dessous propose une rédaction succincte des principales idées qui doivent ensuite être développées en ajoutant notamment des mots de transition.

PARTIE 1	La diplomatie est mobilisée par Napoléon III au service de la construction des unités nationales.
Argument 1	La diplomatie française apporte son soutien au royaume de Piémont-Sardaigne dans le *Risorgimento*.
Exemple 1	Lors de la rencontre de Plombières en 1858, Cavour et Napoléon III négocient le soutien de la France au royaume de Piémont-Sardaigne en cas d'agression autrichienne.
Argument 2	La diplomatie française apporte son soutien à la Prusse contre l'Autriche dans le projet d'unité nationale allemande.
Exemple 2	L'entrevue de Biarritz en 1865 entre Bismarck et Napoléon III prévoit la neutralité de la France si une guerre austro-prussienne se déclare.
Argument 3	La diplomatie française protège les intérêts de la France.
Exemple 3	Lors de la rencontre de Plombières, Napoléon III aurait négocié son soutien en échange du rattachement du comté de Nice et du duché de Savoie à la France. Ces territoires sont cédés à la France en 1860 à la suite d'un référendum populaire.
PARTIE 2	La guerre est mobilisée par Napoléon III au service de la construction des unités nationales.
Argument 1	La France apporte son soutien militaire au royaume de Piémont-Sardaigne contre l'occupation autrichienne du Nord de la péninsule italienne.
Exemple 1	Les troupes françaises sont engagées dans les batailles de Magenta (4 juin 1859) et de Solférino (24 juin 1859). La participation de plusieurs dizaines de milliers de soldats français est décisive dans la victoire finale contre les troupes autrichiennes.
Argument 2	La France déclare la guerre à la Prusse en 1870 après plusieurs provocations de Bismarck contre Napoléon III lors de la succession au trône d'Espagne.
Exemple 2	La défaite de Sedan le 1er septembre 1870, après seulement quelques semaines de combat, provoque la capitulation de Napoléon III et la chute du Second Empire.
Argument 3	Napoléon III mobilise l'armée française au service des intérêts de la France.
Exemple 3	Les troupes françaises sont mobilisées au service de la défense du Pape et des États pontificaux face aux troupes italiennes afin de satisfaire les revendications des catholiques français, bien que Napoléon III soutienne par ailleurs le *Risorgimento*.

ÉTAPE 3

La conclusion

• La conclusion doit permettre de répondre à la problématique de manière synthétique, tout en proposant une ouverture vers un prolongement du sujet.

> Napoléon III a donc mobilisé à la fois la diplomatie et la guerre pour soutenir la construction des unités nationales italienne et allemande. Cet engagement est cependant systématiquement lié à la défense des intérêts politiques, territoriaux et économiques de la France en Europe.

> Si Napoléon III pensait restaurer le prestige perdu de la France à la suite du congrès de Vienne en 1815, son projet échoue de la même façon que celui de son oncle : par une défaite militaire.

Sujet blanc Cavour et Bismarck : pères des nations italienne et allemande

Réviser

La France et la construction de nouveaux États par la guerre et la diplomatie

Fiche de révision

Quels sont les enjeux nationaux et internationaux de l'intervention de la France dans la construction des unités italiennes et allemandes ?

I La France et l'unité italienne : du soutien au désaccord (1848-1870)

- Au milieu du XIXe siècle, la péninsule italienne est morcelée et dominée par l'Autriche. Les espoirs d'unité nés des idées du Printemps des peuples de 1848 reposent sur le royaume de Piémont-Sardaigne.
- La France s'engage aux côtés du Piémont-Sardaigne dans la guerre contre l'Autriche au nom de la liberté des peuples.
- En 1859, la victoire franco-piémontaise contre l'Autriche permet l'unification de l'Italie du Nord. La France reçoit Nice et la Savoie. L'unité italienne se termine en 1870 par la prise de Rome.

II La France et l'unité allemande : de la neutralité à la guerre (1848-1871)

- Au milieu du XIXe siècle, la Confédération germanique regroupe les nombreux États allemands. Après l'échec des révolutions de 1848, l'Autriche et la Prusse s'en disputent le contrôle.
- En 1862, Bismarck devient chancelier de Prusse. Le pays obtient la neutralité de la France et écrase l'armée autrichienne à Sadowa en 1866. La Prusse réalise ainsi l'unité des États allemands du Nord.
- Les relations se détériorent avec la France. Bismarck voit dans une nouvelle guerre un moyen de terminer l'unité allemande. La victoire est rapide et débouche sur la proclamation de l'Empire allemand en 1871.

Repères clés

LES ACTEURS ET LES ACTRICES

Virginia Oldoini,
comtesse de Castiglione (1837-1899)

Guillaume Ier
(1797-1888)

Camillo Benso,
comte de Cavour (1810-1861)

Victor-Emmanuel II
(1820-1870)

Charles-Louis-Napoléon Bonaparte,
Napoléon III (1808-1873)

Otto von Bismarck
(1815-1898)

LES LIEUX

- **Rome**
  Ville où l'unification italienne est proclamée. La ville est prise de force le 20 septembre 1870 malgré l'opposition du pape Pie IX.
- **Sedan**
  Ville où l'armée française est écrasée par les Prussiens le 1er septembre 1870. Napoléon III est capturé et la France capitule le lendemain.

Schéma animé

www.lienmini.fr/hist1-45

Schéma bilan

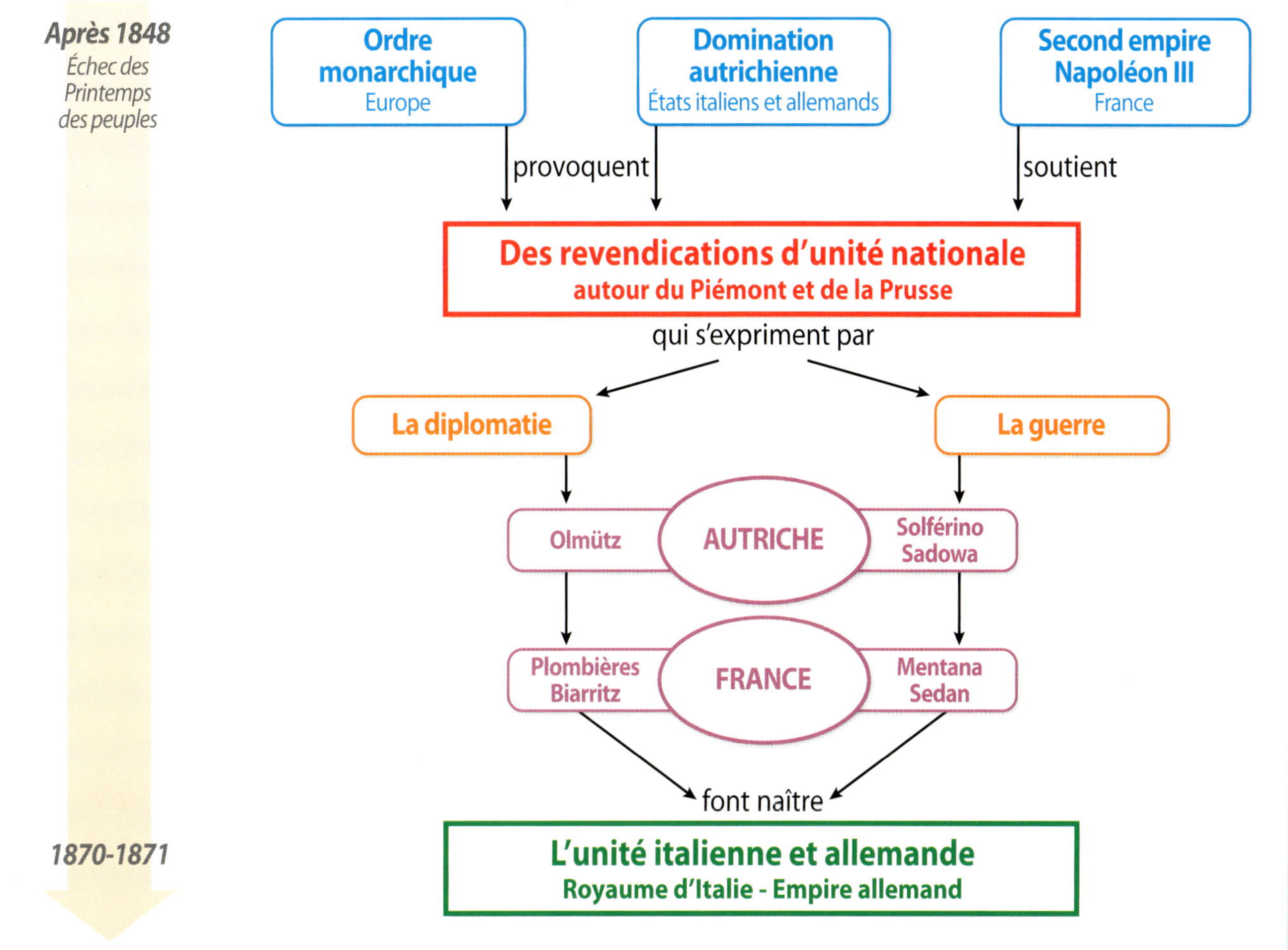

QCM interactif

www.lienmini.fr/hist1-46

LES DATES

1852 Cavour président du Conseil de Piémont-Sardaigne

1859 Bataille de Solférino (victoire franco-piémontaise contre l'Autriche)

1861 1er Parlement italien à Turin, Victor-Emmanuel II roi d'Italie

1870 (20 septembre) Rome devient la capitale d'une Italie unifiée

1862 Bismarck chancelier de Prusse

1866 Bataille de Sadowa (la Prusse écrase l'Autriche)

1870 Bataille de Sedan (victoire prussienne contre la France)

1871 (18 janvier) Proclamation de l'Empire allemand à Versailles

Points de passage et d'ouverture

1860 Le rattachement de Nice et de la Savoie à la France

La France obtient le duché de Savoie et le comté de Nice en échange de son soutien militaire au royaume du Piémont contre l'Autriche. L'accord est confirmé par un référendum.

1871 Bismarck et la proclamation du Reich (18 janvier)

À la suite de la défaite et l'invasion de la France, le chancelier Bismarck et l'empereur Guillaume Ier proclament l'Empire allemand à Versailles et réalisent l'unité allemande.

CHAPITRE

6 La mise en œuvre du projet républicain (1870-1914)

Comment la République s'enracine-t-elle entre 1870 et 1914 ?

Cours I

En septembre 1870, la IIIe République naît de la défaite militaire face à la Prusse. Les premières années sont marquées par la fragilité du régime, dans une France agitée de soubresauts révolutionnaires. Les royalistes remportent les premières élections sans parvenir à rétablir la monarchie.

Cours II

Les années 1880 sont celles de la consolidation. Les républicains sont désormais au pouvoir. Les Français adhèrent progressivement à leur projet fondé sur les principes de 1789. Une culture républicaine se diffuse à travers le pays, même si des résistances demeurent.

Cours III

Au tournant du xxe siècle, des tensions parcourent la société et le régime doit faire face à des crises. Celles-ci sont surmontées et l'intégration politique des différentes classes sociales se poursuit. En 1914, l'adhésion au régime républicain apparaît solide.

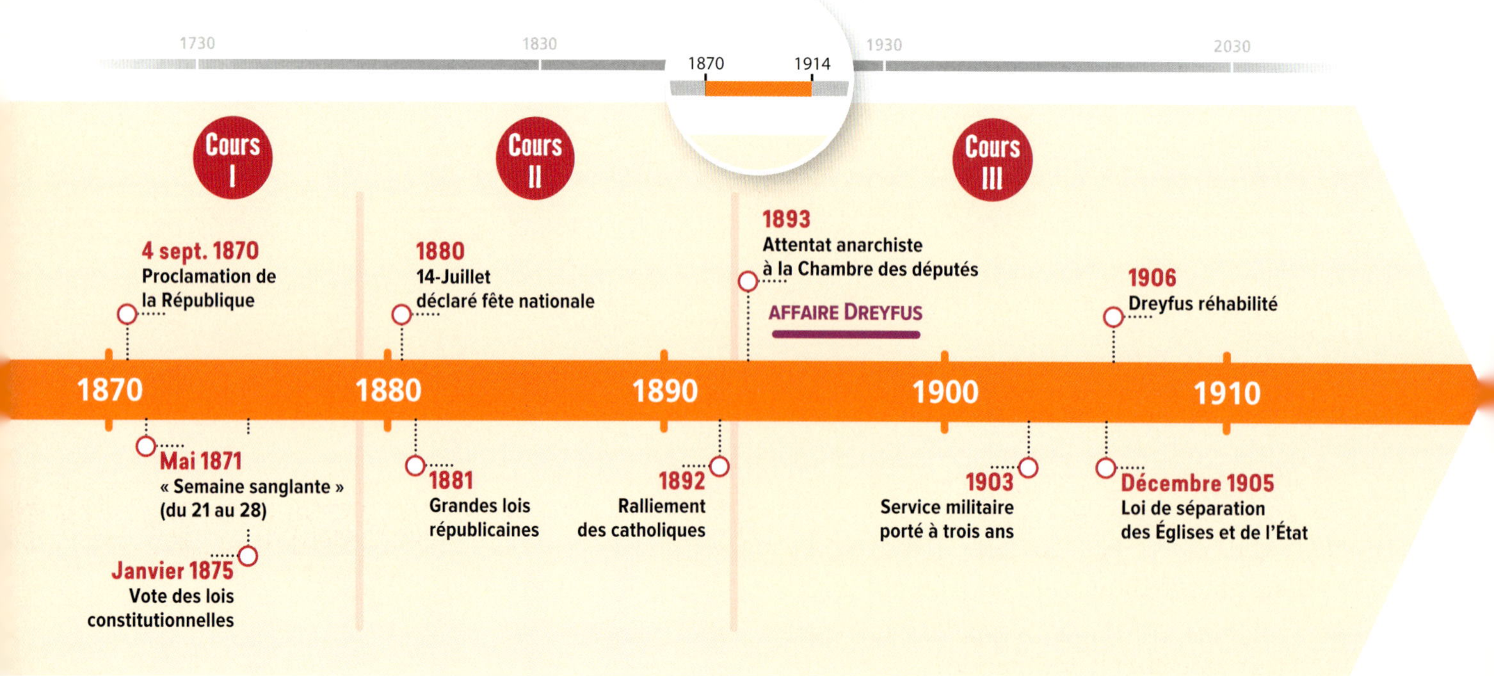

▶ **Les Parisiens chantent *La Marseillaise*.**
Jean Béraud, *La Marseillaise*, 1880.
Huile sur toile, 37,5 x 55,8 cm. Collection privée.

« Il faut […] faire du suffrage universel, qui est la force par le nombre, le pouvoir éclairé par la raison. Il faut achever la révolution. »

Léon Gambetta, discours de Bordeaux, 26 juin 1871.

Schéma pour comprendre

1. La colonne de Juillet qui commémore la révolution de 1830 (passage d'une monarchie autoritaire à une monarchie libérale).
2. La place de la Bastille où a été détruite l'ancienne prison royale en 1789.
3. Le drapeau tricolore, à toutes les fenêtres.
4. La foule qui chante *La Marseillaise*, hymne national depuis 1879.

Questions

1 Quelle est la dimension symbolique du lieu de la manifestation ?

2 Comment les Parisiens montrent-ils leur attachement à la République ?

3 Comment le peintre exprime-t-il à la fois la diversité des Français et leur cohésion ?

Fiche d'activité
www.lienmini.fr/hist1-47

Notions

L'union progressive de la nation autour des valeurs de 1789

La première année de la IIIe République est marquée par le mouvement de la Commune. Une **révolution** éclate à Paris contre le pouvoir légal, installé à Versailles. Entre 1875 et 1879, les républicains l'emportent sur les royalistes et imposent le **parlementarisme**.

Dans les années 1880, le **consensus républicain** est renforcé par le vote de lois fondamentales, la promotion de symboles et l'organisation de célébrations républicaines.

Ce consensus est fragilisé dans les années 1890, puis une nouvelle dynamique s'enclenche : des principes comme celui de **laïcité** sont à nouveau affirmés.

La révolution

Définition : changement brutal d'un régime politique et de l'organisation sociale d'un État, souvent à l'issue de soulèvements populaires.

Contexte : au printemps 1871, les Parisiens se soulèvent contre le gouvernement de Versailles et proclament une république sociale. C'est la Commune, au cours de laquelle les Français s'affrontent avec une grande violence.

Paris, lors des combats de la Commune. *La Chute de la colonne Vendôme*, gravure sur bois colorisée (détail), 1872. Sammlung Archiv für Kunst und Geschichte, Berlin.

Point de passage et d'ouverture, p. 172
1871 : Louise Michel pendant la Commune

Le parlementarisme

Définition : système politique fondé sur l'équilibre des pouvoirs, avec un gouvernement responsable devant le Parlement.

Contexte : entre 1875 et 1879, les républicains parviennent à un compromis avec la droite modérée. Des lois constitutionnelles sont votées. La IIIe République prend la forme d'un régime parlementaire.

Jaurès, un orateur à la tribune de la Chambre des députés. Albert Eloy-Vincent, *Croquis pour servir à illustrer l'histoire de l'éloquence*, 1910. Musée Jean Jaurès, Castres.

Étude, p. 174
Une République parlementaire

Point de passage et d'ouverture, p. 172
Étude, p. 174
Étude, p. 175
Point de passage et d'ouverture, p. 178

1870 — 1880 — 1890

RÉPUBLIQUE CONSERVATRICE — RÉPUBLIQUE OPPORTUNISTE — RÉPUBLIQUE RADICALE

- **Mai 1871** Semaine sanglante (21-28)
- **1875** Vote des lois constitutionnelles
- **1881-1882** Vote des lois scolaires
- **1er juin 1885** Funérailles de Victor Hugo

Un paysage politique éclaté

La gauche révolutionnaire	Les républicains	La droite conservatrice
Les anarchistes	Les radicaux	Les monarchistes
Les socialistes	Les opportunistes au pouvoir	Les bonapartistes

Jules Ferry
(1832-1893)
Ministre de l'Instruction publique entre 1879 et 1882, il a également dirigé plusieurs gouvernements. Il est à l'origine des grandes lois scolaires.

Le consensus républicain

Définition: adhésion au régime républicain d'une large part de la population française.

Contexte: au cours des années 1870 et 1880, l'idée républicaine progresse au sein de la population. L'école gratuite, obligatoire et laïque, les fêtes républicaines et les symboles participent à la construction d'une culture républicaine.

La commémoration au service du consensus républicain.
Mouchoir en tissu imprimé tricolore, 1880. Musée Carnavalet, Paris.

Point de passage et d'ouverture, p. 178
1885 : les funérailles nationales de Victor Hugo

Étude, p. 175 L'instituteur : acteur de l'enracinement du régime républicain

Étude, p. 184 Le droit de vote des femmes

Étude, p. 185 L'affaire Dreyfus

La laïcité

Définition: principe d'organisation de la société fondé sur la séparation entre les institutions publiques et les organisations religieuses.

Contexte: les républicains cherchent rapidement à lutter contre l'influence exercée par le clergé catholique, conservateur et proche des idées monarchistes. Ils font du principe de laïcité un fondement de la République.

La République interdit l'enseignement aux religieux.
Jean Béraud, *L'Expulsion*, 1906.

Point de passage et d'ouverture, p. 182
1905 : la loi de séparation des Églises et de l'État

Étude, p. 185 — **Étude,** p. 184 — **Point de passage et d'ouverture,** p. 182

1900 — 1910 — 1920

AFFAIRE DREYFUS

1901 1re proposition de loi sur le droit de vote des femmes

1905 Loi de séparation des Églises et de l'État

Cartes

La diffusion de l'idée républicaine (1870-1914)

En 1871, la IIIe République tout juste proclamée est **fragile** (doc. 2). Plusieurs grandes villes, dont Paris, fondent des **communes** insurrectionnelles. La capitale est le théâtre de violents combats au mois de mai (doc. 1).

Les républicains œuvrent à **l'enracinement du régime.** Une culture républicaine se diffuse et se traduit en votes. Toutefois, **des oppositions** se manifestent. L'intégration républicaine reste lente dans les campagnes. À la fin du XIXe siècle et au début du XXe siècle, un mouvement social révolutionnaire se développe. Mais ces oppositions n'ébranlent pas véritablement le régime, désormais **solide** (doc. 2).

1 ▸ Paris pendant la Commune (mai 1871)

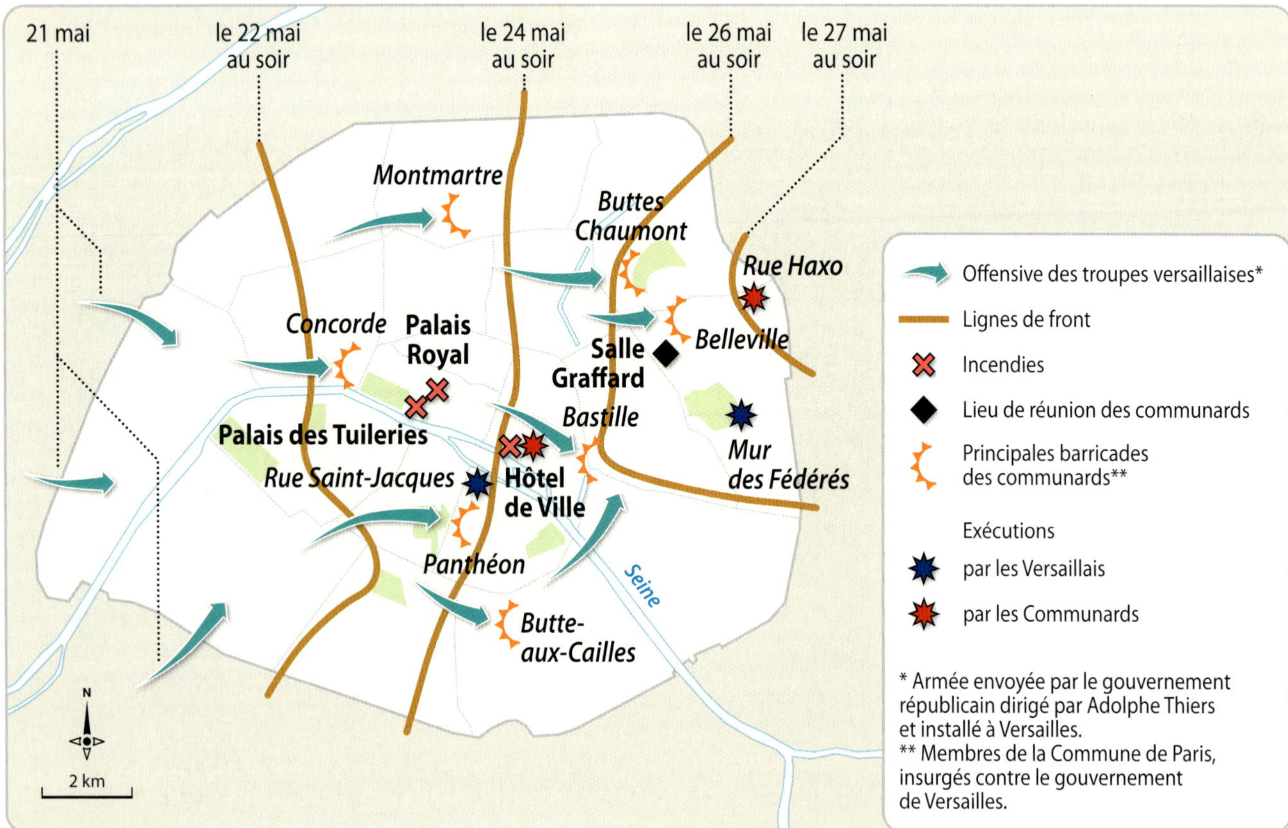

Questions

1 Montrez que Paris est le théâtre de combats d'une grande violence en mai 1871. (doc. 1)

2 Comment se traduit la progressive adhésion des Français au régime ? (doc. 2)

3 De quelles manières se manifestent les oppositions à l'intégration républicaine ? (doc. 1 et 2)

Carte interactive
www.lienmini.fr/hist1-48

2 ▶ La France républicaine (1870-1914)

Cours I p. 170

Une République d'abord fragile

Née dans la défaite

- Territoires annexés par l'Empire allemand
- Versailles, siège du gouvernement et des assemblées

Confrontée au mouvement des communes urbaines

- Commune de Paris
- Autres communes

Mais qui possède d'ardents défenseurs

- Bordeaux (juin 1871) Les grands discours de Léon Gambetta

Cours II p. 176

Une République qui s'enracine à partir des années 1880

Un enracinement politique

Résultats du 1er tour des élections législatives de 1885 :

- Majorité républicaine opportuniste ou radicale
- Majorité monarchiste
- Retour à Paris de la Chambre des députés et du Sénat

Un enracinement social

- Le Progrès Titres de la presse républicaine régionale
- Départements possédant plus de 6 monuments à Marianne en 1914

Cours III p. 180

Des oppositions dans une République solide

Des oppositions de natures diverses

- Départements touchés par des manifestations des inventaires (suite à la loi de 1905) avec des incidents graves
- Grèves et manifestations ouvrières ayant entraîné des affrontements avec les forces de l'ordre

Des crises surmontées

- Fuite du général Boulanger
- Alfred Dreyfus quitte le bagne de Guyane pour son second procès

Cours

PLAN

I La République des royalistes (1870-1879)

Pour quelles raisons le projet de restauration monarchique échoue-t-il ?

A. Une République fragile

• **Une défaite militaire.** Depuis le mois de juillet 1870, l'Empire de Napoléon III est en guerre contre la Prusse. La République est proclamée le 4 septembre de la même année, dans les circonstances dramatiques de la défaite militaire. Les troupes françaises sont battues à Sedan, et Paris est rapidement assiégé. Un gouvernement nommé « gouvernement de la défense nationale » est constitué. Le ministre de l'Intérieur, Léon Gambetta, se réfugie à Tours pour organiser la mobilisation du pays, mais échoue à renverser le rapport de force militaire. Inquiet de l'agitation révolutionnaire qui gagne les grandes villes, le gouvernement décide de signer l'armistice le 28 janvier 1871 au prix de conditions de paix très dures.

• **Une majorité royaliste.** Le 8 février 1871, les royalistes remportent les premières élections et disposent d'une forte majorité à la Chambre des députés. Ils ont fait campagne sur un programme de paix, associant les républicains à la révolution et à la guerre. Adolphe Thiers est nommé chef du pouvoir exécutif de la République alors que le régime ne possède pas encore d'institutions.

• **La Commune de Paris.** Dans la capitale, la tension monte. Une partie de la population, fortement républicaine et patriote, entre en révolution. Au mois de mars, une Commune parisienne est élue, qui s'affranchit de l'autorité du gouvernement installé avec la Chambre à Versailles. Elle entend constituer une armée populaire et fonder une République sociale. Louise Michel, figure majeure du mouvement, anime des réunions et organise des comités de femmes citoyennes. Mais le reste du pays fait majoritairement le choix de l'ordre. Début avril, Thiers envoie plus de 100 000 hommes reprendre le contrôle de la ville. Du 21 au 28 mai 1871, les troupes répriment l'insurrection parisienne avec une grande violence : c'est la « semaine sanglante ».

Point de passage et d'ouverture, p. 172

B. L'échec des tentatives de restauration monarchique

• **Une République sans existence légale.** La forme constitutionnelle du régime n'est pas fixée. Les monarchistes défendent l'idée d'une restauration, mais leur candidat au trône, le comte de Chambord, refuse l'adoption du drapeau tricolore. Cette position intransigeante empêche un large rassemblement autour de sa personne. Adolphe Thiers, désigné président de la République par la Chambre des députés, jette les bases d'une République conservatrice.

• **Le programme de l'Ordre moral.** Au printemps 1873, les monarchistes écartent Thiers du pouvoir et portent à la présidence l'un des leurs, le maréchal de Mac-Mahon. Le nouveau gouvernement impose le programme conservateur de l'Ordre moral, qui promet de renouer avec les valeurs de l'Ancien Régime. La loi sur le septennat est votée pour se donner le temps de préparer le retour d'un roi. La République est entre les mains des royalistes.

Patrice de Mac-Mahon
(1808-1893)
Noble, royaliste, militaire de carrière, il participe à la répression de la Commune de Paris. Rassurant royalistes et partisans d'une république autoritaire, il est élu président de la République en 1873. Il démissionne en 1879.

Notion

La révolution : voir p. 166

Vocabulaire

Loi sur le septennat : loi fixant le mandat du président de la République à sept ans.
Monarchistes libéraux : monarchistes attachés au respect des libertés individuelles.
Opportunistes : républicains favorables à la réalisation de compromis pour ancrer le régime.
Ordre moral : coalition des partis de droite au pouvoir de 1873 à 1879 proposant un programme conservateur et la restauration de la monarchie.
République sociale : régime visant le bien-être de chacun et l'égalité économique entre tous.

● **Des lois constitutionnelles.** Les victoires républicaines lors de nombreuses élections partielles contrarient les projets royalistes. L'opinion publique évolue. La souveraineté populaire tranche en faveur de la République qui s'impose comme le régime de la stabilité. Début 1875, un compromis entre républicains **opportunistes** et **monarchistes libéraux** aboutit au vote de lois constitutionnelles qui fixent son fonctionnement. Le président de la République est élu par les deux assemblées : le Sénat, nouvellement créé, et la Chambre des députés. Le régime prend une forme parlementaire.

Étude, p. 174

C. La percée républicaine

● **Des républicains majoritaires.** Le pays confirme son attachement au nouveau régime. Les républicains l'emportent largement lors des élections législatives de février 1876. Puis à nouveau en octobre 1877, alors que Mac-Mahon et les monarchistes tentent de reprendre la main par la dissolution de la Chambre des députés.

● **Une société transformée.** Dans ses discours, Léon Gambetta évoque l'entrée en politique de nouvelles « couches sociales ». La moyenne bourgeoisie des villes doit être le soutien naturel de la République. Il prévoit également la transformation des campagnes, dans lesquelles il veut diffuser l'idéologie républicaine.

● **Un régime stabilisé.** Mac-Mahon démissionne en janvier 1879, remplacé par le républicain modéré Jules Grévy. En juin, les deux assemblées quittent Versailles pour regagner Paris, signe d'une situation pacifiée. Les premiers symboles républicains manifestent cette victoire, notamment l'adoption de *La Marseillaise* comme hymne national. L'image de Marianne comme symbole républicain se diffuse, comme à Paris où le gouvernement commande une statue de la République pour la place parisienne du Château-d'Eau, rebaptisée place de la République.

Étude, p. 174

Cours en podcast
QCM interactif
www.lienmini.fr/hist1-49

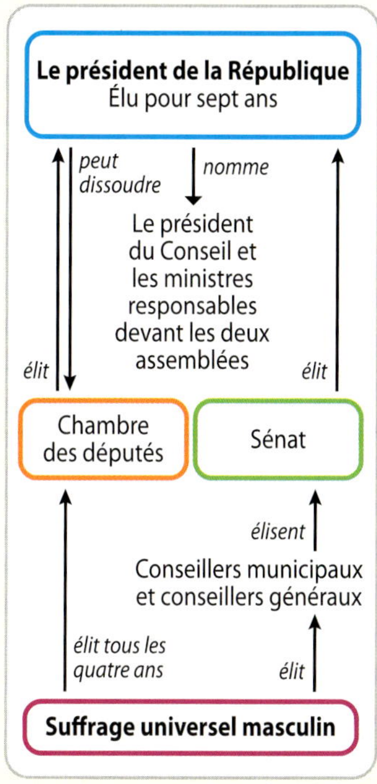

Le fonctionnement du nouveau régime

Léon Gambetta

Léon Gambetta (1838-1882) est le principal acteur des débuts de la IIIe République. Il participe activement à la conclusion du compromis de 1875, qui permet le vote des lois constitutionnelles. Orateur brillant, il est une grande figure de la Chambre des députés dont il occupe la présidence entre 1879 et 1881.

> « La République, c'est l'inévitable et vous devriez l'accepter. Vous devriez prendre votre parti de l'existence dans le pays d'une démocratie invincible à qui restera certainement le dernier mot. »
>
> Léon Gambetta, discours à la Chambre des députés, 5 août 1874.

Léon Gambetta, grande figure des débuts de la République. Imagerie Pellerin, Épinal, 1883. Gravure sur bois en couleur, 30 x 40 cm. BnF, Paris.

Point de passage et d'ouverture

1871 : Louise Michel pendant la Commune

Louise Michel
(1830-1905)
Institutrice engagée dans le mouvement de la Commune de Paris, elle s'impose comme une grande figure du mouvement social en construction. Déportée en Nouvelle-Calédonie, elle rentre en France en 1880 et embrasse la cause anarchiste.

Quelle conception de la République Louise Michel défend-elle ?

En 1871, une forte tension règne à Paris. Une partie du peuple refuse la signature du traité de paix avec la Prusse et entre en révolution. C'est le mouvement de la Commune.

1 ▶ Une figure majeure de la Commune

« Parmi celles qui paraissent avoir exercé une influence considérable dans certains quartiers, on remarquait Louise Michel, ex-institutrice aux Batignolles, qui ne cessa de montrer un dévouement sans bornes au gouvernement insurrectionnel. Tantôt elle cherchait à exciter à la lutte par des discours incendiaires dans les clubs[1] et des articles furieux dans *Le Cri du Peuple* de Vallès et les autres journaux extrêmes ; tantôt, quittant les habits de son sexe, elle prenait part au combat et venait ensuite goûter les douceurs de sa popularité, en se faisant promener en voiture au milieu de ce peuple qui l'acclamait. »

Gazette des tribunaux, 17 décembre 1871.

1. Elle est membre du Comité de vigilance de Montmartre, groupe politique révolutionnaire très actif.

2 ▶ Louise Michel et la révolution sociale

« Les prolétaires[1] sont las de la résignation, ils sont las de voir leurs tentatives d'émancipation toujours réprimées, toujours suivies de répression ; ils sont las d'être les victimes du parasitisme, de se voir condamner au travail sans espoir, à une subalternisation sans limite, de voir toute leur vie dévorée par la fatigue et les privations, las de ramasser quelques miettes d'un banquet dont ils font tous les frais. […] Ce que veut le peuple, c'est d'abord se gouverner lui-même sans intermédiaire et surtout sans sauveur, c'est la liberté complète. »

Louise Michel, *La Commune,* 1898.

1. Qui dépendent d'un salaire, en échange de leur force de travail.

3 ▶ L'arrestation de Louise Michel, 24 mai 1871

Jules Girardet, *L'Arrestation de Louise Michel*, 1871. Musée d'Art et d'Histoire de Saint-Denis. Louise Michel combat sur les barricades de la Commune. À l'issue de la « semaine sanglante », elle se livre aux forces versaillaises.

4 ▶ Paris en proie à la guerre civile

***La Commune : Paris brûle, le 24-25 mai*, 1871.** Gravure en couleur. Musée Carnavalet, Paris. Les combats de la « semaine sanglante » opposent les troupes versaillaises aux communards.

Notion

La révolution : voir p. 166

Vocabulaire

Révolution sociale : changement conduisant à l'instauration d'une république sociale **(voir p. 170)**

5 ▶ Des Français profondément divisés

« – **M. le président** : Vous avez entendu les faits dont on vous accuse ; qu'avez-vous à dire pour votre défense ?

– **L'accusée** : Je ne veux pas me défendre, je ne veux pas être défendue ; j'appartiens tout entière à la révolution sociale, et je déclare accepter la responsabilité de mes actes. Je l'accepte tout entière et sans restriction. [...] Quant à l'incendie de Paris, oui j'y ai participé. Je voulais opposer une barrière de flammes aux envahisseurs de Versailles. Je n'ai pas eu de complices pour ce fait, j'ai agi d'après mon propre mouvement. On dit aussi que je suis complice de la Commune ! Assurément oui, puisque la Commune voulait avant tout la révolution sociale, et que la révolution sociale est le plus cher de mes vœux ; bien plus, je me fais l'honneur d'être un des promoteurs de la Commune qui n'est d'ailleurs pour rien, pour rien qu'on le sache bien, dans les assassinats et les incendies. [...] Voulez-vous connaître les vrais coupables ? Ce sont les gens de la police, et plus tard, peut-être, la lumière se fera sur tous ces événements dont on trouve aujourd'hui tout naturel de rendre responsables tous les partisans de la révolution sociale. »

Transcription des débats lors du procès de Louise Michel, *Gazette des tribunaux,* 17 décembre 1871.

Questions

CONNAÎTRE

1. Qu'est-ce que les historiens appellent la « semaine sanglante » ? **(Cours I p. 170)**

REPÉRER

2. De quelles manières Louise Michel participe-t-elle à la Commune de Paris ? **(doc. 1 et 5)**

ANALYSER

3. Montrez que ces documents offrent des portraits opposés de Louise Michel. **(doc. 1 et 3)**
4. Comment Louise Michel justifie-t-elle la révolution sociale ? **(doc. 2 et 5)**

RAISONNER ET S'EXPRIMER

5. Pourquoi le personnage de Louise Michel permet-il de mieux comprendre la fracture entre les républicains et le mouvement social révolutionnaire ?

Aide Construisez votre raisonnement en vous appuyant sur le tableau suivant :

L'analyse du sort du peuple	La conception de la révolution	Les circonstances de l'affrontement en mai 1871
...	...	...

Bac

6. À l'aide des **doc. 3 et 5**, expliquez pourquoi et comment Louise Michel est devenue une figure légendaire de la Commune.

Étude

Une République parlementaire

Comment la IIIe République devient-elle un régime parlementaire ?

Adolphe Thiers
(1797-1877)
Après une longue carrière politique sous la monarchie, il se rallie à la République conservatrice. Il incarne à la fois la République, dont il est président de 1871 à 1873, et l'ordre, avec son passé monarchiste et la répression qu'il dirige contre la Commune.

La nature du régime républicain, proclamé en septembre 1870, n'est pas fixée. Entre 1875 et 1879, la dimension parlementaire s'impose et de nouvelles pratiques démocratiques sont adoptées.

1 ▶ Un régime républicain

« **Art. 1er.** Le pouvoir législatif s'exerce par deux assemblées : la Chambre des députés et le Sénat. La Chambre des députés est nommée par le suffrage universel, dans les conditions déterminées par la loi électorale. La composition, le mode de nomination et les attributions du Sénat seront réglés par une loi spéciale.

Art. 2. Le président de la République est élu à la majorité absolue des suffrages par le Sénat et par la Chambre des députés réunis en Assemblée nationale. Il est nommé pour sept ans. Il est rééligible. »

Loi constitutionnelle du 25 février 1875, relative à l'organisation des pouvoirs publics.

Notion

Le parlementarisme : voir p. 166

Vocabulaire

Suffrage universel : voir p. 176

2 ▶ La Chambre des députés, centre de la vie politique

Jules-Arsène Garnier, *Le Libérateur du territoire*, 1878. Assemblée nationale, Paris.
Le 16 juin 1877, Adolphe Thiers reçoit l'hommage des députés de l'Assemblée nationale à Versailles, avec le surnom de « Libérateur du territoire » pour avoir remboursé en deux ans l'indemnité de guerre prussienne durant sa présidence de la République.

Questions

PRÉLEVER DES INFORMATIONS

1. Quel pouvoir la loi constitutionnelle du 25 février 1875 donne-t-elle aux deux assemblées ? **(doc. 1)**
2. De quelle manière le caractère républicain du régime est-il affirmé ? **(doc. 1)**

CONNAÎTRE

3. Pourquoi Adolphe Thiers fait-il l'objet de la séance de l'Assemblée du 16 juin 1877 ? **(doc. 2)**
4. De quelle pratique politique l'Assemblée nationale est-elle le lieu ? **(doc. 2)**

Bac

5. Dans un sujet portant sur « La vie politique sous la IIIe République entre 1871 et 1914 », rédigez un paragraphe sur les caractéristiques de la République parlementaire : ses institutions et ses pratiques.

Étude

L'instituteur : acteur de l'enracinement du régime républicain

Augustine Fouillée, née Tuillerie
(1833-1923)
Femme de lettres, elle publie en 1877, sous le pseudonyme G. Bruno, *Le Tour de la France par deux enfants*, manuel de lecture scolaire dont le succès est considérable.

Quel rôle les hussards noirs jouent-ils dans la diffusion d'une culture républicaine ?

Au début des années 1880, l'école devient un enjeu essentiel pour la IIIe République. Sous l'impulsion de Jules Ferry, plusieurs lois mettent en place l'école républicaine.

1 ▶ Une photographie devant le tableau noir
Carte postale de l'école de Buigny-lès-Gamaches (80) vers 1910. Musée national de l'Éducation, Rouen.

2 ▶ L'instituteur au service de la République

« C'est M. Ferry qui, ministre de l'Instruction publique, a dit le premier publiquement et officiellement ce que devait être, ce qu'est désormais, en principe, l'instituteur français : un "éducateur", l'éducateur laïque par excellence, celui qui, dans chaque commune, représente non pas tel parti dominant, non pas telle opinion ou telle croyance, mais la société elle-même en tant qu'elle s'occupe de préparer ses enfants pour l'avenir, en tant qu'elle les veut intelligents, instruits, libres, égaux et mûrs pour la vie civique. [...] Les lois du 16 juin 1881 et du 28 mars 1882, en faisant de l'instruction primaire un service public dans toute la force du terme, en la rendant gratuite, obligatoire et laïque, ont consommé cette révolution : le maître d'école d'autrefois est devenu l'instituteur au sens moderne. »

Ferdinand Buisson, *Dictionnaire de pédagogie et d'instruction primaire,* article « Instituteur, institutrice », Librairie Hachette et Cie pour la 1re édition, 1887.

Notion
Le consensus républicain : voir p. 167

Vocabulaire
Hussards noirs : voir p. 176

Questions

CONNAÎTRE

1. Quelles sont les lois qui ont transformé l'organisation de l'enseignement au début des années 1880 ? **(Cours II p. 176 et doc. 2)**

ANALYSER

2. De quelle manière l'instituteur doit-il préparer ses élèves à la pratique du suffrage universel ? **(doc. 2)**
3. Pour quelle raison peut-on dire que l'instituteur est également au service de la nation ? **(doc. 1)**

Bac

4. Montrez que les instituteurs de la IIIe République ont fortement participé à la diffusion d'une culture républicaine et patriotique.

Cours

PLAN

II La République opportuniste : consolider le régime (1880-1892)

Par quels moyens les républicains parviennent-ils à consolider le régime ?

A. Un ancrage politique

- **Une République parlementaire.** Jules Grévy, Président à partir de 1879, décide de renoncer au droit de dissolution de la Chambre et se met en retrait. Le débat entre partisans d'un régime présidentiel fort et partisans d'une République parlementaire est ainsi tranché par la pratique politique. La réalité du pouvoir se trouve désormais à la Chambre des députés. La figure majeure est celle du parlementaire, incarnée par de grands orateurs comme Léon Gambetta.

- **Une démocratie libérale.** Le vote de lois fondamentales consolide le régime. Les lois sur la liberté de la presse et la liberté de réunion sont votées en 1881. La révision constitutionnelle de 1884 déclare « intangible » la forme républicaine du gouvernement. Ces lois forment le socle du modèle français de la démocratie libérale.

- **Un suffrage universel masculin.** Les Français font l'apprentissage du débat d'idées lors des campagnes électorales. Mais le suffrage est uniquement masculin : les femmes en demeurent exclues. Certaines, comme Léontine Arman de Caillavet, tiennent des salons littéraires et politiques fréquentés par l'élite intellectuelle et mondaine.

Étude, p. 184

B. Un ancrage social

- **Une culture républicaine.** La politique de diffusion d'une culture républicaine se poursuit. Des symboles et des célébrations facilitent l'identification des Français au nouveau régime. En 1880, le 14-Juillet est adopté comme fête nationale annuelle. Bals populaires, remises de prix scolaires et inaugurations de bustes de Marianne sont organisés à travers tout le pays. La mairie, dont la présence est rendue obligatoire dans chaque commune par la loi du 5 avril 1884, devient le lieu privilégié de la démocratie locale, le lieu de la République. Quant aux funérailles de Victor Hugo, en mai 1885, elles sont transformées par le régime en une grande communion patriotique et républicaine.

- **L'âge d'or de la presse.** La presse libre favorise le débat d'idées. D'information ou d'opinion, elle possède de nombreux titres. Soixante-dix journaux politiques sont publiés à Paris en 1881, se répartissant à parts égales entre républicains et royalistes. Les années 1890-1910 sont une période faste pour la presse écrite qui est la principale source d'information. Les dessinateurs mettent en scène l'information dans les suppléments illustrés des grands journaux. Ainsi, le supplément illustré du dimanche du *Petit Journal*, grâce à l'invention de l'illustration couleur en 1884, atteint des tirages d'un million d'exemplaires en 1895.

Léontine Arman de Caillavet (1844-1910)

À partir de 1878, elle tient l'un des principaux salons littéraires et politiques du pays, avenue Hoche à Paris. Georges Clemenceau, Raymond Poincaré, ou encore Marcel Proust, Sarah Bernhardt, Colette et Marie Curie s'y retrouvent.

Vocabulaire

Démocratie libérale : régime politique fondé sur le respect des droits et libertés des individus.

Hussards noirs : surnom donné aux instituteurs sous la IIIe République, en référence à la couleur de leur tenue et leur engagement à mener à bien leur mission.

Suffrage universel : droit de vote accordé à l'ensemble des citoyens, sans conditions de revenu ou de naissance. Sous la IIIe République, il est exclusivement masculin.

• **Les grandes lois scolaires.** En 1881, Jules Ferry, ministre de l'Instruction publique, fait voter la loi sur la gratuité de l'enseignement primaire. L'année suivante, il rend l'école laïque et obligatoire jusqu'à 13 ans. La loi de 1886 sur l'enseignement primaire laïcise le personnel enseignant. Des milliers d'instituteurs, les « hussards noirs de la République » (Charles Péguy, L'Argent, 1913), sont formés dans des écoles normales. En dix ans, 20 000 écoles sont construites. Ces lois visent à favoriser l'acquisition d'un libre arbitre face à l'influence du clergé et des notables. Elles doivent permettre aux futurs citoyens d'exercer pleinement leurs droits dans le cadre du suffrage universel.

Étude, p. 175

Point de passage et d'ouverture, p. 178

C. Des résistances surmontées

• **Le ralliement des catholiques.** Fidèles au pape Pie IX hostile à la République, les milieux catholiques constituent le principal foyer de résistance au nouveau régime, particulièrement dans les campagnes. Cependant, en 1892, l'appel du pape Léon XIII à ne plus s'opposer systématiquement à la République marque un tournant. Si les catholiques restent défvorables à la politique de laïcisation de l'enseignement, ils se rallient progressivement au régime. L'idée d'une restauration monarchique est de moins en moins défendue.

• **L'opposition du mouvement ouvrier socialiste.** Le projet d'intégration républicaine se heurte également à une forte résistance du mouvement ouvrier. Pour nombre de ses acteurs, l'amélioration de la condition ouvrière ne peut se faire dans le cadre d'une république bourgeoise. La fracture provoquée par la Commune de Paris et sa conclusion violente ne s'est pas refermée. Mais la division du mouvement socialiste en de nombreux partis l'empêche toutefois de véritablement déstabiliser le régime.

• **La crise boulangiste.** Ministre de la Guerre en janvier 1886, le général Boulanger jouit d'une grande popularité. Écarté du gouvernement en mai 1887, il remporte une série d'élections. Les partisans d'un régime autoritaire voient en lui l'homme providentiel, le nouveau Bonaparte. Mais le mouvement boulangiste se désorganise rapidement. L'Exposition universelle de 1889 est l'occasion pour la République de célébrer le centenaire de la Révolution et, par la même occasion, de manifester la solidité du régime.

Cours en podcast

QCM interactif

www.lienmini.fr/hist1-50

« Des diverses obligations que le régime nouveau vous impose, celle, assurément, qui vous tient le plus à cœur, [...] c'est la mission qui vous est confiée de donner à vos élèves l'éducation morale et l'instruction civique. »

Jules Ferry, Lettre aux instituteurs du 17 novembre 1883.

Ernest Lavisse

(1842-1922)

Historien, il a publié de nombreux manuels qui ont fortement influencé l'enseignement de l'Histoire dans les écoles de la IIIe République.

Le citoyen

La IIIe République, en instaurant le suffrage universel masculin, place le citoyen au cœur de la vie politique.

Le peintre Alfred-Henri Bramtot représente un paysan accomplissant l'acte essentiel du citoyen : le vote. La scène se déroule dans une mairie, comme en témoigne le buste de Marianne.

Fresque d'Alfred-Henri Bramtot, *Le Suffrage universel*, 1891. Mairie des Lilas.

Point de passage et d'ouverture

1885 : les funérailles nationales de Victor Hugo

Victor Hugo
(1802-1885)
Écrivain romantique parmi les plus emblématiques du XIXe siècle, il s'engage en politique en s'opposant à Napoléon III et devient, avec le temps, une figure de référence pour les républicains.

Pourquoi les funérailles de Victor Hugo constituent-elles un moment de consensus républicain ?

En 1885, le régime républicain apparaît fermement établi. Les funérailles de Victor Hugo sont l'occasion de le célébrer.

1 ▶ Un événement républicain

« Jules Grévy
Le président de la République française, […]
Décrète :
Article 1er. Le Panthéon est rendu à sa destination primitive et légale. Les restes des grands hommes qui ont mérité la reconnaissance nationale y seront déposés.
Article 2. La proposition qui précède est applicable aux citoyens à qui une loi aura décerné les funérailles nationales. Un décret du président de la République ordonnera la translation de leurs restes au Panthéon.
Fait à Paris, le 26 mai 1885. »

« Jules Grévy
Le président de la République française,
Vu le décret du 26 mai 1885 ;
Vu la loi du 24 mai 1885, décernant à Victor Hugo des funérailles nationales,
Décrète :
Article 1er. À la suite des obsèques ordonnées par la loi du 21 mai 1885, le corps de Victor Hugo sera déposé au Panthéon.
Fait à Paris, le 26 mai 1885. »

Décrets du président de la République Jules Grévy, *Bulletin officiel du ministère de l'Intérieur*, 26 mai 1885.

2 ▶ Une figure républicaine et populaire

Lithographie colorisée, 1885. Archives Charmet/Musée des Arts décoratifs, Paris. À l'arrière-plan : le Panthéon et l'Arc de triomphe.

3 ▶ Victor Hugo, défenseur d'un État laïque

« Eh bien, Messieurs, à ce point de vue restreint, mais pratique, de la situation actuelle, je veux, je le déclare, la liberté de l'enseignement ; mais je veux la surveillance de l'État ; et comme je veux cette surveillance effective, je veux l'État laïque, purement laïque, exclusivement laïque. […] Je veux, je le répète et je le résume en un mot, ce que voulaient nos pères : l'Église chez elle, et l'État chez lui. »

Victor Hugo, discours à l'Assemblée nationale, 15 janvier 1850.

Notion

Le consensus républicain : voir p. 167

Vocabulaire

Panthéon : monument national parisien où reposent les corps de personnalités auxquelles la patrie veut rendre hommage.

4 ▶ Le cercueil de Victor Hugo, exposé place de l'Étoile

Georges François Guiaud, *Les funérailles de Victor Hugo, le catafalque sous l'Arc de triomphe*, vers 1885.
Aquarelle, Musée Carnavalet, Paris. (1) Estrade sur laquelle le cercueil est posé. (2) *Triomphe de la Révolution*, dessiné par le sculpteur Alexandre Falguière. (3) Foule et loueurs d'échelles, vendeurs de nourriture et de souvenirs. (4) Arc de triomphe dont la construction débute en 1806 sous Napoléon Ier.

5 ▶ Les critiques d'une partie des milieux catholiques

« L'apothéose[1] commence : les projets les plus insensés sont proposés. Ceux-ci veulent que l'on chasse Dieu de l'église de Sainte-Geneviève pour y placer le cadavre de celui qui aurait été si grand s'il n'avait pas oublié le vrai Dieu. Ceux-là veulent que l'Arc de triomphe soit tendu de noir et que le corps de Hugo y soit exposé afin qu'on vienne de toutes parts, le vénérer.

Royalistes et bonapartistes, républicains modérés et communards, catholiques ardents et libres penseurs farouches, on s'attend à ce que tout le monde vienne car cet homme a tout chanté. Mais les catholiques n'y viendront pas. Ils déploreront cette apothéose et se borneront à souhaiter, comme le demande ce matin M. Eugène Veuillot[2], que Victor Hugo ait eu une minute de repentir. »

Article paru dans *La Croix*, 24 mai 1885.

1. Cérémonie romaine par laquelle l'empereur devenait un Dieu.
2. Journaliste polémiste (1818-1905).

Questions

RELEVER DES INFORMATIONS

1. De quelle manière le gouvernement fait-il des funérailles de Victor Hugo un événement républicain ? **(doc. 1)**

ANALYSER

2. Montrez que ces funérailles sont à la fois un rite républicain, un événement national et une fête populaire. **(doc. 2 et 4)**
3. Quels sont les fondements de l'opposition entre Victor Hugo et une partie des milieux catholiques ? **(doc. 3 et 5)**

RAISONNER ET S'EXPRIMER

4. À l'aide des documents, montrez la validité et les limites de l'hypothèse suivante : les funérailles de Victor Hugo ont constitué un moment de communion nationale et républicaine.

Aide Utilisez les mots et expressions suivants : État républicain, cérémonie laïque, fête populaire, résistances.

Bac

5. À l'aide des **doc. 2 et 4**, ainsi que de vos connaissances **(Cours II p. 176)**, rédigez un paragraphe pour répondre au sujet : « Monuments et symboles, instruments de la construction d'une culture républicaine. »

Cours

Charles Maurras

(1868-1952)

Acteur de l'extrême droite française antiparlementaire et antirépublicaine à partir des années 1890. Écrivain et journaliste nationaliste et monarchiste, il prend fortement position contre Dreyfus.

Vocabulaire

Anticlérical : qui s'oppose à l'influence du clergé sur la société.

Antisémite : qui manifeste une hostilité systématique et une attitude discriminatoire à l'encontre des Juifs.

CGT (Confédération générale du travail) : fondée en 1895, elle unit des syndicats de plusieurs branches d'activité.

Réformisme : courant porté par les socialistes qui entendent améliorer la condition ouvrière par les réformes et par la loi.

SFIO (Section française de l'Internationale ouvrière) : parti politique né en 1905 du rassemblement de plusieurs partis socialistes.

Suffragettes : femmes qui militent pour le droit de vote féminin.

Xénophobe : hostile aux étrangers.

III La République des radicaux à l'épreuve des enjeux du XXe siècle (1892-1914)

Comment la République résiste-t-elle aux crises et aux contestations ?

A. 1892-1906 : la République à l'épreuve des crises

• **La poussée anarchiste.** Les tensions sociales augmentent au cours des années 1890. Le pouvoir républicain réprime violemment les nombreuses grèves et manifestations ouvrières. Un courant anarchiste se développe, qui défend le recours à la violence pour promouvoir l'affirmation des libertés individuelles en dehors de toute autorité institutionnelle. Auguste Vaillant, qui appartient à ce mouvement, lance une bombe à la tribune de la Chambre des députés le 9 décembre 1893. Le président Sadi Carnot est assassiné par un anarchiste italien en juin 1894. Le gouvernement, inquiet de la montée des violences, fait voter une série de lois qui limitent la liberté de la presse. Des journaux anarchistes sont interdits. Les socialistes dénoncent des « lois scélérates ».

• **L'affaire Dreyfus.** Le capitaine Alfred Dreyfus, accusé à tort d'espionnage au profit de l'Allemagne, est condamné en décembre 1894 à la déportation. La nouvelle droite antiparlementaire, xénophobe et antisémite, y voit l'occasion de dénoncer un régime républicain, qui affaiblit le pays. Les défenseurs de Dreyfus sont des républicains qui s'appuient sur l'héritage des Lumières et la Déclaration des droits de l'homme et du citoyen. L'opinion publique est profondément fracturée. Dreyfus est officiellement innocenté et réhabilité en 1906. Les valeurs républicaines, désormais mieux définies, l'ont emporté.

• **La loi de 1905.** Émile Combes, chef du gouvernement entre 1902 et 1905, relance une politique anticléricale. Elle aboutit en décembre 1905 au vote de la loi dite « de séparation des Églises et de l'État ». Une partie des catholiques considère ce texte comme un acte de persécution. Sa mise en œuvre se heurte dans certaines campagnes à de fortes résistances. Son rapporteur, Aristide Briand, défend pourtant une loi de clarification et d'apaisement. La qualité du débat à la Chambre des députés et au Sénat participe à consolider le régime.

Point de passage et d'ouverture, p. 182

Étude, p. 185

B. La consolidation intérieure de la République

• **L'intégration des campagnes.** Les populations des campagnes se rallient progressivement au régime. Elles ont un meilleur accès à l'information grâce au courrier postal et à la presse, et voyagent plus facilement grâce au chemin de fer. La paysannerie est ainsi mieux intégrée à la nation. Les valeurs de la République sont de plus en plus partagées. Le député et le maire s'imposent comme les nouvelles figures locales.

• **L'intégration du mouvement ouvrier.** En 1905, l'unification du mouvement socialiste au sein de la SFIO se fait sur le principe de la lutte des classes. Le syndicalisme se développe sur ces mêmes bases. La charte d'Amiens de 1906 ancre la CGT dans le camp révolutionnaire. Mais, sous l'influence de Jean Jaurès, persuadé que le socialisme ne peut se construire en dehors de la République, le réformisme se renforce et le socialisme trouve progressivement sa place dans la République.

• **L'exclusion politique des femmes.** La question du droit de vote des femmes gagne de l'importance dans le débat public. Un mouvement féministe se structure autour de journaux et d'associations. Marguerite Durand et Maria Vérone animent le journal *La Fronde,* entièrement géré par des femmes. Avec Hubertine Auclert et Madeleine Pelletier, ce sont les premières suffragettes françaises. Elles font du droit de vote la condition d'une amélioration du sort des femmes et de la moralisation de la société. Mais les résistances demeurent. La majorité des représentants politiques ne souhaite pas que les femmes deviennent des citoyennes à part entière.

Étude, p. 184

C. La consolidation extérieure

• **Une République impérialiste.** Il existe un certain nombre de contradictions entre les principes universalistes de la IIIe République française et sa politique colonialiste. Le débat sur le bien-fondé des conquêtes coloniales est occulté. La République des années 1900 fait le choix d'une politique impérialiste. Elle reprend le discours de Jules Ferry sur la mission civilisatrice de la France.

• **Du patriotisme au nationalisme.** Les tensions avec l'Empire allemand tendent à placer la défense de la patrie au cœur des discours. La perte de l'Alsace et d'une partie de la Lorraine reste une plaie ouverte pour beaucoup de Français. La frontière est de plus en plus étroite entre le patriotisme républicain et les idées nationalistes. En 1913, lors du vote de la loi portant à trois ans le service militaire, seuls certains socialistes défendent avec force des idées pacifistes.

• **Une discipline républicaine.** Ces contradictions ne suffisent pas à véritablement fragiliser le consensus républicain. En août 1914, ce sont des citoyens qui partent au combat, sans euphorie aucune, mais dans une grande discipline républicaine.

Cours en podcast
QCM interactif
www.lienmini.fr/hist1-51

Partis	Voix obtenues (en % des suffrages exprimés)
Radicaux indépendants (Émile Combes)	21,9 %
Républicains progressistes (Jules Méline)	21,5 %
Conservateurs (Jacques Piou)	21,1 %
Socialistes indépendants (Jean Jaurès)	17,7 %
Républicains opportunistes (Pierre Waldeck-Rousseau)	10,5 %
Socialistes (Jules Guesde)	7,3 %

Résultats des élections législatives de 1902

La Chambre des députés

À partir de 1879, après la démission de Mac-Mahon et l'élection de Jules Grévy, le président de la République tend à s'effacer politiquement au profit de la Chambre des députés. Les parlementaires déploient leur talent oratoire à la tribune. L'attentat anarchiste de décembre 1893 montre que les opposants au régime considèrent la Chambre des députés comme le centre politique et symbolique de la République.

Un attentat anarchiste à la Chambre des députés. Une du *Petit Journal*, 23 décembre 1893. BnF, Paris.

Point de passage et d'ouverture

1905 : la loi de séparation des Églises et de l'État

Aristide Briand (1862-1932)
Engagé en politique auprès des socialistes, il se rapproche des radicaux dans les années 1900. Figure majeure de la IIIe République, il est le rapporteur de la loi de séparation des Églises et de l'État.

De quelle manière le vote de la loi sur la séparation des Églises et de l'État participe-t-il à la consolidation du régime républicain ?

Les premières années du xxe siècle sont marquées par le retour de la question religieuse. Les débats au moment du vote de la loi de séparation des Églises et de l'État sont particulièrement passionnés.

1 ▶ Le Sacré-Cœur, objet de conflit
Affiche, 1902. Bibliothèque de documentation internationale contemporaine/MHC.
Représentation du Sacré-Cœur, grande basilique de Paris construite en 1873, en pleine période du programme de l'Ordre moral, et d'un prêtre en soutane sous les traits d'une chauve-souris.

2 ▶ Une loi au fondement de la laïcité

Titre Ier : Principes

« **Article 1.** La République assure la liberté de conscience. Elle garantit le libre exercice des cultes sous les seules restrictions édictées ci-après dans l'intérêt de l'ordre public.

Article 2. La République ne reconnaît, ne salarie ni ne subventionne aucun culte. En conséquence, à partir du 1er janvier qui suivra la promulgation de la présente loi, seront supprimées des budgets de l'État, des départements et des communes, toutes dépenses relatives à l'exercice des cultes. [...] Les établissements publics du culte sont supprimés, sous réserve des dispositions énoncées à l'article 3.

Titre II : Attribution des biens, pensions

Article 3. Les établissements dont la suppression est ordonnée par l'article 2 continueront provisoirement de fonctionner, conformément aux dispositions qui les régissent actuellement, jusqu'à l'attribution de leurs biens aux associations prévues par le titre IV et au plus tard jusqu'à l'expiration du délai ci-après. »

Loi du 9 décembre 1905 concernant la séparation des Églises et de l'État.

3 ▶ L'école en chiffres

	Écoles publiques	Écoles privées
1876-1877	59 021	12 726
1906-1907	67 348	12 947

	Instituteurs et institutrices (public)	Instituteurs et institutrices (privé)
1876-1877	81 849	30 646
1906-1907	122 005	38 460

D'après Mona Ozouf, *L'École, l'Église et la République*, Armand Colin, 1962.

Notion
La laïcité : voir p. 167

Vocabulaire
Inventaires : listes exhaustives des biens qui constituent un patrimoine pour en faciliter l'évaluation.

4 ▶ Une vision anticléricale de la séparation

Lithographie anonyme, vers 1905. Musée Jean Jaurès, Castres.

Schéma pour comprendre

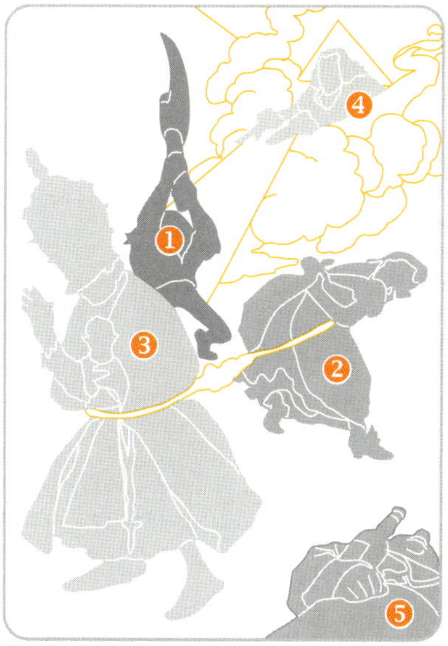

1 Émile Combes, président du conseil (1902-1905).
2 La République.
3 Le pape Pie X.
4 Voltaire.
5 Un moine ivre.

5 ▶ Aristide Briand défend une loi d'apaisement

« Nous étions désireux de faire accepter la séparation par les nombreux catholiques de ce pays. [...] Et la loi que nous avons faite [...] est finalement, dans son ensemble, une loi libérale. [...] Dans ce pays où des millions de catholiques pratiquent leur religion – les uns par conviction réelle, d'autres par habitude, par traditions de famille –, il était impossible d'envisager une séparation qu'ils ne puissent accepter. [...] Nous n'avons pas le droit de faire une réforme dont les conséquences puissent ébranler la République. »

Discours prononcé par Aristide Briand devant l'Assemblée nationale, le 3 juillet 1905.

6 ▶ La crise des inventaires à Saint-Cyr-du-Bailleul (1906)

« [...] Au mois de mars 1906, l'église est pour ainsi dire transformée en forteresse. La porte principale est intérieurement garnie de fagots et solidement barricadée. L'entrée des portes latérales est défendue par de grosses voitures reliées entre elles par des chaînes de fer. Du haut du clocher, on surveille les routes pour donner l'alarme au moindre danger. Aussi lorsque le percepteur accompagné de deux gendarmes vient pour faire l'inventaire, il ne peut accomplir la formalité dont il est chargé. Des incidents regrettables pouvaient se produire si on voulait par la force pénétrer dans les églises. »

Relation des difficultés éprouvées par l'administration républicaine pour procéder à l'inventaire de l'église de Saint-Cyr-du-Bailleul, 1913. Archives départementales de la Manche.

Questions

CONTEXTUALISER

1. Dans quel climat politique et religieux la loi de 1905 est-elle votée ? **(doc. 1)**

ANALYSER

2. De quelle manière le principe de laïcité est-il mis en application ? **(doc. 2 et 4)**
3. Quelle pensée héritée du XVIIIe siècle et quel principe inspirent cette loi ? **(doc. 4)**
4. Quels sont les effets de la loi sur l'enseignement ? **(doc. 3)**

REPÉRER

5. Montrez que la mise en œuvre de la loi est difficile. **(doc. 5 et 6)**

RAISONNER ET S'EXPRIMER

6. Quels sont les enjeux du vote de la loi de séparation des Églises et de l'État ?

Aide Répondez sous la forme d'un schéma fléché. Vous distinguerez les motivations et inspirations de la loi, ses conséquences, les résistances.

Bac

7. Dans un sujet portant sur « l'anticléricalisme et la laïcité sous la IIIe République avant 1914 », rédigez un paragraphe montrant que la loi de 1905 s'est faite dans un contexte de fortes tensions.

Étude

Le droit de vote des femmes

Comment les femmes expriment-elles leurs revendications politiques ?

Le suffrage universel adopté par la IIIe République est exclusivement masculin. Au tournant du XXe siècle, le combat pour le droit de vote des femmes s'intensifie.

Maria Vérone
(1874-1938)
Grande figure du mouvement féministe au tournant du XXe siècle, elle est l'une des premières femmes avocates en France. Elle milite à la Ligue française pour le droit des femmes afin de revendiquer leur droit au vote.

1 ▶ Pour les droits politiques des femmes

« Féminisme est un mot créé tout récemment, vers 1892, pour indiquer l'action commune des individus des deux sexes revendiquant, pour la femme, des droits égaux à ceux de l'homme.

On objecte que la femme n'est pas l'égale de l'homme, qu'elle ne peut exécuter les mêmes travaux, etc., etc. Tous les hommes sont-ils égaux en capacités intellectuelles, tous ont-ils la même force de biceps ? Non, n'est-ce pas ? Et cependant tous, sans distinction, jouissent des mêmes droits [...]. Voilà pourquoi nous demandons pour la femme les droits politiques [...]. En avant donc pour la bonne cause, ce que nous voulons et nous obtiendrons : l'égalité complète des deux sexes devant la loi. Comment ? En modifiant complètement l'éducation des jeunes filles, en multipliant les réunions, les conférences, en organisant des congrès pour la propagande de nos idées, en instruisant l'opinion publique par notre journal *La Fronde*, auquel tous les féministes doivent souhaiter : Longue et heureuse vie ! »

Maria Pognon, présidente de la Ligue française pour le droit des femmes, dans *La Fronde* (directrice Marguerite Durand), 9 décembre 1897.

2 ▶ L'action des suffragettes dans un bureau de vote
Une du *Petit Journal*, 17 mai 1908.

Questions

RELEVER DES INFORMATIONS

1. Quels arguments l'auteure met-elle en avant pour réclamer l'égalité politique entre les deux sexes ? **(doc. 1)**
2. Quels moyens sont utilisés pour mener ce combat ? **(doc. 1 et 2)**

ANALYSER

3. Quelle contradiction observez-vous entre les symboles républicains représentés et la réalité de l'accès des femmes au vote ? **(doc. 2)**

Bac

4. Dans un sujet portant sur « la construction d'une culture républicaine », rédigez un paragraphe soulignant le caractère inachevé de ce projet démocratique.

Notion
Le consensus républicain : voir p. 167

Vocabulaire
Suffragettes : voir p. 180

Étude

L'affaire Dreyfus

Comment l'affaire Dreyfus fragilise-t-elle le consensus républicain ?

- **1894** Condamnation d'Alfred Dreyfus, accusé de trahison, par un tribunal militaire
- **1895** Bagne sur l'île du Diable
- **1898** Publication du *J'accuse* de Zola
- **1899** Nouveau procès, nouvelle condamnation. Grâce accordée par le président Loubet
- **1903** Démonstration de l'innocence de Dreyfus par Jaurès
- **1906** Réhabilitation et réintégration dans l'armée

Entre 1894 et les premières années du XXe siècle, l'affaire Dreyfus fracture l'opinion publique. Une définition des valeurs de la République est en jeu.

1 ▶ L'engagement de la droite nationaliste et antisémite

Caricature de Pépin, Une du journal *Le Grelot*, 11 novembre 1894.

1. Dreyfus, caricaturé par le biais de stéréotypes antisémites.
2. Dreyfus échange des renseignements militaires aux Allemands contre de l'argent.
3. En arrière-plan, Jules Basile Guesde et Jean Jaurès, chefs de file de l'extrême gauche, montrés comme complices d'un complot international.

2 ▶ « J'accuse… ! » par Émile Zola

« Et c'est un crime encore que de s'être appuyé sur la presse immonde, que de s'être laissé défendre par toute la fripouille de Paris, de sorte que voilà la fripouille qui triomphe insolemment, dans la défaite du droit et de la simple probité[1]. C'est un crime d'avoir accusé de troubler la France ceux qui la veulent généreuse, à la tête des nations libres et justes, lorsqu'on ourdit[2] soi-même l'impudent[3] complot d'imposer l'erreur, devant le monde entier. C'est un crime d'égarer l'opinion, d'utiliser pour une besogne de mort cette opinion qu'on a pervertie, jusqu'à la faire délirer. C'est un crime d'empoisonner les petits et les humbles, d'exaspérer les passions de réaction et d'intolérance, en s'abritant derrière l'odieux antisémitisme, dont la grande France libérale des droits de l'homme mourra, si elle n'en est pas guérie. C'est un crime que d'exploiter le patriotisme pour des œuvres de haine, et c'est un crime enfin que de faire du sabre le dieu moderne, lorsque toute la science humaine est au travail pour l'œuvre prochaine de vérité et de justice. »

Émile Zola, Lettre au président de la République Félix Faure, publiée dans *L'Aurore*, 13 janvier 1898.

1. Honnêteté. 2. Prépare. 3. D'une extrême insolence.

Parcours différencié

Parcours interactif

www.lienmini.fr/hist1-52

Parcours 1

- Montrez que l'affaire Dreyfus est le moment d'un débat sur l'importance des valeurs de 1789 pour la République.

Parcours 2

1. Quelles sont les caractéristiques de la nouvelle droite des années 1890 ? **(doc. 1)**
2. Quels principes et valeurs les partisans de Dreyfus défendent-ils ? **(doc. 2)**
3. Quel rôle la presse joue-t-elle dans l'Affaire ? **(doc. 1 et 2)**
4. Construisez la réponse au Parcours 1.

Notion

Le consensus républicain : voir p. 167

Vocabulaire

Antisémite : voir p. 180

Regard **critique**

Comment enseigner l'histoire par la bande dessinée ?

À bord d'une camionnette, Molière, Jeanne d'Arc, Marie Curie, Jules Michelet et le général Dumas visitent les hauts lieux de l'histoire de France pour mieux en comprendre les origines. L'historien Sylvain Venayre, coauteur avec Étienne Davodeau, revient sur la création de *La Balade nationale*.

« – **Quel est le lectorat visé par votre ouvrage ?**
– Le livre s'adresse à tous les publics, en espérant que ceux qui aiment la bande dessinée seront intéressés par les connaissances historiques et que ceux qui aiment l'histoire trouveront du plaisir à la voir racontée en bande dessinée.

– Quelle part est laissée à l'imagination et à la « vérité » historique ?
– En mettant en scène, dans la France d'aujourd'hui, des personnages ayant vécu à des époques différentes, nous assumons la fantaisie du récit. Lorsque le Soldat inconnu poursuit nos cinq héros qui ont dérobé le cercueil du maréchal Pétain, nous racontons une histoire loufoque. Mais justement, le lecteur fait la différence entre ce qui est loufoque, et vient de l'imagination des auteurs, et ce qui est sérieux, qui est la vérité historique.

– Comment avez-vous travaillé avec le dessinateur Étienne Davodeau ?
– Nous avons opéré un travail de repérage en nous rendant sur les lieux que nous souhaitions évoquer. Nous avons écrit le scénario et les dialogues ensemble et Étienne Davodeau a tout dessiné.

– Dans quelle mesure la bande dessinée permet-elle d'enseigner l'histoire autrement ?
– La planche que vous avez choisie montre bien que les images sont partout présentes, ici sous la forme de statues parisiennes. Il faut apprendre à décoder ces images et bien d'autres : la bande dessinée le permet. Elle permet aussi de représenter ce que les historiens savent du passé, mais également ce qu'ils ignorent. »

Interview de l'historien Sylvain Venayre, 2019.

La Balade nationale, Sylvain Venayre et Étienne Davodeau, © La Revue dessinée/La Découverte, 2017.

Développer son esprit critique

1. Relevez les anachronismes volontaires sur la planche ci-contre.
2. Que permettent-ils d'après Sylvain Venayre ?
3. Pourquoi la bande dessinée permet-elle de raconter l'histoire autrement ?

Distinguer document-source et document construit

Exemple Regards sur le Boulangisme

1 ▶ Définir le boulangisme

« Avec l'assise populaire de la Ligue des patriotes de Déroulède, le boulangisme affirme alors, dans un tempérament autoritaire qui peut mêler des héritages de gauche et de droite, sa volonté d'en finir avec une République du compromis et son souci de redonner la parole au peuple contre un système parlementaire vicié. […] Au milieu des années 1880 […], il ne s'agit pas de rejeter la République mais de la régénérer, de l'émanciper d'un régime parlementaire qui en compromet le redressement. »

Francis Démier, *La France du XIXe siècle (1814-1914)*, Le Seuil, coll. « Points histoire », 2000.

LA BOMBE

Première année. — N° 18
ABONNEMENTS
Un an .... 10 fr.
Six mois .... 5 »

DIMANCHE 14 JUILLET 1889
Directeur : PAUL DE SÉMANT
Rédaction et Administration : 1, rue Malus, Paris

Le Numéro : Quinze Centimes
Paraît le Dimanche
LES ANNONCES SONT REÇUES
1, rue Malus, 1, PARIS

LA PRISE DE LA BASTILLE, par PAUL DE SÉMANT

Le Général : *En avant, électeurs, en avant !*

Lire à la 2e Page, la « CHANSON »

2 ▶ La Prise de la Bastille
Paul de Sémant, Une de *La Bombe*, 14 juillet 1889. BnF, Paris.

Étape 1 — Identifier la nature du document

- Un document-source est le document par excellence de l'historien. Il s'agit d'une trace du passé non transformée. L'historien peut alors l'interroger dans sa quête de compréhension des sociétés passées. La presse satirique, comme ici le journal *La Bombe*, est une source pour l'histoire de la IIIe République.
- Un document construit est le résultat du travail de l'historien, à partir d'un ou, plus souvent, de plusieurs documents-sources. Parfois même, un ensemble de données et de sources déjà étudiées et publiées par d'autres historiens sont compilées. Très souvent, il s'agit d'un travail de recoupement de nombreux documents et d'exploitation statistique ou cartographique : tableau graphique, base de données, croquis, schéma, etc.

Étape 2 — Identifier la date de production

- Un document-source est contemporain de la période étudiée : 14 juillet 1889.
  Un document construit est une analyse ou reconstruction postérieure : 2000 pour la première édition du texte utilisé.

Étape 3 — Interroger l'intention de l'auteur

- Un document-source offre un regard direct sur la période à laquelle il appartient. Il est rarement produit pour renseigner les générations futures. La Une du journal prend parti pour le général Boulanger contre les parlementaires corrompus.
- L'histoire est une science sociale qui éclaire, de manière rigoureuse, les périodes du passé. Pour produire un document construit, l'historien respecte une méthode historique. Il analyse des documents-sources et exerce un regard critique. Francis Démier analyse les fondements du boulangisme pour expliquer ce mouvement et ses conséquences dans la France des années 1880.

Entraînement Les débuts de la IIIe République : documents-sources ou documents construits ? (p. 171)

S'exercer

1 Capacité Connaître et se repérer

Pour chaque événement, retrouvez la date, le contexte et le personnage associés.

Événement	Date	Contexte	Personnage
Déclenchement de l'affaire Dreyfus	1871	Révolution populaire	Louise Michel
Semaine sanglante	1905	Consolidation du régime républicain	Jules Ferry
Loi sur la séparation des Églises et de l'État	1894	Combat pour la laïcité	Aristide Briand
Loi sur l'école laïque et obligatoire	1882	Fragilisation du consensus républicain	Émile Zola
Vote des lois constitutionnelles	1875	Diffusion d'une culture républicaine	Léon Gambetta

2 Capacité Mener à bien une recherche personnelle

Effectuez les recherches nécessaires et faites une synthèse sur « L'histoire de Marianne » en répondant aux questions suivantes :

1. Quelle est l'origine de la représentation de la République sous les traits de Marianne ?
2. Quels attributs et quels symboles sont associés à Marianne ?
3. Quels sont les deux principaux types de représentations de Marianne qui coexistent sous la IIIe République ?
4. Quels visages a-t-on prêté à Marianne au cours du XXe siècle ?

Impression populaire au suffrage universel (détail), 1893. Musée Carnavalet, Paris.

3 Capacité Construire et vérifier des hypothèses sur une situation historique

1. Sous la forme d'un schéma, identifiez les différents éléments de la photographie.
2. Comment expliquez-vous l'organisation des lieux en deux parties ?
3. Comment expliquer la réunion en un même lieu de la mairie et de l'école ?

La mairie de Naours (Somme) et son école. Carte postale, vers 1910.

4 Capacité Confronter les informations

1 ▶ Une loi pour consolider la démocratie

« La presse à bon marché est une promesse tacite de la République au suffrage universel. Ce n'est pas assez que tout citoyen ait le droit de voter. Il importe qu'il ait la conscience de son vote, et comment l'aurait-il si une presse à la portée de tous, du riche comme du pauvre, ne va chercher l'électeur jusque dans le dernier village ? […] Or, la presse, […] cette parole présente à la fois partout et à la même heure, […] peut seule tenir la France tout entière assemblée comme sur une place publique et la mettre, homme par homme et jour par jour, dans la confidence de tous les événements et au courant de toutes les questions […]. »

Eugène Pelletan, « Rapport en vue de l'adoption de la loi sur la liberté de la presse », 18 juin 1881.

2 ▶ L'âge d'or de la presse

Publicité pour *Le Nouveau Journal quotidien*, imprimerie Émile Levy, 1880. BnF, Paris.

Étape 1 ANALYSER

1. Quel lien est fait entre la liberté de la presse et l'exercice du suffrage universel ? **(doc. 1)**
2. De quelle manière l'image illustre-t-elle « l'âge d'or de la presse » ? **(doc. 2)**

Étape 2 CONNAÎTRE

3. Pour quelles raisons les lois scolaires de Jules Ferry et la loi sur la liberté de la presse peuvent-elles être rapprochées ? **(Cours II p. 176)**

Étape 3 CONFRONTER

4. Expliquez ce que disent ces deux documents sur l'importance de la presse dans la France des années 1880.

Passé Présent

La charte de la laïcité

Plus d'un siècle après le vote des lois scolaires de Jules Ferry et de la loi de 1905, la charte de la laïcité, élaborée en 2013 par le ministère de l'Éducation nationale, réaffirme le sens et les enjeux du principe de laïcité à l'École, dans son rapport avec les autres valeurs de la République.

1. Quelles sont les libertés garanties par le respect du principe de laïcité ?
2. De quoi le respect de ce principe protège-t-il les élèves ?
3. Quelles conséquences le respect du principe de laïcité a-t-il sur le contenu des enseignements et les devoirs des enseignants ?

Méthode Bac

Rédiger au brouillon

Sujet guidé La diffusion d'une culture républicaine en France entre 1871 et 1914

BAC

Conseils pour rédiger

Avant de rédiger votre composition, préparez votre travail au brouillon en 3 étapes.

ÉTAPE 1
Analyser le sujet

- Expliquez les mots clés du sujet pour cadrer votre réflexion. Quand ? 1871-1914.
- Quelle est la notion principale ? La culture républicaine : ensemble de valeurs et représentations partagées par la population française.
- Formulez une problématique : Quels facteurs ont participé à la diffusion d'une culture républicaine en France entre 1871 et 1914 ?

ÉTAPE 2
Mobiliser ses connaissances

- Mobilisez vos connaissances sous forme d'une prise de notes. Inscrivez vos idées sans ordre logique, avec comme objectif de faire le tour du sujet : dates et personnages clés, notions et idées essentielles, exemples à développer.

ÉTAPE 3
Élaborer un plan détaillé

- Construisez un tableau pour ordonner les éléments de connaissances dans un plan thématique ou chronologique.
  > Un plan thématique est adapté au sujet car il permet de raisonner par types de facteur.
- Recherchez des idées générales qui peuvent correspondre à de grandes parties et donnez-leur un titre. Définissez ensuite des sous-parties avec, pour chacune, une idée principale et un exemple développé.
- Préparez des phrases de transition avec des connecteurs logiques.
- Prenez ensuite quelques notes pour préparer la rédaction de la conclusion (réponse au sujet, définition de limites/ouverture).

IDÉES GÉNÉRALES (GRANDES PARTIES)	NOTIONS ET IDÉES IMPORTANTES. (SOUS-PARTIES)	EXEMPLES À DÉVELOPPER
I. La pratique du suffrage universel, un fondement de la culture républicaine	a. Lois fondamentales et liberté de la presse garantissent l'exercice du suffrage universel. b. Les femmes ne sont pas considérées comme des citoyennes à part entière.	Lois constitutionnelles de 1875. Loi sur la liberté de la presse de 1881. Combat d'Hubertine Auclert pour l'émancipation et le droit de vote des femmes.
II. L'école publique au service de l'enracinement du régime	a. Une école laïque, gratuite, et obligatoire. b. Le rôle des instituteurs et institutrices.	Lois de 1881-1882. La figure du « hussard noir ». L'histoire : exemple d'un enseignement républicain.
III. Symboles et célébrations renforcent le consensus national	a. Des symboles pour représenter la République. Des chants pour la célébrer. b. Célébrations et fêtes consolident l'adhésion des Français.	Marianne : une personnification de la République. 1879 : *La Marseillaise* hymne national. 1880 : le 14-juillet fête nationale. 1885 : funérailles de Victor Hugo.

Sujet blanc Résistances et oppositions au régime républicain entre 1890 et 1914

Méthode Bac

Analyser un dessin de presse

Sujet guidé L'affrontement entre républicains au début de la IIIe République

▲ **Alfred Le Petit, « Les deux Républiques », estampe publiée dans *Le Grelot*, 28 janvier 1872.** Musée Carnavalet, Paris.

ÉTAPE 1 Analyser le sujet et le document

- Quand ? Début de la IIIe République (contexte de la Commune). Qui ? Des républicains qui s'opposent.
- Proposez une problématique : quels sont les fondements de l'opposition entre républicains dans les premiers temps de la IIIe République ?
- Analysez le document : chaque femme incarne une conception de la République et de l'héritage de 1789 : la République libérale face à la République sociale.

ÉTAPE 2 Construire un plan (au brouillon)

- Recherchez 2 ou 3 idées principales et classez les éléments du document selon le plan adopté : ce sujet appelle un plan thématique.
- Reliez ces éléments au cours et organisez la réponse dans un tableau.

ÉTAPE 3 Rédiger (sur la copie)

- **L'introduction** : introduisez le sujet par une phrase (contexte). Présentez le document (nature, auteur, date, thème) et analysez les mots clés du sujet. Formulez la problématique.
- **Le développement** doit respecter l'ordre suivant : les références au document ; l'idée générale ; l'apport de connaissances.
- **La conclusion** : soulignez l'intérêt et éventuellement les limites du document.

> Le document permet de comprendre la ligne de fracture entre les deux Républiques. Mais il se moque et rejette ces deux conceptions sans pourtant expliciter son point de vue, celui des républicains intransigeants ou radicaux.

PLAN	DOCUMENTS	CONNAISSANCES ET ANALYSE
I. Deux Républiques que tout oppose	La « République honnête » : visage d'Adolphe Thiers, incarne la France rurale. Les trois couleurs renvoient à la révolution bourgeoise. « Honnête » fait référence aux Français qui respectent l'ordre. La « République rouge » : celle des sans-culottes de 1793, des Communards. Pieds nus et en armes, c'est la République combattante.	En 1871, le gouvernement de Versailles dirigé par Thiers, incarne une République conservatrice. Les Communards de 1871 se veulent à la fois patriotes et défenseurs d'une République sociale. La caricature fait référence à l'affrontement entre Versaillais et Communards au printemps 1871.
II. Un regard critique qui rejette les deux conceptions	Les deux Républiques se font face sans qu'aucune soit mise en avant. Toutes deux sont caricaturées. Le dialogue semble les renvoyer dos à dos.	Alfred Le Petit fait partie d'un troisième groupe de républicains : les Intransigeants ou Radicaux. Sans être Communards, ils veulent l'établissement rapide d'une République sociale.

Sujet blanc Les causes et les conséquences du vote de la loi de séparation des Églises et de l'État (doc. 4 p. 183)

Réviser

La mise en œuvre du projet républicain

Fiche de révision

Comment la République s'enracine-t-elle entre 1870 et 1914 ?

I La République des royalistes (1870-1879)

- La République naissante est fragile. Les royalistes sont majoritaires à la Chambre des députés. Pendant la Commune de Paris, le peuple entre en révolution.
- Durant cette période, les tentatives de restauration monarchique échouent.
- Entre 1875 et 1879, les républicains s'imposent. Le régime est doté d'une constitution et prend une forme parlementaire.

II La République opportuniste : consolider le régime (1880-1892)

- Les républicains au pouvoir ancrent politiquement le régime par des lois.
- L'ancrage est également social avec la diffusion d'une culture républicaine. Les instituteurs de l'école publique, laïque et obligatoire participent à cette diffusion.
- Des résistances antirépublicaines se manifestent néanmoins : dans les milieux catholiques, au sein de la gauche révolutionnaire et de la droite antiparlementaire.

III La République des radicaux à l'épreuve des enjeux du XXe siècle (1892-1914)

- Entre 1892 et 1906, plusieurs crises mettent la République à l'épreuve mais sont surmontées.
- La consolidation intérieure de la République passe par l'intégration de la population des campagnes et du mouvement ouvrier. Mais les femmes restent exclues de la vie politique.
- La consolidation extérieure : la République assume sa dimension impérialiste et patriotique alors que les tensions augmentent en Europe.

Repères clés

LES ACTEURS ET LES ACTRICES

Léon Gambetta (1838-1882)

Adolphe Thiers (1797-1877)

Louise Michel (1830-1905)

Jules Ferry (1832-1893)

Victor Hugo (1802-1885)

Léontine Arman de Caillavet (1844-1910)

Aristide Briand (1862-1932)

Maria Vérone (1874-1938)

LES LIEUX

- **La mairie**
La loi du 5 avril 1884 rend obligatoire, dans chaque village, la présence et l'entretien d'une mairie, généralement associée à l'école communale.
- **La Chambre des députés**
À partir de 1879, le président de la République tend à s'effacer politiquement au profit de la Chambre des députés. Elle devient le centre politique et symbolique de la République.

Schéma animé
www.lienmini.fr/hist1-53

Schéma bilan

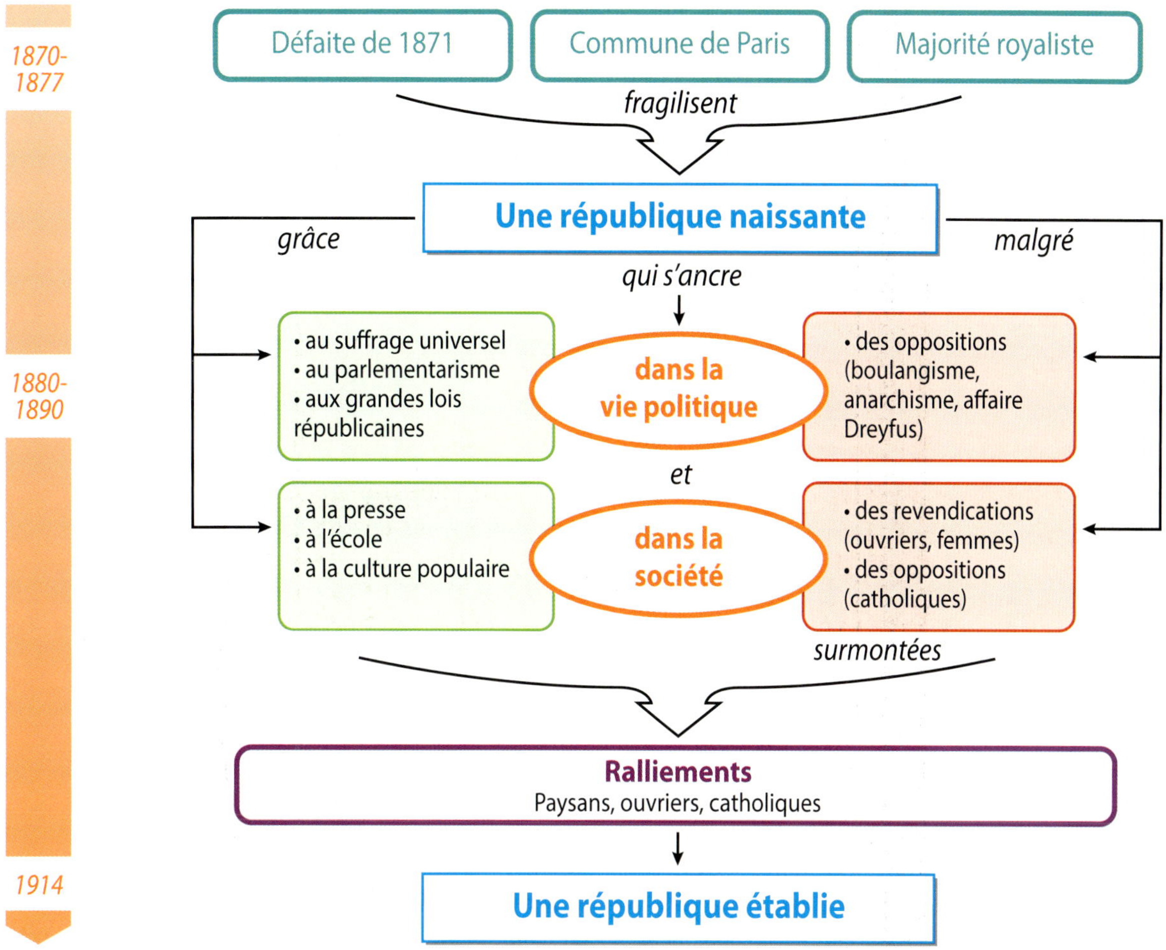

QCM interactif
www.lienmini.fr/hist1-54

LES DATES

- **1875** Lois constitutionnelles
- **1880** Le 14-Juillet devient fête nationale
- **1881** Grandes lois républicaines
- **1892** Ralliement des catholiques
- **1893** Attentat anarchiste à l'Assemblée
- **1906** Dreyfus réhabilité

Points de passage et d'ouverture

1871 Louise Michel pendant la Commune
Louise Michel joue un rôle important lors des journées révolutionnaires de la Commune de Paris et s'impose comme une figure majeure des mouvements socialiste et anarchiste.

1885 Les funérailles nationales de Victor Hugo
Les funérailles de Victor Hugo sont l'occasion pour le régime naissant d'organiser une grande cérémonie républicaine, patriotique et populaire.

1905 Le vote de la loi de séparation des Églises et de l'État
Le vote de la loi donne lieu à un débat parlementaire qui aboutit à préciser le caractère laïc du régime sans déclencher de conflit majeur.

CHAPITRE 7

Permanences et mutations de la société française jusqu'en 1914

Quel est l'impact des transformations économiques sur la société française entre 1870 et 1914 ?

Cours I

Entre 1870 et 1914, la France, engagée dans la deuxième révolution industrielle, entre dans la modernité. Les transformations touchent les villes comme les campagnes. Le travail dans les usines attire une nouvelle main-d'œuvre, rurale, féminine et étrangère.

Cours II

L'élévation globale du niveau de vie change le quotidien de nombreux Français. La bourgeoisie et les ouvriers sont deux classes sociales en pleine expansion. De nombreuses tensions apparaissent au sein d'une société qui reste très inégalitaire.

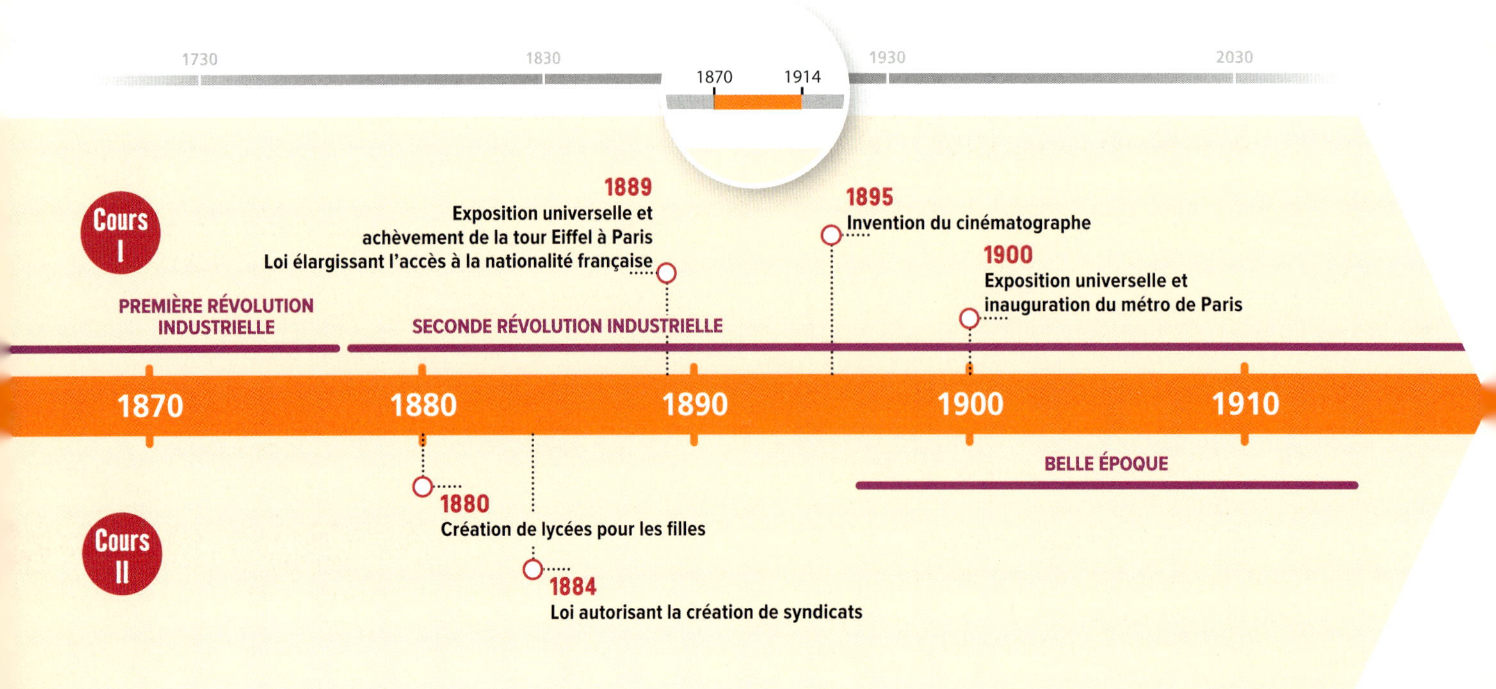

Le Champ-de-Mars sous la tour Eiffel pendant l'Exposition universelle de 1900
Diapositive sur verre colorisée, 1900.

« Jamais et nulle part, on n'a réuni autant de curiosités, de merveilles, d'attractions de toute nature, de spectacles éblouissants et somptueux, et les plus blasés, les plus sceptiques, en présence d'un ensemble aussi grandiose, sentiront leur cœur palpiter d'une patriotique admiration. »

Le Petit Journal, supplément du dimanche, 19 août 1900.

Questions

1 Pourquoi la tour Eiffel est-elle un symbole de modernité ?

2 À quelle classe sociale semblent appartenir les promeneurs du Champ-de-Mars ?

3 Quelle image de la France du début du XXe siècle nous renvoient la photographie et la citation ?

Fiche d'activité
www.lienmini.fr/hist1-55

Notions

Progrès et résistances dans la société française

Après 1870, la **seconde révolution industrielle** marque une nouvelle étape dans les transformations économiques. Une ère de **progrès** s'ouvre en France, qui change considérablement les paysages et la société. L'urbanisation favorise l'immigration et l'exode rural.

Ces bouleversements s'accompagnent d'une **recomposition sociale**. Dans cette France tiraillée entre progrès et archaïsmes, le monde paysan amorce son déclin au profit d'une société urbaine dont la bourgeoisie est le pivot. Le **monde ouvrier**, en plein essor, s'organise et le féminisme promeut l'émancipation des femmes.

La seconde révolution industrielle

Définition : seconde phase du processus d'industrialisation qui engendre des mutations économiques et sociales profondes.

Contexte : à partir des années 1870-1880, des sources d'énergie inédites (électricité, gaz, pétrole) permettent de nouvelles avancées techniques. L'industrie chimique, la sidérurgie, les moyens de communication et de transport se développent.

La fée Électricité, symbole de la seconde industrialisation.
Lithographie de David Dellepiane, 1908.

Point de passage et d'ouverture, p. 202
Le Creusot et la famille Schneider

Le progrès

Définition : évolutions positives (économiques, sociales, politiques) permettant une vie meilleure au sein d'une société.

Contexte : à la fin du XIXe siècle, le progrès est à la fois technique (amélioration des moyens de production), économique (développement de nouvelles activités, accroissement de la richesse) et social (amélioration générale du niveau de vie).

Le tramway à Nice en 1905.
Photographie de Jean Gilletta, 1905.

Point de passage et d'ouverture, p. 204
Les expositions universelles de 1889 et 1900

Point de passage et d'ouverture, p. 202

Études, p. 206, 207

Étude, p. 212

1870 — PREMIÈRE RÉVOLUTION INDUSTRIELLE — **1880** — SECONDE RÉVOLUTION INDUSTRIELLE

- Accélération de l'exode rural
- Recours à l'immigration italienne
- **1876** H. Auclert fonde Le Droit des femmes
- **1877** Installation du marteau-pilon géant du Creusot

Le processus de modernisation de la société française

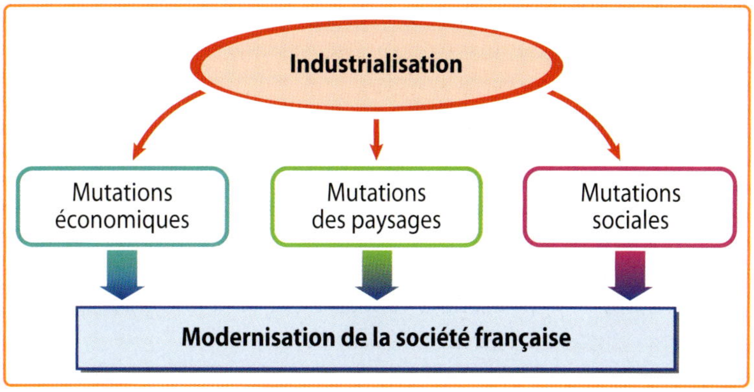

« Il ne faut jamais s'effrayer de la marche de la science, puisqu'il est sûr qu'elle ne mènera qu'à découvrir d'incomparables beautés. »

Ernest Renan, *La Science et l'Avenir*, 1890.

La recomposition sociale

Définition : réorganisation des structures sociales sous l'effet de grandes mutations économiques.

Contexte : la seconde révolution industrielle amorce le basculement d'une civilisation rurale et agricole vers une civilisation urbaine et industrielle. Ce déclin lent et progressif s'accompagne d'une expansion du monde ouvrier et de l'émergence de nouvelles élites sociales.

Les guinguettes, lieux de rencontre des classes sociales. Auguste Renoir, *Le Déjeuner des canotiers*, huile sur toile, 1881. The Phillips Collection, Washington.

Étude, p. 206 L'importance du monde rural et ses difficultés

Étude, p. 207 Les immigrés italiens en France (1870-1914)

Étude, p. 212 Hubertine Auclert, un combat pour l'égalité

Étude cinéma, p. 213 *Journal d'une femme de chambre,* Benoît Jacquot (2015)

Le monde ouvrier

Définition : classe sociale salariée composée de travailleurs manuels qui ont une fonction de production.

Contexte : dans la seconde moitié du XIXe siècle, le monde ouvrier se caractérise par sa diversité, la pénibilité de son travail et la précarité de ses conditions de vie. Dans le secteur de l'industrie, ces ouvriers, de plus en plus nombreux, s'organisent pour acquérir des droits.

Des conditions de travail difficiles dans une usine de métallurgie. Ferdinand-Joseph Gueldry, *Le Laminoir* (détail), huile sur toile, 1901. Musée des Beaux-Arts, Nîmes.

Point de passage et d'ouverture, p. 210
1891 : la fusillade de Fourmies du 1er mai

Point de passage et d'ouverture, p. 204

Point de passage et d'ouverture, p. 210

Point de passage et d'ouverture, p. 204

1890 — 1900

1889 Exposition universelle de Paris

Mai 1891 La fusillade de Fourmies (1er mai)

1900 Exposition universelle de Paris

Cartes

Industrialisation, sociétés et territoires

À la fin du XIXe siècle, **la France s'industrialise** (doc. 2). Les industries font naître d'actifs bassins industriels et favorisent la croissance des villes (banlieues ouvrières des métropoles et villes industrielles nouvelles).

La **société se transforme** avec plus d'ouvriers et le développement du travail féminin (doc. 2). L'apparente modernité s'accompagne de profondes inégalités que révèlent les grèves ouvrières, mais aussi la lutte des femmes pour conquérir leurs **droits**, notamment **politiques** (doc. 1).

1 ▸ L'avancée des droits politiques des femmes en Europe au début du XXe siècle

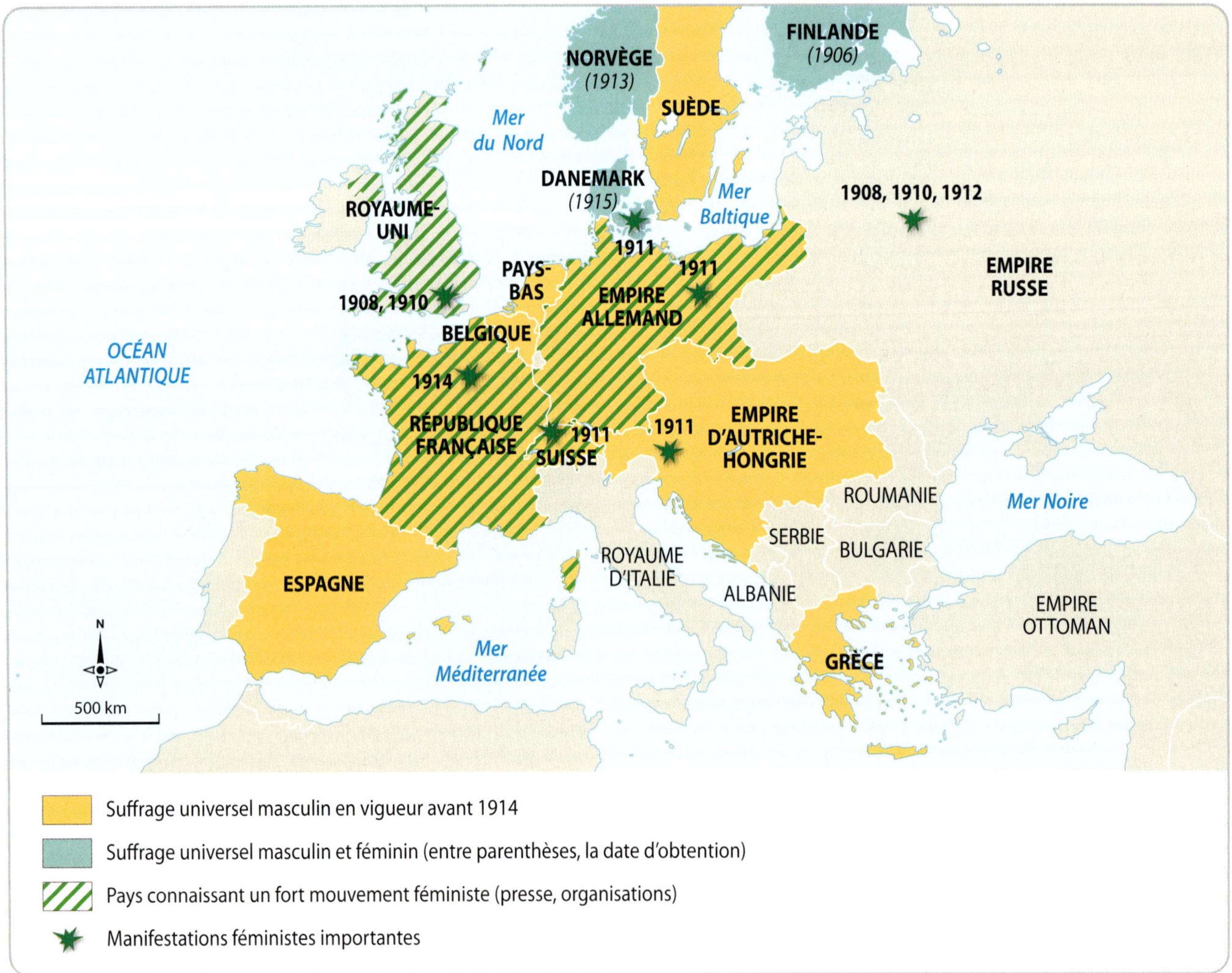

Questions

1. Localisez les régions les plus touchées par l'industrialisation. (doc. 2)
2. Comment la population ouvrière évolue-t-elle, en France, de 1870 à 1914 ? Au profit de quelles régions ? (doc. 2)
3. Identifiez les différentes revendications, en France et en Europe, entre 1870 et 1914. (doc. 1 et 2)
4. De quelle(s) manière(s) ces revendications se manifestent-elles ? (doc. 1 et 2)

Carte interactive www.lienmini.fr/hist1-56

2 ▸ Les mutations économiques et sociales en France entre 1870 et 1914

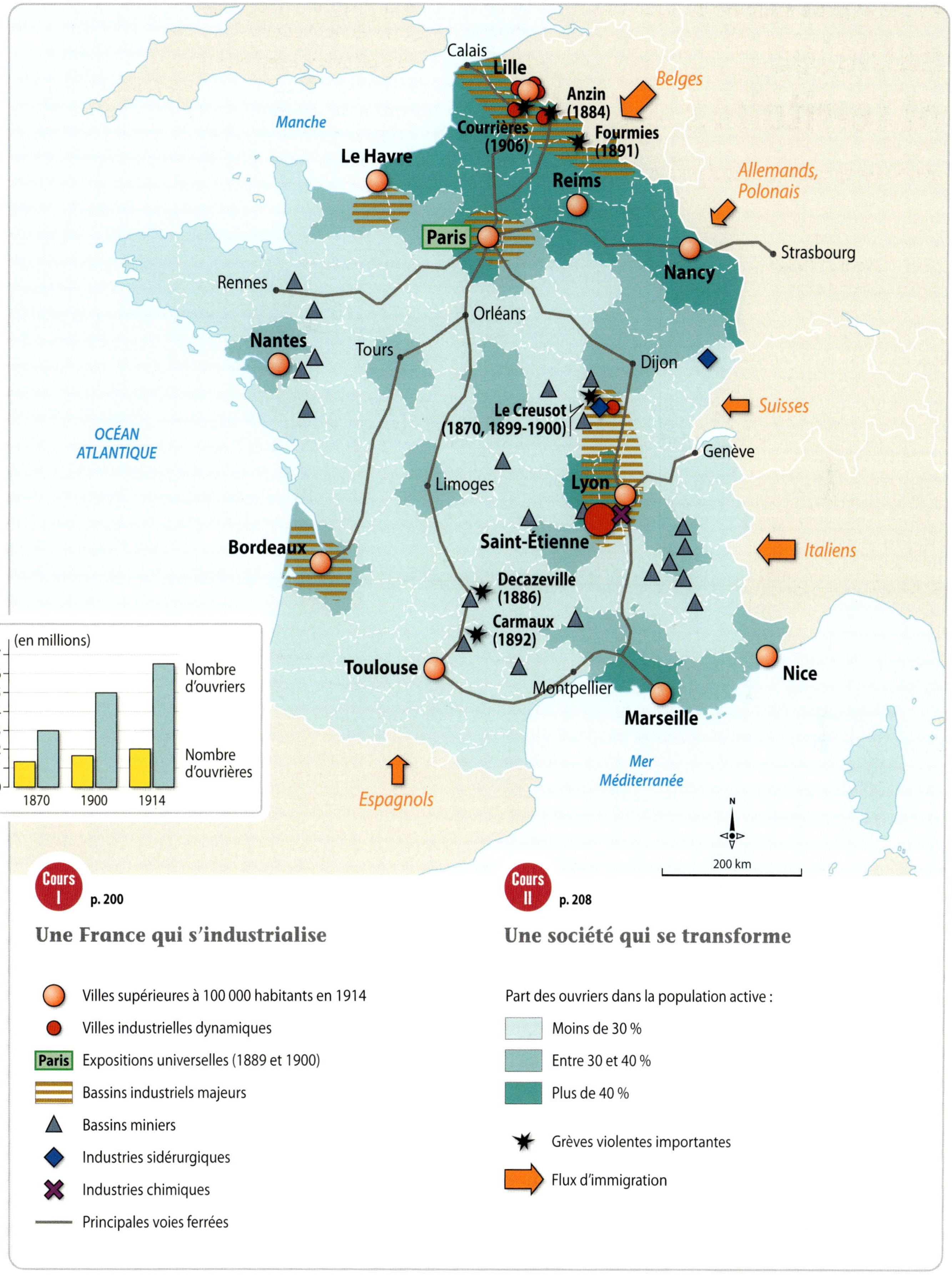

Cours I p. 200

Une France qui s'industrialise

- Villes supérieures à 100 000 habitants en 1914
- Villes industrielles dynamiques
- Paris — Expositions universelles (1889 et 1900)
- Bassins industriels majeurs
- Bassins miniers
- Industries sidérurgiques
- Industries chimiques
- Principales voies ferrées

Cours II p. 208

Une société qui se transforme

Part des ouvriers dans la population active :

- Moins de 30 %
- Entre 30 et 40 %
- Plus de 40 %

- Grèves violentes importantes
- Flux d'immigration

Cours

PLAN

I Une nouvelle étape dans l'industrialisation (1870-1914)

Comment la seconde révolution industrielle crée-t-elle les bases d'une profonde mutation de la société ?

	1876	1911
Paris	1 988	2 888
Marseille	318	550
Lyon	342	523
Saint-Étienne	126	148
Clermont-Ferrand	41	65
Villeurbanne	9	42

La croissance urbaine (en milliers d'habitants)

Alain Beltran, *Un siècle d'histoire industrielle en France, industrialisation et sociétés, 1880-1970*, Sedes, 1998.

A. Une seconde révolution industrielle

• **Une nouvelle période de croissance.** Après la première révolution industrielle du début du siècle, les années 1870 sont une nouvelle étape dans le processus d'industrialisation. La croissance de la production est soutenue : de 1896 à 1914, le taux de croissance industrielle moyen est de 2,4 % par an.

• **De nouvelles énergies et innovations.** Si le charbon et la vapeur restent les sources d'énergie majeures, l'électricité et le pétrole s'imposent comme les piliers du nouveau dynamisme économique. Inventions et innovations stimulent la production et la consommation. Dans les usines, des marteaux-pilons toujours plus grands permettent de forger le métal. Des presses hydrauliques, plus performantes, les remplacent progressivement. À Paris, l'Exposition internationale d'électricité en 1881, ou le palais de l'Électricité de l'Exposition universelle de 1900, plongent les Français dans le progrès et la modernité symbolisés par la « fée Électricité » (Paul Morand).

• **Les secteurs moteurs de l'économie.** Le textile connaît son apogée en France et représente 30 % de l'activité industrielle. La sidérurgie innove (procédé Thomas-Gilchrist d'affinage de la fonte brute, en 1878) pour répondre à la forte demande en acier des industries mécaniques, dynamisées par les nouveaux transports et les infrastructures urbaines. La chimie est active pour produire engrais ou textiles artificiels (par exemple la rayonne, alternative à la soie, en 1884). Ces secteurs s'organisent (fayolisme) pour produire plus et plus vite.

Point de passage et d'ouverture, p. 204

B. La transformation des territoires

• **Le dynamisme des zones urbaines.** La seconde révolution industrielle accélère l'urbanisation. Le travail se trouve désormais dans les villes. Le taux d'urbanisation passe ainsi de 31 % en 1870 à 44 % en 1911. La croissance profite aux agglomérations où se forment les premières banlieues ouvrières : le terme de « banlieusard » apparaît d'ailleurs vers 1880. Elle fait naître aussi de nouvelles villes industrielles comme Le Creusot.

• **La transformation des campagnes.** La Grande Dépression (1873-1896) accélère le déclin des campagnes. De nouvelles concurrences mondiales font baisser les prix et les revenus agricoles. La lente mécanisation réduit les besoins de main-d'œuvre. Le nombre de batteuses à vapeur est multiplié par trois de 1882 à 1896. L'exode rural s'accélère à partir des années 1870 : entre 100 000 et 150 000 ruraux par an gagnent la ville. Les petites industries rurales reculent au profit des grandes entreprises urbaines.

Vocabulaire

Exode rural : processus qui désigne les migrations durables des habitants des campagnes vers les villes.
Exposition universelle : manifestation internationale d'innovations technologiques et industrielles organisée dans une ville. Son objectif est culturel et commercial.
Fayolisme : du nom de l'ingénieur français Henri Fayol. Théorie sur l'organisation administrative des entreprises, ancêtre du management.
Immigration : fait de quitter durablement son pays d'origine pour s'installer dans un autre pays.
Industrialisation : phase durant laquelle l'industrie prend le rôle moteur de l'économie au détriment de l'agriculture.
Naturalisation : acquisition par un étranger de la nationalité du pays où il réside.
Population active : ensemble des personnes qui exercent ou cherchent à exercer un emploi.

• **L'importance des transports.** La généralisation des nouveaux transports (chemin de fer, bateaux à vapeur) rend les Français plus mobiles. Les lignes ferroviaires qui triplent entre 1880 et 1910 désenclavent les campagnes. Tramways et trains de banlieue accompagnent la croissance des villes. À Paris, le métro, inauguré en 1900, transporte 467 millions de passagers en 1913.

Point de passage et d'ouverture, p. 202
Étude, p. 206

Cours en podcast
QCM interactif
www.lienmini.fr/hist1-57

C. L'évolution du monde du travail

• **La croissance du salariat.** La part croissante des grandes entreprises industrielles, mais aussi des administrations publiques provoque une forte augmentation du nombre de salariés au détriment des producteurs indépendants (artisans, agriculteurs). 58 % des actifs sont salariés vers 1900.

• **La réorganisation des secteurs d'activité.** La population active passe de 15 millions en 1870 à près de 21 millions en 1914. Jusqu'au milieu du XIXe siècle, 1 actif sur 3 était agriculteur. En 1914, les paysans représentent 40 % de la population active. Le déclin se fait au profit du secteur secondaire. Les grandes usines attirent ces travailleurs agricoles vers le monde ouvrier. Le secteur tertiaire se développe également : personnel administratif, banque, commerce, etc.

• **Un renouvellement de la main-d'œuvre.** Au XIXe siècle, les femmes jouent un rôle important dans les secteurs de l'agriculture et de l'artisanat à domicile. L'industrialisation apporte des emplois salariés qui font émerger la figure de l'ouvrière. En 1914, la part des femmes dans la population active atteint 36 %. Du fait de sa faible natalité, la France est le premier pays industrialisé d'Europe à faire appel à l'immigration. En 1889, une loi fixe les conditions de la naturalisation : après 10 ans de présence dans le pays, un immigré peut alors devenir Français. La main-d'œuvre étrangère présente des avantages : salaires moindres, faibles revendications, flexibilité. Des tensions sont cependant fréquentes : en 1893, huit ouvriers italiens sont massacrés dans les salines d'Aigues-Mortes. Au début du XXe siècle, la France métropolitaine compte plus d'un million d'immigrés.

Étude, p. 207

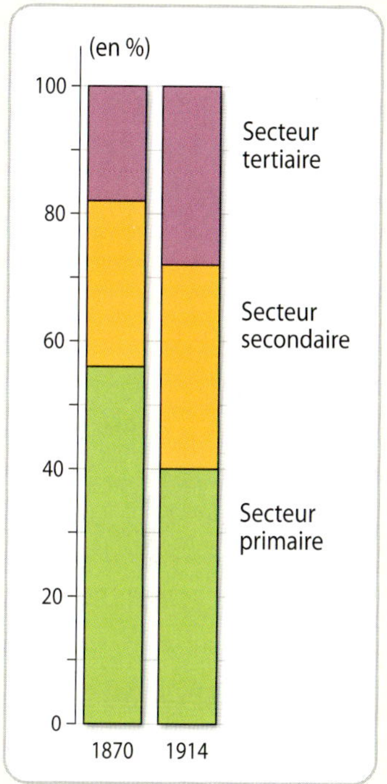

Répartition de la population active en France en 1870 et 1914

La ville

La ville est un lieu clé de la seconde révolution industrielle en France. Elle devient un lieu de production, de pouvoir et de modernité. Les usines s'y installent quand ce ne sont pas elles qui lui donnent naissance. Les moyens de transport y acheminent la main-d'œuvre. Quartiers industriels et villes ouvrières prospèrent. À Saint-Denis, en banlieue de Paris, 80 usines font passer la population de 34 000 habitants en 1876 à 71 000 en 1911.

Maurice Falliès, *Gare et usines à Saint-Denis*, 1883. Huile sur panneau. Musée de l'Île-de-France, château de Sceaux.

Le Creusot et la famille Schneider

Comment la famille Schneider transforme-t-elle Le Creusot?

À partir de 1836, la famille Schneider transforme un petit bourg rural de 2 700 personnes en un grand centre sidérurgique de 35 500 habitants, dont 13 000 travaillent dans les usines du même nom.

1 ▸ Une dynastie de grands industriels

(Drapeau) Maire du Creusot

- **Johan Jacob** (1708-1801) Laboureur
  - **Antoine** (1758-1828) Notaire, conseiller général
    - **Adolphe** (1802-1845) (Maire) **Industriel**
    - **Eugène Ier** (1805-1875) (Maire) **Industriel**, ministre
      - **Henri** (1840-1898) (Maire) **Industriel**, député
        - *Épouse Zélie Asselin en 1863*
          - **Constance** (1865-1935) *Ép. marquis de Chaponay*
          - **Eugène II** (1868-1942) (Maire) **Industriel**
        - *Épouse Euxodie Asselin en 1872*
          - **Zélie** (1872-1969) *Ép. comte de Ganay*
          - **Marguerite** (1876-1969) *Ép. marquis de Brantes*
          - **Madeleine** (1879-1969) *Ép. marquis de Juigné*

3 ▸ Henri Schneider en saint patron

Vitrail de l'église Saint-Henri (détail), Le Creusot, 1890.

2 ▸ La cité de la Villedieu, 1865

105 maisons identiques, de deux pièces sur un seul niveau, avec cuisine en appentis, sont construites entre 1865 et 1875 sur des parcelles d'égale superficie et dans la même position.

4 ▸ Le « paternalisme » d'Henri Schneider

« Être le père de vos ouvriers, voilà bien, Monsieur, la constante préoccupation de votre cœur. Toutes les œuvres de bienfaisance dont vous avez doté votre cité en donnent un vivant et magnifique témoignage. L'enfant a ses écoles, le vieillard sa Maison de famille pour abriter ses infirmités; les blessés et les malades trouveront ici l'Hôtel du bon Dieu […]. Cette pensée constante de votre vie, vouée au bien-être moral et matériel de votre grande famille ouvrière, vous l'avez recueillie, Monsieur, de votre illustre père, le grand génie qui a créé cette cité industrielle dont vous contribuez à maintenir et étendre la glorieuse renommée. »

J.-A. Burdy, adjoint au maire du Creusot, discours pour l'inauguration de l'Hôtel-Dieu, 15 septembre 1894.

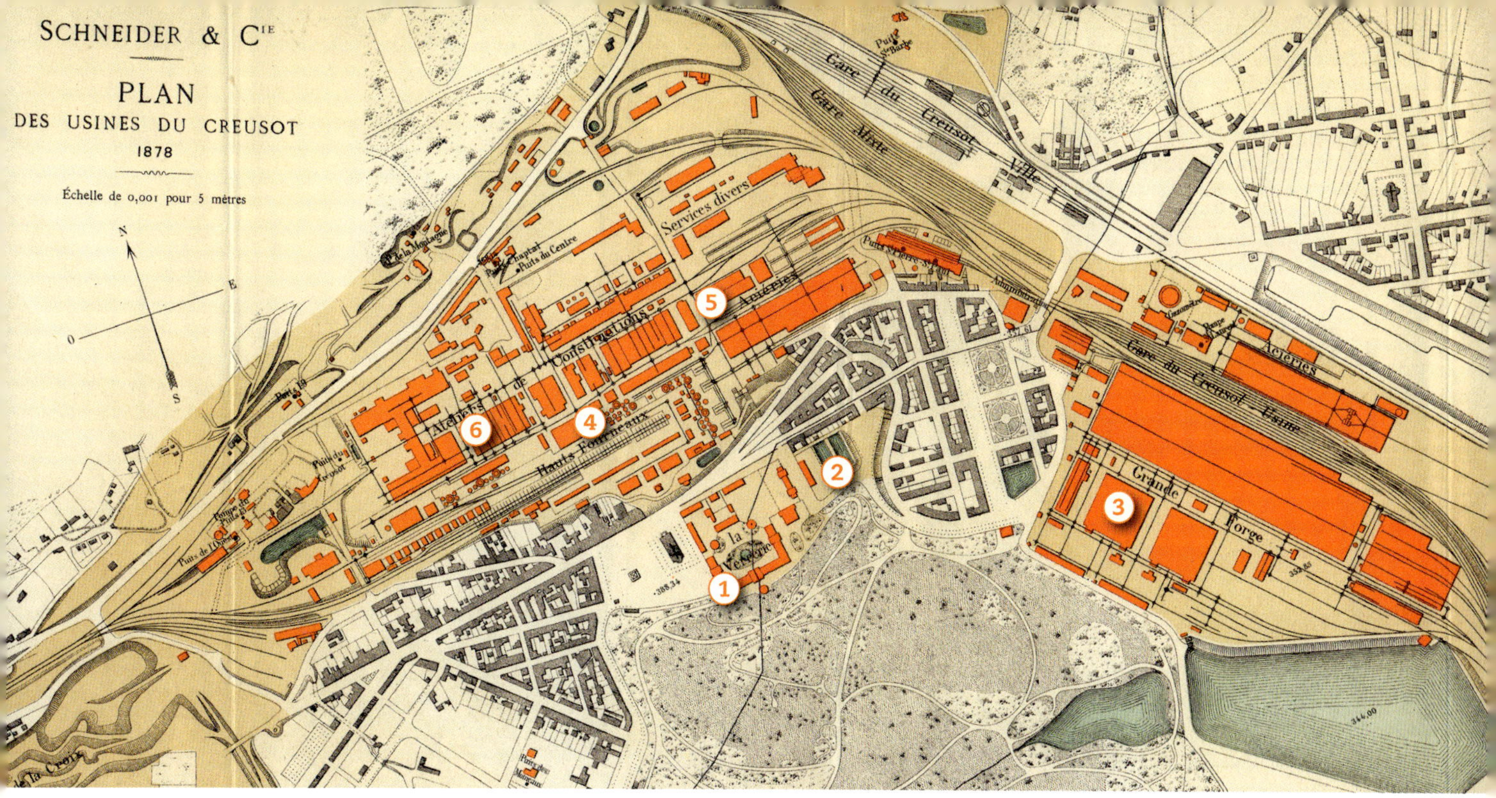

5 ▶ Plan de l'usine et de la ville du Creusot, vers 1878

Écomusée du Creusot.

(1) Château de la Verrerie, résidence de la famille Schneider (2) École et hôpital construits par la famille Schneider (3) Nouvelle forge (4) Hauts-fourneaux : fours à très haute température qui transforment le minerai de fer et le charbon en fonte (5) Fours à coke : fours qui transforment le charbon en coke utilisé comme combustible dans les hauts-fourneaux (6) Ateliers de construction mécanique (notamment de locomotives).

6 ▶ L'usine du Creusot

« Entrons dans l'usine de MM. Schneider. Quelle féerie ! C'est le royaume du Fer où règne sa Majesté le feu ! Du Feu ! on en voit partout. [...] Les machines voraces mangent ce feu, ce fer rouge, le broient, le coupent, le scient, l'aplatissent, le filent, le tordent, en font des locomotives, des navires, des canons, mille choses diverses, fines comme des ciselures d'artistes, monstrueuses comme des œuvres de géants [...]. Et toujours un bruit formidable et régulier dominant le tumulte des roues, des chaudières, des enclumes, des mécaniques de toutes sortes, fait trembler le sol. C'est le gros pilon du Creusot[1] qui travaille. Il est au bout d'un immense bâtiment qui en contient dix ou douze autres. [...] Lui, le gros, il pèse cent mille kilos, et tombe, comme tomberait une montagne, sur un morceau d'acier rouge plus énorme encore que lui. [...] Et nous entrons dans la galerie des laminoirs, c'est ici un spectacle plus étrange encore. Des serpents rouges courent par terre, les uns minces comme des ficelles, les autres gros comme des câbles. [...] Impuissante, la masse rougie, opaque et carrée de Bessemer[2] s'étend sous l'effort des mécaniques et, en quelques secondes, devient un rail. Une scie géante la coupe à sa longueur exacte, et d'autres suivent sans fin, sans que rien arrête ou ralentisse le formidable travail. »

Guy de Maupassant, *Gil Blas*, numéro du 28 août 1883.

1. Construit en 1877, il est alors le plus puissant au monde.
2. Acier.

Notion
La 2de révolution industrielle : p. 196

Vocabulaire
Paternalisme : p. 208

Questions

ANALYSER

1. Montrez l'ascension sociale de la famille Schneider. **(doc. 1)**
2. De quelle manière la famille Schneider exerce-t-elle son influence sur les ouvriers ? **(doc. 2 à 4)**

CONTEXTUALISER

3. Quel lien peut-on établir entre la croissance de la ville du Creusot et l'activité développée par la famille Schneider ? **(doc. 2 et 5)**

METTRE EN RELATION

4. En quoi ces deux documents se complètent-ils pour témoigner du dynamisme industriel du Creusot ? **(doc. 5 et 6)**

ARGUMENTER ET S'EXPRIMER

5. Construisez un schéma pour montrer l'influence de la famille Schneider sur la ville du Creusot.

Aide Les transformations concernent l'économie, l'organisation de la ville, la vie des habitants.

Bac

6. Montrez que l'industrialisation du Creusot a favorisé l'émergence de deux groupes sociaux. **(doc. 2 et 3)**

Point de passage et d'ouverture

Les expositions universelles de 1889 et 1900

Gustave Eiffel
(1832-1923)
Ingénieur et industriel français. Ses réalisations en fer, matériau novateur au XIXe siècle, sont des symboles de modernité qui ont fait passer son nom à la postérité.

Pourquoi les expositions universelles incarnent-elles le progrès ?

En 1851, Londres organise la première Exposition universelle qui présente les réalisations industrielles de différentes nations. En accueillant celles de 1889 et de 1900, Paris entend rivaliser. La France exalte son ingéniosité scientifique et son dynamisme commercial.

Notion
Le progrès : p. 196

1 ▶ Le cinématographe présenté lors de l'Exposition de 1900
Gravure de Louis Poyet parue dans *La Nature*, 29 septembre 1900.

2 ▶ Les expositions universelles en chiffres

	1889	1900
Thème	Le centenaire de la Révolution	Le bilan du siècle
Durée	179 jours (5 mai-31 octobre)	212 jours (15 avril-12 novembre)
Surface	96 hectares	120 hectares
Visiteurs	32 millions	51 millions
Exposants	62 000	83 000
Pays participants	35	58

3 ▶ L'électricité, une révolution technologique

« C'est alors que retentit un rire étrange, crépitant, condensé : celui de la fée Électricité ; [...] elle triomphe à l'Exposition ; elle naît du ciel comme les vrais rois. Le public rit des mots "Danger de mort", écrits sur les pylônes. [...] Elle est le progrès, la poésie des humbles et des riches ; elle prodigue l'illumination [...]. À l'Exposition, on la jette par les fenêtres [...]. Le gaz abdique. [...]. La nuit, des phares balaient le Champ-de-Mars [...], ce ne sont que retombées vertes, jets orchidée, orchestration du feu liquide, débauche de volts et d'ampères. La Seine est violette, gorge de pigeon, sang de bœuf. L'électricité, c'est le fléau, c'est la religion de 1900. »

Paul Morand, *1900*, Éditions de France, 1931.

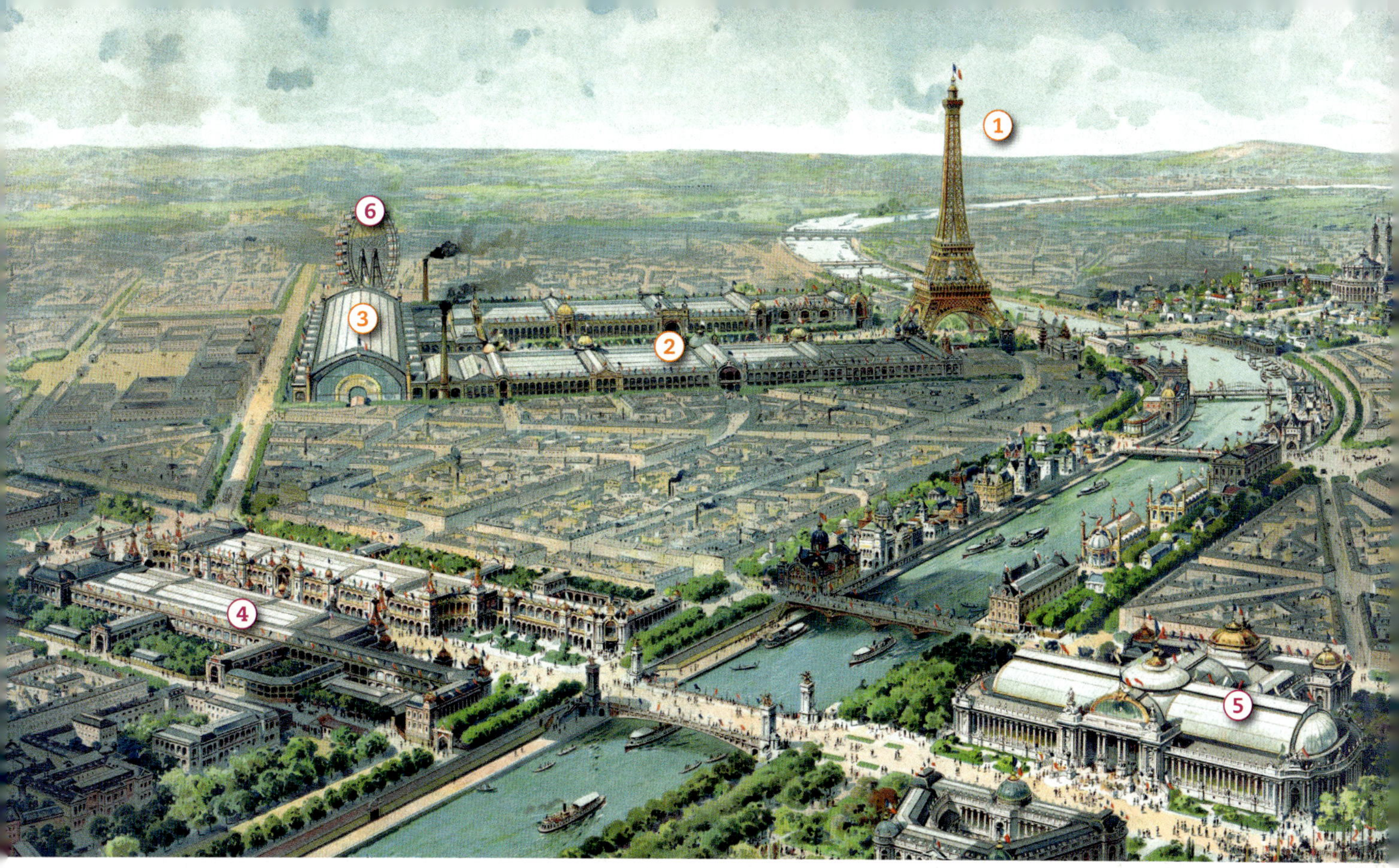

4 ▶ Vue de l'Exposition universelle de 1900. Lithographie de Lucien Baylac (1851-1913).
Constructions de l'Exposition universelle de 1889 : (1) La tour Eiffel (2) Le palais du Champ-de-Mars (expositions industrielles) (3) Le palais de l'Électricité.
Constructions de l'Exposition universelle de 1900 : (4) Le palais des Manufactures nationales (Invalides) (5) Le Grand et le Petit Palais (6) La gande roue d'un diamètre de 100 mètres.

5 ▶ La tour Eiffel, un projet polémique

« Nous venons, écrivains, peintres, sculpteurs, architectes, amateurs passionnés[1] de la beauté jusqu'ici intacte de Paris, protester de toutes nos forces, de toute notre indignation, au nom du goût français méconnu, au nom de l'art et de l'histoire français menacés, contre l'érection, en plein cœur de notre capitale, de l'inutile et monstrueuse tour Eiffel, que la malignité publique, souvent empreinte de bon sens et d'esprit de justice, a déjà baptisée du nom de "tour de Babel". [...] L'âme de la France, créatrice de chefs-d'œuvre, resplendit parmi cette floraison auguste de pierres. Allons-nous donc laisser profaner tout cela ? La ville de Paris va-t-elle donc s'associer plus longtemps aux baroques, aux mercantiles imaginations d'un constructeur de machines, pour s'enlaidir irréparablement et se déshonorer ? [...] Il suffit d'ailleurs, pour se rendre compte de ce que nous avançons, de se figurer un instant une tour vertigineusement ridicule, dominant Paris, ainsi qu'une noire et gigantesque cheminée d'usine, écrasant de sa masse barbare Notre-Dame, la Sainte-Chapelle, la tour Saint-Jacques, le Louvre, le dôme des Invalides, l'Arc de triomphe, tous nos monuments humiliés, toutes nos architectures rapetissées, qui disparaîtront dans ce rêve stupéfiant. »

Lettre adressée à J.-C. Alphand, l'un des directeurs généraux de l'Exposition universelle de 1889, chargé des travaux, *Le Temps,* 14 février 1887.

1. Parmi les signataires : E. Meissonier, Ch. Gounod, Ch. Garnier, R. Fleury, V. Sardou, E. Pailleron, H. Gérôme, L. Bonnat, A. Dumas, G. de Maupassant, H. Amie, Ch. Grandmougin, Fr. Bournaud, Ch. Baude, J. Lefebvre.

Questions

EMPLOYER LES NOTIONS ET LE LEXIQUE

1. Proposez une définition d'« exposition universelle ». **(doc. 2 et 4)**

CONTEXTUALISER

2. Montrez qu'une société de loisirs émerge avec la seconde révolution industrielle. **(doc. 1 et 2)**

JUSTIFIER

3. Pourquoi peut-on dire que progrès suscite à la fois de la fascination et des résistances ? **(doc. 3 et 5)**

RAISONNER ET S'EXPRIMER

4. Montrez que les expositions universelles sont des vitrines de la modernité.

Aide Classez vos idées dans un tableau.

Progrès technologiques	Progrès économiques	Progrès sociaux	Progrès culturels
...	...	...	...

Bac

5. Dans un sujet consacré à l'industrialisation et ses conséquences, rédigez un paragraphe sur l'exemple de la tour Eiffel.

Étude

L'importance du monde rural et ses difficultés

Peut-on parler de crises des campagnes entre 1870 et 1914?

Après l'apogée de la France des campagnes et des paysans entre 1852 et 1870, la période 1870-1914 amorce son déclin. Marquée par l'exode et les crises sanitaires, la population rurale, encore majoritaire, oscille entre modernité et tradition.

1 ▶ Évolution de la population paysanne (1872-1911)

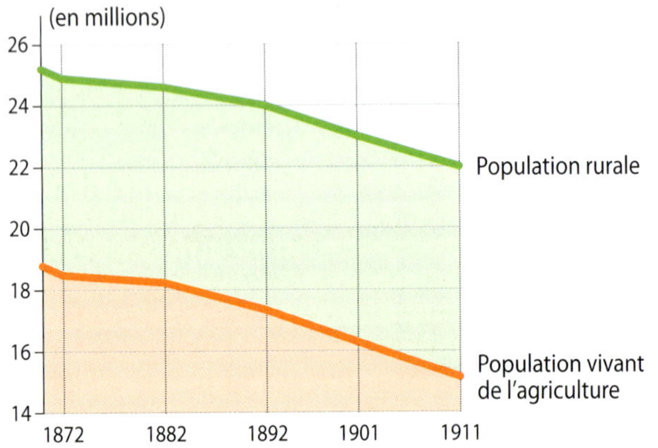

Source : *Histoire de la France rurale*, sous la direction de Georges Duby, tome 3 : *Apogée et crise de la civilisation paysanne, 1789-1914*, Le Seuil, 1976.

3 ▶ Une France rurale encore traditionnelle

Georges Fay, affiche du **Syndicat** central des agriculteurs de France, 1900.

2 ▶ Dictée du 28 octobre 1899, école primaire de Ponts-de-Cé

« Aujourd'hui, chacun s'efforce de substituer le luxe à la simplicité [...]. Le villageois qui est dans la simplicité et la solitude rêve pour son fils richesses et honneurs. Il ne veut pas que ce fils bien-aimé vienne avec lui tracer un sillon pénible dans les plaines brûlantes et il se hâte de l'envoyer à la ville où il croit que la fortune l'attend. Bon laboureur, tu te prépares bien du chagrin [...]. Tu crois que ton fils trouvera à la ville un travail facile et rémunérateur. Il y usera au contraire sa vie dans un labeur pénible et peu lucratif. Au lieu de l'air pur de la vallée, il y respirera l'air malsain de ses ateliers. »

M. Quinton, *L'Agriculture et l'École (primaire publique) à la fin du* XIX*e siècle dans le Maine-et-Loire*, 1979.

Questions

LIRE UN GRAPHIQUE

1. Comment évolue la population rurale et agricole, en France, entre 1872 et 1911 ? **(doc. 1)**

CONTEXTUALISER

2. Identifiez les causes de cette évolution. **(doc. 2)**
3. Expliquez comment la paysannerie française s'organise pour faire face à ses difficultés. **(doc. 3)**

Bac

4. Dans un paragraphe, exposez les difficultés des paysans français dans la société française entre 1870 et 1914. **(doc. 1 et 2)**

Notion

La recomposition sociale : p. 197

Vocabulaire

Syndicat : association qui a pour objet la défense d'intérêts communs (salaires, conditions et temps de travail).

Les immigrés italiens en France (1870-1914)

Quelles sont les conditions de l'immigration italienne entre 1870 et 1914?

En France, l'industrialisation et le ralentissement de la croissance démographique font naître un besoin de main-d'œuvre. En Italie, l'émigration apparaît comme un moyen d'échapper à la pauvreté. Entre 1870 et 1914, le flux des Italiens est estimé à 1,5 million.

1 ▶ Les immigrés italiens en 1896

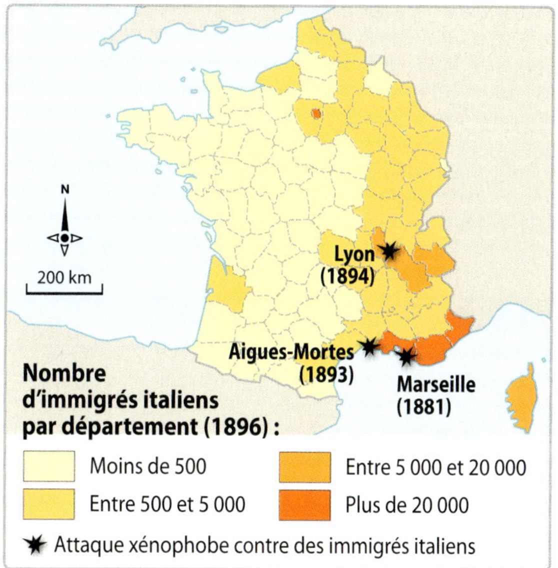

2 ▶ Italiennes triant des roses destinées à la parfumerie dans l'entreprise Roure-Bertrand fils à Grasse
Photographie de 1900.

3 ▶ La question des salaires

« Chaque jour plus nombreux, les ouvriers étrangers viennent faire concurrence à la main-d'œuvre nationale, les uns [...] avec l'intention de se fixer dans notre pays, de s'y faire naturaliser au bout d'un temps plus ou moins long, les autres [...] dans l'idée d'y réunir quelque argent qu'ils remporteront ensuite dans leur pays natal. Les uns et les autres contribuent à déprécier les salaires français [...]. Nous demandons, que, dans toute industrie, les ouvriers étrangers ne puissent être embauchés à des salaires inférieurs aux salaires français. »

La Voix du peuple, mensuel du syndicat ouvrier CGT (Confédération générale du travail) 12 mars 1898.

Notion

La recomposition sociale : p. 197

Questions

REPÉRER

1. Où l'immigration italienne se concentre-t-elle ? **(doc. 1)**
2. Dans quel(s) secteur(s) d'activité l'apport de main-d'œuvre immigrée est-il important ? **(doc. 2 et 3)**

CONTEXTUALISER

3. Quelles sont les difficultés rapportées par les ouvriers ? **(doc. 3)**

Bac

4. Rédigez un paragraphe pour montrer les apports et les difficultés de l'immigration en France entre 1870 et 1914.

Cours

PLAN

Henri Schneider (1840-1898)

Cet industriel occupe de nombreuses fonctions administratives (régent de la Banque de France) et politiques (maire du Creusot, conseiller général, député). Dirigeant paternaliste de l'usine du Creusot, il institue un système de retraite au sein de son entreprise.

Vocabulaire

Conservatisme : opinion de ceux qui sont opposés au progrès, aux changements sociaux et politiques.

Féminisme : mouvement luttant pour le développement du rôle et des droits des femmes dans la société.

Libéralisme économique : doctrine économique préconisant la liberté des individus comme moteur de l'économie (initiative privée, libre concurrence, propriété privée).

Paternalisme : technique de gestion de l'entreprise accordant des avantages sociaux (logements, éducation, soins médicaux, retraites) en échange de la fidélité et de l'obéissance des salariés.

Socialisme : doctrine marxiste opposée au libéralisme. Karl Marx entend supprimer la propriété privée, les classes sociales et l'État.

SFIO (Section française de l'Internationale ouvrière) : parti politique défenseur du monde ouvrier créé en 1905. Il est divisé entre révolutionnaires et réformateurs.

II Les contradictions d'une société qui se modernise

Comment la société française se transforme-t-elle sous l'effet de la seconde révolution industrielle ?

A. Une amélioration générale des conditions de vie

- **Des Français plus nombreux et dont le niveau de vie s'améliore.** La population française passe de 35,8 millions d'habitants en 1851 à 38,8 en 1900. Cette augmentation, assez faible en comparaison d'autres pays industriels, reflète l'amélioration générale des conditions de vie qui résulte de la croissance économique. C'est en particulier le cas de la période 1896-1914, marquée par un niveau de vie inédit et surnommée par nostalgie, après 1940, la « Belle Époque ».

- **La vie quotidienne.** La consommation des ménages progresse. Les revenus des Français augmentent alors que les prix baissent. De nouvelles formes de commerce favorisent le développement de cette consommation : les magasins à succursales, la vente par correspondance, la publicité. Deux postes clés des dépenses des ménages témoignent de cette amélioration : l'alimentation et le logement. Alors que la part que les Français y consacrent diminue, leur qualité progresse.

- **L'avènement des loisirs.** En ville, la population, globalement plus aisée que dans les campagnes, accède à de nouveaux loisirs : bals publics, guinguettes, théâtres, cinématographe, etc. Dans les villes ouvrières, souvent sous l'impulsion du paternalisme, des activités sportives ou culturelles (fanfares surtout) se développent. Ces progrès concernent aussi l'accès à l'information avec le développement de la presse écrite, des postes ou du téléphone. Les transports favorisent l'apparition d'un tourisme, encore élitiste, vers l'Atlantique ou la Méditerranée.

Point de passage et d'ouverture, p. 202

B. De nouvelles élites sociales

- **La noblesse.** Avec une richesse accumulée grâce aux revenus de ses propriétés terriennes, elle maintient sa place sociale dominante. La noblesse reste très présente dans les milieux politiques, la haute administration. Elle sait aussi, par les mariages ou des investissements dans les entreprises par actions, s'allier à la haute bourgeoisie en plein essor.

- **Le triomphe de la haute bourgeoisie.** C'est la catégorie sociale conquérante de la fin du XIXe siècle. La haute bourgeoise d'affaires, dont font partie les Schneider, s'engage dans le capitalisme industriel (industrie, transport, banques, commerce). Elle bâtit de nouvelles fortunes et reproduit le modèle social de la noblesse : hôtels particuliers en ville, châteaux à la campagne, emploi d'une domesticité importante.

- **La naissance des classes moyennes.** La moyenne et petite bourgeoisie représente le groupe social en pleine expansion. Au-delà de sa diversité (citadins et ruraux ; salariés, fonctionnaires et petits patrons), cette nébuleuse des classes moyennes accède à un niveau de vie confortable, soutient le libéralisme économique et croit aux vertus du mérite par le travail et l'école.

Étude cinéma, p. 213

C. Une société inégalitaire

- **Des campagnes sur la défensive.** En 1914, près d'un Français sur deux vit encore de l'agriculture. Pourtant, le sentiment du déclin d'un modèle de société fondé sur la terre s'installe. À l'inverse, la ville symbolise le progrès et la modernité. L'historienne Michelle Perrot parle d'une « industrialisation doucereuse » avec une persistance du travail de la terre. Pour certains, comme l'écrivain Guy de Maupassant, le monde rural devient synonyme de monde ancien et dépassé, refuge du conservatisme.

- **Une émancipation limitée des femmes.** La place des femmes dans la société évolue très lentement. L'industrialisation leur a ouvert des emplois mais ils sont peu qualifiés et mal payés. L'accès à l'éducation, au-delà de l'enseignement primaire, reste limité même si, dès 1880, la loi Sée crée des lycées de filles. Malgré les organisations féministes, comme la Ligue française pour le droit des femmes (1869) et l'action des suffragettes comme Hubertine Auclert, les femmes demeurent les grandes oubliées du combat républicain pour l'égalité.

- **L'organisation du mouvement ouvrier.** Avec 6,5 millions d'ouvriers en 1914, le monde ouvrier devient une composante essentielle de la société. Son intégration reste difficile : le travail est souvent répétitif, mal payé et les conditions de vie dures. Des organisations ouvrières s'organisent avec la grève comme forme privilégiée d'action (Fourmies, 1891). Le syndicalisme est divisé entre les réformistes (partisans d'améliorations progressives) et les révolutionnaires (qui veulent la chute brutale du capitalisme et de la République). Le socialisme se veut la réponse politique à la dureté de la condition ouvrière. La SFIO est créée en 1905. Pourtant, le niveau de vie des ouvriers progresse globalement. De nouveaux droits les protègent, comme le syndicalisme reconnu dès 1884, ou les assurances contre les accidents du travail.

Point de passage et d'ouverture, p. 210

Études, p. 206 et 212

Cours en podcast
QCM interactif
www.lienmini.fr/hist1-58

« Les populations des campagnes sont le fond même de la société française ; elles ne constituent pas seulement un immense réservoir de labeur et d'épargne ; elles sont encore un réservoir d'hommes [...]. De là sortent nos soldats, nos instituteurs, nos commerçants, nos industriels. »

Discours de Jules Ferry, Bordeaux, 30 août 1885.

Les ouvriers

Les ouvriers sont des acteurs clés de l'industrialisation de la France. Ils sont à la fois le symbole des mutations économiques (avec le passage d'une France agricole à une France industrielle) et des inégalités engendrées par la modernité (faibles revenus, vie précaire). Ce n'est que lentement que leur situation s'améliore et qu'ils acquièrent plus de droits.

Grève des mineurs du Pas-de-Calais en 1906
Le Petit Journal, mars 1906.

Point de passage et d'ouverture

1891 : la fusillade de Fourmies du 1er mai

Pourquoi la fusillade de Fourmies devient-elle le symbole des luttes du monde ouvrier ?

Le 1er mai 1891, les organisations ouvrières se préparent pour la seconde fois à agir dans le monde entier, pour revendiquer la journée de 8 heures.
À Fourmies, petite ville lainière du Nord de la France, des soldats tirent sur une manifestation pacifique d'ouvriers.

2 ▶ Les événements du 1er mai 1891
Le Petit Parisien, n° 119, dimanche 17 mai 1891.

1 ▶ Programme de la journée du 1er mai 1891

• « **À 10 heures du matin :** les délégués désignés en Assemblée générale des Travailleurs et réunis à Fourmies, au Café du Cygne, rue des Eliets, se rendront à la Mairie. Les délégués exposeront comme revendications :
1. Journée de huit heures.
2. Application de l'unification de l'heure pour la rentrée et sortie des fabriques [...] annoncée par la cloche locale.
[...]
5. Fixation de la paie tous les huit jours, sans retard laissé dans la caisse des patrons au détriment de l'ouvrier [...]
8. Création de Caisses de retraites pour les ouvriers.

• **À 11 heures du matin :** pique-nique familial, au Café du Cygne, chants par des amateurs.
• **À 8 heures du soir :** bal au même établissement ; la permission de minuit sera demandée. »

Tract du 24 avril 1891.

3 ▶ Le rapport d'un témoin

« 21 h 40. J'arrive à Fourmies. La situation est fort grave. La troupe a dû faire feu, il y a deux heures, sur manifestants qui avaient blessé plusieurs soldats et cherché à enlever un officier. Sept morts et dix blessés[1]. En ce moment, il n'y a pas de manifestation nouvelle mais on peut avoir crainte très sérieusement. »

Télégramme du procureur Maulion aux Gardes des sceaux, dans André Pierrard et Jean-Louis Chappat, *La Fusillade de Fourmies : 1er mai 1891*, Miroirs éditions, 1991.

1. Le bilan de la fusillade de Fourmies est de dix morts (dont deux enfants) et de nombreux blessés.

Notion
Le monde ouvrier : p. 197

Vocabulaire
Syndicat : association qui a pour objet la défense d'intérêts communs (salaires, conditions et temps de travail).

4 ▶ La journée de 8 heures, revendication des luttes ouvrières
Affiche du **syndicat** CGT du 1er mai 1912.

5 ▶ L'hommage de Clemenceau aux victimes

Le procès de neuf manifestants a lieu en juillet 1891. Un débat à l'Assemblée nationale divise les députés sur la question de l'amnistie : 294 se prononcent contre, 191 pour.

« Messieurs, est-ce que vous n'êtes pas frappés de l'importance qu'a prise cette date du 1er mai ? [...] C'est le quatrième état[1] qui se lève et qui arrive à la conquête du pouvoir. [...] l'industrie est venue, la mangeuse d'hommes, l'implacable industrie, qui a pris les développements que l'on sait attachant l'ouvrier à la machine comme le serf était attaché à la glèbe. [...] Qui pourrait soutenir [...] que les faits qui se sont passés à Fourmies avant la fusillade justifient la mort de ces femmes, de ces enfants, dont le sang a pour si longtemps rougi le pavé ! [...] Il y a quelque part, sur le pavé de Fourmies, une tache de sang innocent qu'il faut laver à tout prix ! [...] Je dis que le fait capital de la politique actuelle, c'est l'inévitable révolution qui se prépare. C'est l'organisation de ce quatrième État, dont je parlais tout à l'heure. [...] Ce quatrième État, vous devez ou bien le recevoir par la violence, ou bien l'accueillir à bras ouverts. Le moment est venu de choisir. Si vous lui opposez la violence, c'est la guerre civile que vous léguez à vos enfants [...]. Quand un malheur comme celui de Fourmies s'est produit, il faut que la première parole qui s'échappe de vos lèvres soit : oubli ! apaisement ! paix ! »

Discours de Georges Clemenceau à l'Assemblée nationale (8 mai 1891), dans *La Justice*, 9 mai 1891.

1. Le prolétariat (ouvriers). Référence aux trois états de l'Ancien Régime (noblesse, clergé, tiers état).

Questions

COMPRENDRE ET EXPLIQUER LES FAITS

1. Déterminez les acteurs et les faits de ce drame. **(doc. 1, 2 et 3)**

CONTEXTUALISER

2. Présentez les revendications ouvrières du 1er mai 1891 et montrez qu'elles ne sont pas spécifiques à Fourmies. **(doc. 1 et 4)**
3. Présentez, sous la forme d'un organigramme, les deux choix qui s'offrent à la République face aux revendications ouvrières, selon Clemenceau. **(doc. 5)**

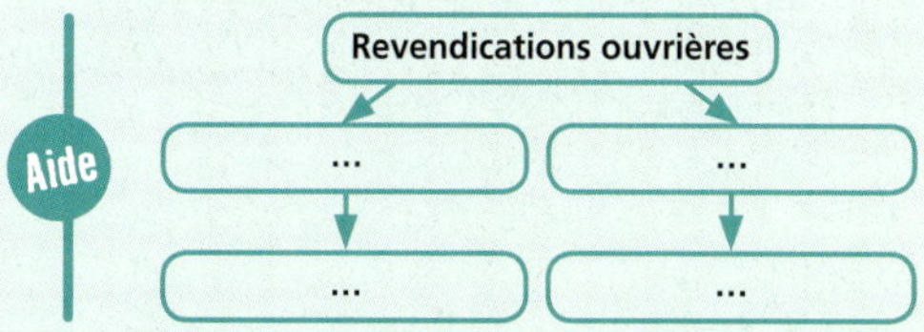

ARGUMENTER ET S'EXPRIMER

4. Comment le 1er mai devient-il une journée emblématique des combats du monde ouvrier ?

Bac

5. En vous appuyant sur les **doc. 4** et **5**, montrez les difficultés du monde ouvrier au travail, sur le plan politique et social.

Étude

Hubertine Auclert, un combat pour l'égalité

La modernisation de la société a-t-elle amélioré le statut des femmes avant 1914 ?

« L'omission du féminin dans le dictionnaire contribue, plus qu'on le croit, à l'omission du féminin dans le Code [civil]. »

Hubertine Auclert, 1899.

Entre 1870 et 1914, dans un contexte de transformations économiques, politiques et culturelles, l'évolution des droits accordés aux femmes est lente et difficile. Le féminisme d'Hubertine Auclert s'inscrit dans un changement global de société.

Hubertine Auclert (1848-1914)

Journaliste, républicaine anticléricale et militante féministe très active, elle lutte pour les droits des femmes, en particulier le droit de vote. Elle fonde la société Le Droit des femmes (1876) ainsi que le journal *La Citoyenne* (1881).

1 ▸ Hubertine Auclert à la conquête du droit des femmes

Dessin d'Alfred Le Petit, *Les Contemporains*, n° 15, 1881.

2 ▸ Contre le statut d'éternelle mineure[1]

[...] « Nous proclamons comme vous, citoyens, le principe de l'égalité humaine ; nous entendons par là, non seulement l'égalité de tous les hommes entre eux, mais encore l'égalité des hommes et des femmes. Nous voulons pour elles comme pour vous, l'instruction intégrale, les mêmes facilités de développement physique, moral, intellectuel, professionnel. [...] Nous réclamons pour les femmes, comme pour les hommes, l'indépendance économique, la production facile pour tous et la garantie pour chacun du produit intégral de son travail, quel que soit ce travail. »

Discours d'Hubertine Auclert, 3e Congrès national ouvrier, 20-31 octobre 1879, Marseille.

1. Établi par le Code civil de 1804.

3 ▸ Une société française patriarcale et conservatrice

[...] « Mlle Hubertine Auclert a le tort grave de nuire à la cause qu'elle défend par l'exagération de ses demandes. Ceci est fâcheux ! [...] Nous pensons que la majorité des femmes devra rester toujours à l'état de compagne de l'homme, ayant assez de la double tâche de mère et de ménagère. C'est parce que nous aimons les femmes que nous voulons les soustraire aux promiscuités de l'atelier, à la vie de bureau, à tous les genres d'existence qui les éloignent du foyer [...]. »

Henry Fouquier, *Le XIXe siècle*, mercredi 23 novembre 1881.

Questions

EMPLOYER LES NOTIONS

1. Décrivez la caricature d'Alfred Le Petit et expliquez-en le sens. **(doc. 1)**

CONTEXTUALISER

2. Justifiez l'expression « mineure » pour désigner les femmes dans la société française avant 1914. **(doc. 2)**
3. Quelle idée concernant la place des femmes Henry Fouquier défend-il ? **(doc. 3)**

Bac

4. Montrez en quoi ces documents témoignent d'une société tiraillée entre idées conservatrices et progressistes. **(doc. 2 et 3)**

Notion

La recomposition sociale : p. 197

Vocabulaire

Féminisme : p. 208

Étude Cinéma

Journal d'une femme de chambre

Quelle place pour une femme au travail dans la société bourgeoise et rurale au début du XXe siècle?

Fiche technique

Date de sortie : 2015
Durée : 1 h 35
Réalisateur : Benoît Jacquot
Scénario : Hélène Zimmer et Benoît Jacquot d'après le roman d'Octave Mirbeau
Image : Romain Winding
Distribution : Léa Seydoux (Célestine), Vincent Lindon (Joseph), Clotilde Mollet (Madame Lanlaire), Hervé Pierre (Monsieur Lanlaire).

SYNOPSIS Célestine est femme de chambre. Elle entre au service de M. et Mme Lanlaire, une famille bourgeoise de province.

SÉQUENCE

L'arrivée de Célestine chez Mme Lanlaire
● 00:04:37 à 00:07:44

En adaptant le roman d'Octave Mirbeau publié en 1900, Benoît Jacquot pose un regard contemporain sur la société au tournant du XXe siècle. Il met en scène une domestique confrontée à la brutalité sociale.

Célestine commente sa première entrevue avec sa patronne

« Elle ne pourrait donc pas m'appeler par mon nom, au lieu de dire, tout le temps : "ma fille" par ci… "ma fille" par là, sur ce ton de domination blessante, qui décourage les meilleures volontés et met aussitôt tant de distance, tant de haines, entre nos maîtresses et nous ?… Est-ce que je l'appelle : "la petite mère", moi ?… Et puis, Madame n'a dans la bouche que ce mot : "très cher". C'est agaçant… Tout ce qui lui appartient, même de pauvres objets de quatre sous, "c'est très cher". On n'a pas idée où la vanité d'une maîtresse de maison peut se nicher… Si ça ne fait pas pitié…, elle m'a expliqué le fonctionnement d'une lampe à pétrole, pareille d'ailleurs à toutes les autres lampes, et elle m'a recommandé :
— Ma fille, vous savez que cette lampe coûte très cher, et qu'on ne peut la réparer qu'en Angleterre. Ayez-en soin, comme de la prunelle de vos yeux…
J'ai eu envie de lui répondre :
— Hé ! dis donc, la petite mère, et ton pot de chambre… est-ce qu'il coûte très cher ?… Et l'envoie-t-on à Londres quand il est fêlé ? Non, là, vrai !… Elles en ont du toupet, et elles en font du chichi, pour peu de chose. Et quand je pense que c'est uniquement pour vous humilier, pour vous épater !… »

Octave Mirbeau, *Le Journal d'une femme de chambre* (extrait), 1900.

Questions

OBSERVER

1. Décrivez la séquence (lieu, protagonistes, scène).

IDENTIFIER

2. Quel regard porte le réalisateur sur la bourgeoisie de province du début du XXe siècle ?

3. Comment les termes utilisés par les deux protagonistes pour se parler reflètent-ils leur relation ? **(séquence et doc.)**

ARGUMENTER

4. Comment la brutalité des relations sociales est-elle transposée par les deux œuvres ? **(séquence et doc.)**

5. En mettant en perspective d'autres extraits du roman et du film, vous montrerez que Célestine et Mme Lanlaire incarnent la mutation de la société française au début du XXe siècle.

Parlons cinéma

Lumière • Champ/Contrechamp • Profondeur de champ • Plan moyen • Plan rapproché

Lexique d'analyse filmique
www.lienmini.fr/hist1-60

Regard critique

L'expression « Belle Époque » est-elle justifiée ?

La « Belle Époque » désigne, dans la mémoire collective, un âge d'or où les progrès et l'enrichissement des Français et de leur pays sont sans précédent. L'historien Dominique Kalifa, professeur à l'université de la Sorbonne et membre de l'Institut universitaire de France, s'interroge sur les étapes, les acteurs et les raisons qui ont fait naître l'expression.

Un aspect de l'imaginaire collectif de la « Belle Époque » : la vie parisienne et mondaine.
Jean Béraud, *Parisienne, place de la Concorde* (détail), 39,8 x 47,7 cm, 1890. Musée Carnavalet, Paris.

« "Belle Époque" constitue le type même du chrononyme[1] dont aucun historien ne semble dupe. Il n'est en effet pas un ouvrage sur la période qui ne débute par quelque formule convenue venant rappeler que ladite époque, identifiée le plus souvent aux quinze ou vingt ans qui précèdent la Première Guerre mondiale, n'était "pas belle pour tout le monde".

Les mêmes auteurs poursuivent généralement en expliquant que l'expression est apparue au lendemain de la Grande Guerre pour signifier la nostalgie d'un monde perdu. Reproduite de livre en livre, cette assertion a acquis force de loi. Elle n'a pourtant jamais été démontrée et seuls quelques rares historiens, Charles Rearick en 2011, Jacqueline Lalouette en 2013, ont à juste titre émis des doutes sur l'authenticité de cet acte de naissance. [...]

1940 : c'est précisément cette année-là qu'est attesté l'usage public de l'expression pour caractériser les années 1900. C'est là, au mois de novembre, dans la capitale occupée par l'armée allemande [...], que le comédien et réalisateur André Alléhaut inaugure sur Radio-Paris une nouvelle émission "Ah la Belle Époque ! croquis musical de l'époque 1900". [...] Le succès de l'émission fut considérable. [...]

Une dernière inflexion, majeure, transforme dans le dernier quart du XXe siècle les principaux usages et significations de la Belle Époque. [...] Le passé, et plus encore le passé récent, deviennent des valeurs refuge et rassurantes. »

Extrait de Dominique Kalifa, « Belle Époque : invention et usages d'un chrononyme », *Revue d'histoire du XIXe siècle*, 2016/1, n° 52, p. 119-132.

1. Nom que l'on attribue à une période historique pour mettre en avant ce que l'on considère comme sa spécificité.

Développer son esprit critique

1. À quelle période historique l'expression « Belle Époque » renvoie-t-elle ?
2. Dans quel contexte l'apparition de l'expression « Belle Époque » est-il attesté ?
3. Pourquoi peut-on dire que le travail de l'historien consiste en une remise en cause permanente des connaissances du passé ?

Réfléchir par hypothèses à partir d'un document

Exemple La position sociale des femmes dans la société de la fin du XIXe siècle

Une hiérarchie sociale affirmée
B. Breitwieser « Les différentes positions sociales de la femme du XIXe siècle », vers 1890.
Chromolithographie, 30,5 x 40,8 cm. BnF, Paris.

Étape 1 – Identifier le problème historique posé par le document

- Identifiez le document.
> Cette illustration de la fin du XIXe siècle représente une hiérarchie sociale des femmes dans le monde du travail.
- Observez le document afin d'identifier les enjeux.
> Tous les métiers représentés sont liés à l'enfance (sage-femme, maîtresse d'école), le textile (marchande, ouvrière), la domesticité ou le travail des champs. On observe également une religieuse.
- Formulez sous forme de question le problème que pose le document.
> Comment ce document est-il le reflet à la fois de progrès et d'archaïsmes dans la société française de la fin du XIXe siècle ?

Étape 2 – Construire des hypothèses

- L'hypothèse est une solution possible. Elle commence par « Je suppose que… ».

1. Je suppose que le document montre une progression du travail féminin.
2. Je suppose que l'image de la femme évolue quand elle s'élève dans la société.
3. Je suppose que les femmes s'émancipent en participant à la vie économique.

Étape 3 – Vérifier son hypothèse et justifier son interprétation

- Cherchez des informations afin de valider ou non les hypothèses formulées :

1. Oui : les femmes sont plus de 7 millions à travailler en 1914. Elles se répartissent également dans les trois secteurs (agriculture 39 % ; industrie 32 % ; tertiaire 29 %).
2. Oui : les femmes peuvent s'élever dans l'échelle sociale (maîtresse d'école, marchande). Mais les inégalités salariales restent fortes. La nouveauté n'est pas le travail mais l'emploi salarié : avant, les femmes exerçaient surtout un travail non rémunéré.
3. Non : l'idéologie patriarcale reste dominante. Les femmes vivent sous la tutelle de leur père ou de leur mari. Les professions valorisées socialement s'ouvrent difficilement à elles. En 1900, on compte moins de cent femmes médecins et seulement deux avocates ! Ce n'est qu'en 1907 que les femmes mariées peuvent disposer librement de leur salaire.

- Formulez votre interprétation en la justifiant.
> Les femmes représentent moins de 40 % de la population active déclarée. Les professions qu'elles exercent sont liées essentiellement à la production (ouvrière, paysanne) ou au prolongement de missions considérées comme « naturelles » (éducation, soins). La société française ne croit pas dans l'égalité des sexes. Elle place les femmes dans une infériorité physique et intellectuelle.

Entraînement L'amélioration des conditions de vie et de travail des ouvriers à la fin du XIXe siècle-début du XXe siècle (doc. 4 p. 211)

S'exercer

1 Capacité Savoir lire, comprendre et apprécier une série statistique

Les transformations de longue période des dépenses ouvrières (en %)

	1856	1890	1905
% des dépenses alimentaires	70,7	65	63,6
% des dépenses non alimentaires	29,3	35	36,4
dont : – habitation	15,2	15,7	17,1
– habillement	12,2	12,6	10,5
– entretien, soins personnels	0,7	2,7	2,8
Santé	0,6	1,3	1,9
Transport		0,4	1,0
Divers	0,6	2,1	3,0

D'après A. Gauron, *Histoire économique et sociale de la Vᵉ République*, tome I, *Le Temps des modernistes*, Maspéro, 1983, sur la base des chiffres de J. Singer-Kérel (*Le Coût de la vie à Paris de 1840 à 1954*, 1962).

Étape 1 DÉCRIRE

1. Quel est le poste de dépenses le plus important ? Comment évolue-t-il ?
2. Quels sont les deux principaux postes de dépenses non alimentaires ? Comment évoluent-ils ?
3. Quels sont les deux postes de dépenses les moins importants ? Comment évoluent-ils ?

Étape 2 RAISONNER

4. Proposez deux postes de dépenses susceptibles d'être inclus dans la ligne « Divers ».

Étape 3 ANALYSER

5. Justifiez le terme de « précaire » pour qualifier la vie quotidienne ouvrière.
6. Montrez qu'il y a cependant des éléments positifs.

2 Capacité Utiliser le numérique

Faites une recherche sur Internet pour présenter ce document sous trois angles :

1. **La production d'engrais chimiques :** montrez les progrès dans ce domaine à partir de la fin du XIXᵉ siècle, en particulier à travers l'exemple de l'entreprise Saint-Gobain.
2. **Les campagnes françaises au début du XXᵉ siècle :** une activité paysanne entre tradition et modernité.
3. **Le travail des femmes au début du XXᵉ siècle :** le travail et la place dans la société.

Aide
Consultez la rubrique « Notre histoire » du site de l'entreprise.

Affiche publicitaire pour les engrais chimiques de la société Saint-Gobain
Lithographie, 1890-1900.

3 Capacité Transposer un texte en schéma

Lyon, une ville industrielle attractive

« Depuis quarante ans, un flot continu de Savoyards, de Dauphinois, d'Auvergnats, de Suisses et d'Italiens se porte sur Lyon. Et l'accroissement se poursuit d'une façon régulière. […] Chaque jour des industries nouvelles se créent, recrutant sans peine des milliers de bras venus de tous les points de l'immense région que parcourent le Rhône, la Saône et la Loire. L'invention du fil aérien et la possibilité d'amener des Alpes la force emmagasinée par la houille blanche ont donné un élan inouï à la création des lignes de tramways. Les communes de la périphérie se sont accrues. […] Villeurbanne, qui n'avait que 5 000 habitants avant la guerre de 1870, atteint peut-être 50 000 aujourd'hui. Lyon est une énorme agglomération de près de 600 000 âmes. »

Victor-Eugène Ardouin-Dumazet, *Voyage en France*, tome VII (1893-1899).

1. Identifiez les notions correspondant aux expressions mises en couleur au début du texte, puis reportez-les dans la partie « Causes » du schéma.
2. Déterminez les conséquences de l'urbanisation sur la ville de Lyon, à l'aide du passage en vert à la fin du texte.

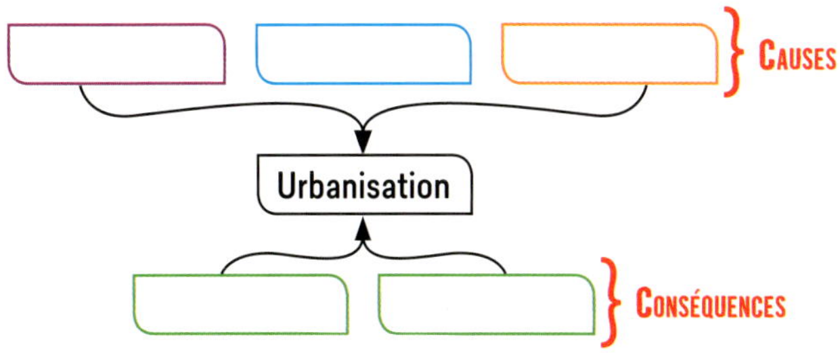

3. Rédigez un paragraphe pour expliquer les causes et les conséquences de l'urbanisation à l'aide du schéma complété, et en vous appuyant sur l'exemple de la ville de Lyon.

Passé Présent

L'héritage d'Hubertine Auclert

Le Centre Hubertine Auclert est un organisme de la région Île-de-France qui s'inscrit dans l'héritage du combat d'Hubertine Auclert pour l'égalité et les droits des femmes.

Connectez-vous au site Internet du Centre Hubertine Auclert (www.centre-hubertine-auclert.fr)

1. Présentez les objectifs et les missions du Centre Hubertine Auclert.
2. Quels sont les modes d'action utilisés par l'association ?
3. Préparez et présentez un exposé oral sur le thème de l'accès des filles à l'éducation, à travers l'exemple de Julie-Victoire Daubié.

Méthode Bac

Rédiger : intégrer des exemples

Sujet guidé Les mutations du monde ouvrier en France de 1870 à 1914

ÉTAPE 1
Comprendre le sujet

- Identifiez les bornes chronologiques et spatiales : la deuxième industrialisation (1870-1914) ; le territoire français.
- Identifiez et expliquez les mots clés : monde ouvrier, mutation.
- Dégagez la problématique.

> L'amélioration du niveau de vie des Français entre 1870 et 1914 pose la question des inégalités dans la société, en particulier pour les ouvriers. La seconde révolution industrielle permet-elle des progrès dans leurs conditions de vie et de travail ?

ÉTAPE 2
Définir l'idée générale

- Interrogez-vous sur les évolutions de la condition ouvrière et les moyens qui ont permis d'obtenir ces résultats :

– sous la forme d'un fil conducteur :

> Le plan doit mettre en évidence l'évolution du monde ouvrier en trois points : les mutations du travail, les transformations des modes de vie et l'organisation politique et syndicale.

– sous la forme d'une problématique :

> Quelles sont les origines et les caractéristiques des évolutions du monde ouvrier entre 1870 et 1914 ?

BAC Conseil
Vous pouvez introduire des schémas explicatifs dans votre argumentation.

ÉTAPE 3
Rédiger

BAC Conseil
Des citations peuvent illustrer votre propos. N'oubliez pas les guillemets, et soulignez le titre de l'ouvrage cité.

Argumenter, c'est exposer ses idées de manière organisée pour répondre à la problématique.

- Chaque argument doit correspondre à une idée directrice, accompagnée d'une explication et d'exemples.
- Les exemples sont des faits historiques précis avec des notions, des dates, des lieux et des personnages qu'il faut mentionner.
- Vous pouvez développer une idée (ou argumenter) sous forme de tableau.

ÉTAPES	CONTENUS DE L'ARGUMENTATION
Idée directrice	Les évolutions du monde ouvrier sont portées par la naissance des organisations ouvrières à la fin du XIXe siècle.
Explications	• Définissez ce qu'est un syndicat et quels sont ses objectifs. • Rappelez la loi qui autorise la création des syndicats en 1884. • Indiquez les moyens de négociation avec le patronat et les modes d'action utilisés dans les entreprises : grèves et manifestations.
Exemples	• Les débuts du syndicalisme français. • La création de la SFIO en 1905 et la volonté d'unité. • Exemple de progrès social revendiqué : le « combat des 8 heures ».

Sujet blanc La seconde industrialisation et les mutations de la société française : 1870-1914

Méthode Bac

Étudier un document iconographique

▲ **Souvenir de l'Exposition universelle de Paris, affiche attribuée à Gustave Donjean, 1889.** Estampe en couleur. Musée d'Orsay, Paris.
« Jette Progrès ta semence féconde
Dans les champs de l'humanité
Pour la faire germer resplendit sur le monde
Le soleil de la Liberté. »

Sujet guidé Les bienfaits du progrès vus à travers l'Exposition universelle de 1889

Consigne: Présentez le document, puis montrez qu'il témoigne de l'optimisme et de la foi dans le progrès de la société française entre 1870 et 1914.

ÉTAPE 1 Présenter le document et son contexte

- Indiquez sa nature, son auteur, situez-le dans le temps et dans son contexte.

> Le document est une gravure attribuée à Gustave Donjean, réalisée en 1989 pour constituer un souvenir de l'Exposition universelle de Paris. Elle célèbre Gustave Eiffel, les travailleurs, et constitue une ode au progrès et à la modernité.

ÉTAPE 2 Prélever et interpréter les informations

- Prélevez dans le document les symboles du progrès et de la modernité.

> Les références à l'Exposition universelle de 1889: les drapeaux représentant les différentes nations; la tour Eiffel.

> L'allégorie de la victoire du progrès sous les traits d'une femme; le forgeron et les industries modernes.

- Interprétez ces éléments et expliquez-les à l'aide de votre cours.

> Le forgeron incarne la force de travail. À ses pieds, les industries de la seconde révolution industrielle: sidérurgie (forge, tour Eiffel), chimie (alambic), mécanique (engrenages). Cette gravure célèbre l'ingénieur Gustave Eiffel mais aussi les travailleurs.

ÉTAPE 3 Dégager les apports et les limites

- Mobilisez vos connaissances pour nuancer les idées portées par le document.

> Tous les Français n'ont pas la même conception du progrès et n'en retirent pas les mêmes bénéfices. Les cours et les études de votre manuel peuvent vous aider à nuancer cette perception positive.

ÉTAPE 4 Rédiger

Trois axes peuvent guider la construction de votre argumentation. Organisez les éléments prélevés pour construire votre devoir.

I. Une vision optimiste du progrès et de la modernité

II. Une image qui rend hommage au génie français

III. Une vision utopique à nuancer

Sujet blanc La paysannerie française au début du xxe siècle (doc. 3 p. 206)

Consigne: Après avoir présenté le document, vous dévoilerez les progrès et les limites de la modernisation de la société rurale au début du XXe siècle.

Réviser

Permanences et mutations de la société française jusqu'en 1914

Fiche de révision

Quel est l'impact des transformations économiques sur la société française entre 1870 et 1914 ?

I Une nouvelle étape dans l'industrialisation (1870-1914)

- La seconde révolution industrielle est une nouvelle étape dans le processus d'industrialisation : nouvelles énergies (électricité, pétrole) et innovations techniques.
Les expositions universelles (1881 et 1900) sont les vitrines de cette modernité.
- La seconde révolution industrielle transforme les territoires: accélération de l'exode rural et de l'urbanisation sous l'effet de la mécanisation progressive des campagnes et de la Grande Dépression (1873-1896).
- La part de la population active augmente, notamment dans le secteur secondaire.
Le travail dans les usines attire une nouvelle main-d'œuvre, rurale, féminine et étrangère.

II Les contradictions d'une société qui se modernise

- Le niveau de vie des Français s'améliore grâce à la croissance économique. La consommation des ménages progresse et une société de loisirs apparaît.
- Parallèlement, de nouvelles élites sociales triomphent (noblesse, bourgeoisie). Une classe moyenne émerge regroupant citadins, ruraux, salariés, fonctionnaires et petits patrons.
- De nombreuses inégalités demeurent. Les campagnes sont marquées par le conservatisme. Le monde ouvrier, en plein essor, s'organise pour dénoncer ses conditions de travail et le féminisme promeut l'émancipation des femmes.

Repères clés

LES ACTEURS ET LES ACTRICES

Gustave Eiffel (1832-1923)

Henri Schneider (1840-1898)

Les ouvriers

Hubertine Auclert (1848-1914)

LES LIEUX

- **Les usines**

Elles sont le cœur de l'activité économique et fonctionnent avec les machines nées de l'industrialisation. La France se transforme avec l'apparition de grandes régions et villes industrielles.

- **Les villes**

Espaces de la modernité, elles incarnent le progrès et les changements sociaux. Elles sont aussi des lieux de divertissement (cafés, théâtres, cinéma).

Schéma bilan

Schéma animé
www.lienmini.fr/hist1-61

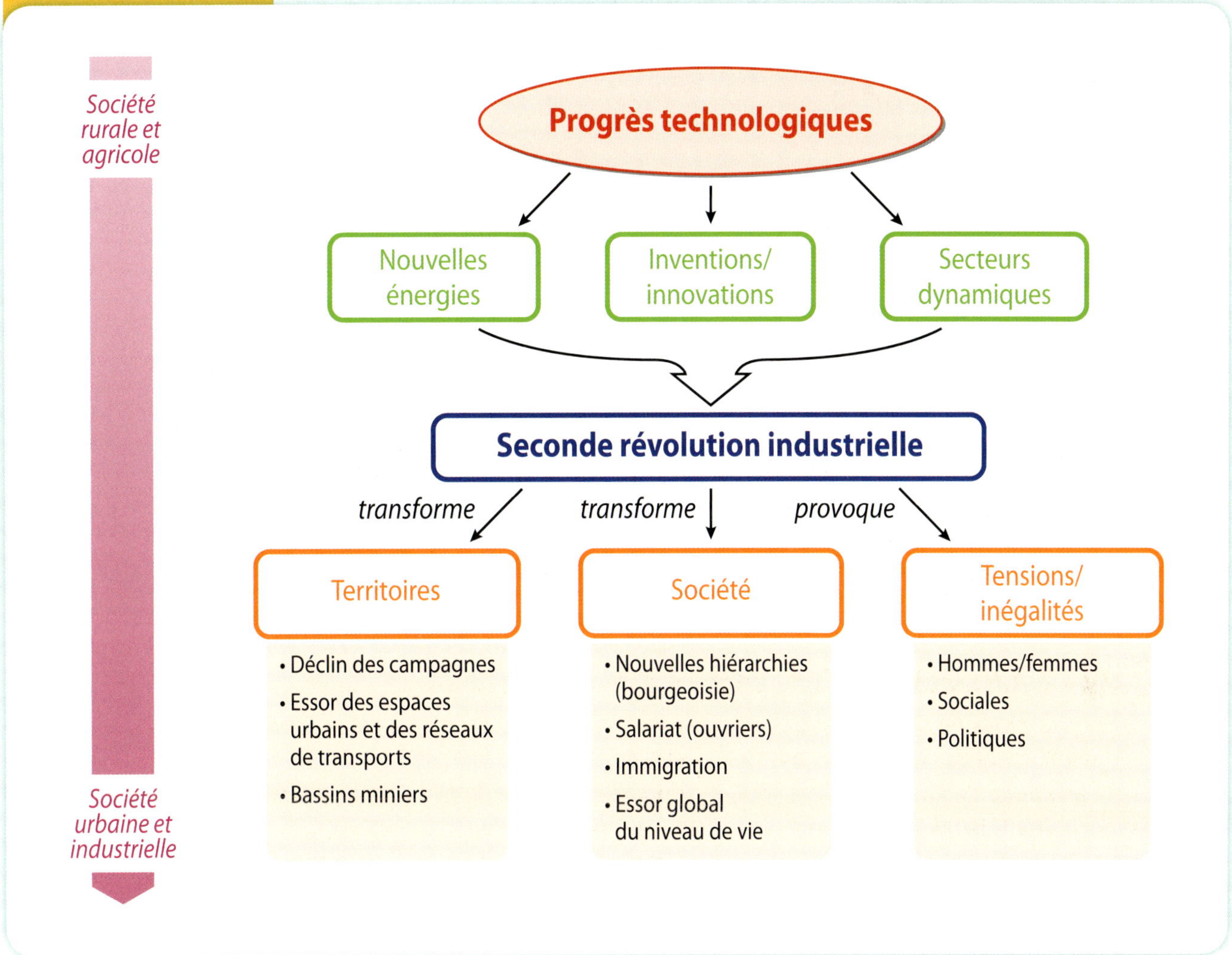

QCM interactif
www.lienmini.fr/hist1-62

LES DATES

- **1880** : Création des lycées pour les filles
- **1884** : Loi autorisant la création des syndicats
- **1889** : – Loi élargissant l'accès à la nationalité française – Tour Eiffel
- **1891** : 1er mai Fusillade de Fourmies
- **1900** : Exposition universelle de Paris
- **1905** : Création de la SFIO

Points de passage et d'ouverture

Le Creusot et la famille Schneider
Sous l'impulsion de la famille Schneider qui y développe son usine de sidérurgie, Le Creusot devient une ville industrielle emblématique du XIXe siècle.

1889 et 1900 Les expositions universelles de Paris
Les expositions universelles sont les vitrines des capitales industrielles européennes, comme Paris, en 1889 et 1900.

1er mai 1891 La fusillade de Fourmies
À Fourmies, des soldats tirent sur une manifestation pacifique d'ouvriers réclamant de meilleures conditions de travail. Avec ce drame, le 1er mai s'enracine dans la tradition de la lutte ouvrière.

CHAPITRE 8

Métropole et colonies (1870-1914)

Comment la République tente-t-elle de concilier ses valeurs et la colonisation ?

Cours I

À la veille de la Première Guerre mondiale, la France dispose d'un vaste empire colonial, en particulier en Afrique et en Asie. Il résulte d'une politique active de conquête coloniale, imposée par les républicains depuis les années 1880. Elle se fait dans un contexte international tendu, particulièrement avec l'Angleterre qui partage les mêmes ambitions que la France.

Cours II

La France aménage et administre les territoires colonisés à son profit. Elle transforme en profondeur leur économie. La mise en œuvre brutale de la colonisation et ses conséquences, notamment sur le plan humain, provoquent débats et résistances tant en métropole que dans les colonies.

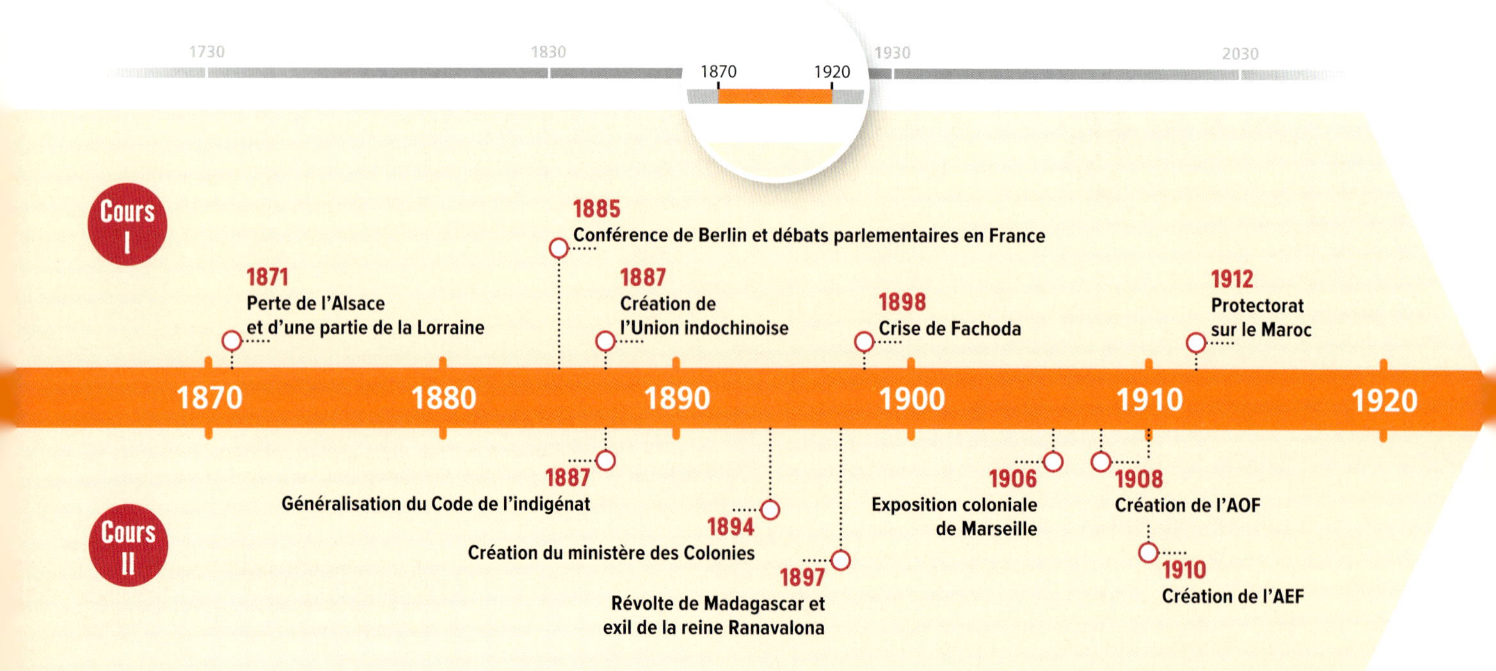

▶ **L'Exposition coloniale de Marseille en 1906**
Une de *La Dépêche illustrée* (détail), 31 décembre 1905.

Schéma pour comprendre

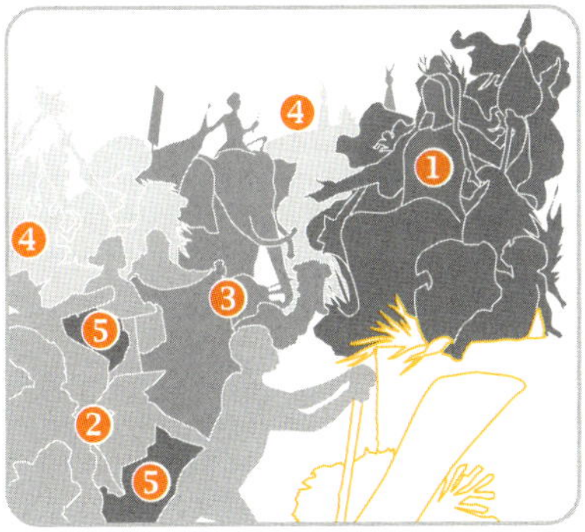

1 **Allégorie de la métropole** sur un trône aux couleurs de la France et de Marseille.

2 **Les peuples colonisés** d'Asie, du Maghreb, d'Afrique noire.

3 **L'exotisme et l'imaginaire colonial** (animaux, vêtements).

4 **L'entrée de l'exposition** : reconstitution d'Angkor Vat (temple d'Asie), d'un tata soudanais (village fortifié), pavillons tunisiens et algériens.

5 **Les ressources** que les colonies apportent à la France (métropole).

« Un peuple qui colonise, c'est un peuple qui jette les assises de sa grandeur dans l'avenir et de sa suprématie future. »

Paul Leroy-Beaulieu, *De la colonisation chez les peuples modernes,* 1874.

Questions

1 Quel événement ce dessin illustre-t-il ?

2 Décrivez la façon dont il est mis en scène.

3 Quel rôle le dessinateur attribue-t-il aux colonies ?

4 Nommez et définissez le système mis en place par la France décrit dans ce document.

Fiche d'activité
www.lienmini.fr/hist1-63

Notions

L'expansion coloniale sous la IIIe République

En 1881, la France instaure sa domination sur la Tunisie et fait la conquête de l'Indochine entre 1883 et 1886. Elle ouvre ainsi une nouvelle période de **colonisation**. Après d'âpres débats, le **colonialisme** s'impose au sein des républicains, avec l'objectif de renforcer le rayonnement politique et culturel du pays. La France administre et exploite à son profit un vaste **empire colonial**. Les populations, dominées par la force puis soumises au régime de l'**indigénat**, y subissent une véritable discrimination.

La colonisation

Définition : processus par lequel un pays accapare le territoire, les ressources et la souveraineté d'un autre.

Contexte : à partir des années 1880, la France, comme d'autres grandes puissances européennes, entreprend de se constituer un vaste empire colonial. Elle mène de nombreuses expéditions en Afrique du Nord et subsaharienne, à Madagascar et en Indochine.

La colonisation, une conquête. Couverture de l'ouvrage de G. Saint-Yves (détail), *À l'assaut de l'Asie*, A. Mame & Fils, 1901.

Point de passage et d'ouverture, p. 230
1898 : Fachoda, le choc des impérialismes

Étude, p. 233
Samory Touré, résister à la colonisation

Le colonialisme

Définition : idéologie née au XIXe siècle en Europe, qui justifie la conquête et l'exploitation de territoires (la colonie) par un État (la métropole) à son seul profit.

Contexte : à partir de 1880, les républicains considèrent la colonisation comme un moyen de consolider le régime, tant sur le plan politique qu'économique. Ils justifient également leur politique coloniale par l'affirmation d'un devoir de civilisation sur des peuples jugés inférieurs.

Makoko, roi des Batékés. Le roi du Congo doit accepter un protectorat français en 1882. Photographie prise par Pierre Savorgnan de Brazza, XIXe siècle.

Étude, p. 232
Une colonisation en débat en métropole

Étude, p. 238
Point de passage et d'ouverture, p. 240
Étude, p. 232
Point de passage et d'ouverture, p. 236

1870 — 1880 — 1890

- **1873** Loi Warnier
- **1885** Débats parlementaires (vote de crédits pour une expédition à Madagascar)
- **1887** Généralisation du Code de l'indigénat
- SAIGON CAPITALE DE L'INDOCHINE FRANÇAISE

L'empire colonial français à la fin du XIXe siècle

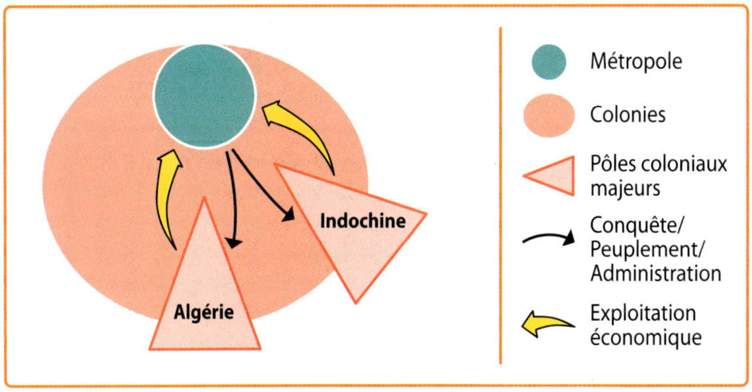

« Européens chrétiens, allons-nous armer sans cesse contre nous en Afrique, en Asie, d'inextinguibles colères et des haines insatiables et nous préparer pour un avenir lointain sans doute, mais assuré, des millions d'ennemis ? »

Anatole France, *Vers les temps meilleurs*, 1906.

L'empire colonial

Définition : ensemble des possessions sur lesquelles la France exerce une domination outre-mer.

Contexte : en 1914, l'empire colonial français s'étend sur près de 10 millions de km² et est peuplé de 40 à 50 millions de personnes. Il a été constitué surtout sous la IIIe République entre 1881 et 1911. Les républicains considèrent l'impérialisme comme indispensable au prestige national.

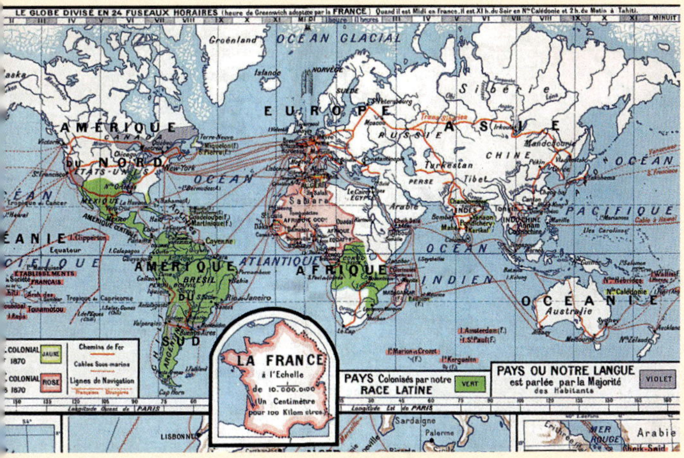

Carte scolaire de l'empire colonial (détail). Joseph Forest, *Domaine colonial de la France et ses productions*, 1911.

Point de passage et d'ouverture, p. 236
Saigon, ville coloniale

Étude, p. 238
L'Algérie, une agriculture au service de la métropole

L'indigénat

Définition : régime administratif et juridique spécifique appliqué par les représentants de la métropole aux populations non européennes (indigènes) d'une colonie.

Contexte : instauré en Algérie dès 1881, le régime de l'indigénat est ensuite élargi à l'ensemble de l'empire, sauf en Tunisie et au Maroc, après 1887. Outil du maintien de l'ordre, il impose un ensemble de mesures contraignantes pour les indigènes.

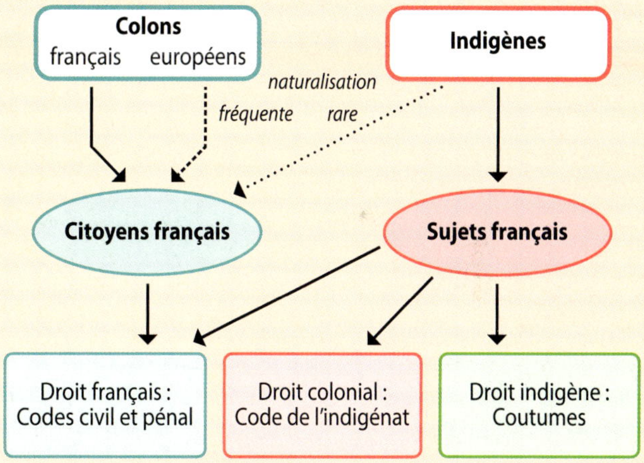

Le droit dans l'empire colonial français

Point de passage et d'ouverture, p. 240
Le Code de l'indigénat (1887) : de l'Algérie à la Nouvelle-Calédonie

Point de passage et d'ouverture, p. 230
Étude, p. 233

1900 — 1910 — 1920

1898
Crise de Fachoda
Arrestation de Samory Touré

Cartes

L'empire colonial français sous la IIIe République

Entre 1880 et 1914, les républicains bâtissent un **vaste empire colonial**. L'administration y aménage progressivement les territoires. Cette **organisation de l'empire** donne naissance à une société spécifique particulièrement inégalitaire. **(doc. 3)**

C'est en **Algérie que l'empreinte coloniale est la plus profonde** **(doc. 1)**. Les colons européens cohabitent avec une population algérienne largement majoritaire. **L'Union indochinoise** et sa capitale, Saigon, sont le cœur de la présence française en Extrême-Orient. **(doc. 2)**

1 ▶ L'Algérie coloniale au début du XXe siècle

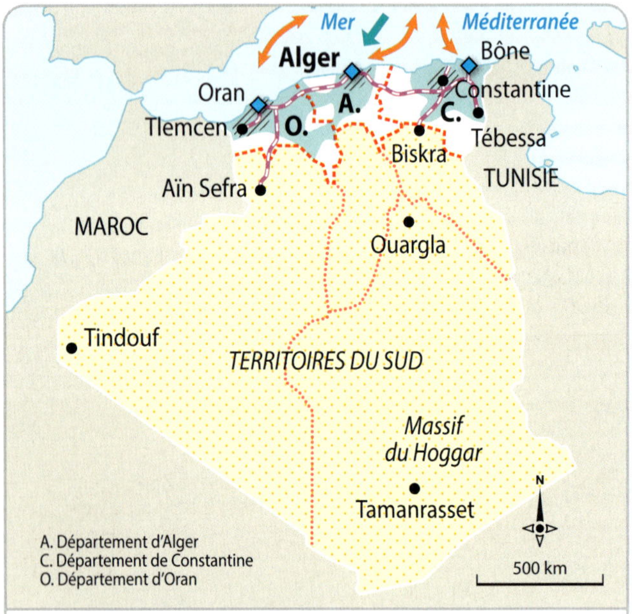

1. L'organisation du territoire
- Début de la colonisation française (1830)
- Départements (1848)
- Zones militaires (1905)
- Territoires du Sud (contrôle militaire 1902)
- Réseau ferroviaire en 1900

2. Peuplement et exploitation
- Peuplement européen en 1906
- Ports
- Échanges Algérie-métropole

3. Résistances et dysfonctionnements
- Espaces enclavés, peu développés
- Zones de corruption fréquente

2 ▶ Les étapes de la création de l'Union indochinoise

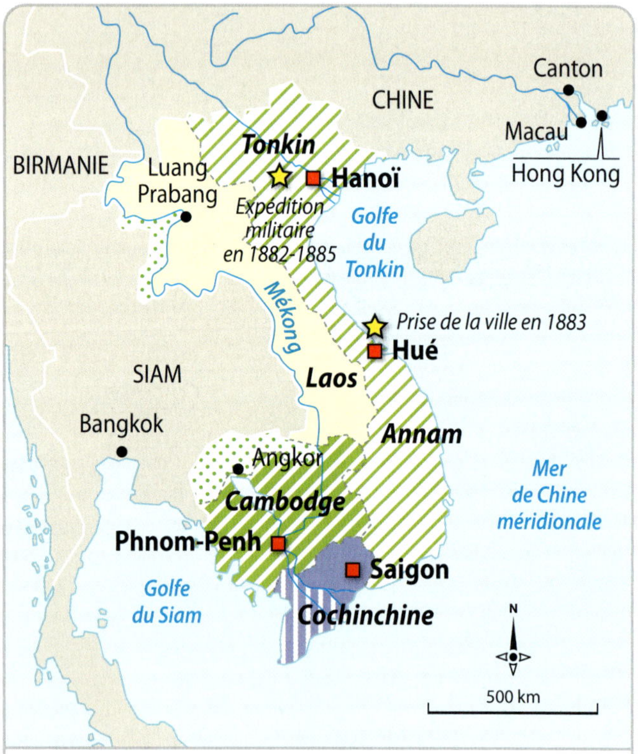

Colonie
- Depuis 1863
- Depuis 1867

Protectorat
- Depuis 1863
- Depuis 1885
- Depuis 1893

- Capitales
- *Laos* Provinces
- Territoires cédés au Siam en 1867 et restitués en 1907
- Interventions militaires

D'après S. Berstein, P. Milza, *Histoire du XXe siècle*, Hatier, 1986.

Questions

1 Décrivez et expliquez l'organisation territoriale de l'Algérie française. **(doc. 1)**

2 Comment s'est construite l'Union indochinoise ? **(doc. 2)**

3 Décrivez l'empire colonial français. **(doc. 3)**

Carte interactive
www.lienmini.fr/hist1-64

3 ▶ L'empire colonial français sous la IIIe République

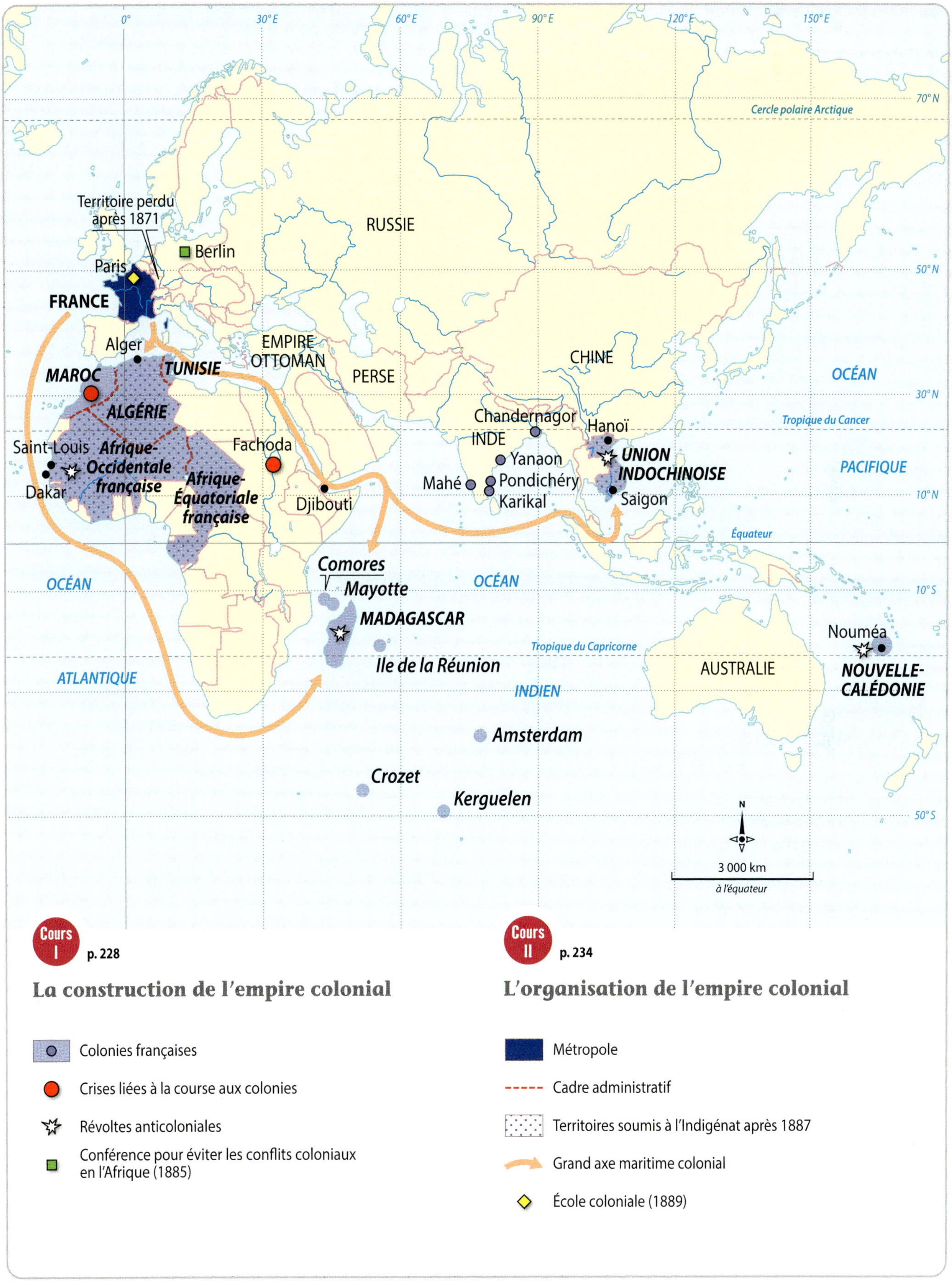

Cours I p. 228

La construction de l'empire colonial

- Colonies françaises
- Crises liées à la course aux colonies
- Révoltes anticoloniales
- Conférence pour éviter les conflits coloniaux en l'Afrique (1885)

Cours II p. 234

L'organisation de l'empire colonial

- Métropole
- Cadre administratif
- Territoires soumis à l'Indigénat après 1887
- Grand axe maritime colonial
- École coloniale (1889)

Cours

PLAN

I La construction de l'empire colonial français

Pourquoi les républicains relancent-ils une politique coloniale à partir de 1880 ?

	1880	1914
Superficie (millions de km²)	1	environ 10
Population (millions)	environ 5	40 à 50

▶ L'empire colonial français

Notion

La colonisation : voir p. 224

Vocabulaire

Course aux colonies : constitution d'empires coloniaux par les grandes puissances européennes, à la fin du XIXe siècle, dans un contexte de fortes rivalités.

Départementalisation : en 1848, le littoral méditerranéen de l'Algérie est subdivisé en départements, comme en métropole. Le Sud reste sous administration militaire.

Entente cordiale : accords diplomatiques entre la France et l'Angleterre pour définir leurs zones d'influence respectives dans le monde et faire contrepoids à l'Allemagne en Europe.

Protectorat : forme de domination coloniale. Confiscation d'une partie de la souveraineté d'un État par un autre État puissant, en échange de sa protection.

Revanchisme : courant de pensée nationaliste qui fait de la reconquête de l'Alsace et d'une partie de la Lorraine une priorité de la politique étrangère de la France.

Second empire colonial : empire colonial français constitué entre 1830 et 1912, essentiellement sous la IIIe République.

A. Un vaste empire colonial

• **Une nouvelle expansion coloniale.** La formation du second empire colonial français débute dès le début du XIXe siècle. Charles X avec une expédition en Algérie (1830), puis Napoléon III avec l'annexion de la Nouvelle-Calédonie (1853) utilisent la colonisation pour renforcer leur autorité. À partir des années 1880, la IIIe République relance cette politique pour placer la France au deuxième rang des puissances coloniales après le Royaume-Uni.

• **Deux grands axes.** Les ambitions de la France se concentrent particulièrement sur l'Afrique et l'Asie. La création d'un protectorat en Tunisie (1881) renforce la présence française sur le littoral méditerranéen, à proximité d'une Algérie départementalisée dès 1848. L'élargissement des possessions en Afrique subsaharienne, à partir du Sénégal, s'opère dans les années 1880-1890 par de nombreux traités. En Asie, la fondation de l'Union indochinoise en 1887 parachève la prise de contrôle sur toute la péninsule.

• **De fortes rivalités.** La course aux colonies s'engage avec d'autres puissances européennes, en particulier l'Angleterre et l'Allemagne, pour lesquelles la possession d'un empire colonial est un outil de pouvoir. La conférence de Berlin est organisée en 1885 pour réduire les risques d'affrontement et aboutit à un partage de l'Afrique. Cependant, des tensions épisodiques émergent, comme à Fachoda en 1898, entre la France et l'Angleterre. Néanmoins, ces événements ne déstabilisent pas durablement les relations internationales. Après Fachoda, la France et l'Angleterre se lient par l'Entente cordiale en 1904. Le soutien de l'Angleterre permet à la France d'installer un protectorat sur le Maroc (1912) malgré l'opposition allemande.

Point de passage et d'ouverture, p. 230

B. Les motivations de l'entreprise coloniale

• **Un choix principalement politique.** Née sur les décombres du Second Empire et la perte de l'Alsace et d'une partie de la Lorraine en 1871, la IIIe République est menacée par les oppositions royaliste et bonapartiste. Installés difficilement au pouvoir en 1879, les républicains font alors de la colonisation l'un des moyens de renforcer le régime. Pour Jules Ferry, elle doit permettre de faire à nouveau de la France une grande puissance internationale. Une intense propagande républicaine est menée pour convaincre l'opinion publique. Les expositions coloniales, comme à Marseille en 1906, en sont une manifestation.

• **Des arguments économiques.** Pour justifier la colonisation, les républicains mettent en avant ses avantages pour l'économie française. Elle représenterait une aubaine pour une France en crise depuis 1873 : des ressources abondantes, de nouveaux marchés et des terres à cultiver.

• **Des justifications humanitaires.** S'inscrivant dans l'héritage des sciences du XVIIIe siècle définissant et classifiant des races humaines (Emmanuel Kant, *Des différentes races humaines*, 1775), les républicains justifient la colonisation en tant que devoir de civilisation envers des peuples jugés inférieurs. Ces arguments ne visent qu'à légitimer la mise en œuvre d'un projet colonialiste contraire aux valeurs de la République.

C. Acteurs et adversaires de la colonisation

• **Une relative improvisation.** La colonisation est souvent menée sur le terrain par des explorateurs, des militaires ou des missionnaires dont les initiatives personnelles sont antérieures à la conquête organisée. En Afrique, l'action de Pierre Savorgnan de Brazza, qui signe des traités en 1880 autour du fleuve Congo, précède l'implantation officielle de la France, donnant naissance au Congo français en 1891.

• **La contestation anticolonialiste.** En métropole, la colonisation divise la classe politique. La contestation culmine en 1885, lors du vote à l'Assemblée nationale de crédits pour une expédition à Madagascar. D'âpres débats opposent Jules Ferry (surnommé « Ferry-Tonkin » par ses adversaires) au député radical Georges Clemenceau. Celui-ci dénonce une politique aussi coûteuse qu'aventureuse, et défend l'idée que la France devrait privilégier sa politique européenne face à l'Allemagne. Les nationalistes, pour leur part, affichent leur revanchisme, faisant du retour de l'Alsace et d'une partie de la Lorraine une priorité.

• **Les résistances à la conquête.** Malgré leur infériorité militaire, les chefs des grands empires de l'Afrique de l'Ouest s'allient et organisent la lutte. Les résistances entraînent des interventions militaires comme en Guinée, contre Samory Touré entre 1884 et 1898. Les peuples des sociétés traditionnelles subissent l'introduction d'un modèle politique et social étranger à leur culture. En Indochine, des combattants comme Hoàng Hoa Thám mènent une guérilla armée contre les troupes françaises.

Études, p. 232 et 233

Cours en podcast
QCM interactif
www.lienmini.fr/hist1-65

Hoàng Hoa Thám
(1858-1913)
Surnommé « le tigre du Yên Thê », ce nationaliste vietnamien est l'un des chefs les plus actifs de la guérilla militaire opposée à la colonisation française à la fin des années 1890. Il est assassiné en 1913.

« Sur mille citoyens, il n'y en a peut-être pas deux qui sachent au juste dans quel but, dans quel intérêt, on se jette en ces aventures, et pourquoi l'on s'y obstine. »

François Coppée, *Guerre lointaine*, 1894.

1885

Débutée en 1884, la conférence de Berlin sur le thème de la colonisation en Afrique se clôture en 1885. Cette réunion internationale, à l'initiative du chancelier allemand Bismarck, réunit les grandes puissances européennes.

C'est le point de départ de la course aux colonies qui aboutit, en quelques années, au partage colonial de l'Afrique.

Séance de la Conférence présidée par le chancelier Bismarck. Gravure sur bois, d'après un dessin de H. Lüders, 1884.

Point de passage et d'ouverture

1898 : Fachoda, le choc des impérialismes

Quelles sont les conséquences de la confrontation des Français et des Anglais à Fachoda ?

En Afrique, à la fin des années 1890, la France et l'Angleterre se livrent une âpre course aux colonies. En 1898, deux expéditions militaires, l'une française, l'autre britannique, se rencontrent à Fachoda au Soudan.

Théophile Delcassé (1852-1923) Républicain radical, il est ministre des Affaires étrangères de 1898 à 1905. Considérant que la France a besoin de l'alliance anglaise contre l'Allemagne, il gère la crise de Fachoda en privilégiant la négociation. Ce choix aboutit à la signature, en 1904, de l'Entente cordiale entre la France et l'Angleterre.

1 ▶ Les rivalités coloniales des années 1890 en Afrique

« Partout, en Afrique, l'écheveau[1] s'embrouillait. Depuis l'interruption des négociations engagées, l'année précédente, au sujet des territoires de la boucle du Niger, les trois puissances rivales, France, Allemagne, Angleterre, multipliaient les expéditions chargées [...] de créer des "faits accomplis". Pour la France, cet effort était décisif : c'était par ce moyen, et par ce moyen seulement, qu'elle pouvait obtenir l'union de ses trois domaines dispersés en Afrique [...]. Mais, de part et d'autre, dans cette entreprise de concurrence où les missions opéraient dans tous les sens, elles échappaient au contrôle et à l'autorité des gouvernements. »

Gabriel Hanotaux, ministre des Affaires étrangères de 1894 à 1898, « Fachoda », *Revue des Deux Mondes,* tome 49, 1909.

1. Désigne une situation complexe.

2 ▶ L'opinion du député Georges Clemenceau

« Le fait brutal, c'est que Marchand[1] et ses hommes [...] se trouvent hors d'état de résister [...]. Le fait brutal, c'est que la France ne peut avoir la pensée de se lancer dans une guerre européenne pour la possession de quelques marécages africains, quand l'Allemagne est campée à Metz et à Strasbourg[2] [...]. Il faut féliciter M. Delcassé d'avoir rendu acceptable la seule solution compatible avec l'honneur. »

Georges Clemenceau, « Méditations sur Fachoda », *L'Aurore,* 25 octobre 1898.

1. Jean-Baptiste Marchand. Militaire qui dirige la mission d'exploration Congo-Nil (1896 à 1899) à l'origine de la crise de Fachoda.
2. Allusion à l'annexion de l'Alsace et d'une partie de la Lorraine par l'Allemagne depuis la guerre de 1870.

3 ▶ Fachoda, une crise dans la course aux colonies

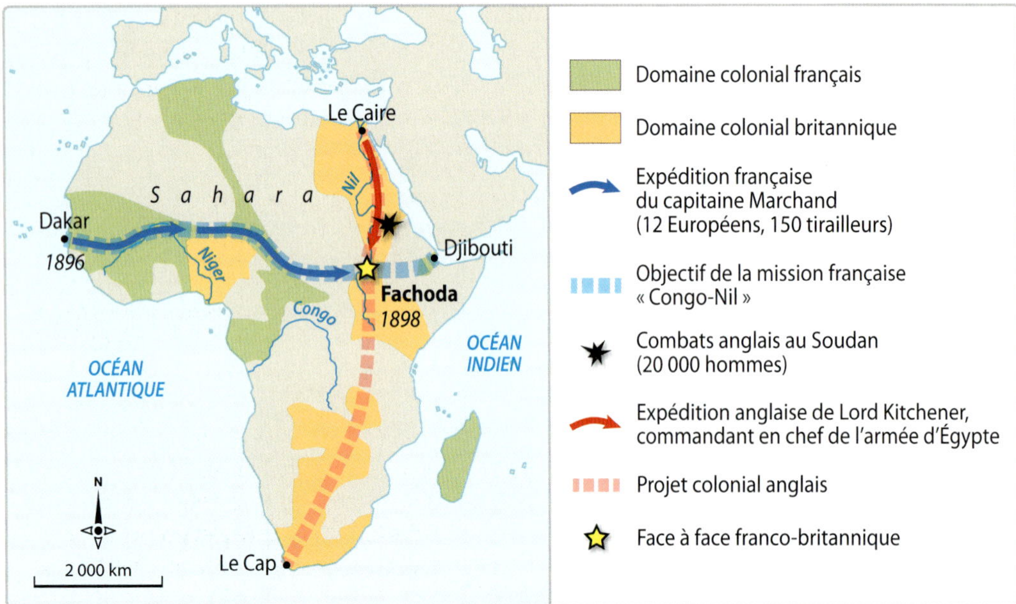

Notion

La colonisation : voir p. 224

Vocabulaire

Course aux colonies : voir p. 228

Entente cordiale : voir p. 228

Impérialisme : stratégie d'expansion menée par un État pour constituer un vaste espace de domination sur d'autres territoires.

Schéma pour comprendre

1. L'Angleterre.
2. Fachoda offerte aux Anglais (7 novembre 1898).
3. L'Égypte, revendiquée par la France et l'Angleterre. Les Anglais l'occupent depuis 1882.
4. Albion est un terme péjoratif utilisé depuis le XVIIe siècle en France pour désigner l'Angleterre.

4 ▶ Fachoda dans l'opinion publique française

Une du *Petit Journal*, supplément illustré (détail), 20 novembre 1898.

5 ▶ Un bilan de la crise en 1899

« Rappelez-vous que nous sommes à un an de date de l'incident de Fachoda [...]. L'Angleterre a demandé le rappel de la mission Marchand le 30 septembre, le commandant n'a reçu l'avis de départ que le 12 novembre [...]. Pendant un mois et demi, une poignée de Français sont demeurés en face des forces considérables du sirdar[1]. La solution a été aussi bonne qu'on pouvait l'espérer, étant donné que [...] nous ne voulions pas faire la guerre. Du reste, à la suite de Fachoda, nous avons le traité entre la France et l'Angleterre[2]. [...] Il vous suffira de regarder une carte d'Afrique pour voir d'un seul coup d'œil que nos possessions algériennes sont reliées non seulement au Soudan, mais encore au Congo français, par de vastes territoires continus et comprenant d'un seul bloc les trois quarts de l'Afrique. »

« La Politique extérieure de la France » (extraits), *Le Petit Troyen*, 6 novembre 1899.

1. Titre égyptien porté par Lord Kitchener.
2. Par les accords du 21 mars 1899, en échange de son retrait militaire du Soudan, la France garde un accès économique et l'Angleterre renonce au Maroc au profit de la France.

Questions

CONTEXTUALISER

1. Dans quel contexte géopolitique européen et africain la crise de Fachoda a-t-elle lieu ? **(doc. 1 et 2)**

METTRE EN RELATION

2. Pourquoi Français et Anglais se retrouvent-ils face à face à Fachoda ? **(doc. 1 et 3)**
3. Quel est le rapport de force entre Français et Anglais à Fachoda ? **(doc. 3 et 5)**
4. Montrez que les avis sont opposés, en France, sur la conduite à tenir face aux Anglais. **(doc. 2 et 4)**

RAISONNER ET S'EXPRIMER

5. Complétez le tableau pour montrer les étapes de la crise.

Le contexte	La crise	Le règlement militaire	Le règlement politique
...	...	...	...

Bac

6. En vous appuyant sur les **doc. 4 et 5**, montrez que Fachoda a été une réelle crise entre la France et l'Angleterre, mais qu'il faut cependant en relativiser l'importance.

Étude

Une colonisation en débat en métropole

Sur quels arguments repose le débat sur la colonisation ?

Les expéditions coloniales lancées depuis 1881 (Tunisie, Annam, Tonkin) divisent la classe politique française. L'année 1885 est marquée par de vifs débats parlementaires sur la question du financement de la politique coloniale.

Georges Clemenceau (1841-1929)
Chef de l'extrême gauche républicaine radicale depuis 1876, il s'oppose aux républicains, en particulier sur leur choix de relancer la politique coloniale au détriment de la revanche sur l'Allemagne.

Notion
Le colonialisme : voir p. 224

Vocabulaire
Revanchisme : voir p. 228

1 ▶ Le point de vue de Jules Ferry

En juillet 1885, Jules Ferry, surnommé par ses adversaires « Ferry-Tonkin », est redevenu simple député. Son gouvernement a été renversé, en mars, à l'instigation de Georges Clemenceau, à cause de sa politique coloniale au Tonkin.

« On peut rattacher le système [l'expansion coloniale] à trois ordres d'idées : à des idées économiques, à des idées de civilisation [...], à des idées d'ordre politique et patriotique. [...] ce qui manque à notre grande industrie [...] ce sont les débouchés [...]. Il y a un second point que je dois aborder [...] : c'est le côté humanitaire et civilisateur de la question [...]. Les races supérieures ont un droit vis-à-vis des races inférieures. Je dis qu'il y a pour elles un droit parce qu'il y a un devoir pour elles [...] : civiliser les races inférieures. [...] Rayonner sans agir, en regardant comme un piège, comme une aventure toute expansion vers l'Afrique ou vers l'Orient, vivre de cette sorte, pour une grande nation, c'est abdiquer. »

Jules Ferry, discours à la Chambre des députés, *Journal officiel de la République française,* 28 juillet 1885.

3 ▶ Le revanchisme à l'école : le souvenir des territoires perdus d'Alsace-Lorraine

Albert Bettanier, *La Tache noire* (détail), 1887.
Deutsches Historisches Museum, Berlin.

2 ▶ Le point de vue de Georges Clemenceau

« Mais nous disons, nous, que lorsqu'une nation a éprouvé de graves, très graves revers en Europe, lorsque sa frontière a été entamée, il convient peut-être avant de la lancer dans les conquêtes lointaines, fussent-elles utiles – et j'ai démontré le contraire –, de bien s'assurer que l'on a le pied solide chez soi et que le sol national ne tremble pas. Voilà le devoir qui s'impose. Mais quand un pays est placé dans ces conditions, aller s'affaiblir en hommes et en argent, et aller chercher au bout du monde, au Tonkin, à Madagascar, une force pour réagir sur le pays d'origine et lui communiquer une puissance nouvelle, je dis que c'est une politique absurde, une politique coupable, une politique folle. »

Georges Clemenceau, discours à la Chambre des députés, *Journal officiel de la République française,* 30 juillet 1885.

Questions

ANALYSER

1. Complétez le tableau pour présenter l'argumentation de Jules Ferry. **(doc. 1)**

Économie	...	...
...	Humanitaire	...

2. Quelle contre-argumentation Georges Clemenceau propose-t-il ? **(doc. 2)**

CONFRONTER DEUX DOCUMENTS

3. Expliquez, à l'aide du **doc. 3**, la virulence du député radical dans le **doc. 2**.

Bac

4. À partir des documents, expliquez les arguments confrontés lors des débats coloniaux de 1885.

Étude

Samory Touré, résister à la colonisation

Comment Samory Touré s'oppose-t-il à la colonisation française ?

Samory Touré
(vers 1830-1900)
Chef de guerre et guide spirituel converti à l'islam, il contrôle, au début des années 1880, un vaste empire au cœur de l'Afrique de l'Ouest. Après une longue guérilla contre la France, il est capturé en 1898 et déporté au Gabon.

Au début des années 1880, la France organise ses premières missions militaires en Afrique de l'Ouest. L'objectif est de relier le Sénégal au Niger par l'implantation d'un réseau de postes commerciaux et militaires. Mais elle se heurte à l'empire de Samory Touré dans son expansion coloniale.

Notion
Le colonisation : voir p. 224

1 ▶ Les rivalités coloniales en Afrique de l'Ouest à la fin du XIXe siècle

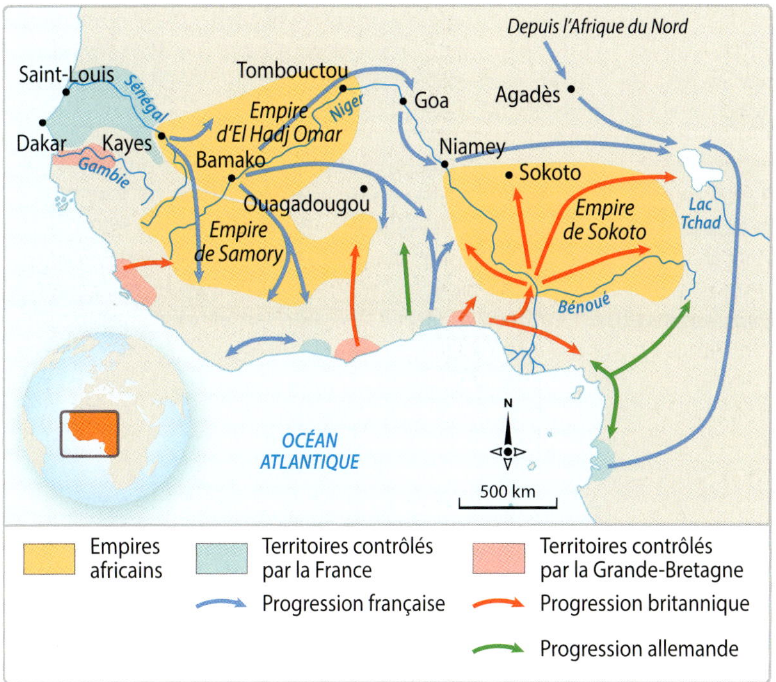

2 ▶ Une campagne militaire contre Samory Touré

« Nous avions alors devant nous, un nouvel ennemi, un Samory dont les sofas[1] étaient armés de fusils à tir rapide. Les commerçants anglais de Sierra Leone, avec l'aide du gouverneur britannique, approvisionnaient les sofas [...]. Samory avait un réel sentiment de la guerre. Ses positions de défense étaient judicieusement choisies, il savait varier ses dispositions sur le terrain même du combat [...]. Il avait entièrement dévasté les régions que nous avions occupées. C'est seulement quand il fut progressivement chassé que les malheureuses populations revinrent construire leurs villages et cultiver leurs terres abandonnées. Elles bénissaient la domination française qui les protégeait et faisait régner partout l'ordre et la paix. »

Rapport du lieutenant-colonel Archinard, commandant supérieur du Soudan français, *J.O* n° 289, 24 octobre 1891.
Dans Ch. Mangin, *Regards sur la France d'Afrique*, 1924.

1. Guerriers de Samory Touré.

3 ▶ La capture de Samory Touré

Photographie, Faran Oualia (Guinée), 16 octobre 1898.

Questions

REPÉRER

1. Situez les territoires contrôlés par Samory Touré. **(doc. 1)**

CONTEXTUALISER

2. Montrez que la guerre contre Samory Touré s'inscrit dans un contexte de tensions coloniales européennes. **(doc. 1 et 2)**

ANALYSER

3. Comment Samory Touré est-il présenté par les Français ? **(doc. 2 et 3)**
4. Expliquez les atouts de Samory Touré pour tenir tête à l'armée française. **(doc. 2)**

Bac

5. Dans un devoir portant sur la colonisation de l'Afrique, montrez, à travers l'exemple de Samory Touré, la difficile résistance des peuples africains.

Cours

PLAN

II L'organisation de l'empire colonial français

Comment les républicains mettent-ils en œuvre leur politique coloniale ?

	Importations de l'empire	Exportations vers l'empire
1880	4,8 %	6,3 %
1890	8,1 %	7,8 %
1900	7,7 %	11,6 %
1913	9,4 %	13 %

Part de l'empire colonial dans le commerce extérieur de la France
Jacques Marseille, « Les relations commerciales entre la France et son empire colonial de 1880 à 1913 », Revue d'histoire moderne et contemporaine, 1984.

Notion

Indigénat : voir p. 225

Vocabulaire

Acculturation : modifications qui se produisent dans un groupe culturel (manière d'agir, de travailler, de penser, etc.) par suite du contact permanent avec un groupe appartenant à une autre culture.

AMI (Assistance médicale indigène) : service de santé publique créé en 1899 à Madagascar, puis étendu aux autres colonies à partir de 1905.

AOF et AEF (Afrique-Occidentale et Afrique-Équatoriale françaises) : Fédérations regroupant plusieurs colonies chacune, en Afrique de l'Ouest, pour en faciliter l'administration et l'exploitation.

École coloniale : créée à Paris en 1889, elle forme les futurs administrateurs, magistrats et fonctionnaires en charge de la gestion des territoires coloniaux.

A. L'administration et l'aménagement des territoires coloniaux

• **La diversité des statuts administratifs.** L'Algérie constitue un cas à part ; elle dépend du ministère de l'Intérieur et obtient une certaine autonomie à partir de 1898. Les colonies conquises dans les années 1880-1890 sont totalement administrées par un gouverneur sous l'autorité d'un ministère des Colonies créé en 1894. Les protectorats sont sous contrôle d'un résident général français. De vastes ensembles sont constitués, l'AOF (1908) et l'AEF (1910), sous l'autorité de gouverneurs généraux.

• **L'aménagement d'infrastructures.** La construction de routes et de lignes de chemin de fer permet de circuler plus vite et plus sûrement. Entre 1879 et 1906, 2 035 km de voies ferrées sont bâties en Algérie. Les infrastructures telles que les ponts (par exemple le pont Doumer de Hanoï), les gares, les bâtiments administratifs favorisent le développement économique. La colonisation transforme les villes en agglomérations modernes avec de larges avenues parcourues par le tramway, comme à Saigon.

• **Une modernisation inégale.** Les arrière-pays restent encore largement enclavés et à l'écart de ces transformations. Les infrastructures permettant d'exporter vers la métropole sont privilégiées, comme le port d'Alger. Dans les villes, les quartiers indigènes restent insalubres. Le contraste est fort avec les quartiers européens modernes. Les administrateurs, formés à l'École coloniale, privilégient leur carrière et les intérêts de la France au détriment du bien-être des populations locales.

Point de passage et d'ouverture, p. 236

B. L'exploitation économique : un bilan complexe

• **Une économie de traite.** Les ressources minières jusqu'alors inexploitées et de nouvelles cultures (vigne en Algérie, arachide au Sénégal) sont destinées à l'exportation en métropole. La France concède à des sociétés privées l'exploitation des ressources pour une durée de 30 ans. 70 % du Congo sont ainsi partagés entre 40 firmes. L'Algérie et l'Indochine, au sein de l'empire, sont les principaux territoires d'investissement et d'échanges.

• **La confiscation des richesses.** En Algérie, dès 1871, les terres fertiles sont accaparées par les colons venus d'Europe. Les populations indigènes, soumises par le Code de l'indigénat en 1881, subissent à nouveau le travail forcé malgré l'abolition de l'esclavage en 1848. Le volume des cultures destinées à l'exportation progresse au détriment des cultures vivrières. L'industrialisation se développe peu, la métropole protégeant ses propres industries.

• **Un bilan économique mitigé pour la France.** La conquête coloniale a un coût. Entre 1850 et 1913, les dépenses coloniales représentent 10 % des dépenses publiques. Si certains industriels et négociants s'enrichissent par la colonisation, ce constat ne peut être généralisé à l'ensemble du pays. L'empire ne reçoit que 10 % des investissements français en 1913, et n'est que le troisième partenaire commercial de la métropole après l'Angleterre et l'Allemagne.

Étude, p. 238

C. La société coloniale : l'échec de la politique républicaine coloniale

• **Le médecin, le missionnaire et l'instituteur.** Ce sont les trois acteurs majeurs mis en avant par la propagande républicaine et sur lesquels s'appuie la politique d'acculturation de la République. Chacun représente l'un des bienfaits de la civilisation que la France ambitionne d'apporter aux populations indigènes. L'AMI permet aux médecins de faire reculer les maladies. La cathédrale Notre-Dame de Saigon est construite entre 1877 et 1880. De 1884 à 1908, un programme de scolarisation est mis en place en Algérie.

• **Des idéaux républicains oubliés.** La société coloniale se caractérise essentiellement par ses inégalités et sa violence. Elle reste très éloignée des idéaux républicains. La ségrégation est omniprésente entre Européens et populations locales. L'ascension sociale est très faible, sauf pour les auxiliaires coloniaux, juges, percepteurs d'impôts, officiers indigènes. Après 1887, l'extension du régime de l'indigénat permet de maintenir l'ordre de façon autoritaire. En métropole, les exhibitions coloniales proposent une image dégradante des populations indigènes.

• **Des révoltes permanentes.** Le refus de reconnaître une culture indigène et les excès de la domination économique provoquent des soulèvements réguliers. En 1878, le chef Ataï conduit une révolte des Kanaks en Nouvelle-Calédonie. À Madagascar, le général Gallieni instaure avec brutalité un protectorat français : la reine Ranavalona III, après une rébellion anti-française violemment réprimée, est exilée en 1897.

Point de passage et d'ouverture, p. 240

Cours en podcast
QCM interactif
www.lienmini.fr/hist1-66

Ranavalona III

(1861-1917)

Dernière reine de Madagascar. Elle ne peut s'opposer à l'implantation française, résultat de deux expéditions militaires qui instaurent un protectorat français. En 1897, à la suite d'une révolte populaire anti-française, elle est exilée sur l'île de la Réunion, puis en Algérie, où elle meurt en 1917.

« N'essayons pas de revêtir la violence du nom hypocrite de civilisation. »

Georges Clemenceau, discours du 30 juillet 1885.

Le pont Doumer de Hanoï

Gouverneur général de l'Indochine française de 1897 à 1902, Paul Doumer est à l'origine de la construction d'un ambitieux réseau de chemin de fer, le Transindochinois, pour favoriser le développement économique.

La réalisation la plus symbolique de ce projet est le pont ferroviaire qui relie Hanoi à la rive gauche du fleuve rouge. Inauguré en 1902, il reçoit le nom de Paul Doumer.

Le pont Doumer en 1915. Autochrome, collection Albert Kahn, 1915.

Point de passage et d'ouverture

Saigon, ville coloniale

Comment la colonisation façonne-t-elle la ville de Saigon ?

Capitale de l'Indochine française entre 1887 et 1901, Saigon est complètement transformée par la colonisation française pour devenir la grande capitale orientale de son empire colonial.

1 ▶ Saigon en 1900

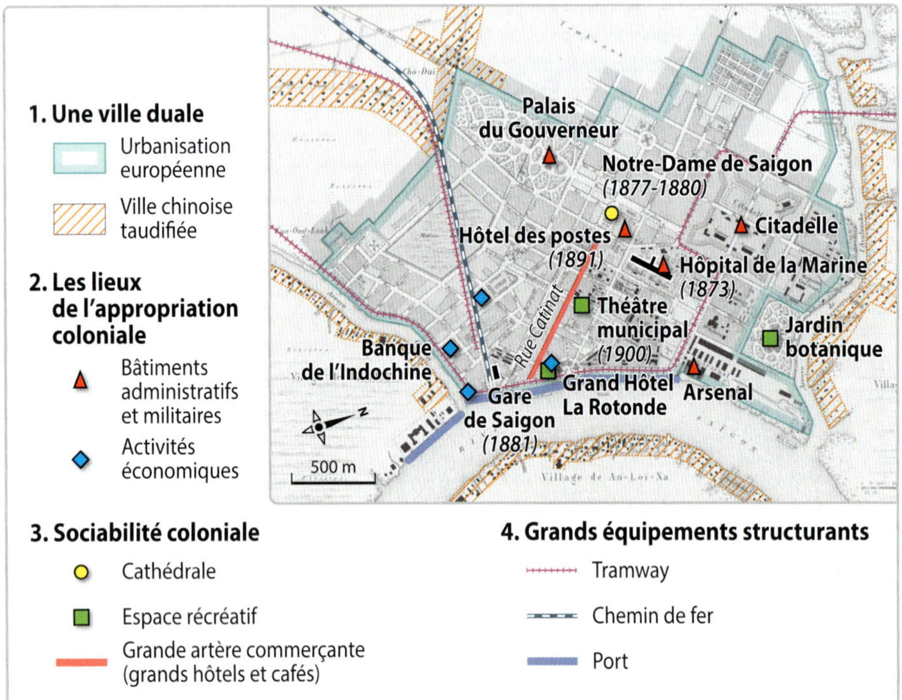

3 ▶ Française en pousse-pousse vers 1902-1905 (Tonkin)

2 ▶ Une description de Saigon en 1902

« Saigon, des mâts, des cheminées, des tourelles de navires de guerre, de commerce [...] et la pullulante flottille des jonques, des sampans, des pirogues. Une foule blanche attend, dans le grouillement jaune des coolies[1] [...] Mais oui ! C'est la France : des caboulots[2] de l'Arrivée, des guinguettes[3] du Départ, les bouchons[4] des gares et des banlieues... Et bientôt voici la ville française dans son faste tropical, avec des palais officiels, de raide géométrie [...]. Et la rue Catinat, toute parisienne. Et par-ci, le théâtre (un monument de deux millions), et par-là, des statues : Gambetta [...]. Les Annamites[5] se ressemblant tous [...] de mêmes faces jaunes aplaties sous les fronts bombés [...]. Tout cela [...] va, vient et revient ou stationne [...] autour des acteurs principaux, les hommes blancs, dont la haute stature domine. Saigon, [...] trente mille Annamites, Chinois, Indiens contre trois mille Européens. »

Jean Ajalbert, « Variétés », *Revue indochinoise*, 24 novembre 1902.

1. Porteurs de valises et colis.
2. Petits cafés populaires.
3. et 4. Lieux populaires où l'on mange et boit.
5. Habitants de l'Annam. Par extension, tous les indigènes indochinois.

Notion

L'empire colonial : voir p. 225

4 ▶ Le Grand Hôtel de la Rotonde en 1900, lieu de rendez-vous des Européens

5 ▶ Le développement économique du port

« Le programme qui a été arrêté en 1901, pour le port de Saigon [...] est en voie d'exécution ; le quai de 1 100 mètres où pourront s'amarrer simultanément neuf navires du plus fort tonnage [...]. Le pont tournant destiné à permettre la circulation d'un tramway, entre la ville et le port est achevé [...]. La production croissante de riz assure déjà au port de Saigon un mouvement considérable ; l'amélioration de la navigation du Mékong fera affluer de plus en plus, sur ses quais, les produits d'une immense région minière et forestière. »

Discours de M. Beau, gouverneur général, *Revue indochinoise,* 7 septembre 1903.

6 ▶ Les difficultés d'une ville coloniale

a. « Toutes les habitations visitées sont surpeuplées [...]. Dans chacun de ces réduits, où ne pénètre ni air, ni lumière, vivent deux ou trois personnes. [...] Souvent, l'espace libre sert de magasin pour le principal locataire, petit commerçant en général [...]. Un petit coin au premier étage, comme au rez-de-chaussée, est occupé par la cuisine, le feu s'allume à quelques centimètres des cloisons en bois et de vieilles caisses. »

Rapport de la commission d'hygiène de Saigon, mai 1907. Dans A. Baudrit, *Contribution à l'histoire de Saigon* (1867-1916), J. Testelin, 1936.

b. « Saigon possède un conseil municipal élu par les seuls habitants français et un maire élu par le conseil municipal. Les revenus de la ville sont élevés [...]. On ne peut pas dire qu'ils aient été toujours bien employés. Un personnel trop nombreux de fonctionnaires municipaux [...], des dépenses de luxe quand certains travaux utiles, à l'assainissement de la ville en particulier, ont été négligés. »

Paul Doumer, *L'Indochine française,* Vuibert et Nony, 1905.

Questions

REPÉRER

1. Décrivez, en vous appuyant sur quelques exemples, les transformations de la ville coloniale. **(doc. 1)**
2. Montrez la volonté de récréer une capitale française. **(doc. 2 et 4)**

ANALYSER

3. Quelle est la place des aménagements liés à l'exploitation économique ? **(doc. 1 et 5)**
4. Montrez que deux sociétés cohabitent. **(doc. 3 et 6)**

UTILISER UNE NOTION

5. Qualifiez le regard porté par l'auteur de ce texte sur les Indochinois. Justifiez votre réponse. **(doc. 2)**

ARGUMENTER ET RÉDIGER

6. À l'époque coloniale, Saigon est qualifiée de « perle de l'Extrême-Orient ». Expliquez ce terme et montrez qu'il n'est qu'en partie justifié.

Bac

7. En vous appuyant sur le **doc. 2**, vous montrerez les transformations de Saigon à l'époque coloniale au niveau de son organisation urbaine, de son économie et de sa société.

L'Algérie, une agriculture au service de la métropole

Comment la France met-elle l'agriculture algérienne au service de son projet colonial ?

Conquise entre 1830 et 1847, l'Algérie devient une colonie de peuplement à vocation agricole. La loi Warnier de 1873 introduit la propriété privée de la terre afin d'en faciliter l'appropriation par les Européens.

1 ▶ S'approprier la terre : la question de la propriété

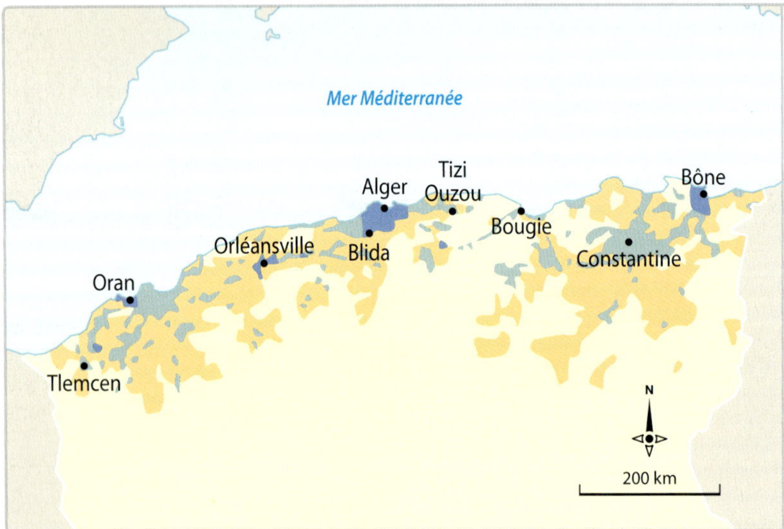

D'après Didier Guignard, « Les archives vivantes des conservations foncières en Algérie », dans *L'Année du Maghreb*, CNRS Éditions, 2015.

2 ▶ Posséder la terre : le système des concessions

Entre 1881 et 1890, l'écrivain Guy de Maupassant voyage au Maghreb. Il rédige des chroniques pour le journal Le Gaulois *ou la* Revue des deux mondes.

« Voici les différents systèmes employés pour chasser et spolier[1] les misérables propriétaires indigènes. Un particulier quelconque, quittant la France, va demander au bureau chargé de la répartition des terrains une concession en Algérie. [...] Il tire un numéro correspondant à un lot de terre. Ce lot, désormais, lui appartient. Il part. Il trouve là-bas, dans un village indigène, toute une famille installée sur la concession qu'on lui a désignée. [...] L'étranger l'expulse. Elle s'en va, résignée, puisque c'est la loi française. Mais ces gens, sans ressources désormais, gagnent le désert et deviennent des révoltés. [...] Autre méthode. La Chambre vote un crédit de quarante ou cinquante millions destinés à la colonisation de l'Algérie. Que va-t-on faire de cet argent ? [...] On exproprie l'Arabe [...] au profit de colons inconnus. [...] On leur paie quarante francs l'hectare qui vaut au minimum huit cents francs. [...] »

Guy de Maupassant, *Au soleil*, 1884.

1. Déposséder de leurs terres.

3 ▶ Exploiter la terre : regard français sur la colonisation

Alphonse Birck, couverture de l'*Almanach du Petit Colon algérien*, 1893.

4 ▶ Exporter : les quais d'Alger vers 1900

Photographie colorisée.

5 ▶ Contrôler : les relations colons-indigènes vues par un médecin français

« Nous nous sommes emparés d'une grande quantité de leurs terres, choisissant les meilleures. Parmi ces terres, un bien petit nombre a fait l'objet de marchés de gré à gré[1]. Pour beaucoup, nous les avons prises à leur propriétaire afin de créer des centres coloniaux, les payant un peu ce que nous voulions, en retardant souvent le paiement pendant des années. Pour beaucoup plus encore, nous les avons tout simplement confisquées afin de punir des faits de rébellion, c'est-à-dire en réalité des essais de leur part fort légitimes de recouvrer leur liberté. […]

Les Arabes sont autorisés à trouver que notre main étendue sur eux est celle d'un maître, et fort peu celle d'un père. Ils ne la sentent guère que lorsqu'il y a des impôts à percevoir, des corvées à imposer, des faits à punir. Nous avons augmenté pour eux le nombre de cas punissables, en créant ce qu'on appelle le Code de l'indigénat, ensemble de prescriptions dans lequel l'arbitraire trouve trop de place. […] Notre conduite envers eux peut à peu près se résumer en ceci : nous les maintenons par la force, et nous en tirons tout ce que nous pouvons. »

M. le Dr X, *Simples Réflexions d'un colon algérien*, 1891.

1. Transaction conclue directement entre le vendeur et l'acheteur.

Notion

L'empire colonial : voir p. 225

Vocabulaire

Almanach : calendrier agricole et recueil de conseils et d'informations pour l'agriculture.

Colonie de peuplement : territoire vers lequel une métropole envoie des colons pour y bâtir une nouvelle société.

Questions

CONTEXTUALISER

1. Décrivez l'appropriation des terres agricoles par la France. **(doc. 1)**

IDENTIFIER

2. Relevez les productions agricoles et les moyens mis en œuvre pour les valoriser dans l'intérêt de la France. **(doc. 3 et 4)**

ANALYSER

3. Après avoir identifié les différents acteurs, montrez leurs relations. **(doc. 3 et 5)**

EMPLOYER LES NOTIONS ET LE LEXIQUE

4. Définissez les termes « Code de l'indigénat » et « concession », puis mettez-les en relation. **(doc. 2 et 5)**

RAISONNER ET RÉDIGER

5. Montrez comment l'agriculture révèle les formes de domination française en Algérie, tant sur le plan territorial qu'économique et humain.

Bac

6. En vous appuyant sur vos connaissances, montrez ce que le **doc. 3** révèle du projet colonial de la France en Algérie.

Point de passage et d'ouverture

Le Code de l'indigénat (1887) : de l'Algérie à la Nouvelle-Calédonie

Comment le Code de l'indigénat est-il utilisé comme outil de domination ?

Mis en place en Algérie dès 1881, le Code de l'indigénat est généralisé à la plupart des colonies françaises à partir de 1887. C'est le cas en Nouvelle-Calédonie, colonisée depuis 1853, dans un contexte tendu avec les Kanaks depuis 1878.

Ataï (vers 1833-1878)
Chef d'une tribu kanake, il s'oppose aux spoliations de terres au profit des colons européens et des libérés. Sa mort lors de la grande révolte de 1878, qui fait 200 morts européens et plus d'un millier de morts Kanaks, en fait un héros de la lutte contre les violences coloniales.

1 ▶ Le Code de l'indigénat en Algérie

« Les administrateurs eux-mêmes, avec leurs cinq jours de prison et leurs 15 francs d'amende, sont bien souvent impuissants à réprimer les délits qui leur sont signalés [...] : il est indispensable que les pénalités par voie administrative soient considérablement augmentées, surtout en ce qui concerne le chiffre de l'amende. Le gouvernement voudra, j'en ai la conviction, compléter l'organisation des communes mixtes[1] par un Code de l'indigénat plus approprié aux besoins du commandement. Avec l'indigène, il faut que le châtiment arrive avec rapidité. Ce n'est que par ce moyen que l'on arrivera à bien administrer les territoires indigènes. »

« Agitation en Algérie », *La Démocratie du Cher*, 30 août 1886.

1. Communes algériennes créées en 1868 dans lesquelles les colons européens sont très minoritaires par rapport aux indigènes algériens.

2 ▶ La contestation du Code de l'indigénat en métropole

« Le Sénat examine en ce moment un projet [...] qui a pour but d'autoriser les administrateurs algériens à appliquer ce qu'on a appelé le Code de l'indigénat. Dans aucune des constitutions qui ont régi la France, dans aucun de nos codes [...] on ne trouve une définition de cette nouvelle métaphore de l'esclavage. Pas plus dans le *Contrat social*[1] que dans *L'Esprit des lois*[2] ou dans *La Déclaration des droits de l'homme et du citoyen,* il n'est question de l'indigénat. [...] Comment se fait-il que les Algériens seuls soient exclus de tous les droits, comme si dans une démocratie telle que la nôtre il pouvait exister des devoirs sans droits ? »

Léon Hugonnet, « L'indigénat », *La France*, 25 juin 1888.

1. et 2. Références aux philosophes des Lumières, Jean-Jacques Rousseau et Montesquieu.

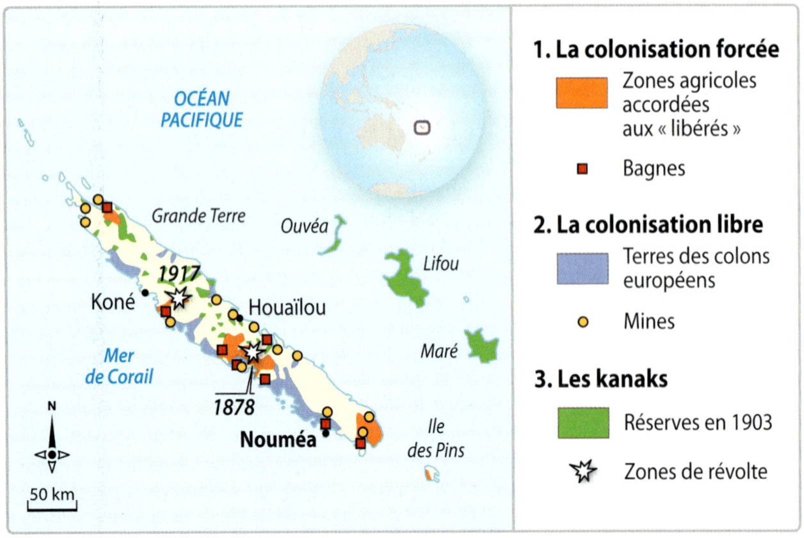

3 ▶ La colonisation en Nouvelle-Calédonie

Notion

L'indigénat : voir p. 225

Vocabulaire

Kanak : peuple indigène de Nouvelle-Calédonie. Ils sont entre 50000 et 100000 en 1853. Ils ne sont plus que 27768 en 1901 (pour 22750 Européens).

Libérés : bagnards installés comme colons à l'issue de leur peine sur des terres prises aux Kanaks.

4 ▶ La révolte des Kanaks menée par Ataï en 1878

Gravure d'après un dessin de L. Armand, « Massacre du libéré Chêne, de sa femme et de ses deux enfants », *Le Monde illustré*, 1878.

5 ▶ L'application du Code de l'indigénat en Nouvelle-Calédonie

a. Décret du 18 juillet 1887 sur l'indigénat en Nouvelle-Calédonie (extrait)

« **Article 1.** Un arrêté du gouverneur [...] fixe la délimitation du territoire de chaque tribu, sa dénomination, les devoirs et les attributions des chefs. Le chef de chaque tribu est agréé par le gouverneur [...].

Article 3. Les arrêtés pris par le gouverneur en matière d'indigénat pourront être sanctionnés par des pénalités allant jusqu'à quinze jours de prison et 100 francs d'amende maximum. [...]

Article 5. L'internement des indigènes non-citoyens français et de ceux qui leur sont assimilés, ainsi que le séquestre de leurs biens, peuvent être ordonnés par le gouverneur [...]. »

Bulletin officiel de l'administration des colonies, 1887.

b. Liste d'infractions spéciales pour les indigènes non-citoyens français, 23 décembre 1887 (extrait)

« **1.** La désobéissance aux ordres.
2. Le fait d'être trouvé hors de son arrondissement sans justifier d'une autorisation régulière.
3. Le port d'armes canaques dans les localités habitées par les Européens.
4. Le fait d'entrer dans les cabarets ou débits de boisson.
5. La nudité sur les routes ou dans les centres européens.
6. L'entrée chez les Européens sans autorisation. »

Questions

REPÉRER

1. Quels sont les deux types de sanctions décrétés par le Code de l'indigénat ? **(doc. 1 et 5)**

ANALYSER

2. Comment l'auteur justifie-t-il la mise en place de mesures spécifiques pour les indigènes ? **(doc. 1)**
3. Relevez les arguments utilisés pour dénoncer la mise en place de l'indigénat. **(doc. 2)**
4. Décrivez l'appropriation territoriale de la Nouvelle-Calédonie par les Européens. **(doc. 3)**

METTRE EN RELATION

5. Montrez le contexte de violence qui accompagne la colonisation. **(doc. 1 et 4)**

RAISONNER ET ARGUMENTER

6. À quelle situation démographique, sociale et économique dans les colonies le Code de l'indigénat est-il une réponse ?

Bac

7. Après avoir replacé le **doc. 5b** dans son contexte géographique, montrez ce que le Code de l'indigénat révèle de l'organisation sociale néocalédonienne à l'époque coloniale.

Regard critique

Pourquoi le mot « race » est-il resté dans la Constitution ?

Lors des débats parlementaires, le 28 juillet 1885, le député Jules Ferry, ancien président du Conseil, affirme à l'Assemblée nationale : « Les races supérieures ont un droit vis-à-vis des races inférieures [...]. Elles ont le devoir de civiliser les races inférieures. »
Le 12 juillet 2018, les députés de l'Assemblée nationale votent la suppression du mot « race » de l'article 1er de la Constitution française.

« Lorsque le mot race a été introduit dans le préambule de la Constitution de 1946 puis repris en 1958, les constituants voulaient, après le nazisme, affirmer leur rejet des thèses racistes, héritage de l'histoire coloniale et des théories du XIXe siècle.

Mais, paradoxalement, en interdisant la "distinction selon la race", la Constitution pouvait en creux légitimer l'opinion selon laquelle il existe des races alors que la science ne reconnaît qu'une seule espèce humaine. Les députés ultramarins se sont montrés particulièrement émus de ce vote au regard du passé colonial français.

[...] Le député UAI de Nouvelle-Calédonie Philippe Gomès a rappelé que "111 Kanaks avaient été exposés à côté des crocodiles" à l'exposition coloniale de 1931 à Paris, où la brochure invitait à venir voir "la race canaque avant qu'elle ne disparaisse".

François Hollande s'était [...] engagé, lors de la campagne présidentielle en 2012, à une telle suppression [...]. À l'époque, la droite avait critiqué cette idée, estimant comme Alain Juppé, que "faute d'agir" contre le racisme, "on change les mots". Si la droite a voté jeudi cet article, Philippe Gosselin a repris cette interrogation, soulignant que ce changement sémantique ne devait pas "conduire à baisser la garde pour lutter contre le racisme". [...]

La garde des Sceaux, Nicole Belloubet, a répondu que "cela ne fragiliserait pas juridiquement la lutte contre le racisme", car "il y a de nombreux filets de sécurité qui demeurent". "Le mot race subsistera dans le préambule de 1946[1], qui figure dans notre bloc de constitutionnalité", a-t-elle rappelé, ainsi que dans plusieurs normes internationales qui interdisent les distinctions fondées sur l'existence de prétendues races. »

Le Monde avec AFP, 13 juillet 2018.

1. Texte historique, inclus dans sa forme originale.

« Les quatre races humaines », illustration extraite du *Tour de la France par deux enfants* (1877) de G. Bruno (pseudonyme d'Augustine Fouillée), Belin, 1908.

Développer son esprit critique

1. Que dit la science sur la notion de « race humaine » ?
2. Pourquoi cette suppression est-elle un enjeu symbolique fort pour les députés ultramarins ?
3. Selon vous, changer l'écriture de la loi est-il un moyen de changer la société ?

Travailler en histoire

Construire un schéma à partir d'un texte

Exemple La colonisation vue par Victor Hugo

« La Méditerranée est un lac de civilisation ; ce n'est certes pas pour rien que la Méditerranée a sur l'un de ses bords le vieil univers et sur l'autre l'univers ignoré, c'est-à-dire d'un côté toute la civilisation et de l'autre toute la barbarie. [...]

Déjà les deux peuples colonisateurs, qui sont deux grands peuples libres, la France et l'Angleterre, ont saisi l'Afrique ; la France la tient par l'ouest et par le nord ; l'Angleterre la tient par l'est et par le midi. Voici que l'Italie accepte sa part de ce travail colossal [...].

Allez, Peuples ! Emparez-vous de cette terre. Prenez-la. À qui ? À personne. Prenez cette terre à Dieu. Dieu donne la terre aux hommes, Dieu offre l'Afrique à l'Europe. Prenez-la. Où les rois apporteraient la guerre, apportez la concorde. Prenez-la, non pour le canon, mais pour la charrue ; non pour le sabre, mais pour le commerce ; non pour la bataille, mais pour l'industrie ; non pour la conquête, mais pour la fraternité. [...] Allez, faites ! Faites des routes, faites des ports, faites des villes ; croissez, cultivez, colonisez, multipliez ; et que, sur cette terre, de plus en plus dégagée des prêtres et des princes, l'Esprit divin s'affirme par la paix et l'Esprit humain par la liberté ! »

Victor Hugo, Discours sur l'Afrique, prononcé le 18 mai 1879 lors du banquet commémoratif de l'abolition de l'esclavage.

Étape 1

Sélectionner les informations

- Identifiez le thème central : Afrique, civilisation, barbarie.
- Repérez et classez les idées de l'auteur :
  > L'Afrique : « univers ignoré », « barbarie », « terre », espace à prendre.
  > L'Europe (France, Angleterre, Italie) : « civilisation » ancienne, « grands » peuples « libres ».
  > L'Afrique transformée par l'Europe : infrastructures, essor économique, urbanisation, paix, civilisation.

Étape 2

Organiser les idées

- Utilisez le thème central du texte pour titrer votre schéma.
- Reformulez les principaux axes du texte par des expressions courtes et simples.
- Représentez les éléments par des formes géométriques et hiérarchisez-les.

Étape 3

Construire le schéma

- Reliez les éléments du schéma à l'aide de flèches exprimant leur(s) relation(s).
- Vérifiez l'orthographe et l'absence de répétitions.

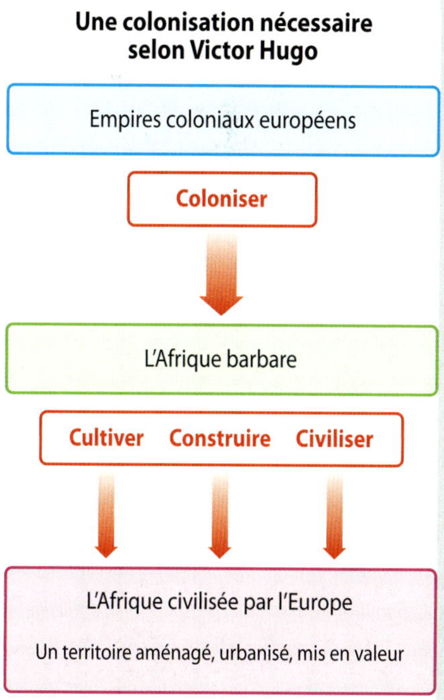

Un schéma est une représentation graphique et simplifiée. Il peut être utilisé comme support de mémorisation, mais aussi pour organiser vos idées lors de la préparation d'une argumentation.

! Conseil

Utilisez les verbes d'action du texte pour préciser le lien exprimé par les flèches du schéma.

Entraînement La domination des colons français en Algérie (doc. 5 p. 239)

S'exercer

1 Capacité Nommer et localiser les grands repères géographiques

Complétez les cartes schématiques de l'empire colonial français en replaçant les informations suivantes :

- L'AOF
- Madagascar
- La Nouvelle-Calédonie
- Saigon
- Alger
- Fachoda

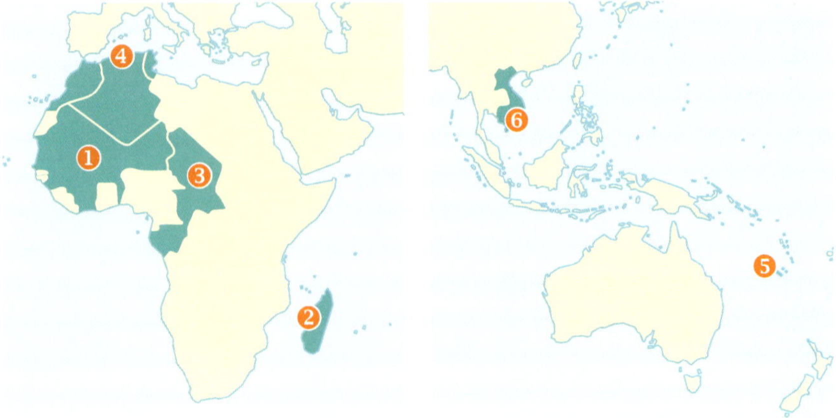

L'empire colonial français

2 Capacité Savoir lire, comprendre et apprécier un document iconographique

LA DÉLIMITATION DES NOUVELLES FRONTIÈRES FRANCO-ALLEMANDES AU CONGO

Les commissaires français et allemands opérant dans les forêts marécageuses de la vallée de la Lobaye

Étape 1 LIRE

1. Décrivez la scène.

Étape 2 COMPRENDRE

2. Identifiez les personnages, le lieu, l'action représentés.

Étape 3 APPRÉCIER

3. Quelle image des hommes (européens et africains) et des territoires (l'Afrique) ce document donne-t-il ?
4. Cette image reflète-t-elle l'état exact des relations franco-germaniques depuis la fin du XIXe siècle ? Justifiez votre réponse.

Une du supplément illustré du *Petit Journal*, 1913.

3 Capacité Identifier et expliciter les dates clés des grands événements

1. Associez à chaque date l'événement historique correspondant.

Événements	Dates
Protectorat sur le Maroc •	• 1912
Crise de Fachoda •	• 1885
Conférence de Berlin •	• 1898
Début de la colonisation française en Algérie •	• 1830

2. Rédigez un court paragraphe expliquant chacun de ces événements.

4 Capacité Utiliser une approche historique pour mener une analyse

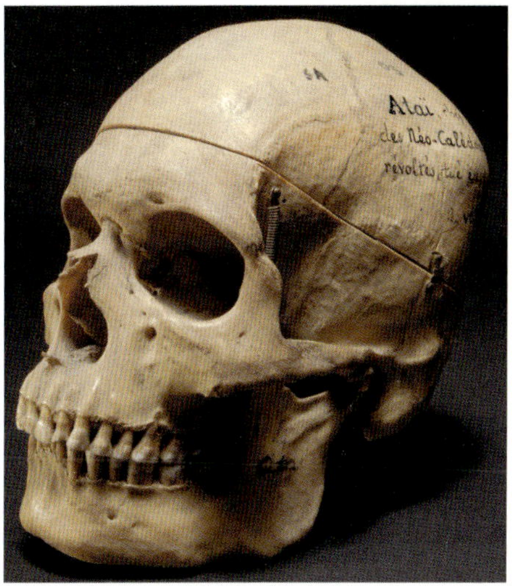

1. Observez la photographie pour identifier à qui appartient ce crâne.
2. Recherchez dans le chapitre l'importance de ce personnage dans l'histoire de la Nouvelle-Calédonie.
3. Faites des recherches pour expliquer :
- l'histoire de ce crâne jusqu'à aujourd'hui ;
- la polémique dont il a été l'objet ;
- sa place actuelle pour les Kanaks de Nouvelle-Calédonie.

Photographie du Muséum national d'Histoire naturelle.

Histoire & BD

Congo 1905. Le Rapport Brazza, le premier secret d'État de la « Françafrique »

« Au XXe siècle naissant, l'Afrique est un enjeu majeur pour les puissances européennes et les grandes entreprises privées. Alors que le bassin du Congo devient le théâtre de tensions internationales croissantes, la presse se fait l'écho de crimes commis envers les populations locales. […]
Sous la pression parlementaire, une mission d'enquête est envoyée au Congo sous la direction de l'explorateur Pierre Savorgnan de Brazza. » (Présentation de l'éditeur)

1. Utilisez vos connaissances pour présenter le contexte colonial choisi par le scénariste pour son intrigue.
2. Faites des recherches pour présenter le personnage historique central de l'histoire.

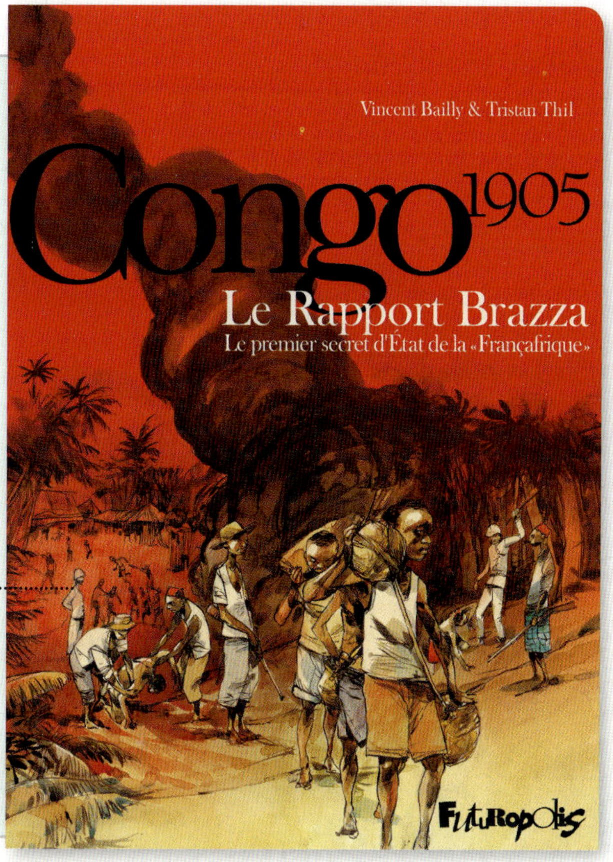

Congo 1905. Le Rapport Brazza. Le premier secret d'État de la « Françafrique ». Vincent Bailly (ill.). Tristan Thil (récit). Éd. Futuropolis 2018 – Dist. La collection.

Méthode Bac

Formuler une problématique et élaborer un plan

Sujet guidé La IIIe République et la colonisation

ÉTAPE 1 Analyser le sujet

- Identifiez et expliquez les termes du sujet.
- Posez-vous les questions suivantes : quand ? (XIXe siècle) Où ? (France) Quoi ? (République et colonisation).
- Mobilisez vos connaissances pour expliquer les mots clés et approfondir votre analyse du sujet.
  > La IIIe République est le régime instauré en France après la fin du Second Empire en 1870. La colonisation est le processus par lequel un pays accapare le territoire, les ressources et la souveraineté d'un autre.
- La conjonction de coordination « et » invite à établir un lien entre les termes importants.

BAC Conseil
Relisez les cours du manuel sur la IIIe République (p. 170, 176 et 180).

ÉTAPE 2 Dégager une problématique

- Reformulez le sujet de manière à en montrer les enjeux, sous forme de question.
  > Pourquoi la République relance-t-elle la politique coloniale ?

ÉTAPE 3 Construire un plan

- La question « Pourquoi ? » implique de présenter les causes et les buts : un plan thématique en deux parties est adapté à ce sujet.
- Pour chaque partie, développez des arguments (idées essentielles) et justifiez-les en mobilisant vos connaissances.

BAC Conseil
Reportez-vous à la méthode p. 104 qui présente les divers plans possibles.

PLAN	ARGUMENTS	CONNAISSANCES
I. La colonisation : une politique pour fortifier la République et restaurer le prestige de la France	a. Une République fragile	Défaite de 1870 Des oppositions : monarchistes et bonapartistes La crise boulangiste (1887)
	b. Une France affaiblie sur la scène internationale	Période du recueillement (1871-1879) « Course aux colonies » et conférence de Berlin (1885)
	c. Des conquêtes coloniales	Afrique : ex. 1881, protectorat Tunisie Extrême-Orient : ex. 1887, Indochine
II. La politique coloniale de la IIIe République : une difficile conciliation des valeurs républicaines et du projet colonial	a. Administrer et aménager les colonies	Création de fédérations coloniales et du ministère des Colonies Infrastructures et villes Difficultés : enclavement et corruption
	b. Exploiter les colonies	Ressources et terres Régime des concessions, économie extravertie, importance de l'Algérie et de l'Indochine Travail forcé, corruption, coût de la colonisation
	a. Civiliser et contrôler les populations indigènes	Instituteurs, missionnaires et médecins Code de l'indigénat (1887) Ségrégation et arbitraire

Sujet blanc 1885, une colonisation en débat

Méthode Bac

Étudier une photographie

Sujet guidé La colonisation en Nouvelle-Calédonie sous la IIIe République

Consigne: Rappelez la situation de la Nouvelle-Calédonie vers 1890, puis montrez ce que le document révèle de l'organisation coloniale sur le plan économique et social.

Séchage du café, Canala (Nouvelle-Calédonie)
Photographie, vers 1890.

ÉTAPE 1
Analyser la consigne et le document

Expliquez les mots clés du sujet en faisant appel à vos connaissances.
- Quand? (vers 1890) Où? (Nouvelle-Calédonie) Quoi? (la colonisation) Qui? (Kanaks et colons).

Repérez les principaux éléments de la photographie.
- Les personnages: des ouvriers agricoles au travail (Kanaks) et des Européens qui posent.
- Les activités: le séchage et le tri du café.
- Le paysage: exploitation, bâtiments agricoles, habitation, montagnes, palmiers.

ÉTAPE 2
Construire un plan (au brouillon)

- Le sujet appelle une introduction (la Nouvelle-Calédonie vers 1890) et un plan thématique en deux parties (économie coloniale puis société coloniale).
- Classez les éléments selon le plan adopté et reliez-les à vos connaissances.

Aide
Relisez le cours p. 234 et l'étude p. 240.

ÉTAPE 3
Rédiger (sur la copie)

- L'introduction présente le document, rappelle le contexte et problématise le sujet.
- Le développement est organisé en deux parties articulées autour d'une idée générale. Chacune s'appuie sur une description d'éléments du document et de connaissances.
- La conclusion répond à la problématique et souligne l'intérêt du document.

PLAN	DOCUMENTS	CONNAISSANCES ET ANALYSE
Introduction	La photographie: le paysage La légende: la date et le lieu	La Nouvelle-Calédonie est un archipel lointain du Pacifique, colonisé par la France à partir de 1853. L'île principale est d'abord utilisée comme bagne, puis la France y exploite les terres agricoles et les ressources minières. Les Kanaks, menés par Ataï, se révoltent en 1878. En 1890, la population canaque est réduite (moins de 30000 contre plus de 50000 à l'arrivée des Français), et partiellement reléguée sur la côte ouest et dans les îles secondaires.
I. L'économie	Le café, les champs, les bâtiments agricoles, la main-d'œuvre	Les Kanaks travaillent comme ouvriers agricoles. On voit ici une main-d'œuvre nombreuse, donc peu coûteuse, ce qui évite la mécanisation, au service d'une plantation importante. La production de café est destinée à être exportée vers la métropole. Cependant, une partie des terres est composée de petites exploitations peu rentables, aux mains de colons issus du bagne, les «libérés».
II. La société	La maison d'habitation, les hommes blancs qui posent pour la photo, leur tenue	La photographie témoigne de la société coloniale, très inégalitaire. D'un côté, on voit des Kanaks pauvres et exploités, dont les terres ont été spoliées. Le Code de l'indigénat, imposé depuis 1887, les oblige à une soumission complète, limitant leurs déplacements et leurs contacts avec les Européens. De l'autre, on aperçoit des colons dont la pose et les vêtements témoignent d'une certaine aisance.

Sujet blanc Alger, un port colonial actif sous la IIIe République (doc. 4 p. 239)

Consigne: Après avoir rappelé la situation de l'Algérie vers 1900, vous montrerez ce que le document révèle de la place d'Alger dans l'organisation coloniale algérienne.

Méthode Bac

Analyser un texte politique

Sujet corrigé La colonisation en débat en 1885

Consigne: À partir du document et de vos connaissances, expliquez le débat sur la colonisation qui s'engage en décembre 1885.

« Les uns ont pensé que dix ans de recueillement suffiraient après les événements de 1871 ; que la France pouvait rentrer dans la carrière des guerres et des conquêtes lointaines; qu'il y avait là pour elle, avec de sérieux intérêts économiques une gloire désirable, une conduite conforme au rôle qu'elle doit tenir dans le monde et comme une première réparation des malheurs passés. Les autres ont continué à croire que les expéditions lointaines étaient aussi funestes qu'autrefois [...]. Persuadés que le véritable rôle de la France [...] a sa place là où sont ses intérêts vitaux en Europe, ils ont combattu pied à pied ces entreprises [...]. (*Très bien, très bien, à droite et sur divers bancs à l'extrême gauche*).

À la France africaine, on ajouterait une France indochinoise singulièrement plus vaste et plus peuplée mais celle-là à 4000 lieues de la mère-patrie, en contact avec la plus puissante monarchie de l'Extrême-Orient. Qu'on soit séduit par les grandeurs d'une telle conquête, ou qu'on soit effrayé par ses périls, il est un point que tout le monde doit reconnaître, c'est qu'il change gravement tout l'équilibre de notre politique ; c'est qu'il engage dans une proportion considérable la fortune de la France de l'autre côté du globe. (*Très bien, sur divers bancs*). »

Camille Pelletan, débat à la Chambre des députés, *Journal officiel de la République française*, 18 décembre 1885.

ÉTAPE 1 Analyser la consigne et le document

- Le sujet: la politique coloniale de la France et ses conséquences.
- La consigne: permet de répondre aux questions « quand ? » (de 1871 à 1885), « quoi ? » (la colonisation), « qui ? » (le député Camille Pelletan, les hommes politiques de la IIIe République), « où ? » (la France métropolitaine et ses colonies: Afrique, Extrême-Orient).
- Le document: par sa nature, ce compte-rendu de débat politique à la Chambre des députés, publié au *Journal officiel*, est un texte qui s'adresse d'abord aux députés et, au-delà, à l'opinion publique. Sa date et son contexte: 1885, contexte des débats parlementaires sur le vote des crédits pour la poursuite de la colonisation au Tonkin.
- Problématisation: le verbe de la consigne, « expliquer », appelle la question « pourquoi ? »: Pourquoi la colonisation fait-elle débat en 1885 ?

ÉTAPE 2 Faire un plan (au brouillon)

- L'auteur résume deux points de vue: « Les uns ont pensé que... » (l. 1), puis « Les autres ont continué à croire... » (l. 6).
- Chaque paragraphe peut reprendre les arguments des partis sur la politique coloniale et ses conséquences:
  – une politique de grandeur et bénéfique ;
  – une politique aventureuse et coûteuse.

ÉTAPE 3

Rédiger (sur la copie)

L'introduction :
- Contextualisation (1885), présentation du document (discours politique), auteur (député), notion et idée générale (une colonisation qui fait débat), problématique.

Le développement :
- Organisez chaque paragraphe sur le modèle :
  - citation du texte (passage très court ou renvoi aux lignes) ;
  - idée générale ;
  - analyse et connaissances.

La conclusion :
- Répondez synthétiquement à la problématique.

INTRODUCTION	
Contextualisation	Depuis le début des années 1880, les républicains relancent la colonisation française, tout particulièrement en Afrique. L'année 1885 est marquée par l'expansion française en Indochine et par les débats de la conférence de Berlin au sujet de l'Afrique. Le financement de la colonisation est à l'origine de deux grands débats à la Chambre des députés.
Présentation du document et de l'auteur	Le document étudié est la retranscription officielle, publiée au *Journal officiel de la République française* du 18 décembre 1885, de l'intervention de Camille Pelletan, député républicain, lors de ces débats houleux à la Chambre des députés.
Notion et idée générale	Proche de Georges Clemenceau, Camille Pelletan est un adversaire de la politique coloniale du gouvernement. Dans ce texte, le député entreprend de réfuter les arguments des partisans de la colonisation, comme Jules Ferry, et d'alerter ses collègues sur le coût et les risques d'une politique coloniale jugée trop aventureuse.
Problématique	Pourquoi la colonisation fait-elle débat en métropole en 1885 ?
IDÉE 1	
Idée générale	Lignes 1 à 6 : le député Camille Pelletan rappelle le point de vue des républicains modérés, comme Jules Ferry. Pour ces derniers, la colonisation est considérée comme une entreprise de relèvement de la France.
Analyse et connaissances	Arrivés au pouvoir en 1879, ils héritent d'une République fragilisée sur le plan intérieur par de multiples oppositions monarchistes et bonapartistes. Pour eux, la colonisation est le moyen pour la France de retrouver son rang de puissance, après une période d'effacement du pays sur la scène internationale (le « recueillement ») entre 1871 et 1879. Par ailleurs, le côté civilisateur de la colonisation correspond à la mission « humaniste » traditionnelle de la France, défendue par Victor Hugo en particulier. En outre, la colonisation représenterait des opportunités économiques importantes.
Phrase de transition	Cette conception de la colonisation ne fait pas l'unanimité au sein de la classe politique.
IDÉE 2	
Idée générale	Lignes 12 à 19 : Camille Pelletan alerte ses collègues sur les incertitudes et les risques de la politique coloniale du gouvernement.
Analyse et connaissances	La conquête et l'occupation du Tonkin sont une source de tensions avec la Chine (« la plus puissante monarchie de l'Extrême-Orient » l. 14). Par ailleurs, la colonisation coûte cher. Le budget des grandes expéditions coloniales a explosé entre 1883 et 1885. La France a d'autres priorités en Europe : récupérer l'Alsace et une partie de la Lorraine, perdues après la défaite de 1871.
CONCLUSION	En 1885, le financement de la colonisation est en débat à l'Assemblée. Les Républicains modérés voient dans la colonisation une occasion de restaurer la grandeur du pays dans le monde, tandis que les radicaux dénoncent une politique coûteuse et aventureuse pour la France dans un contexte de grandes incertitudes. Le budget est voté à une voix près.

Sujet blanc Les rivalités coloniales des années 1890 en Afrique (doc. 1 p. 230)

Consigne : À partir du document et de vos connaissances, décrivez et expliquez la course aux colonies des puissances européennes en Afrique à la fin du XIXe siècle.

Réviser Métropole et colonies (1870-1914)

Fiche de révision

Comment la République tente-t-elle de concilier ses valeurs et la colonisation ?

I La construction de l'empire

- Des années 1880 à 1914, la IIIe République met en place le second empire colonial du monde. Il s'étend surtout en Afrique et en Asie. Il se constitue dans un contexte de fortes rivalités avec les autres puissances européennes.
- Parmi les motivations avancées, outre les ambitions économiques et civilisatrices, la principale est la volonté politique de redonner à la France son statut de grande puissance après la défaite de 1870.
- La colonisation est souvent le fait d'initiatives sur le terrain, officialisées dans un second temps. Cela donne lieu à de vifs débats politiques en métropole. Les résistances dans les territoires colonisés sont réelles mais le rapport de force est déséquilibré.

II L'organisation de l'empire

- La France met en place une administration coloniale. Celle-ci organise le développement économique, la création d'infrastructures et l'urbanisation des territoires progressivement contrôlés.
- L'économie des colonies, en Algérie et en Indochine en particulier, est mise au service de la métropole. La confiscation des meilleures terres est organisée au profit des colons. Le Code de l'indigénat est généralisé à partir de 1887 pour encadrer la soumission des populations indigènes. L'apport des colonies à l'économie nationale reste cependant limité.
- La République revendique une mission civilisatrice. Pourtant, la réalité du monde colonial est celle de sociétés où règnent la ségrégation et l'arbitraire.

Repères clés

LES ACTEURS ET LES ACTRICES

Ataï
(vers 1833-1878)

Jules Ferry
(1832-1893)

Théophile Delcassé
(1852 - 1923)

Georges Clemenceau
(1841-1929)

Samory Touré
(vers 1830-1900)

Ranavalona III
(1861-1917)

Hoàng Hoa Thám
(1858-1913)

LES CHIFFRES

L'empire colonial français en 1914

- **10 millions** de km²
- **40 à 50 millions** de personnes

LES LIEUX

- **L'Algérie**
  Colonisée dès 1830, elle devient, sous la IIIe République, un élément clé de l'empire français. Elle voit cohabiter avec difficultés colons européens et populations algériennes spoliées de leurs terres.

Schéma animé
www.lienmini.fr/hist1-68

Schéma bilan

Un HÉRITAGE
Une colonisation entamée au début du XIXe siècle

Un CHOC
La défaite de 1870 fragilise la République

Un CONTEXTE
Rivalités et nationalismes européens

Course aux colonies

Constitution d'un **VASTE EMPIRE COLONIAL**

exploité — *organisé* — *dominé*

ÉCONOMIE
Croissance inégale et au profit de la métropole

ADMINISTRATION
Fonctionnaires coloniaux dans les villes comme Saigon

SOCIÉTÉ
Cohabitation difficile entre colons et indigènes

provoquent

des TENSIONS

entraînent

MÉTROPOLE
Débats politiques et propagande colonialiste

COLONIES
Résistances et contestation

QCM interactif
www.lienmini.fr/hist1-69

LES DATES

- **1885** Conférence de Berlin et débats parlementaires en France
- **1887** Extension du Code de l'indigénat
- **1894** Création du ministère des Colonies
- **1898** Crise de Fachoda
- **1906** Exposition coloniale de Marseille

Points de passage et d'ouverture

1887 Le Code de l'indigénat
Ce régime juridique arbitraire est progressivement étendu aux populations indigènes de l'empire. Il crée une société inégalitaire qui garantit les intérêts des Européens minoritaires au sein de populations indigènes.

1898 Fachoda, le choc des impérialismes
Cette crise oppose la France et l'Angleterre au Soudan. Elle déclenche de vives tensions nationalistes mais sans conséquences à long terme. Les deux pays se rapprochent avec l'Entente cordiale en 1904.

Saigon, ville coloniale
La capitale de l'Indochine française est emblématique des villes façonnées par la colonisation.
L'espace urbain se structure autour de pôles administratifs, culturels et économiques.

CHAPITRE

9 La Première Guerre mondiale : un embrasement mondial et ses grandes étapes

Comment les tensions européennes plongent-elles le monde dans une guerre totale entre 1914 et 1918 ?

Cours I

Au milieu de l'été 1914, la guerre éclate entre les deux systèmes d'alliances constitués par les grandes puissances européennes. Après l'échec des offensives de la guerre de mouvement, une guerre de position débute dès l'automne sur le front de l'Ouest.

Cours II

Entre 1915 et 1917, la guerre se mondialise. Les combats ont lieu sur terre, sur mer et dans les airs. Les belligérants mobilisent toutes leurs ressources matérielles et humaines. Ils s'affrontent dans des batailles longues et meurtrières, sans parvenir à percer le front.

Cours III

En 1917, l'entrée en guerre des États-Unis et l'effondrement de la Russie marquent un tournant. La dernière offensive allemande lancée en mars 1918 est un échec. Les Franco-Britanniques et leurs alliés imposent aux Empires centraux des armistices qui signent leur défaite.

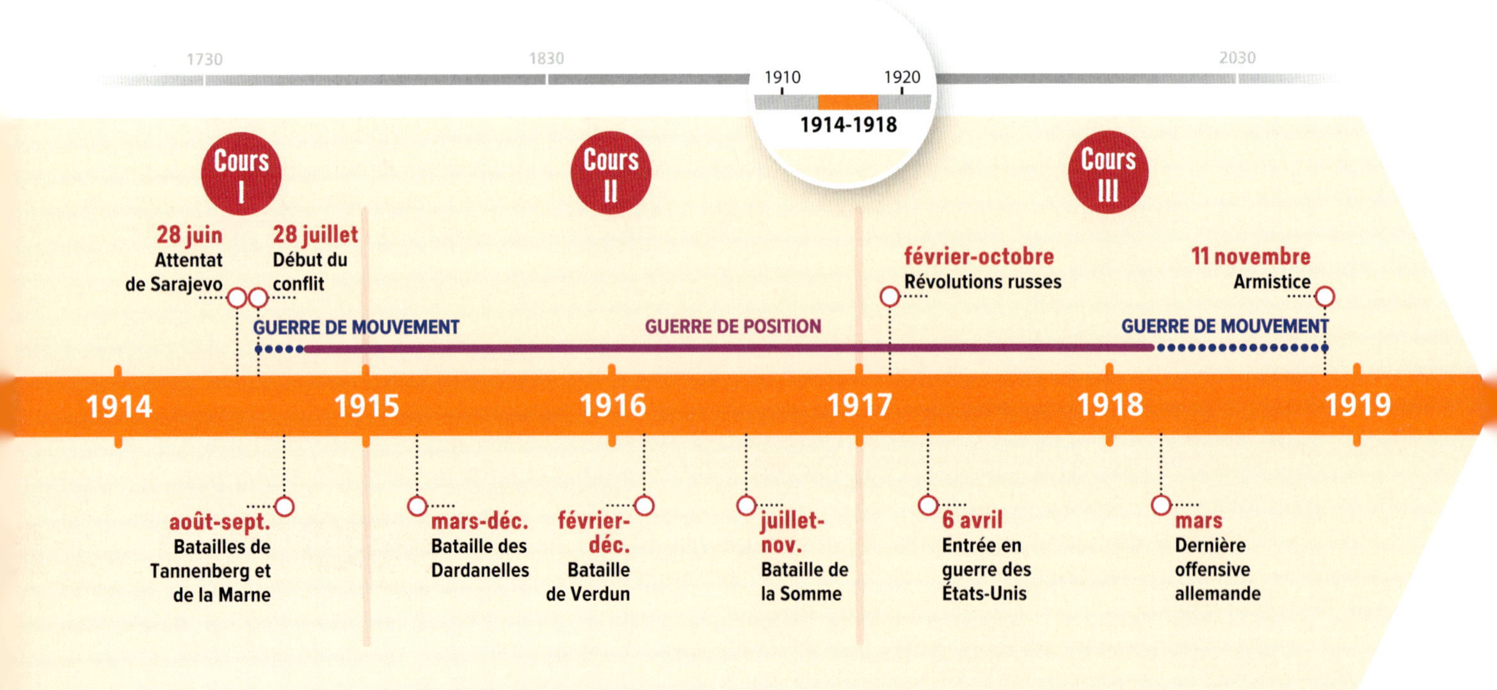

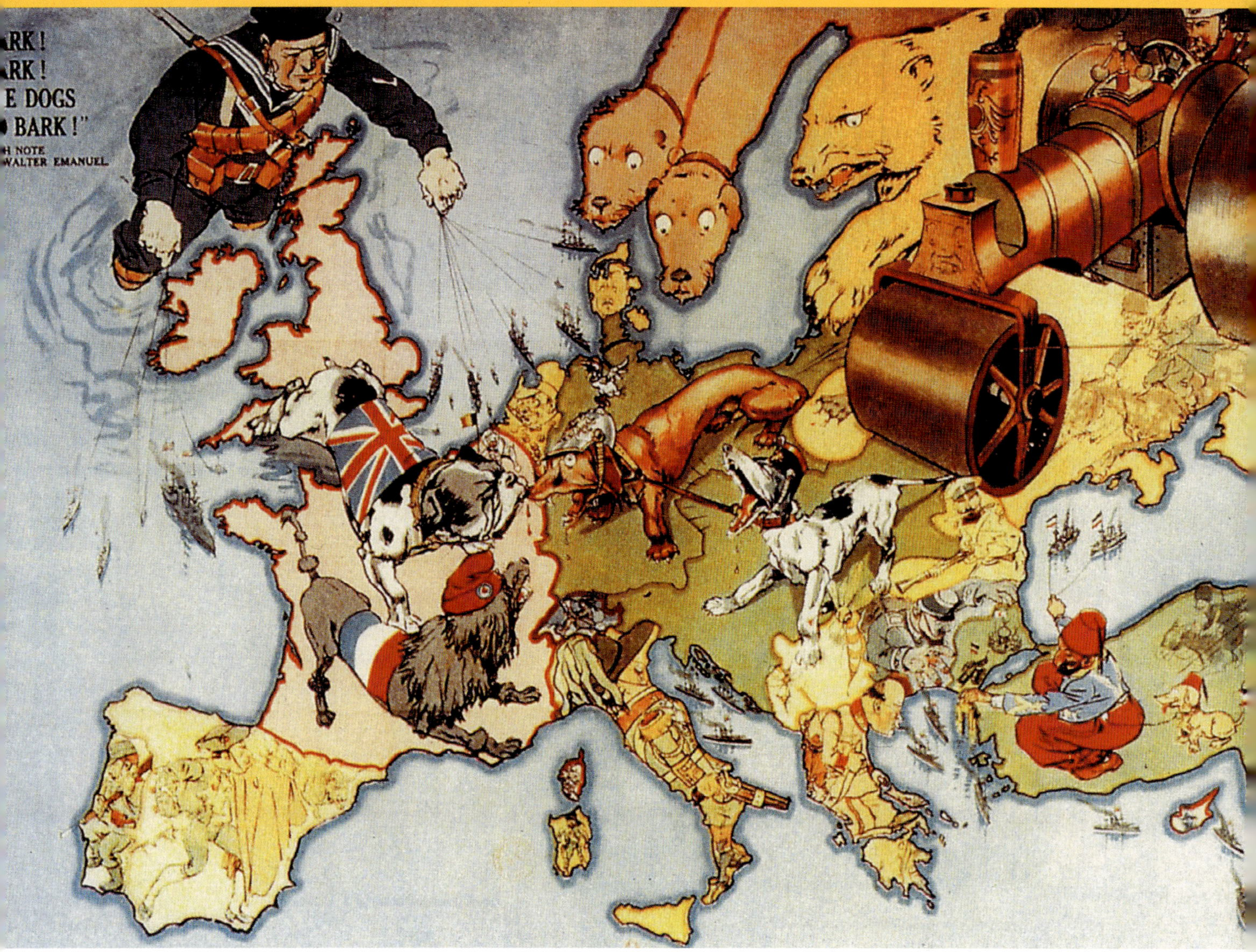

▶ **Un conflit européen à l'origine d'une guerre mondiale**
« Les chiens aboient », carte satirique, 1914.

« L'Allemagne peut être battue, l'Allemagne doit être battue, l'Allemagne sera battue. »

Déclaration du général Pershing (chef du corps expéditionnaire américain) au général Foch (commandant en chef des armées alliées), 1918.

Questions

1. Décrivez la manière dont le Royaume-Uni, la France, la Russie, l'Allemagne, l'Autriche-Hongrie et l'Empire ottoman (la Turquie) sont représentés.
2. Observez les personnages et la couleur des territoires pour identifier les deux alliances de pays qui s'affrontent en Europe.
3. Selon le document, en faveur de quels pays le rapport de force semble-t-il favorable ? Justifiez votre réponse.

Fiche d'activité
www.lienmini.fr/hist1-70

Notions

D'une guerre européenne à un conflit mondial

Après l'échec de la guerre de mouvement en 1914, le **front** se stabilise. Le conflit s'enlise dans une longue guerre de position, qui devient une véritable **guerre d'usure** avec les grandes batailles de Verdun et de la Somme en 1916.

La mobilisation de leurs vastes empires coloniaux par les belligérants européens et l'enlisement du conflit en Europe contribuent à sa **mondialisation** progressive entre 1915 et 1917.

Les blocages de la guerre de position poussent les chefs militaires à engager tous les moyens possibles pour obtenir la victoire. Entre 1915 et 1918, la Première Guerre mondiale se transforme en une **guerre totale**.

Le front

Définition : espace linéaire et continu qui s'étend sur plusieurs centaines de kilomètres et où s'affrontent les armées ennemies.

Contexte : l'échec de la guerre de mouvement en 1914 entraîne une stabilisation du front et le début d'une guerre de position, appelée aussi « guerre de tranchées ». Sur le front de l'Ouest, front principal traversant le nord-est de la France, elle dure jusqu'au début de l'année 1918.

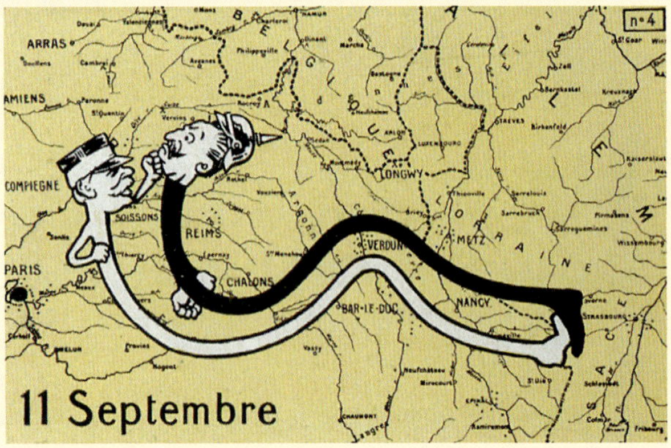

Le front de l'Ouest symbolisé par le duel des généraux français (Joffre) et allemand (Von Moltke). Carte postale française, 1914.

Point de passage et d'ouverture, p. 260
Août-septembre 1914 : Tannenberg et la Marne

La mondialisation de la guerre

Définition : extension progressive et inédite de la guerre à une échelle mondiale.

Contexte : la possession de vastes empires coloniaux par les grandes puissances européennes explique que la guerre se propage hors d'Europe dès le début du conflit. L'entrée en guerre des États-Unis en 1917 constitue une nouvelle étape de ce processus de mondialisation.

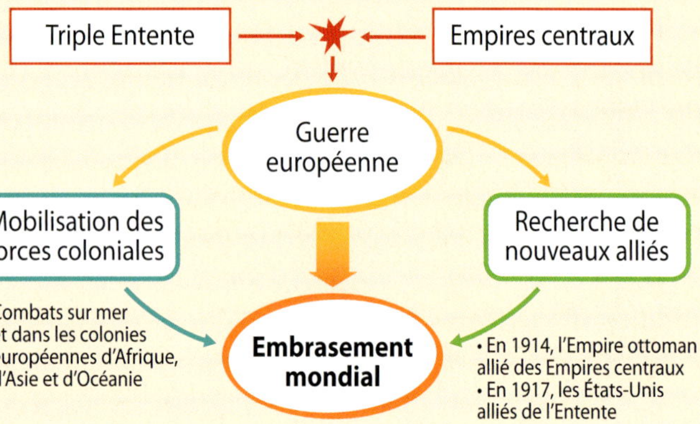

L'embrasement du monde

Point de passage et d'ouverture, p. 266
1915 : l'offensive des Dardanelles

Étude, p. 262
Les tirailleurs sénégalais dans la Première Guerre mondiale

Étude, p. 272
L'entrée en guerre des États-Unis

Point de passage et d'ouverture, p. 260
Point de passage et d'ouverture, p. 266
Étude, p. 263

1914 — 1915 — 1916

GUERRE DE MOUVEMENT — GUERRE DE POSITION

août-sept. 1914 Batailles de Tannenberg et de la Marne

mars-avril 1915 Offensive des Dardanelles

1915 Premiers bombardements aériens sur Londres

Les stratégies militaires

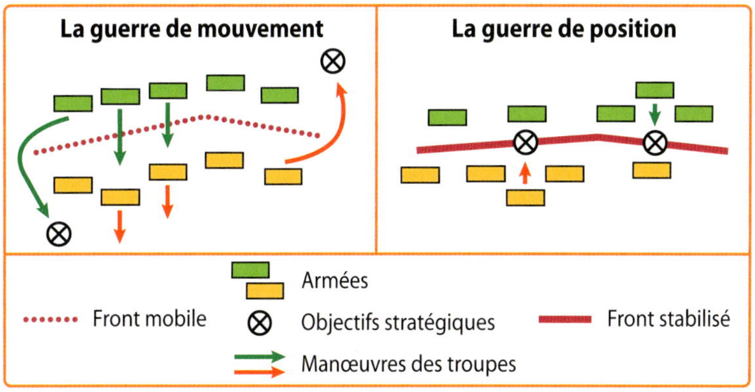

> Deux armées qui se battent, c'est une grande armée qui se suicide. »

Henri Barbusse, *Le Feu (Journal d'une escouade)*, 1916.

La guerre d'usure

Définition : offensives de la guerre de position visant à affaiblir les capacités de résistance matérielles et humaines de l'ennemi.

Contexte : en 1916, sur le front de l'Ouest, les Franco-Britanniques et les Allemands lancent de gigantesques offensives pour mettre fin au blocage. Ces batailles, justifiées par les chefs militaires comme un moyen d'épuiser les forces de l'ennemi, ne permettent pas de percer le front.

Soldats français dans une tranchée de première ligne pendant la bataille de Verdun (17 novembre 1916)

Point de passage et d'ouverture, p. 268
1916 : la bataille de la Somme

Étude, p. 273
La désintégration de l'Empire russe

La guerre totale

Définition : guerre d'une violence extrême dans laquelle les armées mobilisent toutes leurs ressources pour anéantir l'ennemi et considèrent les civils comme des cibles militaires.

Contexte : l'enlisement du conflit pousse gouvernements et chefs militaires à relever le seuil de violence. De nouvelles armes (avions, gaz, chars) sont employées pour percer le front. Bombardements et sous-marins ciblent les civils pour affaiblir l'ennemi moralement et matériellement.

Un sous-marin allemand attaque un convoi américain. « Ils ont maintenu les voies maritimes. »
Affiche de Leon A. Shafer, 1918.

Point de passage et d'ouverture, p. 274
Mars 1918 : la dernière offensive allemande

Étude, p. 263
Une guerre en mer et dans les airs

Point de passage et d'ouverture, p. 268
Étude, p. 272
Étude, p. 273
Étude, p. 262
Point de passage et d'ouverture, p. 274

1917 — 1918

GUERRE DE POSITION — GUERRE DE MOUVEMENT

- **juin-nov. 1916** Bataille de la Somme
- **avril 1917** Entrée en guerre des États-Unis
- **octobre 1917** Désintégration de l'Empire russe (révolution bolchevique)
- **février 1918** Mission Blaise Diagne en Afrique
- **mars 1918** Dernière offensive allemande

Cartes

Les lieux et les formes de la guerre

La guerre qui éclate durant l'été 1914 provoque très vite un véritable **embrasement** à l'échelle de l'Europe **(doc. 2)**. Le recours par les Européens à leurs empires coloniaux sur les autres continents entraîne immédiatement **l'extension mondiale du conflit** **(doc. 1)**.

Le blocage du front de l'Ouest contribue à **l'enlisement** des combats. C'est sur ce front qu'a lieu le **dénouement** en 1918. L'Entente, renforcée par les États-Unis, parvient à y repousser l'ultime offensive allemande. Les Empires centraux sont contraints de signer des armistices en novembre **(doc. 2)**.

1 ▶ L'extension mondiale du conflit (1914-1918)

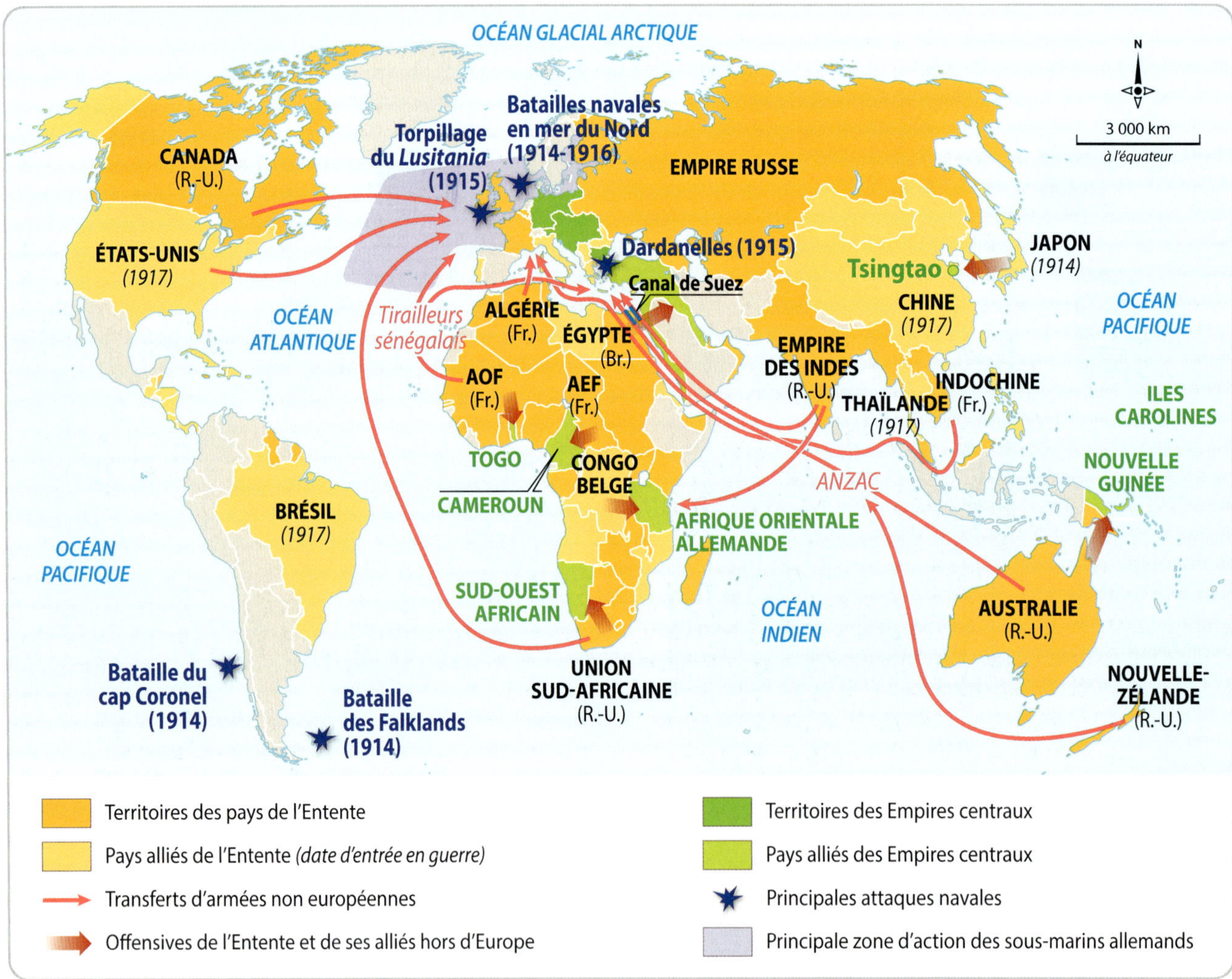

Questions

1. Situez les différents fronts. **(doc. 2)**
2. Nommez les principales batailles de la guerre de position. **(doc. 2)**
3. Sur quel front la guerre de mouvement se poursuit-elle en 1915 et 1916 ? **(doc. 2)**
4. Identifiez les différentes formes du combat. **(doc. 1 et 2)**

Carte interactive
www.lienmini.fr/hist1-71

2 ▸ L'Europe, théâtre d'affrontements décisifs de la guerre

Cours I p. 258

L'embrasement (1914)

- Assassinat de l'héritier du trône d'Autriche-Hongrie
- Front fin 1914
- Les Empires centraux et leurs alliés *(date d'entrée en guerre)*
- L'Entente et ses alliés *(date d'entrée en guerre)*
- Invasions militaires de l'été 1914
- Contre-offensives bloquant les invasions ennemies
- Blocus naval britannique contre l'Allemagne

Cours II p. 264

Une guerre totale (1915-1917)

- Zone d'attaque des sous-marins allemands
- Bombardements aériens
- Fronts en 1916-1917
- Batailles de la guerre de position
- Opérations navales
- Invasions militaires de 1915
- Invasion militaire de 1916

Cours III p. 270

Le dénouement (1917-1918)

- Intervention de l'armée des États-Unis aux côtés de l'Entente
- Révolutions russes
- Dernières grandes offensives allemandes
- Principaux armistices *(date de signature)*

Cours

PLAN

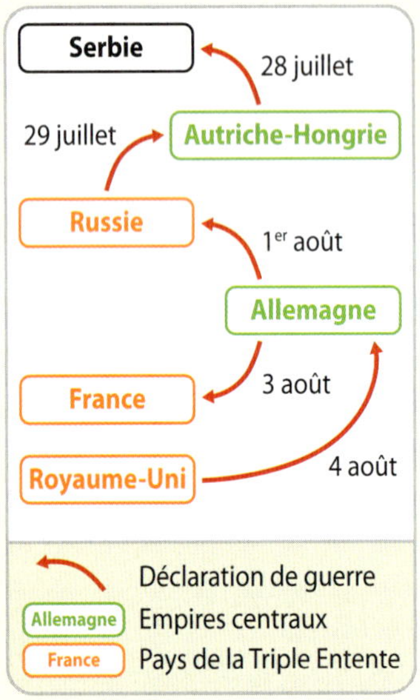

▶ L'embrasement européen

Notion

Le front : voir p. 254

Vocabulaire

Blocus naval : déploiement d'une flotte de guerre pour bloquer l'accès aux côtes d'un pays ennemi.

Dominions : colonies britanniques ayant leur propre gouvernement. En 1914 : Canada, Terre-Neuve, Afrique du Sud, Nouvelle-Zélande et Australie.

Guerre de mouvement : offensives et contre-offensives entraînant un déplacement de la ligne de front.

Guerre de position : stabilisation du front par un système défensif de tranchées qui bloque les offensives ennemies.

Nationalisme : affirmation de la supériorité des droits et des valeurs de sa nation sur ceux des autres peuples.

I 1914 : le déclenchement

Comment la guerre européenne qui éclate au cours de l'été 1914 devient-elle rapidement un conflit de dimension mondiale ?

A. Le choix de la guerre

• **Une Europe sous tension.** Au début du xxe siècle, la concurrence économique et les convoitises territoriales attisent les tensions entre pays européens. Celles-ci suscitent une montée des nationalismes mais aussi une course aux armements et la constitution de deux systèmes d'alliances hostiles : la Triple Alliance (Allemagne, Autriche-Hongrie, Italie) et la Triple Entente (France, Royaume-Uni, Russie). En 1912 et 1913, la Serbie, le Monténégro, la Grèce et la Bulgarie se disputent les territoires européens de l'Empire ottoman. Ces guerres balkaniques sont les prémices de la Première Guerre mondiale.

• **L'attentat de Sarajevo.** Le 28 juin 1914, un nationaliste serbe assassine François-Ferdinand de Habsbourg, héritier d'Autriche-Hongrie, et sa femme, en visite à Sarajevo (Bosnie). Ce territoire est alors revendiqué par les nationalistes serbes qui souhaitent créer une « Grande Serbie » au détriment de l'Autriche-Hongrie. Cette dernière, appuyée par l'Allemagne, fait le choix d'une escalade diplomatique avec la Serbie qui conduit à la déclaration de guerre, le 28 juillet 1914.

• **L'embrasement européen.** Les grandes puissances européennes sont motivées par leurs alliances et la certitude de leur supériorité militaire. Elles se lancent dans une course à la mobilisation militaire et se précipitent dans une guerre de mouvement très meurtrière à partir du mois d'août 1914.

B. Les illusions d'une guerre courte

• **Les plans d'attaque.** Les dirigeants européens et les opinions publiques sont convaincus que la guerre sera courte et victorieuse. La confiance dans les plans d'attaque élaborés par les chefs militaires est largement partagée. Côté allemand, le plan Schlieffen prévoit de vaincre la France en un mois avant de se retourner contre les Russes, en comptant sur la lenteur de leur mobilisation. Côté français, le plan XVII du général Joffre projette d'attaquer l'Alsace et la Lorraine pour reprendre les provinces perdues en 1871.

• **La bataille de Tannenberg.** À l'est, la mobilisation de la Russie est plus rapide que prévu. Les Russes envahissent la Prusse orientale en profitant de la faiblesse défensive des Allemands, qui ont concentré leurs troupes à l'ouest. Malgré sa nette supériorité numérique, l'armée russe subit de très lourdes défaites lors des batailles de Tannenberg et des lacs Mazures. Les chefs militaires allemands Paul von Hindenburg et Erich Ludendorff sont salués en héros pour avoir stoppé le « rouleau compresseur » russe.

• **Les offensives à l'Ouest.** Les Allemands envahissent la Belgique, puis menacent Paris début septembre. Mais leur poussée est affaiblie par le transfert de soldats sur le front de l'est. Le général Joffre profite d'une brèche dans le front d'attaque allemand pour mener une contre-offensive victorieuse lors de la bataille de la Marne (6-9 septembre 1914).

• **Vers la guerre de position.** Après la victoire des « poilus » français, les armées tentent sans succès de se prendre à revers par le nord jusqu'à la Manche. C'est l'échec de « la course à la mer ». À partir de novembre, les armées manquent de munitions et commencent à creuser des tranchées pour consolider leurs positions. Le **front** de l'Ouest se stabilise le long d'une ligne de plus de 700 km qui court de la frontière suisse à la mer du Nord. C'est le début d'une guerre de position qui durera jusqu'en 1918. À l'est, l'immensité des espaces rend plus difficile la consolidation des positions et contribue à une plus grande mobilité du front.

Point de passage et d'ouverture, p. 260

Cours en podcast
QCM interactif
www.lienmini.fr/hist1-72

C. La mondialisation du conflit

• **L'engagement des empires coloniaux.** Dès leur entrée en guerre, le Royaume-Uni et la France mobilisent des soldats et des ressources de leurs empires d'Afrique, d'Asie et d'Océanie. La France engage plus de 600 000 soldats coloniaux sur l'ensemble du conflit. Le Royaume-Uni bénéficie également de l'apport de ses **dominions**.

• **L'extension des théâtres d'opérations.** Dès le début, des combats se déroulent hors d'Europe. Les troupes britanniques et françaises occupent le Togo allemand au mois d'août 1914. En mer, entre août et décembre 1914, plusieurs combats navals opposent les navires des flottes britannique et allemande. Dès novembre 1914, les Britanniques mettent en place un **blocus naval** des côtes allemandes grâce à la supériorité de leur marine de guerre.

• **Des belligérants hors d'Europe.** En août 1914, le Japon entre en guerre aux côtés de la Triple Entente pour s'emparer des colonies allemandes en Asie-Pacifique. Le 1er novembre 1914, c'est l'Empire ottoman qui s'engage avec les Empires centraux pour reprendre les îles grecques de la mer Égée et les territoires perdus lors des guerres balkaniques (1912-1913). Le sultan ottoman Mehmed V appelle tous les musulmans au *jihâd* (« guerre sainte ») : il espère ainsi fragiliser ses ennemis franco-britanniques en suscitant des révoltes dans leurs colonies d'Afrique et d'Asie.

Études, p. 262 et p. 263

Grande guerre

Expression utilisée dès le début du conflit dans l'ensemble des pays belligérants (*Great War, Große Krieg, Grande Guerra*). Elle traduit la perception d'une guerre d'une ampleur sans précédent (pays et hommes impliqués, violence, durée). L'expression n'est plus utilisée en allemand, car aujourd'hui la mémoire de la Grande Guerre est occultée par celle de la Seconde Guerre mondiale.

Le poilu

Ce mot d'argot militaire est utilisé avant la Première Guerre mondiale pour désigner un soldat courageux et expérimenté. La mobilisation de plus de 8 millions de combattants français entre 1914 et 1918 contribue à populariser cette expression parmi les civils. Elle devient un surnom affectueux des hommes qui sacrifient leur vie pour défendre la patrie.

Autochrome de Paul Castelnau, « Groupe de poilus devant l'entrée d'un abri » à Hirtzbach, 16 juin 1916.

Point de passage et d'ouverture

Août-septembre 1914 : Tannenberg et la Marne

En quoi les batailles de Tannenberg et de la Marne marquent-elles un premier tournant stratégique ?

> « Mon centre cède, ma droite recule, situation excellente, j'attaque. »
>
> Général Foch, septembre 1914.

En août 1914, le plan d'attaque allemand prévoit de concentrer les troupes à l'Ouest pour vaincre rapidement la France puis se retourner contre la Russie. Or, celle-ci mobilise son armée plus vite que prévu, mettant en péril la stratégie allemande.

1 ▶ Deux grandes batailles de la guerre de mouvement

Bataille de Tannenberg

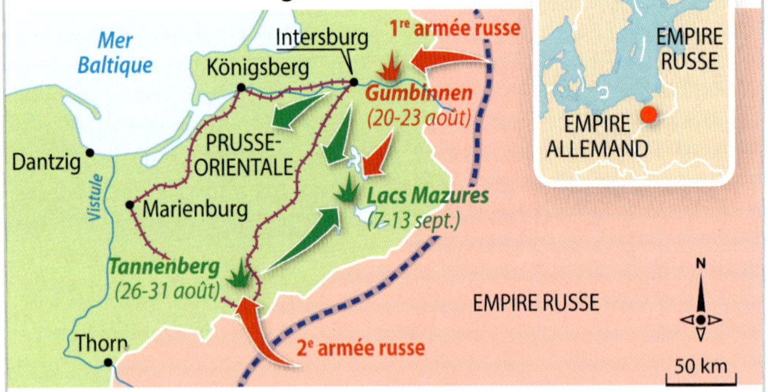

- Armées allemandes
- Victoires allemandes
- Déplacement des troupes par le chemin de fer
- Armées russes
- Victoire russe
- Ligne de front en décembre 1914

Bataille de la Marne

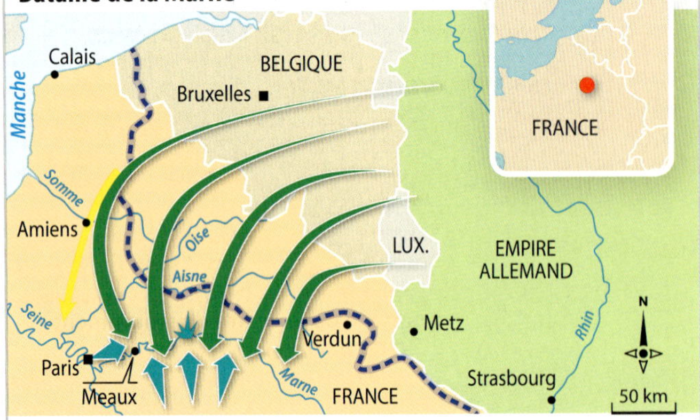

- Armées françaises et britanniques
- Victoire franco-britannique
- Ligne de front en décembre 1914
- Armées allemandes
- Trajectoire prévue par le plan d'attaque allemand

2 ▶ Les armées allemandes prises sur deux fronts

Suite à l'entrée de l'armée russe en Prusse-Orientale, les généraux Hindenburg[1] et Ludendorff sont nommés à la tête des armées allemandes sur le front de l'Est. Le premier apparaît comme le vainqueur de Tannenberg. C'est pourtant le général Ludendorff qui est le principal artisan de la victoire.

« Une des plus belles batailles de l'histoire venait d'être livrée[2]. Cette bataille fut, sur ma proposition, appelée bataille de Tannenberg en souvenir du combat dans lequel l'Ordre Teutonique[3] fut écrasé par les armées réunies de la Lituanie et de la Pologne. [...] Je ne pus être tout entier à la joie de cette grande victoire ; l'inquiétude que m'avait causée l'armée de Rennenkampf[4] avait trop éprouvé mes nerfs. Mais nous étions fiers de cette bataille. La percée et l'enveloppement, une audacieuse volonté de vaincre [...] nous avaient donné la victoire. Malgré notre infériorité numérique à l'Est, nous avions réussi à opposer à l'ennemi sur le champ de bataille des forces à peu près égales aux siennes. À l'Ouest, l'avance victorieuse des armées allemandes s'était poursuivie. Le Grand quartier général crut donc pouvoir renforcer la 8e armée par trois corps [d'armée] prélevés sur le front occidental. [...] Cette décision était prématurée. [...] Le plus grave, c'est que les renforts destinés à l'Est furent prélevés sur l'aile droite, qui cherchait la décision [...]. L'aile droite de l'armée allemande était trop faible et sa manœuvre d'enveloppement ne fut pas assez large [...]. L'ordre de la retraite de la Marne fut donné. »

Erich Ludendorff, *Souvenirs de guerre* (1919), Nouveau monde éditions, 2012.

1. Voir biographie p. 263.
2. Référence à la bataille de Tannenberg.
3. Référence aux chevaliers allemands du Moyen Âge.
4. Général russe.

Notion

Le front : voir p. 254

Vocabulaire

Guerre de mouvement / Guerre de position : voir p. 258

3 ▶ Les taxis de la Marne, symbole de l'unité nationale (septembre 1914)

Des soldats français transportant mitrailleuses et caisses de munitions montent au front après avoir été acheminés par des taxis parisiens réquisitionnés. La mitrailleuse peut tirer entre 500 et 600 projectiles à la minute.

4 ▶ La victoire de la Marne et les prémices de la guerre de position sur le front de l'Ouest

Chef d'état-major général depuis 1911, Joseph Joffre est nommé commandant en chef de l'armée française en 1914. Il applique en août le plan XVII qui projette une victoire rapide et la reconquête de l'Alsace-Lorraine. Malgré l'échec de son plan d'offensive, il retire un immense prestige de la victoire de la Marne.

« Mais à la Marne, non seulement le Commandement français arrêta la masse des armées allemandes, mais il les repoussa loin du champ de bataille […]. Et pour arrêter cette poussée victorieuse, les Allemands durent creuser la terre, s'enterrer dans un lacis de tranchées et couvrir leur front de fils de fer. Par ce renforcement demandé à la fortification, ils parvinrent à enrayer l'avance des Alliés ; mais en s'enterrant dans leurs abris, ils enterrèrent avec eux leur plan. […] Ainsi, à l'automne 1914, les armées allemandes parties le 2 août pour une campagne foudroyante, étaient étalées, derrière leurs réseaux de fil de fer, sur un front de 700 kilomètres, en face d'un adversaire disposant de l'incomparable avantage que lui procurait la maîtrise de la mer, et libre de puiser des ressources dans tout l'Empire britannique et dans les colonies françaises. Et la stabilisation dura quatre années. »

Maréchal Joffre, *Les Deux Batailles de la Marne*, Payot, 1928.

Questions

CONTEXTUALISER

1. Décrivez l'évolution de la situation militaire à l'Est et à l'Ouest au mois d'août 1914. **(doc. 1 et 2)**

ANALYSER

2. Expliquez le lien stratégique entre les batailles de Tannenberg et de la Marne. **(doc. 1 et 2)**
3. Expliquez le rôle des transports modernes et des armes industrielles dans les deux batailles. **(doc. 1 et 3)**

DÉCRIRE

4. Relevez les moyens employés par les Allemands pour bloquer l'avancée des troupes franco-britanniques suite à la bataille de la Marne. **(doc. 4)**

RAISONNER ET S'EXPRIMER

5. Expliquez les conséquences des batailles de Tannenberg et de la Marne sur l'évolution des fronts à l'Est et à l'Ouest.

Aide
1. Montrez l'importance de ces batailles pour les pays vainqueurs et leurs chefs militaires.
2. Montrez comment ces batailles préparent le passage de la guerre de mouvement à la guerre de position.

Bac

6. Afin de préparer une fiche de révision, prélevez dans le dossier documentaire des exemples précis permettant d'illustrer les notions de guerre de mouvement et de guerre de position.

Étude

Les tirailleurs sénégalais dans la Première Guerre mondiale

Comment la France mobilise-t-elle ses colonies africaines ?

En 1914, la France compte sur son empire colonial pour assurer l'équilibre de ses forces militaires face à l'Allemagne. Pendant la guerre, elle mobilise 8,8 millions de soldats dont 600 000 « coloniaux », parmi lesquels 189 000 sont des tirailleurs sénégalais originaires des colonies d'AOF et d'AEF.

1 ▶ La « Force noire »

Carte postale française (1914 ou 1915). C'est l'expression reprise par la propagande pour qualifier les tirailleurs sénégalais. Ici, un soldat empoigne les empereurs d'Autriche-Hongrie et d'Allemagne.

2 ▶ La « mission Blaise Diagne »

En 1918, Georges Clemenceau, le chef du gouvernement français, charge le député sénégalais Blaise Diagne d'une nouvelle mission qui permet d'engager 77 000 soldats.

Conakry (Guinée), 9 avril 1918. « Deux ou trois jeunes originaires du Sénégal prennent la parole [...]. L'un de ces derniers revendique sottement les grands droits du citoyen français à l'égalité, et s'attire une verte réponse de Diagne, qui lui dit que pour obtenir ces droits il faut d'abord les mériter, en remplissant son devoir, et le premier devoir en ce moment est de servir la France et de verser son sang pour elle. »

Réo (actuel Burkina Faso), 9 mai 1918. « M. Diagne fait un long palabre aux chefs de canton et leur fait comprendre qu'il est de leur devoir et de leur intérêt de donner l'exemple en offrant spontanément des membres de leur propre famille (enfants ou frères). On demande des volontaires et M. Diagne fait miroiter à leurs yeux tous les avantages pécuniaires et moraux qu'ils ont à fournir un nombreux contingent de soldats. »

Extrait de « Témoignages de "Pères blancs" (missionnaires religieux français en Afrique de l'Ouest) », *Mémoire en marche, Sur les traces des tirailleurs sénégalais de 1939-1945*, webdoc, © rfi, 2018.

Questions

ANALYSER

1. Comment la propagande française représente-elle les tirailleurs sénégalais en 1914 ? Pourquoi ? **(doc. 1)**

IDENTIFIER

2. Quels sont les différents arguments utilisés par Blaise Diagne pour recruter des soldats ? **(doc. 2)**

CONNAÎTRE

3. Expliquez l'apport des tirailleurs sénégalais dans la puissance militaire française. **(doc. 1 et 2)**

Bac

4. Utilisez l'exemple des tirailleurs sénégalais comme accroche à l'introduction d'un sujet portant sur : « Empires coloniaux et mondialisation de la guerre entre 1914 et 1918. »

Notion

La mondialisation de la guerre : voir p. 254

Vocabulaire

Tirailleurs sénégalais : nom donné aux soldats recrutés par l'armée française dans ses territoires coloniaux d'Afrique de l'Ouest et d'Afrique équatoriale.

Étude

Une guerre en mer et dans les airs

Comment les espaces maritimes et aériens deviennent-ils les enjeux d'une guerre totale ?

Paul von Hindenburg (1847-1934)

Général retraité en 1914, il est rappelé par l'empereur allemand Guillaume II lors de l'entrée des Russes en Prusse-Orientale. Vainqueur à Tannenberg, il s'impose ensuite comme dirigeant politique de l'Allemagne concentrée sur son effort de guerre.

Entre 1914 et 1918, la transformation du conflit en une guerre totale contribue à faire des espaces maritimes et aériens de nouveaux théâtres d'affrontement.

1 ▶ Le premier zeppelin abattu par un avion britannique au-dessus de la ville de Gand (Belgique)

Une du *Petit Journal*, 27 juin 1915. Entre 1914 et 1918, les moyens militaires aériens ne cessent de se perfectionner. À partir de 1915, ils deviennent des armes d'attaque utilisées pour les bombardements stratégiques ou contre les combattants ennemis.

Notion

La guerre totale : voir p. 254

Vocabulaire

Bombardements stratégiques : voir p. 264

Zeppelin : nom des ballons dirigeables utilisés par les Allemands pour bombarder les villes.

2 ▶ L'Allemagne et la guerre sous-marine à outrance

En 1917, le maréchal Hindenburg lance la guerre sous-marine à outrance : les sous-marins allemands ont pour mission de torpiller sans avertissement tous les navires civils associés à l'Entente.

« [Nos ennemis] ont constaté que leur force militaire n'est pas suffisante pour réaliser par les armes leur volonté tyrannique, que leur science militaire demeure inefficace devant un adversaire aux nerfs d'acier. Que l'on détruise donc ces nerfs. Si on ne peut y parvenir en combattant face à face, homme contre homme, on y parviendra peut-être en passant par l'intérieur de l'Allemagne. Que l'on fasse mourir de faim les femmes et les enfants[1] ! Alors les époux et les pères se décideront peut-être à mettre bas les armes... [...] Dans cette lutte sans pitié engagée contre nos populations sans défense, une seule loi était applicable : œil pour œil, dent pour dent... La guerre sous-marine nous parut donc un moyen de combat susceptible d'avoir une action décisive sur le cours de la guerre... La question qui demeurait la plus grave pour nous était la suivante : "Dans quel délai la guerre sous-marine aura-t-elle produit son effet ?" »

Paul von Hindenburg, *Ma vie*, Charles Lavauzelle, 1921.

1. Allusion au blocus naval britannique contre l'Allemagne à partir de 1914.

Questions

ANALYSER

1. Décrivez la scène en utilisant le lexique. **(doc. 1)**

CONNAÎTRE

2. Pourquoi les Allemands décident-ils de lancer une guerre sous-marine à outrance en 1917 ? **(doc. 2)**

EMPLOYER UNE NOTION

3. Montrez que la guerre en mer et dans les airs illustre le passage à une guerre totale. **(doc. 1 et 2)**

Bac

4. Justifiez le parti pris de l'auteur en faveur de l'Allemagne et hostile au Royaume-Uni. **(doc. 2)**

Cours

PLAN

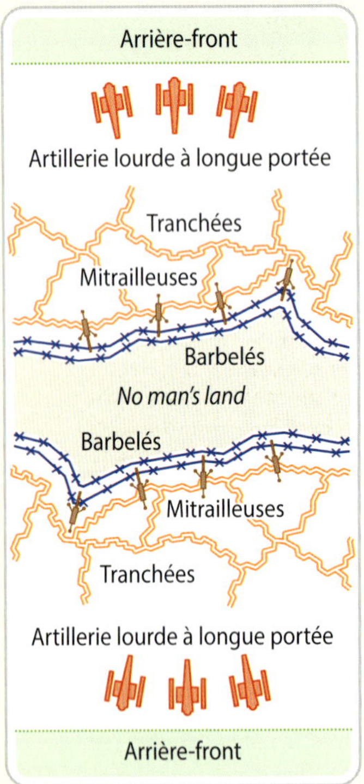

▶ La guerre des tranchées

Notions

La guerre d'usure : voir p. 255
La guerre totale : voir p. 255

Vocabulaire

Bombardements stratégiques : bombardements aériens visant des objectifs civils pour réduire le potentiel économique de l'ennemi et atteindre le moral de sa population.

Mutineries : actes collectifs de désobéissance et de rébellion des soldats contre leurs chefs.

***No man's land* :** espace séparant les premières lignes de tranchées ennemies.

II 1915-1917 : une guerre totale

Comment le blocage de la guerre de position contribue-t-il à de nouvelles formes de combat et à l'extension du conflit ?

A. L'ouverture de nouveaux fronts

• **Les civils, cibles de la guerre.** Les belligérants cherchent à répondre au blocage de la guerre de position en s'attaquant au potentiel économique de l'ennemi et au moral de sa population. Ainsi, dès 1915, les sous-marins allemands torpillent des navires civils britanniques, alliés ou neutres pour répondre au blocus naval. Par ailleurs, Allemands et Français commencent à bombarder les villes ennemies avec des ballons dirigeables et des avions : ce sont les premiers **bombardements stratégiques** qui entraînent les civils dans la **guerre totale**.

• **La bataille des Dardanelles.** En mars-avril 1915, les Franco-Britanniques lancent une offensive navale, puis terrestre, contre l'Empire ottoman dans le détroit des Dardanelles. Leur but est d'atteindre Constantinople et de libérer la route maritime qui relie la mer Méditerranée aux ports de leur allié russe en mer Noire. Mais l'offensive s'enlise rapidement dans une guerre de position meurtrière et sans issue stratégique.

• **L'entrée en guerre de l'Italie.** En mai 1915, l'Italie entre en guerre aux côtés de l'Entente. Elle veut s'emparer des terres dites « irrédentes » (Trentin, Trieste, Istrie et Dalmatie) et oblige l'Autriche-Hongrie à redéployer ses forces. L'échec des assauts italiens sur l'Isonzo (fleuve à la frontière italo-slovène) ouvre un nouveau front.

Point de passage et d'ouverture, p. 266

Étude, p. 263

B. La culture de guerre dans les tranchées

• **Un nouveau type de champ de bataille.** La zone de feu de la guerre de position consiste en un ***no man's land*** de quelques dizaines de mètres séparant deux réseaux de tranchées qui se font face. Chaque réseau est constitué de trois lignes de tranchées parallèles dans lesquelles les soldats aménagent des abris. Les tranchées sont reliées entre elles par des boyaux de communication. Cet espace est connecté à l'arrière-front qui sert de base matérielle et de repos pour les combattants.

• **Une guerre de siège.** Le système défensif des tranchées constitue une forteresse dont il faut s'emparer. L'attaque est précédée d'un intense bombardement d'artillerie visant à affaiblir la première ligne adverse. Puis les fantassins sont lancés à l'assaut sous les obus et les tirs des mitrailleuses ennemies. Enfin, les barbelés disposés devant les tranchées sont un piège mortel pour ceux qui ont pu franchir le *no man's land*.

• **De nouvelles pratiques guerrières.** L'artillerie joue un rôle prépondérant et provoque 75 % des pertes. Des canons de très gros calibre (artillerie lourde) et des mines sont utilisés pour anéantir les tranchées ennemies. La région de Verdun, notamment, est devenue un symbole de cette guerre des mines. Les obus à shrapnells (billes d'acier) causent un maximum de pertes. Les belligérants mettent également au point une nouvelle arme terrifiante : les gaz toxiques, utilisés pour la première fois le 22 avril 1915 à Ypres (Belgique) par les Allemands. L'attaque tue ou intoxique 4000 combattants britanniques et provoque la panique des soldats qui abandonnent leurs tranchées. En réponse à la violence des armes industrielles, les combattants sont équipés à partir de 1915 d'un casque d'acier, d'un masque à gaz et développent des techniques de camouflage.

Cours en podcast
QCM interactif
www.lienmini.fr/hist1-73

C. L'enlisement

• **Les offensives de 1915.** Sur le front Ouest, le général Joffre lance des offensives inutiles et meurtrières entre février et septembre 1915 en Artois et en Champagne (392000 soldats français tués ou disparus). Sur le front Est, les Empires centraux progressent de 350 km en s'emparant de la Galicie, de la Pologne russe et de la Lituanie sans pour autant obtenir de succès décisif. Les adversaires s'enlisent dans une guerre d'usure.

• **L'échec des grandes offensives de 1916.** Le 21 février 1916, les Allemands attaquent Verdun. Le 1er juillet 1916, les Franco-Britanniques attaquent dans la Somme. Ces batailles sont les deux plus grandes offensives de toute la guerre. Malgré les gigantesques moyens matériels et humains mobilisés, elles s'enlisent pendant plusieurs mois et provoquent un très lourd bilan humain sans résultat décisif: 300000 soldats français et allemands sont tués à Verdun entre février et décembre 1916; plus d'un million de combattants, toutes armées confondues, sont blessés, tués, ou portés disparus dans la Somme de juillet à novembre 1916.

• **L'usure des combattants en 1917.** La lassitude des combattants face aux sacrifices inutiles provoque les premières mutineries russes et françaises. Ainsi, après l'échec meurtrier de l'offensive du Chemin des Dames (Aisne) en avril 1917, près de 60000 soldats français refusent de remonter en première ligne. Sous l'autorité du général Pétain, la discipline est restaurée. Les conseils de guerre prononcent des condamnations à mort. Il gagne pourtant la réputation d'un chef «humain» en améliorant le quotidien du soldat et en cessant les grandes offensives. Fin 1917, il déclare: «J'attends les Américains et les chars.»

Étude, p. 272

Maria Botchkareva, dite « Yashka »
(1889-1920)
Engagée volontaire, cette jeune Russe refuse de devenir infirmière et obtient du tsar le droit de combattre parmi les hommes. Promue au grade de sergent, elle prend en 1917 la tête du premier bataillon féminin, dont les membres portent l'uniforme masculin et les cheveux rasés. La propagande utilise son image pour contrer la désertion des hommes.

La région de Verdun

Construit avant la Première Guerre mondiale pour protéger la frontière de l'Est, le fort de Douaumont fait l'objet de combats terribles en 1916. Près de 500000 obus sont tirés. Le village voisin de Fleury-devant-Douaumont est totalement rasé, ainsi que huit autres sur le front de Verdun. En 1918, ils sont déclarés «Mort pour la France» et ne seront pas reconstruits.. Les cratères d'obus encore visibles témoignent de l'extrême violence de la guerre de position.

Vue aérienne du fort de Douaumont, 2 mars 2016.

Point de passage et d'ouverture

1915 : l'offensive des Dardanelles

En quoi la bataille des Dardanelles marque-t-elle une nouvelle étape dans la mondialisation de la guerre ?

En 1915, le blocage de la guerre de position sur le front de l'Ouest pousse l'Entente à ouvrir un front secondaire en Méditerranée. Elle attaque le détroit des Dardanelles, territoire de l'Empire ottoman. Après une première offensive navale en mars, les Alliés débarquent sur la presqu'île de Gallipoli en avril.

1 ▶ L'ouverture d'un nouveau front (mars 1915 - janvier 1916)

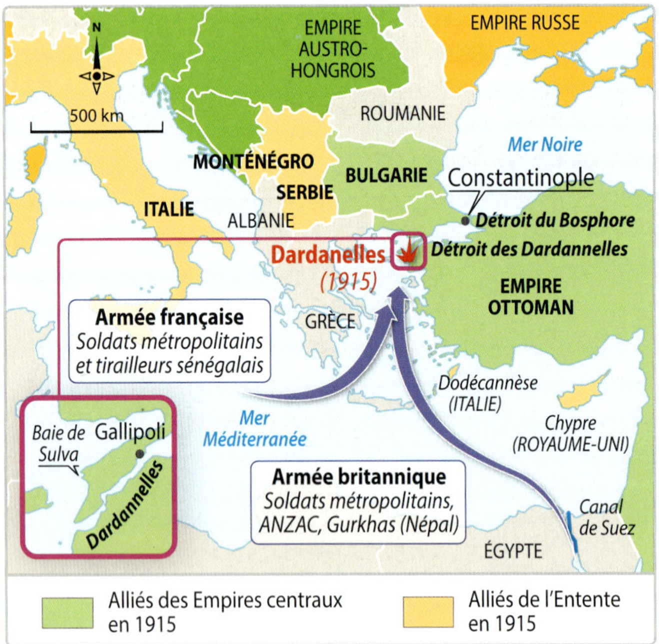

3 ▶ L'engagement des soldats de l'ANZAC (1915)

« Un appel des Dardanelles. "Coucou ! vous ne viendriez pas ?" – Engagez-vous maintenant. » Les lourdes pertes subies par les Britanniques en 1914 les poussent à faire appel à leurs dominions. Plus de 8 000 soldats australiens sont tués lors de cette bataille.

2 ▶ L'organisation défensive de l'armée ottomane

Les forces de l'Entente se heurtent à la résistance des Ottomans, qui ont miné les eaux du détroit et alignent des canons pour défendre les côtes.

« [...] des milliers de Turcs travaillaient comme des castors aux tranchées, aux routes, aux fils de fer barbelés. Pas une âme vivante n'a encore été aperçue, mais chaque matin apporte la preuve d'une activité nocturne. Tous les lieux de débarquement sont maintenant commandés par des lignes de tranchées et sont effectivement sous le feu des canons et d'obusiers qui n'ont pu être repérés, même approximativement. »

Témoignage d'un soldat français, dans F. Cochet, *L'Armée d'Orient, des expériences combattantes loin de Verdun*, Cahiers de la Méditerranée, juin 2011.

Notion

La mondialisation de la guerre : voir p. 254

Vocabulaire

Dominions : voir p. 258

4 ▶ Soldats britanniques après leur débarquement sur la péninsule de Gallipoli (1915)

Après l'échec de l'attaque navale du détroit des Dardanelles, l'Entente lance successivement, en avril et en août 1915, deux opérations de débarquement de troupes terrestres dans la péninsule de Gallipoli.

5 ▶ Les faiblesses du commandement britannique

▲ Keith Murdoch

« C'est là[1] qu'en août, environ 90000 hommes ont débarqué. [...] Ils avaient passé quinze jours en mer dans des conditions déplorables. [...] À l'affaiblissement provoqué par les conditions du transport s'ajoutait la tension nerveuse suscitée par l'angoisse des attaques de sous-marins. [...] Vous imaginez bien que ces jeunes soldats inexpérimentés, placés sous l'autorité d'officiers incompétents, souffrant du mal du pays et de l'angoisse étaient moralement atteints à l'approche du débarquement... Ils avaient été entassés comme des sardines sur des chalutiers et de petits destroyers[2] et des barges pour le débarquement et sont restés là pendant plus d'un après-midi et une nuit entière. [...] Je ne dis pas que l'on aurait pu faire mieux, mais je veux dire en premier lieu qu'envoyer de jeunes recrues inexpérimentées dans cette périlleuse entreprise allait à la catastrophe. Et Hamilton[3] aurait fait preuve d'intelligence si lui et son état-major avaient reconnu leurs propres erreurs au lieu de se plaindre que leurs hommes n'avaient pas été à la hauteur. »

Lettre du journaliste australien Keith Murdoch au chef du gouvernement australien Andrew Fischer, 23 septembre 1915, National Library of Australia.

1. Baie de Sulva. Après leur échec en mars-avril, les Britanniques tentent un second débarquement, plus au nord, le 6 août 1915.
2. Navires de guerre.
3. Chef du corps expéditionnaire britannique aux Dardanelles.

Questions

IDENTIFIER

1. Décrivez les différentes phases de la bataille des Dardanelles. **(doc. 1 et 4)**

CONNAÎTRE

2. Expliquez le rôle des Australiens dans la bataille des Dardanelles. **(doc. 3 et 5)**

ANALYSER

3. Expliquez les difficultés rencontrées par les troupes de l'Entente face aux Ottomans. **(doc. 2 et 4)**
4. Relevez les extraits qui mettent en cause le commandement britannique. **(doc. 5)**

ARGUMENTER ET S'EXPRIMER

5. Montrez comment la bataille des Dardanelles contribue à la mondialisation de la guerre.

Aide Identifiez les protagonistes et les territoires impliqués dans la bataille qui sont extérieurs au cadre européen.

Bac

6. Préparez une fiche de révision sur l'offensive des Dardanelles en mentionnant les objectifs, les modalités, le bilan, ainsi que les acteurs et les dates clés de la bataille.

Point de passage et d'ouverture

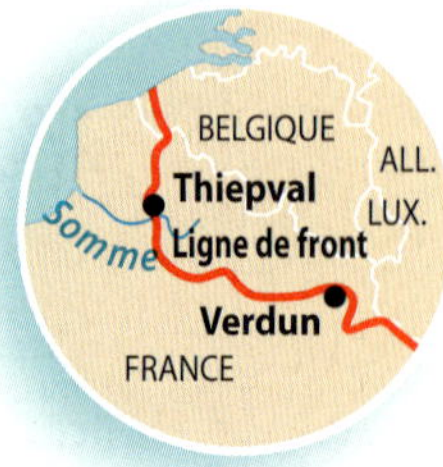

1916 : la bataille de la Somme

En quoi la bataille de la Somme est-elle un symbole de la guerre d'usure ?

Fin 1915, l'Entente planifie une grande offensive sur le front de la Somme devant lui permettre de percer le front. L'attaque allemande sur Verdun, en février 1916, oblige les Français à laisser aux Britanniques le rôle principal.

Ernst Jünger

(1895-1998)

Soldat allemand engagé volontaire à l'âge de 19 ans, il participe à la bataille de la Somme et est blessé quatorze fois au cours de la Première Guerre mondiale. En 1920, il publie *Orages d'acier*, titre inspiré par la violence des bombardements d'artillerie qu'il a subis.

1 ▶ Du « *Big Push* » au « *Big Crash* »

*Le 1er juillet 1916, l'offensive franco-britannique veut percer le front et relancer la guerre de mouvement (*Big Push*). Cependant, la bataille ne permet qu'une faible avancée, au prix de pertes énormes (58 000 hommes). C'est le «* Big Crash *».*

- **Longueur du front** d'attaque franco-britannique : **30 km**
- **1 437 canons** de l'armée britannique tirent **1, 5 million d'obus** pendant les 7 jours précédant l'assaut

- Création de **191 km de voies ferrées** pour acheminer les troupes et le matériel
- Installation de **80 000 km de câbles téléphoniques** pour permettre aux unités combattantes de communiquer
- Concentration des **effectifs militaires** au premier jour de l'offensive :
  - Plus de **500 000 soldats** côté **franco-britannique**
  - Plus de **100 000 soldats** côté **allemand**
- **Pertes quotidiennes moyennes** (morts, blessés, disparus) par armée :
  - **3 100 hommes** pour **l'armée allemande**
  - **2 976 hommes** pour **l'armée britannique**
  - **1 400 hommes** pour **l'armée française**

2 ▶ Les prémices de la bataille

« **26 juin.** Aux premières heures, des nuages de chlore parvinrent jusqu'aux positions allemandes [...] et, plus lourds que l'air, ils remplirent toutes les cavités du sol [...] de poison. Durant l'après-midi, des fusées [...] commencèrent à voler. [...] Ces engins monstrueux se plantaient profondément dans le sol avant d'exploser. [...] Malgré l'ampleur des destructions de surface, les défenseurs protégés par les galeries les plus profondes avaient survécu. [...] Pendant sept jours et sept nuits, ils étaient restés assis sur leurs bancs de bois ou couchés sur leurs lits de fer dans un cloaque[1] situé à sept ou dix mètres sous terre. Le vacarme et la nécessité de veiller leur avaient ôté le sommeil [...] sans parler de la menace permanente de voir leur abri se transformer en tombeau. Impossible de se nourrir d'aliments cuits, ils eurent à survivre sur leurs conserves. »

Témoignage du capitaine Wynne, dans Alain Denizot, *La Bataille de la Somme*, Perrin, un département de Place des éditeurs, 2002.

1. Lieu encombré d'ordures.

▲ **Explosion d'une mine, premier jour de la bataille.** Photogramme du film de G. H. Malins et J. B. McDowell, *La Bataille de la Somme*, 1916.

3 ▶ Des fantassins britanniques à l'assaut d'une tranchée allemande (1916)

L'offensive de la Somme constitue un baptême du feu pour de nombreux fantassins britanniques engagés volontaires ou recrutés par la conscription instaurée au Royaume-Uni en janvier 1916.

4 ▶ Une nouvelle arme : le char d'assaut

Le 16 septembre 1916, près de Thiepval, les Britanniques utilisent pour la première fois des chars afin de franchir les tranchées allemandes.

5 ▶ La brutalisation des combattants

« L'image de ce paysage est inoubliable pour celui qui l'a vu [...]. Chaque millimètre du sol a été retourné encore et encore, les arbres sont arrachés, déchiquetés et pulvérisés comme sciure. Les maisons rasées par les obus, les pierres broyées en poussière. Les rails du chemin de fer tordus en spirales, les collines déplacées, bref, tout a été transformé en désert. Et tout est rempli de morts qui sont à nouveau cent fois retournés et déchiquetés de plus belle. Des lignes entières de fantassins sont étendues devant les positions ; notre chemin creux, rempli de morts qui s'entassent les uns sur les autres par couches. Devant, nous ne pouvons pas donner trois coups de bêche sans tomber sur un tronçon de cadavre. [...] L'un des plus grands dangers de la bataille de la Somme, c'est de s'égarer. [...] Et si l'on tombe entre les mains de l'ennemi, il n'y a aucune pitié à attendre. Chacun sait ici qu'il joue sa peau, et l'acharnement est terrible. [...] »

Ernst Jünger, *Carnets de guerre 1914-1918*, trad. Julien Hervier, Christian Bourgois éditeur, 2014.

Questions

CONNAÎTRE

1. Montrez l'importance des moyens humains et matériels utilisés. **(doc. 1 et 3)**

IDENTIFIER

2. Quelles sont les nouvelles armes utilisées pour répondre au blocage défensif des tranchées ? **(doc. 2 et 4)**
3. Relevez des exemples qui montrent la violence extrême des armes industrielles. **(doc. 1 et 5)**

EMPLOYER LE LEXIQUE

4. Relevez un extrait du texte illustrant la brutalisation des combattants. **(doc. 5)**

RAISONNER ET S'EXPRIMER

5. Montrez que la bataille de la Somme est emblématique de la guerre d'usure.

Aide Reproduisez puis complétez le schéma.

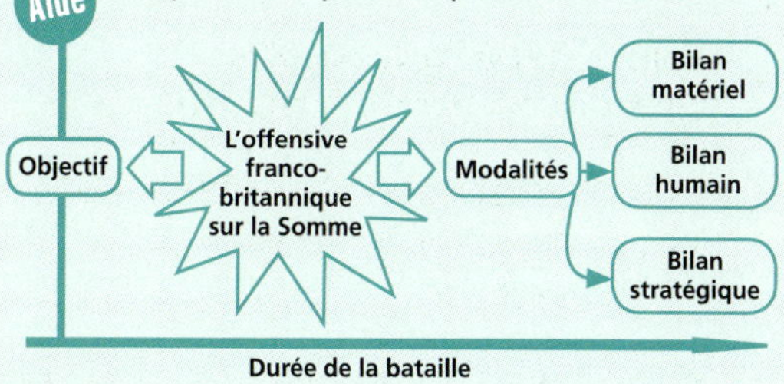

Bac

6. Analysez les caractéristiques de la guerre de position à l'aide d'un tableau mettant en relation les **doc. 3 et 5**. Relevez ce qui a trait à l'organisation du champ de bataille puis à la violence des combats.

Notion

La guerre d'usure : voir p. 255

Vocabulaire

Brutalisation : (néologisme de l'historien George L. Mosse). Adoption de comportements de plus en plus brutaux en raison de la violence des combats et des conditions de vie dans les tranchées.

Conscription : système d'engagement militaire obligatoire de la population.

Cours

PLAN

Soldats allemands sur un sous-marin U-Boot (1918)

Vocabulaire

Armistice : accord politique mettant un terme provisoire aux affrontements militaires entre deux pays ennemis.
Bolcheviks : communistes russes partisans de Lénine.
Dictature communiste : régime autoritaire visant à abolir la propriété privée au profit de la propriété collective et à instaurer une société égalitaire et harmonieuse.
Nationalité : ensemble des caractéristiques qui fondent le sentiment d'identité commune d'un peuple aspirant à se constituer en un État politiquement indépendant (État-nation).
Soviet : « conseil » en russe. Assemblée d'ouvriers, de paysans, de soldats acquis aux idées révolutionnaires.

III 1917-1918 : le dénouement

Comment expliquer le retour de la guerre de mouvement et la victoire des Alliés en 1918 ?

A. L'entrée en guerre des États-Unis

• **Les causes de l'entrée en guerre des États-Unis.** En 1917, l'Allemagne souffre du blocus naval britannique et des restrictions imposées par la dictature militaire d'Hindenburg. Celui-ci décide d'intensifier la guerre sous-marine afin de pousser l'Entente à capituler. Il ordonne aux sous-marins de couler sans avertissement tous les bateaux ravitaillant la Grande-Bretagne et la France. Cette décision hostile aux intérêts commerciaux des États-Unis et la révélation de pourparlers secrets entre l'Allemagne et le Mexique poussent le président Wilson à déclarer la guerre à l'Allemagne le 6 avril 1917.

• **La lente mobilisation des Américains.** Il faut cependant attendre plusieurs mois avant que les États-Unis ne parviennent à mobiliser un corps expéditionnaire capable d'apporter la supériorité numérique à l'Entente. Les premiers soldats, sous le commandement du général Pershing, débarquent en France en juin 1917, mais ne sont engagés sur le front qu'en avril 1918.

• **Les « Quatorze Points » de Wilson.** La participation des États-Unis à la guerre européenne propulse le pays au rang de grande puissance, qui entend redéfinir les buts de guerre des Alliés. Le 8 janvier 1918, Wilson énonce quatorze principes qui devront contribuer aux traités de paix et à l'instauration d'un nouvel ordre international : droits des peuples à l'autodétermination, libre-échange, liberté des mers, respect des nationalités, sécurité collective.

Études, p. 263 et p. 272

B. La désintégration de l'Empire russe

• **La révolution de Février.** En février 1917, les difficultés militaires et l'aggravation des pénuries provoquent grèves et manifestations ouvrières à Petrograd, la capitale russe. Des soldats se mutinent et refusent de tirer sur les manifestants. Après la création du soviet de Petrograd qui conteste son pouvoir, le tsar Nicolas II (empereur de Russie) abdique en mars 1917.

• **La poursuite de la guerre.** Le gouvernement provisoire décide de continuer la guerre aux côtés de l'Entente. Cette décision mécontente une partie croissante des soldats, des ouvriers et des paysans russes influencés par les idées révolutionnaires des bolcheviks. La chute du tsar met fin à l'exil de Lénine qui revient à Petrograd où il publie ses « Thèses d'Avril » : il réclame la paix immédiate, tout le pouvoir au soviet et la terre aux paysans. En juillet, l'échec de l'offensive Kerenski en Galicie fragilise encore plus le gouvernement provisoire.

• **La révolution d'Octobre et la fin de l'alliance russe.** Dans la nuit du 25 au 26 octobre 1917, les bolcheviks et les marins de la flotte de guerre attaquent le palais d'Hiver de Petrograd, siège du gouvernement provisoire. Lénine et les bolcheviks tentent d'instaurer une dictature communiste en Russie. Le pays s'enfonce dans la guerre civile. Les négociations entre le gouvernement bolchevique et les Empires centraux aboutissent à la signature de l'armistice (décembre 1917), puis de la paix de Brest-Litovsk (mars 1918).

Étude, p. 273

C. Le retour de la guerre de mouvement et la victoire de l'Entente

Cours en podcast
QCM interactif
www.lienmini.fr/hist1-74

• **Les conséquences de la paix de Brest-Litovsk.** La paix avec la Russie permet à l'Allemagne de transférer une partie de son armée vers le front de l'Ouest. Elle doit cependant maintenir des soldats à l'est pour préparer l'annexion des territoires qu'elle a conquis sur la Russie. Les Allemands peuvent désormais profiter de leur supériorité numérique provisoire avant que les troupes des États-Unis ne soient prêtes à combattre.

• **Les dernières offensives allemandes.** Le 21 mars 1918, le général Ludendorff déclenche une grande offensive sur la Somme. Elle est suivie, jusqu'en juillet 1918, d'autres attaques dans les Flandres, dans l'Aisne et en Champagne. C'est un grand succès tactique qui permet à l'armée allemande de percer le front sur plus de 60 km et de menacer Amiens et Paris. Mais l'offensive s'essouffle faute de réserves suffisantes.

• **La victoire finale de l'Entente.** Le succès allemand incite les Alliés à placer toutes leurs armées sous le commandement d'un seul chef : le général Foch. Le 18 juillet 1918, la deuxième bataille de la Marne, menée conjointement par les Français et les Américains, marque le début de la contre-offensive victorieuse des Alliés. La maîtrise de l'approvisionnement mondial en pétrole favorise l'utilisation massive de chars et d'avions qui jouent un rôle décisif dans les derniers combats. Les Allemands battent en retraite et demandent un armistice qui est signé le 11 novembre 1918. L'effondrement de l'Allemagne entraîne celui de ses alliés austro-hongrois, bulgares et ottomans qui signent eux aussi des armistices avec l'Entente et ses alliés en octobre et novembre 1918.

Point de passage et d'ouverture, p. 274

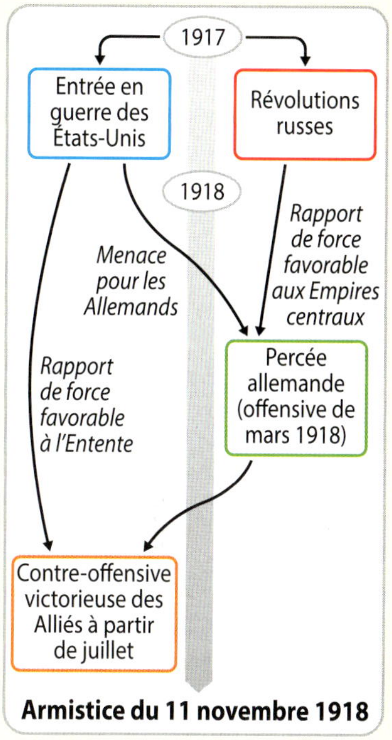

Le tournant stratégique de 1917

11 novembre 1918

Signé à Rethondes le 11 novembre 1918 à 5 h 15 du matin, l'armistice met fin aux combats sur le front de l'Ouest. Il oblige les Allemands à évacuer les territoires qu'ils occupent depuis quatre ans (Nord-Est de la France et Belgique).

Cette victoire des Alliés est l'occasion de fêtes et de manifestations populaires.

Lycéens manifestant leur joie, place de la Concorde (Paris). Photographie de Maurice-Louis Branger, 11 novembre 1918.

Étude

L'entrée en guerre des États-Unis

Comment expliquer l'entrée en guerre des États-Unis en 1917 ?

Woodrow Wilson

(1856-1924)

Président démocrate des États-Unis (1913-1921). En 1916, sa réélection repose en partie sur sa promesse de rester en dehors de la guerre. C'est pourtant lui qui la déclare à l'Allemagne, rompant ainsi avec la tradition de l'isolationnisme.

L'isolationnisme traditionnel des États-Unis explique leur refus de s'engager dans le conflit qui s'enclenche en Europe en 1914. Finalement, leur entrée en guerre et leur intervention décisive les propulsent au rang de puissance mondiale.

1 ▶ L'appel de Wilson à voter la guerre

« La guerre actuelle de l'Allemagne contre le commerce est une guerre contre l'humanité : c'est une guerre contre toutes les nations. Des navires américains ont été coulés et des vies américaines ont été perdues[1] dans des circonstances qui nous ont profondément remués. Notre mobile ne sera pas la vengeance ni l'affirmation de la force physique de notre pays, mais seulement la revendication du droit [...]. Je recommande au Congrès de déclarer que la conduite récente du gouvernement impérial allemand n'est, en fait, rien moins que la guerre contre le gouvernement et le peuple des États-Unis ; d'accepter officiellement la position de belligérant qui lui est ainsi imposée, et de prendre des mesures immédiates, non seulement pour mettre le pays dans un état plus complet de défense, mais aussi pour exercer toute sa puissance et employer toutes ses ressources afin d'amener à composition[2] le gouvernement allemand et, par là, de terminer la guerre. La neutralité n'est plus ni possible, ni désirable quand il y va de la paix du monde et de la liberté des peuples. [...] La démocratie doit être en sûreté dans le monde.

Woodrow Wilson, extrait du discours au Congrès, 2 avril 1917.

1. Allusion, entre autres, au naufrage du paquebot Lusitania en mai 1915 dans lequel périssent des citoyens des États-Unis.
2. Trouver un compromis avec l'Allemagne.

2 ▶ Affiche de propagande américaine

« Anéantissez cette bête féroce. Engagez-vous. »

Lithographie couleur de Harry Ryle Hopps (1917).

Notion

La mondialisation de la guerre : voir p. 254

Vocabulaire

Isolationnisme : doctrine diplomatique instaurée par le président James Monroe en 1923, selon laquelle les États-Unis doivent se désintéresser des affaires de l'Europe.

Parcours différencié

Parcours interactif

www.lienmini.fr/hist1-75

Parcours 1

- Expliquez pourquoi et comment le gouvernement des États-Unis essaie de convaincre son opinion publique de la nécessité d'entrer en guerre contre l'Allemagne en 1917.

Parcours 2

1. Quels événements poussent Wilson à décider l'entrée en guerre des États-Unis contre l'Allemagne en 1917 ? (doc. 1)
2. Nommez les grands principes énoncés par Wilson pour justifier cette entrée en guerre. (doc. 1)
3. Décrivez la manière dont est représentée l'Allemagne sur l'affiche. (doc. 2)
4. Construisez la réponse au Parcours 1.

Étude

La désintégration de l'Empire russe

Quelles sont les conséquences militaires et politiques des révolutions russes de 1917 ?

En Russie, la guerre d'usure provoque la perte de 5 millions de soldats et une désorganisation de l'économie. Elle débouche, en 1917, sur deux révolutions qui entraînent la chute du tsar Nicolas II en février, puis l'arrivée au pouvoir des bolcheviks en octobre.

1 ▶ Une mutinerie de soldats russes (1917)

Lors des **mutineries**, les soldats créent des **soviets** et dressent des drapeaux rouges, symboles de la révolution.

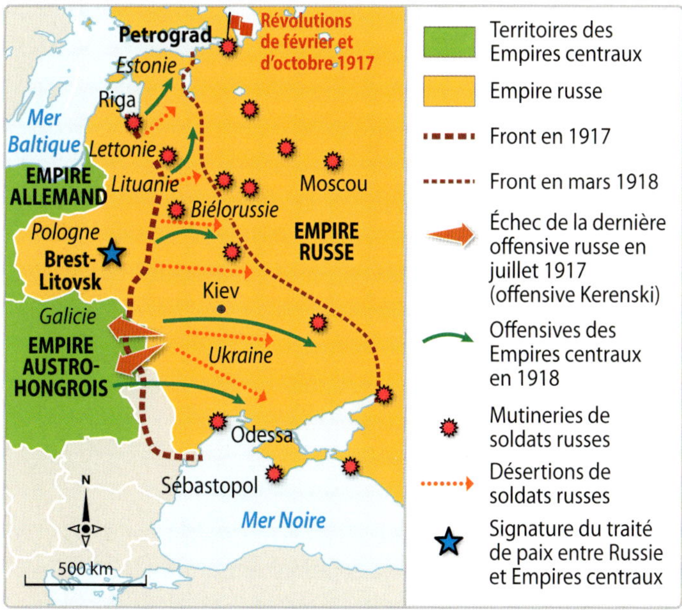

2 ▶ L'effondrement militaire de la Russie

3 ▶ Le choix de la paix séparée avec l'Allemagne

Après la chute du tsar en mars 1917, Lénine revient à Petrograd en avril et organise la prise du pouvoir par les communistes.

« La majorité paysanne de notre armée se prononcerait actuellement pour une paix annexionniste[1] et non pour une guerre révolutionnaire immédiate. [...] Ce serait une aventure que de mener une guerre contre la volonté de la plupart des soldats. [...] En signant une paix séparée, nous nous libérons [...] pour continuer et affermir la révolution socialiste. La réorganisation de la Russie sur la base de la dictature du prolétariat[2], [...] de la nationalisation des banques et de la grande industrie, [...] tout cela devient possible [...] si quelques mois de travail pacifique nous sont garantis. »

Discours de Lénine le 21 janvier 1918, cité dans H. Broquet, *Les 100 discours qui ont marqué le XXe siècle*, André Versaille éditeur, 2008.

1. Paix ayant pour conséquence la perte de territoires au profit de l'Allemagne.
2. Pouvoir autoritaire censé exprimer la volonté du peuple.

Questions

CONNAÎTRE

1. Décrivez la scène photographiée en vous appuyant sur la légende et le lexique. **(doc. 1)**

ANALYSER

2. Analysez l'évolution de la situation militaire de la Russie entre février 1917 et mars 1918. **(doc. 2)**

EXPLIQUER

3. Quels sont les arguments de Lénine en faveur d'une paix avec les Empires centraux ? **(doc. 3)**
4. Expliquez les conséquences politiques et militaires des mutineries de 1917. **(doc. 2 et 3)**

Bac

5. Construisez un schéma décrivant les causes et les conséquences militaires des révolutions de 1917 pour illustrer un paragraphe rédigé.

Notion

La guerre d'usure : voir p. 255

Vocabulaire

Mutinerie : refus d'obéissance collectif de la part de soldats.

Soviets : voir p. 270

Point de passage et d'ouverture

Mars 1918 : la dernière offensive allemande

Erich Ludendorff
(1865-1937)
Après avoir joué un rôle clé lors de la bataille de Tannenberg en 1914, il est nommé général en chef de l'armée allemande après la bataille de Verdun en 1916. Avec le maréchal Hindenburg, il impose alors à l'Allemagne une dictature militaire.

En quoi l'offensive de mars 1918 marque-t-elle un tournant vers la fin de la guerre?

Le 21 mars 1918, les Allemands lancent l'offensive de la dernière chance sur le front de l'Ouest. Son succès immédiat permet le retour à la guerre de mouvement. Paris est bombardé et la victoire semble toute proche. Pourtant, huit mois plus tard, ce sont les Alliés qui remportent la guerre.

Notion

La guerre totale : voir p. 255

Vocabulaire

***Sturmtruppen* :** soldats d'élite spécialement entraînés pour percer et infiltrer les lignes ennemies afin d'en désorganiser le système défensif.

1 ▸ Le retour de la guerre de mouvement sur le front de l'Ouest

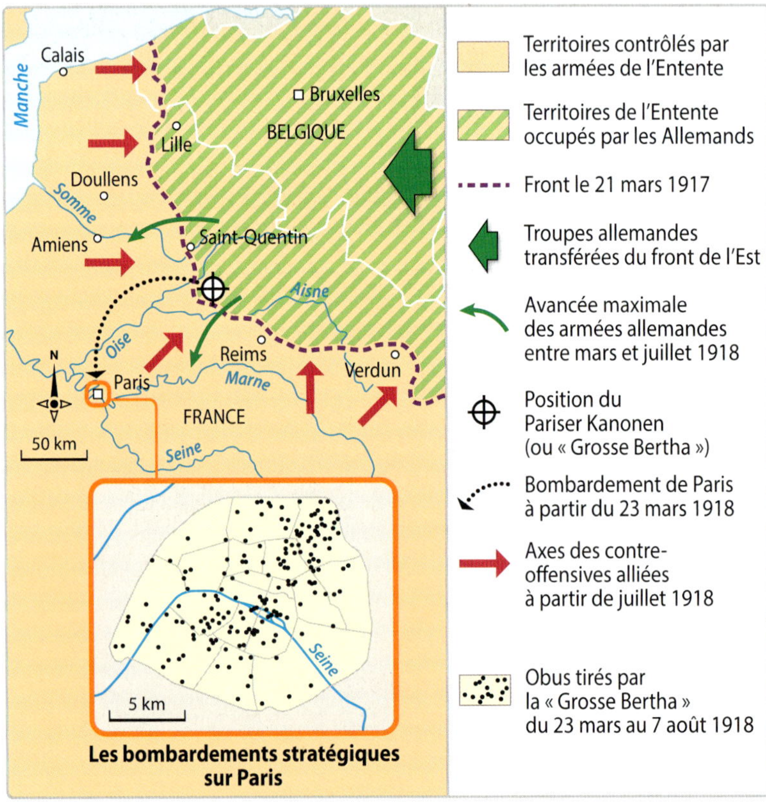

2 ▸ La stratégie militaire des Allemands

« L'année 1917 se termina cependant pour l'Allemagne dans des conditions qui lui permettaient de bien augurer de l'avenir. Du fait que nous avions battu la Russie et l'Italie, nous avions acquis une certaine liberté d'action pour remplir notre dernière tâche, la plus difficile: anéantir les armées alliées du front occidental. Lorsque le maréchal Hindenburg et moi nous nous décidâmes à exécuter une grande offensive, les conditions politiques, militaires et morales de la situation semblaient toutes exiger une action rapide, décisive. Nous comprenions tous qu'une fois que les ressources et les hommes de l'Amérique seraient jetés dans la balance, les Alliés gagneraient forcément la guerre. […] Le fléchissement du moral à l'intérieur de l'Allemagne demandait un remède pour contrebalancer les effets du triple poison d'un blocus de la faim intensifié[1], d'une propagande ennemie sans scrupule et d'une agitation révolutionnaire dissolvante[2]. Seules des victoires militaires pouvaient venir à bout de ces deux derniers ennemis et donner au peuple la confiance et la ténacité qui rendent une armée invincible. […] »

Erich Ludendorff, *Souvenirs de guerre (1914-1918)*, édition originale publiée en 1919, Nouveau Monde éditions, 2012.

1. Référence au blocus naval britannique mis en place depuis 1914 contre l'Allemagne.
2. La révolution communiste de 1917 en Russie incite des soldats et des civils à se rebeller contre les autorités.

3 ▶ Soldats allemands à l'assaut des positions alliées, 21 mars 1918

Le général Ludendorff rompt avec la stratégie des grandes offensives de masse comme en 1916. Sa tactique s'appuie sur la mobilité de petites unités de *sturmtruppen* ainsi que sur un emploi très ciblé de l'artillerie et des gaz de combat.

Ferdinand Foch

(1851-1929)

Maréchal français qui combat dans la Marne puis dans le Nord de la France. Il commande la contre-offensive qui permet la victoire de l'Entente et de ses alliés en 1918.

4 ▶ Foch à la tête des armées alliées

« Les Allemands avaient commencé le 21 mars leur grande offensive, et la 5e armée anglaise [...] s'était repliée, [...] laissant ouverte une brèche de 10 kilomètres entre les Français et les Anglais. La situation était critique : les Allemands, en utilisant cette brèche, pouvaient rejeter les Français vers le sud, sur Paris, et déborder les Anglais vers le nord, s'assurant ainsi la maîtrise de la Manche et la possession des bases anglaises. [...] En vertu de l'accord de Doullens, j'étais chargé par les gouvernements britanniques et français "de coordonner l'action des armées alliées sur le front Ouest". [...] Mon plan est fait depuis longtemps. Il s'agit de rétablir immédiatement la liaison entre les armées britanniques et françaises et de couvrir Amiens. Pour cela, deux conditions sont nécessaires : que les troupes qui se battent ne reculent plus et qu'en second lieu les divisions françaises arrivant en renfort soient aussitôt jetées dans la brèche pour l'aveugler. [...] Dans la soirée du 26 mars tous ceux qui sont aux prises avec l'ennemi savent ce que désormais on attend d'eux, c'est-à-dire la résistance, toujours plus de résistance, la résistance à outrance ! »

Maréchal Foch, *Les Deux Batailles de la Marne*, 1928, Payot.

Questions

IDENTIFIER

1. Identifiez l'avantage stratégique qui pousse les Allemands à déclencher leur offensive sur le front de l'Ouest. **(doc. 1 et 2)**

EXPLOITER UNE NOTION

2. Expliquez la stratégie du général Ludendorff et mettez-la en relation avec la notion de guerre totale. **(doc. 1 et 3)**

JUSTIFIER

3. Montrez que l'offensive de mars 1918 est un succès tactique pour les Allemands. **(doc. 1 et 4)**

EXPLIQUER

4. Expliquez la réaction des Alliés face à l'offensive allemande. **(doc. 1 et 4)**

RAISONNER ET S'EXPRIMER

5. Complétez le schéma pour montrer en quoi en quoi l'offensive allemande de mars 1918 constitue un tournant stratégique.

Bac

6. Construisez une fiche de révision sous la forme d'un tableau permettant d'identifier les principaux acteurs collectifs et individuels de la guerre sur le front de l'Ouest en 1918.

Aide

Acteurs	Nom	Rôle
Collectifs	...	...
Individuels	...	...

La Première Guerre mondiale était-elle inévitable ?

La Première Guerre mondiale est considérée comme un événement fondateur du xxe siècle en raison de ses conséquences politiques, économiques et sociales. En revanche, les historiens s'interrogent toujours sur les causes de ce conflit et les responsabilités des États, comme en témoigne l'ouvrage de Christopher Clark (*Les Somnambules*, 2013), historien spécialiste de l'Allemagne.

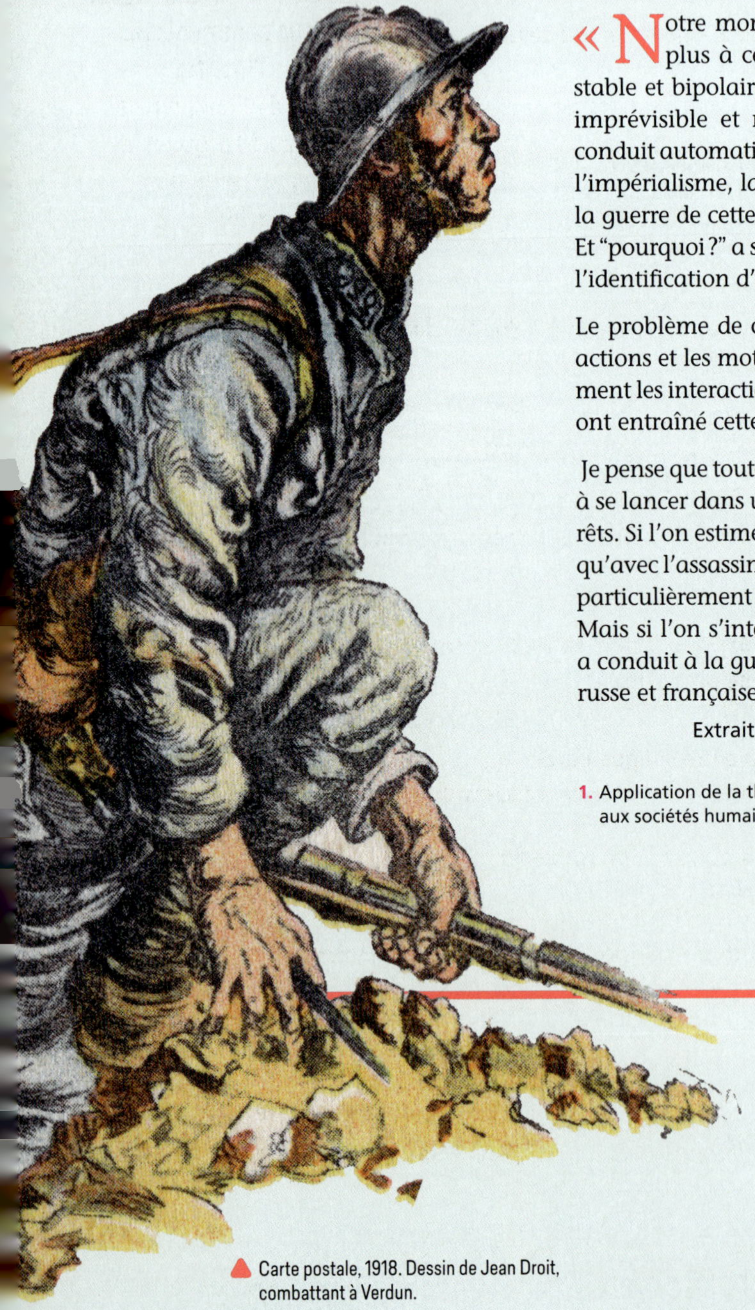

▲ Carte postale, 1918. Dessin de Jean Droit, combattant à Verdun.

« Notre monde, d'une certaine manière, ressemble de plus en plus à celui de 1914. Nous ne vivons plus dans le monde stable et bipolaire de la guerre froide. Nous vivons dans un monde imprévisible et multipolaire. [...] La question "pourquoi ?" nous conduit automatiquement vers des causes abstraites : le nationalisme, l'impérialisme, la diffusion du darwinisme social[1], etc. Si on regarde la guerre de cette façon, on pense facilement qu'elle était inévitable. Et "pourquoi ?" a souvent signifié "qui ?". Cette approche se focalise sur l'identification d'un coupable ou d'un pays responsable.

Le problème de cette démarche est qu'elle nous incite à étudier les actions et les motivations d'un seul État plutôt que d'examiner comment les interactions complexes d'une pluralité de grandes puissances ont entraîné cette guerre. [...]

Je pense que toutes les grandes puissances continentales étaient prêtes à se lancer dans une guerre majeure pour protéger leurs propres intérêts. Si l'on estime que les causes immédiates de la guerre ne débutent qu'avec l'assassinat de Sarajevo, il est alors normal de s'intéresser plus particulièrement aux garanties que l'Allemagne apporte à l'Autriche. Mais si l'on s'intéresse au fait que les Balkans ont été l'étincelle qui a conduit à la guerre, il faut regarder plus attentivement la politique russe et française entre 1912 et 1914. »

Extrait de l'interview de l'historien australien Christopher Clark, © France 24, 30 décembre 2014.

1. Application de la théorie de la sélection naturelle décrite par Charles Darwin (1858) aux sociétés humaines.

Développer son esprit critique

1. Peut-on comparer le monde de 1914 et le monde d'aujourd'hui ?
2. Pensez-vous que l'on puisse dire qu'un événement, en histoire, est inévitable ?

Réaliser un exposé oral

▶ Vidéo S'entraîner à l'oral
www.lienmini.fr/hist1-76

Exemple Verdun, une bataille emblématique de la guerre d'usure

Étape 1 Lire et analyser le sujet

- Définissez la notion : guerre d'usure, voir p. 255.
- Identifiez le cadre spatial et le contexte chronologique : cette bataille se déroule sur le front de l'Ouest, dans l'Est de la France, entre février et décembre 1916. Elle est caractéristique de la guerre d'usure.

Étape 2 Rechercher et sélectionner les informations

- Veillez à bien sélectionner vos sources d'information. Demandez l'aide de votre documentaliste pour choisir les sites et les ouvrages les plus fiables.
- Identifiez les principaux acteurs et les lieux clés : quel est le rôle des généraux Philippe Pétain et Erich von Falkenhayn ? Quel enjeu représente le fort de Douaumont ?
- Trouvez des documents iconographiques pour illustrer vos propos : une carte indiquant les lieux des principaux combats et l'évolution de la ligne de front.

! Conseil

Vous pouvez sélectionner un court extrait vidéo (pas plus de 30 secondes) que vous commenterez. Le site de l'Institut national de l'audiovisuel (www.ina.fr) propose de nombreux documents historiques filmés.

Étape 3 Faire une fiche d'exposé

- Écrivez les grandes idées que vous allez développer pour construire le plan :

I. Verdun, un enjeu stratégique
II. Verdun, un enfer pour les combattants
III. Verdun, une bataille sans résultat décisif
Conclusion : Verdun, un enjeu de mémoire franco-allemande

- Notez et surlignez les mots clés que vous ne devez pas oublier d'évoquer.

! Conseil

Ne rédigez pas tout votre exposé. Votre fiche est un « pense-bête » : il faut s'en détacher pour ne pas la lire.

Étape 4 Produire un discours clair et organisé

- Indiquez les transitions entre chaque partie.
- Appuyez-vous sur des informations précises et maîtrisées.
- Présentez des photographies, des productions graphiques (cartes, schémas, etc.).
- Écoutez attentivement les questions posées par la classe ou l'enseignant(e). Proposez des réponses argumentées.
- Restez concentré(e) tout au long de la présentation.

Déroulé de l'exposé

1. Notez le sujet de l'exposé et le titre des parties au tableau.
2. Présentez votre exposé.
3. Répondez aux questions.

oral Conseils pour s'exprimer

- **Maîtrisez votre posture et votre gestuelle.**
- **Maîtrisez votre voix : les intonations, l'articulation.**
- **Gérez votre temps : chronométrez-vous.**

Entraînement L'évolution du rôle de l'aviation pendant la Première Guerre mondiale

S'exercer

1 Capacité Connaître et se repérer

Après les avoir recopiés, reliez chaque date à l'événement auquel elle correspond, puis à ses conséquences.

Date	Événement	Conséquence
Septembre 1914	Début de la bataille des Dardanelles	Retour de la guerre de mouvement sur le front de l'Ouest
Mars-avril 1915	Bataille de la Somme	Échec de l'avancée allemande et début de la guerre de position
Juillet-novembre 1916	Début de la dernière offensive allemande	Renforcement de l'Entente et mondialisation de la guerre
Avril 1917	Entrée en guerre des États-Unis	Enlisement dans la guerre d'usure
Octobre 1917	Révolution bolchevique	Ouverture d'un nouveau front et mondialisation de la guerre
Mars 1918	Bataille de la Marne	Paix séparée de la Russie avec les Empires centraux

2 Capacité Contextualiser

1. Identifiez l'armée à laquelle appartiennent ces combattants.
2. Déterminez la date approximative de cette photographie.
3. Au cours de quelle phase de la Première Guerre mondiale a-t-elle été prise ? Justifiez votre réponse.

Soldats allemands portant des masques à gaz

3 Capacité Utiliser le numérique

1. Recherchez le tableau *Tranchées* d'Otto Dix sur un moteur de recherche.
2. Présentez l'auteur, le sujet et le contexte de cette œuvre.
3. Décrivez sa composition.
4. Étudiez l'expression des personnages et le rôle des couleurs.
5. Concluez sur l'image qu'a souhaité diffuser l'artiste à travers cette œuvre.

Otto Dix
(1891-1969)
Peintre expressionniste allemand, engagé volontaire en 1914. Il combat comme mitrailleur en Champagne, dans la Somme et en Russie. Soldat exemplaire, il est décoré. Dans les années 1920, il devient pacifiste.

4 Capacité S'approprier un questionnement historique

1. Retrouvez, parmi la liste proposée, les principaux buts de guerre de chaque belligérant.

EMPIRE ALLEMAND
1

EMPIRE OTTOMAN
2

EMPIRE RUSSE
3

ROYAUME-UNI
4

FRANCE
5

A. Garantir la neutralité de la Belgique et des Pays-Bas ; affaiblir la puissance navale allemande ; étendre son influence au Moyen-Orient.

B. Renforcer son contrôle sur les détroits des Dardanelles et du Bosphore ; récupérer des territoires perdus lors des guerres balkaniques.

C. Affaiblir la France et la Russie ; annexer des territoires à l'Est et à l'Ouest de l'Europe ; étendre son empire colonial en Afrique.

D. Affaiblir l'Allemagne ; récupérer l'Alsace-Lorraine.

E. Renforcer son influence dans les Balkans (en protégeant la Serbie) et dans le Caucase ; avoir un libre accès à la Méditerranée en contrôlant les détroits des Dardanelles et du Bosphore.

2. Rédigez un court paragraphe pour présenter ces buts de guerre.

Histoire & BD

La Grande Guerre, le premier jour de la bataille de la Somme, Joe Sacco, Futuropolis, 2014

Publiée en 2014, cette bande dessinée sans texte se déploie sur plus de sept mètres de long. Joe Sacco y raconte le premier jour de la bataille de la Somme en juxtaposant les scènes dont l'enchaînement fait progresser l'action.

Depuis juin 2016, la fresque est installée en grande dimension et de façon permanente au musée de Thiepval, près de Péronne, dans la Somme.

© Joe Sacco. *La Grande Guerre*, éditions Futuropolis. Visuel de couverture, page de titre et 8 pages intérieures.

1. Pourquoi la bande dessinée de Joe Sacco a-t-elle été publiée en 2014 ?

2. Comment justifier le lieu et la date de l'inauguration de la fresque associée ?

3. Expliquez comment les partis pris (graphiques, narratifs, matériels, etc.) de cette œuvre soutiennent le propos de Joe Sacco.

D'autres BD inspirées par la Première Guerre mondiale :

- *14-18*, d'Éric Corbeyran et Étienne Le Roux, 10 tomes, Delcourt, 2014-2018.
- *C'était la guerre des tranchées*, de Jacques Tardi, Casterman, 1993.
- *Faucheurs de vent*, de Thierry Lamy et Cédric Fernandez, 2 tomes, Glénat, 2017-2018.
- *La Grande Guerre de Charlie* (1979-1988), de Joe Colquhoun et Pat Mills, Delirium, 2011-2016.
- *La Mort blanche* (1998), de Charlie Adlard et Robbie Morrison, Delcourt, 2014.
- *Notre mère la guerre*, de Kris et Maël, 4 tomes, Futuropolis, 2009-2012.

Méthode Bac

Étudier deux documents

Sujet guidé La Première Guerre mondiale, l'expression d'une violence inédite

Consigne: Après avoir rappelé leur contexte, montrez l'apport et les limites de ces documents pour comprendre le caractère inédit de la violence de la Première Guerre mondiale.

1 ▶ Les premiers combats d'août 1914

« Soudain, des sifflements stridents qui se terminent en ricanements rageurs nous précipitent face contre terre, épouvantés. La rafale vient d'éclater au-dessus de nous… Les hommes, à genoux, recroquevillés, le sac sur la tête, tendant le dos, se soudent les uns aux autres… […] Je jette un coup d'œil sur mes voisins: haletants, secoués de tremblements nerveux, la bouche contractée par un affreux rictus, tous claquent des dents. Cette attente de la mort est terrible. Combien de temps ce supplice va-t-il durer? […] Allons-nous rester là, immobiles, pour nous faire hacher sans utilité? Non, nous ne sommes pas des soldats de carton! mais notre premier contact avec la guerre a été une surprise assez rude.

Dans leur riante insouciance, la plupart de mes camarades n'avaient jamais réfléchi aux horreurs de la guerre. Ils ne voyaient la bataille qu'à travers les chromos[1] patriotiques. […] nous nous représentions naïvement la campagne comme une promenade militaire, une succession rapide de victoires faciles et éclatantes. Le coup de tonnerre de tout à l'heure, en nous révélant l'effroyable disproportion entre les engins de mort et les petits soldats, […] nous a brusquement fait comprendre que la lutte qui commence serait pour nous une terrible épreuve. »

Jean Galtier-Boissière, *La Fleur au fusil* (1928), © Éditions Vendémiaire, coll. « Histoires », 2014.

1. Images en couleur.

2 ▶ *Le Petit Journal*, 16 mai 1915.

Cette Une fait référence à Valmy (20 septembre 1792), bataille de la Révolution française au cours de laquelle les Français ont battu les Prussiens.

ÉTAPE 1
Définir le contexte

- Identifiez puis expliquez les mots clés du sujet.
  > « Violence » ; « inédite ».
- Identifiez la nature de chaque document.
- Replacez la date de chacun dans son contexte historique.
  > **Doc. 1 :** extrait d'un ouvrage de Jean Galtier-Boissière, romancier, journaliste et polémiste ayant participé à la Première Guerre mondiale. L'extrait se situe en août 1914, aux débuts de la guerre.
  > **Doc. 2 :** Une du quotidien *Le Petit Journal*, daté du 16 mai 1915. L'année 1915 marque le début de la guerre de position (enlisement de la guerre).

ÉTAPE 2
Prélever les informations

- Relevez dans les documents les éléments qui soulignent la violence de la guerre.
  > **Doc. 1 :** le vocabulaire de la violence, de la peur, de la surprise (« la rafale vient d'éclater au-dessus de nous » ; « secoués de tremblements nerveux » ; « coup de tonnerre » ; « brusquement » ; etc.).
  > **Doc. 2 :** les cadavres de soldats allemands au premier plan.

ÉTAPE 3
Confronter les informations

- Relevez le(s) thème(s) commun(s) et les différences entre les deux documents.
  > Les deux documents évoquent la violence de la guerre. Mais la représentation des combattants et de la violence est différente dans chacun. Elle est subie par les soldats français dans le **doc. 1** alors que, dans le **doc. 2**, les soldats apparaissent meneurs et victorieux.
- Recherchez les raisons qui peuvent expliquer ces différences.
  > Le **doc. 1** est le témoignage d'un soldat qui s'inspire de sa propre expérience de la guerre tandis que le **doc. 2** est un support de propagande destiné à rassurer les civils en héroïsant les soldats français (voir la référence à la bataille de Valmy) et en dissimulant leur mort.

ÉTAPE 4
Rédiger

- Rédigez une introduction pour présenter le sujet.
- Organisez un développement en paragraphes structurés. Dans chaque paragraphe, veillez à toujours mettre en relation les deux documents. Ne vous contentez pas de les étudier l'un après l'autre.
- Rédigez une conclusion pour répondre à la consigne.

BAC
Conseils pour rédiger

- Notez votre plan et vos idées au brouillon.
- Aérez votre devoir.
- Prévoyez du temps pour vous relire.

Sujet blanc La mondialisation continue de la guerre (doc. 3 p. 266 et doc. 1 p. 272)

Consigne : Après avoir présenté les documents et leurs contextes, vous montrerez comment ils illustrent, sous des aspects différents, la mondialisation du conflit entre 1914 et 1918.

Réviser

Un embrasement mondial et ses grandes étapes

Fiche de révision

Comment les tensions européennes plongent-elles le monde dans une guerre totale entre 1914 et 1918 ?

I Le déclenchement (1914)

- La guerre éclate fin juillet 1914, à la suite d'une grave crise diplomatique provoquée par l'attentat de Sarajevo.
- L'échec des plans d'attaque (batailles de Tannenberg et de la Marne) marque le début de la guerre de position sur le front Ouest.
- La mobilisation de leurs empires coloniaux par les puissances européennes provoque une mondialisation immédiate du conflit.

II L'enlisement (1915-1917)

- Le blocage de la guerre de position entraîne une guerre d'usure. L'Entente ouvre un nouveau front en 1915 (bataille des Dardanelles).
- Les tranchées, l'utilisation d'artillerie lourde, de mines et de gaz toxiques caractérisent le champ de bataille.
- En 1916, la bataille de la Somme fait plus d'un million de victimes sans apporter d'évolution stratégique.

III Le dénouement (1917-1918)

- L'année 1917 marque un tournant : intervention des États-Unis aux côtés de l'Entente ; effondrement de la Russie.
- L'offensive allemande de mars 1918 permet le retour à la guerre de mouvement sur le front de l'Ouest.
- Dès juillet 1918, la contre-offensive de l'Entente conduit les Empires centraux à signer l'armistice (11 novembre).

Repères clés

LES ACTEURS ET LES ACTRICES

Les poilus

Joseph Joffre (1852-1931)

Paul von Hindenburg (1847-1934)

Maria Botchkareva (1889-1920)

Erich Ludendorff (1865-1937)

Ernst Junger (1895-1998)

Woodrow Wilson (1856-1924)

Ferdinand Foch (1851-1929)

LES LIEUX

- **Verdun**
  C'est près de cette ville de l'Est de la France que l'armée française repousse la principale offensive allemande de la guerre de position. « L'enfer de Verdun » est devenu un symbole des horreurs de la guerre des tranchées.
- **Rethondes**
  C'est dans ce lieu situé dans la forêt de Compiègne au nord de Paris que l'armistice mettant fin aux combats sur le front de l'Ouest est signé le 11 novembre 1918.

Schéma bilan

Schéma animé
www.lienmini.fr/hist1-78

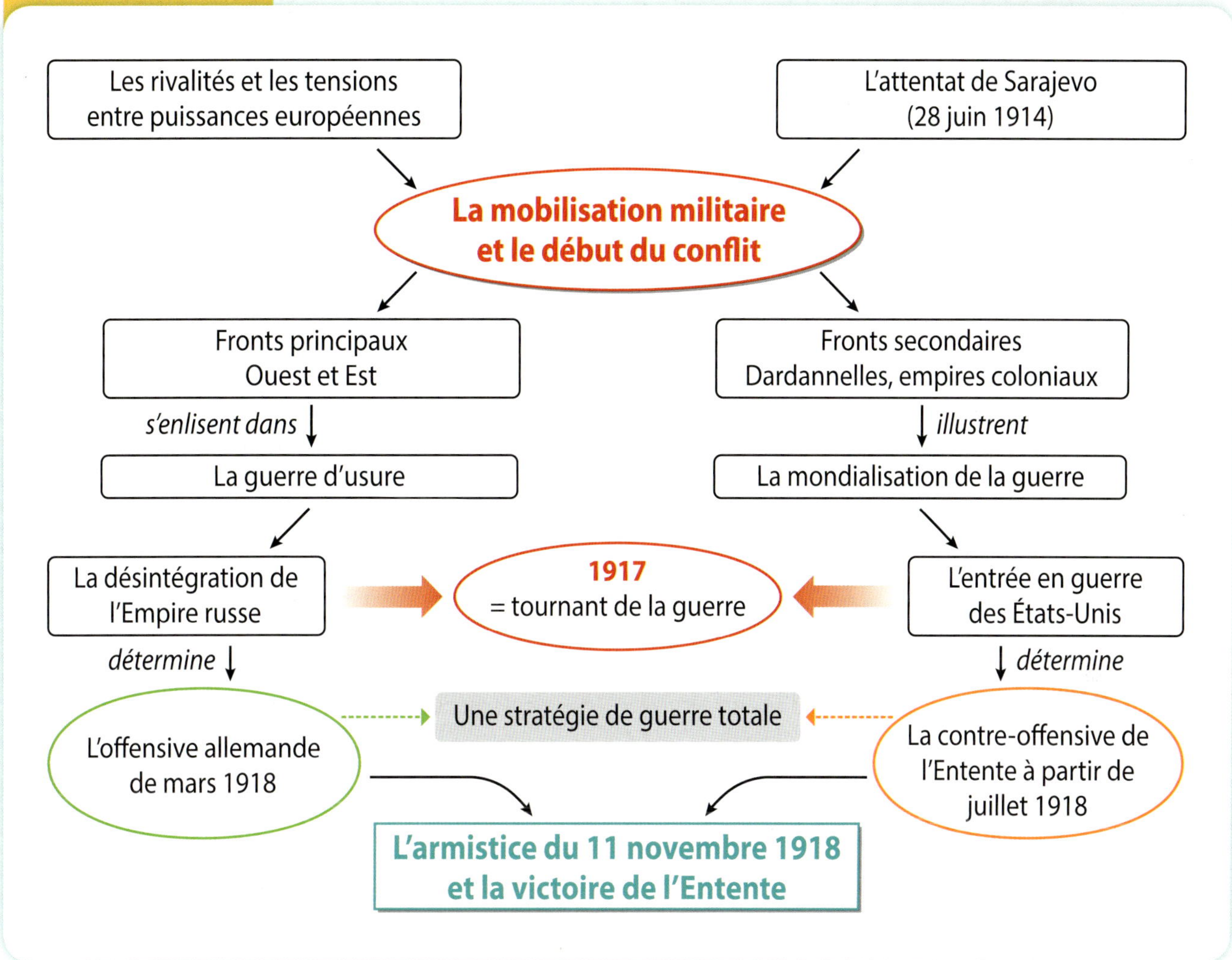

QCM interactif
www.lienmini.fr/hist1-79

LES DATES

- **28 juin 1914** : Attentat de Sarajevo
- **28 juillet 1914** : Début du conflit
- **Février 1916** : Début de la bataille de Verdun
- **6 avril 1917** : Entrée en guerre des États-Unis
- **3 mars 1918** : Paix de Brest-Litovsk
- **11 nov. 1918** : Armistice

Points de passage et d'ouverture

Août-septembre 1914 Tannenberg et la Marne
Ces batailles provoquent l'échec des plans d'offensive russe (front de l'Est) et allemand (front de l'Ouest) et l'enlisement du conflit.

1915 L'offensive des Dardanelles
La bataille des Dardanelles ouvre un nouveau front sur lequel combattent des soldats venus d'Europe, d'Afrique, d'Asie et d'Océanie.

1916 La bataille de la Somme
Plus grande offensive de l'Entente sur le front de l'Ouest, elle est un exemple de la guerre d'usure qui provoque des pertes considérables.

Mars 1918 La dernière offensive allemande
Ce succès immédiat des Allemands pousse l'Entente et ses alliés à mener la contre-offensive qui leur apporte la victoire finale.

CHAPITRE

10 Les sociétés en guerre : des civils acteurs et victimes de la guerre

Comment les civils ont-ils agi et souffert dans la guerre totale ?

Cours I

La mobilisation des civils atteint un niveau inédit pendant la Première Guerre mondiale. L'activité industrielle est encadrée par les États qui reconvertissent l'économie pour produire des armes en masse. La propagande galvanise les esprits.

Cours II

L'impératif de victoire induit le franchissement d'un seuil de violence contre les civils. Celle-ci culmine en 1915 avec le génocide arménien dans l'Empire ottoman. En 1917, la multiplication des grèves témoigne de la lassitude de la population face aux souffrances causées par la prolongation de la guerre.

1730 – 1830 – 1914 – 1918 – 1930 – 2030

Cours I

- 1914 – **Août** Début de l'Union sacrée
- 1914 – **Octobre** Manifeste patriotique de 93 savants allemands
- 1915 – **Janvier** Création des marraines de guerre en France
- 1916 – **Décembre** Création du ministère de l'Armement en France

Cours II

- 1914 – **Août-septembre** Exécution de 6 000 civils par les Allemands en Belgique et en France
- 1915 – **Avril** Début du génocide arménien
- 1916-1917 – « HIVER DES NAVETS » EN ALLEMAGNE
- 1917 – **Mai** Grève des midinettes et des munitionnettes en France

L'appel à la population des écoliers berlinois (1917) : « Qui participe à l'emprunt de guerre écourte la guerre. »
Photographie, 1917.

« Debout donc, femmes françaises, jeunes enfants, filles et fils de la Patrie ! Remplacez sur le champ du travail ceux qui sont sur les champs de bataille ! Préparez-vous à leur montrer demain la terre cultivée, les récoltes rentrées, les champs ensemencés. Il n'y a pas dans ces heures graves de labeur infime. Tout est grand qui sert le Pays ! »

Appel de René Viviani à « Ceux qui restent », août 1914.

Questions

1. Quel est l'objectif de l'action de propagande illustrée par le document ?
2. Quels sont les différents acteurs impliqués par cette action de propagande ?
3. Comment ce document permet-il de montrer que les civils sont à la fois acteurs et victimes de la guerre ?

Fiche d'activité
www.lienmini.fr/hist1-80

Notions

La Grande Guerre des civils (1914-1918)

En 1914, une guerre plus longue et plus meurtrière que prévu commence. À **l'arrière**, les civils deviennent les acteurs d'une mobilisation économique, financière, scientifique et technique. Les femmes et les enfants y jouent un rôle important. Une intense propagande contribue à la diffusion d'une **culture de guerre** qui touche tous les individus.

Dans cette **guerre totale**, les civils sont surtout victimes des épreuves et des violences du conflit, comme en témoigne le **génocide** des Arméniens dans l'Empire ottoman, en 1915.

L'arrière

Définition : espaces éloignés de la zone du front où vivent et sont mobilisées les populations civiles.

Contexte : la participation des civils à l'effort de guerre transforme l'arrière en un véritable « front intérieur ». La mobilisation industrielle est cependant menacée par les grèves ouvrières qui se déclenchent parmi les différents belligérants en 1917.

Femmes et ouvriers indochinois travaillant dans une usine d'armement français. Photographie, entre 1914 et 1918.

Point de passage et d'ouverture, p. 292
Marie Curie dans la guerre

Point de passage et d'ouverture, p. 300
Les grèves de l'année 1917

Étude, p. 295
La mobilisation industrielle

La culture de guerre

Définition : discours et attitudes exprimant une violence contre l'ennemi et servant à justifier la guerre.

Contexte : la mobilisation des civils est soutenue par un intense effort de propagande véhiculant les valeurs du patriotisme et la haine de l'ennemi. Elle vise à diffuser dans la population un esprit guerrier qui préexiste à la Première Guerre mondiale et lui survit à travers les commémorations.

Enfants parisiens dans une mise en scène patriotique.
Léon Gimpel, *Les Enfants de la guerre : les troupes prennent un repos bien mérité en savourant les sucres d'orge distribués par l'opérateur.* Autochrome, 5 septembre 1915, Paris.

Étude, p. 294
Les enfants et la propagande

Point de passage et d'ouverture, p. 292

Point de passage et d'ouverture, p. 298

Étude, p. 302

1914 — 1915 — 1916

1914 Mise en circulation de la première « Petite Curie » (sept.)

Avril 1915 Début du génocide arménien

1916 Civils du Nord de la France déportés comme otages par les Allemands

Les civils dans la guerre

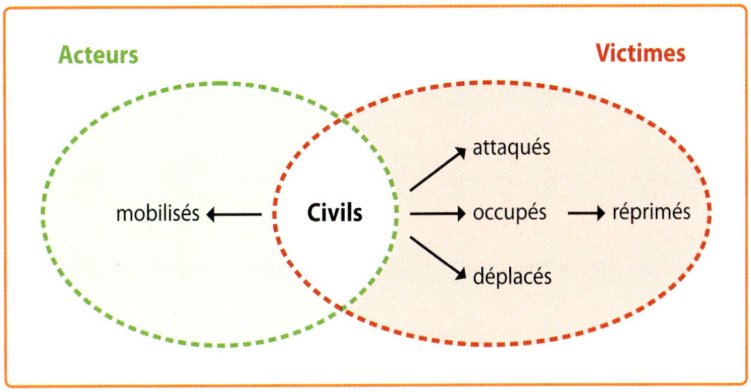

Edith Cavell
(1865-1915)
Infirmière britannique exécutée en 1915 par les Allemands pour avoir permis l'évasion de centaines de soldats alliés de la Belgique vers les Pays-Bas. Elle devient une martyre civile et est érigée en symbole par la propagande britannique anti-allemande.

La guerre totale

Définition : guerre d'une violence extrême dans laquelle les civils deviennent des cibles stratégiques et sont mobilisés de différentes manières pour contribuer à la victoire contre l'ennemi.

Contexte : entre 1914 et 1918, le blocage du front militaire et la mobilisation totale des sociétés en faveur de l'effort de guerre justifient aux yeux des belligérants l'emploi de la violence contre les civils.

Reims après son bombardement par les Allemands en septembre 1914. Photographie, vers 1918-1919.

Étude, p. 302
Le Nord de la France occupé (1914-1918)

Le génocide

Définition : destruction intentionnelle et planifiée, totale ou partielle, d'un groupe humain pour des raisons ethniques ou religieuses.

Contexte : après les massacres de 1894-1895 et de 1909, la Première Guerre mondiale marque le franchissement d'un nouveau seuil de violence contre les Arméniens, minorité chrétienne de l'Empire ottoman. En 1915 et 1916, ils subissent un génocide qui fait 1,3 million de morts.

Femme arménienne agenouillée près de son enfant mort (environs d'Alep, Syrie). Photographie, entre 1915 et 1916.

Point de passage et d'ouverture, p. 298
Le génocide des Arméniens (1915-1916)

Point de passage et d'ouverture, p. 300
Étude, p. 295
Étude, p. 294

1917 — **1918**

- **1917** Renault commence à fabriquer ses premiers chars d'assaut
- **Février 1917** Grandes grèves de Petrograd
- **1918** Publication de la BD *Bécassine mobilisée*

Cartes

L'arrière dans la guerre totale (1914-1918)

Entre 1914 et 1918, le conflit implique l'arrière, espace des **sociétés en guerre** dans lequel les **civils sont mobilisés**, autant que le front **(doc. 2)**. La propagande et les nécessités économiques incitent les femmes et la main-d'œuvre immigrée à remplacer aux champs ou à l'usine les hommes partis au combat.

Mais les civils doivent également **faire face aux épreuves et aux violences de la guerre (doc. 2)**. Certains subissent l'invasion de l'ennemi, comme en **Belgique** et dans le **Nord-Est de la France (doc. 1)**. Les premiers bombardements stratégiques et le génocide arménien marquent le franchissement d'un seuil de violence contre les civils.

1 ▶ Les civils du Nord-Est de la France et de la Belgique

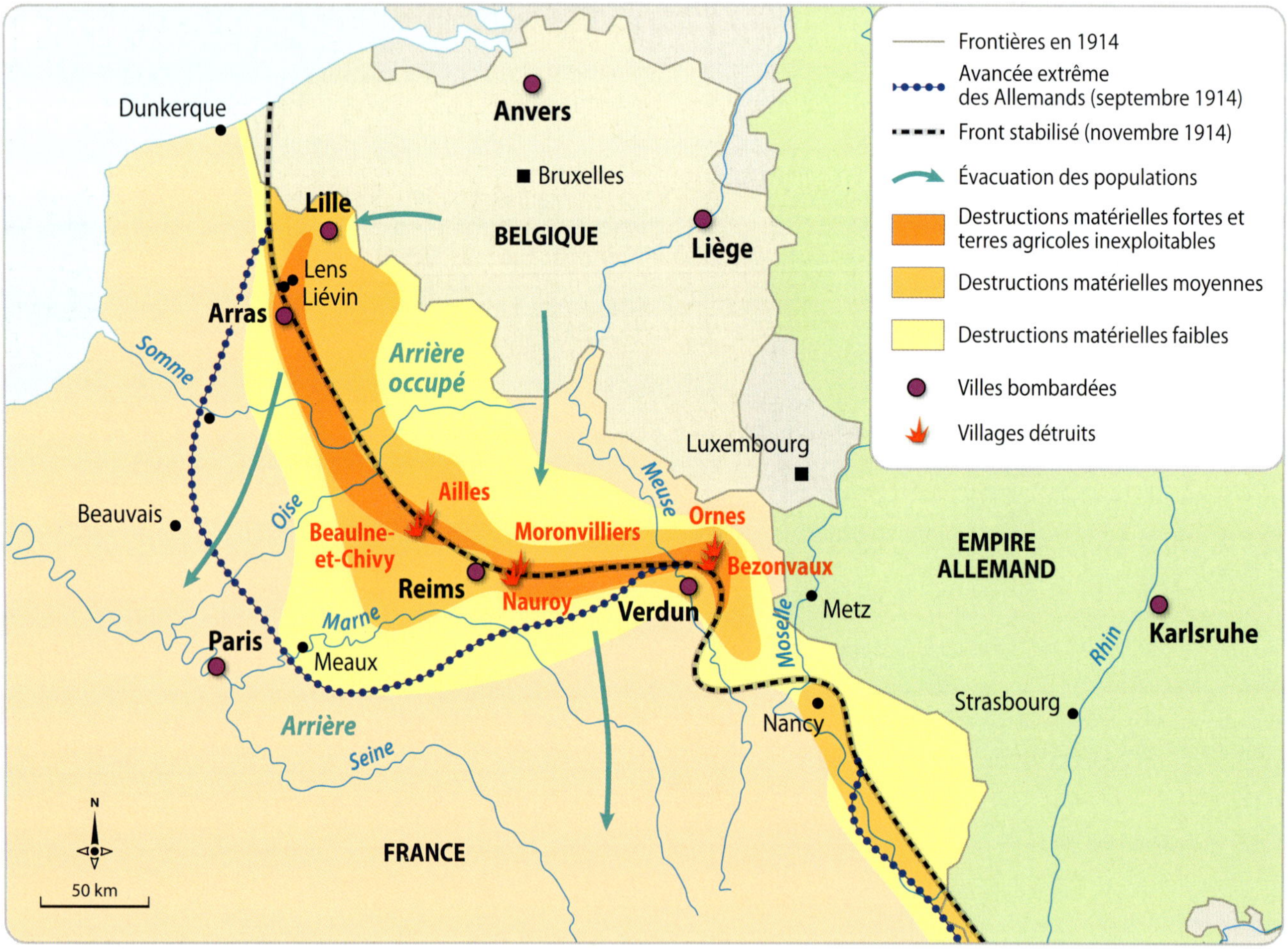

Questions

1 Situez les régions occupées par les armées des Empires centraux. **(doc. 1 et 2)**

2 Par quels moyens les pays de l'Entente répondent-ils à la pénurie de main-d'œuvre ? **(doc. 2)**

3 Dans quels pays les conflits sociaux liés à la guerre sont-ils les plus violents ? **(doc. 2)**

4 Quelles sont les différentes formes de violence exercées contre les civils ? **(doc. 1 et 2)**

Carte interactive
www.lienmini.fr/hist1-81

2 ▸ Les sociétés en guerre

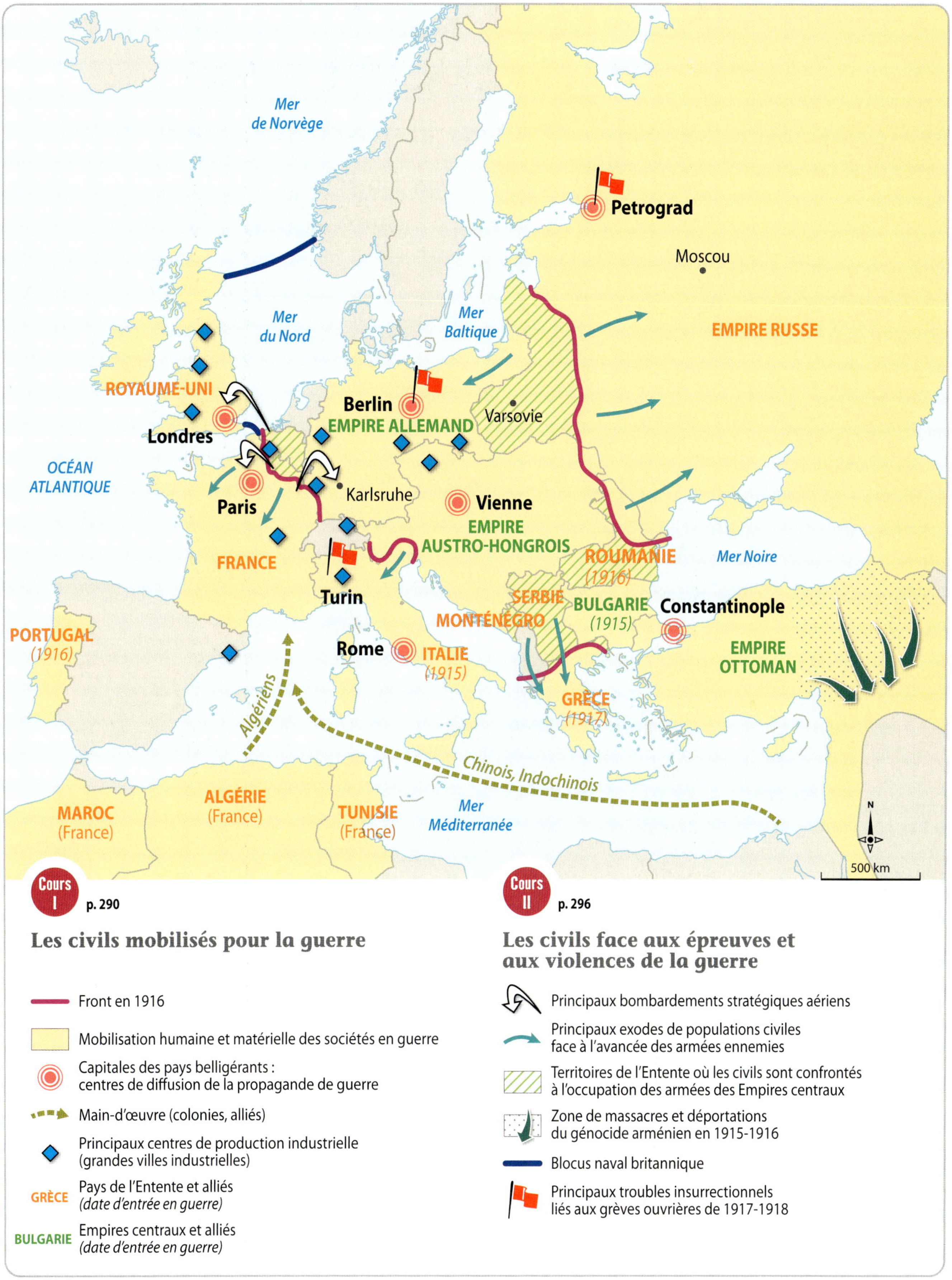

Cours I p. 290

Les civils mobilisés pour la guerre

- Front en 1916
- Mobilisation humaine et matérielle des sociétés en guerre
- Capitales des pays belligérants : centres de diffusion de la propagande de guerre
- Main-d'œuvre (colonies, alliés)
- Principaux centres de production industrielle (grandes villes industrielles)
- GRÈCE Pays de l'Entente et alliés *(date d'entrée en guerre)*
- BULGARIE Empires centraux et alliés *(date d'entrée en guerre)*

Cours II p. 296

Les civils face aux épreuves et aux violences de la guerre

- Principaux bombardements stratégiques aériens
- Principaux exodes de populations civiles face à l'avancée des armées ennemies
- Territoires de l'Entente où les civils sont confrontés à l'occupation des armées des Empires centraux
- Zone de massacres et déportations du génocide arménien en 1915-1916
- Blocus naval britannique
- Principaux troubles insurrectionnels liés aux grèves ouvrières de 1917-1918

Cours

PLAN

« Dans la guerre qui s'engage, la France [...] sera héroïquement défendue par tous ses fils, dont rien ne brisera devant l'ennemi l'union sacrée. »

Raymond Poincaré, président de la République, message aux assemblées, 4 août 1914.

Notions

L'arrière : voir p. 286

La culture de guerre : voir p. 286

Vocabulaire

Affectés spéciaux : ouvriers rappelés du front à partir de 1915 pour servir dans les usines d'armement.

Bourrage de crâne : expression dénonçant les excès et les mensonges de la propagande patriotique.

Dirigisme économique : contrôle de l'État sur l'organisation économique dans le but d'orienter la production vers un objectif prioritaire.

Munitionnettes : surnom donné aux ouvrières travaillant dans les usines d'armement et de munitions.

Taylorisme : organisation scientifique du travail afin d'augmenter la productivité.

Union sacrée : expression qui désigne la trêve des oppositions politiques et syndicales dans l'objectif d'unir toutes les forces de la nation contre l'ennemi commun.

I Les civils mobilisés dans la guerre

Comment la participation des civils au conflit traduit-elle son évolution vers une guerre totale ?

A. La mobilisation humaine

- **Consentir à la guerre.** Les sociétés entrent en guerre avec résolution et dans un climat d'unanimité patriotique. En France, Jean Jaurès, dirigeant socialiste et représentant du pacifisme, est assassiné le 31 juillet 1914 par un étudiant nationaliste. Cet événement entraîne le ralliement de la gauche française à l'Union sacrée. Socialistes et syndicats ouvriers troquent la lutte des classes contre la défense de la patrie et décident de faire bloc contre l'ennemi.

- **Remplacer les hommes partis au front.** Dans les campagnes, les paysannes doivent se mobiliser dès les premiers jours pour faire les récoltes et les vendanges. En ville, les femmes intègrent des secteurs jusque-là réservés aux hommes, comme les transports ou l'industrie d'armement. Les munitionnettes deviennent une figure emblématique de l'emploi féminin durant la Première Guerre mondiale. La main-d'œuvre de remplacement est aussi constituée de prisonniers de guerre, d'immigrés, de travailleurs coloniaux ou d'affectés spéciaux.

- **Soutenir les combattants.** La multiplication et la gravité des blessures provoquées par l'armement moderne rendent nécessaire un accroissement considérable des effectifs des services de santé. Les femmes jouent un rôle déterminant en s'engageant massivement comme infirmières. Peu sont alors médecins, à l'image de Nicole Girard-Mangin engagée sur le front. Par ailleurs, les marraines de guerre et les écoliers apportent un soutien moral et affectif aux combattants en leur envoyant des lettres ou des colis.

B. La mobilisation financière et économique

- **Financer la guerre.** La guerre entraîne une hausse importante des dépenses publiques. En Allemagne, elles passent de moins de 10 % à 60 % du PIB entre 1914 et 1917. En France, l'impôt sur le revenu est prélevé à partir de 1916. Les belligérants recourent massivement aux emprunts de guerre qu'ils contractent auprès de banques nationales, de petits épargnants et de créanciers internationaux comme les États-Unis. Pour récolter des fonds supplémentaires, les autorités mobilisent associations et écoliers pour faire la quête lors de journées patriotiques (« journée du Poilu » ; « journée des Orphelins de guerre »).

- **Encadrer l'économie.** Les États instaurent un dirigisme économique ayant pour objectif la mobilisation de toutes les ressources matérielles pour l'effort de guerre. En France, le ministère de l'Armement créé en 1916 contrôle l'accès aux matières premières, passe commande aux industriels et coordonne leur activité.

- **Produire pour la guerre.** Pour répondre à la demande de l'État, les patrons investissent pour agrandir leurs usines et les reconvertir dans les productions d'armement. À partir de 1917, Renault freine sa production d'automobiles pour fabriquer des chars. Le manque de main-d'œuvre pousse les entreprises à adopter les nouvelles méthodes de travail inspirées du taylorisme. La mobilisation industrielle permet aux patrons de dégager d'importants bénéfices et alimente les critiques contre les « profiteurs de guerre ».

Étude, p. 295

C. La mobilisation des esprits

- **S'engager.** Les intellectuels adhèrent massivement au conflit, comme le philosophe français Henri Bergson qui déclare que la lutte contre l'Allemagne est celle « de la civilisation contre la barbarie ». En réponse, le 4 octobre 1914, en Allemagne, quatre-vingt-treize savants lancent un appel patriotique « aux nations civilisées ». À l'inverse, l'écrivain Romain Rolland dénonce les haines nationalistes dans son ouvrage *Au-dessus de la mêlée* (1914-1915). Il reçoit le prix Nobel de littérature en 1916.

- **Innover.** Des scientifiques et des ingénieurs mettent leur savoir au service de la guerre. Le physicien allemand Fritz Haber met au point les premiers gaz de combat à base de chlore. L'ingénieur militaire Louis Adrian conçoit le casque qui équipe les soldats français à partir de 1915. Marie Curie s'implique pour mettre la radiologie au service des soldats blessés. La médecine connaît ainsi d'importants progrès (greffes, prothèses, transfusions sanguines, antiseptiques).

- **Galvaniser les esprits.** Dès le début du conflit, l'État exerce un contrôle étroit sur l'information. La censure frappe la presse et le contrôle postal supervise le courrier échangé entre le front et l'arrière. Les pouvoirs publics organisent une intense propagande patriotique et xénophobe par le moyen de communiqués officiels ou d'affiches. À Paris, la station de métro « Berlin » prend le nom de la ville belge de Liège. La propagande est relayée par l'école, les journaux, la publicité, les cartes postales et les objets du quotidien. Elle devient un argument commercial et contribue à la diffusion d'une culture de guerre. En 1915, le journal *Le Canard enchaîné* est créé en réaction à la censure et au « bourrage de crâne ».

Point de passage et d'ouverture, p. 292
Étude, p. 294

Cours en podcast
QCM interactif
www.lienmini.fr/hist1-82

Nicole Girard-Mangin
(1878-1919)

Mobilisée dans l'armée à la suite d'une erreur administrative, cette médecin soigne des soldats malades du typhus sur le front de Verdun, puis dans la Somme en 1916. Elle dirige ensuite l'hôpital Edith-Cavell à Paris, où elle forme des infirmières.

Les marraines de guerre

Les marraines de guerre, femmes de tout âge, jouent un rôle essentiel en apportant un réconfort moral aux combattants du front.

En leur envoyant lettres et colis pour améliorer leur quotidien, elles participent à une forme originale de mobilisation de l'arrière, certaines par engagement patriotique, d'autres pour trouver un mari.

En raison de la durée du conflit, de l'aggravation des difficultés du quotidien mais aussi d'accusations d'atteinte aux bonnes mœurs, cet engagement s'essouffle progressivement.

La Marraine de guerre, carte postale.

Point de passage et d'ouverture

Marie Curie dans la guerre

Pourquoi Marie Curie est-elle un exemple de la mobilisation des femmes et des scientifiques dans la guerre totale ?

Marie Curie
(1867-1934)
D'origine polonaise, Marie Sklodowska immigre en France en 1891. Elle y poursuit ses études et épouse le physicien Pierre Curie en 1895. En 1903, elle est la première femme à recevoir un prix Nobel, avec son mari, pour leurs recherches sur les radiations. Elle obtient ensuite, seule, celui de chimie en 1911 pour l'étude du radium.

Les pertes militaires provoquées par la violence des armes industrielles nécessitent une mobilisation importante des services de santé. Dès août 1914, la scientifique Marie Curie s'engage sur le terrain pour venir au secours des blessés.

1 ▶ L'engagement patriotique d'une scientifique

« Ayant voulu, comme tant d'autres, me mettre au service de la Défense nationale dans les années que nous venons de traverser, je me suis presque aussitôt orientée du côté de la radiologie m'efforçant de contribuer à l'organisation des services radiologiques notoirement insuffisants au début de la guerre. [...] J'ai eu la bonne fortune de trouver des moyens d'action. Chargée de la direction technique de l'œuvre radiologique du Patronage national des blessés, société de secours fondée sous la présidence de M. Ernest Lavisse[1], j'ai pu créer un service de Radiologie auxiliaire du service de Santé militaire pour les hôpitaux des armées et du territoire. [...] Il m'a fallu faire de nombreux voyages aux hôpitaux et aux ambulances, pour vivre de leur vie et participer à leur travail. Il m'a fallu aussi m'occuper de la formation du personnel pour les besoins du service. »

Marie Curie, *La Radiologie et la Guerre*, Félix Alcan, 1921.

1. Historien français, principal auteur de manuels d'enseignement de l'histoire de France au début du XXe siècle (biographie p. 177).

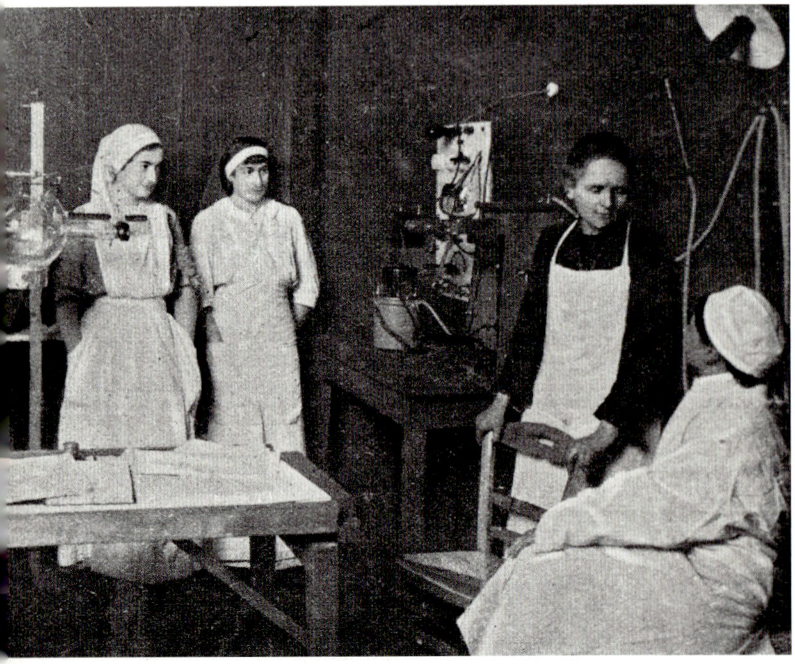

2 ▶ La formation des manipulatrices
Photographie, 1916. Marie Curie forme 150 infirmières pendant la guerre pour remplacer les radiologues mobilisés dans l'armée.

3 ▶ Marie Curie et les « Petites Curie »

« Monsieur,
Je me vois obligée de vous prier de faire une démarche auprès de M. le ministre de la Guerre [...]. Le service radiologique ayant été demandé d'urgence pour un hôpital de province, j'ai demandé un permis pour m'y rendre avec la voiture radiologique [...] équipée par mes soins.
J'ai appris que je ne pouvais obtenir ce permis, et cela en vertu des nouvelles dispositions relatives aux femmes et défendant à celles-ci d'utiliser les voitures militaires. Le fait que depuis le commencement de la guerre je suis, de fait, utilisée pour le service de la Santé militaire [...] ne constitue pas, paraît-il, une raison suffisante pour justifier une exception en ma faveur. Et il faut absolument qu'une demande soit faite par vous-même, demandant pour moi l'autorisation d'utiliser la voiture militaire pour le service du Patronage. [...] »

Lettre de Marie Curie à Ernest Lavisse, 14 février 1915.

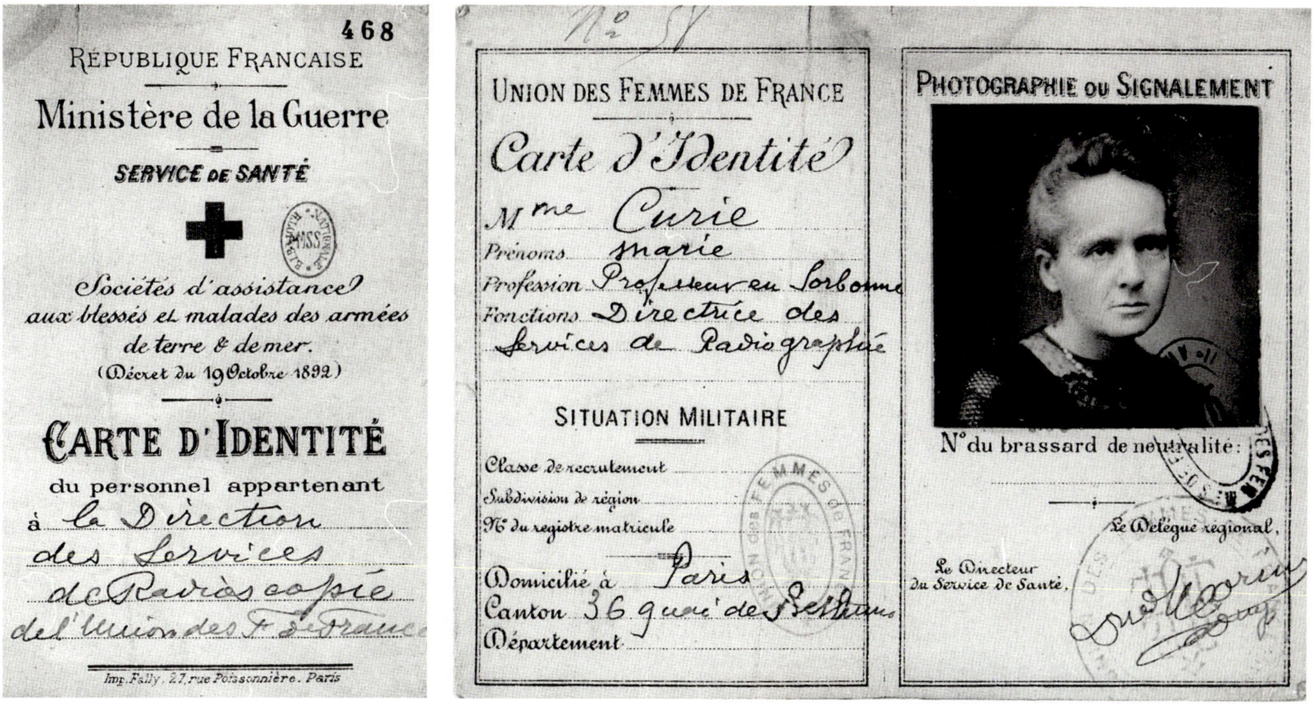

4 ▶ Marie Curie à l'arrière du front

Ce document autorise Marie Curie à se rendre dans les unités médicales de l'arrière-front, placé sous contrôle exclusif de l'autorité militaire.

Notion

L'arrière : p. 286

Vocabulaire

« Petite Curie » : surnom donné aux dix-huit automobiles équipées d'unités radiologiques par Marie Curie.

5 ▶ Les rayons X au secours des blessés

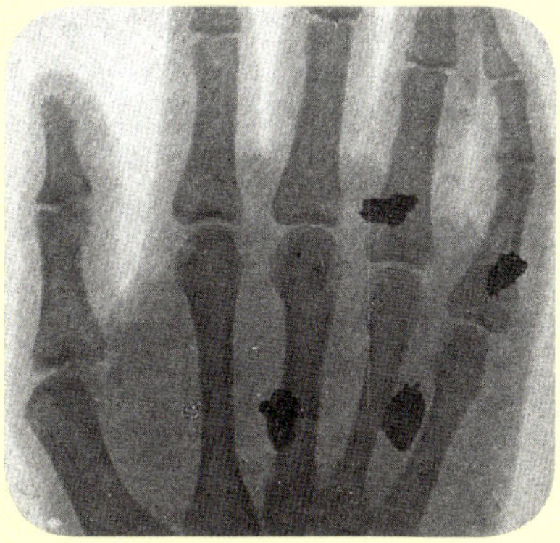

▲ Radiographie d'une main, 1917.

L'utilisation des rayons X permet de secourir plus d'un million de soldats français blessés entre 1914 et 1918.

« [Les rayons X] permettent de découvrir les projectiles qui ont pénétré dans le corps et d'en déterminer la localisation exacte en vue de leur extraction. Ils permettent de mettre en évidence les fractures. […] Ils permettent d'examiner l'état des organes internes. […] Les rayons X sont employés comme moyen de traitement de cicatrices vicieuses et de nombreuses affections. […] Au total, il n'est pas douteux que l'emploi de rayons X sauve la vie à de nombreux blessés et malades […] ; à d'autres, il épargne des infirmités […]. La valeur humanitaire de cette méthode d'examen est donc considérable. […] Même en cas de blessures peu graves, les projectiles et les esquilles[1] sont des causes de suppuration qui prolongent pendant des mois le séjour des soldats dans les hôpitaux. L'examen rapide de ces blessures légères, suivi d'interventions immédiates, a permis de récupérer un grand nombre d'hommes et de les renvoyer aux armées, ce qui a été extrêmement important dans une guerre aussi longue. »

Marie Curie, Rapport sur l'activité du Laboratoire de physique générale pendant la guerre, 1919.

1. Fragments d'os.

Questions

IDENTIFIER

1. Montrez pourquoi l'année 1914 marque un changement majeur dans la vie de Marie Curie. **(doc. 1 et 4)**

CONNAÎTRE

2. Comment Marie Curie a-t-elle contribué aux progrès de la médecine de guerre ? **(doc. 1 et 2)**

ANALYSER

3. Identifiez et expliquez les problèmes auxquels est confrontée Marie Curie. **(doc. 3)**

JUSTIFIER

4. Citez des extraits du texte montrant les différents apports de l'utilisation des rayons X. **(doc. 5)**

RAISONNER ET S'EXPRIMER

5. Montrez comment l'expérience de guerre de Marie Curie illustre les différentes formes de mobilisation de l'arrière dans la Première Guerre mondiale.

Aide Distinguez les aspects scientifiques, techniques, intellectuels et sociaux.

Bac

6. Réalisez une fiche de révision sur Marie Curie dans la Première Guerre mondiale pouvant servir d'exemple dans un devoir sur le rôle des civils entre 1914 et 1918.

Étude

Les enfants et la propagande de guerre

Comment la propagande contribue-t-elle à la mobilisation des enfants dans la guerre ?

Entre 1914 et 1918, les enfants sont un objet central de la propagande organisée par les différents États belligérants pour justifier la guerre et les sacrifices qu'elle impose. Les enfants deviennent ainsi des acteurs de la culture de guerre.

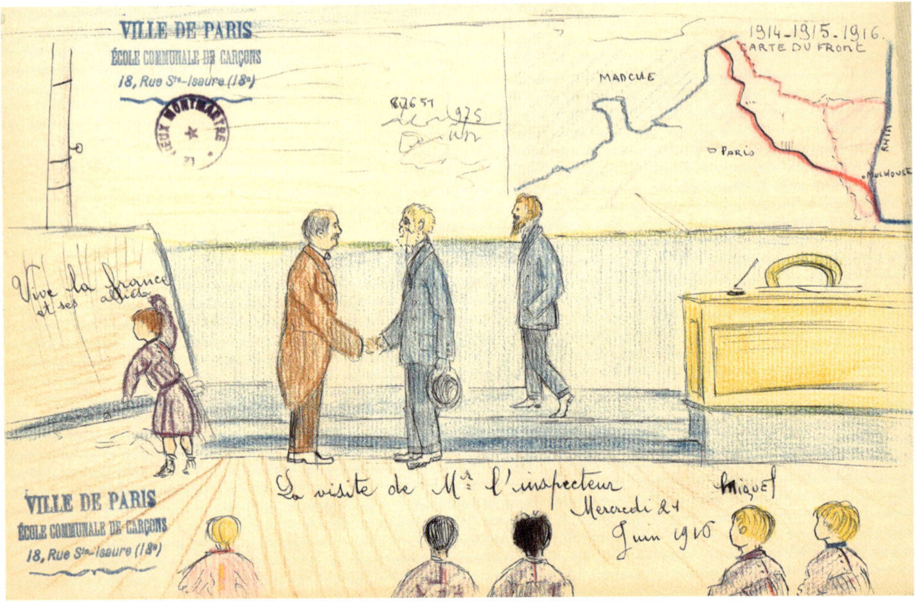

1 ▶ L'école, lieu de diffusion de la propagande patriotique
Miguel, 21 juin 1916, « La visite de Monsieur l'Inspecteur ». Coll. Le Vieux Montmartre.

2 ▶ Des enfants conditionnés

« J'avais tout de suite fait preuve d'un patriotisme exemplaire en piétinant un poupon de celluloïd "made in Germany" qui d'ailleurs appartenait à ma sœur. On eut beaucoup de peine à m'empêcher de jeter par la fenêtre des porte-couteaux en argent, marqués du même signe infamant. Je plantai des drapeaux alliés dans tous les vases. [...] J'écrivis avec des crayons de couleurs "Vive la France". Les adultes récompensèrent ma servilité. "Simone est terriblement chauvine"- disait-on avec une fierté amusée. [...] Il n'en faut pas beaucoup pour qu'un enfant se change en singe.

Simone de Beauvoir, *Mémoires d'une jeune fille rangée*, © Éditions Gallimard, 1958.

3 ▶ Joseph Pinchon, *Bécassine mobilisée*, 1918. Lithographie couleur. BnF, Paris.

Notion
La culture de guerre : voir p. 286

Questions

ANALYSER

1. Montrez de quelle manière l'école est le lieu d'apprentissage du patriotisme. **(doc. 1)**
2. Relevez les différents objets pouvant participer à la diffusion de la propagande de guerre. **(doc. 2 et 3)**

JUSTIFIER

3. Montrez que les enfants sont imprégnés par une culture de guerre. **(doc. 1 à 3)**

Bac

4. Rédigez un paragraphe justifiant l'affirmation suivante : « Les enfants sont à la fois les cibles et les relais de la propagande de guerre. »

Étude

La mobilisation industrielle

Quels sont les acteurs et les modalités de la mobilisation industrielle ?

Entre 1914 et 1918, la nécessité de produire en masse armes, munitions et équipements militaires fait de la mobilisation industrielle un élément clé du « front intérieur ».

Albert Thomas (1878-1932)
Homme politique socialiste rallié dès 1914 à l'Union sacrée.
Il est secrétaire d'État, puis ministre de l'Armement entre 1914 et 1917.

1 ▶ Civils dans une usine de l'arsenal de Brest, mars 1916
Atelier de contrôle des obus après finition. Photographie de Georges Dangereux.

2 ▶ Le dirigisme économique

« Hier, pendant la paix, les industriels multipliaient les reproches à l'égard de l'État. Aujourd'hui, ils ont discipliné leurs efforts, ils ont répondu à l'appel de la nation, ils ont permis cette organisation d'ensemble que les plus audacieux d'entre nous n'avaient osé rêver. Il s'est formé dans l'industrie comme une organisation supérieure d'État qui a su coordonner toutes les initiatives, sans en étouffer aucune [...]. Entre les industriels, hier, c'était la concurrence, au moins l'absence d'union, parfois la lutte [...]. Tout cela s'est trouvé réglé par la volonté commune pendant le temps de guerre. »

Discours d'Albert Thomas, ministre de l'Armement, devant la direction et les ouvriers des usines du Creusot, avril 1916.

3 ▶ Les usines Renault pendant la guerre

Production annuelle	1914	1918
Voitures	1 484	553
Camions	174	1 793
Chars d'assaut	0	750
Moteurs d'avions	0	5 000
Obus (75 et 155 mm)	0	2 000 000
Surface des usines	11,5 ha	34 ha
Chiffre d'affaires	53,9 millions de fr.	249 millions de fr. (1919)
Nombre de salariés	**6 300**	**22 500**
% de femmes dans l'effectif	3,8 %	31, 6 %

D'après R. Fridenson, *Histoire des usines Renault*, © Le Seuil, 1972, et R. Porte, *La Mobilisation industrielle, « premier front » de la Grande Guerre ?*, © Éditions 14-18, 2006.

Notion
L'arrière : voir p. 286

Vocabulaire
Dirigisme économique : voir p. 290

Questions

UTILISER UNE NOTION

1. Montrez en quoi l'organisation du travail dans cette usine illustre les principes du taylorisme. **(doc. 1)**

ANALYSER

2. Expliquez le rôle de l'État dans la mobilisation industrielle. **(doc. 2)**

METTRE EN RELATION DES DOCUMENTS

3. Comment évoluent les entreprises industrielles pendant la guerre ? **(doc. 1 et 3)**

Bac

4. Construisez un schéma décrivant les relations entre les acteurs clés de la mobilisation industrielle (État – Entreprises – Main-d'œuvre) pour illustrer une partie d'un sujet rédigé.

Cours

PLAN

Carte de rationnement

Notions

L'arrière : voir p. 286
La guerre totale : voir p. 287
Le génocide : voir p. 287

Vocabulaire

Déportation : déplacement forcé d'une population vers une région isolée ou dans des camps.
Inflation : augmentation des prix.
Midinettes : surnom donné aux ouvrières de la couture.
Pacifisme : convictions et actions politiques en faveur de la paix.
Pogrom : terme d'origine russe («détruire», «piller»). Il qualifie les agressions menées contre les Juifs d'Europe depuis la fin du XIXe siècle.
Rationnement : limitation de la quantité d'un produit qu'un individu, une famille ou une entreprise est autorisé à consommer durant une période donnée.

II Les civils face aux épreuves et aux violences de la guerre

Comment expliquer les violences et les souffrances endurées par les civils pendant la guerre ?

A. Les civils, victimes directes de la violence de guerre

• **Les civils tués par les militaires.** La guerre totale brouille la limite entre le front et l'arrière. En août 1914, 6000 civils sont massacrés lors de l'avancée de l'armée allemande en Belgique et au nord de la France. À partir de 1915, ils deviennent la cible d'attaques militaires (premiers bombardements stratégiques et torpillage de bateaux de marchandises par les sous-marins allemands).

• **Les civils confrontés à l'occupation de l'armée ennemie.** L'avancée des armées ennemies entraîne l'exode de milliers de personnes. Au nord-est de la France, en Belgique et dans l'ouest de l'Empire russe, les civils sont confrontés à l'occupation durable de leurs territoires par l'armée allemande qui fait pression sur les populations. Elle recourt au travail forcé et pratique la déportation. En 1916 et en 1918, 20000 civils du Nord de la France sont déportés comme otages en Allemagne.

• **Les minorités, boucs émissaires des défaites militaires.** Dans l'Empire russe, les Juifs, accusés de trahison, sont victimes de pogroms. 500000 d'entre eux sont déplacés de force. Les Arméniens, minorité chrétienne de l'Empire ottoman, sont victimes d'un génocide : 1,3 million de personnes meurent dans les massacres et les déportations vers les déserts de Syrie et de Mésopotamie.

Point de passage et d'ouverture, p. 298
Étude, p. 302

B. Les civils mis à l'épreuve

• **Les civils éprouvés moralement.** La plupart des civils vivent dans l'angoisse permanente de l'annonce de la mort d'un proche mobilisé comme combattant. Les premières semaines de la guerre, qui sont les plus meurtrières du conflit, confrontent d'emblée les populations au deuil de masse. En France, la loi de 1917 crée le statut de « pupille de la Nation » par lequel l'État assume la charge des orphelins de guerre.

• **Les civils confrontés aux bouleversements du quotidien.** La vie nocturne est perturbée par l'extinction des lumières pour économiser l'énergie ou se protéger des attaques aériennes. Enfin, l'absence des hommes actifs plonge de nombreuses familles dans des situations financières précaires.

• **Les civils confrontés aux privations.** La guerre aggrave les difficultés d'approvisionnement. À partir de 1915, les États prennent des mesures de rationnement pour réagir aux pénuries qui touchent les produits de première nécessité (sucre, charbon). Celles-ci contribuent à l'inflation qui entraîne une baisse significative du niveau de vie. Les files d'attente se multiplient devant les magasins ; le marché noir se développe. La situation est encore plus difficile en Allemagne à cause du blocus naval britannique. Les *ersatz* (« produits de remplacement » en allemand) font leur apparition.

C. Les civils en grève ou en révolution

• **Les grèves ouvrières.** Les difficultés du quotidien provoquent un mécontentement social. Dès 1915, les grèves reprennent dans la plupart des pays belligérants. Les ouvriers dénoncent l'augmentation de la durée légale du travail et la mise en place du taylorisme qui augmente les cadences dans les usines et déqualifie le travail. L'importance stratégique du monde ouvrier dans l'effort de guerre pousse le gouvernement français, en janvier 1917, à adopter un décret garantissant un salaire minimum pour les employés des industries de guerre.

• **1917, année trouble.** Les grèves ouvrières culminent en 1917 avec une intensité et des conséquences diverses selon les pays. En Russie, elles sont à l'origine des deux révolutions qui entraînent l'abdication du tsar en février, puis la prise du pouvoir par les bolcheviks en octobre. En Allemagne, des émeutes de la faim éclatent suite à l'« hiver des navets ». À Turin (Italie), en août, la répression contre la « révolte du pain » fait une cinquantaine de morts parmi les ouvriers. En France, les midinettes et les munitionnettes, dont les salaires sont inférieurs à ceux des hommes, se mettent en grève par milliers et manifestent.

• **Entre pacifisme et remobilisation.** Certaines grèves et manifestations ouvrières s'accompagnent de revendications politiques. Inspirés par la révolution russe, les manifestants chantent parfois l'Internationale et brandissent des drapeaux rouges. Le pacifisme se diffuse dans l'opinion publique. En France, en septembre 1917, les ministres socialistes rompent avec l'Union sacrée et se retirent du gouvernement, rapidement accusés de défaitisme par Georges Clemenceau. En 1918, les troubles révolutionnaires se multiplient dans les Empires centraux. Les pays de l'Entente parviennent à mieux maîtriser la contestation. La remobilisation des civils joue donc un rôle important dans la victoire finale de l'Entente et de ses alliés en novembre 1918.

Point de passage et d'ouverture, p. 300

Cours en podcast
QCM interactif
www.lienmini.fr/hist1-83

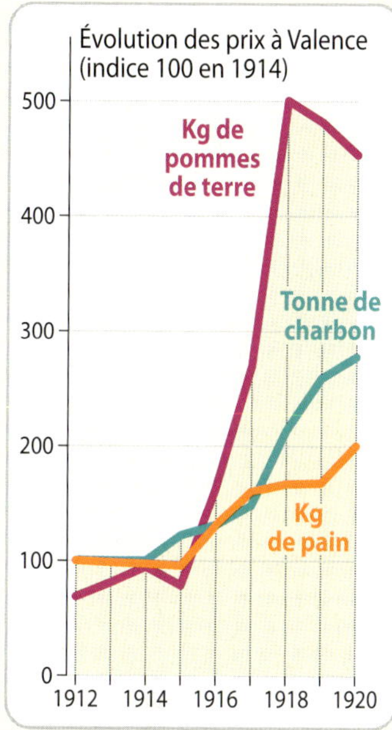

L'inflation à Valence (France), 1912-1920

L'« hiver des navets » à Berlin (1916-1917)

L'Allemagne, qui subit le blocus naval britannique, souffre de pénuries dès 1915. Les civils y connaissent un hiver tragique en 1916-1917 à cause d'une très mauvaise récolte de pommes de terre, remplacées par des navets. Alors qu'en 1913, la consommation moyenne d'un adulte est de près de 3000 calories par jour, cet apport tombe à moins de 1000 calories en 1917, à Berlin. La surmortalité en Allemagne durant la guerre frappe entre 750000 et 1 million de personnes.

Distribution de soupe de rutabaga à Berlin. Photographie, 1917.

Point de passage et d'ouverture

Le génocide des Arméniens (1915-1916)

Pourquoi les violences de masse contre les Arméniens constituent-elles un génocide et un crime contre l'humanité ?

À la veille de la Première Guerre mondiale, plus de 2 millions d'Arméniens vivent dans l'Empire ottoman. Cette minorité chrétienne déjà victime de massacres entre 1894 et 1896, puis en 1909, est de nouveau prise pour cible en 1915 par le gouvernement des Jeunes-Turcs qui les considère comme complices de l'ennemi russe.

1 ▶ Les étapes du génocide des Arméniens

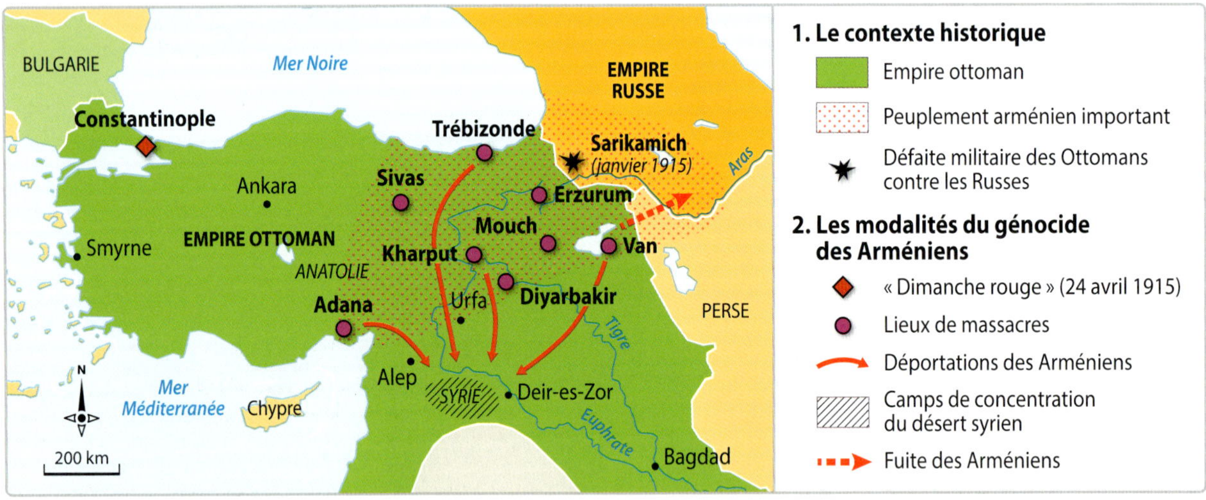

2 ▶ Loi provisoire de déportation (24 avril 1915)[1]

« **Article I.** En temps de guerre, les commandants d'armée, de corps d'armée et de divisions, ou leur remplaçant, ainsi que les commandants des postes militaires autonomes, qui se verraient en butte de la part de la population à une attaque ou à une résistance armée, ou rencontreraient, sous quelque forme que ce soit, une opposition [...] aux mesures concernant la défense du pays et la sauvegarde de l'ordre public ont l'autorisation de les réprimer immédiatement et vigoureusement au moyen de la force armée et de supprimer radicalement toute attaque et résistance.
Article II. Les commandants d'armée, de corps d'armée et de divisions peuvent, si les besoins militaires l'exigent, déplacer et installer dans d'autres localités, séparément ou conjointement, la population des villes ou des villages qu'ils soupçonnent de trahison ou d'espionnage. »

Armenians in Ottoman Documents (1915-1920), General Directorate of State Archives, Ankara, 1995. Cité dans R. H. Kévorkian, Y. Ternon, *Mémorial du génocide des Arméniens*, © Le Seuil, 2015.

1. Entérinée le 26 mai 1915.

3 ▶ L'Entente dénonce un crime contre l'humanité

« Depuis un mois environ, la population kurde et turque de l'Arménie procède de connivence et souvent avec l'aide des autorités ottomanes à des massacres des Arméniens. De tels massacres ont eu lieu vers la mi-avril à Erzurum, Dertchun, Eguine, Akn, Bitlis, Mouch, Sassoun, Zeitoun et dans toute la Cilicie ; les habitants d'une centaine de villages aux environs de Van ont tous été assassinés [...]. En même temps, à Constantinople, le gouvernement ottoman sévit contre la population arménienne inoffensive[1]. En présence de ces nouveaux crimes de la Turquie contre l'humanité et la civilisation, les gouvernements alliés font savoir [...] qu'ils tiendront personnellement responsables des dits crimes tous les membres du gouvernement ottoman ainsi que ceux de ses agents qui se trouveraient impliqués dans de pareils massacres. »

Déclaration des pays de l'Entente, 24 mai 1915.

1. Rafle et assassinat des élites arméniennes le 24 avril 1915 (« Dimanche rouge »).

4 ▶ Dénoncer et punir les criminels

En 1919, dans la ville d'Urfa (sud de la Turquie), des rescapés posent pour dénoncer les massacres : « Les bases de la civilisation au Proche-Orient. Crânes d'Arméniens à Urfa, 1914-1919. »

5 ▶ Un témoignage des massacres

« Au mois de juillet 1915, sur la route du village où nous travaillons, nous vîmes, un jour, un long convoi de nos pauvres compatriotes arméniens, conduits par des gendarmes. Ils étaient au moins 5000, pour la plupart des femmes, des vieillards et des enfants. […] Le lendemain, le massacre commença… […] Les lourdes haches turques faisaient voler les têtes des innocentes victimes, parfois le coup sec d'un sabre sur un crâne nous faisait frissonner d'horreur. […] partout le carnage, l'épouvantable poursuite, partout du sang, encore du sang… Plus loin, des enfants fuyant devant les bourreaux ; ils sont vite rejoints ; un coup sec, un cri d'agonie et… à un autre ! Les cadavres s'amoncelaient par milliers, et après quatre heures de cette effroyable tuerie, le chef nous ordonna d'enterrer immédiatement les corps et de faire disparaître les traces de sang. »

Lettre d'un Arménien publiée en 1916 dans le *Livre Bleu du gouvernement britannique concernant le traitement des Arméniens dans l'Empire ottoman*, Payot, 1987.

Notion

Le génocide : voir p. 287

Vocabulaire

Crime contre l'humanité : violation délibérée des droits fondamentaux d'un individu ou d'un groupe d'individus inspirée par des motifs politiques, philosophiques, raciaux ou religieux. L'expression est utilisée pour la première fois en 1915, mais elle n'est définie dans le droit international qu'en 1945.

Déportation : voir p. 296

Questions

NOMMER ET LOCALISER

1. Nommez et localisez les lieux du génocide des Arméniens. **(doc. 1 et 3)**

IDENTIFIER

2. Quels arguments sont utilisés par l'État turc pour justifier la violence contre les civils ? **(doc. 2)**

ANALYSER

3. Qui est désigné comme responsable des crimes ? Par qui sont portées ces accusations ? **(doc. 3 et 5)**
4. Pourquoi la fin de la guerre suscite-t-elle l'espoir de justice des rescapés arméniens ? **(doc. 3 et 4)**

ARGUMENTER ET RÉDIGER

5. Justifiez l'expression utilisée dans le **doc. 3** de « crimes […] contre l'humanité et la civilisation ».

Aide Mettez en relation la définition avec des éléments précis extraits des documents.

Bac

6. Rédigez une introduction au sujet suivant : « Le génocide arménien et les violences de la guerre totale. »

Point de passage et d'ouverture

Les grèves de l'année 1917

Dans quelle mesure les grèves de 1917 remettent-elles en cause la mobilisation de l'arrière dans la guerre totale?

En 1917, l'aggravation des privations provoquées par un hiver très rigoureux s'ajoute à la lassitude des civils face à une guerre qui ne finit pas. Dans la plupart des pays belligérants, un mécontentement social grandissant menace l'unité patriotique et l'effort de guerre.

1 ▶ L'évolution de la condition ouvrière

« Exploitant l'Union sacrée, nos dirigeants, durant ces trois années, n'épargnèrent aucune vexation, aucune atteinte à leur pensée et à leur conviction. [...] L'État, le 17 janvier dernier, arracha aux travailleurs le droit de grève[1], la seule arme [...] qui leur fournissait un maigre moyen de pression contre les appétits d'exploitation des employeurs. [...] Le patronat [...] encouragé par les gouvernants [...] exploite durement les enfants et les femmes, [...] grossissant démesurément ses profits, [...] se refusant à admettre les tarifs de salaires insuffisants qu'on nous impose. [...] Mais, à l'heure où "notre drapeau rouge" flotte sur le palais des tsars de toutes les Russies et que vos camarades d'Allemagne se soulèvent [...], vous devez affirmer votre solidarité dans leurs efforts de libération avec les peuples révolutionnaires de Russie et d'Allemagne. [...] Qu'elle rejoigne surtout la pensée [...] de nos camarades, les ouvriers métallurgistes allemands qui, en ce moment, sont en grève à Berlin et réclament: "Que leur gouvernement se déclare en faveur d'une paix immédiate sur la base de la renonciation à toute annexion franche ou déguisée." »

Extraits du manifeste du syndicat de l'Union des métaux à l'occasion du 1er mai 1917, cité dans *Cahiers du mouvement ouvrier*, CERMTRI, 2015.

1. Allusion au décret du ministre de l'Armement Albert Thomas, fixant un montant minimum pour les salaires mais rendant obligatoires des réunions d'entente entre patrons et ouvriers pour éviter les grèves.

2 ▶ Les ouvrières françaises en grève

« Le Commissaire de police de Bergerac à Monsieur le Sous-Préfet de Bergerac.

J'ai l'honneur de vous rendre compte que ce soir vers deux heures, une centaine de femmes employées à la poudrerie, ont refusé de reprendre leur travail, réclamant notamment, une augmentation de salaire, une amélioration de l'ordinaire et une meilleure organisation dans les cantonnements[1]. Vers trois heures, elles se sont rendues en groupe en ville où elles ont parcouru les principales rues chantant l'Internationale[2]. L'une d'elles portait un drapeau tricolore et une autre une pancarte avec l'inscription: "Vive la Grève". J'ai surveillé les agissements des manifestantes qui ne se sont livrées à aucun acte répréhensible, ce qui fait que je n'ai pas cru devoir intervenir. »

Rapport de police sur une grève des ouvrières de la poudrerie de Bergerac en juin 1917, cité dans *Cahiers du mouvement ouvrier*, CERMTRI, 2015.

1. Vestiaires, cantines et autres locaux mis à disposition des ouvrières.
2. Chant politique appelant à la révolte du prolétariat ouvrier contre la bourgeoisie.

3 ▶ Les conséquences des privations alimentaires à Turin (Italie)

En août 1917, Turin connaît une grève générale qui évolue en insurrection armée des ouvriers.

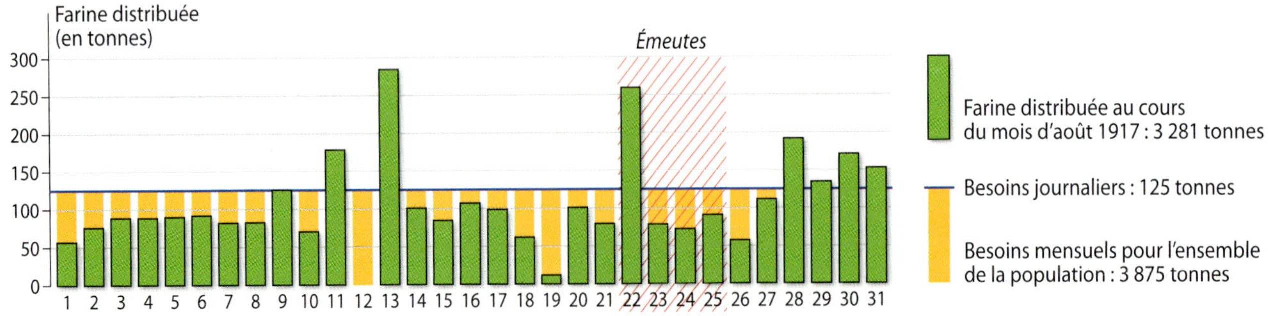

4 ▶ Manifestation des ouvrières russes à Petrograd

Photographie, février 1917. Le mouvement social qui conduit à la révolution commence avec les grèves d'ouvrières et les manifestations de femmes de soldats à Petrograd le 23 février, célébrant depuis 1911 la Journée internationale des femmes.

① « Nourrissez les enfants des défenseurs de la patrie » ;

② « Augmentez les rations des familles de soldats, des défenseurs de la liberté et de la paix des peuples »

5 ▶ Grèves et menaces révolutionnaires en Allemagne

En Allemagne, les autorités s'inquiètent de l'accroissement de la contestation ouvrière malgré les augmentations salariales consenties par les patrons.

« […] Il semble que des raisons politiques aient joué un rôle non négligeable dans ces mouvements. Les ouvriers du Grand Berlin se situent politiquement aux côtés de la sociale-démocratie radicale[1]. […] Ce groupe tend de toutes ses forces à mettre fin à la guerre par des troubles intérieurs, et particulièrement par la grève générale. Son influence est particulièrement sensible au sein des ouvriers métallurgistes, et il est donc permis de penser que les mouvements actuels des ouvriers sont aussi dus à ce travail d'agitation. Compte tenu des bons résultats obtenus par l'appel sous les drapeaux des ouvriers fauteurs de troubles […], je me demande si, pour étouffer ces mouvements hautement nuisibles au bien public, il ne faudrait pas avoir recours aujourd'hui au même procédé. »

Rapport du préfet de police de Berlin Heinrich Von Oppen au ministère de la Guerre allemand, 19 février 1917, cité dans *Cahiers du mouvement ouvrier*, CERMTRI, 2015.

1. Les socialistes qui se sont retirés de l'Union sacrée.

Questions

CONTEXTUALISER

1. Montrez que les grèves de 1917 sont une réaction aux privations dont souffrent les populations civiles. **(doc. 3 et 4)**

IDENTIFIER

2. Relevez les revendications concernant les droits et les conditions de travail des ouvrières et des ouvriers. **(doc. 1 et 2)**

CONNAÎTRE

3. Expliquez la dimension politique que prennent certaines grèves et manifestations. **(doc. 1 et 5)**
4. Expliquez le rôle des femmes dans les grèves de 1917. **(Cours I et II, doc. 2 et 4)**

ARGUMENTER ET S'EXPRIMER

5. Montrez l'influence de la révolution russe dans les grèves ouvrières en Europe ainsi que les craintes et les réactions qu'elles suscitent de la part des États belligérants.

Aide Identifiez les différentes mesures prises par les États pour lutter contre les grèves ouvrières.

Bac

6. Rédigez deux paragraphes montrant comment les grèves de 1917 illustrent que les civils sont à la fois acteurs et victimes de la guerre.

Notion

L'arrière : voir p. 286

Vocabulaire

Union sacrée : voir p. 290

Étude

Le Nord de la France occupé (1914-1918)

Comment les civils français vivent-ils sous l'occupation allemande ?

Entre 1914 et 1918, l'armée allemande occupe une grande partie du Nord de la France. Les civils qui n'ont pas voulu ou pu fuir se retrouvent ainsi isolés du territoire national et livrés à l'autorité d'une armée ennemie.

1 ▶ L'occupation et le droit humanitaire

Les conventions de La Haye, signées par les États en 1899 et 1907, établissent les principes d'un droit humanitaire en temps de guerre censé apporter une protection juridique aux populations occupées.

« La lamentable situation de ces populations du Nord de la France et de la Belgique, isolées du monde et séparées des leurs depuis plus de quatorze mois, pèse sur beaucoup de consciences… Les nécessités militaires qu'on invoque n'expliquent qu'incomplètement la muraille de fer qui a été dressée entre cette population et le monde. Cette muraille est si impénétrable que le président du Comité international de la Croix-Rouge (CICR)[1] s'est même vu refuser, toujours pour motifs militaires, l'autorisation qu'il avait sollicitée de Berlin de s'y rendre. Ces populations sont dans une situation matérielle et morale digne de pitié. Plus de travail, les usines fermées… Beaucoup de familles souffrent de la faim et voient avec angoisse approcher l'hiver. Au point de vue moral l'absence de nouvelles est une souffrance cruelle… »

Lettre du Président du CICR, Gustave Ador, à la Croix-Rouge allemande (décembre 1915).

1. Organisation humanitaire neutre basée à Genève (Suisse).

2 ▶ La guerre des propagandes

Cartes postales de propagande allemande (1914) et française (vers 1915).
Légende : « Un "Barbare" allemand. Un homme de troupe partage sa soupe avec un petit Français affamé. »

Notion

La guerre totale : voir p. 287

Vocabulaire

Arrière-front : désigne les espaces situés à proximité du front par lesquels transitent les soldats et leurs approvisionnements.

3 ▶ Convoi de prisonniers à Lille, le 27 septembre 1915.
L'armée allemande s'empare de la ville, après l'avoir bombardée en octobre 1914. Elle devient alors un lieu stratégique de l'arrière-front allemand.

4 ▶ Les représailles et la répression allemandes

« Coup de théâtre : vers 9 heures, le pointeur avertit Messieurs Daussu et Lefrancq, Mesdames Duflos et Moriaux qu'ils ont à se préparer pour partir comme otages[1] [...]. Motif de cet enlèvement : représailles. Les Français détiennent paraît-il des Alsaciens et ne veulent pas leur permettre de retourner dans leur pays. Représailles et toujours représailles, voilà ce qu'on nous répète chaque fois qu'un acte d'injustice est commis. "Mais je n'ai pas fait de mal, je n'ai pas commis de crime pour qu'on m'enlève", s'écrie Madame Duflos. [...] Aussi tout le pays est unanime à plaindre particulièrement cette dame qui frise la soixantaine et qui va abandonner son mari infirme et d'une santé délicate. »

Témoignage extrait du journal de Clémence Leroy, 28-29 décembre 1917.

1. En avril 1916, 20 000 femmes de l'agglomération lilloise ont déjà été déportées pour garantir la soumission de la population.

5 ▶ Des populations soumises aux réquisitions

« Une peine d'emprisonnement allant jusqu'à 3 ans et une amende pouvant atteindre 10 000 marks, ou l'une de ces deux peines, [...] sera infligée à toute personne civile refusant le travail [...] imposé suivant des lois et ordonnance en vigueur ; toute personne ne respectant pas [...] les dates et délais de fabrication ou de livraison pris vis-à-vis d'une autorité militaire ou civile allemande [...].

Sera puni de travaux forcés quiconque excitera par des discours aux actes désignés [précédemment]. La peine de mort pourra être appliquée lorsque l'acte entraînera un grave préjudice intéressant l'autorité militaire. »

Ordonnance concernant le refus de travailler, Lille, 11 avril 1917.

Questions

CONTEXTUALISER

1. Relevez les éléments qui montrent que Lille est une ville de l'arrière-front allemand entre 1914 et 1918. **(doc. 1 p. 288 et doc. 3)**
2. Montrez pourquoi l'occupation allemande est une épreuve à la fois matérielle, physique et psychologique pour les habitants. **(doc. 1 et 5)**

JUSTIFIER

3. Pourquoi peut-on parler de « guerre des propagandes » ? **(doc. 2)**

ANALYSER

4. Expliquez la nature et les objectifs des mesures prises par les Allemands à l'encontre des civils occupés. **(doc. 4 et 5)**

ARGUMENTER ET RÉDIGER

5. Expliquez les particularités de l'expérience de guerre des civils du Nord de la France.

Bac

6. Complétez les idées du plan détaillé ci-dessous par des exemples précis extraits de l'étude :
   I. Des civils confrontés aux souffrances de la guerre
   II. Des civils confrontés au pouvoir arbitraire de l'occupant
   III. Des civils cibles de la violence des militaires

Regard **critique**

La Première Guerre mondiale a-t-elle émancipé les femmes ?

Dans son ouvrage *Les Femmes au temps de la guerre de 14* (Payot, 2013), l'historienne Françoise Thébaud déconstruit le mythe selon lequel la Première Guerre mondiale aurait permis aux femmes de s'émanciper. Elle montre une réalité complexe selon les contextes nationaux et les milieux sociaux.

Jacques Moreau, « Une ouvrière employée aux ateliers du Métropolitain de la rue des Maraîchers ». Photographie, 28 mars 1917.

« Il y a tout d'abord des différences nationales. Pour mettre en avant la thèse de l'émancipation, on invoque en premier lieu l'obtention du droit de vote, ce qui est le cas pour les Britanniques, les Autrichiennes, les Allemandes, les Hongroises, les Américaines mais pas pour les Françaises ni les Italiennes. [...]

Les plus émancipées sont sans doute les jeunes filles et jeunes femmes issues des milieux urbains des classes moyennes et supérieures. [...] Une partie de la bourgeoisie considère [...] que ses filles peuvent apprendre et exercer un métier. Celles qui suivent un enseignement secondaire vont pouvoir après la Première Guerre mondiale [...] aller jusqu'au baccalauréat [...].

Dans un premier temps, la guerre exacerbe la dichotomie des rôles sexués : aux hommes le devoir de combattre et de défendre les faibles (femmes, enfants, vieillards), aux femmes celui d'attendre le retour des soldats victorieux. Mais comme la guerre s'éternise, on a bientôt besoin de la mobilisation des femmes au travail pour faire vivre le pays et approvisionner le front. Des femmes ont alors la possibilité nouvelle de travailler et de gagner leur vie, d'autres d'exercer un métier plus rémunérateur [...]. Mais globalement, ce qu'on pourrait appeler la classe des femmes n'est pas émancipée à l'issue de la guerre car aucun des droits revendiqués avant 1914 n'est reconnu. »

Extrait de l'interview de l'historienne Françoise Thébaud, © France 24, 25 septembre 2014.

Développer son esprit critique

1. Comment le rôle nouveau assigné aux femmes répond-il à leurs revendications d'avant-guerre ?
2. Pensez-vous que l'accès au travail soit un moyen d'émancipation ?

Travailler en histoire

Distinguer plagiat et travail personnel

Exemple La « barbarie allemande » est-elle un mythe construit par la propagande de guerre ?

« Les accusations d'atrocités lancées par les deux camps s'expliquent aussi par une dynamique de mobilisation culturelle […]. Chaque camp se posant comme l'incarnation de la "civilisation" ou de la "Kultur", l'ennemi devint le "barbare" voué par sa nature à l'accomplissement d'actes atroces. […] Ainsi, en tant que symbole de la violation de la patrie, le viol des femmes acquit une importance sans commune mesure avec l'extension du phénomène ; d'où l'importance des "atrocités" ennemies – celles de 1914 surtout – pour la guerre de propagande, pendant tout le conflit. Néanmoins, la brutalité bien réelle à l'égard des civils belges et français donnait aux accusations alliées un substrat qui manquait aux accusations réciproques de la part des Allemands, malgré les tentatives du gouvernement allemand de prouver la réalité de la "guerre des francs-tireurs"[1] ».

John Horne, « Atrocités et exactions contre les civils » (extrait), dans *Encyclopédie de la Grande Guerre*, Stéphane Audouin-Rouzeau et Jean-Jacques Becker (dir.), Bayard, 2013.

1. Tireurs isolés harcelant l'ennemi sur ses arrières.

Étape 1

Définir

- « Le plagiat se caractérise par la démarche qui consiste à s'approprier le travail d'autrui en présentant comme siennes les idées et la créativité de l'auteur réel » (source : http://eduscol.education.fr, « Que sont le plagiat, la caricature, le pastiche ? »).
Il contrevient au droit d'auteur qui protège la propriété intellectuelle.

Étape 2

Utiliser le texte sans faire de plagiat

- Citez vos sources de façon précise.
- Utilisez des guillemets pour indiquer clairement vos citations.
- Construisez votre argumentation en reformulant de façon personnelle les connaissances tirées des sources.

> La mobilisation culturelle est l'une des caractéristiques qui font de la Première Guerre mondiale une guerre totale. Elle s'opère notamment par une propagande justifiant la haine contre l'ennemi. Ainsi, selon l'historien John Horne « Chaque camp se posant comme l'incarnation de la « civilisation », l'ennemi devint le « barbare ». Mais dans cette « guerre de propagande », les deux camps ne luttent pas à armes égales. En effet, comme le souligne l'historien, « la brutalité bien réelle à l'égard des civils belges et français donnait aux accusations alliées un substrat qui manquait aux accusations réciproques de la part des Allemands ».

Entraînement La Première Guerre mondiale a-t-elle permis aux femmes de s'émanciper ?

« La mobilisation des femmes leur révèle rapidement leurs capacités et sape l'argument de leur faiblesse innée, fondement de la domination masculine. Pourtant le patronat continue de rémunérer faiblement les travailleuses. Face à cette injustice, munitionnettes et midinettes se mettent en grève au printemps 1917 et obtiennent, alors que l'inflation s'affole, une augmentation de leurs salaires. À l'évidence, leur apport à l'économie de guerre leur a, au moins en partie, révélé la spécificité de leur exploitation. De plus, aussi lourdes que soient les nouvelles fonctions sociales et familiales des femmes, elles accroissent leur autonomie, leur assurance et leur esprit d'initiative. […] L'horizon des paysannes dépasse le bout du champ, les plus aisées refusent le diktat du muscle et mécanisent les exploitations […] Mais cette évolution n'est pas du goût de tous, et surtout pas des soldats. […] La presse et la littérature prennent parti pour la préservation des prérogatives masculines : elles rappellent aux femmes leurs devoirs mais surtout le caractère temporaire de leur situation ; elles annoncent aussi, en filigrane, que la fin des hostilités sonnera le glas de cette émancipation, que toutes devront rendre leurs places aux seuls vrais héros de cette atroce guerre, les poilus. »

Yannick Ripa, « Aux femmes la patrie peu reconnaissante » (extrait), dans *L'Histoire*, Les Collections n° 61, 2013.

S'exercer

1 Capacité Employer les notions acquises en histoire

Rédigez un court paragraphe en réutilisant les quatre notions clés du chapitre.

L'arrière

La culture de guerre

La guerre totale

Le génocide

2 Capacité Contextualiser

La déportation des Lilloises en 1916

« Triste jour de Pâques. Les vivres sont de plus en plus rares, nous aurons pour dîner du pain et du riz, n'ayant pas trouvé autre chose […]. Les Allemands font partir dans d'autres pays occupés[1] des familles entières qui ne demandaient qu'à rester chez elles. On le fait à Roubaix, Tourcoing, Lille. On commence par Fives. Tous les habitants doivent se tenir prêts, on leur donne une heure et demie, ils ont droit à trente-cinq kilos de bagages, mais il faut emporter des ustensiles de cuisine. Pour les empêcher de se révolter, on installe des mitrailleuses dans les rues et, en attendant le départ, on les enferme dans l'église et les écoles. […] Cet enlèvement dure toute la semaine à Lille. Chaque jour des soldats allemands baïonnette au canon arrivent dans un quartier vers trois heures du matin, emmènent les hommes, mais surtout des femmes et des jeunes filles […]. Il y a des scènes indescriptibles […]. Plusieurs personnes s'évanouissent, d'autres deviennent folles… »

Extrait du journal de Maria Degrutère, *Tableau des événements particuliers et journaliers (journal du 1er octobre 1914 au 19 janvier 1918)*. Dans A. Becker, *Journaux de combattants et civils de la France du Nord dans la Grande Guerre*, Presses universitaires du Septentrion, 1998.

1. Autres départements français occupés par les Allemands où ceux-ci ont besoin de main-d'œuvre agricole.

1. Présentez le contexte de ce témoignage.
2. Justifiez la phrase soulignée.
3. Décrivez les différentes formes de violences exercées par l'armée allemande à l'égard des civils.

Aide

- Carte p. 289
- Cours II p. 296
- Étude p. 302

3 Capacité Utiliser le numérique

Visionnez la vidéo et répondez aux questions.

▶ Vidéo

www.lienmini.fr/hist1-84

La fabrication des casques, octobre 1917.

1. À qui ce film peut-il être destiné en 1917 ?
2. Identifiez les différentes catégories de travailleurs.
3. Comment expliquer la présence d'hommes en âge de combattre dans l'usine ?
4. Décrivez l'extrait qui montre le rôle de soutien moral des femmes aux combattants.
5. Montrez en quoi ce film peut être considéré à la fois comme un document d'information et un moyen de propagande.

4 Capacité Décrire et expliquer une affiche

1. Décrivez les civils sur l'affiche.
2. Que font-ils ?
3. Identifiez les trois figures allégoriques sur l'affiche.
4. Mettez en relation les analyses précédentes avec le slogan de l'affiche inscrit sur les marches.
5. Expliquez l'objectif de cette affiche.

Affiche d'Alcide Robaudi, 1916.
Photogravure, 120 x 81,3 cm.

Passé Présent

L'Institut Curie et la lutte contre le cancer

« 12 décembre 1909 : l'université de Paris et l'Institut Pasteur décident de construire l'Institut du Radium pour Marie Curie, lauréate en 1903 du prix Nobel de physique avec son mari Pierre Curie et Henri Becquerel, pour leurs travaux sur la radioactivité. [...] Objectif : l'étude de la radioactivité et de ses applications en physique, chimie, biologie et médecine. [...] La Fondation Curie, créée en 1920 sous le double patronage de l'Institut du Radium et de l'Institut Pasteur [...] est reconnue d'utilité publique l'année suivante. [...] Ce centre pionnier de la radiothérapie devient immédiatement un modèle pour les nouveaux centres anti-cancéreux en France et à l'étranger. L'Institut du Radium et la Fondation Curie fusionnent en 1970 pour former l'Institut Curie à triple vocation : recherche, enseignement et soins. »

https://curie.fr

1. Expliquez le contexte dans lequel a été fondé l'Institut Curie.
2. Rappelez le rôle de Marie Curie dans les progrès de la médecine au cours de la Première Guerre mondiale. (Point de passage et d'ouverture p. 292)
3. Citez les différentes fonctions de l'Institut Curie et mettez-les en relation avec les différents rôles de Marie Curie.

Méthode Bac

Rédiger la réponse à un sujet

Sujet guidé Les femmes et la guerre totale (1914-1918)

ÉTAPE 1

Analyser le sujet et proposer une problématique

- Définissez tous les termes du sujet.
  > « Les femmes » : elles ne participent pas à la mobilisation militaire. Elles sont pourtant des actrices clés de la mobilisation économique et financière, mais aussi de la culture de guerre.
  > « La guerre totale » : elle donne aux femmes un rôle clé dans l'effort de guerre mais en fait aussi des victimes et des cibles particulières.
  > « et » : incite à réfléchir au rôle des femmes dans le conflit mais aussi à l'impact de cette guerre totale sur leur condition sociale à court et long terme.
  > « 1914-1918 » : invite à réfléchir sur la durée de la guerre et à mettre en évidence des évolutions.
- Posez une question servant de fil conducteur à votre réflexion.
  > Comment la mobilisation des femmes ainsi que les souffrances et violences qu'elles subissent témoignent-elles de la « totalisation » de la guerre entre 1914 et 1918 ?

ÉTAPE 2

Réfléchir au contenu

- Mobilisez vos connaissances pour illustrer vos propos par des exemples.
  > Les formes de la mobilisation féminine et leurs spécificités : la guerre amène les femmes à occuper des emplois jusque-là exclusivement masculins. Elles jouent un rôle particulier dans les soins apportés au corps et au moral des combattants (infirmières, marraines de guerre).
  > Des actrices féminines collectives ou individuelles : les munitionnettes, les midinettes, les marraines de guerre, Marie Curie, Edith Cavell, Nicole Girard-Mangin, Maria Botchkareva (p. 265), les ouvrières des usines de Petrograd.
  > La spécificité des femmes comme victimes de la guerre : le sort des femmes déportées lors du génocide arménien, les viols commis par les soldats allemands ou russes dans les régions envahies.
  > Des spécificités nationales : l'armée russe engage des femmes combattantes en 1917 pour essayer de remobiliser les hommes dans un contexte de mutineries.

BAC Conseil

Listez au brouillon tous ces éléments en les classant par catégories.

ÉTAPE 3

Construire un plan détaillé

- Pour un tel sujet, vous choisirez un plan thématique :
  1. Des femmes qui deviennent le pivot de l'engagement de l'arrière dans la guerre totale
  2. Une guerre totale qui contribue à une relative émancipation de la condition féminine
  3. Des femmes qui subissent les souffrances et les violences de la guerre totale

ÉTAPE 4

Rédiger au brouillon l'introduction et la conclusion

- L'introduction : choisissez une « accroche » qui lance la réflexion et suscite l'intérêt du lecteur. Une anecdote peut constituer un bon élément d'accroche.
  > Les conditions d'obtention de son permis de conduire par Marie Curie en 1916 marque à la fois une forme d'émancipation féminine et les résistances suscitées par celle-ci.
- Définissez et mettez en relation les termes du sujet sous la forme d'un petit paragraphe explicatif.
- La conclusion : résumez brièvement les idées de votre développement en répondant à la problématique du sujet.

ÉTAPE 5

Rédiger le développement

- Structurez votre développement en fonction du plan établi.
- Chaque partie doit commencer par une phrase introductive présentant l'idée principale et être subdivisée en paragraphes. Chacun correspond à un argument illustré par un exemple précis.
- Reliez vos paragraphes et vos parties par des phrases de transition.

Sujet blanc La Première Guerre mondiale et les violences contre les civils

Méthode Bac

Analyser un document

Sujet guidé La mobilisation des femmes et la propagande de guerre

Consigne: Présentez le document et son contexte puis montrez comment il témoigne du rôle particulier des femmes à l'arrière, mais aussi de la manière dont leur image est utilisée par la propagande de guerre.

Edward Penfield, « Save wheat », 1918. Affiche américaine, 29 x 48 cm. Bibliothèque du Congrès, Washington.
« Aiderez-vous les femmes de France ? Économisez le blé. Elles luttent contre la famine et essaient de se nourrir, non seulement elles-mêmes et les enfants, mais aussi leurs maris et leurs fils qui combattent dans les tranchées. Administration des États-Unis pour la nourriture. »

ÉTAPE 1 Lire et comprendre la consigne et le document

- Décomposez les différentes parties de la consigne.
- Décrivez le document et interprétez sa légende.
- Identifiez les destinataires de cette affiche: la population des États-Unis.
- Réfléchissez aux limites du document: le texte de l'affiche évoque la « famine »: si les conditions de vie sont difficiles en temps de guerre, les femmes françaises sont moins touchées par la famine que les femmes allemandes.

ÉTAPE 2 Mettre en relation le document et vos connaissances

THÈMES	DÉTAILS DU DOCUMENT	IDÉES À DÉVELOPPER	EXEMPLES ET NOTIONS DU CHAPITRE
Les femmes participent activement à la mobilisation économique	Trois paysannes tirent un outil agricole.	– Dans les campagnes, les femmes doivent remplacer les hommes à la tête des exploitations agricoles. – Elles affrontent aussi les difficultés provoquées par les réquisitions de bétail.	– Mobilisation de l'arrière – Munitionnettes (généralisation aux villes et au monde ouvrier de l'exemple du document)
La guerre dégrade les conditions de vie des femmes.	– Les trois paysannes effectuent un travail très pénible. Elles tirent un instrument lourd sur un sol dur et caillouteux. – Le slogan évoque la lutte des femmes françaises « contre la famine ».	– Les femmes effectuent des travaux harassants et sont souvent moins bien rémunérées que les hommes. – En l'absence des hommes, les femmes sont souvent seules à subvenir aux besoins de leur famille. Elles sont éprouvées plus durement par la pauvreté.	– Rationnement – Pénurie – L'exemple des grèves de midinettes peut être utilisé pour évoquer la dégradation du niveau de vie liée à l'inflation.
Les femmes deviennent un sujet central de la propagande de guerre.	– L'affiche représente trois femmes. – Le slogan incite à suivre l'exemple des femmes françaises. – L'affiche peut s'adresser aux femmes américaines qui gèrent leur foyer en leur suggérant de ne pas gaspiller la nourriture.	– La propagande de guerre cible les femmes car elles sont un acteur clé de la mobilisation de l'arrière. – La propagande de guerre utilise l'image des femmes comme un exemple à suivre pour l'ensemble du corps social.	– Culture de guerre – « Bourrage de crâne »

ÉTAPE 3 Rédiger un développement structuré

- En introduction, présentez le document et son contexte.
- Rédigez un développement en trois paragraphes reprenant chacun une partie de la consigne.
- En conclusion, expliquez l'intérêt du document par rapport au sujet traité et montrez ses limites.

Sujet blanc La guerre des propagandes (doc. 2 p. 302)

Réviser

Des sociétés en guerre : les civils acteurs et victimes de la guerre

Fiche de révision

Comment les civils ont-ils agi et souffert dans la guerre totale ?

I Les civils mobilisés dans la guerre

- Les sociétés entrent en guerre dans un climat de résolution et de ferveur patriotique. Elles sont d'emblée mobilisées pour l'effort de guerre. Les femmes jouent un rôle clé dans cette mobilisation en remplaçant et en soutenant matériellement et moralement les hommes partis au front.
- Les belligérants mettent en place une économie de guerre. Les États mobilisent d'importantes ressources financières et encadrent l'économie afin de produire pour la guerre.
- Les scientifiques et les ingénieurs participent aux nombreuses innovations de la guerre industrielle. Les esprits sont galvanisés par une propagande patriotique et haineuse à l'égard de l'ennemi.

II Les civils face aux épreuves et aux violences de la guerre

- Les civils deviennent des cibles pour les militaires. Ils sont victimes des bombardements aériens, de la guerre sur mer mais aussi de massacres et de déportations. Les Arméniens de l'Empire ottoman subissent un génocide.
- Les civils sont mis à l'épreuve moralement et physiquement par le deuil, les privations et les bouleversements du quotidien.
- Les grèves ouvrières qui se multiplient à partir de 1917 témoignent de la lassitude des civils face aux épreuves de la guerre. Malgré les révolutions russes et la montée du pacifisme, la plupart des États belligérants parviennent à maintenir la mobilisation de leurs sociétés jusqu'à la fin de la guerre.

Repères clés

LES ACTEURS ET LES ACTRICES

Les munitionnettes

Les marraines de guerre

Edith Cavell
(1865-1915)

Marie Curie
(1867-1934)

Nicole Girard-Mangin
(1878-1919)

Albert Thomas
(1878-1932)

LES CHIFFRES

- **6 000 civils français et belges** sont tués lors de l'avancée allemande en 1914
- **1,3 million d'Arméniens** de l'Empire ottoman meurent dans un génocide entre 1915 et 1916
- **20 000 femmes** du Nord de la France sont déportées par les Allemands en 1916

Schéma bilan

Schéma animé
www.lienmini.fr/hist1-85

Les civils agissent pour la guerre

Produire pour ou malgré la guerre
Dirigisme économique, munitionnettes, affectés spéciaux, taylorisme

Financer les dépenses de la guerre
Emprunts de guerre, impôt sur le revenu, journées de solidarité

Soutenir et secourir les combattants
Marraines de guerre, Marie Curie

Justifier la guerre
Union sacrée, culture de guerre, propagande, « bourrage de crâne »

La guerre totale

Attaques de l'ennemi
Bombardements stratégiques, guerre sous-marine, blocus naval

Occupation de l'ennemi
Exodes, réfugiés, déportations, réquisitions

Privations
Pénuries, inflation, rationnement, grèves, pacifisme

Massacres de masse
Génocide arménien, pogroms

Les civils souffrent de la guerre

QCM interactif
www.lienmini.fr/hist1-86

LES DATES

1914	1915	1915-1916	1916-1917	1917
Début de l'Union sacrée	Premiers bombardements stratégiques	Génocide arménien	« Hiver des navets » en Allemagne	Révolutions russes

Points de passage et d'ouverture

1914 Marie Curie dans la guerre
Dès le début de la guerre, la scientifique Marie Curie se mobilise pour les blessés. Elle contribue à développer des services radiologiques qui permettent de sauver la vie de milliers de combattants.

1915-1916 Le génocide des Arméniens
1,3 million d'Arméniens de l'Empire ottoman meurent lors de massacres et de déportations. Ce génocide est organisé par le gouvernement nationaliste turc.

1917 Les grèves
L'année 1917 voit une augmentation des grèves ouvrières dans les pays belligérants. Elles témoignent de la lassitude des sociétés face aux épreuves. En Russie, elles provoquent deux révolutions.

CHAPITRE

11 Sortir de la guerre : la tentative de construction d'un ordre des nations démocratiques

Comment se manifeste l'empreinte de la guerre sur les relations internationales et les sociétés après 1918 ?

Cours I La sortie de la Première Guerre mondiale est un long processus. Des traités de paix s'échelonnent de 1918 à 1923. Ils sont inspirés par les principes du président américain Wilson comme le droit des peuples à l'autodétermination. L'Europe des empires de 1914 laisse place en 1923 à une Europe des nations.

Cours II La paix est difficile à instaurer, de nombreux conflits persistent. La guerre civile russe dure jusqu'en 1922. Les nouvelles frontières sont contestées et provoquent des déplacements de populations. Dans les colonies, les revendications à l'autonomie sont réprimées.

Cours III La sortie de guerre est longue et difficile, tant à l'échelle des États qu'à l'échelle des individus. Les 10 millions de morts et disparus endeuillent durablement les sociétés. Les mémoires du conflit se construisent autour de l'hommage aux morts.

1730 — 1830 — 1910 — 1930 — 2030

1914-1927

1910 — 1920 — 1930

Cours I

- **Janvier 1918** Quatorze Points du président Wilson
- **11 novembre 1918** Armistice
- **28 juin 1919** Traité de Versailles
- **8 septembre 1926** Entrée de l'Allemagne à la SDN

Cours II

- GUERRE CIVILE RUSSE
- **13 avril 1919** Massacre d'Amritsar en Inde
- GUERRE GRÉCO-TURQUE
- **Juillet 1922** Création du passeport Nansen

Cours III

- PANDÉMIE MEURTRIÈRE DE LA GRIPPE ESPAGNOLE
- **11 novembre 1920** Le corps du Soldat inconnu est déposé sous l'Arc de triomphe
- **Octobre 1922** Le 11 Novembre, journée nationale de commémoration
- **17 septembre 1927** 52 cercueils de soldats de Verdun transférés à Douaumont

Canons allemands exposés place de la Concorde, à Paris, en novembre 1918
Léon Gimpel, 11 novembre 1918. Photographie colorisée.

« Je me rappelle, je sortais de classe avec mes livres sous le bras, il passait des tramways avec des grappes de gens qui chantaient, qui hurlaient. Alors je rentre à la maison […], toute gaie, et je dis : "Maman, c'est formid…" et je m'arrête : elle était en larmes. Alors, je lui dis : "Mais tu pleures ? Tout le monde rit, tout le monde chante !" "Oui, mais ton père ne reviendra pas". »

Témoignage dans Manon Pignot, *Allons enfants de la patrie. Génération Grande Guerre*, Le Seuil, 2006.

Questions

1 Quelle est la situation politique et militaire de la France en novembre 1918 ?

2 Quels sentiments contradictoires animent les Français à la fin de l'année 1918 ?

3 Que révèle cette photographie de la sortie de guerre, c'est-à-dire du passage de la guerre à la paix ?

Fiche d'activité
www.lienmini.fr/hist1-87

Notions

Une sortie de guerre longue et complexe

Les traités de paix qui mettent fin à la guerre s'échelonnent entre 1919 et 1923. Inspirés par le **wilsonisme**, ils réorganisent les frontières avec l'objectif d'une paix durable.

Les déplacements de populations liés à la guerre, aux troubles politiques et aux traités de paix sont massifs. Des milliers de personnes deviennent des **apatrides**.

La **démobilisation** est longue et difficile à cause des séquelles laissées par le conflit. Les **mémoires** de la guerre se construisent à l'échelle individuelle et collective.

Le wilsonisme

Définition : doctrine politique du président américain Woodrow Wilson visant à réorganiser les relations internationales afin de garantir la paix entre les nations.

Contexte : à la fin de la Première Guerre mondiale, Wilson développe, en « Quatorze points », un programme de pacte universel fondé sur la sécurité collective et sur le principe des nationalités. Cet idéal s'incarne dans la création de la Société des Nations.

L'idéal de paix de la SDN.
Affiche de campagne pour l'admission de la Suisse au sein de la Société des Nations (détail), 1920.

Point de passage et d'ouverture, p. 320
1919-1923 : les traités de paix

Étude, p. 325
Sortir de la guerre dans les Indes britanniques

Un apatride

Définition : personne qu'aucun État ne considère comme l'un de ses ressortissants nationaux.

Contexte : les troubles politiques et le démantèlement des empires à la fin de la guerre entraînent l'exil de millions de personnes. Trois millions d'entre elles perdent aussi leur nationalité, leur pays leur interdisant tout retour. Sans statut juridique, elles deviennent des apatrides.

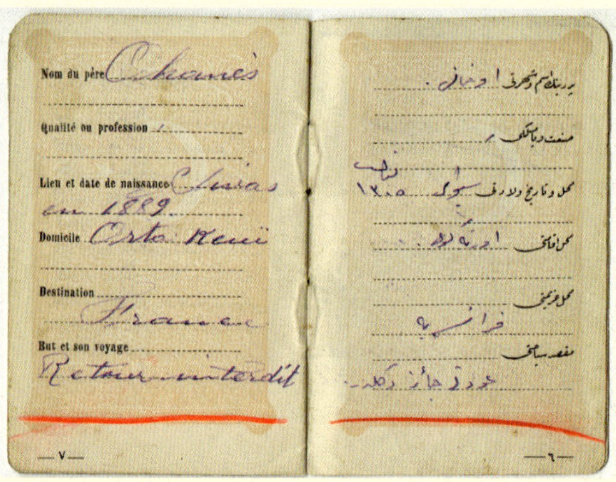

Passeport portant la mention « Retour interdit ».
Délivré en 1924 par la République turque à Ohannès Haïrabédian de Sivas quelques jours avant son départ pour Valence.

Point de passage et d'ouverture, p. 326
1922 : le passeport Nansen et le statut des apatrides

Étude, p. 324
Interventions étrangères et guerre civile en Russie

Point de passage et d'ouverture, p. 320
Étude, p. 324
Étude, p. 332
Étude, p. 325

1918 — 1919 — 1920

SIGNATURE DES TRAITÉS DE PAIX

Début 1919 : Création du costume Abrami

Mars 1919 : Lois Rowlatt

GUERRES EN RUSSIE

Les différents temps des sorties de guerre

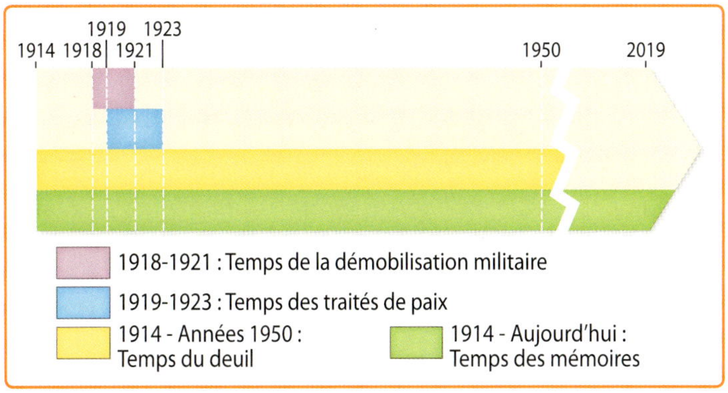

« Nous avons gagné la guerre et non sans peine, mais maintenant il va falloir gagner la paix, et ce sera peut-être plus difficile. »

Clemenceau, président du Conseil, 11 novembre 1918.

La démobilisation

Définition : acte par lequel l'armée libère du service et renvoie les soldats mobilisés dans leur foyer.

Contexte : pour les combattants, sortir de la guerre c'est d'abord abandonner l'uniforme pour rejoindre la vie civile. C'est aussi se réinsérer dans le monde professionnel et retrouver une place dans la société. En France, la démobilisation concerne six millions de soldats entre 1918 et 1921.

Mutilé de guerre dans un centre de rééducation professionnelle. Photographie, vers 1920.

Étude, p. 332
Le retour des combattants à la vie civile

La mémoire

Définition : présence sélective, parfois douloureuse et conflictuelle, des souvenirs du passé dans une société.

Contexte : les mémoires du conflit sont à la fois individuelles et collectives. Les anciens combattants tentent de mettre à distance leur expérience de guerre tandis que se construit une mémoire nationale du conflit. Elle s'inscrit dans les monuments, les cérémonies, les jours dédiés au souvenir des morts.

Douaumont reçoit 52 cercueils de poilus de Verdun. Cérémonie à l'ossuaire de Douaumont. Photographie, 1927.

Point de passage et d'ouverture, p. 330
1920 : le Soldat inconnu et les enjeux mémoriels

Étude cinéma, p. 333
Bertrand Tavernier, *La Vie et rien d'autre*

Point de passage et d'ouverture, p. 330

Point de passage et d'ouverture, p. 326

1921 — 1922 — 1923

Novembre 1920
Cérémonie du Soldat inconnu

Juillet 1922
Création du passeport Nansen

Cartes

La naissance d'une Europe nouvelle (1918-1923)

Après la guerre, l'Europe est réorganisée en profondeur **(doc. 3)**. De nouveaux principes, comme le droit des peuples à l'autodétermination, tentent de créer de **nouvelles relations** au sein des États. Pourtant, des difficultés persistent, notamment en Allemagne, pays qui accepte mal le traité de Versailles **(doc. 2)**. Les **modifications territoriales et frontalières** entraînent également des déplacements massifs de populations. Les nouveaux pays rassemblent de nombreuses minorités nationales, par exemple la Tchécoslovaquie où vivent trois millions d'Allemands **(doc. 1)**.

1 ▶ La formation de la Tchécoslovaquie et la difficile question des nationalités

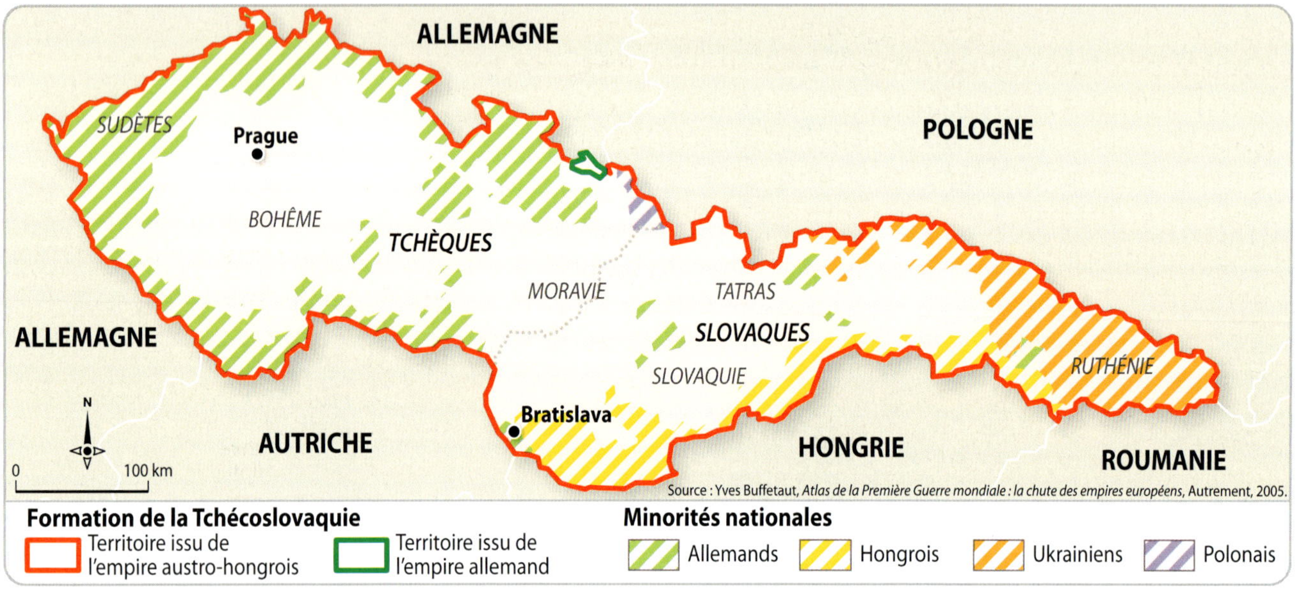

Source : Yves Buffetaut, *Atlas de la Première Guerre mondiale : la chute des empires européens*, Autrement, 2005.

2 ▶ L'Allemagne après le traité de Versailles

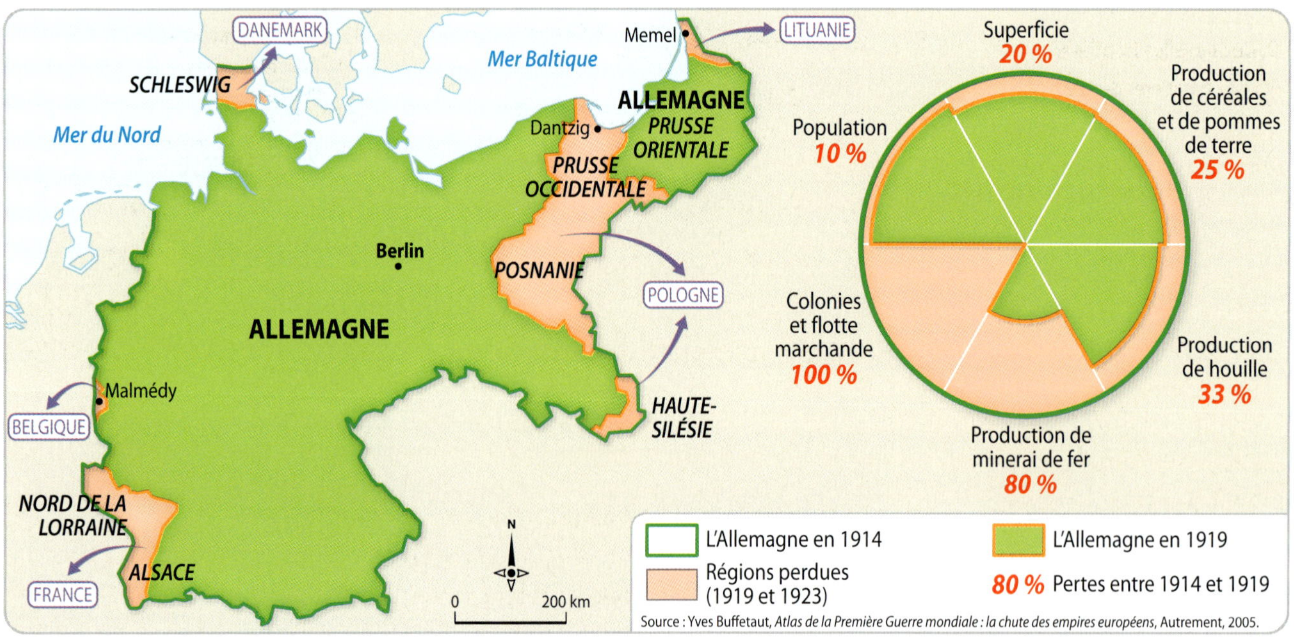

Source : Yves Buffetaut, *Atlas de la Première Guerre mondiale : la chute des empires européens*, Autrement, 2005.

Carte interactive
www.lienmini.fr/hist1-88

3 ▶ L'Europe réorganisée après la guerre

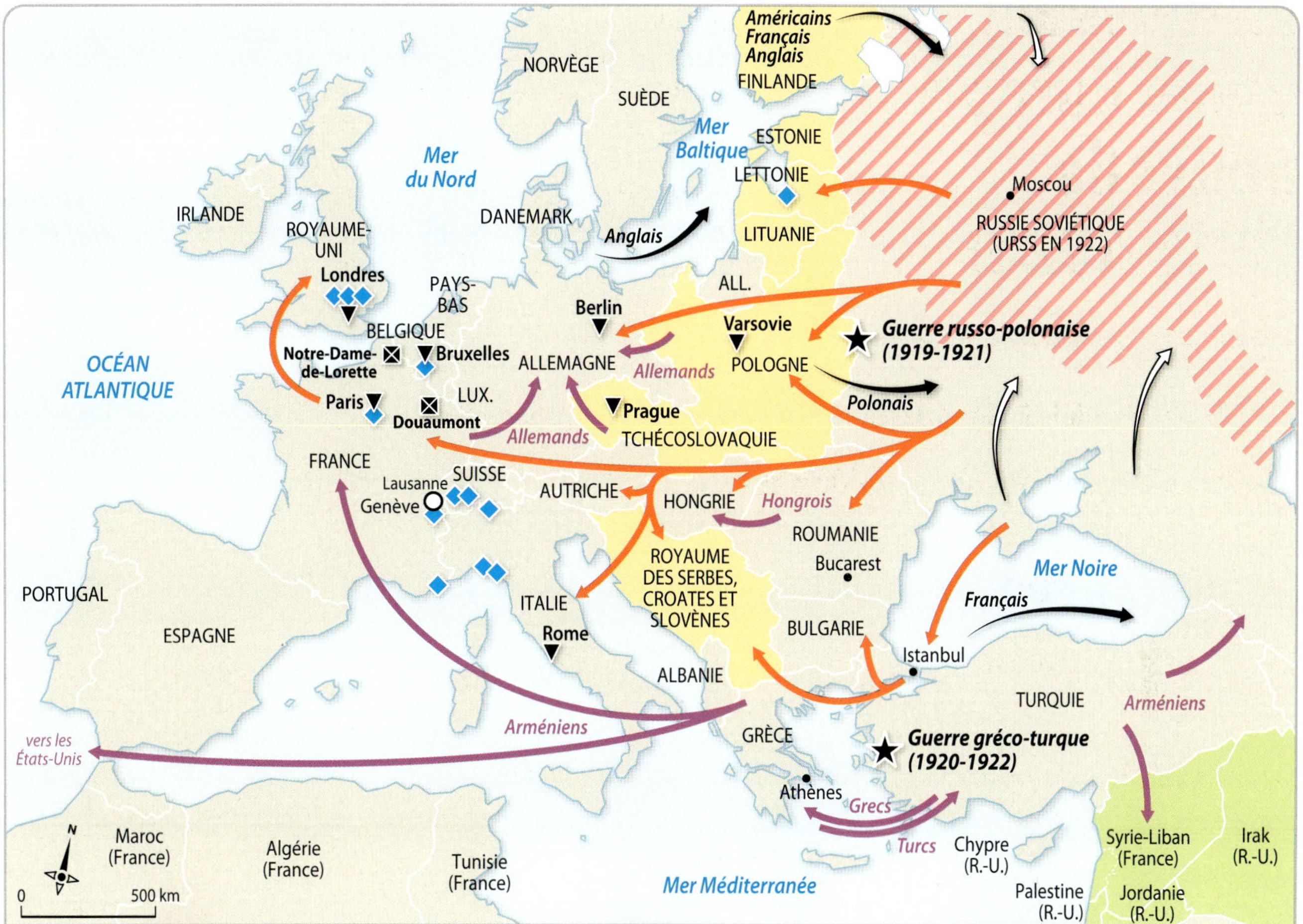

Cours I p. 318

L'ESPOIR D'UN NOUVEL ORDRE INTERNATIONAL

1. De nouvelles relations
- ○ Siège de la SDN
- ◆ Traités et conférences de paix (1919 à 1932)

2. De nouvelles frontières
- Frontières de 1923
- Nouveaux États
- Territoires ottomans confiés à la France et au Royaume-Uni

Cours II p. 322

UN NOUVEAU DÉSORDRE INTERNATIONAL

1. La guerre en Russie
- Territoire des bolcheviks
- Armées blanches (pro-tsaristes)
- Interventions extérieures jusqu'en 1920

2. Tensions
- ★ Affrontements pour des zones contestées

3. Les réfugiés
- Russes
- Autres

Cours III p. 328

RECONSTRUIRE, SE RECONSTRUIRE

1. La mémoire de la guerre
- ▼ Soldat inconnu
- ⊠ Nécropoles nationales

2. Une Europe meurtrie

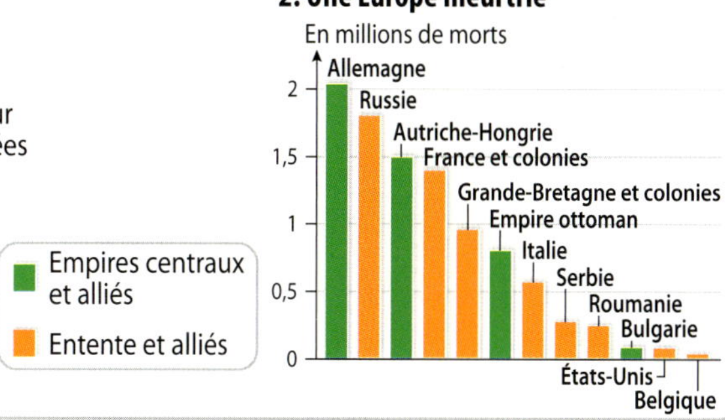

Questions

1 Les traités règlent-ils la question des nationalités en Europe ? Justifiez votre réponse. **(doc. 1)**

2 Pourquoi l'Allemagne n'accepte-t-elle le traité de Versailles que sous la contrainte ? **(doc. 2)**

3 Quelle partie de l'Europe est particulièrement modifiée par les traités de paix ? Citez les États nouvellement créés. **(doc. 3)**

Cours

PLAN

I Du désordre de la guerre à l'espoir d'un nouvel ordre international

Comment construire une paix durable entre les États ?

A. Mettre fin aux combats

- **Entre guerre et paix.** De décembre 1917 à novembre 1918, six armistices sont signés en Europe. Les armées entament la démobilisation militaire progressive des troupes engagées dans la guerre. L'annonce des armistices est accueillie avec soulagement et enthousiasme par les combattants et les civils. Mais elle ne signifie pas la fin des hostilités. À l'Est, les combats se poursuivent, par exemple entre la Pologne et la Russie.

- **Le dernier armistice.** Après les armistices signés par ses alliés, l'Allemagne, défaite militairement et en proie à une explosion révolutionnaire, signe à Rethondes, au nord-est de Paris, le dernier armistice de la guerre. Il prend effet le 11 novembre 1918 à 11 heures. Ses clauses prévoient que les troupes allemandes se retirent immédiatement des zones occupées. Elles visent à empêcher l'Allemagne de reprendre les combats en exigeant la livraison aux vainqueurs d'une partie importante de son armement.

B. Établir de nouvelles relations internationales

- **Le rôle clé de Wilson.** En janvier 1918, dans une déclaration au Congrès américain, le président des États-Unis Woodrow Wilson énonce un programme en quatorze points pour mettre fin à la guerre et préparer la paix. Il fixe ainsi les règles des négociations des traités à venir. Au nom du principe des nationalités, il annonce la création de la Pologne pour que les Polonais aient un État. En évoquant le droit des peuples à choisir la forme de leur gouvernement, il soulève également un grand espoir dans les colonies. Les peuples colonisés, qui ont participé à l'effort de guerre, espèrent obtenir plus d'autonomie.

- **L'idéal de sécurité collective.** Garantir une paix durable entre les nations est au cœur de l'idéal wilsonien. Pour cela, le président américain défend le principe d'une diplomatie transparente entre les États et la mise en place d'un système de sécurité collective. Cet idéal s'incarne dans la création d'une instance de coopération internationale, la Société des Nations (SDN), voulue comme la clé de voûte du nouvel ordre mondial.

- **La conférence de la Paix.** De janvier à juin 1919, les belligérants sont rassemblés à Paris pour élaborer la paix. Mais la conférence se réduit rapidement au cercle des quatre grands vainqueurs : États-Unis, France, Grande-Bretagne, Italie. Les vaincus reçoivent les conditions des traités sans pouvoir les modifier. L'idéal wilsonien d'une diplomatie ouverte se confronte aux rancœurs et aux réalités géopolitiques d'une Europe meurtrie par la guerre.

Notion

La démobilisation : voir p. 315

Vocabulaire

Armistice : accord pour un arrêt des combats afin d'établir des négociations de paix.

Diktat : terme allemand pour qualifier le traité de Versailles. Il désigne une chose imposée de manière unilatérale.

Minorité nationale : groupe de personnes présentant des spécificités ethniques, culturelles, linguistiques et qui sont moins nombreuses que le reste de la population de l'État dans lequel elles vivent.

Principe des nationalités : règle établissant le droit légitime d'une nationalité à être reconnue.

« Quatorze Points » (déclaration des) : doctrine du président Wilson qui définit les buts de guerre américains et fixe les principes pour élaborer la paix.

Sécurité collective : principe selon lequel l'intégrité d'un État est l'affaire de tous les États réunis au sein d'une organisation internationale qui doit favoriser le dialogue et arbitrer en cas de conflit.

Société des Nations (SDN) : organisation internationale prévue par le traité de Versailles pour garantir la paix dans le monde. Elle siège à Genève à partir de 1920.

C. Redessiner les frontières européennes

Cours en podcast
QCM interactif
www.lienmini.fr/hist1-89

• **Une nouvelle carte de l'Europe.** Entre 1919 et 1920, différents traités mettent juridiquement fin à la guerre. Ils dessinent une Europe radicalement différente de celle de 1914. Les grands empires multinationaux (allemand, austro-hongrois, ottoman), sont morcelés par les traités. L'Allemagne perd ainsi 20 % de sa superficie. Elle restitue à la France les territoires annexés en 1871. Pour remplacer les empires, plusieurs petits États, comme la Tchécoslovaquie et la Yougoslavie, sont créés et définis par de nouvelles frontières.

• **Un redécoupage contesté.** Ces recompositions territoriales se heurtent à la difficulté de tracer des frontières dans une Europe où les minorités nationales sont imbriquées. Les litiges qui en résultent montrent la difficulté à concrétiser l'idéal wilsonien du principe des nationalités. Certains peuples, comme les Polonais, obtiennent la création d'un État. La volonté de leur donner un accès à la mer Baltique par le corridor de Dantzig a pour effet de morceler l'Allemagne et de placer certains Allemands hors du pays. D'autres peuples contestent les frontières imposées. C'est le cas des Hongrois, dont certains se retrouvent en situation de minorité dans les États nouvellement créés, par exemple en Roumanie.

• **Une paix difficile.** Les divergences entre les vainqueurs s'expriment rapidement. L'Italie considère que sa victoire est « mutilée » car elle n'a pas obtenu l'ensemble des terres qui lui avaient été promises par ses alliés. Le Sénat américain refuse de ratifier le pacte de la SDN, entraînant le retrait des États-Unis du système de sécurité collective voulu par Wilson. Les vaincus dénoncent une paix injuste. Le traité de Versailles rend l'Allemagne et ses alliés responsables de la guerre, légitimant ainsi les demandes de réparation des vainqueurs pour les dommages subis. L'Allemagne reçoit cette exigence comme un « Diktat » et tente de limiter le paiement des réparations. En réaction, la France et la Belgique occupent militairement la région industrielle de la Ruhr en 1923. Pourtant, en dépit de ses limites, la paix instituée par les traités est confirmée par la conférence de Locarno (Suisse) en 1925 et par l'entrée de l'Allemagne dans la SDN en 1926.

Point de passage et d'ouverture, p. 320

Louise Weiss (1893-1983)

Femme de lettres et féministe française, elle s'engage comme infirmière pendant la Première Guerre mondiale. Dès 1918, elle fonde et dirige *L'Europe nouvelle*, une revue de politique internationale, dont elle veut faire un instrument au service de la paix dans la droite ligne des objectifs de la SDN.

Versailles

En 1871, l'Empire allemand victorieux avait été proclamé dans la galerie des Glaces du château de Versailles, ce qui avait été vécu comme une humiliation par la France.

Le 28 juin 1919, la délégation allemande y signe le traité de Versailles qui règle le sort de l'Allemagne vaincue. L'événement est largement relayé par les médias.

Foule autour des parterres d'eau du château de Versailles. Photographie, 28 juin 1919.

Point de passage et d'ouverture

1919-1923 : les traités de paix

Comment les États vainqueurs tentent-ils d'établir une paix durable ?

La conférence de la Paix se déroule à Paris et en banlieue parisienne entre janvier et août 1919. Elle a pour mission d'élaborer les traités qui doivent mettre fin au conflit.

1 ▶ Les traités de paix

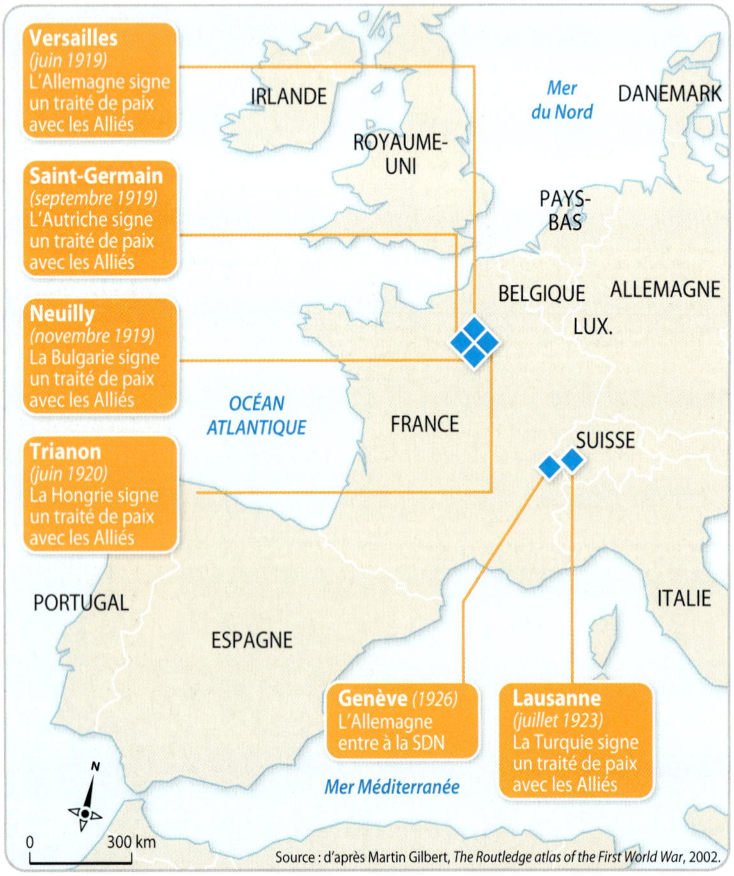

Source : d'après Martin Gilbert, *The Routledge atlas of the First World War*, 2002.

2 ▶ Wilson, acteur majeur des traités de paix

En janvier 1918, le président Wilson prononce un discours devant le Congrès américain. En quatorze points, il développe son programme pour mettre fin à la guerre et fixer les principes des négociations de paix à venir. Il reçoit le prix Nobel de la paix en 1919.

« **1.** Des conventions de paix connues de tous, préparées au grand jour [...].
5. Un règlement librement débattu, dans un esprit large et absolument impartial, de toutes les revendications coloniales [...].
6. Évacuation du territoire russe tout entier [...] en vue de donner à la Russie toute latitude de déterminer sans entraves ni obstacles, en pleine indépendance, son propre développement politique et son organisation nationale ; [...].
8. Le territoire de France devra être totalement libéré et les portions envahies devront être restaurées ; le tort fait à la France par la Prusse en 1871 en ce qui concerne l'Alsace-Lorraine [...] doit être réparé, afin que la paix puisse de nouveau être assurée dans l'intérêt de tous.
9. Une rectification des frontières de l'Italie devra être opérée conformément au principe des nationalités. [...]
13. Un État polonais indépendant devra être créé [...] ; on lui assurera un libre accès à la mer ; [...]
14. Il faut qu'une association générale soit formée entre les nations, en vertu de conventions formelles, aux fins de procurer à tous les États, grands et petits également, des garanties mutuelles d'indépendance politique et d'intégrité territoriale. »

Président Woodrow Wilson, *Déclaration des Quatorze Points*, 8 janvier 1818.

3 ▶ Discours d'ouverture de la conférence de la Paix (janvier 1919)

« Ces énormes sacrifices, la France les a subis sans avoir la moindre responsabilité dans l'épouvantable cataclysme qui a bouleversé l'univers [...]. Il y a quarante-huit ans, [...] le 18 janvier 1871, l'Empire d'Allemagne était proclamé, par une armée d'invasion, dans le château de Versailles. Il demandait au rapt de deux provinces françaises sa première consécration. [...] Vous êtes assemblés pour réparer le mal qu'il a fait et pour en empêcher le retour. Vous tenez dans vos mains l'avenir du monde. Je vous laisse, Messieurs, à vos graves délibérations et je déclare ouverte la Conférence de Paris. »

Discours du président de la France, Raymond Poincaré, 18 janvier 1919.

Notion

Le wilsonisme : voir p. 314

Vocabulaire

Autodétermination : voir p. 322
Diktat : voir p. 318

4 ▶ La signature du traité de Versailles, 28 juin 1919

William Orpen, *La signature du traité de paix dans la galerie des Glaces, Versailles*, 1919. Huile sur toile (détail), 152,4 x 127 cm. Imperial War Museum, Londres.

Les Allemands sont représentés de dos. Georges Clemenceau (président du Conseil français) est au centre, entouré de Woodrow Wilson (à sa droite) et de David Lloyd George (Premier ministre anglais, à sa gauche).

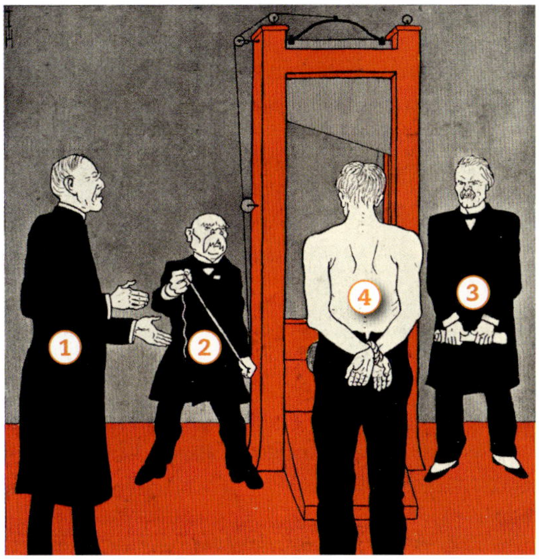

5 ▶ Les Allemands dénoncent le Diktat

Thomas Heine, « Versailles. Vous aussi, vous avez le droit à l'autodétermination. » Caricature parue dans l'hebdomadaire allemand *Simplicissimus*, le 3 juin 1919.

① W. Wilson ② G. Clemenceau ③ D. Lloyd George ④ L'Allemagne

Les Allemands reprochent principalement l'article 231 du traité qui institue la responsabilité morale de l'Allemagne dans le déclenchement de la guerre.

Questions

CONTEXTUALISER

1. Combien de traités sont signés après la guerre ? Dans quel but ? **(doc. 1)**

METTRE EN RELATION

2. Citez deux grands principes qui, selon le président Wilson, doivent guider les négociations de paix. **(doc. 2)**

ANALYSER

3. Quel sort particulier est réservé à l'Allemagne ? **(doc. 3 et 4)**

ARGUMENTER ET RÉDIGER

4. Qu'est-ce qui montre les difficultés à établir une paix durable ?

Bac

5. À l'aide du **doc. 5**, rédigez un paragraphe répondant à la question : « Comment les Allemands interprètent-ils le traité de Versailles ? »

Cours

PLAN

« Vos quatorze conditions de paix mondiale, Monsieur le Président, [...] doivent servir de base à l'affranchissement de tous les peuples opprimés, sans distinction de race ni de religion. »

Lettre d'un Algérien, l'émir Khaled, au président Wilson, mai 1919.

Notion

Apatride : voir p. 314

Vocabulaire

Autodétermination : principe selon lequel tout peuple a le droit de choisir son propre gouvernement, indépendamment de toute intervention étrangère.

Bolchevik : partisan du parti politique russe dirigé par Lénine, au pouvoir après la révolution d'Octobre (1917).

Mandat : créé par la SDN, il confère à certains États la mission d'administrer les colonies des Empires centraux vaincus afin de les amener progressivement à se gouverner eux-mêmes.

Réfugié : personne contrainte de quitter son pays en période de troubles. Le statut juridique actuel de réfugié est fixé par la convention de Genève en 1951.

Russe blanc : opposant russe à la révolution de 1917 et au pouvoir bolchevik.

II Les réalités d'un nouveau désordre international

Pourquoi, dans les années 1920, des tensions et des conflits persistent-ils malgré les traités de paix ?

A. La guerre continue à l'est de l'Europe

• **Des conflits très meurtriers.** Les combats cessent sur le front occidental en novembre 1918. Mais jusqu'en 1923, 27 conflits continuent à ensanglanter l'Europe, témoignant de la difficulté à sortir de la guerre et à faire la paix. Ils prennent la forme de guerres civiles comme en Finlande et en Irlande, ou de guerres entre États issus des nouvelles frontières. C'est le cas de la Pologne et de la Russie bolchevique qu'une guerre oppose de février 1919 à mars 1921. La Pologne, en difficulté, reçoit une aide franco-britannique qui contribue à sa victoire. Celle-ci est entérinée par le traité de Riga.

• **Guerre étrangère et guerre civile en Russie.** En mars 1918, la Russie signe la paix de Brest-Litovsk avec l'Allemagne. Les combats ne cessent pas pour autant. La guerre civile oppose les bolcheviks au pouvoir (surnommés les « Rouges », couleur de la révolution communiste) aux opposants contre-révolutionnaires (les « Russes blancs », couleur associée à l'ancien régime politique des tsars). Les anciens alliés de la Russie, inquiets de la propagation de la révolution bolchevique en Europe, envoient 20 000 hommes combattre aux côtés des Blancs. La victoire des bolcheviks contraint les Russes blancs à quitter massivement le territoire.

• **La guerre dans les Balkans.** La guerre entre la Grèce et la Turquie (1919-1922) est une conséquence directe du démantèlement de l'Empire ottoman. L'occupation par la Grèce de l'Anatolie occidentale provoque la réaction des nationalistes turcs dirigés par Mustafa Kemal. Opposés à la partition de la Turquie, ils prennent les armes. La victoire leur permet d'obtenir le retour de l'Anatolie à la Turquie avec le traité de Lausanne (Suisse) en 1923.

Étude, p. 324

B. De nouveaux enjeux coloniaux

• **L'espoir déçu des colonies.** Les peuples colonisés s'attendent à bénéficier également du droit à l'autodétermination. Mais les vainqueurs se partagent les colonies allemandes, et la tutelle des puissances coloniales n'est pas remise en cause. Des manifestations, violemment réprimées, éclatent en Afrique et en Asie. En 1919, à Amritsar en Inde, l'armée britannique fait feu sur une manifestation nationaliste, tuant 400 civils non armés. Le leader indépendantiste indien Mohandas Gandhi lance alors un mouvement de résistance passive pour s'opposer à la domination britannique.

• **Au Moyen-Orient, une nouvelle forme de colonisation.** Les anciennes régions arabophones de l'Empire ottoman passent sous tutelle britannique et française. Oubliant les promesses faites pendant la guerre, les vainqueurs imposent un nouveau statut créé par la SDN : le mandat. Les puissances mandataires (France et Grande-Bretagne) doivent en principe accompagner ces régions vers l'indépendance. Le mandat, nouvelle forme de colonisation, est vécu comme tel par les populations dont les soulèvements sont sévèrement réprimés. En Syrie, la France, pour imposer son mandat, écrase les manifestations nationalistes arabes en 1920.

Étude, p. 325

Cours en podcast
QCM interactif
www.lienmini.fr/hist1-90

C. Les réfugiés, des victimes de la Grande Guerre

• **Des réfugiés de la guerre.** La guerre a provoqué des déplacements massifs de populations. En France, 2 millions de réfugiés ont fui les zones de combats du Nord et de l'Est. Au Moyen-Orient, 700 000 survivants du génocide contre les Arméniens sont dispersés entre la Syrie, le Liban, l'Égypte et regroupés dans des camps. La guerre civile et la famine en Russie jettent sur les routes de l'exil 800 000 réfugiés.

• **Des réfugiés de la paix.** La sortie de guerre amplifie le phénomène. L'éclatement des empires et la création de nouveaux États provoquent en effet de nouveaux flux migratoires. Le transfert forcé le plus important est celui de 1,5 million de personnes entre la Grèce et la Turquie en 1923. Au début des années 1920, 3 millions de réfugiés se retrouvent sans patrie. Les difficultés des émigrés russes et arméniens sont accentuées par la perte de leur identité juridique, retirée en représailles par leur pays d'origine, faisant d'eux des apatrides.

• **Secourir les réfugiés.** L'urgence de la crise humanitaire entraîne des réactions. La SDN charge, en 1921, le Norvégien Fridtjof Nansen du dossier des réfugiés. Nommé haut-commissaire aux Réfugiés russes, il crée un certificat d'identité, le « passeport Nansen », qui permet aux réfugiés apatrides de passer les frontières. 450 000 personnes en bénéficient entre les deux guerres mondiales. C'est le premier statut juridique international qui vise à protéger les réfugiés.

Point de passage et d'ouverture, p. 326

UNHCR
L'Agence des Nations Unies pour les réfugiés

Le Haut-Commissariat aux réfugiés est une organisation de l'ONU destinée à protéger les réfugiés. En 2017, il évalue leur nombre à 25 millions, en précisant que celui des personnes déracinées (par exemple déplacées dans leur propre pays) s'élève à 68 millions. Les premières institutions internationales pour les réfugiés furent créées par la SDN à partir de 1921.

Les réfugiés

Les recompositions territoriales et les crises politiques obligent plus de 10 millions de personnes à quitter leur pays ou leur région au début des années 1920.

Le traité de Lausanne de 1923 prévoit ainsi le déplacement obligatoire de 1,5 million de personnes entre la Turquie et la Grèce.

Des familles grecques quittent Smyrne (Turquie) pour la Grèce. Photographie, 1923.

Étude

Interventions étrangères et guerre civile en Russie

Pourquoi la guerre civile russe est-elle un enjeu pour toute l'Europe ?

La paix de Brest-Litovsk, signée le 3 mars 1918, n'entraîne pas la fin des combats en Russie où la guerre civile oppose les Russes blancs à l'Armée rouge bolchevique. Les Alliés envoient 20 000 hommes se battre aux côtés des armées blanches. En 1921, les bolcheviks l'emportent.

1 ▶ Contre l'intervention française[1] en Russie

« Depuis bientôt deux ans, […] nos soldats, nos marins, notre argent sont employés à cette besogne de réaction […] L'Entente ne pardonne pas aux prolétaires de Russie […] d'avoir voulu briser leurs chaînes et instituer [un] ordre nouveau […]. C'est pourquoi, six mois après la conclusion de l'armistice, […] l'état de siège est maintenu, la démobilisation arrêtée, la guerre rallumée pour les intérêts de la classe et de la caste, malgré notre désir et notre besoin de paix. »

Manifeste *Contre l'intervention en Russie. Un appel du parti socialiste aux travailleurs français*, dans *L'Express du Midi*, 4 juin 1919.

1. Intervention militaire de la France en mer Noire.

2 ▶ 1918-1922 : la Russie en guerre

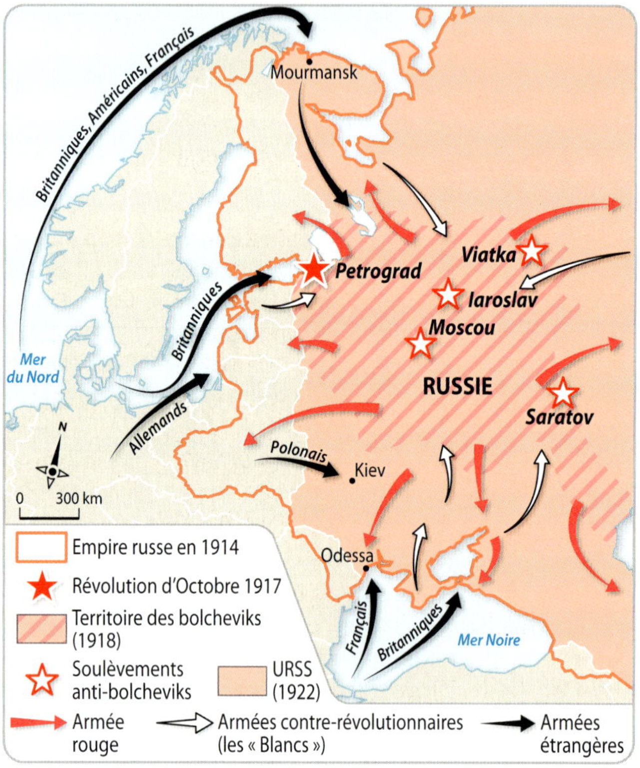

Vocabulaire

Russe blanc : voir p. 322

Notion

Un apatride : voir p. 314

3 ▶ La peur du bolchevisme

Adrien Barrière, affiche reprenant la couverture d'une brochure éditée pour les élections en France, en 1919. Le bolchevisme est le nom donné au communisme russe.

Questions

ANALYSER

1. Quelles raisons poussent les Alliés à intervenir en Russie ? **(doc. 1 et 3)**

METTRE EN RELATION

2. Quelle conséquence les interventions étrangères ont-elles sur la sortie de guerre ? **(doc. 1 et Cours II p. 322)**

IDENTIFIER ET S'EXPRIMER

3. Sous la forme d'un schéma, présentez les acteurs et leurs relations dans les guerres qui se déroulent en Russie de 1918 à 1922. **(doc. 2)**

Bac

4. Rédigez un paragraphe pour expliquer le contexte de création du **doc. 3** et le message qu'il diffuse.

Étude

Sortir de la guerre dans les Indes britanniques

Quel est l'impact de la guerre sur le mouvement nationaliste indien ?

À l'issue de la guerre, le mouvement nationaliste indien revendique plus d'autonomie pour les colonisés. Des manifestations organisées par le parti du Congrès sont sévèrement réprimées par la puissance anglaise.

Mohandas Gandhi
(1869-1948)
Avocat indien, Gandhi lutte pour que le droit des peuples à l'autodétermination s'applique aux colonies. Après le massacre d'Amritsar, il dirige le parti du Congrès nationaliste indien et prône la résistance au système colonial par la non-violence et la non-coopération.

1 ▶ Des espoirs d'autonomie

a. La déclaration d'Edwin Montagu à la chambre des Communes

« Association croissante des Indiens dans l'administration et développement progressif d'institutions autonomes avec pour objectif l'établissement de gouvernements responsables en Inde, en tant que partie intégrante de l'Empire britannique. »

Déclaration du secrétaire d'État pour l'Inde Edwin Montagu, 20 août 1917.

b. Le cinquième point de la déclaration de Wilson

« Un arrangement librement débattu, dans un esprit large et absolument impartial, de toutes les revendications coloniales, basé sur la stricte observation du principe que, dans le règlement de ces questions de souveraineté, les intérêts des populations en jeu pèseront d'un même poids que les revendications équitables du gouvernement dont le titre sera à définir. »

Président Woodrow Wilson, *Déclaration des Quatorze Points*, 8 janvier 1818.

2 ▶ Un ordre colonial renforcé

Jugé par les Britanniques pour la publication d'articles anticoloniaux, Gandhi lit une déclaration pour expliquer son engagement.

« Le premier choc me vint sous forme des lois Rowlatt, qui furent prises pour voler au peuple sa véritable liberté. [...] Puis, ce furent les horreurs du Pendjab, qui commencèrent par le massacre [d'Amritsar][1] et arrivèrent à leur point culminant, lorsqu'on donna l'ordre de faire ramper les gens sur le ventre, de les fouetter publiquement, et autres humiliations indescriptibles [...] tout l'espoir que j'avais nourri s'effondra. Je me rendis compte que les réformes [de Montagu] n'indiquaient pas le début d'une transformation dans les sentiments du Gouvernement à notre égard, mais une méthode pour épuiser l'Inde et lui prendre toutes ses richesses et pour prolonger sa servitude. »

Déclaration de Gandhi à son procès, mars 1922.

1. Le 13 avril 1919, l'armée anglaise réprime une manifestation nationaliste et tue 400 personnes.

Notion

Le wilsonisme : voir p. 314

Vocabulaire

Autodétermination : voir p. 322
Lois Rowlatt : votées en 1919, elles prolongent les restrictions aux libertés fondamentales introduites pendant la guerre (incarcération sans procès, contrôle de la presse, limitation des droits de la défense) pour empêcher les manifestations nationalistes.

Questions

METTRE UN ÉVÉNEMENT EN PERSPECTIVE

1. Pourquoi la guerre et le règlement de la paix ont-ils renforcé le mouvement nationaliste indien ? **(doc. 1)**

ARGUMENTER

2. Pourquoi les espoirs d'autonomie des colonisés sont-ils déçus ? **(doc. 1 et 2)**

CONDUIRE UNE DÉMARCHE HISTORIQUE oral

3. Préparez un dossier sur le massacre d'Amritsar. Expliquez pourquoi il représente un tournant dans le combat de Gandhi et des Indiens contre le système colonial. Présentez-le à l'oral.

Bac

4. À l'aide des **doc. 1 et 2**, montrez les conséquences de la réaction anglaise sur le mouvement nationaliste et sur ses modes d'action.

Point de passage et d'ouverture

1922 : le passeport Nansen et le statut des apatrides

Fridtjof Nansen (1861-1930)

Délégué de la Norvège à la SDN, l'explorateur polaire Fridtjof Nansen est nommé haut-commissaire chargé du rapatriement des prisonniers de guerre en 1920 puis haut-commissaire aux **Réfugiés** en 1921. Il reçoit en 1922 le prix Nobel de la paix pour son action en faveur des réfugiés de la Première Guerre mondiale.

Comment Fridtjof Nansen contribue-t-il à faire émerger un droit international en faveur des réfugiés ?

À l'issue de la guerre, l'exil de millions de personnes provoque une crise humanitaire à laquelle la **SDN** tente d'apporter une réponse juridique. Le passeport Nansen, reconnu par 38 États en 1924, est délivré à près de 450 000 personnes entre les deux guerres.

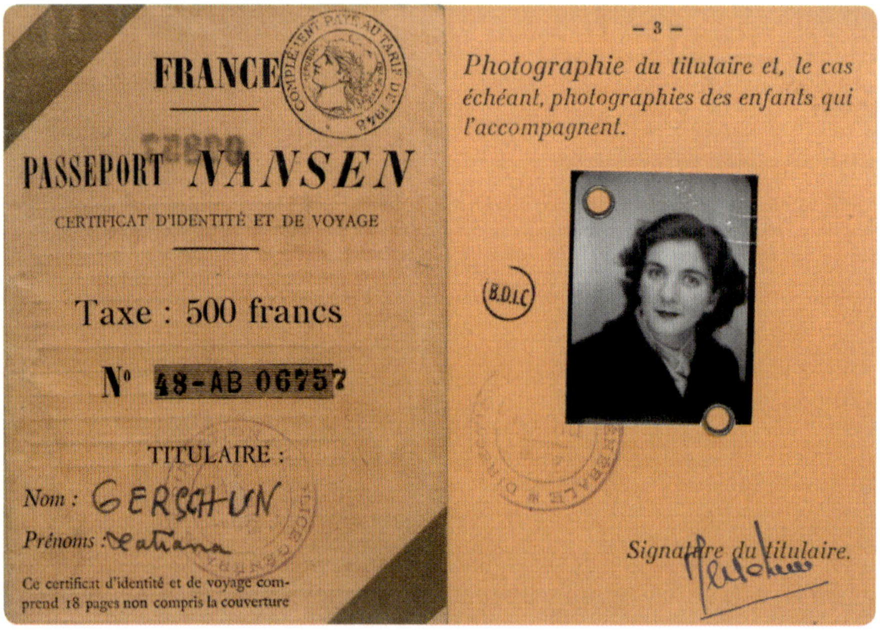

1 ▸ Passeport Nansen de Tatiana Gershun, fille d'une réfugiée russe exilée en Allemagne

2 ▸ Nina Berberova, réfugiée russe, apatride

La poétesse Nina Berberova quitte la Russie en 1922. Les autorités russes lui retirent sa nationalité. Dans son autobiographie, elle raconte l'exil et les difficiles conditions de vie des réfugiés apatrides.

« Nous sommes revenus définitivement à Paris en avril 1925. Khodassevitch[1] y vivra quatorze ans, jusqu'à sa mort, et moi, j'y resterai vingt-cinq. Nous n'avions pas d'autre choix que d'aller au Pretty Hôtel, rue Amélie, bondé et crasseux, qui a été plus d'une fois décrit dans les Mémoires de la bohème étrangère, en particulier par Henry Miller. C'est ici que débuta notre vie parisienne et que nous avons reçu nos passeports d'apatrides. Ce document, destiné aux personnes n'ayant plus de patrie, ne donnait pas le droit de travailler comme salarié, ni comme ouvrier, ni comme employé. Nous n'avions d'autre choix que d'être des travailleurs indépendants. Nous avons appris à partager la feuille d'artichaut, chaque sou gagné, nos humiliations et nos insomnies. »

Nina Berberova, *C'est moi qui souligne*, trad. Anne et René Misslin, © Actes Sud, 1989.

1. Vladislav Khodassevitch, poète et compagnon de Nina Berberova, qu'il a suivie en exil.

Notion

Un apatride : voir p. 314

Vocabulaire

Réfugié : personne contrainte de quitter son pays en période de troubles. Le statut juridique des réfugiés est fixé en 1951.

SDN : voir p. 318

3 ▸ Les mouvements massifs de réfugiés à l'issue de la Première Guerre mondiale

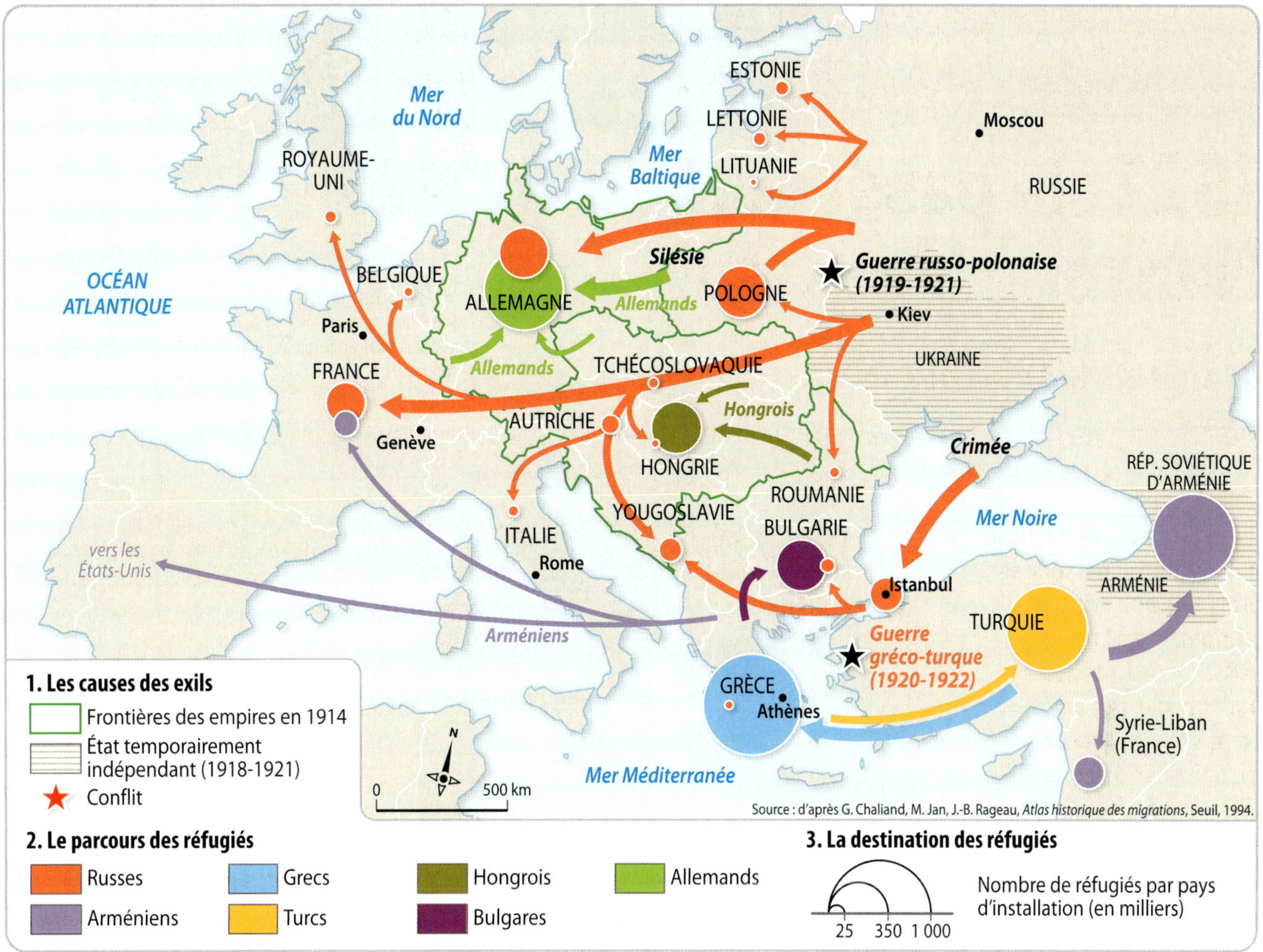

Source : d'après G. Chaliand, M. Jan, J.-B. Rageau, *Atlas historique des migrations*, Seuil, 1994.

4 ▸ Convention relative au statut international des réfugiés

Cette convention précise la définition et le statut des réfugiés apatrides. Les États signataires garantissent des droits aux réfugiés.

« Sa Majesté le roi des Belges, Sa Majesté le roi des Bulgares, Sa Majesté le roi d'Égypte, le président de la République française, Sa Majesté le roi de Norvège,

[...] Animés par le désir de compléter et de consolider l'œuvre accomplie par la Société des Nations au profit des réfugiés [...] sont convenus des dispositions suivantes.

Article 1. La présente convention est applicable aux réfugiés russes, arméniens et assimilés, tels qu'ils ont été définis par les Arrangements des 12 mai 1926 et 30 juin 1928 [...].

Article 2. Chacune des Parties contractantes s'engage à délivrer des certificats Nansen, valables pour un an au moins, aux réfugiés résidant régulièrement sur son territoire. [...] Les porteurs de certificat Nansen seront libres de sortir du pays qui leur a délivré ces titres et d'y revenir [...].

Société des Nations, Genève, le 28 octobre 1933. »

Archives du secrétariat de la SDN.

Questions

IDENTIFIER

1. Qui sont les principaux réfugiés à l'issue de la Première Guerre mondiale ? **(doc. 3)**

CONTEXTUALISER

2. Pourquoi et comment le passeport Nansen tente-t-il de répondre à la situation des réfugiés russes ? **(doc. 1 et 2, Cours II p. 322)**

3. En quoi le rôle de la SDN est-il central dans la prise en charge des réfugiés ? **(doc. 4)**

ANALYSER ET S'EXPRIMER oral

4. Préparez et enregistrez un flash radio de 2 minutes expliquant pourquoi le passeport Nansen est une étape dans la construction d'un droit international pour la protection des réfugiés. **(doc. 1, 2 et 4)**

Bac

5. À partir du **doc. 3**, faites un schéma destiné à être intégré dans le paragraphe d'un sujet rédigé, illustrant les principaux mouvements des réfugiés à l'issue de la Première Guerre mondiale.

Cours

PLAN

▶ Plaque funéraire

Notion

La démobilisation : voir p. 315

Vocabulaire

Ancien combattant : expression inventée en France pour désigner les survivants de la Grande Guerre.

Grippe espagnole : épidémie qui tue de 25 à 39 millions de personnes dans le monde entre 1918 et 1919. Elle est dite « espagnole » parce que l'Espagne est la première à la mentionner publiquement.

Nécropole nationale : cimetière militaire, créé et entretenu par l'État, qui regroupe les tombes des soldats morts au front.

Pupille de la Nation : orphelin de guerre adopté par la Nation afin que l'État lui assure des moyens de subsistance.

Zone rouge : zone dangereuse interdite à toute activité humaine par l'État français en 1919. Sa surface initiale couvre 1 200 km².

III Reconstruire et se reconstruire après la guerre

Comment vivre après les épreuves de la Première Guerre mondiale ?

A. Reconstruire des pays en ruines et meurtris

- **Un bilan humain très lourd.** Avec 10 millions de morts et de disparus sur les 74 millions de mobilisés, la Grande Guerre est le conflit le plus meurtrier vécu jusqu'alors. Proportionnellement à sa population de 40 millions d'habitants, la France est le pays le plus touché avec plus de 1,4 million de victimes. Les blessés sont plus de 20 millions, dont 300 000 « gueules cassées », symbole des douleurs extrêmes provoquées par le conflit, que l'on essaye de reconstruire comme s'y emploie Anna Coleman Ladd. À la fin de la guerre, la grippe espagnole foudroie les armées et les civils.

- **Des dommages matériels considérables.** Les zones qui ont servi de champ de bataille sont dévastées. En France, 550 000 maisons et 20 000 édifices publics sont à reconstruire. Il faudra une dizaine d'années pour relever les ruines. En 1919, les autorités françaises délimitent une zone rouge dans laquelle toute activité est interdite. La même année, en France, une loi reconnaît le droit individuel à l'indemnisation des dommages subis. Une charte des sinistrés en définit les modalités. L'État a recours à plusieurs emprunts de solidarité pour le financement.

- **Une lente démobilisation.** Sortir de la guerre est un long processus. Les autorités militaires se heurtent à la difficulté de rapatrier des millions d'hommes vers leurs foyers. En France, la démobilisation militaire de 6 millions de soldats s'étire jusqu'en 1921. Se pose ensuite le problème de la réinsertion dans la société de ces hommes marqués, voire traumatisés, par leur expérience de guerre.

Étude, p. 332

B. Surmonter l'épreuve du deuil

- **Mort de masse, deuil de masse.** Les 10 millions de morts et de disparus laissent derrière eux tout un entourage endeuillé. Le choc est d'autant plus violent que ce sont surtout des hommes jeunes qui ont trouvé la mort, renversant l'ordre normal de la succession des générations. On estime à 3 millions le nombre des veuves de guerre et à 6 millions celui des orphelins. En France, 1 100 000 orphelins deviennent des pupilles de la Nation.

- **Un deuil individuel.** La mort d'un proche à la guerre est avant tout une épreuve individuelle. La plupart des corps sont enterrés près des champs de bataille tandis que d'autres, déchiquetés lors des combats, sont impossibles à identifier. Les proches sont alors privés des gestes et des paroles qui accompagnent le deuil. Pour certaines familles, il est redoublé car elles comptent plusieurs morts au combat.

Étude Cinéma, p. 333

C. Se souvenir

- **La vague commémorative.** Dans tous les pays, les soldats morts sont honorés afin que leur sacrifice ne soit pas oublié. Des **nécropoles nationales** sont créées dans les zones de front. Les soldats y reposent dans des tombes individuelles. Les os des corps non identifiés, qui représentent environ la moitié des morts, sont rassemblés dans des ossuaires, comme celui de Douaumont. Dès 1920, des milliers de monuments aux morts sont construits, inscrivant dans le paysage la mémoire du conflit. On en dénombre 33 000 en Angleterre et 38 000 en France. Les noms des soldats morts y sont gravés et des cérémonies y sont organisées pour leur rendre un hommage collectif. En 1920, les Britanniques organisent le culte du Soldat inconnu. De nombreux autres pays imitent ce rituel.

- **Les solidarités associatives.** La guerre a donné naissance à un mouvement associatif d'une grande ampleur. Les **anciens combattants** se regroupent dans des associations dont l'objectif est à la fois de se retrouver entre hommes qui ont vécu une expérience commune difficilement partageable et de faire pression sur les pouvoirs publics pour obtenir des aides et la reconnaissance des sacrifices qu'ils ont consentis. C'est en France que le mouvement est le plus puissant. Des milliers d'associations rassemblent au total 3 millions d'adhérents. Elles obtiennent le versement de pensions d'invalidité et la création du statut d'ancien combattant. C'est par leur action que le 11 novembre devient, en 1922, « journée nationale pour la commémoration de la Victoire et de la Paix ».

- **Des individus et des sociétés entre apaisement et violence.** Après les violences de la guerre, nombreux sont ceux qui espèrent un retour à une vie normale, telle qu'elle était avant le conflit. Mais tous ont été changés et certains peinent à mettre à distance l'expérience qu'ils viennent d'endurer. En France, les associations d'anciens combattants partagent, pour la plupart, un pacifisme très fort, réaction directe à la violence de guerre. En Italie et en Allemagne en revanche, elles sont récupérées par l'extrême droite fasciste et nazie.

Point de passage et d'ouverture, p. 330

Cours en podcast
QCM interactif
www.lienmini.fr/hist1-91

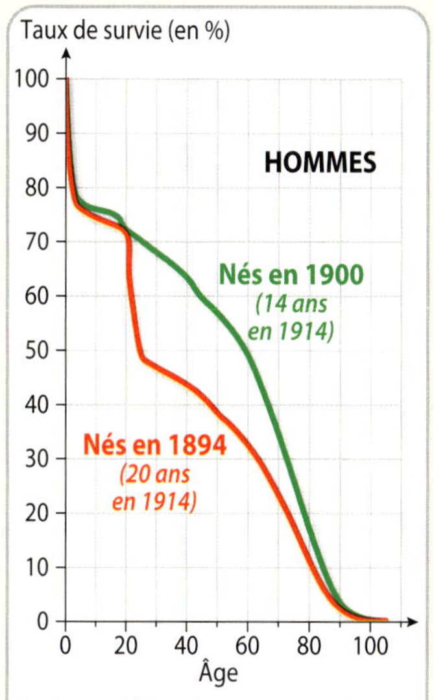

Lecture : à l'âge de 20 ans, 72 % de la génération masculine née en 1894 avait survécu à la mortalité infantile et juvénile ; cinq ans plus tard, à l'issue de la Grande Guerre, la même génération ne compte plus que 48 % de survivants.

Source : F. Héran, *Population et Sociétés*, n° 510, Ined, avril 2004.

La génération du feu : une génération sacrifiée

Anna Coleman Ladd

Sculptrice américaine et membre de la Croix-Rouge, Anna Coleman Ladd (1878-1939) dirige, à Paris, un atelier de confection de masques pour les soldats mutilés du visage.

À partir de photographies d'avant-guerre du soldat et d'un moulage de son visage mutilé, elle fabrique un masque destiné à combler les parties détruites. Il est ensuite fixé sur le visage avec des lunettes ou des rubans. Entre 1918 et 1920, elle réalise 185 masques et forme d'autres artistes à sa technique.

Anna Coleman Ladd dans son atelier. Photographie, juillet 1918, Paris.

Point de passage et d'ouverture

1920 : le Soldat inconnu et les enjeux mémoriels

Auguste Thin
(1899-1982)
Devenu pupille de la Nation après la mort de son père à Verdun, il s'engage dans l'infanterie à 19 ans et accède au grade de caporal. Il est désigné en novembre 1920 pour choisir la dépouille qui incarnera le Soldat inconnu parmi huit cercueils rassemblés dans la citadelle de Verdun.

Que représente le Soldat inconnu dans la mémoire de la Grande Guerre ?

À l'issue de la guerre, 50 % des soldats morts ne peuvent être identifiés. En 1920, les Britanniques décident d'honorer, au nom de tous les autres, un soldat inconnu. Tous les anciens belligérants adoptent ce rituel.

1 ▶ Où inhumer le Soldat inconnu ?

« La commission des finances [...] a pensé qu'il serait préférable que la dépouille mortelle du héros inconnu soit transférée non pas au Panthéon, mais sous l'Arc de triomphe. La commission estime, en effet, que le Panthéon a une affectation spéciale, qui est consacrée aux grands hommes [...]. Le soldat n'est pas un grand homme, mais un symbole, le symbole de la Victoire ; c'est donc sous le monument symbolique de l'Arc de la Victoire que les restes doivent être déposés. »

Article publié dans *Le Gaulois*, 7 novembre 1920.

2 ▶ Le Soldat inconnu, une volonté politique

« C'est le 11 novembre que se font, cette année, les cérémonies. Le Gouvernement, d'accord avec le sentiment public, estime que ce jour est particulièrement bien choisi pour donner aux morts de la Grande Guerre un témoignage solennel de la reconnaissance, de l'admiration et de l'amour de tous les Français. Il propose de transférer ce jour-là à Paris les restes d'un soldat français non identifié et de les déposer à l'Arc de triomphe. L'hommage rendu à ce soldat anonyme s'adressera en même temps à tous les héros tombés avec lui pour la défense de la patrie [...]. Le 11 novembre, le soldat français inconnu recevra l'hommage éclatant du Gouvernement, du peuple, de l'armée française ! »

André Honorat, ministre de l'Instruction publique et des Beaux-arts, Chambre des députés, séance du 8 novembre 1920.

Notion

La mémoire : voir p. 315

Vocabulaire

Rituel : ensemble des gestes accomplis et des paroles prononcées lors d'une cérémonie.

3 ▶ Foule entourant le cercueil du Soldat inconnu devant l'Arc de triomphe

Photographie de la cérémonie du 11 novembre 1920.

4 ▶ Écoliers britanniques devant la tombe du Soldat inconnu à Paris
Photographie, 20 mai 1923.

5 ▶ La veillée du Soldat inconnu, 11 novembre 1920

« Depuis de longues heures la foule l'attendait. Lorsque le cercueil passe, les hommes se découvrent, et des femmes pleurent. […]

Devant la chapelle ardente encore une courte cérémonie, toujours dans le silence. On pose le cercueil. On le couvre de couronnes de fleurs. Des soldats et d'anciens combattants […] montent la garde. C'est la veillée funèbre qui commence.

Les ministres s'en vont. La foule passe devant les deux chapelles; des groupes s'arrêtent, s'immobilisent: un temps de prière, quelquefois on entend un sanglot. Des mères qui pleurent sur cet enfant, nulle ne peut s'empêcher de songer que celui-là est peut-être le sien. »

Article publié dans *L'Intransigeant*, 12 novembre 1920.

Questions

IDENTIFIER

1. Quels sont les acteurs qui décident d'instituer le culte du Soldat inconnu ? **(doc. 1 et 2)**

METTRE UN ÉVÉNEMENT EN PERSPECTIVE

2. Pourquoi les différents belligérants adoptent-ils, après le conflit, le culte du Soldat inconnu ? **(doc. 2 et 4)**

METTRE DES FAITS EN RELATION

3. Montrez que l'hommage au Soldat inconnu est une démarche à la fois individuelle et collective. **(doc. 3 et 5)**

ARGUMENTER ET RÉDIGER

4. Par quels moyens la République construit-elle une mémoire collective de la Première Guerre mondiale en France ?

Bac

5. Pour illustrer le paragraphe d'un devoir sur la mémoire de la Première Guerre mondiale, expliquez le sens de la présence et du recueillement d'écoliers anglais devant la tombe du Soldat inconnu en 1923. **(doc. 4)**

Étude

Le retour des combattants à la vie civile

Quelles sont les conditions du retour des combattants à la vie civile ?

En France, plus de 6 millions d'hommes sont démobilisés jusqu'en 1921. Cantonnés dans des casernes, ils accomplissent des formalités administratives et médicales en attendant de pouvoir rentrer chez eux. Pour beaucoup, passer de la guerre à la paix est un processus long et difficile.

1 ▶ Quitter l'uniforme, un acte fort encadré par l'État
Photographie de Jacques Agié, 13 février 1919. École militaire de Paris. Outre des tickets d'alimentation, les démobilisés reçoivent un costume civil, le **costume Abrami**.

Notion

La démobilisation : voir p. 315

Vocabulaire

Costume Abrami : du nom du sous-secrétaire d'État aux effectifs militaires Léon Abrami, à l'origine de cette initiative pour aider les anciens combattants aux revenus modestes. Fabriqué à partir de vêtements militaires de mauvaise qualité, retaillés et teints dans l'urgence, il a peu de succès.

2 ▶ Rentrer chez soi

Sully Bernadie raconte les cauchemars de son père, hanté par les souvenirs du front et la mort du soldat qu'il n'a pas pu sauver.

« Ce corps soudainement relâché sur son épaule le hantait, le jetait au bas de son lit, suffocant d'une angoisse réveillée en sursaut, hurlant les mots sans suite d'un cauchemar… Je revenais souvent pour apprendre que les crises d'angoisse, les réveils hébétés avaient repris. Ma mère me racontait ses malheurs, la vie étrange de mon père reclassant ses papiers. »

Sully Bernadie, *De mon vivant, récit*. Manuscrit déposé à l'Association pour l'Autobiographie en 2001, APA 1523.

Questions

REPÉRER

1. Pourquoi l'abandon de l'uniforme est-il un moment clé de la démobilisation ? **(doc. 1)**

ANALYSER

2. Quelles sont les difficultés auxquelles se heurtent les anciens combattants pour retrouver une vie en paix ? **(doc. 1 et 2)**

CONFRONTER LE SAVOIR HISTORIQUE AUX IDÉES REÇUES

3. Peut-on considérer que la démobilisation marque la fin de l'expérience de guerre pour les anciens combattants et leurs familles ? Justifiez votre réponse. **(doc. 1 et 2)**

Bac

4. Dans un devoir sur le thème de la sortie de guerre, rédigez un paragraphe montrant qu'elle est difficile pour les anciens combattants.

Étude Cinéma

La Vie et rien d'autre

Quel traumatisme et quelle construction de la mémoire pour les sociétés au lendemain de la Première Guerre mondiale ?

Fiche technique

Date de sortie : 1989

Durée : 135 min

Réalisateur : Bertrand Tavernier

Scénario : Jean Cosmos et Bertrand Tavernier

Distribution : Philippe Noiret (le commandant Dellaplane), Sabine Azema (Irène de Courtil), Maurice Barrier (le sculpteur Mercadot)

Le film obtient les César du meilleur acteur (Philippe Noiret) et de la meilleure musique originale (Oswald d'Andréa)

SYNOPSIS En 1920, la France sort difficilement de la guerre. Les familles sont traumatisées par la mort de plus d'1,4 million de combattants. 300 000 corps n'ont pas été retrouvés. Le commandant Dellaplane est chargé d'identifier les dépouilles qui ne l'ont pas encore été. Il fait la rencontre de deux femmes, Alice et Irène, à la recherche de l'homme qu'elles aiment.
Dans le premier extrait, des familles de disparus inspectent des objets trouvés près de victimes afin de pouvoir identifier un proche.
Dans le second extrait, le sculpteur Mercadot reçoit la visite de deux hommes qui veulent commander un monument aux morts pour leur commune.

À travers l'histoire de la recherche du corps du Soldat inconnu inhumé sous l'Arc de triomphe, Bertrand Tavernier réalise une fiction sur la sortie de guerre et les traumatismes des combattants et de leur famille.

SÉQUENCE 1
La mémoire individuelle du traumatisme
● 00:59:44 à 01:02:03

SÉQUENCE 2
La construction d'une mémoire collective et officielle du conflit
● 01:38:44 à 01:40:33

▶ Interview de Jean Cosmos, coscénariste du film

« La guerre, bien sûr, est présente dans notre histoire. Mais à l'inverse de la plupart des films, romans, récits qui lui sont consacrés, elle n'est présente que par ses cicatrices répandues et lisibles, sur la terre, les arbres, le corps des hommes. Alors que l'immense majorité des récits dénonçant la guerre la montrent et – d'une certaine manière – la glorifient par la manifestation du courage de ceux qui la font ou la subissent, nous nous sommes tenus à ses conséquences : la ruine, la mort, un peuple estropié, les arbres foudroyés, l'éventration des sols. Mais sur cette misère la vie renaît, comme un lierre repousse et reprend possession de tout… »

Jean Cosmos, extrait du dossier de presse du film, 1989.

Questions

OBSERVER

1. Comment cette séquence évoque-t-elle la mort de masse et sa banalisation durant la Première Guerre mondiale ? **(séquence 1)**
2. À quelles difficultés les familles sont-elles confrontées pour faire le deuil d'un combattant disparu ? **(séquence 1)**

IDENTIFIER

3. Décrivez l'atelier du sculpteur. Que nous montre-t-il sur la mémoire officielle qui se met en place ? **(séquence 2)**
4. Qu'espèrent obtenir les deux civils ? **(séquence 2)**

ARGUMENTER

5. Dans ce film, le deuil personnel est-il le même que le deuil collectif et officiel ? Justifiez votre réponse.
6. Comment Bertrand Tavernier et Jean Cosmos représentent-ils le traumatisme des sociétés au lendemain de la Première Guerre mondiale ? **(séquences 1 et 2, doc.)**

Parlons cinéma

Lumière • Plan rapproché • Plan fixe • Plan moyen
Composition d'un plan

Lexique d'analyse filmique
www.lienmini.fr/hist1-92

S'exercer

1 Capacité Connaître et se repérer

Recopiez le tableau puis complétez-le :

1. Associez à chaque action un événement parmi la liste suivante : Invention du culte du Soldat inconnu – Passeport Nansen – Quatorze Points de Wilson – Interventions étrangères en Russie – Traité de Lausanne.
2. Datez chacun de ces événements.

Action	Événement	Date
a. Mettre en place un droit international pour venir en aide aux réfugiés.		
b. Honorer la mémoire des hommes morts et disparus au combat.		
c. Lutter contre les bolcheviks en soutenant les Russes blancs.		
d. Instituer le principe de sécurité collective pour garantir une paix durable.		
e. Légaliser des déplacements de population entre la Grèce et la Turquie.		

2 Capacité Justifier des choix, une interprétation, une production

▶ **Otto Dix, *La Guerre*, 1929-1932.** Tempera sur bois, panneau central 204 x 204 cm, panneaux latéraux 204 x 102 cm. Galerie Neue Meister, Dresde.

1. Décrivez l'œuvre : structure (panneaux, découpage des scènes), couleurs, personnages et lieux.
2. Montrez, en vous appuyant sur la description précise de l'œuvre, comment l'artiste a réalisé son objectif : « En 1928, de nombreux livres prônaient [...] l'héroïsme [...]. Les gens commençaient à oublier déjà ce que la guerre avait apporté de souffrances atroces. C'est de cette situation-là qu'est né le triptyque. » (Otto Dix)

Fiche ressource
www.lienmini.fr/hist1-93

3 Capacité Savoir lire, comprendre et apprécier une carte

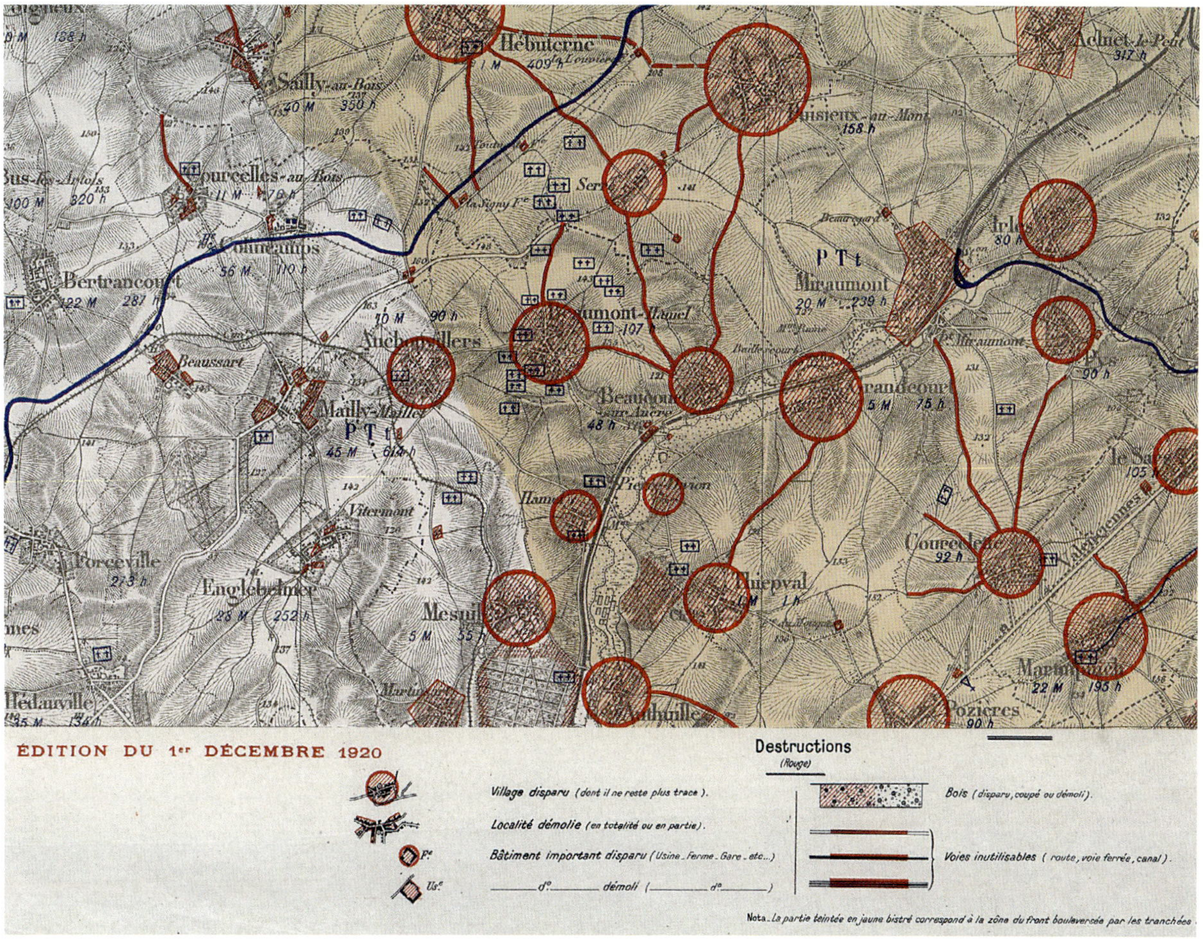

▶ **Carte des destructions dans le nord-est d'Amiens (détail), 1920**

1. Quelles sont les différentes traces de la guerre dans cette région ?
2. Localisez le territoire représenté en vous aidant de cartes du front à d'autres échelles. **(Cartes p. 256-257 et Cartes p. 316-317)**
3. Quel nom a été donné à ces territoires dévastés par les combats ?
4. Pourquoi ces zones ont-elles été cartographiées ?

Histoire & Sciences

Le Visage inconnu

En 2018, grâce à l'intelligence artificielle et à la mise au point d'un algorithme complexe, l'Historial de la Grande Guerre de Péronne dévoile le portrait-robot du Soldat inconnu. Ce projet fusionne les photos d'époque, authentiques, de 30000 hommes et femmes de tous les pays ayant participé au conflit, qui ne forment plus qu'un seul et même visage.

▲ Le visage du Soldat inconnu élaboré par l'Historial de la Grande Guerre de Péronne en 2018

Connectez-vous au site https://theunknownface.com/fr.

1. De quelles sources ce visage est-il constitué ?
2. Comment a-t-il été réalisé ?
3. Pourquoi symbolise-t-il, d'après le directeur de l'Historial de la Grande Guerre de Péronne, « l'humanité en guerre » ?

Regard critique

Peut-on « sortir » de la guerre ?

Dès la fin du conflit, la Grande Guerre devient un objet d'étude pour les historiennes et les historiens, qui adoptent des lectures différentes selon les périodes. L'« histoire culturelle » conduit à s'interroger sur la façon dont les sociétés et les individus sont sortis de la guerre.

« Face au chaos qui suit la Première Guerre mondiale, les historiens ont pris l'habitude, depuis les années 2000, de préférer la notion de "sortie de guerre" à celle d'"après-guerre" utilisée jusque-là par l'histoire diplomatique[1]. Ce changement de terminologie s'explique par l'essor de l'histoire culturelle[2] et des travaux sur la mémoire […]. Ce qu'il signifie d'abord, c'est que la chronologie de l'histoire des relations internationales est en décalage avec la réalité du début des années 1920. Prenons l'exemple d'un pays victorieux comme la France. Au moment où les régiments français sont démobilisés et défilent dans les villes, on leur fait emprunter parfois symboliquement le chemin inverse de celui qu'avaient suivi les mobilisés de l'été 1914. […] On serait passé, de manière presque instantanée, de l'état de guerre à l'état de paix.

Pourtant, la question des lendemains de guerre est loin d'être aussi simple. D'un point de vue strictement militaire, considérer le 11 novembre […] comme la fin de la guerre est un contresens : l'armistice n'est qu'une interruption temporaire des combats, pas la fin des hostilités qui n'intervient officiellement qu'au moment de la conclusion des traités de paix […]. Utiliser le terme de "sortie de guerre" au lieu d'"après-guerre", c'est souligner également la complexité des parcours qui conduisent les individus, militaires ou civils, mais aussi les groupes sociaux, à prendre des distances avec leur expérience de guerre […]. »

Extrait de l'article de l'historien Bruno Cabanes, « L'interminable sortie de la guerre », *L'Histoire*, n° 449-450, juillet-août 2018.

1. Histoire visant à étudier les relations entre les États.
2. Histoire des représentations collectives. Elle se développe dans les années 1980.

Développer son esprit critique

1. Expliquez pourquoi on préfère employer aujourd'hui l'expression « sortie de guerre ».
2. Comment les questions soulevées par l'histoire culturelle permettent-elles d'enrichir la connaissance de la Grande Guerre ?

Hansi, *La Prière de l'Alsace* (détail). Carte postale, vers 1915. Musée national de l'Éducation, Rouen.

Méthode Bac

Étudier une série statistique

Sujet guidé Le bilan militaire de la Première Guerre mondiale

▶ **Bilan des pertes militaires chez les belligérants**

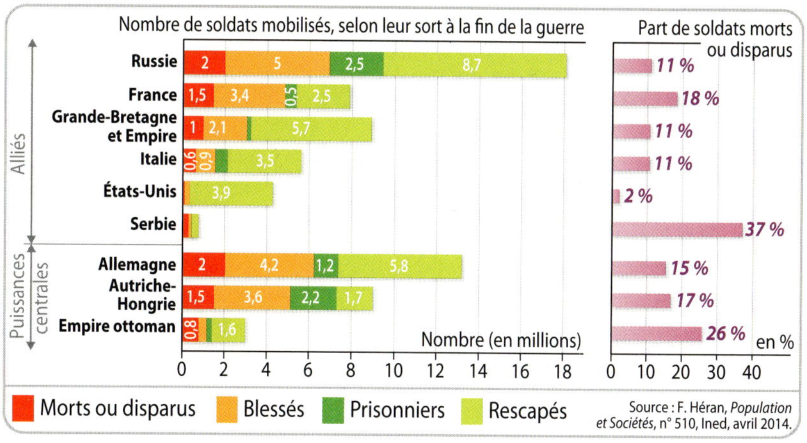

Source : F. Héran, *Population et Sociétés*, n° 510, Ined, avril 2014.

ÉTAPE 1

Lire une série statistique

- Repérez l'objet d'étude du tableau :
  > Ce document porte uniquement sur les pertes militaires du conflit. L'approche du bilan humain exclut donc les civils qui ne font pas partie du sujet à traiter.
- Identifiez les unités de mesure, les pays, les catégories retenues :
  > Valeurs quantitatives indiquées en millions ; pays regroupés par alliances ; distinction entre morts, blessés, prisonniers, rescapés.
- Analysez la deuxième partie du document statistique :
  > Pourcentage des morts parmi les mobilisés. Ce sont des valeurs relatives, contrairement à la première partie qui traite des valeurs absolues.
- Relevez la ou les source(s) qui ont permis l'élaboration du document :
  > L'Institut national d'études démographiques est un organisme officiel spécialisé dans les études démographiques.

ÉTAPE 2

Relever les éléments d'analyse

- Repérez ce qui retient votre attention dans la première partie du document :
  > Les pays qui ont le plus mobilisé ; les plus touchés en nombre de morts ; de blessés…
- Identifiez ce qu'apportent les pourcentages de la deuxième partie du tableau :
  > Les pays qui ont perdu le plus de combattants proportionnellement au nombre de mobilisés. Classez-les et localisez-les : quelle est leur proximité avec les zones de front ?

ÉTAPE 3

Analyser les observations

- Utilisez vos connaissances pour expliquer les éléments relevés :
  > Mort de masse et industrialisation ; blessures nouvelles dues aux armes modernes ; explication des différences constatées entre les pays en fonction de leur date d'entrée en guerre, de leur localisation dans le conflit, etc.
- Montrez pourquoi valeurs absolues et pourcentages sont complémentaires :
  > Croiser les données permet de repérer que si la France a mobilisé moins de soldats que l'Allemagne, en proportion, elle enregistre un plus grand nombre de morts. Cela permet aussi de repérer la situation particulière de la Serbie, qui enregistre le plus fort pourcentage de morts en uniforme (trois fois plus qu'en Grande-Bretagne). Le front oriental a été particulièrement meurtrier.
- Donnez des exemples précis :
  > Les faibles pertes militaires des États-Unis s'expliquent par leur intervention tardive et la moindre usure des soldats qui n'ont pas connu quatre années de combat.
- Interrogez les termes utilisés dans le document :
  > Le terme de « rescapé » signifie-t-il « sans séquelles » ?
- Identifiez les données absentes qui pourraient permettre d'approfondir le sujet :
  > La population de chaque pays.
  > Les classes d'âge des hommes mobilisés et disparus.

Sujet blanc Les civils dans le bilan humain de la Première Guerre mondiale

▶ **Doc à télécharger**
www.lienmini.fr/hist1-67

Méthode Bac

Étudier deux documents

Sujet corrigé Les enjeux mémoriels de la Première Guerre mondiale

Consigne: Comment ces documents témoignent-ils de la difficulté à sortir de la guerre ?

1 ▸ Inauguration d'un monument aux morts à Écuvilly (Oise)
Photographie, 1923.

2 ▸ Le passé toujours présent

« Je ne peux pas oublier la guerre. Je le voudrais. Je passe des fois deux jours ou trois sans y penser et brusquement, je la revois, je la sens, je l'entends, je la subis encore. Et j'ai peur. […] Vingt ans ont passé. Et depuis vingt ans, malgré la vie, les douleurs et les bonheurs, je ne me suis pas lavé de la guerre. L'horreur de ces quatre ans est toujours en moi. Je porte la marque. Tous les survivants portent la marque.

J'ai été soldat de deuxième classe dans l'infanterie pendant quatre ans […]. Avec M. V., qui était mon capitaine, nous sommes à peu près les seuls survivants de la 6e compagnie. Nous avons fait les Éparges, Verdun-Vaux, Noyons-Saint-Quentin, le Chemin des Dames, l'attaque de Pinon, Chevrillon, le Kemmel. La 6e compagnie a été remplie cent fois et cent fois d'hommes. […] Nous sommes de tout ça les derniers vivants, V. et moi. J'aimerais qu'il lise ces lignes. Il doit faire comme moi le soir : essayer d'oublier. […] Mais, tous les deux ou trois jours, il doit subir comme moi, comme tous. Et nous subirons jusqu'à la fin. »

Jean Giono, « Je ne peux pas oublier » (extrait), article publié dans la revue littéraire *Europe* n° 143 en 1934 et repris dans *Refus d'obéissance*, © Éditions Gallimard, 1937.

ÉTAPE 1 Analyser la consigne et les documents

- Identifiez et expliquez les mots clés du sujet et de la consigne.

> « Enjeux mémoriels » : question des mémoires du conflit, donc des souvenirs, des traces laissées par la guerre, à l'échelle individuelle et collective.
> « Sortir de la guerre » : question de la difficile et lente démobilisation des individus et des sociétés après des années de guerre totale.

- Identifiez la nature et l'auteur de chaque document.

Doc. 1: photographie illustrant l'inauguration d'un monument aux morts dans un village de l'Oise, c'est-à-dire dans une zone du front occidental, particulièrement touchée par les combats. Auteur inconnu.
Doc. 2: témoignage, sous forme d'article publié dans la presse, de Jean Giono, écrivain ancien combattant qui a passé quatre ans au front.
> Deux documents de nature différente qui évoquent l'empreinte à la fois individuelle et collective de la Grande Guerre.

- Replacez la date de chaque document dans son contexte.

> Les documents datent des années 1920 et 1930.
Doc. 1: 1923, soit quatre ans après la signature de la paix.
Doc. 2: 1934, soit quinze ans après la signature de la paix.
> Les deux décennies qui suivent le conflit sont encore marquées par la présence de la guerre.

ÉTAPE 2
Prélever des informations

- Relevez dans les documents des éléments qui évoquent les traces de la guerre.

Doc. 1: la statue du soldat, dans une posture héroïque; les noms des soldats de la commune d'Écuvilly morts pour la patrie inscrits sur le socle; la foule constituée de personnes très diverses: anciens combattants portant le drapeau français, familles, enfants, etc. Le monument est situé devant la mairie, au centre, sur la place du village.

Doc. 2: les expressions « Je ne peux pas oublier », « je la revois, je la sens, je l'entends, je la subis encore », « Je porte la marque ». Malgré les vingt ans qui ont passé, Giono est marqué, pour toujours.

- Relevez dans les documents des éléments qui indiquent comment la mémoire de la Grande Guerre se construit.

Doc. 1: le monument aux morts est une marque de mémoire et de deuil, un lieu de commémoration collective, de rassemblement en l'honneur des morts. La République et la patrie sont présentes partout: mairie, drapeau, discours officiel par l'élu devant le monument.

Doc. 2: Jean Giono participe, par ses témoignages, à la mémoire de la guerre. « Je porte la marque... Tous les survivants portent la marque » exprime la dimension à la fois individuelle et de groupe (tous les anciens combattants) de l'empreinte de la guerre.

ÉTAPE 3
Confronter les informations

- Relevez les thèmes communs des documents.

> La dimension individuelle et collective du deuil, de la souffrance.

> Les tentatives d'y faire face.

- Relevez les différences entre les documents.

> Le **doc. 1** montre la construction d'un moment de rassemblement national autour des morts de la guerre. Le **doc. 2** exprime l'omniprésence de la guerre à l'échelle d'un homme.

- Mobilisez vos connaissances:

Doc. 1: foule sur la photographie = les cercles de deuil du fait du nombre de morts (familles, amis...). Drapeau français et discours = présence institutionnelle. Situation du monument devant la mairie = lieu républicain, construction d'une mémoire républicaine et collective de la Grande Guerre. Nombre de monuments aux morts = chaque village veut célébrer ses morts. À ce lieu la République ajoute un temps: le 11 Novembre devient jour férié en 1922.

Doc. 2: Jean Giono fait partie de ces nombreux soldats pour lesquels le retour à la paix ne peut effacer la guerre (blessures physiques et psychiques). La guerre l'a rendu pacifiste convaincu.

ÉTAPE 4
Construire un plan puis rédiger

L'introduction

- Veillez à bien présenter les deux documents dans l'introduction et à annoncer le sujet.

Le développement

- Pour chaque paragraphe, exposez l'idée générale puis faites référence aux documents en croisant les informations. Montrez comment ils répondent à la consigne et mobilisez vos connaissances pour justifier votre analyse.

I. La dimension collective et individuelle de la mémoire et du deuil

II. La construction de la mémoire officielle

La conclusion

- Elle montre l'intérêt des documents et leurs éventuelles limites.

Concluez en répondant à la consigne et ouvrez sur une thématique (par exemple, le pacifisme).

Sujet blanc La difficile conciliation des principes de Wilson avec la réalité des nationalités en Europe (doc. 2 p. 320 et carte 1 p. 316)

Méthode Bac

Rédiger la réponse à un sujet

Sujet corrigé Sortir de la Grande Guerre

ÉTAPE 1 L'introduction

- Définissez le sens des mots-clés du sujet et précisez les limites (spatiales et chronologiques).
- Dégagez une problématique qui sera le fil conducteur de votre devoir.
- Annoncez le plan de votre développement.

BAC Conseil
Réfléchissez au type de plan le plus adapté : chronologique, thématique, etc.

ÉTAPE 2 Le développement

- Structurez votre développement en deux ou trois parties : chacune correspond à un grand thème, une grande idée qui constitue un élément de réponse à la problématique.
- Chaque partie est elle-même subdivisée en paragraphes : chacun correspond à un argument illustré par un exemple précis (lieu, date, événement, personnage clé).
- Commencez chacune des parties de votre développement par une phrase introductive qui présente l'idée principale.
- Reliez vos paragraphes et vos parties par des phrases de transition.

BAC Conseil
Veillez à être lisible et à aérer votre copie. Sautez des lignes entre l'introduction et le développement, entre les parties de celui-ci et avant la conclusion.
Faites des alinéas entre chaque paragraphe du développement.

ÉTAPE 3 La conclusion

- Apportez une réponse à la problématique sous la forme d'une courte synthèse.
- Ouvrez le sujet sur une autre approche ou thématique possible, ou sur la période qui suit immédiatement celle étudiée dans le sujet.

BAC Conseil
Relisez-vous avec attention pour corriger l'orthographe et la syntaxe.
Cette étape est importante, il faut y consacrer du temps.
Ne mettez pas de titres, il faut tout rédiger.

INTRODUCTION	
Sujet	Sortir de la Grande Guerre ne consiste pas seulement à déposer les armes. L'enjeu est de retrouver la vie en paix après une guerre longue et traumatisante.
Problématique	En quoi l'expérience de la Grande Guerre rend-elle difficile le retour à la paix ?
Annonce du plan	De 1917 à 1923, armistices et traités de paix mettent fin aux combats et tentent d'établir une paix durable entre les États (partie 1). Mais l'expérience de la guerre a profondément marqué les individus et les sociétés (partie 2). La reconstruction, tant à l'échelle individuelle que collective, est longue et difficile (partie 3).
DÉVELOPPEMENT	
PARTIE 1	
Idée générale	La diplomatie est l'outil traditionnel des sorties de guerre. Elle recompose territorialement l'Europe, impose des sanctions aux vaincus et donne naissance à un nouvel ordre mondial.

Idée secondaire 1	Les armistices et les traités de paix mettent peu à peu fin au conflit. De 1918 à 1923, différents traités de paix sont signés, inspirés par les Quatorze Points du président Wilson. Ils redessinent l'Europe en tentant de tenir compte des nationalités pour établir une paix durable.
Exemple	Les traités signés à la conférence de la Paix (janvier à juin 1919) démantèlent les empires. Ils laissent place à une Europe des nations et créent la Société des Nations (SDN) pour instituer de nouvelles relations entre les États.
Idée secondaire 2	Mais les chemins vers la paix sont difficiles et les traités ne font pas l'unanimité. Celui de Versailles (1919) ou celui de Sèvres (1920), par exemple, sont mal acceptés ou contestés par les vaincus qui ont été exclus des négociations, tandis que dans le camp des vainqueurs, certains, comme l'Italie, s'estiment lésés.
Exemple	L'Allemagne vit le traité de Versailles comme un « Diktat » ; la Turquie s'engage dans une guerre contre la Grèce qui aboutit, en 1923, à la signature du traité de Lausanne, dernier traité de paix de la Grande Guerre.
PARTIE 2	
Idée générale	Sortir de la guerre, c'est aussi, pour les sociétés et les individus qui ont vécu le conflit, parvenir à se détacher des violences de la guerre et retrouver la vie en paix. Du fait du caractère total du conflit et des empreintes profondes qu'il a inscrites, ce processus est long et difficile. L'abandon de l'uniforme, pour plus de 60 millions de démobilisés, n'est qu'une étape dans le retour à la vie civile.
Idée secondaire 1	Après les longues démobilisations militaires, il s'agit pour les anciens combattants de se réinsérer dans la vie civile. La réinsertion professionnelle, même accompagnée par les pouvoirs publics, est difficile pour nombre d'entre eux.
Exemple	En France, la démobilisation des 6 millions de soldats s'étend jusqu'en 1921. Les gueules cassées témoignent de la violence des combats et de la difficulté à retrouver une place dans la société.
Idée secondaire 2	Le retour au foyer est troublé par l'expérience de guerre que nombre d'anciens combattants peinent à mettre à distance. Les blessures physiques et psychiques (difficiles à quantifier mais bien réelles) marquent durablement leur existence.
Exemple	Les associations d'anciens combattants se multiplient pour les soutenir. C'est en France que le mouvement est le plus puissant, la moitié des anciens combattants en font partie.
PARTIE 3	
Idée générale	Le caractère total et la durée de la guerre expliquent le très lourd bilan matériel et humain auquel les sociétés et les individus doivent faire face et qui rend la sortie de guerre difficile. Sortir de la guerre nécessite une reconstruction longue et coûteuse. Cela implique aussi de rendre hommage aux millions de morts pour dépasser le deuil de masse auquel la guerre a donné lieu.
Idée secondaire 1	Les dommages matériels sont considérables dans les zones où se sont déroulés les combats. Les impacts environnementaux touchent les espaces agricoles et forestiers et les rendent impropres à toute utilisation.
Exemple	Le Nord et l'Est de la France sont particulièrement touchés. Les autorités définissent une zone rouge interdite à toute activité humaine.
Idée secondaire 2	Le bilan humain est sans précédent : 10 millions de morts et de disparus auxquels s'ajoutent 20 millions de blessés. Le poids des morts sur les vivants est considérable. Leur sacrifice s'inscrit dans le paysage et les mémoires.
Exemple	Nécropoles nationales, monuments aux morts, culte du Soldat inconnu participent à la construction d'une mémoire collective de la guerre.
CONCLUSION	
Réponse à la problématique	Sortir de la Grande Guerre est un processus long et complexe qui implique plusieurs étapes : traités de paix, démobilisations et reconstruction des sociétés meurtries par cette guerre totale. Les chemins pour retrouver et établir une paix durable sont difficiles.
Ouverture	L'entrée de l'Allemagne dans la SDN en 1926 laisse espérer une paix durable. Mais, à l'échelle des individus et des sociétés, la sortie de guerre semble interminable. Sortir de la guerre est-il alors synonyme de paix retrouvée ?

Sujet blanc Le nouvel ordre mondial après la Grande Guerre

Réviser Sortir de la guerre

Fiche de révision

Comment se manifeste l'empreinte de la guerre sur les relations internationales et les sociétés après 1918 ?

I Du désordre de la guerre à l'espoir d'un nouvel ordre international

- La sortie de guerre se fait par étapes : armistices et traités de paix s'échelonnent entre 1918 et 1923.
- Les traités de paix sont inspirés par les principes du président Wilson : droit des peuples à l'autodétermination et sécurité collective (SDN).
- L'Europe des empires de 1914 laisse place à une Europe des nations.

II Les réalités d'un nouveau désordre international

- Des conflits persistent, comme en Russie.
- Le dessin des nouvelles frontières provoque des conflits (guerre gréco-turque) et des déplacements massifs de population.
- Le droit international évolue : la SDN crée le Haut-Commissariat aux réfugiés et le passeport Nansen pour les apatrides.

III Reconstruire et se reconstruire après la guerre

- La guerre a meurtri les populations et marqué les mémoires.
- Le bilan humain et matériel est très lourd (10 millions de morts et de disparus et 20 millions de blessés).
- Les mémoires du conflit se construisent autour de l'hommage aux morts (Soldat inconnu, monuments aux morts).
- Mettre à distance la guerre et retrouver la vie civile est un long processus.

Repères clés

LES ACTEURS ET LES ACTRICES

Woodrow Wilson (1856-1924)

Louise Weiss (1893-1983)

Les réfugiés

Mohandas Gandhi (1869-1948)

Fridtjof Nansen (1861-1930)

Anna Coleman Ladd (1878-1939)

Auguste Thin (1899-1982)

LES LIEUX

- **Le château de Versailles**
  Lieu où l'Empire allemand avait été proclamé en 1871 et où est signé le traité de Versailles en juin 1919.
- **Les monuments aux morts**
  Lieux de mémoire du conflit, ils révèlent l'ampleur du deuil de masse et le besoin pour les survivants de commémorer les morts.
- **L'Arc de triomphe**
  Monument situé place de l'Étoile, à Paris, où se trouve la tombe du Soldat inconnu.

Schéma animé
www.lienmini.fr/hist1-94

Schéma bilan

METTRE FIN AU CONFLIT

à différentes échelles

COMMUNAUTÉ INTERNATIONALE
- Traités de paix
- SDN (sécurité collective)

ÉTATS
- Armistices
- Nouvelles frontières
- Reconstruire et indemniser

PEUPLES
- Nationalités (droit des peuples)
- Se reconstruire et se réinsérer
- Commémorer

et surmonter

LES DIFFICULTÉS

CONFLITS IDÉOLOGIQUES
- Colonialisme
- Communisme
- Nationalisme

TENSIONS ET GUERRES
- Vaincus frustrés (*Diktat*)
- Frontières contestées
- Guerres

DIVISIONS ET VIOLENCES
- Réfugiés
- Deuil long et difficile
- Guerre civile et tensions

pour retrouver

UNE PAIX FRAGILE

QCM interactif
www.lienmini.fr/hist1-95

LES CHIFFRES

- **10 millions** de morts et de disparus
- **20 millions** de blessés
- **3 millions** de veuves de guerre
- **6 millions** d'orphelins
- **10 millions** de réfugiés

LES DATES

- **Janvier 1918** : Quatorze Points du président Wilson
- **11 novembre 1918** : Armistice sur le front occidental
- **Juin 1919** : Signature du traité de Versailles
- **Janvier 1920** : Naissance de la Société des Nations
- **11 novembre 1920** : Cérémonie en hommage au Soldat inconnu à Paris
- **1922** : Création du passeport Nansen

Points de passage et d'ouverture

1919-1923 Les traités de paix
En cherchant à tenir compte du droit des peuples à l'autodétermination, les traités de paix remodèlent l'Europe. C'est la fin des empires. Les nouvelles frontières issues des traités sont parfois contestées.

1920 Le Soldat inconnu et les enjeux mémoriels
La violence des combats rend impossible l'identification de la moitié des corps des soldats. Le culte du Soldat inconnu est adopté par tous les belligérants. Il incarne les disparus de la guerre que les nations commémorent.

1922 Le passeport Nansen et le statut des apatrides
Les déplacements massifs de populations pendant et après la guerre provoquent une crise humanitaire à laquelle la SDN tente d'apporter une réponse. Le passeport Nansen vise à donner aux apatrides une protection juridique internationale.

Biographies

Alexandre Ier

(1777-1825)

Empereur (tsar) de Russie et adversaire farouche de Napoléon. À partir de 1814, il mène une politique autoritaire qui s'appuie sur l'Église orthodoxe et limite les libertés publiques. Allié de l'Autriche, il fait de la Russie un acteur central de la Sainte-Alliance.

Ataï

(vers 1833-1878)

Chef d'une tribu kanake, il s'oppose aux spoliations de terres au profit des colons européens et des libérés. Sa mort lors de la grande révolte de 1878, qui fait 200 morts européens et plus d'un millier de morts Kanaks, en fait un héros de la lutte contre les violences coloniales.

Hubertine Auclert

(1848-1914)

Journaliste, républicaine anticléricale et militante féministe très active, elle lutte pour les droits des femmes, en particulier le droit de vote. Elle fonde la société Le Droit des femmes (1876) ainsi que le journal *La Citoyenne* (1881).

Camillo Benso

(1810-1861)

Né à Turin, le comte de Cavour est issu de l'aristocratie européenne. À la tête du journal *Il Risorgimento*, puis comme ministre et président du Conseil du royaume de Piémont-Sardaigne, il est un des acteurs clés de l'unification et de l'indépendance de l'Italie.

Otto von Bismarck

(1815-1898)

Diplomate issu de l'aristocratie prussienne, il est nommé ministre-président du royaume de Prusse de 1862 à 1890, chancelier de la Confédération de l'Allemagne du Nord de 1867 à 1871, puis chancelier du nouvel Empire allemand de 1871 à 1890. Il est considéré comme l'un des pères fondateurs de l'unité allemande.

Maria Botchkareva, dite « Yashka »

(1889-1920)

Engagée volontaire, cette jeune Russe refuse de devenir infirmière et obtient du tsar le droit de combattre parmi les hommes. Promue au grade de sergent, elle prend en 1917 la tête du premier bataillon féminin, dont les membres portent l'uniforme masculin et les cheveux rasés. La propagande utilise son image pour contrer la désertion des hommes.

Marguerite Boucicaut

(1816-1887)

Femme d'affaires. Avec son époux Aristide Boucicaut, elle est à l'origine de la création du premier grand magasin parisien : le Bon Marché. Elle est particulièrement novatrice dans ses méthodes de vente. D'origine très modeste, elle bâtit une fortune considérable.

Charles-Louis-Napoléon Bonaparte, Napoléon III

(1808-1873)

Neveu de Napoléon Ier, il s'affirme comme le détenteur de la mémoire napoléonienne au début de la IIe République. Élu député, il devient ensuite le premier président de la République. Après son coup d'État le 2 décembre 1851, il prend le titre d'empereur sous le nom de Napoléon III.

Napoléon Bonaparte, Napoléon Ier

(1769-1821)

Issu de la petite noblesse corse, Napoléon Bonaparte fait une carrière militaire sous la République qu'il défend contre les royalistes en 1795. Premier consul après le coup d'État de 1799, il met en place, sous le Consulat puis l'Empire à partir de 1804, un système, le bonapartisme, qui cherche à concilier autoritarisme politique, pouvoir personnel et redressement économique et social.

Aristide Briand

(1862-1932)

Engagé en politique auprès des socialistes, il se rapproche des radicaux dans les années 1900. Figure majeure de la IIIe République, il est le rapporteur de la loi de séparation des Églises et de l'État.

Léontine Arman de Caillavet

(1844-1910)

À partir de 1878, elle tient l'un des principaux salons littéraires et politiques du pays, avenue Hoche à Paris. Georges Clemenceau, Raymond Poincaré, ou encore Marcel Proust, Sarah Bernhardt, Colette et Marie Curie s'y retrouvent.

Auguste Casimir-Périer

(1811-1876)

Diplomate, député, ministre et auteur de traités économiques. Sa famille ayant fait fortune dans le commerce au XVIIIe siècle, devient l'une des plus influentes du XIXe siècle.

Edith Cavell

(1865-1915)

Infirmière britannique exécutée en 1915 par les Allemands pour avoir permis l'évasion de centaines de soldats alliés de la Belgique vers les Pays-Bas. Elle devient une martyre civile et est érigée en symbole par la propagande britannique anti-allemande.

Charles X

(1757-1836)

Frère de Louis XVI et de Louis XVIII à qui il succède en 1824, ultra-royaliste, il prête serment à la Charte mais tente de restaurer un pouvoir personnel face au Parlement et à la presse. Les journées révolutionnaires de 1830 le poussent à abdiquer.

Georges Clemenceau

(1841-1929)

Chef de l'extrême gauche républicaine radicale depuis 1876, il s'oppose aux républicains, en particulier sur leur choix de relancer la politique coloniale au détriment de la revanche sur l'Allemagne.

Marie Curie

(1867-1934)

D'origine polonaise, Marie Sklodowska immigre en France en 1891. Elle y poursuit ses études et épouse le physicien Pierre Curie en 1895. En 1903, elle est la première femme à recevoir un prix Nobel, avec son mari, pour leurs recherches sur les radiations. Elle obtient ensuite, seule, celui de chimie en 1911 pour l'étude du radium.

Georges Danton

(1759- 1794)

Avocat de formation, ses talents d'orateur au club des Cordeliers en font une figure majeure de la Révolution. Il intègre le gouvernement à la chute de la monarchie. Montagnard opposé à Robespierre, il est victime de la Terreur qu'il a en partie initiée.

Théophile Delcassé

(1852-1923)

Républicain radical, il est ministre des Affaires étrangères de 1898 à 1905. Considérant que la France a besoin de l'alliance anglaise contre l'Allemagne, il gère la crise de Fachoda en privilégiant la négociation. Ce choix aboutit à la signature, en 1904, de l'Entente cordiale entre la France et l'Angleterre.

Otto Dix

(1891-1969)

Peintre expressionniste allemand, engagé volontaire en 1914. Il combat comme mitrailleur en Champagne, dans la Somme et en Russie. Soldat exemplaire, il est décoré. Dans les années 1920, il devient pacifiste.

Gustave Eiffel

(1832-1923)

Ingénieur et industriel français. Ses réalisations en fer, matériau novateur au XIXe siècle, sont des symboles de modernité qui ont fait passer son nom à la postérité.

Jules Ferry

(1832-1893)

Ministre de l'Instruction publique entre 1879 et 1882, il a également dirigé plusieurs gouvernements. Il est à l'origine des grandes lois scolaires.

Ferdinand Foch

(1851-1929)

Maréchal français qui combat dans la Marne puis dans le Nord de la France. Il commande la contre-offensive qui permet la victoire de l'Entente et de ses alliés en 1918.

Augustine Fouillée, née Tuillerie

(1833-1923)

Femme de lettres, elle publie en 1877, sous le pseudonyme G. Bruno, *Le Tour de la France par deux enfants*, manuel de lecture scolaire dont le succès est considérable.

Léon Gambetta

(1838-1882)

Il est le principal acteur des débuts de la IIIe République. Il participe activement à la conclusion du compromis de 1875, qui permet le vote des lois constitutionnelles. Orateur brillant, il est une grande figure de la Chambre des députés dont il occupe la présidence entre 1879 et 1881.

Biographies

Mohandas Gandhi

(1869-1948)

Avocat indien, Gandhi lutte pour que le droit des peuples à l'autodétermination s'applique aux colonies. Après le massacre d'Amritsar, il dirige le parti du Congrès nationaliste indien et prône la résistance au système colonial par la non-violence et la non-coopération.

Nicole Girard-Mangin

(1878-1919)

Mobilisée dans l'armée à la suite d'une erreur administrative, cette médecin soigne des soldats malades du typhus sur le front de Verdun, puis dans la Somme en 1916. Elle dirige ensuite l'hôpital Edith-Cavell à Paris, où elle forme des infirmières.

Guillaume Ier

(1797-1888)

Il participe à l'écrasement de l'insurrection révolutionnaire à Berlin en 1848 avant de monter sur le trône de Prusse en 1861. Avec son chancelier Bismarck, il construit l'unité allemande autour de la Prusse. Le 18 janvier 1871, il devient empereur d'une Allemagne unifiée après la guerre contre la France.

Georges Eugène Haussmann

(1809-1891)

Après des études de droit, il entre en politique. Nommé préfet de la Seine par Napoléon III en 1853, il dirige les grands travaux de transformation et d'assainissement de Paris sous le Second Empire. Il reste en poste jusqu'en 1870.

Hoàng Hoa Thám

(1858-1913)

Surnommé « le tigre du Yên Thê », ce nationaliste vietnamien est l'un des chefs les plus actifs de la guérilla militaire opposée à la colonisation française à la fin des années 1890. Il est assassiné en 1913.

Paul von Hindenburg

(1847-1934)

Général retraité en 1914, il est rappelé par l'empereur allemand Guillaume II lors de l'entrée des Russes en Prusse-Orientale. Vainqueur à Tannenberg, il s'impose ensuite comme dirigeant politique autoritaire de l'Allemagne concentrée sur son effort de guerre.

Victor Hugo

(1802-1885)

Écrivain romantique parmi les plus emblématiques du XIXe siècle, il s'engage en politique en s'opposant à Napoléon III et devient, avec le temps, une figure de référence pour les républicains.

Joseph Joffre

(1852-1931)

Chef d'état-major général depuis 1911, Joseph Joffre est nommé commandant en chef de l'armée française en 1914. Il applique en août le plan XVII qui projette une victoire rapide et la reconquête de l'Alsace-Lorraine. Malgré l'échec de son plan d'offensive, il retire un immense prestige de la victoire de la Marne.

Ernst Jünger

(1895-1998)

Écrivain allemand. Soldat engagé volontaire à l'âge de 19 ans, il participe à la bataille de la Somme et est blessé quatorze fois au cours de la Première Guerre mondiale. En 1920, il publie *Orages d'acier*, titre inspiré par la violence des bombardements d'artillerie qu'il a subis.

Anna Coleman Ladd

(1878-1939)

Sculptrice américaine et membre de la Croix-Rouge, Anna Coleman Ladd dirige, à Paris, un atelier de confection de masques pour les soldats mutilés du visage. Entre 1918 et 1920, elle réalise 185 masques et forme d'autres artistes à sa technique.

Alphonse de Lamartine

(1790-1869)

Poète et académicien, il débute sa carrière politique après la révolution de 1830. Député de 1833 à 1851, puis membre du Gouvernement ministre des Affaires étrangères après la révolution de 1848, il participe à la proclamation de la IIe République et s'engage dans l'organisation et le fonctionnement des institutions de la IIe République.

Ernest Lavisse

(1842-1922)

Historien, il a publié de nombreux manuels qui ont fortement influencé l'enseignement de l'Histoire dans les écoles de la IIIe République.

Louis XVI

(1754-1793)

Sacré en 1775, il abandonne en 1791 le titre de roi de France pour celui de roi des Français. En septembre 1792, la royauté est abolie. Relégué au rang de simple citoyen, il est appelé Louis Capet, avant d'être jugé et exécuté en janvier 1793. C'est le dernier roi de la monarchie absolue française.

Louis XVIII

(1755-1824)

Frère de Louis XVI, il revient d'exil en 1814 après la défaite de Napoléon Ier. Devenu roi de France, il règne selon les principes exprimés dans la Charte, qu'il présente non pas comme un droit mais comme une « concession » faite à ses sujets.

Louis-Philippe

(1773-1850)

Cousin de Charles X, il lui succède comme « roi des Français » après la révolution de 1830. Il est porté au pouvoir par les royalistes modérés qui redoutent qu'une république ne conduise à la guerre civile et à la guerre avec les souverains étrangers. La monarchie de Juillet est une monarchie parlementaire.

Erich Ludendorff

(1865-1937)

Après avoir joué un rôle clé lors de la bataille de Tannenberg en 1914, il est nommé général en chef de l'armée allemande après la bataille de Verdun en 1916. Avec le maréchal Hindenburg, il impose alors à l'Allemagne une dictature militaire.

Patrice de Mac-Mahon

(1808-1893)

Noble, royaliste, militaire de carrière, il participe à la répression de la Commune de Paris. Rassurant royalistes et partisans d'une république autoritaire, il est élu président de la République en 1873. Il démissionne en 1879.

Charles Maurras

(1868-1952)

Acteur de l'extrême droite française antiparlementaire et antirépublicaine à partir des années 1890. Écrivain et journaliste nationaliste et monarchiste, il prend fortement position contre Dreyfus.

Giuseppe Mazzini

(1805-1872)

Républicain convaincu, il est membre des carbonari et fonde à Marseille, en 1831, le mouvement Jeune Italie. Il participe à de nombreuses insurrections qui sont autant d'échecs, et passe la majeure partie de sa vie en exil.

Klemens Wenzel von Metternich

(1773-1859)

Issu de la noblesse allemande, il s'oppose à la Révolution française et est contraint de fuir à Vienne. Ambassadeur à Berlin en 1803, puis à Paris en 1806, il devient le ministre des Affaires étrangères autrichien en 1809. Il est une figure politique majeure à Vienne et en Europe jusqu'en 1848.

Louise Michel

(1830-1905)

Institutrice engagée dans le mouvement de la Commune de Paris, elle s'impose comme une grande figure du mouvement social en construction. Déportée en Nouvelle-Calédonie, elle rentre en France en 1880 et embrasse la cause anarchiste.

Fridtjof Nansen

(1861-1930)

Délégué de la Norvège à la SDN, l'explorateur polaire Fridtjof Nansen est nommé haut-commissaire chargé du rapatriement des prisonniers de guerre en 1920 puis haut-commissaire aux Réfugiés en 1921. Il reçoit en 1922 le prix Nobel de la paix pour son action en faveur des réfugiés de la Première Guerre mondiale.

Virginia Oldoini

(1837-1899)

Épouse d'un cousin de Cavour et proche du roi, la comtesse de Castiglione est envoyée à la cour impériale de Napoléon III en 1856. Sa mission est de défendre la cause de l'unité italienne et de convaincre l'Empereur d'intervenir.

Émile Ollivier

(1825-1913)

Député républicain élu en 1857, il encourage Napoléon III à aller plus loin dans l'évolution libérale de l'Empire. Chef du gouvernement en 1869-1870, il cherche à concilier ordre et liberté.

Biographies

Émile Pereire
(1800-1875)

Isaac Pereire
(1806-1880)

Fils d'un assureur maritime, ils se lancent très jeunes dans les affaires. Leur ascension est fulgurante. En 1867, leurs entreprises font faillite, mais ils continuent leur carrière politique.

Emilia Plater
(1806-1831)

Née dans une Pologne dominée par les Russes, cette jeune femme issue de la noblesse rejoint le soulèvement national polonais qui débute en novembre 1830 et participe aux combats. Adam Mickiewicz, poète nationaliste, la compare à Jeanne d'Arc et en fait un symbole de la lutte pour l'indépendance.

Ranavalona III
(1861-1917)

Dernière reine de Madagascar. Elle ne peut s'opposer à l'implantation française, résultat de deux expéditions militaires qui instaurent un protectorat français. En 1897, à la suite d'une révolte populaire anti-française, elle est exilée sur l'île de la Réunion, puis en Algérie, où elle meurt en 1917.

Maximilien Robespierre
(1758-1794)

Avocat, député aux états généraux, figure centrale du club des Jacobins, il est élu à la Convention en septembre 1792. Il s'oppose aux girondins et demande la mort de Louis XVI. Au sein du groupe des montagnards, il impose la Terreur avant d'être guillotiné à son tour.

Madame Roland
(1754-1793)

Jeanne Marie (Manon) Philipon, écrit en 1777 « Comment l'éducation des femmes pourrait contribuer à rendre les hommes meilleurs ». Arrivée à Paris en 1791, elle tient un salon où se réunissent les girondins. Arrêtée pendant la Terreur, elle est jugée et exécutée en 1793.

George Sand
(1804-1876)

Pseudonyme d'Aurore Dupin. Femme de lettres proche des socialistes, elle fonde plusieurs journaux et défend la cause des femmes en 1848. Après 1851, elle réclame en vain une amnistie pour les opposants du régime emprisonnés ou exilés, et diffuse ses idées à travers ses romans.

Victor Schoelcher
(1804-1893)

Sous-secrétaire d'État à la Marine et aux Colonies, il consacre l'essentiel de ses activités à la réforme du régime colonial. Il préside la Commission d'abolition de l'esclavage dans les colonies françaises qui prépare les décrets abolitionnistes du 27 avril 1848.

Henri Schneider
(1840-1898)

Cet industriel occupe de nombreuses fonctions administratives (régent de la Banque de France) et politiques (maire du Creusot, conseiller général, député). Dirigeant paternaliste de l'usine du Creusot, il institue un système de retraite au sein de son entreprise.

Adolphe Thiers
(1797-1877)

Après une longue carrière politique sous la monarchie, il se rallie à la République conservatrice. Il incarne à la fois la République, dont il est président de 1871 à 1873, et l'ordre, avec son passé monarchiste et la répression qu'il dirige contre la Commune.

Auguste Thin
(1899-1982)

Devenu pupille de la Nation après la mort de son père à Verdun, il s'engage dans l'infanterie à 19 ans et accède au grade de caporal. Il est désigné en novembre 1920 pour choisir la dépouille qui incarnera le Soldat inconnu parmi huit cercueils rassemblés dans la citadelle de Verdun.

Victor-Emmanuel II
(1820-1870)

Il devient roi de Piémont-Sardaigne en 1849. Il est considéré, avec son Premier ministre Cavour, comme l'un des principaux artisans de l'unification de l'Italie dont il devient roi en 1861.

Woodrow Wilson
(1856-1924)

Président démocrate des États-Unis (1913-1921). En 1916, sa réélection repose en partie sur sa promesse de rester en dehors de la guerre. C'est pourtant lui qui la déclare à l'Allemagne, rompant ainsi avec la tradition de l'isolationnisme.

Lexique

A

Absolutisme : régime politique dans lequel le pouvoir du souverain n'est pas limité par une constitution.

Acculturation : modifications qui se produisent dans un groupe culturel (manière d'agir, de travailler, de penser, etc.) par suite du contact permanent avec un groupe appartenant à une autre culture.

Action : part du capital d'une entreprise.

Affectés spéciaux : ouvriers rappelés du front à partir de 1915 pour servir dans les usines d'armement.

Almanach : calendrier agricole et recueil de conseils et d'informations pour l'agriculture.

AMI (Assistance médicale indigène) : service de santé publique créé en 1899 à Madagascar, puis étendu aux autres colonies à partir de 1905.

Ancien combattant : expression inventée en France pour désigner les survivants de la Grande Guerre.

Anticlérical : qui s'oppose à l'influence du clergé sur la société.

Antisémite : qui manifeste une hostilité systématique et une attitude discriminatoire à l'encontre des Juifs.

AOF et AEF (Afrique-Occidentale et Afrique-Équatoriale françaises) : fédérations regroupant plusieurs colonies chacune, en Afrique de l'Ouest, pour en faciliter l'administration et l'exploitation.

Armistice : accord politique mettant un terme provisoire aux affrontements militaires entre deux pays ennemis afin d'établir des négociations de paix.

Arrière-front : désigne les espaces situés à proximité du front par lesquels transitent les soldats et leurs approvisionnements.

Ateliers nationaux : organisation sociale destinée à donner du travail aux chômeurs parisiens après la révolution de février 1848.

Autodétermination : principe selon lequel tout peuple a le droit de choisir son propre gouvernement, indépendamment de toute intervention étrangère.

B

Blocus naval : déploiement d'une flotte de guerre pour bloquer l'accès aux côtes d'un pays ennemi.

Bolchevik : partisan du parti politique russe dirigé par Lénine, au pouvoir après la révolution d'Octobre (1917).

Bombardements stratégiques : bombardements aériens visant des objectifs civils pour réduire le potentiel économique de l'ennemi et atteindre le moral de sa population.

Bourgeoisie : classe sociale disposant de la richesse et des outils de production.

Bourrage de crâne : expression dénonçant les excès et les mensonges de la propagande patriotique.

Bourse : lieu qui permet de vendre et d'acheter des actions.

Brutalisation : adoption de comportements de plus en plus brutaux en raison de la violence des combats et des conditions de vie dans les tranchées.

C

Capital : ensemble des éléments constituant la valeur d'une entreprise (locaux, machines, stocks, brevets, etc.).

Carbonari : société secrète qui rassemble des patriotes italiens au début du XIXe siècle. Son but est de réaliser l'unité de l'Italie par l'usage de la violence.

Césarisme : régime politique autoritaire inspiré de l'Antiquité romaine où le général Jules César partageait le pouvoir avec le Sénat de Rome.

CGT (Confédération générale du travail) : fondée en 1895, elle unit des syndicats de plusieurs branches d'activité.

Club : association rassemblant des adhérents partageant des positions communes sur les grands débats politiques.

Colonie de peuplement : territoire vers lequel une métropole envoie des colons pour y bâtir une nouvelle société.

Colonisation : processus par lequel un pays accapare le territoire, les ressources et la souveraineté d'un autre.

Comité de salut public : institution dotée des pleins pouvoirs, pour un temps limité et sous le contrôle de la Convention, chargée de prendre les mesures d'urgence.

Comité de sûreté générale : comité d'assemblée parlementaire créé par la Convention, chargé de la police politique.

Comité philhellénique : association de personnalités qui soutiennent la guerre d'indépendance par « amour de la Grèce » (philhellénisme).

Confédération de l'Allemagne du Nord : alliance de 22 États allemands du Nord autour de la Prusse, créée en 1867.

Confédération germanique : union politique de la Prusse, de l'Autriche et de trente-huit petits États allemands.

Congrès : réunion de souverains, d'ambassadeurs et de délégués de divers pays.

Conscription : système d'engagement militaire obligatoire de la population.

Conservatisme : opinion de ceux qui sont opposés au progrès, aux changements sociaux et politiques.

Constitution : loi fondamentale qui définit la nature du régime, la relation entre les pouvoirs ainsi que les liens entre l'État et les citoyens.

Convention : assemblée élue au suffrage universel en 1792. Elle abolit la monarchie et fonde la Première République.

Corps législatif : assemblée législative (1852-1870).

Costume Abrami : du nom du sous-secrétaire d'État aux effectifs militaires Léon Abrami, à l'origine de cette initiative pour aider les anciens combattants aux revenus modestes. Fabriqué à partir de vêtements militaires de mauvaise qualité, retaillés et teints dans l'urgence, il a peu de succès.

Coup d'État : prise du pouvoir par la force.

Course aux colonies : constitution d'empires coloniaux par les grandes puissances européennes, à la fin du XIXe siècle, dans un contexte de fortes rivalités.

Crime contre l'humanité : violation délibérée des droits fondamentaux d'un individu ou d'un groupe d'individus inspirée par des motifs politiques, philosophiques, raciaux ou religieux. L'expression est utilisée pour la première fois en 1915, mais elle n'est définie dans le droit international qu'en 1945.

D

Déchristianisation : processus par lequel une société se détache de la religion chrétienne.

Démocrates radicaux : se revendiquent d'un courant républicain et démocratique opposé à tout compromis avec l'Empire.

Démocratie libérale : régime politique fondé sur le respect des droits et libertés des individus.

Démocratie sociale : courant démocratique favorable à la construction d'une citoyenneté sociale, pour l'égalité et contre la propriété.

Départementalisation : en 1848, le littoral méditerranéen de l'Algérie est subdivisé en départements, comme en métropole. Le Sud reste sous administration militaire.

Dépêche d'Ems : lettre de Guillaume Ier à Bismarck rendue publique par celui-ci pour créer une tension diplomatique et pousser la France à déclarer la guerre.

Déportation : déplacement forcé d'une population vers une région isolée ou dans des camps.

Dictature communiste : régime autoritaire visant à abolir la propriété privée au profit de la propriété collective et à instaurer une société égalitaire et harmonieuse.

Diktat : terme allemand pour qualifier le traité de Versailles. Il désigne une chose imposée de manière unilatérale.

Dirigisme économique : contrôle de l'État sur l'organisation économique dans le but d'orienter la production vers un objectif prioritaire.

Dominions : colonies britanniques ayant leur propre gouvernement.

E

École coloniale : créée à Paris en 1889, elle forme les futurs administrateurs, magistrats et fonctionnaires en charge de la gestion des territoires coloniaux.

Émigration : départ des aristocrates français hostiles à la Révolution. De l'étranger, ils tentent d'allumer des foyers de contre-révolution.

Entente cordiale : accords diplomatiques entre la France et l'Angleterre pour définir leurs zones d'influence respectives dans le monde et faire contrepoids à l'Allemagne en Europe.

Lexique

Entrepreneur : personne qui fonde une entreprise.

États pontificaux : territoires de l'Italie centrale sur lesquels le pape a le statut de souverain, depuis le Moyen Âge.

Exode rural : processus qui désigne les migrations durables des habitants des campagnes vers les villes.

Expédition des Mille : étape du *Risorgimento*, en 1860. Giuseppe Garibaldi et un groupe de patriotes italiens conquièrent le Royaume des Deux-Siciles au sud de la péninsule italienne.

Exposition universelle : manifestation internationale d'innovations technologiques et industrielles organisée dans une ville. Son objectif est culturel et commercial.

F

Fayolisme : du nom de l'ingénieur français Henri Fayol. Théorie sur l'organisation administrative des entreprises, ancêtre du management.

Fédération : alliance politique d'États autonomes qui mettent en commun une partie de leurs compétences.

Féminisme : mouvement luttant pour le développement du rôle et des droits des femmes dans la société.

Filature : usine produisant des fils textiles en grande quantité.

Fonte : alliage de fer et de carbone, réputé pour sa solidité.

G H

Girondins : républicains modérés au pouvoir de septembre 1792 à juin 1793. Issus de la bourgeoisie, ils veulent mettre rapidement fin à l'instabilité révolutionnaire.

« Grande-Allemagne » : projet d'une vaste confédération associant l'Autriche, la Prusse et tous les petits États allemands.

Grande Armée : nom donné aux troupes commandées par Napoléon de 1802 à 1815. Composée de soldats issus de vingt nations, c'est la première armée d'Europe.

Grève : arrêt de travail collectif, organisé par les travailleurs en vue de défendre ou d'améliorer leurs salaires, leurs droits et leurs conditions de travail.

Grippe espagnole : épidémie qui tue de 25 à 39 millions de personnes dans le monde entre 1918 et 1919. Elle est dite « espagnole » parce que l'Espagne est la première à la mentionner publiquement.

Guerre de mouvement : offensives et contre-offensives entraînant un déplacement de la ligne de front.

Guerre de position : stabilisation du front par un système défensif de tranchées qui bloque les offensives ennemies.

Haut-fourneau : installation industrielle permettant d'extraire le métal contenu dans un minerai.

Hussards noirs : surnom donné aux instituteurs sous la IIIe République, en référence à la couleur de leur tenue et leur engagement à mener à bien leur mission.

I

***Il Risorgimento* :** journal créé par Cesare Balbo et Camillo Cavour en 1847 pour défendre les idées libérales et le principe d'unité italienne.

Immigration : fait de quitter durablement son pays d'origine pour s'installer dans un autre pays.

Impérialisme : stratégie d'expansion menée par un État pour constituer un vaste espace de domination sur d'autres territoires.

Industrialisation : phase durant laquelle l'industrie prend le rôle moteur de l'économie au détriment de l'agriculture.

Inflation : augmentation des prix.

Innovation : perfectionnement technique d'une invention permettant son exploitation industrielle.

Inventaires : listes exhaustives des biens qui constituent un patrimoine pour en faciliter l'évaluation.

Isolationnisme : doctrine diplomatique instaurée par le président James Monroe en 1923, selon laquelle les États-Unis doivent se désintéresser des affaires de l'Europe.

K L

Kanak : peuple indigène de Nouvelle-Calédonie. Ils sont entre 50000 et 100000 en 1853. Ils ne sont plus que 27768 en 1901 (pour 22750 Européens).

Libéralisme économique : doctrine économique préconisant la liberté des individus comme moteur de l'économie (initiative privée, libre concurrence, propriété privée).

Libérés : bagnards installés comme colons à l'issue de leur peine sur des terres prises aux Kanaks.

Liberticide : qui va à l'encontre de la liberté.

Libre-échange : politique qui encourage la liberté du commerce, notamment par la baisse des taxes douanières.

Loi sur le septennat : loi fixant le mandat du président de la République à sept ans.

Lois Rowlatt : votées en 1919 dans les Indes britanniques, elles prolongent les restrictions aux libertés fondamentales introduites pendant la guerre (incarcération sans procès, contrôle de la presse, limitation des droits de la défense) pour empêcher les manifestations nationalistes indiennes.

M

Mandat : créé par la SDN, il confère à certains États la mission d'administrer les colonies des Empires centraux vaincus afin de les amener progressivement à se gouverner eux-mêmes.

« Masses de granit » : expression de Napoléon (1802) désignant les institutions et réformes ayant pour but le retour de la stabilité.

Métier à filer : machine utilisée pour fabriquer du tissu.

Midinettes : surnom donné aux ouvrières de la couture.

Minorité nationale : groupe de personnes présentant des spécificités ethniques, culturelles, linguistiques et qui sont moins nombreuses que le reste de la population de l'État dans lequel elles vivent.

Monarchie constitutionnelle : régime dans lequel le pouvoir du roi est limité par une constitution.

Monarchistes libéraux : monarchistes attachés au respect des libertés individuelles.

Montagnards : groupe disparate de députés qui siègent sur les gradins du haut de l'assemblée. Proches des sans-culottes, ils défendent une démocratie égalitaire.

Munitionnettes : surnom donné aux ouvrières travaillant dans les usines d'armement et de munitions.

Mutineries : actes collectifs de désobéissance et de rébellion des soldats contre leurs chefs.

N

Nationalisme : affirmation de la supériorité des droits et des valeurs de sa nation sur ceux des autres peuples.

Nationalité : ensemble des caractéristiques qui fondent le sentiment d'identité commune d'un peuple aspirant à se constituer en un État politiquement indépendant (État-nation).

Naturalisation : acquisition par un étranger de la nationalité du pays où il réside.

Nécropole nationale : cimetière militaire, créé et entretenu par l'État, qui regroupe les tombes des soldats morts au front.

***No man's land* :** espace séparant les premières lignes de tranchées ennemies.

O

Opportunistes : républicains favorables à la réalisation de compromis pour ancrer le régime.

Ordonnance : possibilité donnée au roi par l'article 14 de la Charte de 1814 d'imposer directement ses décisions quand il considère que l'État est menacé.

Ordre moral : coalition des partis de droite au pouvoir de 1873 à 1879 proposant un programme conservateur et la restauration de la monarchie.

P Q

Pacifisme : convictions et actions politiques en faveur de la paix.

Panthéon : monument national parisien où reposent les corps de personnalités auxquelles la patrie veut rendre hommage.

Parti de l'Ordre : regroupement politique des individus, qu'ils soient monarchistes ou républicains, en faveur de l'ordre et de la propriété.

Paternalisme : technique de gestion de l'entreprise accordant des avantages sociaux (logements, éducation, soins médicaux, retraites) en échange de la fidélité et de l'obéissance des salariés.

« Petite-Allemagne » : projet d'une confédération limitée à la Prusse et aux seuls États allemands, excluant l'Autriche.

« Petite Curie » : surnom donné aux dix-huit automobiles équipées d'unités radiologiques par Marie Curie.

Plébiscite : vote par lequel les citoyens se prononcent pour ou contre un texte, et qui leur permet de renouveler ou non leur confiance au pouvoir en place.

Pogrom : terme d'origine russe (« détruire », « piller »). Il qualifie les agressions menées contre les Juifs d'Europe depuis la fin du XIXe siècle.

Population active : ensemble des personnes qui exercent ou cherchent à exercer un emploi.

Pouvoir exécutif : pouvoir chargé de mettre en œuvre les lois et de gérer la politique du pays.

Pouvoir législatif : pouvoir chargé de débattre, de voter et de modifier les lois.

Pouvoir temporel : pouvoir politique exercé par le pape en tant que souverain sur les États pontificaux d'Italie centrale.

Principe des nationalités : règle établissant le droit légitime d'une nationalité à être reconnue.

Printemps des peuples : vague révolutionnaire qui touche l'Europe en 1848. Cette expression n'est contemporaine des événements que dans l'espace germanique.

Procédé Bessemer : du nom de son inventeur, l'industriel Henry Bessemer. Technique d'affinage de la fonte brute qui permet de fabriquer un acier peu coûteux.

Produit manufacturé : marchandise issue de la transformation de matières premières en usine.

Proscrits : personnes bannies de leur pays pour raison politique.

Protection sociale : ensemble des mécanismes de protection permettant de faire face aux risques de la vie (maladie, chômage, etc.).

Protectorat : forme de domination coloniale. Confiscation d'une partie de la souveraineté d'un État par un autre État puissant, en échange de sa protection.

Pupille de la Nation : orphelin de guerre adopté par la Nation afin que l'État lui assure des moyens de subsistance.

« Quatorze Points » (déclaration des) : doctrine du président Wilson qui définit les buts de guerre américains et fixe les principes pour élaborer la paix.

R

Ratification : acte juridique par lequel une puissance contractante exprime, postérieurement à la signature d'un traité, son consentement à être liée par ce traité.

Rationnement : limitation de la quantité d'un produit qu'un individu, une famille ou une entreprise est autorisé à consommer durant une période donnée.

Réactionnaire : qui refuse des évolutions politiques ou sociales.

Réformisme : courant porté par les socialistes qui entendent améliorer la condition ouvrière par les réformes et par la loi.

Réfugié : personne contrainte de quitter son pays en période de troubles. Le statut juridique actuel de réfugié est fixé par la convention de Genève en 1951.

Régime parlementaire : mode de gouvernement dans lequel le Parlement exerce le pouvoir législatif et contrôle les actes du pouvoir exécutif.

République sociale : régime visant le bien-être de chacun et l'égalité économique.

Républiques sœurs : États créés par la France dans les pays conquis entre 1795 et 1799.

Revanchisme : courant de pensée nationaliste qui fait de la reconquête de l'Alsace et d'une partie de la Lorraine une priorité de la politique étrangère de la France.

Révolution de mars : nom de la révolution de 1848, ou Printemps des peuples, dans les États allemands.

Révolution sociale : changement conduisant à l'instauration d'une république sociale (voir plus haut).

***Risorgimento* :** mot qui signifie « Résurgence » en italien. Il désigne un mouvement politique et social qui vise la renaissance d'une Italie libre et indépendante.

Rituel : ensemble des gestes accomplis et des paroles prononcées lors d'une cérémonie.

Russe blanc : opposant russe à la révolution de 1917 et au pouvoir bolchevik.

S

Sainte-Alliance : alliance politique et militaire des grandes puissances européennes pour garantir les décisions du congrès de 1815.

Salon : lieu de rencontres mondaines, organisées le plus souvent par des femmes riches et cultivées, entre artistes, philosophes et élite bourgeoise.

Sans-culottes : nom que se donnent, sous la Révolution, les citoyens des villes engagés dans la défense active du processus révolutionnaire.

Second empire colonial : empire colonial français constitué entre 1830 et 1912, essentiellement sous la IIIe République.

Sécurité collective : principe selon lequel l'intégrité d'un État est l'affaire de tous les États réunis au sein d'une organisation internationale qui doit favoriser le dialogue et arbitrer en cas de conflit.

Sentiment national : sentiment d'appartenance à un groupe d'individus, unis culturellement et historiquement, désireux de vivre ensemble dans un État indépendant.

SFIO (Section française de l'Internationale ouvrière) : parti politique né en 1905 du rassemblement de plusieurs partis socialistes. Il est divisé entre révolutionnaires et réformateurs.

Socialisme : idéologie née du constat d'inégalités fortes dans les sociétés du XIXe siècle et proposant une nouvelle organisation politique, économique et sociale reposant sur un idéal d'égalité et d'équité.

Socialiste : qui se revendique du socialisme, une idéologie politique fondée sur l'égalité et la critique de la propriété privée.

Société des Nations (SDN) : organisation internationale prévue par le traité de Versailles pour garantir la paix dans le monde. Elle siège à Genève à partir de 1920.

Société nationale italienne : mouvement politique né en 1857 prônant l'unité autour de la monarchie constitutionnelle du Piémont.

Soviet : « conseil » en russe. Assemblée d'ouvriers, de paysans, de soldats acquis aux idées révolutionnaires.

Spéculation : activité financière visant à tirer profit de l'évolution future des prix.

***Sturmtruppen* :** soldats d'élite allemands spécialement entraînés pour percer et infiltrer les lignes ennemies afin d'en désorganiser le système défensif.

Subvention : aide financière pour favoriser une activité.

Suffrage censitaire : système de vote réservé aux citoyens qui paient un impôt direct au-delà d'un seuil appelé cens électoral, fixé par le pouvoir en place.

Suffrage universel : droit de vote accordé à l'ensemble des citoyens sans conditions de revenu ou de naissance. En 1792, le vote est élargi à tous les hommes de plus de 21 ans. Au XIXe siècle, il reste très majoritairement masculin.

Suffragettes : femmes qui militent pour le droit de vote féminin.

Syndicat : association qui a pour objet la défense d'intérêts communs (salaires, conditions et temps de travail).

T

Taylorisme : organisation scientifique du travail afin d'augmenter la productivité.

Terreur : période durant laquelle un gouvernement révolutionnaire impose des mesures dictatoriales pour vaincre la contre-révolution (septembre 1793-juillet 1794).

Thermidoriens : députés de la Convention qui prennent le pouvoir après la chute de Robespierre.

Tirailleurs sénégalais : nom donné aux soldats recrutés par l'armée française dans ses territoires coloniaux d'Afrique de l'Ouest et d'Afrique équatoriale.

U X Z

Union sacrée : expression qui désigne la trêve des oppositions politiques et syndicales dans l'objectif d'unir toutes les forces de la nation contre l'ennemi commun.

Xénophobe : hostile aux étrangers.

Zeppelin : nom des ballons dirigeables utilisés par les Allemands pour bombarder les villes.

Zone rouge : zone dangereuse interdite à toute activité humaine par l'État français en 1919. Sa surface initiale couvre 1 200 km².

Crédits iconographiques

Couverture : *Usines à Clichy*, Vincent Van Gogh, 1887/Saint Louis Art Museum, Missouri, USA / Friends Fund and funds given by Mrs. Mark C Steinberg by exchange / Bridgeman Images ; *Portrait de Madame Roland*/akg-images / De Agostini Picture Lib. / G. Dagli Orti ; *Soldats français dans une tranchée. Observatoire du Hibou à Vassogne dans l'Aisne en 1917*/Voisin/Phanie/AFP ; *Le Pont des Arts par grand vent*, Jean Béraud, 1880-81/Metropolitan Museum of Arts/Bequest of Eda K. Loeb, 1951

Tous les visuels du rabat avant, du sommaire et des pages « Réviser » sont repris du manuel. Voir les crédits ci-dessous.

p. 15 : BnF ; BnF – p. 16 : Martine Beck-Coppola/Photo RMN ; Musée du Château de Versailles/Bridgeman Images/Leemage – p. 17 : BnF ; S. Bianchetti / Bridgeman Images – p. 20 : Library of Congress – p. 21 : Musée Carnavalet/akg-images – p. 22 : *Portrait de Madame Roland*/akg-images / De Agostini Picture Lib. / G. Dagli Orti – p. 23 : Collection privée/Isadora/Leemage – p. 24 : Château de Versailles, France / Bridgeman Images ; Musée Carnavalet/Roger-Viollet – p. 25 : Musée Carnavalet / Roger-Viollet – p. 26 : Musée Carnavalet / Roger-Viollet – p. 27 : Musée Carnavalet/Roger-Viollet – p. 28 : RMN-Grand Palais / Agence Bulloz – p. 29 : De Agostini Picture Library / G. Dagli Orti / Bridgeman Images – p. 30 : Musée de la Ville de Paris, Musée Carnavalet, Paris, France/Bridgeman Images – p. 31 : Art Gallery of Ontario, Toronto, Canada / Gift of the Trier-Fodor Foundation, 1982 / Bridgeman Images – p. 33 : Electa/Leemage – p. 34 : Bibliothèque nationale, Paris, France / Bridgeman Images ; Josse/Leemage – p. 35 : Aisa/Leemage – p. 37 : Paris – Musée de l'Armée, Dist. RMN-Grand Palais / Pascal Segrette – p. 38 : RMN-Grand Palais / Agence Bulloz – p. 40 : Musée Carnavalet/Roger-Viollet ; RMN-Grand Palais (musée du Louvre) / Thierry Le Mage – p. 41 : Prod DB © Jérôme Prebois – Les Films du Fleuve – Archipel 35 – France 3 Cinéma – Studio Canal/DR – p. 43 : Josse/Leemage – p. 47 : RMN-Grand Palais / Agence Bulloz – p. 48 : RMN-Grand Palais (musée du Louvre)/Daniel Arnaudet ; Château de Versailles, France / Bridgeman Images – p. 49 : Private Collection / Archives Charmet / Bridgeman Images ; Musée Carnavalet/Roger Viollet – p. 53 : Musée de Versailles/Roger-Viollet – p. 55 : Hulton Archive/Imagno/Getty Images – p. 56 : musée Carnavalet/Roger-Viollet ; RMN-Grand Palais (Château de Versailles) / Gérard Blot – p. 57 : AKG-Images – p. 59 : AKG-Images ; BnF – p. 60 : Emilja Plater Polish / Lebrecht Authors / Bridgeman Images – p. 61 : Musées Royaux des Beaux-Arts de Belgique/ Selva /Leemage / Bridgeman Images – p. 62 : RMN-Grand Palais (Château de Versailles) / Gérard Blot ; Musée Carnavalet / Roger-Viollet – p. 63 : RMN-Grand Palais (Château de Versailles) / Gérard Blot ; Shutterstock – p. 64 : Luisa Ricciarini /Leemage – p. 65 : akg-images – p. 66 : BnF – p. 68 : RMN-Grand Palais (musée du Louvre)/Daniel Arnaudet ; Musée Carnavalet/Roger Viollet ; Private Collection / Archives Charmet / Bridgeman Images ; Château de Versailles, France / Bridgeman Images – p. 69 : Bibliothèque Polonaise, Paris, France / Archives Charmet / Bridgeman Images ; Chappatte, *Le Temps*, Suisse www.chappatte.com – p. 72 : Josse/Leemage – p. 77 : RMN-Grand Palais (domaine de Compiègne) / image RMN-GP – p. 78 : Musée Carnavalet/Roger-Viollet ; Private collection/Look and Learn / Bridgeman Images – p. 79 : BnF ; BnF – p. 82 : Tallandier/Bridgeman Images – p. 83 : akg-images – p. 84 : Josse/Leemage – p. 85 : Josse/Leemage – p. 86 : Josse/Leemage – p. 87 : Josse/leemage – p. 88 : BnF/Bridgeman Images ; Bianchetti/Leemage – p. 89 : BnF – p. 90 : Chawton House Library, Hampshire, UK / Bridgeman Images ; BnF – p. 91 : BnF – p. 92 : Paris – Musée de l'Armée, Dist. RMN-Grand Palais / Émilie Cambier – p. 93 : RMN-Grand Palais (domaine de Compiègne) / Franck Raux ; RMN-Grand Palais (Château de Versailles) / image RMN-GP – p. 94 : Musée Carnavalet/Roger-Viollet – p. 95 : RMN-Grand Palais (musée d'Orsay) / Hervé Lewandowski ; Maison de Victor Hugo/Roger Viollet – p. 96 : Photo12/Alamy – p. 97 : Julien Vidal/Musée Carnavalet/Roger-Viollet ; Musée Carnavalet /Roger-Viollet – p. 98 : BnF – p. 99 : BnF – p. 100 : d'après une photo de Georges Seguin/Creative Commons BY-SA 3.0 – p. 102 : Musée Ingres, Montauban/akg-images – p. 103 : Paris – Musée de l'Armée, Dist. RMN-Grand Palais / Pascal Segrette -p. 109 : CNAM, Conservatoire national des arts et métiers, Paris / Archives Charmet / Bridgeman Images – p. 110 : Artokoloro / Quint Lox / Aurimages ; BnF – p. 111 : Lee/Leemage ; BnF – p. 115 : Musée Carnavalet/Roger-Viollet ; Photo 12/Alamy – p. 116 : Josse/Leemage ; Musée Carnavalet/Bridgeman Images – p. 117 : Charles H. and Mary F. S. Worcester Collection/Art Institut Chicago – p. 118 : Détail d'une ouvrière, filature Gourjon à Violès, [1845] (Arch. dép. Vaucluse 5 M 133). ; Photo12/Archives Snark – p. 119 : BnF – p. 120 : Domaine de Vizille, Musée de la Révolution française – p. 121 : Musée de la Ville de Paris, Musée Carnavalet, Paris, France / Archives Charmet / Bridgeman Images ; Private Collection / Look and Learn / Illustrated Papers Collection / Bridgeman Images – p. 122 : BnF – p. 123 : Collection Dupondt / akg-images – p. 124 : akg-images / ullstein bild / ullstein – Archiv Gerstenberg – p. 125 : BnF – p. 126 : Photo12/Alamy ; Association Arkae d'Ergué-Gabéric – p. 127 : Musée des Beaux-Arts d'Arras/RMN-Grand Palais (musée d'Orsay) / Hervé Lewandowski – p. 128 : The Granger Coll NY / Aurimages – p. 130 : Marseille, MuCEM, Musée des Civilisations de l'Europe et de la Méditerranée/RMN-Grand Palais (MuCEM) / Franck Raux ; akg-images / Interfoto / Sammlung Rauch – p. 131 : Coll. Familistère de Guise. – p. 137 : Château de Compiègne/Roger-Viollet – p. 138 : Private Collection / De Agostini Picture Library / Bridgeman Images ; Musée de Versailles/Photo Josse/Leemage – p. 139 : BnF ; New-York Historical Society/akg-images – p. 143 : Bibliothèque nationale, Paris, France / Bridgeman Images ; Civico Museo del Risorgimento, Milan, Italy / De Agostini Picture Library / Bridgeman Images – p. 144 : Aisa/Leemage ; De Agostini Picture Library/Scala, Florence – p. 145 : BnF – p. 146 : Museo Nazionale del Risorgimento Italiano/Aisa/Leemage – p. 147 : Musée Savoisien, Département de la Savoie, Solenne Paul – p. 148 : Historisches Museum der Stadt, Vienna, Austria / Bridgeman Images – p. 149 : Photo12/Alamy – p. 150 : Museo Napoleonico, Rome, Italy / De Agostini Picture Library / G. Dagli Orti / Bridgeman Images ; Getty Images – p. 151 : BnF – p. 152 : Ullstein Bild/Roger-Viollet ; RMN-Grand Palais (musée du Louvre) / Jean-Gilles Berizzi ; RMN-Grand Palais (Château de Versailles) / image RMN-GP – p. 153 : akg-images – p. 154 : Costa/Leemage – p. 155 : Mulhouse, Musée des Beaux-arts / Christian Kempf – p. 156 : Aisa/Leemage ; Ullstein Bild/Roger-Viollet ; Museo Napoleonico, Rome, Italy / De Agostini Picture Library / G. Dagli Orti / Bridgeman Images ; Museo Nazionale del Risorgimento Italiano/Aisa/Leemage – p. 157 : Musée du Risorgimento/TopFoto /Roger-Viollet ; Photo12/Alamy – p. 158 : Library of Congress – p. 159 : akg-images – p. 165 : Photo12/Alamy – p. 166 : akg-images ; Private Collection / Tallandier / Bridgeman Images – p. 167 : Bettmann/Getty Images. ; Musée Carnavalet /Roger-Viollet ; Roger-Viollet – p. 170 : RMN-Grand Palais (MuCEM) / Jean-Gilles Berizzi – p. 171 : BnF – p. 172 : Costa/Leemage ; Musée d'Art et d'Histoire de Saint-Denis/Bridgeman Images/Leemage – p. 173 : Musée Carnavalet, Paris/Getty Images – p. 174 : Veneranda Biblioteca Ambrosiana/DeAgostini Picture Library/Scala, Florence ; Paris, Assemblée Nationale, salle des Conférences/akg-images / Laurent Lecat – p. 175 : D.R. (droits réservés) / paru dans *Nice historique* – N° 1 – 1968 ; Musée national de l'Éducation-INRP-Rouen – p. 176 : Roger-Viollet – p. 177 : Jean Bernard/Leemage ; Josse/Leemage – p. 178 : Franck Raux/Photo RMN ; Bibliothèque des Arts décoratifs, Paris, France / Archives Charmet / Bridgeman Images – p. 179 : Musée Carnavalet/Roger-Viollet – p. 180 : Pierre Petit / Collection Dupondt / akg-images – p. 181 : Selva/Leemage – p. 182 : Petit Palais, musée des Beaux-Arts de la Ville de Paris/RMN-Grand Palais / Agence Bulloz ; Collection Dixmier/Kharbine-Tapabor – p. 183 : Ville de Castres, musée Jean-Jaurès – p. 184 : Photo12/Alamy ; BnF – p. 185 : MAHJ – p. 187 : BnF – p. 188 : Photo12 ; Réseau-Canopé – Le Musée national de l'Éducation – p. 189 : BnF ; http://www.education.gouv.fr – p. 191 : Collection Kharbine-Tapabor – p. 195 : Brooklyn Museum of Art, New York, USA / Bridgeman Images – p. 196 : akg-images ; Ministère de la Culture -Médiathèque de l'architecture et du patrimoine, Dist. RMN-Grand Palais / Jean Gilletta – p. 197 : Musée des Beaux-Arts de Nîmes/Bridgeman Images/Leemage – p. 201 : Collection du musée du domaine départemental de Sceaux. Photo Pascal Lemaître – p. 202 : CUCM, service Écomusée, cliché D. Busseuil ; CUCM, document Écomusée, reproduction D. Busseuil – p. 203 : CUCM, document Écomusée, reproduction D. Busseuil – p. 204 : Alexandre Gustave Eiffel, Nadar / Bibliothèque nationale, Paris, France / Archives Charmet / Bridgeman Images ; Film at 1900 Exposition/Bridgeman Images – p. 205 : akg-images / Liszt Collection – p. 206 : akg-images / De Agostini Picture Lib. – p. 207 : Private Collection / The Stapleton Collection / Bridgeman Images – p. 208 : CUCM, dépôt D.S.-A.A.R., reproduction D. Busseuil – p. 209 : Collection Kharbine-Tapabor – p. 210 : BnF – p. 211 : Affiche de Paul Poncet/Collection privée/Leemage /Bridgeman Images – p. 212 : Bibliothèque Marguerite Durand / Roger-Viollet ; Bibliothèque Marguerite Durand / Roger-Viollet – p. 213 : *Journal d'une femme de chambre* de Benoît Jacquot 2015 / Prod DB © JPG Productions – Les Films du Fleuve – Les Films du Lendemain / DR – p. 214 : Musée de la Ville de Paris, Musée Carnavalet / Bridgeman Images – p. 215 : Photo12/Archives Snark – p. 216 : Bibliothèque Forney/Roger-Viollet – p. 217 : Centre Hubertine Auclert – p. 219 : RMN-Grand Palais (musée d'Orsay) / Hervé Lewandowski – p. 223 : BnF – p. 224 : Roger-Viollet – p. 225 : BnF – p. 229 : Pictures from Histor/Bridgeman Images ; akg-images – p. 230 : Collection Dupondt/akg-images – p. 231 : Selva/Leemage ; Selva/Leemage – p. 232 : Ministère de la Culture -Médiathèque de l'architecture et du patrimoine, Dist. RMN-Grand Palais / Atelier de Nadar ; Deutsches Historisches Museum, Berlin – p. 233 : Tallandier/Bridgeman Images ; Tallandier/Bridgeman Images – p. 235 : Pictures from History/Bridgeman Images ; collection Albert Kahn – p. 236 : Roger-Viollet – p. 237 : Roger-Viollet – p. 238 : Private Collection/Archives Charmet/Bridgeman Images – p. 239 : akg-images – p. 240 : ADCK – Centre culturel Tjibaou – p. 241 : BnF – p. 242 : Gusman/Leemage – p. 244 : BnF – p. 245 : MNHN – Jean-Christophe Domenech – p. 247 : Roger-Viollet – p. 254 : Collection IM/Kharbine-Tapabor – p. 255 : Service Historique de la Défense, Vincennes ; Library of Congress – p. 259 : Ministère de la Culture -Médiathèque de l'architecture et du patrimoine, Dist. RMN-Grand Palais / Paul Castelnau – p. 261 : Roger-Viollet ; akg-images – p. 262 : Carte postale d'après une illustration de Frédéric Régamey / Photo akg-images / Peter Weiss – p. 263 : Portrait de Paul von Hindenburg, 1914 Nicola Perscheid / Collection privée / Prismatic Pictures / Bridgeman Images ; BnF – p. 265 : Collection Dagli Orti / Imperial War Museum Londres / Aurimages ; Photo12/Alamy – p. 266 : Australian War Museum – p. 267 : Granger / Bridgeman Images ; photo : National Library of Australia / http://nla.gov.au/nla.obj-231555508/view – p. 268 : Collection Lagarde/DR/Opale/Leemage ; Private Collection / Bridgeman Images – p. 269 : Paul Popper/Getty ; Universal History Archive/Getty Images – p. 270 : Rue des Archives/Bridgeman – p. 271 : Maurice-Louis Branger/Roger-Viollet – p. 272 : akg-images ; Library of Congress Prints and Photographs Division Washington (LC-DIG-ppmsca-55871) – p. 273 : collection du Diocèse de Laval – p. 274 : akg-images / Science Source – p. 275 : Imperial War Museum (Q 47997) ; Tallandier / Bridgeman Images – p. 276 : Jean Droit (1884-1961), carte postale, 1918, collection Caricadoc – p. 278 : akg-images ; Hugo Erfurth © Neue Galerie New York/Art Resource/Scala – p. 280 : BnF – p. 285 : SZ Photo / Scherl / Bridgeman Images – p. 286 : Roger-Viollet ; Léon Gimpel/Collection Société française de photographie (coll. SFP) – p. 287 : Roger-Viollet ; Library of Congress, Washington – p. 291 : Roger-Viollet – p. 292 : Marie Curie / Photo © Collection Gregoire / Bridgeman Images ; Musée Curie (coll. ACJC) – p. 293 : BnF ; BnF ; Musée Curie (coll. ACJC) – p. 294 : Légende : « La visite de Monsieur l'Inspecteur », Miquel, 21 jJuin 1916 / collection Le Vieux Montmartre ; Joseph Porphyre Pinchon/BnF/Archives Charmet/Bridgeman Images – p. 295 : Library of Congress ; Victor Dietsch/ECPAD/Défense – p. 296 : Abecasis/Leemage – p. 297 : Suddeutsche Zeitung/Leemage – p. 299 : collection of The National Archives of Armenia – p. 301 : Fine Art Images/Heritage Images/Getty Images – p. 302 : droits réservés ; Collections La contemporaine/CP06126 – p. 303 : akg-images – p. 304 : Albert Moreau/ECPAD/Défense – p. 306 : Roger-Viollet ; Léon Gimpel/Collection Société française de photographie (coll. SFP) ; Roger-Viollet ; Library of Congress ; ECPAD/France/Extraits de : La fabrication des casques/réalisateur inconnu/1917 – p. 307 : S. Bianchetti / Bridgeman Images ; Garo/Phanie/AFP – p. 309 : Library of Congress – p. 313 : Léon Gimpel/Société Française de Photographie/Photo12 – p. 314 : Collection IM/Kharbine-Tapabor ; coll. Le CPA – Valence Romans Agglo – Fonds Hairabédian – p. 315 : adoc-photos – p. 319 : Studio Harcourt ; Agence Rol/BnF – p. 321 : IWM (Art. IWM ART 2856) ; Kunstbibliotek, SMB/Dietmar Katz/BPK/RMN – p. 323 : HCR ; Topical Press Agency/Getty Images – p. 324 : Tallandier / Bridgeman Images – p. 325 : Granger / Bridgeman Images – p. 326 : MEPL / Bridgeman Images ; Collection La contemporaine ; Fine art images – p. 328 : Plaque émaillée 5 DEC 48.1 – Historial de la Grande Guerre – Péronne (Somme) et © Aurélien ROGER – p. 329 : Library of Congress Prints and Photographs Division Washington, D.C. 20540 USA – p. 330 : Roger-Viollet ; BnF – p. 331 : Agence Rol/BnF – p. 332 : JOLY/ECPAD/Défense – p. 333 : *La Vie et rien d'autre* de Bertrand Tavernier 1989 / Prod DB © Little Bear / DR – p. 334 : Otto Dix, *La Guerre*, 1929-1932/De Agostini/Leemage/© Adagp, Paris 2019 – p. 335 : Historial de la Grande Guerre – FF – p. 336 : BnF ; Réseau-Canopé – Le Musée national de l'Éducation – p. 338 : droits réservés

Rabat arrière : Rijksmuseum, Amsterdam

rfi Doc. 2 p. 262 : Extrait de « Témoignages de "Pères blancs" (missionnaires religieux français en Afrique de l'Ouest) », Mémoire en marche, Sur les traces des tirailleurs sénégalais de 1939-1945, webdoc, © rfi, 2018.

FRANCE 24 Doc p. 276 : Extrait de l'interview de l'historien australien Christopher Clark, © France 24, 30 décembre 2014. L'intégralité de l'article est disponible sur le site internet.
Doc p. 304 : Extrait de l'interview de l'historienne Françoise Thébaud, © France 24, 25 septembre 2014. L'intégralité de l'article est disponible sur le site internet.

Responsable éditoriale : Aurélie Joubert-Mérandat
Éditrices : Anne Dartigues, Cécile Lemans assistées par Oksanna Le Rallec

Direction artistique (intérieur et couverture) : Maestro

Maquettistes : Béatrice Gallo, Jean-Louis Liennard (rabats), Barbara Tamadonpour, Séverine Tanguy

Cartographe et infographiste : Cyrille Suss

Iconographe : Sandrine Fournié

5, allée de la 2e D.B. – 75015 PARIS
ISBN : 978-2-210-11221-6

Achevé d'imprimer en mai 2019 par Mohn Media en Allemagne
N° d'éditeur : 2018_0763 - Dépôt légal : juin 2019

PEFC
PEFC/04-31-1033